근현대사신문

문사철 기획 · 강응천 김정 김성환 정인경 외 지음

근대편
1876~1945

사계절

이 책을 만든 사람들

기획·구성	문사철 文史哲
집필	강응천, 김성환, 김 정, 김종엽, 김진경, 김형규, 오철우, 이권우, 정승교, 정인경, 최광열
주간	강응천
책임 편집	김종엽
연구 편집	김덕련, 정연경
자문	김용필
아트디렉터	박상일, 김용한
디자인	수류산방 樹流山房(이숙기, 정혜선), 자운영 紫雲影(최선정, 허영원)
만화·컷	이은홍
정보 그래픽	이숙기, 은효정
사진	박우진 (『근현대사신문』을 시작하며)

『근현대사신문』의 모든 내용은 출판기획 문사철의 책임 아래 집필진과 편집진의 공동 논의를 거쳐 완성되었습니다. 그 가운데 특히 사설은 강응천(『세계사신문』 저자), 한국사의 주요 기사는 김정(『국사 시간에 세계사 공부하기』 저자), 세계사의 주요 기사는 김성환(『교실밖 세계사 여행』 저자), 과학사의 주요 기사는 정인경(『청소년을 위한 한국과학사』 저자), 생활사의 주요 기사는 김진경(『작지만 강한 대학』 저자)이 책임 집필했습니다. 오철우(『갈릴레오의 두 우주 체계에 관한 대화, 태양계의 그림을 새로 그리다』 저자)는 과학사의 기획과 구성에 참여했고, 이권우(『책읽기의 달인, 호모 부커스』 저자)는 책 관련 주요 기사를 썼습니다.

머리말

『근현대사신문』은 우리 근현대사에 대한 자부심의 근거를 마련하기 위해 기획되었다.

그동안 한국 근현대사는 감추고 싶고 떠올리기 싫은, 부끄러운 역사로 여겨져 왔다. 근대화에 뒤처져 식민지로 전락했고, 자기 힘으로 해방을 이룩하지 못해 분단을 막지 못한 데다 동족상잔의 비극까지 겪었으며, 오랜 세월 가난에서 벗어나지 못하고 독재에 시달려 왔다. 이처럼 줄곧 세계사의 흐름에 뒤진 열등 민족으로 살아왔던 역사에 대해 자부심을 가지라고 한다면, 무슨 궤변이냐고 할 수도 있다.

그러나 한국 근현대사를 세계사의 도도한 흐름 속에 놓고 다시 살펴보자. 그것은 결코 부끄러운 역사가 아니다. 모진 고생 끝에 이제 민주화의 기반을 마련하고 경제도 성장시켜 세계와 어깨를 나란히 하게 됐으니, 과거에 대한 자격지심을 털어버려도 된다는 이야기가 아니다. 분단 한국의 민주주의는 아직도 불안정하다. 남과 경쟁해서 조금 앞서게 됐다는 것이 그렇게 자랑스러운 일인지도 잘 모르겠다. 우리가 정말 자랑스러워 할 것은 한국인이 온갖 불행을 겪으면서도 역설적으로 제국주의, 분단, 빈곤, 독재 등 근현대 세계가 배설한 가장 고약한 범죄와 맞서 싸워왔다는 사실이다. 독자들은 『근현대사신문』을 읽으면서 한국이 처한 문제들을 풀지 않고는 근현대 세계가 자신의 원죄로부터 자유로울 수 없었으며, 앞으로도 자유롭지 않으리라는 사실을 확인할 것이다. 또한 한국인이 세계사의 초라한 단역이 아니라 늘 당당한 주역이었고, 앞으로도 주역이어야 한다는 점도 깨달을 것이다.

『근현대사신문』은 이 같은 관점에서 한국 근현대사를 시종일관 세계사의 흐름과 함께 조명했다. 한국과 세계에서 동시에 펼쳐지는 역사적인 사건들을 당시의 신문에 담아내듯 편집했기 때문에 독자는 마치 그 시대로 돌아간 듯한 박진감을 맛볼 수 있을 것이다. 그리고 세계사의 소용돌이 속에서 어느 누구 못지않게 역동적으로 꿈틀거리며 그 소용돌이에 맞서 온 한국인의 발자취를 재발견할 것이다.

'근대편'과 '현대편' 두 권으로 구성된 『근현대사신문』의 첫 권은 1876년 개항부터 1945년 해방까지 이어지는 비극의 시대를 다룬다. 이 시대에 한국의 마지막 왕조 조선은 외세의 강요로 나라의 문을 연 뒤 자주적 근대화를 이룩해보려 발버둥쳤지만, 끝내 일본 제국주의의 식민지라는 노예 상태로 전락해버렸다.

그러나 한국인은 운명에 굴복하지 않고 용감하게 제국주의 청산과 피압박 민중의 해방이라는 세계사의 과제를 최전선에서 감당했다. 당대의 가장 양심적이고 진보적인 세력이 한국인의 친구였으며, 그들은 한국인과 함께 더 안전하고 더 평등한 세계를 향해 진군했다. 이처럼 고단하고 힘들지만 정의의 편에 서 있기에 지칠 줄 몰랐던 조상의 기록이 시퍼렇게 살아 있는데, 힘세고 잘산다고 해서 남을 침략하고 수탈했던 '선진 열강'의 근대사를 부러워할 수 있을까?

『근현대사신문』은 과거의 역사를 그 시대의 신문처럼 재현하기 위해 사진, 광고, 신문기사 등 생생한 당시 자료를 수집하고 수록하고자 최선을 다했다. 또한 험난한 시대를 굳세게 살아낸 사람들의 행적을 왜곡이나 과장 없이 담아내고자 숱한 사료와 전문가의 도움을 받았다. 그러나 곳곳에 도사리고 있을 착오와 편향의 가능성은 늘 우리를 옥죄어왔다. 독자들의 거침없는 질정과 따뜻한 격려를 기다린다.

2010년 1월 『근현대사신문』을 만든 사람들

『근현대사신문』 읽는 법

『근현대사신문』은 두 권으로 이뤄져 있습니다. 1권 근대편은 1876년 개항부터 1945년 일제가 패망할 때까지, 2권 현대편은 1945년 해방부터 촛불 집회가 한국과 세계를 뒤덮은 2003년까지 다룹니다.

『근현대사신문』은 무조건 많은 사건을 싣기보다는 시대상을 잘 드러내는 핵심 사안들을 깊이 있게 다루는 데 초점을 맞췄습니다. 또한 당대의 목소리를 생생하게 전할 수 있도록 보도기사 형식으로 역사적 사건들을 다루고, 각 사안의 중요도에 따라 크기를 달리 배치했습니다. 아울러 당대에는 드러나지 않았던 진실이 훗날 밝혀지거나, 학계에서 연구 성과가 쌓이면서 당대에는 덜 조명됐던 부분이 새롭게 부각된 사례 등을 충실히 전하기 위해 각 권의 마지막에 '따라잡기' 란을 마련했습니다.

각 권은 20호로 구성돼 있으며, 한·일병합처럼 결정적인 역사적 국면에서는 호외를 통해 상황을 전합니다. 『근현대사신문』 각 호는 8면을 기본으로 합니다.

1면에선 그 호에서 다룰 핵심 사안을 전하는 짤막한 도입글과 함께 시원한 이미지를 통해 해당 시기의 특징을 상징적으로 보여줍니다.

2~3면에선 해당 시기에 한국과 세계에서 발생한 핵심적인 역사적 사건들을 다룹니다. 정치 문제를 주로 다뤘습니다만, 스푸트니크호 발사처럼 좁은 의미의 정치 사안은 아니더라도 세계를 뒤흔든 사건이 있으면 이를 과감하게 전진 배치했습니다. 특히 '한국 따로, 세계 따로'가 아니라 한국사의 맥락을 전 지구적인 역사의 흐름 속에서 파악할 수 있게 하는 데 주안점을 뒀습니다. 2~3면을 동떨어진 두 개의 면이 아니라, 하나의 펼침면으로 보면 이러한 특징을 더 실감나게 느낄 수 있을 것입니다.

4면에는 얽히고설킨 사안의 핵심을 제대로 짚어내는 데 필요한 시각을 제시하는 사설, 2~3면에서 다룬 핵심 사안을 더 깊이 있게 조명하는 해설이 자리하고 있습니다. 다소 딱딱하게 느껴질 수 있는 해설 부분은 인터뷰, 특별기고, 진단, 쟁점 등 다양한 형식을 통해 독자에게 친근하게 다가갈 수 있도록 구성돼 있습니다. 이와 함께 신문에서 빠지면 서운한 만평을 통해 시대상을 압축하는 동시에, 해당 시기의 자료 등을 담은 기록실을 통해 상황을 더 생생하게 전합니다.

한편 3·1운동처럼 중요한 사건이 포함됐을 때는 이를 집중 조명하기 위해 각 2면을 증면해 10면으로 구성한 호도 있습니다. 아울러 기사가 실린 호는 다르지만 연관된 사안을 다룰 경우에는 '관련 기사' 표시를 통해 역사적 맥락을 유기적으로 파악할 수 있게 했습니다.

5면은 사회·경제면입니다. 사회와 경제는 한 시기를 정치 위주로만 바라볼 때 소홀해지기 쉬운 부문으로서, 일상을 살아가는 사람들의 피부에 직접 와 닿는 중요한 영역입니다. 이를 감안해 해당 시기의 사회적 변화와 경제의 흐름을 종합적으로 짚어봅니다.

6면은 과학면입니다. 과학을 사회 변화와는 관련 없는 영역이라고 느끼는 사람이 많지만, 역사를 돌이켜보면 과학 영역에서 일어난 많은 일들이 사회 변화와 깊은 관련을 맺고 있습니다. 6면에서는 이처럼 과학이 사회와 어떤 관계를 맺으며 오늘날까지 이르렀는지를 살펴봅니다.

7면은 문화면입니다. 문학, 철학, 음악, 미술, 영화 등 다양한 부문에서 이뤄진 흥미진진한 변화들을 짚어보며 한 시대의 문화 흐름을 짚습니다.

8면은 생활·단신면입니다. 제3세계 통신의 취지는 서구 강대국 중심으로 역사를 바라보는 데서 벗어나자는 것입니다. 지구상에는 서구 열강보다 훨씬 더 많은 나라가 있고, 그동안 한국 사회에서 소홀히 다뤄진 이러한 나라들에서 벌어진 사건들을 살펴본다면 세계의 역사를 폭넓게 이해하는 데 큰 도움이 될 것입니다. 이와 함께 생활 속 작은 역사들을 다룬 단신 기사들, 주요 인물들의 마지막 순간을 기록한 부고, 해당 시기에 사람들을 사로잡은 광고 등을 통해 역사의 또 다른 측면을 살펴봅니다.

일러두기
▫ 우리나라 국호는 1876년 개항부터 대한제국 선포 전까지는 '조선'이라 하고, 그 이후부터는 '한국'이라 했다. 단, 일제 강점기에는 당시 기록을 인용할 때나 문맥상 필요할 때 '조선'이라는 표현을 사용하기도 했다.
▫ 국내 사건의 날짜 표기는 1895년 11월 17일 이전까지는 음력을 기준으로 하고, 그 이후에는 양력을 기준으로 했다.
▫ 중국, 일본을 포함한 외국의 인명과 지명은 모두 현지 발음에 따라 표기하는 것을 원칙으로 했다.

『근현대사신문』 근대편 목차

『근현대사신문』을 시작하며 — 근대로 가는 길　　9
18세기 세계 | 18세기 조선 | 19세기 조선과 세계 | 1868년 일본

1호　조선의 개항과 서세동점　　15
개항 임박, 조선은 어디로 가는가 | 사설 — 옛날의 그 개항이 아니다 | '자연철학자'가 아니라 '과학자'랍니다!

2호　근대화와 임오군란의 반격　　23
개화 정국 덮친 '늙은 군인의 노래' — 임오군란 | 사설 — 아프리카 인민에게 보내는 편지 | 해설 — 서세동점을 바라보는 두 가지 시선 | 인간과 사회의 비밀을 폭로한 두 거장 다윈과 마르크스, 영원히 잠들다

3호　제국주의 시대와 갑신정변　　31
유럽, 아프리카 분할하고 제국주의로 진군 | 사설 — 답은 저 아래에 있다 | 해설 — 이 험한 세상에 '조선 중립화' 어때요? | '행성삼강지설'을 아시나요? | "우리 일본은 더 이상 아시아가 아니다"

4호　파리만국박람회와 근대 과학 문명　　39
파리만국박람회… 근대 문명에 축복을 | 조선에도 근대 과학 문명의 빛이 | 사설 — 돗자리와 300미터 철탑 — 산업 기술자를 고대함 | 해설 — 철도는 인류 역사를 어떻게 바꿀까 | 침·뜸 대신 주사·메스로 치료 받는다 | 내 광기마저도 표현하고 싶어!

5호　동학농민운동　　47
서울로 올라가 권귀를 멸하라! | 사설 — 동학농민운동이 차라리 반란이었더라면 | 해설 — 농민 봉기 최고봉 '혁명'에 못 미쳐 | 인간, 날다!

6호　청·일전쟁과 아관파천　　55
청, 조선 쟁탈 토너먼트 탈락 | 사설 — 고종은 차라리 러시아로 떠나라 | 해설 — 이 개혁, 갑신년에 이루어졌더라면 | 손잡이를 돌리니 사진이 움직이네 | 조선의 진정한 독립은 문자독립 부터

7호　만민공동회와 자주적 근대화의 길　　63
백성들 뿔났다 "대한제국, 똑바로 해!" | 중국 개혁파 뿔났다 | 사설 — 길거리 정치의 등장을 환영한다 | 해설 — 대한제국, 어디로 가야 하나?

8호　러·일전쟁과 일본제국주의의 대두　　71
러시아 발틱함대, 동해에 수장되다 | 사설 — 일본의 승리는 아시아의 승리인가 | 쟁점 토론 — 위기의 대한제국, 무엇을 할 것인가? | 라이트 형제, 동력 비행 최초 성공 | 한국 지성, 사회진화론에 길을 묻다?

9호　국권회복운동　　79
13도 연합 의병, 서울에서 일본과 격돌 앞둬 | 사설 — 침략자와 싸우면서 역사를 거꾸로 돌리기 | 인터뷰 — 침략자를 묻고 동양 평화를 찾는다 | 서울에 관립공업전습소 문 열어 | 한 권의 책이라도 항일의 불씨 될라

호외　한·일병합　　87
아! 원통하다 대한이여 | 한·일병합, 무엇이 어떻게 달라지나 | 합병으로 목숨 잃은 사람들 | 합병에 목숨 걸었던 사람들

10호　중국혁명과 식민지 한국의 운명　　91
혁명 공화국으로 가는 중국 | 사설 — 중국혁명을 아시아의 혁명으로 | 쟁점 — 누구를 위한 토지조사사업인가 | 판게아에서 여러 대륙으로… 땅은 살아 있다! | 나라 잃었다고 글까지 잃으랴?

11호 제국주의 세계대전   99

제국주의, 세계를 휩쓸고 유럽에서 대폭발 | 사설 — 제국주의 전쟁의 하이에나, 일본 | 쟁점 — 세계대전을 바라보는 두 가지 시선 | 보라! 식민지에 내린 제국의 은총을 | 아방가르드, "예술가는 다음 시대의 창조자"

12호 러시아혁명과 한국의 사회주의   107

러시아에 세계 첫 사회주의 정부 탄생 | 사설 — 러시아가 했는데 우리라고 못하랴! | 해설 — 두 개의 혁명을 낳고 끝난 세계대전 | 전 세계 '서반아 독감'으로 줄초상 | 중국, 이번에는 '문학' 혁명으로 간다

13호 3·1운동과 5·4운동   115

대한 독립 만세! | 3·1정신 이어받아 대한민국으로 '우뚝' | 사설 — 어디서 이런 힘이 솟아났단 말인가 | 반갑다 인슐린, 잘 가라 당뇨병

14호 전조선노농총동맹과 민중운동의 서막   125

노동자·농민, 한데 모여 해방을 노래하다 | 사설 — 일제를 몰아내야 하는 진짜 이유 | 해설 — 임정, 창조할 것인가 개조할 것인가 | 우주론을 바꾼 허블의 위대한 발견 | 한국은 고대에 이미 일본의 식민지였다?

15호 민족협동전선 신간회   133

민족주의·사회주의 손 잡고 전열 재정비 | 사설 — 누가 진정한 일제의 적인지 가리자 | 특파원 보도 — 추위와 졸음을 참는 것이 가장 힘들어 | 플레밍, 기적의 항생물질 페니실린 발견 | 우리도 재미있는 대작 영화 만들어보자

16호 세계대공황   141

뉴욕발 대공황, 전 세계 강타 | 사설 - 잘 만들어놓은 물건을 왜 파괴하는가? | 인터뷰 — 을밀대 지붕에서 고공 시위 중인 강주룡 | 신채호, 『삼국사기』 비판하며 민족주의 역사학 내세워

17호 나치스의 등장과 파시즘의 확산   149

신성로마제국의 후예들, 나치에 낚이다 | 사설 — 윤봉길은 테러리스트인가 | 해설 — 잇단 탈당 사태로 와해 위기에 빠진 민혁당 | 나치 인종주의 따라 다시 떠오르는 우생학 | 잇달아 조국 떠나는 독일 지식인들

18호 에스파냐인민전선과 민족통일전선   157

에스파냐에서 파시스트와 인민전선 격돌 | 사설 — 문명이 키운 괴물, 파시즘 | 동향 — 세계의 양심으로 에스파냐를 지켜라 | 초점 — 하얼빈 소재 일본군 비밀 연구소… 세균전 대비한 생체 실험 자행 | 시대의 정곡을 찌른 '구닥다리' 무성영화

19호 2차 세계대전   165

인류의 모든 갈등 한꺼번에 불 붙었다… 2차 세계대전 폭발 | 사설 — 대동아 단결하여 일본 제국주의 타도하자 | 해설 — 제국주의 전쟁인 동시에 반파시스트 연합 전쟁 | 어둠 속에 떨지 말고 친일하여 광명 찾자

20호 종전과 해방   173

독일 항복, 2차 세계대전 유럽 전선 상황 끝! | 사설 — 이런 나라에서 살고 싶다 | 해설 — 천인공노할 2차 세계대전의 범죄성 | 세계 최초의 핵실험 성공하던 날 | 조선총독부 학무국은 역사 문화재 철거반

부록   181

    『근현대사신문』 근대편 따라잡기   183
    『근현대사신문』 근대편 연표   194
    『근현대사신문』 근대편 참고 문헌   202
    『근현대사신문』 근대편 찾아보기   204
    『근현대사신문』 근대편 도움받은 곳   210

『근현대사신문』 현대편 목차

호외	일본 항복! 한국 해방!	9
1호	냉전으로 가는 전후 세계	13
2호	분단의 시대	21
3호	한국전쟁	29
4호	다시 일어서는 아시아·아프리카	39
5호	미·소의 우주 경쟁과 남북한의 복구 경쟁	47
6호	4·19혁명과 아시아·아프리카 민주화	55
7호	5·16군사쿠데타	63
8호	베트남전쟁	71
9호	68혁명	79
10호	전쟁 같은 경제개발, 무너지는 노동자	87
11호	자본주의 황금시대의 종말	95
12호	박정희와 마오쩌둥의 죽음	103
호외	광주민주화운동	111
13호	신군부와 신자유주의	115
14호	필리핀 민중혁명과 아시아의 민주화	123
15호	6월항쟁과 민주화의 길	131
16호	냉전 종식, 그후	141
17호	아프리카의 승리	149
18호	IMF 경제 위기	157
19호	6·15남북정상회담	165
20호	2002한·일월드컵과 촛불 집회	173
부록		181
	『근현대사신문』 현대편 따라잡기	183
	『근현대사신문』 현대편 연표	192
	『근현대사신문』 현대편 참고 문헌	198
	『근현대사신문』 현대편 찾아보기	200
	『근현대사신문』 현대편 도움받은 곳	206

『근현대사신문』을 시작하며

근대로 가는 길

조선이 근대로 접어들었음을 알린 최대의 뉴스는 개항(1876)이었다. 개항에 따라 조선에는 외국의 근대 문물이 쏟아져 들어오고 조선의 정치·경제는 외세의 뜻에 따라 근대적 질서로 급격히 재편되어 갔다. 그렇다고 해서 개항 이전부터 근대로 나아가는 움직임이 없었던 것은 아니다. 늦어도 임진왜란(1592~1598)이 끝난 후에는 근대를 향한 조선 사회의 변화가 시작되었다.

전쟁으로 피폐해진 경제를 살리기 위해 그루갈이 같은 개선된 농법을 도입하면서 농업 생산이 늘어났고, 그러자 농작물이 상품으로 재배되어 시장에서 거래되는 사례가 늘어났다. 농촌에서 시작된 상품화폐 경제는 상공업 분야로 확대되었다. 17세기부터 나라에 내는 각 지역의 특산물을 쌀로 통일하는 대동법이 실시되자, 납부를 대행하는 공인이 특산물과 쌀의 교환을 주도하면서 상공업 발달의 주역으로 떠오르기도 했다. 서양의 지도, 역법, 시학(천주교) 등 근대 문물도 서서히 조선 사회에 선을 보이기 시작했다. 이 과정에서 조선의 신분 질서와 경제 체계에는 조금씩 변화의 조짐이 나타나고, 사람들도 조금씩 새로운 세상에 눈을 뜨기 시작했다.

조선 후기의 르네상스로 불리는 영·정조 시대는 그렇게 다가오고 있었다.

18세기 세계

서양의 근대는 정치적으로 시민혁명, 경제적으로 산업혁명과 함께 시작됐다. 그런 의미에서 보면 18세기는 정치적으로 프랑스의 시대이고 경제적으로는 영국의 시대이다.

프랑스에서 18세기는 1715년에 시작되어 1789년에 끝났다고 말한다. 1715년은 태양왕 루이14세(재위 1643~1715)가 죽은 해이고, 1789년은 프랑스혁명이 일어난 해이다.

"짐은 곧 국가다."라고 말했던 태양왕 루이14세는 중상주의 정책으로 국내 산업을 보호·육성하고 해외 식민지를 개척했으며, 그의 치세에 근대 경제와 중세 봉건사회는 기묘한 균형을 이루었다.

그러나 다음 왕인 루이15세(재위 1715~1774) 때 파리는 절대왕정을 '앙시엥 레짐(낡은 체제)'이라고 비판하며 근대 시민사회의 이론적 기초를 닦는 루소, 볼테르, 몽테스키외 같은 계몽사상가들로 가득 찼다. 신분제 의회인 삼부회에서 제3신분으로 천대받던 상공업 종사자들은 계몽사상의 동반자였다.

다음 왕 루이16세(재위 1774~1792)는 미국이 영국의 지배로부터 공화국으로 독립하는 것을 도와주었지만(1776년), 이 행위는 그에게 부메랑으로 돌아왔다. 그는 재정 개혁에 동의를 얻으려고 삼부회를 소집했다가 제3신분 대표들이 입헌군주제를 추진하는 길을 열어주었고, 이를 기폭제로 일어난 프랑스혁명에서 공화제를 추진하는 세력이 승리한 뒤에는 단두대에 목을 맡겨야 했다. 자유·평등·박애를 모토로 한 프랑스혁명의 이념은 곧 유럽 전역으로 퍼져나갔다.

같은 시기에 영국에서는 면공업 분야에서 하그리브스의 제니 방적기, 카트라이트의 동력 직조기 등이 발명되어 증기력을 이용한 기계제 공장 생산의 시대를 열었다. 이는 곧 다른 산업 분야로 확산되어 자본주의적 대량생산의 길이 활짝 열렸으니, 이를 산업혁명이라고 한다.

시민혁명과 산업혁명이라는 쌍두마차는 인류의 역사를 돌이킬 수 없는 궤도 위에 올려놓았다.

18세기 조선

숙종(재위 1674~1720)부터 정조(재위 1776~1800)에 이르는 4대 120여 년간 조선 왕조는 비교적 안정된 동아시아 국제 질서 속에 부흥의 기운을 맞이하고 있었다.

농촌에는 모내기가 보급되어 그루갈이를 하면서 수확이 늘어났고, 시장에 곡식을 내다 팔아 재물을 늘리는 부농이 생겨났다. 부농은 논밭을 넓혀 상업용 작물을 재배하니 이를 '광작'이라고 한다. 부농이 더 많은 논밭을 차지하면 그만큼 자기 땅을 잃는 농민들은 남의 땅을 부쳐 먹거나 농촌을 떠나 서울로 흘러들었다.

숙종 때부터 확장된 서울은 영·정조 때 이르러 이전보다 인구가 2배나 늘어나 20만 명에 이르렀다. 그 많은 사람들이 벼슬아치만 빼면 봇짐장수부터 시전 상인까지 죄다 상업에 종사했다. 17세기 들어 본격 실시된 대동법 체제에서 조정의 위임을 받아 서울로 쌀을 실어 나르는 경강상인이 큰돈을 벌고, 한강 나루에서 물건을 맡아 주거나 상인을 재워 주거나 밑천을 꿔주던 객주도 큰돈을 벌었다.

상업의 발달은 문화의 유통도 촉진했다. 책이 돌고 그림이 돌고 기호품이 돌았다. 이웃 청나라로부터 각종 서양 물품도 흘러들어왔다. 이런 분위기 속에 역관·상인·의원 같은 전문직과 중간직 관리들이 '중인'이라는 계층을 형성해 나갔다. 이처럼 들썩이는 분위기는 양반 지식층에 영향을 끼쳐 집권 노론의 자제들은 청나라를 드나들며 서양의 과학 기술과 상공업 발달에 눈을 뜨고, 권력에서 밀려나 있던 남인층은 농촌의 개혁을 추구하는 한편 서학(천주교)에 관심을 기울이기 시작했다. 얼핏 근본적인 사회 변화를 초래할 법한 분위기였지만, 성리학에 입각한 조선의 전통문화는 끄떡도 하지 않았다. 오히려 성리학에 대한 지배층의 신념과 사회 전반의 유교 문화는 더욱 깊어지고 넓어지면서 절정으로 나아가고 있었다. 정조 때 조선은 새로운 문화적 요소들을 받아들이면서도 유교적 전통문화를 총정리하고 완성하는 방향으로 움직였다.

19세기 조선과 세계

조선의 르네상스를 이끌었던 정조는 19세기가 시작되는 1800년에 급작스러운 죽음을 맞이했다. 그리고 안동 김씨, 풍양 조씨 등 소수 가문이 정국을 쥐락펴락하는 세도정치가 시작되었다. 세도정치는 붕당정치(당쟁)의 변형이며 타락이라고 한다. 임진왜란 직전 시작된 붕당정치에는 사대부들이 사상과 정책을 놓고 경쟁을 벌이는 긍정적인 모습도 있었다. 그러나 세도정치는 서인에서 갈라져 나온 노론의 일부 가문이 모든 권력을 독점하는 부정적인 모습을 보였다. 당파를 초월한 정치를 펼치던 정조가 죽자마자 이런 일이 생긴 데 대해 기득권 세력인 노론이 정조를 독살했다는 해석도 있고, 정조 자신이 노론에 의지하고 있었다는 상반되는 해석도 있다.

세도정치는 변화하고 있던 조선 사회에 동맥경화 현상을 가져왔다. 여러 계층, 여러 지역에서 실력을 기른 사람들이 중앙에 진출해 뜻을 펴고 싶어도 길이 없었다. 중앙정부가 경직되고 부패되어 가자 지방관아에도 부패의 고리가 이어져 '삼정의 문란'이라고 불리는 국가재정의 혼란 상태가 조선 전체를 뒤덮었다. 삼정이란 토지에 대한 세금을 고르게 부과하는 전정, 병역을 고르게 부담하도록 하는 군정, 농민에게 곡식을 대여하는 환곡을 가리킨다. 국가 운영의 기본이 되는 이런 정책들이 부정부패 앞에 무너지자 곳곳에서 민란이 일어났다. 1811년에 평안도에서 일어난 홍경래의 난은 실력을 갖추고도 차별받던 서북 지역 지식인이 지방관의 횡포에 분노한 백성과 함께 일으킨 대규모 항쟁이었다. 정주성을 점령하고 평안도를 휩쓴 홍경래의 난은 비록 성공하지는 못했지만, 19세기 조선 사회가 얼마나 변화에 목말라 했는지를 잘 보여준 대사건이었다. 홍경래의 난은 세도정치의 폐단이

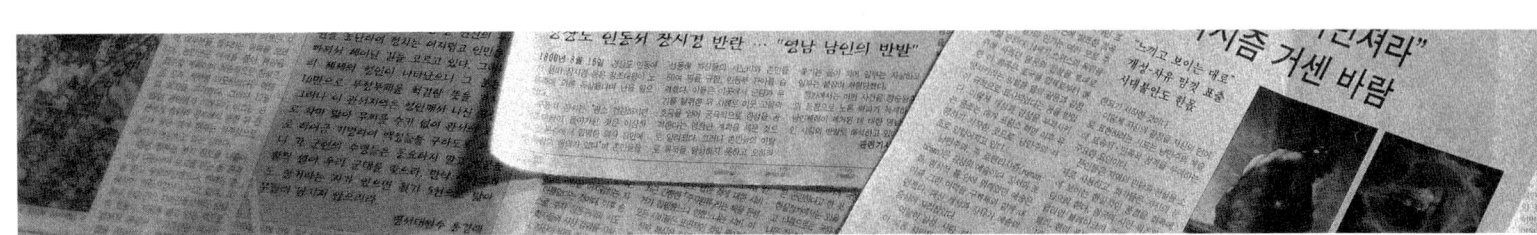

극에 달하던 1862년에 삼남의 71개 지역을 휩쓴 임술민란으로 이어져 대폭발했다. 농민들은 곳곳에서 삼정의 문란을 고발하고 부패 관리를 응징했다. 세도정치를 극복하고 18세기의 활력을 이어가지 않는 한 조선에는 미래가 없었다.

1799년 나폴레옹 장군은 쿠데타를 일으켜 혁명정부를 뒤엎고 독재 정권을 세우면서 혁명은 끝났다라고 선언했다. 그동안 나폴레옹은 프랑스혁명에 반대하는 왕국들에 맞서 혁명을 지키기 위한 전쟁을 이끌어왔으나, 황제 자리에 오른 나폴레옹은 전쟁을 침략적인 것으로 변모시켰다. 그러나 나폴레옹 군대는 가는 곳마다 프랑스혁명의 이념을 전파하고, 혁명으로 생겨난 민족주의가 유럽 각국을 무장시켜 나폴레옹에 저항하도록 하는 역설적 상황이 전개되었다. 나폴레옹 전쟁은 1815년에 막을 내렸지만, 유럽 전역에는 자유·평등·박애를 상징하는 삼색기가 나부끼고, 1830년과 1848년에는 혁명이 물결이 유럽을 휩쓸었다. 에스파냐의 지배를 받던 라틴아메리카에서도 19세기는 혁명과 독립의 시대였다.

혁명의 와중에도 유럽 각국은 해외 진출에 박차를 가했다. 아시아와 아프리카의 대부분을 휩쓴 열강은 오스만제국과 중국에 발을 뻗기 시작했다. 오스만제국은 18세기 말부터 열강의 간섭과 침략에 시달린 끝에 이집트, 알제리, 그리스 등의 영토를 잃고 내정의 혼란을 겪어야 했다. 중국은 일부 지역에서만 통상을 허용하며 쇄국정책을 고집했다. 중국과 무역을 하면서 너무 많은 은을 지출한 영국은 '신사의 나라'답지 않게 인도산 아편을 중국에 팔아 적자를 메우려 했다. 중국이 이를 금지하자 영국은 본색을 드러내어 함포 사격으로 중국의 문을 열어젖히려 했다. 이 악명 높은 아편전쟁(1840~1842)에서 패한 중국은 서서히 열강의 반식민지로 전락해갔다. 일본의 개항은 신흥 산업국가인 미국의 몫이었다. 미국의 페리 제독은 일본의 막부를 위협하는 것만으로도 기대한 성과를 달성했다. 이제 동아시아에서 남은 것은 조선이었다. 세도정치를 끝내고 내정 개혁에 나선 흥선대원군은 강력한 쇄국정책을 펼쳤다. 1866년에 프랑스, 1871년에 미국이 군대를 보내 문을 두드렸지만 조선은 이들을 물리쳤다. 19세기 후반까지도 조선의 강산에는 흥선대원군이 근대 세계와 접촉하기를 거부하며 세운 척화비가 우뚝서 있었다.

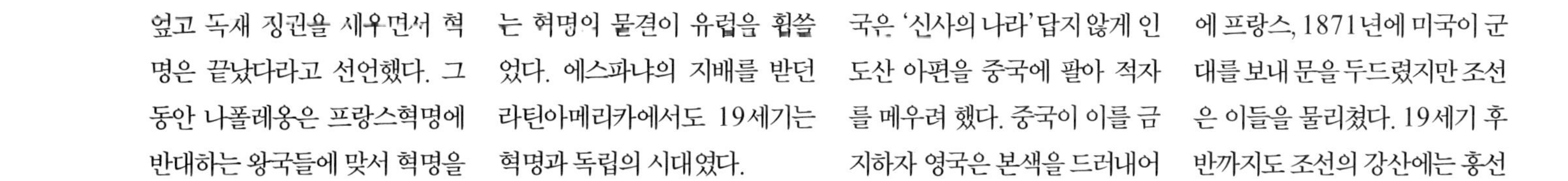

1868년 일본

일본의 도쿠가와막부는 페리제독의 위협에 굴복하여 독단적으로 개항을 결정했다.

이를 빌미로 막부 체제에 반대하는 사쓰마번, 조슈번 등이 막부를 타도하기 위한 동맹을 맺었다. 이들은 막부에 승리를 거두고 1867년에 통치권을 천황에게 돌려주는 대정봉환을, 1868년에 일본을 근대국가의 반열에 올려놓기 위한 메이지유신을 단행했다.

메이지 천황을 중심으로 하는 유신정부는 학제 개편, 징병령 실시, 지조 개정 등 국가가 주도하는 부국강병 정책을 펼쳐 자본주의 경제를 도입하고 군사력을 강화해 나갔다.

메이지정부는 대정봉환을 조선에 통보하고 국교를 새롭게 맺자고 요청했으나, 흥선대원군은 외교문서의 격식이 이전과 다르다며 사신 접견조차 거부했다.

몇 차례 밀고당기기가 이어지자 일본 내에서는 협상으로 안 되면 무력으로 조선을 정벌하자는 정한론이 사이고 다카모리를 중심으로 일어났다. 당시의 집권세력은 내정에 치중할 때라면서 이에 반대해 1873년 정한론자들이 내각에서 사퇴하는 파동이 일어났다.

그러나 이와쿠라 도모미 등 정한론에 반대한 일본 관리들도 어디까지나 당장은 어렵다는 생각을 가지고 있었을 뿐이다. 일본이 미국에게 배운 방식대로 조선의 개항을 시도하는 것은 단지 시간문제일 뿐이었다.

1876년~1880년

근현대사신문

근대 1호

주요 기사 | **2면** 개항 임박, 조선은 어디로 가는가 (1876) | **3면** 인도, 개항의 끝은 식민지인가 (1877) | **4면** 사설—옛날의 그 개항이 아니다 | **4면** 해설—조선 개항에 대한 세계 각국의 반응 | **5면** 특파원 보도—해외 개항장을 가다 | **6면** '자연철학자'가 아니라 '과학자'랍니다! | **7면** 개항 맞아 들어온 두 권의 책 | **8면** 베를린만국박람회에 전기기관차 등장

조선의 개항과 서세동점

1873년, 흥선대원군이 정권을 내놓고 물러났다. 동부승지 최익현이 흥선대원군의 정책을 신랄하게 비판하는 상소를 올린 것이 결정적이었다. 전통적인 사대부 중심의 유교를 신봉하는 최익현에게 사대부의 근거지인 서원을 철폐하고 백성의 고혈을 짜내 경복궁을 크게 짓고 왕권을 강화하려는 흥선대원군의 처사는 못마땅했다. 그러나 최익현과 흥선대원군은 프랑스, 미국 같은 서양 오랑캐와 일본을 동시에 배척하는 쇄국에 관한 한 뜻을 같이 하고 있었다.

하지만 흥선대원군을 몰아내는 데 최익현을 이용했던 민씨 왕후와 그 측근들에게는 그러한 의지가 없었다. 그렇다고 적극적인 개항과 근대화의 계획을 갖고 있는 것도 아니었다. 최익현은 임금의 아버지를 탄핵했다는 죄로 금쪽같은 2년을 제주도에 귀양 가서 허송해야 했다. 그 사이 일본은 군함 2척, 수송선 3척 등을 조선 앞바다로 보내 무력시위를 벌였다. 조선은 일찍이 경험하지 못한 역사의 회오리 속으로 빠져들었다.

사진 | 개항을 맞이했던 조선의 황해 앞바다

개항 임박, 조선은 어디로 가는가

일본, 무력으로 개항 요구… 정국 긴박감 최고조

【1876년 1월】 '쇄국' 조선의 개항이 초읽기에 들어갔다. 강화도에서 지난 17일부터 공식 회담을 열어온 조·일 양국이 조선의 문호 개방에 합의할 것으로 알려지면서 정국의 긴박감이 최고조에 이르고 있다.

이번 개항 정국은 지난해 8월 일본이 군함 운요호를 강화도 부근에 파견, 무력 도발을 감행하면서 시작되었다. 양국 간에 충돌이 일어나자 일본은 올해 초 다시 개항을 요구하며 함대를 동원해 조선 연안에서 무력시위를 벌여왔다. 이에 조선의 접견대사 신헌(66)이 일본의 특명전권대사 구로다 기요타카(36)와 만났다. 그러나 양측은 운요호 사건의 책임을 놓고 팽팽한 신경전을 벌였다.

일본은 회담이 빨리 끝나지 않으면 조선에 대한 반감으로 수만 명의 군대가 공격해올 것이라는 협박까지 했다. 이에 정부는 대책을 논의하기 위해 대신회의를 소집했으나, 특별한 대책을 마련하지 못한 채 일본의 요구대로 개항을 하는 쪽으로 대세가 기운 것으로 알려졌다. 대신들 중 유일하게 개항을 주장해온 박규수(69)는 신헌과 편지를 주고받으며 개항 협상을 막후에서 지휘하고 있는 것으로 전해졌다.

하지만 반대 세력도 만만치 않다. 최익현(43)은 도끼를 들고 궁궐 앞에서 상소문을 올리는 최후의 카드를 뽑아 들었다. 그는 상소문에서 일본을 서양과 같은 오랑캐로 규정하고, 일본의 강요에 따른 개항을 절대 반대한다는 입장을 표명했다. 그러나 고종은 정부의 타협적인 태도를 질타한 최익현을 다시 귀양 보내고 개항 추진 세력에 힘을 실어주었다.

한편 조선의 개항 임박 소식은 전 세계의 관심을 끌고 있다. 특히 일찍이 조선을 개항시키려다 실패한 프랑스, 미국 등 서구 열강과 청나라가 이 회담의 추이를 주시하고 있다.

쇄국정책을 밀어붙이던 홍선대원군이 3년 전 실각한 뒤 개항 추진론이 힘을 얻어왔으나, 일본의 강요로 급진전된 지금의 개항은 아무도 원하지 않던 방향으로 조선을 몰아가고 있다는 것이 중론이다. ▶ 관련기사 4면

강화도 연무당에서 조·일 양국의 대표들이 조선의 문호 개방에 관해 논의를 벌이고 있다. 일본 군함 운요호는 해안을 측량하러 왔다는 핑계를 대면서 강화도 부근까지 들어와 조선 수비대와 무력 충돌을 빚었고, 이를 빌미로 조선의 개항을 요구했다.

생활고에 민심 흉흉, 도적 되거나 만주로!

【1878년 7월】 충청도 지역에 나난 화적 이한성 등 5명이 처형됐다. 최근 흉작이 심한 경기와 삼남 지방에서 화적떼가 자주 나타나 민심이 날로 흉악해지고 있다는 소문이다. 정부에서는 민심을 수습하려고 이 지역에 내탕금을 각 1만 냥씩 지급하는 등 갖은 애를 쓰고 있다. 농민들이 땅을 버리고 떠돌아다니면서 도적질을 하는 것은 극심한 가뭄과 홍수 같은 자연재해 때문만은 아니다. 오히려 지방 관리들의 지나친 조세 수취로 대대로 살아오던 땅을 등지는 일이 많다. 심지어 국경을 넘어 만주 지역으로 떠나는 농민들마저 생겨나고 있는 실정이다. 그래서 지난 1876년 8월 9일에는 국경을 넘어가는 것을 금하는 명령을 함경도에 내리기도 했다.

경복궁에 큰 불!

【1876년 11월 4일, 서울】 경복궁에 까닭 모를 큰 불이 났다. 많은 사람들이 동원돼 간신히 불길을 잡았으나, 왕비의 침전인 교태전 등 전각 830여 간이 불탔다. 이에 정부는 임시로 창덕궁으로 거처를 옮기기로 결정했다.

▶부산 개항, 조·일수호조규 부록 및 조·일무역규칙 조인(1876) ▶일본 군함 천성호, 원산만 수심 측량(1878) ▶원산 개항, 통리기무아문 설치(1880)

개항의 끝은 식민지인가

영국 빅토리아 여왕, 인도 황제 즉위… 직할 체제 완성

【1877년 1월 1일, 콜카타】 인도 총독 리튼은 콜카타의 총독부 관저에서 영국의 빅토리아 여왕을 인도 황제로 선포하는 성대한 기념식을 열었다. 이로써 인도의 영국 식민지화는 돌이킬 수 없는 사실로 더욱 굳어지게 됐다.

이번 기념식에 참석한 인도 각 지방의 유력자들은 빅토리아 황제의 즉위를 칭송하며 기쁨을 감추지 못했다. 그 까닭은 빅토리아 황제가 지방 유력자들에게 징세권을 돌려줘 기득권 세력을 보호해주는 조치를 잇달아 발표했기 때문이다. 하지만 지금 인도는 전국에 가뭄이 들어 곳곳에서 농민들이 굶주리고 있는 터라 총독부의 성대한 기념식을 바라보는 시선이 곱지만은 않은 형편이다. 더구나 리튼 총독이 부임하면서 인도인과 영국인을 차별하는 정책을 펴자 인도 사람들은 불만에 가득 차 있는 상황이다.

인도는 지난 세기부터 영국 동인도회사의 지배를 받아오다가 1857년에 일어난 세포이항쟁을 기점으로 영국 정부가 직접 통치해 왔다. 이번 황제 즉위식은 외교적으로 빅토리아 여왕을 러시아의 차르나 독일의 카이저와 동급으로 올리려는 의전 행사이지만, 사실상 인도의 식민지화를 최종 확인하는 절차라고 볼 수 있다. 이에 따라 앞으로 인도의 행정 기구와 경제체제가 영국을 따라 급속히 바뀔 것으로 보인다. 중국과도 아편전쟁을 치러 승리한 영국이 또다시 세계의 지배자임을 과시하게 됐다.

열강의 아시아 진출

영국이 인도, 싱가포르, 중국까지 진출한 데 이어 프랑스도 버마와 인도차이나까지 진출했으며, 서부 개척을 끝내고 태평양 연안까지 닿은 미국도 아시아 진출을 꾀하고 있다. 19세기 들어 서양 각국이 앞다퉈 아시아로 진출하는 서세동점의 물결이 중국, 일본을 거쳐 조선까지도 미칠 전망이다.

오스만제국, 아시아 처음으로 헌법 공포

【1876년, 이스탄불】 12월 3일, 새 술탄 압둘 하미드2세가 아시아 최초로 헌법을 공표했다. 이 헌법은 벨기에와 프로이센의 헌법을 본뜬 것으로, 내각 구성과 상원의원 임명을 술탄의 권한으로 인정하면서도 하원의원의 선출, 사법부의 독립, 국민의 자유와 공무 담임권 및 피선거권 등을 인정하는 입헌군주제의 성격을 지니고 있다.

이번에 헌법을 공표하는 데 공을 세운 미드하트 파샤(54, 그림)는 "우리를 몰아내려는 유럽 각국의 간섭에서 벗어나려면 전제정치를 버리고 입헌군주제를 실시해야 한다."라고 이미 밝힌 바 있다. 미드하트 파샤는 지난 5월 30일 제국의 상황이 악화되자 대와지르(총리), 육군장관과 연합 세력을 이뤄 술탄 압둘 라지즈를 폐위시키고, 그의 조카 무라드5세를 술탄에 앉혔다. 그러나 무라드5세가 정신 이상을 보이자 8월에 쫓아내고, 이번엔 그의 동생 압둘 하미드2세를 술탄에 앉힌 것이라고 한다. 이 과정에서 대와지르가 된 미드하트 파샤는 헌법 제정을 강력하게 주장해, 이번에 광범위한 민주적 자유를 보장하는 제국 최초의 헌법을 공포하게 됐다.

하지만 전제군주제에서 입헌군주제로 탈바꿈한 오스만제국이 과거처럼 세 대륙에 걸친 제국의 영광을 계속 이어갈 수 있을지는 좀 더 지켜볼 일이라는 게 중론이다.

1872년 미드하트 파샤는 절대 전제주의자인 술탄 압둘 라지즈를 만났을 때, 마무드 네딤 파샤의 반개혁 정책에 반대하는 대담한 주장을 펴 총리인 대와지르에 임명됐다.

동남아 고무나무는 영국 식민지 나무?

【1877년, 동남아】 영국 런던의 큐 왕립 식물원에서 싹을 틔운 브라질산 고무나무 묘목 2,000그루가 실론, 말레이시아, 인도네시아 등으로 옮겨졌다. 최근 고무의 수요가 급속도로 늘어났지만, 그동안 공급지는 남아메리카뿐이었다.

그러나 이제 동남아시아에서도 고무나무가 번성하게 되면서 인도 제국을 차지한 영국의 영향력은 특히 말레이반도 구석구석까지 미치게 되었다. 이미 싱가포르, 말라카, 페낭을 식민지로 만든 영국은 이제 말레이반도 전체를 식민지로 전락시킬 것으로 보인다.

태평양 섬들은 프랑스의 천연 감옥

【1878년, 누벨칼레도니제도】 태평양 남서부에 있는 누벨칼레도니제도에서 카나크족(누벨칼레도니에 사는 폴리네시아인)의 영토를 빼앗으려는 프랑스에 맞서 아타이 추장이 반란을 일으켰다.

이곳에는 1774년 제임스 쿡 선장이 처음 상륙한 이래, 1840년 로마 가톨릭 프랑스 선교단이 들어왔다. 그러나 선교사들이 살해되는 사건을 계기로 1853년에 프랑스가 병합해 군정장관이 다스렸다. 지금은 죄수들을 이주시켜 강제 노동을 시키는 유형 식민지이다.

이번 반란은 1863년 이 지역에서 니켈이 발견되자, 프랑스 정부가 유형장을 세우고 광산, 도로, 커피 농장 등을 만들면서 원주민인 카나크족과 맺은 약속을 지키지 않아 일어났다는 분석이다. 하지만 카나크족은 이번 반란으로 수천 명이 목숨을 잃고 팽섬과 벨레프섬으로 호송돼 앞으로 여러 부족으로 나뉘게 될 전망이다.

▶영국, 트란스발공화국 병합(1877) ▶ 러시아, 오스만제국과 전쟁(1877~1878) ▶일본, 류큐를 오키나와현으로 편입(1879) ▶청, 리훙장 건의로 해군 창설(1880)

사 설

옛날의 그 개항이 아니다

강화도에서 열린 조선과 일본의 개항 협상은 일방적인 불평등조약 체결로 막을 내렸다. 우리 협상단은 옛날에도 일본에 몇 차례 개항했는데 새삼 무슨 개항을 하느냐고 했다 한다. 과연 이들에게 지금 이 나라를 다스리는 관료의 자격이 있는지 의심스럽다.

1426년, 세종 때 부산 일대를 일본에 개항하고 필요한 물품을 사고팔 수 있도록 한 것은 사실이다. 그러나 지금의 개항은 옛날의 개항과 근본적으로 다르다. 옛날에는 농업으로 자급자족하면서 나머지 필요한 물건만 교환했기에 조선 경제에 미치는 영향은 미미했다. 하지만 지금 일본은 나라의 운명을 걸고 교역에 매달리고 있다. 저들이 대량으로 만든 면제품과 기타 공산품을 조선에 싸게 팔아 치우면, 아직 걸음마 단계인 조선의 공업은 몰락한다. 저들이 조선 농산물을 공업 원료로 헐값에 사들이면, 조선 경제의 근간인 농업마저 무너진다. 이것만으로도 재앙인데 일본보다 앞선 서구 열강은 인도, 아프리카 각국을 식민지로 만들어버렸다. 앞으로 일본이 열어놓은 길을 따라 조선도 열강의 식민지가 되지 말라는 법이 없다.

사태가 이런데 '옛날에도 개항' 운운할 텐가? 시대의 흐름을 놓치고 미리 준비하지 못한 무능한 당국자들을 교체하라. 일본에 연안 측량권을 주고 치외법권을 허용하고 관세 없이 물건을 팔 수 있게 한 불평등 조항을 당장 재협상하라. 그리고 지금부터라도 백성의 뜻을 모아 국내 산업을 보호·육성하고 더 이상 불평등조약이 없도록 노력하라. 우리에겐 시간이 없다!

"조선은 곧 우리의 앞마당 될 것"

해설 조선 개항에 대한 세계 각국의 반응

개항으로 일본과 국교를 재개한 것은 최근 국제 관계에서 가장 극적인 변화 가운데 하나이다. 이러한 정책의 변화는 앞으로 다른 열강에게도 영향을 미칠 전망이다. 이에 각국의 반응을 살펴본다.

강화도조약 체결에 대해 각국은 대체로 긍정적인 반응을 보이고 있다. 특히 조선을 개항시킨 일본은 축제 분위기이다. 그동안 급격한 근대화에 따른 불만의 돌파구를 동아시아 침략에서 찾아온 일본은 드디어 조선 진출의 발판을 마련했다는 점에서 더할 수 없는 만족감을 표시하고 있다.

지난 1854년 미국의 페리 제독에 의해 강제로 개항한 일본에서는 이후 근대화 과정에서 소외된 무사 계급 주도로 정한론이 대두됐다. 그래서 조선을 비롯한 동아시아를 침략해 서구 열강에게 빼앗겼던 것을 상쇄하려 했지만, 이를 견제하는 신흥 관료에 의해 저지됐다. 그러나 메이지 정부는 류큐번을 설치하고 타이완으로 출병하면서 청나라와 수호조규를 맺고, 이번 강화도조약으로 조선의 개항을 추진해 마침내 그 목적을 달성한 것이다.

미국, 프랑스, 영국, 러시아를 비롯한 구미 열강은 이번 강화도조약을 두 손 들어 환영하고 있다. 특히 미국과 프랑스가 조선의 개항을 보는 태도는 남다르다. 프랑스와 미국은 각각 병인양요(1866)와 신미양요(1871)를 일으켜 조선을 개항시키려다 실패한 경험이 있기 때문이다.

한편 일본과 똑같이 서구 열강의 강요로 개항을 한 청나라도 조선의 개항이 불가피하다는 것을 인정하는 분위기이다. 그러나 "조선은 자주국이다."라는 강화도조약의 제1조에서 드러나듯이, 조선에서 청나라의 영향력이 쇠퇴하지 않을까 하는 우려를 숨기지 않고 있다. 그렇다고 서구 열강에 패한 청나라가 이들의 후원을 받고 있는 일본을 당장 견제하기도 어렵다는 데 청나라의 고민이 있다.

앞으로 미국과 영국의 후원을 받는 일본과 남으로 세력을 넓히려는 러시아, 그리고 종주권을 유지하려는 청나라 사이에 조선을 둘러싼 치열한 쟁탈전이 일어날 전망이다.

그림마당 | 이은홍

기록실

조·일수호조규 (강화도조약)

1876년 2월, 일본의 강압으로 맺은 최초의 불평등조약인 '강화도조약'의 주요 내용을 소개한다.

제1조 조선은 자주국이며 일본과 똑같은 권리를 갖는다. 앞으로 두 나라가 화친하려고 할 때는 서로 동등한 예의로 상대한다. 조금이라도 경계를 넘어 침입하거나 미워해서는 안 된다.

제4조 조선국 부산 초량은 일본 공관이 있어 다닌 간 양국 인민이 통상하던 곳이었다. 종전 관례와 세견선 조항 등을 개혁하여 새로운 조약에 따라 무역 사무를 시행한다. 조선국 정부는 제5조에서 정한 2개 항구를 개항하고 일본인이 와서 통상을 하도록 허가한다. 이곳에서 토지를 빌려 집을 짓거나 조선 인민에게 집을 빌리도록 허가한다.

제5조 경기·충청·전라·경상·함경 5도 연해 가운데 통상에 편리한 항구 2개를 골라 개항한다. 시기는 조선력 병자년 2월을 기준으로 20개월 안으로 한다.

제7조 조선국 연해의 도서와 암초를 조사하지 않아 매우 위험하다. 일본국 항해자가 자유로이 해안을 측량하도록 허가한다.

제10조 일본국 인민이 조선국 항구에서 죄를 지었거나 조선국 인민에게 관계되는 사건은 모두 일본국 관원이 심판한다.

▶이집트, 재정 파산 선고로 영국·프랑스 공동 관리(1876) ▶조선, 신식 무기 칠연총과 수차 등 제작(1876) ▶조선, 프랑스인 리델과 두세 로베르 신부 체포(1877)

개항장, 근대의 산실인가 침략의 발판인가

특파원 보도 해외 개항장을 가다 — 중국 상하이와 일본 나가사키

서양 세력들이 앞다퉈 아시아로 밀려오면서 아시아 각 나라들은 항구를 열어 서양 문물을 받아들이고 있다. 청나라가 아편전쟁을 계기로 가장 앞서 개항을 했고, 뒤이어 일본이 미국의 함포 외교에 굴복해 문을 열었다. 조선에 앞서 문을 연 두 나라의 개항장을 찾아가 보았다.

【1878년, 상하이】 지난 1865년에 설립된 이곳 강남기기제조총국은 이제 군수산업 시설과 사람이 꽤 많이 늘어 기계 소리와 분주하게 오가는 일꾼들로 활기찬 모습이다. 한쪽에 쌓여 있는 서양식 총과 대포를 보니, 애초의 설립 목적에 맞게 청나라 군수산업의 중심으로 성장하고 있다는 것을 한눈에 실감할 수 있다. 특히 군함을 건조하는 곳에서는 서양 기술자의 지시에 따라 증기기관을 장착하는 작업이 한창이다. 아편전쟁에서 철제 군함의 위력을 실감한 청나라 관리들은 무엇보다도 군함의 자체 생산에 의욕을 보이고 있다. 하지만 이곳을 설립한 책임자 리훙장은 "부품도 전량 수입해 오고 기술자도 서양인이니, 배를 통째로 사오는 것과 다르지 않다."라고 아직 갈 길이 멀다고 말했다. 그래도 이곳에서 생산된 최신식 무기들은 부국강병을 위한 개혁에 한몫을 톡톡히 하고 있다는 소식이다.

【1878년, 나가사키】 네덜란드의 도움을 받아 지난 1850년대 말에 세워진 이곳 조선소는 원래 군함을 건조하기 위한 곳이었다. 하지만 지금은 철을 가공하는 각종 공작기계를 비롯해 증기기관과 보일러 등을 만들고 있다. 현재 일본의 산업은 이곳에서 생산되는 국산 기계들로 제품을 생산하고 있다. 특히 최근에는 이웃에 미쓰비시 선박 회사가 들어서 해운업마저도 서양 회사를 제치고 급속하게 국산화가 이루어지고 있다. 이러한 일본의 산업화는 메이지유신을 단행한 정부가 "문명개화"와 "부국강병"을 내걸고 정책적인 지원을 아끼지 않기 때문에 더욱 탄력을 받고 있다.

상하이는 1차 중·영전쟁(아편전쟁)의 결과로 맺은 난징조약에 따라 1843년 11월에 개항했다. 이후 영국을 비롯한 서양 열강은 자국민들이 집단 거주하는 곳을 따로 정하고, 독자적으로 정치, 경제, 치안 등을 직접 관할하는 조계지를 만들어 침략의 발판을 마련했다.

개항장 부산은 지금 작은 일본

【1878년 6월, 부산】 조·일수호조규(강화도조약) 체결에 따라 1876년 2월 16일 개항한 부산에 일본 다이이치은행 지점이 들어섰다. 현재 부산에 거주하는 일본인이 2,000명에 달하면서 일본식 가옥들과 우체국, 병원, 어학교가 속속 들어서고 있다. 게다가 일본식 요릿집이 이미 영업을 시작했고, 앞으로는 기생집인 유곽마저 들어선다는 소문이 나돌면서 이곳 부산이 일본인지 조선인지 구별이 안 될 정도라고 한다.

일본 따라잡기 시작… 조선, 수신사 파견

【1876년, 조선】 지난 4월 김기수를 단장으로 한 사절단 76명이 일본에 파견돼 문물을 시찰하고 돌아왔다. 수신사 일행은 약 20일간 일본에 머물면서 의사당을 비롯해 내무, 공무, 문부 등 각 행정 부처와 경찰청, 육해군의 군사시설, 공장, 박물관 등 여러 곳에서 새로운 문물을 시찰했다.

특히 단장인 김기수는 요코하마에서 철도를 처음 보고는 "한 시간에 300~400리를 달린다 했는데, 좌우에 산천초목과 가옥, 인물이 보이기는 하나 앞에 번쩍 뒤에 번쩍함으로 도저히 잡아보기 어려웠다."라고 하면서 서양 과학 기술의 위력을 직접 접한 충격을 전했다.

수신사 일행은 조선으로 돌아와 일본에서 살펴본 내용들을 정리, 『일동기유』와 『수신사일기』로 보고하면서, 일본의 새로운 문물을 도입할 필요성이 크다는 의견을 내놓았다. 이러한 수신사의 보고는 앞으로 정부가 추진하고 있는 개화 정책의 방향을 가늠하는 기준이 될 것으로 보인다.

일본 요코하마에 도착한 조선의 수신사 일행. 이 사절단은 1876년 2월에 체결된 강화도조약에 따라 파견된 것으로, 이전까지 일본에 파견되던 사절단인 '통신사'라는 명칭을 '수신사'로 바꾼 것이다.

▶독일, 사회주의자탄압법 공포(1878) ▶조선, 부산 두모진에 세관 설치(1878) ▶아일랜드, '아일랜드국민토지동맹' 결성(1879) ▶프랑스, 파나마운하 착공(1879)

'자연철학자'가 아니라 '과학자'랍니다!
지식의 전문화·세분화 가속화하면서 과학도 전문 직업으로

근래 들어 '자연철학자(natural philosopher)'라는 말 대신에 '과학자(scientist)'라는 새로운 말을 쓰는 일이 미국과 유럽에서 점점 잦아지고 있다. 과학 지식이 전문화하면서 나타나는 과학의 세대교체와 더불어 이런 말의 세대교체도 더 빨라질 것으로 보인다.

애초에 '과학자'라는 말은 영국 과학자 윌리엄 휴얼이 1833년에 만든 새로운 말이다. 그는 당시에 아티스트라는 말이 따로 쓰이듯이 이제 과학 하는 사람도 사이언티스트라는 이름으로 부르는 게 좋겠다며 영국에서 널리 쓰이는 '자연철학자, 과학인, 과학신사'라는 옛 말을 대신해 '과학자'라는 새 말을 제안했다. 이 말은 과학의 독립적인 영역과 과학 직업인의 정체성을 더욱 분명히 하려는 것으로 풀이된다.

하지만 유럽 과학계에서 과학자라는 말은 여전히 낯선 게 사실이다. 특히 영국에서는 '과학인(man of science)'이라는 말이 더 자주 쓰이는데, 이 말은 '문인'과 쌍을 이뤄 교양과 소양을 지닌 지식인의 의미를 지닌다고 한다. 이에 비해 과학자는 산업혁명으로 점점 분화하는 사회에 출현한 다소 기능적인 전문가라는 의미를 지닌 말로, 교양을 강조하는 과학계 인사들 사이에서는 꺼려지고 있다. 특히 영국 과학계의 대표적인 인사인 토머스 헉슬리는 미국에서 더 자주 쓰이고 있는 과학자라는 말을 매우 경멸하면서 과학의 교양 교육을 강조하고 있다. 이런 분위기에도 불구하고 화학과 생물학이 자기 분야를 확립했듯이, 과학 지식이 더 전문화하고 사회의 다른 영역도 산업화로 분화하면서 과학자라는 말은 더 자주 쓰일 것이라고 예상하고 있다.

산업화에 따라 사회의 여러 영역이 세분화되면서 과학을 직업으로 삼는 사람들의 정체성도 점점 더 분명해지고 있다. 그 결과 과학 지식은 더욱더 전문화될 것으로 보인다.

과학 잡지 쌍두마차, 『네이처』·『사이언스』

【1880년, 미국】 미국의 언론인 존 마이클스가 과학 전문 잡지 『사이언스』를 창간했다. 발명가 토머스 에디슨과 알렉산더 벨이 이 잡지에 재정 지원을 한 것으로 알려졌다. 이에 앞서 1869년 영국에서는 천문학자 노먼 로키어가 과학인 사이의 정보 소통을 목적으로 『네이처』라는 잡지를 창간한 바 있다.

이처럼 본격적인 과학 잡지를 표방한 정기 간행물이 잇달아 창간되면서 과학계는 아연 활기를 띠고 있다.

1869년 발행된 『네이처』의 첫 페이지.

『사이언스』와 『네이처』가 미국과 영국의 과학계를 대변하는 과학 잡지의 쌍두마차로 성장하기를 바라는 목소리가 드높다.

발명가 에디슨, 인류의 눈과 귀를 밝히다
벨 '전화기' 개량에 이어 '백열전구' 발명에 성공

웨스턴유니언사의 전신 기사 출신으로 일약 세계적인 발명왕이 된 에디슨.

【1879년, 미국】 10월 21일, 토머스 에디슨(32)이 드디어 40시간 이상이나 계속해서 빛을 내는 전구를 만들어내는 데 성공했다. 에디슨은 에디슨전등회사를 만든 수학자 앱튼, 유리기술자 보엠 등 유능한 조수들과 함께 지난해부터 백열전구 연구에 몰두, 수은 배기 펌프를 개량하고 탄소 필라멘트를 사용함으로써 오래 가는 백열전구 개발에 성공했다고 밝혔다. 지금까지 만들어진 백열전구는 고작해야 5, 6초 동안만 빛을 발할 뿐이었다.

에디슨은 지난 1876년에 멘로파크라는 시골로 이사해 축음기와 송화기를 발명하고, 벨이 미국 독립 100주년 기념 박람회에 전시해 큰 인기를 얻었던 '사람의 말을 전하는 장치'인 이른바 전화기를 한층 개량시켜 '멘로파크의 마술사'로 불리고 있다.

그런데 이번에 백열전구의 성공으로 인류에게 불의 사용 이후 어둠을 몰아내는 제2의 빛을 선사함으로써, 인류의 시야를 활짝 틔게 한 인물로 평가받을 전망이다.

마마를 물리치는 지석영의 새 종두법

【1880년, 서울】 지석영이 '마마'로 불리는 천연두를 예방하는 새로운 종두법인 '우두법' 보급 사업에 적극 나서 세간의 관심을 끌고 있다. 지석영은 지난해에 일본인이 운영하는 부산 제생의원에서 종두법을 배우고 돌아오는 길에 충주 처가에서 두 살배기 처남한테 처음으로 종두를 실시했으며, 올해엔 서울에서도 종두를 실시해 세간의 주목을 끌고 있다.

▶코흐, 전염병의 원인이 세균임을 밝힘(1876) ▶벨, 전화기 발명(1876) ▶파스퇴르, 탄저병 예방법 개발(1877) ▶아삽 홀, 화성의 달인 '포보스'와 '데이모스' 발견(1877)

개항 맞은 조선 사회 강타한 두 권의 책
세계와 친해져라 『조선책략』·조선을 알아라 『한불자전』

리델의 『한불자전』. 사전인데도 조선전도가 첨부되어 있어 조선에 대한 프랑스 선교사들의 집요한 관심을 보여준다. 조선을 'CORÉE(코레)'로 표기하고 있으나 'TYOSEN(조선)'도 함께 쓰고 있다. 리델은 프랑스어로 쓰인 『조선어문법』도 곧 펴낼 계획이다.

【1880년】 개항을 맞은 조선 사회는 어디로 갈 것인가? 정치·경제가 한꺼번에 요동치는 가운데 문화계도 이 같은 논란에서 자유롭지 못하다. 개항 5년째인 올해, 일본으로부터 들어온 두 권의 책은 그래서 상징적으로 읽힌다.

지난 5월 일본에 2차 수신사로 갔던 김홍집은 한 달 동안 국제 정세를 탐문하고 국제법에 관한 연구를 한 뒤 돌아와, 고종에게 『조선책략』을 바쳤다. 이 책은 조선이 부강하려면 개화를 서둘러야 한다는 내용으로 조야를 발칵 뒤집어 놓았다. 일본 주재 청나라 외교관인 황쭌셴이 쓴 이 책은 조선의 가장 큰 위협은 러시아라고 하면서 러시아의 남진을 막으려면 청나라와 가까이 하고, 일본과 손을 잡으며, 미국과 연대해 자강을 도모해야 한다고 주장하고 있다. 개화파는 이 책이 러시아를 견제하려는 청나라의 의도를 대변한다는 비판에 동의하면서도, 기왕 개항을 한 이상 웅크리지 말고 세계 여러 나라와 적극적으로 교류해야 한다는 생각이다.

그리고 최근 일본 요코하마에서 프랑스 선교사 리델이 간행한 『한불자전』은 프랑스어로 풀이한 우리말 사전이다. 리델은 1866년 프랑스의 강화도 침공(병인양요) 때 프랑스 함대를 안내했던 조선 통으로, 이번에 펴낸 『한불자전』은 조선에서 선교를 하기 위한 노력의 산물이다. 조선에 천주교를 포교하려면 조선 문화를 잘 알아야 하고, 그 출발점은 한글이기 때문이다. 리델은 이에 앞서 지난 1868년 5월과 1869년 2월 사이에 페롱 신부가 육필로 완성한 최초의 불한사전 제작에도 참여한 것으로 알려졌다. 이러한 사전들은 모두 프랑스 선교사들의 조선어 학습용으로 제작된 것이다.

이처럼 외국인이 조선에 대해 쓴 두 권의 책이 각각 조선인에게 세계를 알라고 권고하거나 세계인에게 조선을 알라고 권고하면서 조선 사회에 큰 영향을 끼치는 것을 보면, 개항은 조선을 더 이상 돌이킬 수 없는 여정 위에 올려놓은 것이 분명해 보인다.

⟩ 관련기사 2호 4면

광개토대왕릉비? 옛 고구려 땅에서 제왕의 비석 발견

【1880년】 고구려 옛 도읍지인 국내성에서 높이 6.39미터에 이르는 거대한 비석이 발견됐다. 이곳은 청나라의 조상인 금나라가 일어난 곳으로, 청나라 황실은 이곳을 신성하게 여겨 사람들의 접근을 금지해 왔다. 현재 이 비석의 주인으로는 금나라 황제가 유력하나, 고구려 왕일 가능성도 적지 않다.

이 비석이 동북아시아를 호령했던 고구려의 왕릉비로 밝혀진다면 외세의 침략에 허덕이는 조선에 큰 힘을 줄 수 있어 관심이 쏠리고 있다.

⟩ 관련기사 14호 7면

여성은 남성의 인형이 아니에요!
입센, 『인형의 집』 통해 여성 해방 고무

【1879년, 노르웨이】 극작가 입센이 발표한 『인형의 집』이 센세이션을 불러일으키고 있다. 이 작품에 나오는 주인공 노라가 신여성의 대명사로 불리면서 여성해방운동에 불을 당기고 있는 것. 입센은 이 작품에서 남편이 어떻게 아내의 지적·경제적 예속을 초래하는지를 관찰해 개인의 자유 및 표현 상실이 사회의 인습 때문임을 적나라하게 폭로하고 있다.

사실주의 희극의 창시자로 불리는 입센은 첫 희곡 『카틸리나』(1850)의 서문에, 그가 다루려던 주제는 늘 '능력·포부, 의지·가능성의 불일치, 인류·개인의 비극이자 희극'으로 되돌아간다고 밝힌 바 있다. 입센은 이미 1877년 초에 발표한 『사회의 기둥』이라는 희곡으로 독일에서 널리 명성을 얻었다. 이 작품은 출판된 후 베를린의 5개 극장에서 상연된 바 있다.

마이브리지, 말 달리는 장면 연속 촬영 성공

【1877년】 우리가 그동안 그림으로만 보던 말 달리는 모습과는 전혀 딴판이다. 이 사진은 말이 달릴 때 어느 특정한 순간 네 다리가 모두 땅에 닿는다는 사실을 증명했을 뿐만 아니라 시간의 흐름을 한눈에 볼 수 있는 길을 열었다.

▶우에키 에모리, 『민권자유론』 출간(1879) ▶도스토옙스키, 『카라마조프가의 형제들』 발표(1880) ▶최시형, 『동경대전』 완성(1880)

제3세계 통신

인디언, 미국 기병대 격파

【1876년 6월 26일, 미국】 시팅 불이 이끄는 인디언 연합 주력 부대가 리틀빅혼강을 건넌 미국 육군 제7기병대를 공격해 1시간 동안 200여 명을 사살해 전멸시켰다. 이번 전투는 인디언 보호구역으로 돌아가라는 미국 정부의 명령에 맞서 더 이상 백인에게 양보하지 않겠다며 저항한 인디언들의 값진 승리로 평가된다.

쿠바, 에스파냐와 독립전쟁

【1878년 2월, 쿠바】 쿠바인이 에스파냐 통치에 항거하여 대대적인 독립전쟁을 일으켰다. 이른바 '10년전쟁'으로 불린 이번 싸움은 지난 1868년 10월에 발표한 세스페데스의 독립선언문(El Grito de Yara, 야라의 외침)으로 시작돼, 약 20만 명이 목숨을 잃으면서도 계속됐다. 이번 전쟁은 지도자 세스페데스가 더 많은 정치적 권한이 부여되기를 원했던 농민, 노동자의 지지를 얻지 못해 일단 실패로 돌아갔지만, 쿠바 민중의 투쟁은 여기서 그치지 않을 것으로 보인다.

남아프리카 줄루족의 굴욕

【1879년 7월, 남아프리카】 남아프리카 동부에서 지난 6개월 동안 치열하게 벌어졌던 '줄루전쟁'이 결국 영국군의 승리로 돌아갔다. 처음엔 영국군이 줄루족의 공격을 받아 800명의 병력을 잃기도 했다. 그러나 영국군의 증원 부대가 도착하자 줄루란드의 왕인 케츠와요가 항복함으로써 줄루란드는 비공식적으로 영국의 지배 아래 들어가 13개의 소국으로 나뉠 전망이다.

여기는 베를린… 전기기관차 타러 오세요

【1879년 5월 31일, 베를린】 만국박람회에 세계 최초로 일반 여객 수송을 위한 전기기관차가 출품돼 화제다. 독일의 지멘스와 할스케사가 만든 이 전기기관차는 관람객들에게 "지멘스의 회전목마"라는 애칭을 얻으면서 많은 볼거리를 제공하고 있다.

사실 세계 최초의 전기기관차는 1837년 영국에서 발명됐지만, 전력 수급 문제로 운행에 어려움을 겪었다. 그러나 독일 전기기술자인 지멘스가 1867년에 자동 발전의 원리를 발견해 만든 이 전기기관차는 직접 운행되는 최초의 전기기관차로 기록될 전망이다. 또한 이 전기기관차는 앞으로 영업을 목적으로 하는 대중교통기관으로 베를린 거리를 힘차게 달릴 것으로 한껏 기대를 모으고 있다.

여객 운송용 전기기관차의 등장으로 금세기는 '철도의 시대'라고 해도 과언이 아니다. 철도는 처음에 탄광 내부에서 사용되다가 점차 운송 수단으로 자리 잡고 있다.

린데, 냉장고의 신기원을 열다

【1876년, 독일】 뮌헨공과대학교의 칼 린데 교수가 암모니아를 냉각제로 사용하는 뛰어난 압축 냉장 장치를 발명했다. 그동안 에테르로 채워진 압축 냉장 장치를 사용하려는 시도는 여러 번 있었지만, 암모니아 냉각기로 특허를 얻기는 린데가 처음이다.

19세기 이전까지만 해도 음식물을 시원하게 보관하려면 얼음과 눈, 서늘한 공간을 이용하는 수밖에 없었지만, 린데가 냉장 장치를 발명함으로써 인류의 생활에는 획기적인 변화가 일어나게 됐다는 평이다.

각계에서 환영의 뜻을 표하는 가운데, 특히 술을 빚는 양조업자들에게는 이보다 좋은 소식이 없다는 후문. 양조업자들은 그동안 양조 공정에서 효율적인 냉장 공간을 필요로 했는데, 암모니아 냉각기의 등장으로 큰 혜택을 보게 되었다고 한다.

부고

▶ 조르주 상드 (1804~1876): 프랑스 여류 소설가. 대표작으로는 『악마의 늪』, 『어린 파데트』 등이다.
▶ 박규수 (1807~1876): 조선의 개국 통상론자. 실학사상과 개화사상을 잇는 역할을 한 것으로 평가받고 있다.
▶ 조지프 후커 (1814~1879): 남북전쟁 때 북군의 소장으로 활약한 미국 군인. 별명은 파이팅 조. 1863년 첸슬러즈빌 전투에서 남군의 리 장군에게 패했다.
▶ 귀스타브 플로베르 (1821~1880): 프랑스 사실주의 문학의 창시자. 대표작은 부르주아의 생활을 그린 『보바리 부인』이다.

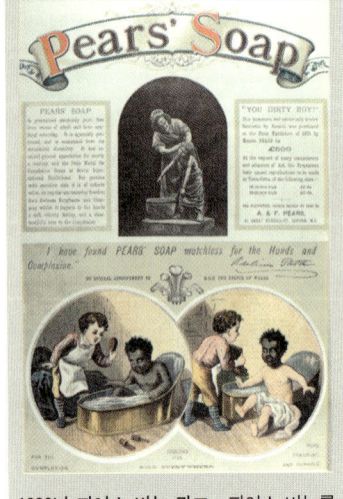

1880년 피어스 비누 광고: 피어스 비누를 사용하면 흑인 아이도 백인 아이처럼 하얗게 된다는 인종주의적 메시지를 담고 있다.

'구세군'으로 이름 바꿔

【1878년, 영국】 감리교 목사 윌리엄 부스와 그의 아내가 지난 1865년 7월 런던에서 세운 '기독교 선교회'의 이름이 '구세군'이라는 새 이름으로 바뀌었다.

'구세군'의 목적은 극빈자와 불행한 사람들을 구제하며, 예수의 품안에서 안식하도록 하는 데 있다고 한다. 조직은 영국 군대의 규율과 계급을 모방해, 부스가 초대 대장을 맡았다. 한편 그의 아내도 구세군에서 남편만큼 중요한 위치를 맡았는데, 이는 남자와 여자를 평등하게 대한다는 근본 이념을 보여주는 것이라고 한다.

"사무라이, 칼 못 찬다"

【1876년, 일본】 메이지 천황이 무사의 칼 휴대를 금지한 '하이토레이'를 선포했다. 이번 조치는 1871년에 실시한 국민개병제에 잇따른 것으로, 무사라는 특권계급이 공식적으로 완전히 사라지는 계기가 될 것이다.

메이지 천황은 이미 1870년에 서민들의 칼 휴대를 금지하고, 1872년에는 무사들의 칼 휴대를 자유의사에 맡겼으나 이번 조치로 군인, 경찰관, 대례복 착용자 말고는 칼을 휴대할 수 없게 됐다. 그래서 일부 무사들은 특권의 상징이었던 칼을 버리느니 반란을 일으키겠다는 태도를 보이고 있다.

미 '내셔널리그' 새 단장

【1876년, 미국】 뉴욕과 보스턴 등 8개 도시를 대표하는 팀으로 구성된 '내셔널 프로야구 클럽 협회'가 새로운 경기 연맹으로 탈바꿈했다. 1871년에 설립된 '내셔널 프로야구 선수 협회'가 5년 만에 해산하면서 새롭게 출범한 것.

미국 프로야구는 1869년 최초의 프로 팀인 신시내티레드스타킹스가 창단되면서 시작됐다. 당시 최고 연봉은 1,400달러 수준. 이후 많은 아마추어 팀들이 프로 팀으로 전향하면서 시작된 내셔널리그는 점차 대중적인 인기를 얻고 있다.

▶ 칠레, 여성의 대학 입학 허용(1877) ▶ 스탠리, 콩고강 탐사(1877) ▶ 미국, '싸구려 잡화점' 등장(1879) ▶ 일본, 도쿄외국어학교에 조선어학과 설치(1880)

1881년~1883년

근현대사신문

근대 2호

주요 기사 | **2면** 조선, 임오군란 발생 (1882) | **3면** 영국, 이집트 점령 (1882) | **4면** 사설 – 아프리카 인민에게 보내는 편지 | **4면** 대담 – 아프가니 vs 크로머 | **5면** 조선 최초의 '상회사' 등장 (1883) | **6면** 진화론 창시자 다윈 사망 (1882) | **7면** 마르크스, 『자본론』 첫 권 출간 후 사망 (1883) | **8면** '왕십리 똥파리'로 불린 군인들의 분노

근대화와 임오군란의 반격

개항 후 6년, 조선은 종잡을 수 없는 변화의 소용돌이 속으로 빠져들었다. 500년 문명국가가 하루아침에 새롭게 개화돼야 할 후진국으로 전락했고, 조선에서 문물을 수입하던 사무라이의 나라 일본이 조선을 가르치고 이끄는 나라로 바뀌었다. 조선의 종주국을 자부하던 청나라는 일본에 기선을 제압당한 뒤 호시탐탐 기득권을 탈환할 기회만을 노리고 있다.

오랜 전통이 낡은 것으로 치부되는 개화의 질주에 브레이크를 걸고 나선 것은 새 세상에서 삶의 기본 조건마저 박탈당한 '낡은 세상'의 민중이었다. 일본의 입김으로 새로운 군대가 창설돼 지원이 집중되자 살아갈 길조차 막막해진 구식 군대가 폭동을 일으켰다. 그들에게는 조선의 근대화에 대한 대안 따위는 사치였다. 개화든 개혁이든 사람이 살자고 하는 짓 아닌가? 조선만이 아니었다. 인도에서, 아프리카에서 서구적 근대의 밀물에 익사할 지경에 처한 민중이 반격에 나섰다.

사진 | 신식 군대인 별기군의 군인들

개화 정국 덮친 '늙은 군인의 노래' – 임오군란

일본 주도의 일방적 개혁에 구식 군대 폭동… 청·일 세력 다툼 겹쳐 일촉즉발

【1882년 6월, 서울】 흥선대원군(62)이 돌아왔다. 일본이 주도한 일방적인 개혁에 반발하여 지난 9일 반란(임오군란)을 일으킨 구식 군대는 개화파 관료들을 제거하고 흥선대원군을 권력에 복귀시켰다. 흥선대원군은 구식 군대 차별을 불러온 신식 군대(별기군)를 폐지하고, 5군영을 원상 복귀시켰다. 그리고 개화 정책을 주도했던 통리기무아문을 폐지하고, 삼군부를 다시 설치했다.

그러나 개화 정책을 포기하고 예전 체제로 복귀하려는 흥선대원군의 정책은 성공하기 어려울 것이라는 관측이다. 왜냐하면 일본, 청나라 등 외세가 흥선대원군의 반개화 정책을 내버려둘 가능성이 낮기 때문이다.

일본은 이번 군란의 과정에서 공사관이 불타고 별기군 교관과 자국민이 살상된 데 대한 외교적 책임을 지라고 요구하면서, 이를 빌미로 영향력을 강화시키려 하고 있다. 그리고 1876년 개항 이후 조선에서 일본보다 영향력이 줄어든 데 대해 노심초사해 오던 청나라도 이번 군란을 반전의 기회로 삼으려는 태세이다. 청나라의 이런 태도는 국내 정치 세력들의 움직임과 관련해 더욱 주목을 끌고 있다.

불타고 있는 일본 공사관을 빠져나간 일본군. 일본의 주도로 신식 군대인 별기군을 창설하고 구식 군대에 대해 임금도 제대로 주지 않는 차별 대우를 한 것이 임오군란의 원인이었다. 군인들의 분노는 개화파 정부와 더불어 일본을 정면으로 겨누었다.

특히 흥선대원군은 이번 군란으로 실종된 왕비 민씨에 대한 국장을 서둘러 선포했으나, 왕비 민씨는 어딘가에 숨어서 반격의 기회를 노리고 있는 것으로 알려졌다. 그리고 왕비 민씨 중심의 민씨 세력은 흥선대원군을 제거하기 위해 청나라의 힘을 빌리려 하고, 이에 따른 청나라의 군사 개입도 배제하기 어려운 상황이다. 이처럼 흥선대원군의 반대 세력이 청나라의 힘을 빌린다면 청 또한 일본에 반격할 가능성이 조심스럽게 점쳐지고 있다.

청나라의 군사 개입은 일본을 자극해 양국의 경쟁이 더욱 치열해질 것이라는 전망이다. 민중을 무시했던 개화 정책은 이렇듯 민중의 항거라는 덫에 걸려 조선을 한 치 앞도 내다볼 수 없는 상황으로 몰아가고 있다.

신미양요 때 쫓겨간 미국, 통상조약으로 돌아와
조·미수호통상조약 체결… 영국·독일과 잇달아 국교 수립 전망

【1882년 5월 22일, 제물포】 인천부 제물포 화도진 언덕에 임시로 설치한 막사에서 조선국 전권대신 신헌과 부관 김홍집이 미국의 전권위원 슈펠트를 만나 조·미수호통상조약 전문 14개조에 조인했다.

이번 조약 체결은 청나라가 주선한 것으로 전해지고 있다. 청나라는 미국을 "부강하되 소국을 능멸하지 않는다."라고 하면서 일본을 누르고 러시아를 견제하기 위한 동반자로 소개했다. 조인식을 앞두고는 조선이 청나라의 속국임을 주장하며 조약 체결에 참석하려 했다. 하지만 슈펠트는 독립국가 간의 조약 체결임을 강조해 청나라를 배제하고 미국과 조선 대표가 직접 서명함으로써 이번 조약이 체결됐다는 소식이다.

앞서 일본과 맺은 강화도조약이 무력에 굴복한 불평등조약이었던 것과는 달리, 이번에 주권국가로서 서양 국가와 처음 조약을 맺은 조선은 다른 나라와도 잇달아 조약을 맺어 국제 무대에 본격적으로 나설 것으로 보인다.

조선, '국기' 선포

【1883년 1월 27일】 조선은 정식 국기로 태극기를 제정해 발표했다. 태극기는 지난해 5월 조·미수호통상조약 때 역관 이응준이 만들어 조인식에 선보인 것이 처음이다.

▶별기군 창설, 5군영 폐지(1881) ▶영국 군함, 원산에서 통상 요구(1881) ▶흥선대원군, 청나라 군대에 납치(1882) ▶일본과 제물포 조약 체결(1882)

검은 대륙, 서유럽에 맞서 꿈틀

"이집트는 이집트인에게"… 영·프 등 촉각 세워

기자의 눈

'타산지석'으로 베트남을 배우자!

프랑스 침략에 저항할 것을 호소한 황제의 조칙에 호응해 벌인 근왕 운동 당시 체포된 베트남 사람들.

【1883년 8월 25일, 베트남】 통킹과 안남 지방을 프랑스의 보호령으로 넘겨주는 조약이 베트남의 수도 후에에서 맺어졌다. 이에 베트남은 물론 베트남을 속국이라고 주장해 온 청나라가 거세게 반발하면서 전쟁의 조짐마저 일고 있다는 소식이다.

프랑스는 지난 1862년에 맺은 사이공조약에 따라 인도차이나반도 남부의 코친차이나를 보호령으로 만든 데 이어 1880년대에 들어서는 하노이와 하이퐁에 군대를 주둔시켜 북부 지역마저 점령하려 애쓰고 있다. 이에 청나라가 군대를 파견해 프랑스와 잇달아 국지전을 벌인 끝에 지난해에는 북양대신 리훙장이 이 지역을 청나라와 프랑스가 공동 보호령으로 삼자는 조약을 제안했다. 하지만 프랑스는 이 조약을 거부하고 추가 병력을 북베트남으로 보냈다. 그러자 청나라에서도 주전파가 강경노선을 취하도록 압력을 가하면서 전쟁의 기운이 감돌고 있다.

베트남을 둘러싼 청나라와 프랑스의 충돌은 우리 조선에서도 눈여겨볼 필요가 있다. 지금 조선에서는 개항 이래 일본한테 계속 밀리던 청나라가 임오군란에 적극 개입해 조선을 속국으로 추인받으려는 속셈을 드러내자 우려의 목소리가 점점 커지고 있다. 그렇기 때문에 이번 베트남 문제는 청나라의 종주권에 대한 좋은 반면교사가 될 것이다. 그뿐 아니라 향후 동아시아 국제 질서의 지각 변동을 암시하는 시금석으로 그 귀추가 주목되고 있다.

》관련 기사 3호 2면

【1882년 9월, 카이로】 수에즈운하를 점령한 영국군이 마침내 이집트 수도 카이로로 진격해 정부 청사를 점령하고, 아라비 전쟁부 장관을 주축으로 한 내각을 무너뜨렸다. 영국군은 지난 7월에 이집트 제2의 도시인 알렉산드리아에 상륙해 카이로로 진격했으나, 전쟁부 장관 아라비가 이끄는 군대의 반격을 받아 패했다. 하지만 영국군은 수비가 취약한 수에즈운하를 점령하며 교두보를 마련한 뒤, 월등한 무기와 화력을 앞세워 마침내 카이로를 점령하는 데 성공한 것이다.

이집트는 18세기 말 무함마드 알리가 집권한 이래 지속적으로 유럽식 개혁을 추구해 왔다. 특히 알리의 뒤를 이은 케디브 이스마일은 1860년대부터 수에즈운하 건설 같은 대규모 사업을 펼쳤다. 하지만 이 과정에서 엄청난 대외 부채를 떠안게 됐다. 결국 1881년에 이집트는 사실상 영국과 프랑스 등 채권국들의 지배를 받는 처지가 되고 말았다.

그러자 이집트 개혁의 산물인 신식 군대 출신의 아라비는 권력자들이 국익을 생각하지 않고 무조건 유럽을 따라 배우려다가 나라를 망쳤다며 비판했다. 이집트의 지주, 지식인, 농민 등 대다수 국민은 아라비에게 열광적인 지지를 보냈고, 이를 바탕

아라비가 이끈 이집트군이 영국군과 정면으로 맞붙은 텔 알카비르 전투 모습이다. 카이로 가까이에서 벌어졌던 이 전투에서 이집트군은 전멸했다.

으로 마침내 이집트의 이익을 대변할 정부가 새로 들어섰다. 하지만 영국은 자신들이 투자한 수에즈운하의 이익을 새 정부가 빼앗아갈 것을 우려해 마침내 무력 개입을 함으로써 이번 싸움이 벌어진 것. 싸움의 결과 영국군에 체포된 아라비와 이집트 군인들에게는 사형 등의 중형이 선고될 것으로 알려졌다. 이로써 이집트의 자주적인 개혁은 상당 기간 늦추어질 수밖에 없을 전망이다.

영국과 이집트의 공동 통치를 받아오던 수단에서도 지난해부터 이슬람교 지도자 마흐디가 이끈 봉기로 새 정부가 들어섰다. 마흐디는 영국과 이집트가 서로 싸우는 틈을 이용해 자주독립을 위해 일어선 것으로 알려져 앞으로 그 행보가 주목되고 있다.

인도, "이제는 뭉쳐서 영국과 싸우자"

'전인도국민협의회' 발족… '독립·개혁' 한목소리로 울려

【1883년 12월, 콜카타】 전국 각지에서 모인 지식인, 중산층 등 수많은 인도인이 최근 콜카타에서 '전인도국민협의회'(이하 '협의회'로 줄임)를 발족시켰다. 이 협의회는 "총독부가 일버트 법안을 폐기하는 등 식민지 통치와 우리 인도인에 대한 차별을 강화하려 한다."라고 비난한 뒤, "종교와 사회 전반에 걸쳐 개혁을 추진, 조국의 발전과 독립을 앞당기자."라며 "이를 위해 전인도인은 힘을 뭉쳐야 한다."라고 선언했다.

'협의회' 결성의 계기가 된 일버트 법안의 주요 내용은 "인도인 판사도 영국인 판사와 동등한 위치에서 판결에 임할 수 있다."라는 것이다. 그래서 인도 거주 영국인들이 이 법안에 격렬하게 반발하고, 총독인 리폰마저 철회할 태세를 보였다. 이에 격분한 인도인들이 '협의회' 설립을 서두르게 된 것이다. 회합을 소집한 사람은 뭄바이의 다다바이 나오로지와 뱅골의 스렌드라나트 바네르지 등이다. 특히 바네르지는 1876년에 '인도협회'를 설립해 뱅골을 중심으로 민족주의 활동을 전개한 인물로 알려졌다. 협의회는 앞으로 인도 전역을 순회하며 모든 인도인의 역량을 모으는 독립운동 단체로 커 나갈 것이라고 포부를 밝혔다.

▶알제리, 프랑스에 반란 일으킴(1881) ▶프랑스, 튀니지 침략(1881) ▶러시아, 황제 알렉산드르2세 암살당함(1881) ▶루마니아왕국 성립(1881)

서세동점을 바라보는 두 가지 시선

대담 아프가니 "식민 약탈" vs 크로머 "문명 교화"

사설
아프리카 인민에게 보내는 편지

안녕하시오? 그동안 전혀 알지 못하던 사이인데 왜 이리 반가운지 모르겠소. 서로 어려운 처지를 겪고 있기 때문이겠죠. 영국, 프랑스, 독일 등 서구 열강이 아프리카를 누비면서 땅을 넓히려고 싸운다는 이야기를 들었소. 15세기부터 아프리카 사람들을 노예로 잡다가 부려 먹더니, 이제는 식민지 확보에 나섰다죠?

우리도 얼마 전부터 일본의 강요를 이기지 못해 외국에 문을 열었소. 일본은 열강에게 배운 수법 그대로 우리에게서 폭리를 얻고, 자기들이 활동하기 좋게 우리의 전통적인 제도와 관습을 뜯어고쳤소. 옛날 방식으로 살던 사람들에게 새로운 문물을 강요하고, 거기에 적응하지 못하면 내치니 탈이 날 수밖에요. 기어코 구식 군인들이 차별을 견디지 못해 들고 일어나 한바탕 난리를 치렀소이다.

이 사태를 겪고 보니 당신들의 고통이 더욱 피부에 와 닿더이다. 조선에서 개혁을 주장하는 인사들 중에는 당신들을 깔보는 이도 있소. 세상은 원래 약육강식의 사냥터라 조선이 빨리 열강에 끼지 못하면 아프리카처럼 열강의 밥이 될 수밖에 없다는 것이죠. 하지만 우리는 그렇게 생각하지 않소. 오늘날 신문명은 결코 강한 자들만의 것이 아니오. 조선과 아프리카도 신문명을 누릴 권리가 있소. 그러기 위해 우리는 먼저 약자를 착취하여 부강해지려는 세력과 싸워야 하오. 인류가 함께 번영을 누리는 미래는 바로 우리 것이고, 이를 억압하는 저들은 불의의 편이라 굳게 믿소. 열강의 침략에 맞서 싸우는 여러분에게 뜨거운 지지를 보내오.

인도에 이어 이집트마저 집어삼킨 영국이 전 세계를 향해 제국주의 침략으로 영토를 넓혀가고 있는 요즈음, 이슬람 세계를 돌아다니며 제국주의 침략에 맞서 이슬람의 단결과 개혁을 위해 싸우고 있는 아프가니가 영국 정부의 전권대리인 겸 총영사로 이집트에 새로 부임한 크로머 경을 만난다면 어떤 얘기가 오갈까? 가상 대담으로 엮어 보았다.

▲ **아프가니**: 이집트에 온 진짜 속셈이 무엇이오?
△ **크로머**: 영국 정부의 위임을 받아 파산 상태에 이른 이집트의 행정을 전반적으로 개혁하고, 이집트에 주둔한 영국군을 조속히 철수시키는 것이오.
▲ **아프가니**: 당신네 영국이 한 마리 하이에나처럼 우리 무슬림을 다 잡아먹으려고 하면서 그런 뻔한 거짓말이 통할 것 같소?
△ **크로머**: 거짓말이라니? 하긴 이집트에 와서 보니, 나도 생각이 달라지긴 했소이다. 사실 지금 이집트 사람들에게 필요한 것은 개혁이지 철군이 아니오. 그래서 철군은 자치를 훈련받고 난 먼 훗날에나 이루어져야 한다는 결론을 내렸소. 한마디로 '간접적인 보호 정치'를 먼저 실시해야 한다는 게 내 생각이오.
▲ **아프가니**: 누구를 위한 '보호 정치'란 말이오?
△ **크로머**: 난 10년 전 인도 총독의 비서로 일하면서 식민지에 자결권을 줘야 한다는 생각을 아예 버렸소. 대신 개혁 정책을 수반하는 강력한 통치만이 그들을 돕는 유일한 길이라고 생각해 왔소.
▲ **아프가니**: 그래서 어떻게 개혁하겠다는 거요?
△ **크로머**: 먼저 인도에서 훈련을 쌓은 행정관들을 고문으로 배치해 관개 사업과 농촌진흥 정책으로 이집트를 발전시킬…….
▲ **아프가니**: 결국 인도를 집어삼키고도 배가 부르지 않아 이집트마저도 잡아먹겠다는 말씀이구먼.
△ **크로머**: 거, 너무 막말을 하시는구려. 당신은 그렇게 항상 선동만 하고 돌아다니니 여기저기서 추방만 당하는 게 아니오.
▲ **아프가니**: 나도 인도에 갔던 적이 있소. 그때 세포이항쟁을 목격하고 제국주의에 대한 분노와 저항의 의지를 다지게 됐소. 그래서 이집트에서 "이슬람 공동체와 조국을 위해 영국에 맞서 싸울 것"을 호소했소. 당신들만 아니었다면 지금 이집트에서는 나를 따르던 사람들이 개혁을 이끌었을 것이오. 나는 앞으로도 당신네 제국주의 침략에 맞서 이슬람의 단결과 개혁을 위해 싸워 나갈 것이오.

기록실
『조선책략』 비판한 영남 유생의 '만인소'

1881년 이만손을 대표로 하는 영남 지역 유생들이 『조선책략』의 내용을 반박하는 상소를 올렸다. 그 내용을 간추려 소개한다.

『조선책략』을 정부가 나서서 유포하고 있으니 머리카락이 곤두서고 쓸개가 흔들리며, 통곡하지 않을 수 없습니다. 이 책은 '친(親) 중국, 결(結) 일본, 연(聯) 미국'을 주장하고 있으나 가당치 않습니다.

중국은 우리가 200년 동안이나 신하로서 섬기는 나라입니다. 일본 천황이 무엄하게도 '짐'이니 하는 칭호를 붙인 국서를 보내오고, 우리가 그것을 받아들였을 때 중국이 문제 삼고 나온다면 어떻게 할 것입니까. 일본은 임진왜란 이래로 우리와 원수지간입니다. 그들을 믿고 있다가 갑자기 침략해 온다면 어떻게 할 것입니까. 미국은 우리가 잘 모르는 나라입니다. 만일 우리의 허점을 엿보고 어려운 청을 강요하거나 부담을 떠맡긴다면 어떻게 대응할 것입니까. 미국이나 일본은 모두 같은 오랑캐입니다.

이번 사태로 무식한 백성들은 임금을 원망하고 있고, 유식한 이들은 가슴을 치며 애통해 하고 있습니다. 이처럼 백해무익하고 긁어 부스럼 만드는 일을 굳이 강행할 필요는 없을 줄로 압니다.

▶고종, 척사윤음 반포(1881) ▶조선, 영국·독일과 수호통상조약 체결(1882) ▶시온주의(유대 민족주의 운동) 부활(1882) ▶조·청상민수륙무역장정 조인(1882)

조선에도 근대적 기업 '상회사' 설립 시동

객주·여각·보부상 대신 주식회사 등장… 외국 기업에 대한 경쟁력 주목

【1883년 7월, 종로】 평안도 상인들이 6월에 대동상회를 설립한 데 이어, 종로 상인들이 장통회사를 설립했다. 두 회사는 개항 이후 계속된 외국 자본의 공세에 맞선 토착 자본의 대응이라는 점에서 의미가 크다.

1876년 개항 이후 외국 상인들은 개항장인 부산, 원산에서 10리(4킬로미터)이내에서만 상행위를 할 수 있었다. 그래서 서울이나 내륙 도시에서는 외국 상인들이 직접 상행위를 할 수 없기 때문에 조선 상인들이 중계무역으로 이익을 취할 수 있었다. 객주, 여각, 보부상이 바로 중계무역을 대표하는 조선 상인이다.

그러나 임오군란이 끝난 뒤에는 청나라와 맺은 조·청상민수륙무역장정으로 청나라 상인이 서울까지 와서 직접 상행위를 할 수 있게 됐다. 이에 자극받은 다른 나라들도 최혜국대우 조항을 근거로 서울에서 상행위를 할 수 있는 권리를 인정받았다. 그 결과 외국 상인은 개항장 10리 이내에서만 상행위를 할 수 있다는 거류지 무역 원칙이 사실상 철폐된 셈이다.

이에 외국 상인들이 서울까지 나타나자 조선 상인들은 대항하기 시작했다. 처음에는 시장을 열지 않는 철시 투쟁으로 맞섰으나 더 적극적으로 대책을 모색하려고 상회사를 설립한 것이다. 상회사란 상인들이 자본금을 공동 출자해 운영하는 일종의 주식회사다. 이런 상회사가 생겨난 데에는 정부도 일정한 역할을 했는데, 외무아문의 참의로 있는 김옥균이 회사 설립을 적극 추진한 것으로 알려졌다. 그러나 이번에 설립된 상회사가 외국 자본에 맞서 성공할 수 있을지는 아직 장담할 수 없는 형편이다. 뜻있는 이들은 상회사들이 자본금의 부족을 어떻게 극복할 수 있을지 지켜보면서 후원의 방법을 모색하고 있다는 소식이다.

재정 근대화 시동… 돈 찍는 전환국 세우고 일본에 차관 요청

【1883년 7월 5일】 당오전을 상시 주조할 전환국이 설치됐다. 당오전은 상평통보의 다섯 배에 해당하는 가치를 지닌 새 화폐로, 처음에 금위영과 만리창을 비롯해 지방 곳곳에서 주조되다가 이곳들만으로는 다량으로 주조할 수 없어 전환국을 세우게 된 것이다.

그런데 당오전 발행과 관련해 정부 내에서는 심각한 논쟁이 벌어졌던 것으로 알려졌다. 임오군란 이후 재정 고문으로 초빙된 묄렌도르프는 민영익, 민영목과 상의해 "먼저 당오전, 당십전 및 당백전을 주조하여 목전의 시급함을 해결함이 좋겠다."라고 주장했지만, 김옥균은 "당오, 당십, 당백은 보조 화폐다. 보조 화폐는 주조의 이익이 있을지 모르지만, 나라를 부유하게 만드는 방책이 되지는 못한다."라고 주장했다는 것이다. 이에 고종은 김옥균을 지지해 지난 6월 말 300만 원의 차관을 도입하러 사절단을 일본에 파견했으나, 일본이 성의를 보이지 않아 진전이 없다는 소식이다.

당오전 앞면에는 '상평통보', 뒷면에는 '당오'라고 표시돼 있다.

'약속의 땅' 미국, 중국인에게는 '시련의 땅'

미국, 중국인 노동 이민 금지… 차이나타운에 어두운 그림자

중국인 노동자들은 낮은 임금에도 기꺼이 일했기 때문에 백인 노동자들이 일자리를 빼앗기는 데에 분노해 중국인을 직접 공격하기도 했다.

【1882년, 샌프란시스코】 최근 미국에서 중국계 노동 이민을 금지한 '중국인 배제법'이 공포됨에 따라 샌프란시스코의 차이나타운은 중국인들의 거주지라기보다 오히려 피신처가 돼버렸다.

중국인들은 무거운 인두세를 내고도 시민권을 발급받지 못해 자녀를 공립학교에 보내지도 못하는 등 극심한 차별을 받고 있다. 심지어 1877년에 결성된 캘리포니아노동자당이 '중국인 추방'을 강령으로 내걸고 차이나타운에서 시위를 벌이기도 했다. 그런데 이 같은 처사는 지난 1869년 미국의 동서를 관통한 대륙 횡단 철도 건설 등 산업 발전에 기여한 중국 노동자들의 공로를 생각할 때 심각한 도덕적 문제를 안고 있다는 비난을 낳고 있다.

1840년대 골드러시 이후 미국으로 오는 이민자 수가 해마다 급증해, 그 수가 벌써 300만 명을 넘어섰다. 이민자의 구성도 1840년 이전에는 영국, 프랑스 등 선진 자본주의 국가 출신에 국한돼 있던 것이 이제는 유럽의 주변인 아일랜드나 이탈리아, 동유럽의 폴란드·헝가리·그리스, 심지어 아시아의 중국 등으로 확대됐다.

하지만 이민자들 앞에는 중국인들처럼 예기치 못한 시련이 놓여 있다. 일자리를 놓고 미국인 노동자들과 '노노 갈등'을 빚는가 하면 인종차별에 시달리기도 한다. 또 열심히 일해도 미국 시민권을 얻기란 하늘의 별 따기다. 이제 미국은 더 이상 '약속의 땅'이 아니라 '시련의 땅'인 것이다.

최근 인구가 증가하게 된 것은 새로운 이민자들이 도착했기 때문이다. 대부분은 유럽, 특히 남부 및 동부 유럽 출신이 많지만, 중국과 일본에서 온 이민자들도 있다.

5년 주기로 미국에 유입된 이민 인구 (단위:1,000명)
- 1861–1865: 802
- 1866–1870: 1,513
- 1871–1875: 1,727
- 1876–1880: 1,086
- 1881–1885: 2,976

▶인천항 개항(1883) ▶신식 무기 공장인 '기기창' 설립(1883) ▶부산 동래에서 민란 발생(1883) ▶독일, 사회보험제도 도입(1883)

인간과 사회의 비밀을 폭로한 두 거장
다윈 : 인간은 영원하지 않다, 진화의 한 단계일 뿐!

다윈의 진화론을 풍자한 그림. 다윈은 "자연선택 과정이 오랜 세월을 거치면서 오늘날 같은 다양한 변이종이 탄생했다."라고 말했다.

【1882년 4월 19일, 런던】서양 사람들은 하느님이 자신을 닮은 모습으로 인간을 창조했다는 창조론을 오랫동안 절대 진리로 믿어왔다. 동양 사람들도 맥락은 다르지만 인간이 다른 동물과 구별되는 신성한 존재라는 것을 오랫동안 믿어왔다. 그런데 이러한 믿음을 정면으로 강타했던 영국 과학자 찰스 다윈이 오늘 영원히 잠들었다. 향년 73세. 어제 있었던 심장 발작이 사인으로 추정된다. 각국의 조문객이 지켜보는 가운데 다윈이 안장된 곳은 런던의 웨스트민스터대성당.

다윈, 그는 누구인가? 1809년에 태어난 그는 어릴 적에 공부보다는 동식물 갖고 놀기를 더 좋아했다. 대학에서는 박물학과 식물학 공부에 열중했다. 1831년 12월 27일, 그날은 행운의 날이었다. 해군함 비글호를 타고 5년간 갈라파고스제도 같은 여러 섬의 동식물 생태에 관한 자료를 수집·관찰할 기회가 온 것이다. 그 결과 다윈은 "환경에 적합한 형질의 변이종이 생존경쟁에서 살아남으며 그렇지 못한 종은 도태된다."라는 '자연선택설'을 주장하게 됐으며, "자연선택 과정이 오랜 세월을 거치면서 오늘날 같은 다양한 변이종이 탄생하게 됐다."라는 진화론을 발전시켰다.

그러나 다윈은 "생명체는 신이 창조했으며, 그 생명체는 시간이 흘러도 변하지 않는다."라는 창조론을 믿는 종교계와 일부 과학계의 비판이 두려웠다. 진화론을 주장한 『자연선택에 의한 종의 기원에 관하여』(일명 '종의 기원')라는 책이 1859년에야 발표된 것은 이 때문이다. 하지만 그동안 지지자도 늘어나 그의 진화론이 사회적 논란의 중심에 서게 됐다.

오늘 다윈이 사망함에 따라 기독교계의 창조론이 다시 힘을 얻으리라고 예상할 수는 있다. 하지만 섣부른 판단은 금물. 다윈의 진화론은 추상적인 이론이 아니라 상당한 자료를 근거로 한 경험주의적·귀납적 고찰에 따른 탄탄한 내용을 갖고 있기 때문이다.

【1883년 3월 14일, 런던】근대사회를 앞장서 이룩한 서구의 자본가들은 자본주의 사회야말로 인류가 도달할 수 있는 최종 목적지라고 여겨 왔다. 그런데 번창하는 자본주의 앞에 어느 누구도 쉽게 이의를 달 수 없는 이런 주장에 강력한 도전장을 냈던 풍운아 마르크스, 그가 오늘 눈을 감았다.

세기의 방랑객이 된 마르크스를 받아준 곳은 영국이었다. 익히 알려져 있듯 유럽 대륙은 마르크스를 불온시했다. 자본주의 체제를 전복하는 혁명 사상의 근원으로 여긴 탓이다. 그런데 그 마르크스를 받아들이고 분명 고전으로 자리 잡을 『자본론』을

서양 과학 기술 도입, 물꼬 트이나?
조선, 영선사·조사시찰단에 이어 '견미사절단'도 파견 예정

【1882년, 조선】조·미수호통상조약에 따라 정부에서는 견미사절단을 다시 파견할 계획이라고 한다. 지난해부터 정부는 서양의 신문물과 과학 기술의 도입을 위해, 조사시찰단과 영선사를 일본과 중국에 파견한 바 있다.

조사시찰단은 박정양을 비롯한 12명의 조사와 수행원 등 62명으로 구성돼 일본의 행정부처·군대·산업시설·문화시설을 시찰하고 돌아왔다.

이에 대한 평은 대개 긍정적이다. 100여 책의 보고서가 작성됐을 뿐만 아니라, 조사 12명이 모두 통리기무아문의 요직에 임명돼 앞으로 개화 정책을 적극 추진하리라 보이기 때문이다.

한편 영선사는 김윤식과 유학생 등 83명으로 구성돼, 청나라에 도입된 새로운 군사 지식과 과학 기술을 배워왔다. 하지만 "지난 6월에 일어난 군란 때문에 정부에서 재정 지원을 안 하니, 공부는커녕 먹고살기도 빠듯했소!"라는 유학생들의 불만처럼 실패했다는 평가가 지배적이다. 이에 곧 새로 파견될 해외 시찰단에게 신문물 도입의 새 물꼬를 트기를 기대해 본다.

서양의 과학 기술을 받아들인 일본 공장의 조감도.

고마워요, 파스퇴르!
탄저병 백신 개발

【1881년 2월, 프랑스】가축과 사람에게 전염돼 목숨까지 위협하는 탄저병의 면역 치료용 백신이 개발됐다. 프랑스의 과학자 루이 파스퇴르가 그 주인공으로, 이번 백신 개발은 1876년 독일 세균학자 하인리히 코흐에 의한 탄저병 원인균의 발견·배양 성공에 이은 쾌거라고 한다.

한편 이 소식을 전해 들은 많은 축산농가에서는 "죽음의 공포에서 벗어났고, 축산업 성장도 기대된다."며 파스퇴르에게 고마움을 표하고 있다고 한다.

▶유잉, 지진계 발명(1881) ▶라울, 용액이 어는 온도는 항상 고정적인 것이 아니라는 것을 발견(1882) ▶코흐, 콜레라균 발견(1883)

다윈과 마르크스, 영원히 잠들다
마르크스 : 자본주의는 영원하지 않다, 진보의 한 단계일 뿐!

쓸 수 있도록 배려한 곳은, 자본주의의 맹주를 자처하는 영국이었다. 체제에 대한 자신감이었을까, 아니면 판단 착오였을까.

마르크스는 1818년 5월 5일, 독일의 라인주 트리어에서 태어났다. 아버지는 계몽사상을 지닌 유대계 변호사였고, 마르크스는 베를린에서 법률·역사·철학을 공부하면서 특히 헤겔 철학에 깊은 영향을 받은 것으로 알려졌다. 그는 1841년 「데모크리토스와 에피쿠로스 자연철학의 차이」로 예나에서 박사학위를 받았다. 이후 마르크스는 학자로서보다 저술가로 이름을 날렸다. 『경제학철학 초고』, 『철학의 빈곤』 등이 초기의 대표작으로 꼽힌다.

마르크스의 대표작은 1867년에 나온 『자본론』. 그동안 숱한 경제학자들의 지적 도전이 있었으나 자본주의를 명쾌하게 분석한 적은 없었다. 마르크스가 서문에서도 밝혔듯이 "현대사회의 경제적 운동법칙을 발견하는" 것이 이 책의 목적이고, 그 결과 자본주의의 신비가 모두 까발려졌다고 할 수 있다. 이 책을 통해 인류는 상품의 물신성과 원시적 자본 축적에 관한 마르크스의 놀라운 통찰력을 엿보았다. 마르크스를 프로메테우스에 빗대어 표현하는 이유가 여기에 있다. 마르크스의 죽음으로 『자본론』 구상은 1권 출간에 그쳤으나, 그의 오랜 동지인 엥겔스가 나머지 원고를 모아 책을 내려는 준비를 서두르고 있다.

마르크스와 엥겔스의 만남은 특기할만하다. 두 사람은 1844년 9월 파리에서 만났다. 이를 계기로 두 사람은 혁명 동지에다 공동 저술가로 활동했다. "하나의 유령이 유럽을 떠돌고 있다."로 시작하는 『공산당 선언』은 두 사람의 공동 저작으로, 공산주의자동맹의 위임을 받아 작성된 이 선언문은, 1848년 2월에 발표됐다. 새로운 체제를 꿈꾸는 공산주의의 실체가 비로소 세계인들에게 공개된 것이다. 이후 마르크스는 브뤼셀·파리·쾰른 등지의 혁명에 참가했으나, 혁명이 좌절되면서 추방과 망명 생활을 반복하게 된다.

마르크스의 죽음으로 혁명의 불씨가 꺼졌다고 여기는 것은 속단이다. 일하는 사람들의 사회적 지위가 흔들리고 빈부 격차가 심해지면, 그 불씨는 다시 살아나고 말 것이기 때문이다.

1844년 프랑스 노동자와 함께 노동문제에 대해 토론하는 마르크스. 마르크스에게 프랑스는 사회주의 사상을, 영국은 자본주의 경제에 대한 통찰력을 안겨주었다고 할 수 있다.

랑케 『세계사1』 출간
세계사 아닌 유럽사

【1881년, 독일】 최근 가장 탁월한 역사가로서 최고의 명성을 얻고 있는 역사학자 랑케가 82세의 고령에도 불구하고 집필한 『세계사』의 첫 권이 출간됐다.

랑케는 그동안 과거의 사실을 객관적으로 기술해 '있는 그대로' 과거의 역사를 재현하는 것을 목표로 삼아왔다. 하지만 이 책은 그리스부터 라틴-게르만 민족에 이르는 15세기까지의 역사만 다뤄 책 제목처럼 '세계사'라기보다는 오히려 '유럽사'라는 평을 받을 것으로 보인다.

국내 첫 근대적 신문 『한성순보』 선보여
박문국 발간… 개화파 지식인, 국내외 소식 열흘에 한 번씩 알린다

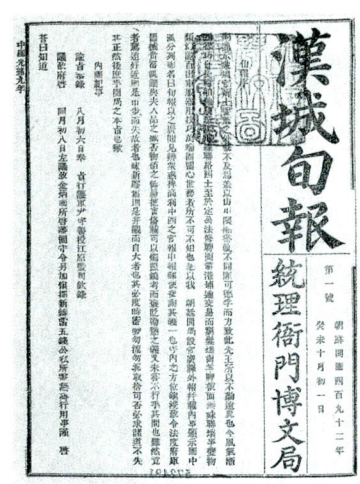

『한성순보』 창간호.

【1883년, 서울】 10월 1일. 조선 최초의 신문으로 순한문을 사용한 관보 『한성순보』 창간호가 발간됐다. 이 신문은 10일마다 한 번씩 발행되는 순보로, 지난 7월 15일 박영효 등의 건의로 한성부 저동에 신설된 박문국에서 수동식 활판기로 제일 먼저 찍어낸 인쇄물이다.

『한성순보』 창간호는 "오늘날 풍기는 점차 열리고 인간의 지혜는 날로 발전해 화륜선이 대양을 달리고 전선이 사방에 연결되고 있다. 그리고 이상한 모습을 한 외국인과 만나게 되었다. 사물의 변화와 문물제도의 발전에 대해 시무에 관심을 가진 자들은 반드시 알아야 할 것이다. 이 때문에 우리 정부에서는 박문국을 설치하고 직원을 두었다."라고 신문 발간 취지를 밝히고 있다.

앞으로 『한성순보』는 매월 3회에 걸쳐 각급 관청과 한성부가 하는 일을 널리 알릴 방침이다. 또 국내 소식뿐 아니라 청나라의 『중외신보』, 일본의 『동경일일신보』 등 각국 신문과 고금도서 중심으로 해외 논설도 번역해 게재할 예정이라고 한다.

▶최시형, 『용담유사』 간행(1881) ▶르누아르, 〈뱃놀이 점심〉 완성(1881) ▶모파상, 『여자의 일생』 완성(1883) ▶스티븐슨, 『보물섬』 출간(1883)

제3세계 통신

튀니지, 프랑스 보호국으로

【1881년 5월 12일, 튀니지】 고대에 한니발 장군을 앞세워 로마제국과 자웅을 겨루었던 카르타고의 후예 튀니지가 프랑스의 식민지로 전락했다. 북아프리카에 자리 잡은 튀니지는 그동안 오스만제국의 치하에서 상대적 독립을 누려왔다.

보어전쟁 일단락!

【1881년 8월 3일, 프레토리아】 남아프리카를 장악하려는 영국군과 보어인의 남아프리카공화국군 사이에 벌어졌던 보어전쟁이 양측의 휴전협정으로 일단락됐다. 이로써 남아프리카공화국은 영국의 일방적 침략을 중단시키고 자치권을 되찾았다.

인디언 전사 시팅 불 항복

【1881년 7월 20일, 미국】 리틀빅혼 전투에서 미국의 카스터 기병대를 패퇴시킨 인디언 수족의 영웅 시팅 불이 몬태나주의 버드포트요새에서 미군에 항복했다. 캐나다에 머무르던 시팅 불이 항복함으로써 인디언의 저항은 기세가 크게 꺾일 전망이다.

남아메리카, 잇단 영토 획정

【1883년】 금세기 초 에스파냐와 포르투갈의 식민 지배로부터 독립한 남아메리카 나라들이 잇달아 서로 영토를 확정짓고 있어 식민 침략에 시달리는 다른 나라들의 부러움을 사고 있다. 지난 1881년에는 칠레와 아르헨티나가 국경선을 확정한 데 이어 지난 10월에는 페루와 칠레가 전쟁까지 야기한 영토 분쟁을 마무리지었다.

버팔로 빌의 와일드웨스트쇼 : 1883년 미국에서 절찬리에 상연. 윌리엄 코디 기획. 인디언 영웅 시팅 불도 출연.

'왕십리 똥파리'로 불린 군인들의 분노

【1882년, 서울 왕십리】 서울을 지키는 군사들은 대부분 도성 안과 도성 밖 10리 안에 사는 구식 군인들이다. 그런데 개항 이후 쌀의 대량 유출로 쌀값이 폭등하고 물가가 오르자, 구식 군인들과 그 가족들은 여러 가지 잡일을 하면서 생계를 꾸려갈 수밖에 없는 딱한 사정에 처해 있다. 구식 군인들의 봉급은 한 달에 쌀 4말 정도. 이들이 봉급만으로 생활하기에는 턱없이 부족한 실정이다.

구식 군인들은 서울의 변두리인 왕십리와 이태원 등지에 집단을 이루고 살면서 날품팔이, 오물 처리, 채소 재배 등을 하고 있다. 그런데 이들이 사는 곳에는 채소 재배를 하려고 분뇨를 웅덩이에 모으기 때문에 파리가 많다. 그래서 '왕십리 똥파리'로 불릴 정도다.

한편 구식 군대의 딱한 사정과는 대조적으로 지난해에 만든 신식 군대인 별기군은 신식 총과 훈련복뿐 아니라 월급도 구식 군대보다 훨씬 많이, 제때 받고 있다고 한다. 그래서 임오군란이 일어난 까닭은 자부심을 갖는 별기군과 비교해 차별을 받는 구식 군인들의 분노가 폭발한 것이라는 게 저잣거리의 풍문이다.

신식 군인들의 훈련 장면. 신식 군인들은 봉급을 제때 받고 있다고 한다. 그러나 구식 군인들의 생활을 가장 어렵게 만든 것은 민씨 정권이 들어서면서 봉급이 제때 나오지 않고 있다는 사실이다.

중국 호떡집·국수집 늘어

임오군란 직후 약 3,000명의 중국 군인과 많은 중국인들이 들어왔다. 이들 중국인 가운데서 부자는 무역업에 종사하지만 대부분은 적은 자금으로 호떡집이나 국수집을 운영하고 있다. 호떡은 중국인 노동자나 하층 서민들을 위해 만든 것이지만 조선 사람들에게도 널리 사랑받고 있다.

서울에 최초의 사진관 등장

'사진관'이라는 간판을 내건 집.

【1883년, 서울】 초상 사진과 기록 사진을 주로 찍는 촬영국(撮影局)이 서울 대안동에 생겼다. 황철이라는 사람이 자신의 사랑채 겸 서재를 개조해 만든 조선 최초의 사진관이다. 황철은 지난해에 가업 경영과 관련해 광산 기계 구입차 청나라 상하이에 갔다가 그곳에서 사진 기술을 배운 다음 사진기를 구입해왔다고 한다.

사진은 그림보다 정교하고 사실적이면서도 쉽게 가질 수 있다는 장점 때문에 앞으로 초상화를 대체해갈 것으로 보인다. 하지만 사진에 '찍히면' 혼령이 달아난다고 믿는 사람들 탓에 대중화에는 시간이 좀 더 걸릴 것으로 보인다.

오리엔트 특급열차 개통

【1883년 10월 4일】 유럽 최초의 대륙 횡단 특급열차가 프랑스 파리에서 첫 기적을 울렸다. 독일의 뮌헨, 오스트리아 빈, 헝가리 부다페스트, 루마니아 부쿠레슈티에서 잠시 정차하는 이 특급열차의 노선 길이는 2,740킬로미터가 넘는다.

벨기에의 사업가 조르주 나겔마케르가 개발한 이 열차는 침대차, 식당차, 그리고 흡연실과 숙녀용 객실을 갖춘 것이 특징. 지금은 파리부터 불가리아의 바르나항까지만 기차로 여행한 후, 기선으로 흑해를 건너 이스탄불(콘스탄티노플)로 갈 수 있다. 하지만 전 구간이 개통되면 파리부터 이스탄불까지 직통으로 연결될 예정이다.

동양의 신비로운 역사를 간직한 이스탄불의 매력에 이끌린 유럽의 왕족과 귀족, 저명인사들이 오리엔트 특급열차를 이용할 것으로 보여 이 열차는 중요한 사교의 장이 될 전망이다.

부고

▶ 가리발디(1807~1882) : 이탈리아 군인이자 공화주의 정치가. 가리발디는 '붉은 셔츠대'라는 게릴라 부대를 이끌고 '리소르지멘토(국가 통일 운동)'에 헌신한 인물이다.

▶ 도스토옙스키(1821~1881) : 러시아의 소설가. 인간 심리에 대한 놀라운 이해력과 정치, 사회를 날카롭게 보여준 러시아 문학의 거장. 주요 작품은 『지하실의 수기』, 『죄와 벌』, 『카라마조프의 형제들』 등이 있다.

▶ 바그너(1813~1883) : 독일의 극음악 작곡가·이론가. 바그너의 대표작 〈니벨룽겐의 반지〉는 독일 음악을 감각적 절정에 올려놓았다.

▶미국여성인디언협회 창설(1881) ▶코스타리카, 사형 제도 폐지(1882) ▶가노 지고로, 도쿄에 최초 유도학교 설립(1882) ▶조선, 원산학사 설립(1883)

1884년~1886년

근현대사신문

근대 3호

주요 기사 | **2면** 베를린회의, 아프리카 분할 논의 (1885) | **3면** 조선, 갑신정변 (1884) | **4면** 사설 – 답은 저 아래에 있다 | **4면** 해설 – 부들러와 유길준의 '중립화론' | **5면** 미국 노동자, 헤이마켓서 시위 (1886) | **6면** 『한성순보』의 서양 과학 기술 기사 분석 | **7면** 후쿠자와 유키치, '탈아론' 발표 (1884) | **8면** 노비 세습 금지와 노예 해방 '붐'

제국주의 시대와 갑신정변

1884년 독일제국의 심장부인 베를린궁전에 서유럽 열강이 모였다. 아프리카에서 영토 확장에 골몰하던 열강들이 마치 유럽에서의 국경선을 정하듯 아프리카에서 서로의 경계선을 정하는 회의를 진행했다. 이 회의는 근대 자본주의가 제국주의로 나아가는 신호탄으로 불린다. 제국주의란 무엇인가? 아프리카를 포함한 세계 전역을 식민지와 세력권으로 완전히 나누어 가진 서구 열강의 성격과 그 정책을 가리킨다.

그해(갑신년) 조선에서는 자주적 근대화를 지향한 혁명이 일어났다. 김옥균, 홍영식, 박영효 등 개화 정책을 추진해 온 젊은 관료들이 정변을 일으켜 보수 세력을 추방했다. 그들의 모델은 불과 16년 전 일본의 메이지유신. 그러나 16년의 세월은 근본적인 차이를 낳았다. 그 사이 일본은 조선을 식민지로 삼기 위해 돌진해 왔다. 제국주의적 속성을 바로 보지 못하면 근대화를 위한 조선의 노력은 열매를 맺기 어려워 보인다.

그림 | 아프리카 분할을 논의한 베를린회의

유럽, 아프리카 분할하고 제국주의로 진군

13개국, 베를린에서 나이프와 포크 들고 땅따먹기 경연 대회

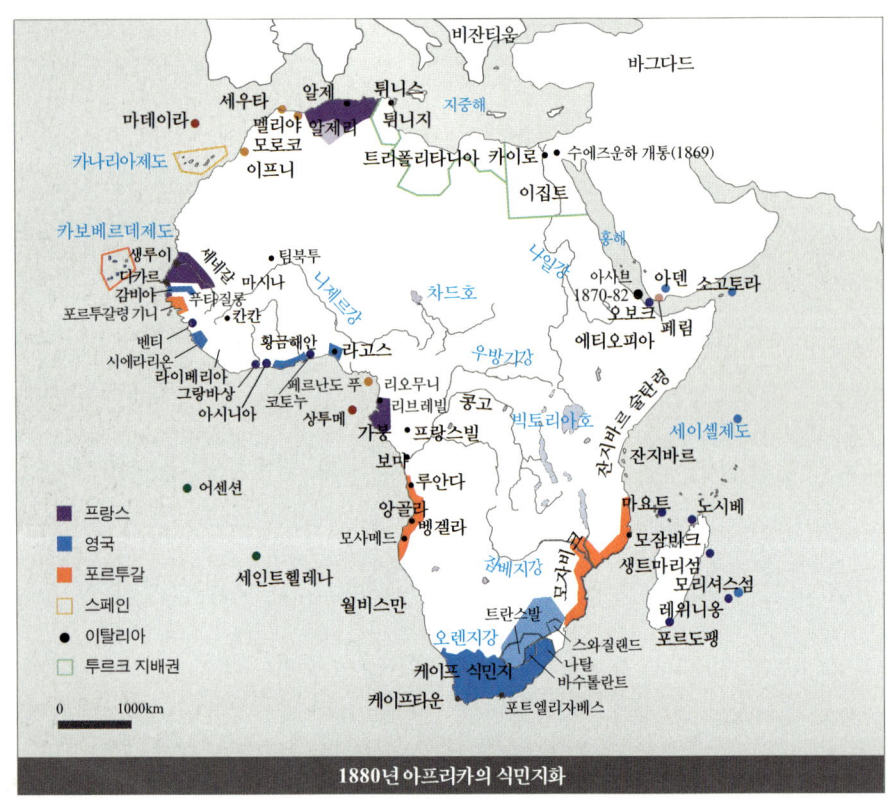

1880년 아프리카의 식민지화

【1885년, 베를린】 지난해부터 계속된 유럽 열강 13국 회의가 마침내 합의문을 작성하는데 성공했다. 회의를 주최한 비스마르크가 마련한 합의문에 따르면, 유럽 열강들은 앞으로 아프리카에서 서로 전쟁을 하지 않기로 하고, 그 대신 한 나라가 어느 지역을 차지하면 다른 나라는 그것을 인정하기로 했다. 이번 회의는 유럽 열강들이 아프리카를 차지하기 위해 경쟁적으로 뛰어드는 가운데, 아프리카 중앙의 콩고를 두고 벌어진 충돌을 해결하려고 소집 된 것이었다.

그동안 이집트를 사실상 공동 통치하던 영국과 프랑스는 서로 이집트를 독차지하려고 다투어왔다. 결국 영국에 밀려난 프랑스는 알제리 등 서아프리카로 눈을 돌렸고, 이에 따라 다른 나라들도 경쟁적으로 아프리카 땅따먹기에 뛰어들었다. 그

베를린회의 결과, 아프리카를 남북으로 잇는 영국과 동서로 잇는 프랑스의 침략 계획에 맞서 독일과 벨기에도 뒤늦게 아프리카 분할에 동참할 태세이다.

래서 독일 수상 비스마르크가 불필요한 충돌을 피하고 평화적으로 땅을 갈라 먹기 위해 이번 회의를 주선한 것이다.

한편 믿을 만한 소식통에 따르면, 영국은 이미 차지한 이집트와 수단을 토대로 그 남쪽으로 케냐, 로디지아, 남아프리카로 이어지는 남북 띠를 형성할 계획인 것으로 알려졌다. 이에 반해 프랑스는 알제리를 비롯해 적도 이북 아프리카의 서부를 차지할 것이라고 한다. 이번 회의를 주최한 독일도 케냐 일부와 서남아프리카를 차지할 것으로 보인다.

그러나 이번 회의 결과에 대해 유럽의 뜻있는 지식인들은 "아프리카를 식탁 위에 올려놓고 유럽 각국이 나이프와 포크를 들고 달려드는 꼴"이라며 비꼬았다. 유럽 국가들은 자를 대고 선을 긋듯이, 아프리카 부족들 사이의 경계를 무시한 채 자의적인 경계선을 새로 만들고 있다. 이에 따라 원주민들 사이에 뜻하지 않은 분쟁이 일어날 가능성이 높아져 이를 우려하는 목소리가 높다.

우아한 사회주의자들 페이비언협회 결성

【1884년, 영국】 민주적 사회주의 국가 건설을 목표로 내건 '페이비언협회'가 결성됐다. 설립자는 스코틀랜드 출신의 토머스 데이비드슨.

이 협회는 혁명보다는 점진적인 사회주의를 신봉하기 때문에 회합·강연·토론회 등을 개최해 사회주의 목적을 일반 대중에게 널리 홍보하고, 정치·경제·사회문제들을 조사해 단행본·소책자·정기간행물 등으로 발간할 예정이라고 한다.

청, 프랑스에 참패… 베트남마저 넘겨줘

동네북 신세로 전락… 동아시아 질서 새 틀로 짜야

【1885년 6월, 톈진】 베트남 북부와 타이완 일대에서 벌어진 청나라와 프랑스의 전쟁이 마침내 프랑스의 승리로 막을 내렸다. 이로써 전통적으로 청나라에 조공을 바쳐온 베트남은 완전히 프랑스의 식민지로 넘어갔고, 청나라를 중심으로 하는 동아시아 국제질서는 급격히 와해될 전망이다.

이번 전쟁은 2년 전부터 격렬하게 일어난 베트남의 반외세 저항운동에 프랑스가 무력 진압으로 맞서면서 바다와 육지에서 전면적으로 전개됐다. 지상전에서 청나라와 베트남 연합군이 압도적인 우세를 지키자, 프랑스의 리비에르는 이에 맞서 해군을 강화했다. 결국 청나라 해군은 남중국해를 프랑스에 내주고 전멸하다시피 해 톈진에서 프랑스와 강화 조약을 맺었다.

그동안 청나라는 비록 제국주의 열강의 침략으로 반식민지 상태였으나, 동아시아의 종주국으로서 주변국에 그 영향력을 행사해왔다. 그러나 이번 조약 체결로 베트남을 프랑스에 완전히 넘겨주는 비운을 맞게 된 것이다. 청·프전쟁은 외견상 베트남을 어느 나라가 차지하느냐 하는 다툼 같지만, 그 내용은 제국주의의 침략에 맞선 아시아의 대응이라는 데 무게가 있다는 것이 전문가들의 분석이다.

앞으로 프랑스는 이번 전쟁의 승리 여세를 몰아 베트남은 물론 인도차이나 일대에 대한 세력 확대에 더욱 박차를 가할 것으로 보인다.

▶네덜란드, 보르네오섬 점령(1884) ▶수단, 하르툼에서 영국군 격퇴(1885) ▶1회 인도국민회의 개최(1885) ▶영국, 말레이반도의 조호르를 보호령으로 삼음(1885)

조선, 갑신정변 잠재우고 자주적 근대화 멈칫

개화파 혁명 좌절… 청 군사 개입, 일본은 지원 약속 어기고 '오리발'

【1884년, 서울】 갑신정변이 3일 만에 실패로 끝나고, 정변을 주도했던 김옥균 등 급진 개화파는 제물포를 통해 서둘러 일본으로 망명했다.

지난 10월 17일, 우정국 낙성식 축하연회장 근처에서 치솟은 불길을 시작으로 민씨 세력의 중진인 민영익이 칼에 찔리고, 민영목·민태호·조영하·한규직 등이 차례로 살해되는 정변이 일어났다. 곧이어 정변을 주도한 세력은 새 정부를 수립하고 14개항의 혁신적인 정강을 발표했다. 그러나 뒤늦게 이번 정변의 진상을 눈치챈 민씨 세력의 요청으로 청나라 군대가 출동하자, 정변 직전에 지원을 약속했던 일본 군대가 퇴각해 3일 만에 정변은 실패하고 말았다. 그 결과 향후 정국은 청나라의 내정간섭과 민씨 세력의 집권 강화로 이어질 전망이다.

한편 이번 정변을 둘러싸고 그 원인과 결과에 대한 의견이 분분하다. 먼저 이번 정변은 1876년 개항을 한 이후 개화 정책이 급속하게 진행되는 가운데 임오군란으로 청나라와 민씨 세력의 영향력이 강화되자 김옥균·서광범·박영효 등 급진 개화파가 위협을 느껴 일으킨 것이라는 분석이 많다.

정변은 실패했지만, 이번 사건을 몇 가지 점에서 눈여겨볼 필요가 있다는

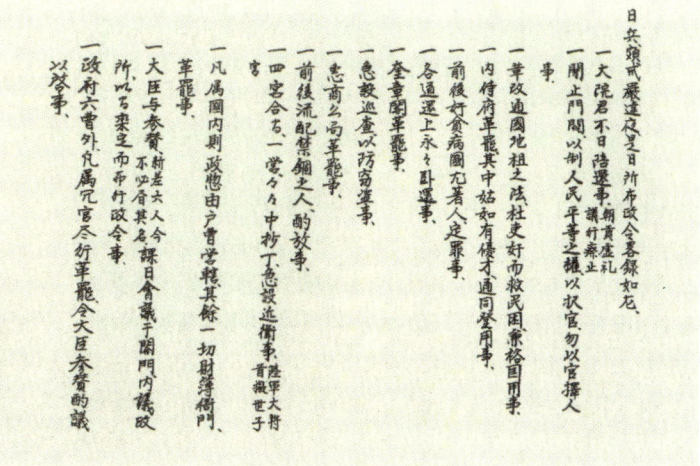

갑신정변을 주도했던 김옥균, 박영효, 서광범, 서재필(왼쪽부터 시계 방향)과 이들이 내세운 14개항의 개혁 정강(오른쪽). 주요 내용은 "제2조 인민 평등의 권리를 제정하고 능력에 따라 관리를 등용할 것. 제14조 정부 6조 이외에 불필요한 관청을 모두 없애고 대신들과 협의해서 처리할 것." 등이다.

의견도 있다. 먼저 급진 개화파가 내건 14개조 혁신 정강을 보면, 문벌을 폐지해 인민 평등의 권리를 세우고, 능력에 따라 관리를 임명한다는 것이나, 지조법을 개혁해 관리의 부정을 막고 백성을 보호하며 국가재정을 넉넉히 한다는 것은 앞으로 조선이 나아갈 개혁의 방향을 올바로 제시했다는 평가이다. 게다가 대신과 참찬이 매일 합문 내의 의정소에 모여 정령을 의결하고 반포하는 방안은 영국과 같은 입헌군주제를 추구하는 새로운 정치체제를 제시했다는 점에서 매우 혁신적이라는 평가이다.

청, 베트남서 뺨 맞고 조선 기웃거리기

조선과 러시아 밀약설 불거지자 조선에 노골적 내정간섭

【1886년, 서울】 최근 조선 정부가 러시아와 밀약을 추진한다는 소문이 나돌면서 국내외 정국에 파문을 불러 일으키고 있다. 이번 밀약설은 조선을 보호해 줄 것을 요청하는 밀서가 영의정 심순택의 명의로 러시아에 전달됐다는 풍문이 돌면서 비롯됐다. 당사자인 심순택은 이 사실을 전면 부인했지만, 비밀 교섭에 반대하는 민영익이 밀서 사본을 폭로하면서 일파만파로 번져나가고 있다.

한편 임오군란 이후 조선에 대한 내정간섭을 본격화해 온 청나라는 지난해 10월 새로 부임한 주차조선총리교

조선을 둘러싸고 청·일 양국과 러시아가 벌이는 침략을 풍자한 그림이다.

섭통상사 위안스카이를 통해 이번 사건의 책임을 조선 정부에 엄중히 추궁하고 있다. 심지어 국왕인 고종을 폐립시킬 것까지 고려한 것으로 전해져 정국은 더욱 혼미한 상태로 빠져들 것이라는 전망도 나오고 있다. 게다가 위안스카이는 조선의 외교권마저 박탈하려는 생각을 가지고 있어 앞으로 청나라의 내정간섭이 더욱더 가중될 것으로 예상된다.

병인양요 일으킨 프랑스와 조약 체결

【1886년 5월, 서울】 조선 정부가 그동안 천주교 탄압과 병인양요로 외교 마찰을 빚었던 프랑스와 수호통상조약을 체결하고 포교권도 인정하게 됐다. 조약 내용은 앞서 맺은 영국과 대체로 비슷하지만, 제9조 2항에 포함된 '교회'라는 용어를 둘러싸고 논란이 일었다고 한다. 결국 정부가 포교권을 묵인함으로써 프랑스는 포교의 자유를 획득하게 됐으며, 다른 나라들도 최혜국대우 조항에 따라 선교 사업을 벌일 전망이다.

▶조·러수호통상조약 조인(1884) ▶일본과 한성조약 체결(1884) ▶묄렌도르프 실각(1885) ▶흥선대원군, 청으로부터 귀국(1885) ▶영국 함대, 거문도 불법 점령(1885)

사설

답은 저 아래에 있다
― 갑신정변 이후의 과제

급진 개화파가 주도한 근대화 '혁명'이 삼일천하로 막을 내렸다. 그들을 후원하기로 한 일본은 등을 돌렸고, 보수 세력은 청나라를 등에 업고 개화파 사냥에 열을 올리고 있다. 분명히 말해 두건대 우리는 이번 갑신정변의 대의와 취지를 적극 지지한다. 실패한 정변에 대해 너무 서둘렀다거나 일본의 본질을 몰랐다는 비판들이 쏟아지리라는 것을 모르고 하는 말이 아니다. 그러나 이런 말들은 대체로 실패를 두려워해 아무것도 하지 않으려는 비겁한 사람들이 퍼붓는 무책임한 비난일 뿐이다. 갑신정변이 추구한 근대화의 목표는 몇 가지 한계에도 불구하고 정당했다.

뼈아픈 것은 일반 백성이 갑신정변을 계기로 개화파에 등을 돌리면서 개화 문물을 무차별 공격하고 있다는 사실이다. 그들은 갑신정변의 배후에 일본이 있다는 데 분노해 일본과 개화파를 한 묶음으로 배격하고 있다. 갑신정변 주도 세력은 이런 현실을 똑바로 봐야 한다. 일본은 제국주의 열강을 본받아 조선을 식민지로 만들기 위해서는 뭐든지 할 것이다. 그들은 갑신정변을 이용해 세력을 넓히려다가 여의치 않자 발을 뺐다. 조선의 개화를 추진하는 힘은 그러한 바깥 세력에서 나오지 않고 이 땅의 백성에게서 나온다. 그들을 무지하고 미개하다고 무시하지 말고, 어떻게 하면 자주적 개화의 벗으로 끌어들일 수 있을까 고민하라. 거듭 강조하지만 갑신정변의 대의는 올바르다. 그것이 백성의 지지를 얻는다면 좌절한 정변은 혁명으로 부활할 것이다.

이 험한 세상에 '조선 중립화' 어때요?

해설 부들러의 '중립화론', 유길준의 '중립화론'

제국 사이에 낀 조선이 자칫 희생될 수 있다는 우려 속에서, 때마침 조선의 향배를 놓고 독일인과 조선인이 중립화 방안을 내놓았다. 이에 눈길을 끌고 있는 중립화 방안의 주요 내용을 살펴본다.

갑신정변으로 청나라와 일본이 날카롭게 대립하고 있는 가운데, 1885년 3월 영국이 대한해협의 요충지인 거문도를 불법 점령하는 사건이 발생했다. 이번 사건은 그동안 세계 곳곳에서 러시아와 대립하고 있는 영국이 조·러 비밀 협약에 대한 풍문이 떠돌자, 러시아의 남하에 대비한다는 핑계로 저지른 것이라는 분석이다. 이처럼 동서 열강들이 한반도를 둘러싸고 각축을 벌이고 있는 가운데, 조선 주재 독일 부영사 부들러가 청·일본·러시아 3국이 조선의 중립을 승인·보호해야 한다는 내용을 골자로, 외교 책임자인 김윤식에게 "해양 세력인 일본과 대륙 세력인 청나라 사이의 충돌을 방지하기 위해서는 조선이 중립을 선택할 것"을 권유했다.

한편 미국 유학에서 돌아온 유길준도 "우리나라가 아시아의 중립국이 되는 것은 러시아를 막는 중요한 계기가 될 것이며, 또한 아시아의 여러 대국들이 서로 균형을 이루는 정략도 될 것이다. …… 오직 중립 한 가지만이 진실로 우리나라를 지키는 방책이지만, 이를 우리가 먼저 제창할 수 없으니 청나라가 이를 맡아서 처리해 주도록 청하는 것이 좋을 듯하다."라는 중립론을 밝힐 것으로 알려졌다.

이처럼 부들러와 유길준의 중립화론은 모두 조선의 안전이 어느 특정한 강대국의 보장만으로 이루어지지 않으며, 강대국 모두가 보장하는 중립화를 이룰 때에만 가능하다는 점에서 공통점을 보인다.

하지만 조선 정부는 텐진조약에 이미 조선의 안전이 보장되어 있으므로 "청나라가 이유 없이 군대를 늘리거나 분쟁을 일으키지는 않을 것이며, 일본도 평화 위주의 정책을 쓰기 때문에 경거망동하지 않을 것"이라면서 부들러의 중립화론에 관심조차 보이지 않고 있다. 또한 유길준의 중립화론도 민씨 정권이 갑신정변 이후 유길준을 급진 개화파로 여겨 연금함으로써 구상 단계에 그치고 말 것이라는 예측이 나와 커다란 아쉬움을 남기고 있다.

그림마당 | 이은홍

기록실

텐진조약 ― 갑신정변 사후 처리를 위한 청·일조약

1885년, 일본은 조선에서 세력 균형을 이루려는 노력으로 청나라와 텐진조약을 맺었다. 텐진조약은 베트남 문제로 갑신정변 처리에 소극적이던 청나라가 일본의 요구를 받아들이면서 맺어진 것으로 알려졌다. 텐진조약의 가장 큰 문제점은 두 나라 군대의 출병에 관해서는 아무런 규정도 하지 않았다는 것이다. 조약의 주요 내용을 소개한다.

제1조 청국은 조선에 주둔한 군대를 철수한다. 일본국은 공사관 호위를 위해 조선에 주재한 병력을 철수한다.

제2조 양국은 조선 국왕에게 권하여 병사를 교련해 치안을 유지할 수 있게 한다. 제3국 무관 1명에게 수 명을 선발 고용하도록 해 군사 교련을 위임한다. 이후 양국은 사람을 파견해 조선에 주재하면서 교련하는 일이 없도록 한다.

제3조 앞으로 만약 조선에 변란이나 중대 사건이 일어나 청·일 두 나라나 어떤 한 국가가 파병을 하려고 할 때에는 마땅히 그에 앞서 상대방에게 문서로써 알려야 한다. 그 사건이 진정된 뒤에는 즉시 병력을 전부 철수시키며 잔류시키지 못한다.

▶그리니치 자오선을 경도의 기준으로 결정 및 표준시 채택(1884) ▶영국, 국립아동학대예방협회 조직(1884) ▶조선, 세창양행에서 은 10만 냥 차관(1885)

미국은 벌써 '8시간 노동제' 투쟁 중

시카고 헤이마켓 광장서 야간 시위… 노동운동 지도부 검거 선풍

【1886년, 시카고】 5월 1일 시카고 노동자들의 '하루 8시간 노동제' 요구 시위가 있은 지 3일이 지난 뒤에도 노동자들의 시위는 수그러지지 않고 있다. 더욱이 파업 참여를 막으려고 조업을 강행하던 맥코믹 농기구 제작소를 노동자들이 항의 방문하던 중, 경찰이 쏜 총에 사망한 노동자가 발생하면서 시위는 극렬한 양상으로 번져가고 있다. 급기야 4일에는 헤이마켓 광장에서 야간 시위 도중 누군가가 대치하고 있던 경찰에 폭탄을 던져 아수라장이 된 가운데 경찰관 사망자도 발생했다. 이에 경찰은 집회를 주최한 오커스트 스파이스와 앨버트 파슨스를 전국에 지명수배했다.

지난 5월 1일 시위는 미국 기업들이 10시간 노동제를 시행하면서 생활비에 턱없이 모자란 저임금을 지급해 온 데 대해 노동자들이 반발하면서 시작됐다. 노동자들은 "우리도 햇볕을 보고 싶다네. 꽃 냄새도 맡아보고 싶다네. 하나님이 내려주신 축복인데 우린들 아니 볼 수 없다네."라고 노래부르며 임금 삭감 없는 8시간 노동제를 시행할 것을 요구했다.

5월 4일, 헤이마켓광장에서 노동자들이 "경찰의 잔혹한 법 집행, 노동자들에 대한 총격을 규탄하기 위해 총력을 기울여 투쟁할 것"을 호소하는 가운데 벌어진 학살 장면이다.

미국은 현재 '세계의 공장'으로 불릴 만큼 산업이 발전하고 있으나, 전 세계에서 몰려든 이주 노동자들에 대해서는 저임금으로 착취한다는 비판을 받아왔다. 특히 1877년 저임금에 항의해 파업한 철도 노동자들에게 경찰이 발포해 사망자가 생긴 후 노동자들의 시위도 점차 과격해졌다. 이를 바라보는 미국 시민들은 경찰이 발포하는 것에 대해서도, 노동자 시위대가 과격한 행동을 하는 것에 대해서도 마뜩잖아 하고 있어 여론이 어느 쪽으로 기울지 주목되고 있다.

르포 신식 교육의 현장을 가다 **관립·사립학교 이어 여학교까지**

1886년 9월 23일 관립학교인 육영공원이 문을 열었다. 지난해 8월 사립학교인 배재학당, 지난 5월에는 이화학당이 서양식 교육을 시작했다. 세 학교가 자리잡은 정동으로 찾아가 서양식 교육 현장의 이모저모를 살펴보기로 하자.

먼저 육영공원부터 방문했다. 육영공원은 관립학교여서 학생들을 현직 관료 가운데 선발했으며, 나머지도 양반 자제들로 채웠다고 한다. 이 학교에는 모두 35명의 학생들이 다니고 있는데 강의는 헐버트, 길모어, 벙커 등 미국에서 초빙한 교사들이 맡고 있다. 교과목은 독서, 습자, 수학, 지리 등 다양하지만, 주로 영어를 중심으로 수업이 진행된다.

배재학당과 이화학당은 모두 미국인 선교사들이 설립한 자매 학교이다. 배재학당은 미국 북감리회 선교사인 아펜젤러가, 이화학당은 스크랜턴 부인이 설립했다. 이 두 학교는 외국인이 설립한 사립학교라서 그런지 처음에는 학생을 모집하는 것이 쉽지 않았다고 한다. 특히 이화학당은 여자의 바깥출입을 꺼리는 관습 때문에 학부모에게 학생을 외국으로 빼돌리지 않겠다는 서약서를 써주고서야 첫 학생을 모집할 수 있었다. 또 이 두 학교는 왕실에 후원을 요청해 학교 이름을 하사받고 나서야 자리를 잡을 수 있었다고 한다. 조선에는 국왕이 서원에 이름을 지어주는 전통이 있는데, 배재학당도 그 덕택에 현재 20명의 학생을 모집할 수 있었다고 한다.

그러나 잇달아 문을 연 서양식 학교의 앞날이 반드시 순탄하지만은 않을 것으로 예상된다. 육영공원은 학생들이 서양식 학교에 익숙지 않아 수업이 제대로 진행되지 않는다는 풍문이고, 배재학당과 이화학당은 외국인 선교사가 세운 학교인 만큼 우리 문화와 전통에 적응해 뿌리를 내리는 데에는 어려운 과제가 아직 남아 있는 실정이다.

1885년 8월 3일 첫 수업을 시작한 사립학교인 배재학당 건물(아래)과 육영공원에서 사용한 교재(오른쪽 위).

▶일본, 내각제도 확립·이토 히로부미 총리 선출(1885) ▶미국인 데니, 외교 고문에 임명(1886) ▶팔레스타인, 여성 투표권 요구 시위(1886) ▶일본, 김옥균 추방(1886)

'행성삼강지설'을 아시나요?

『한성순보』 서양 과학 이론 소개로 독자들의 눈길 끌어

1883년 10월 1일 창간된 『한성순보』가 갑신정변으로 폐간된 지 13개월 만에 7일마다 발행하는 『한성주보』로 바뀌었다. 이에 『한성순보』가 창간호부터 지금까지 서양 과학과 기술을 꾸준히 소개해 독자들의 관심을 불러일으킨 성과에 대해 살펴보고자 한다.

『한성순보』에 실린 서양 과학과 기술 관련 기사는 우리가 살고 있는 지구에 대한 관심에서 출발했다. 창간호부터 지구설과 지구의 운동, 세계 지리에 대한 내용을 소개하면서, 인간이 사는 땅덩어리가 편평한 것이 아니라 둥글다는 지구설을 "지구 모양은 귤처럼 둥글다."고 강조했다. 그리고 지구의 크기와 모양, 각 대륙의 분포, 경도와 위도, 서울의 위치까지 자세히 다뤘다. 또한 이러한 지구와 지리에 대한 호기심은 천문학으로 연결돼, 고대 그리스에서 시작된 천문학의 발달 과정을 탈레스부터 프톨레마이오스까지 이르는 우주관으로 소개하기도 했다. 그리고 망원경의 발명과 이것으로 관찰한 태양계의 모습을 보여주기도 했는데, 케플러의 행성 운동 3법칙을 '행성삼강지설(行星三綱之說)'로, 뉴튼의 만유인력 법칙을 '흡력상인지리(吸力相引之理)'라는 이름으로 설명했다. 이밖에 갈릴레오, 데카르트, 파스칼, 라이프니치 같은 과학자들이 중학(重學), 역학(力學), 광학(光學), 기학(氣學) 등을 발전시켰다는 내용을 다루면서 서양 과학사를 부분적으로 소개했다.

또한 『한성순보』는 부국강병과 관련된 서양의 산업 기술도 상세히 보도했다. 전기에 대해 "소식을 전해줄 수도 있고, 길거리를 조명해 줄 수도 있으며, 교통과 운송 기관에도 이용할 수 있으며, 물건을 만드는 데에도 쓸 수 있는데, 그 값은 아주 싸다."라면서 그 유용성을 높이 평가했다. 이와 관련해 전신과 전차, 해저전선, 각종 전기 도구와 함께 무기 생산 기술, 철강 기술, 광산 개발, 농업 기술 등 세계 각국의 기술 현황에 이르기까지 다양한 기삿거리를

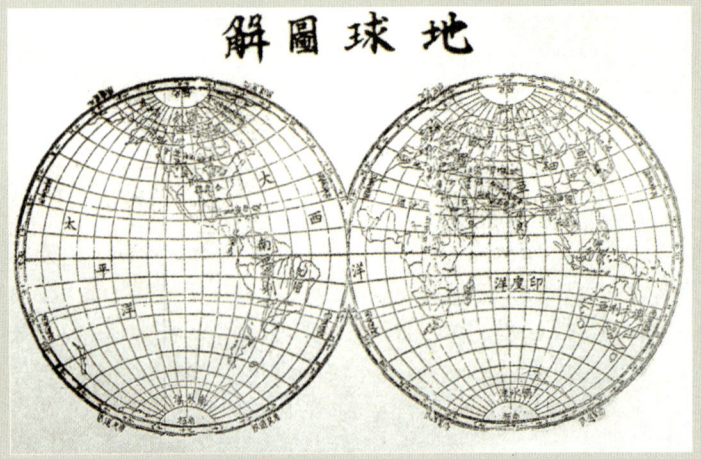

『한성순보』 창간호에 실린 지구도해(地球圖解).

제공했다. 그리고 사진관, 양조장, 인쇄소, 박람회, 학교, 병원, 공장 같은 신문물을 소개하는 데에도 많은 지면을 할애했다.

이처럼 『한성순보』가 서양의 과학과 기술을 소개한 것은 조선 정부가 이것을 부국강병의 도구이자 국제사회에서 경쟁을 위한 필수 도구로 인식했기 때문이라는 분석이다. 다시 말해 『한성순보』를 통해 개화 정책 수립을 위한 국제 정보를 수집하고 개화 정책의 방향을 개진했을 뿐만 아니라, 이를 백성들에게 홍보해 교화와 교육을 함으로써 여론 지지층을 형성하려 했다는 것이다. 하지만 『한성순보』에 실린 기사가 주로 청나라에서 발행된 신문이나 잡지, 과학 기술서에 의존함으로써 서양 과학과 기술을 재빨리 직접 습득하기에는 어려웠다는 한계도 지녔다. 이러한 문제는 앞으로 계속 발간될 『한성주보』를 통해 극복되어야 할 과제로 남아 있다.

벤츠와 다임러, 가솔린 자동차 개발에 성공

【1885년】 다임러와 벤츠가 가솔린 엔진을 장착한 오토바이와 자동차를 개발하는 데 성공했다. 1883년 다임러는 가솔린을 원료로 사용하는 내연기관을 개발한 바 있다.

그동안 사용되던 외연기관인 증기기관은 엔진의 외부에서 동력이 공급되기 때문에 열 손실이 많다는 단점을 가지고 있다. 이에 반해 내연기관은 실린더의 내부에서 연료를 연소시켜 생긴 가스의 팽창력으로 피스톤을 움직이는 원동기이다. 그렇기 때문에 자동차의 엔진으로 장착된 내연기관은 외연기관보다 열효율이 훨씬 좋다.

1860년 르노와르가 전기로 점화하는 최초의 내연기관을 발명했고, 1867년에 오토는 상업적 가치를 가진 최초의 내연기관을 개발했다. 그러나 르노와르와 오토의 엔진은 석탄 가스를 원료로 사용하기 때문에 수송용으로 적합하지 않았다. 이 문제를 극복한 것이 바로 가솔린 엔진이다.

앞으로 자동차 시장의 경쟁은 전기자동차, 증기자동차, 가솔린자동차의 3파전이 예상되는 가운데, 매우 가벼우면서 열효율이 뛰어난 가솔린 엔진이 실용화되면 가솔린자동차가 주도권을 장악할 것으로 보인다.

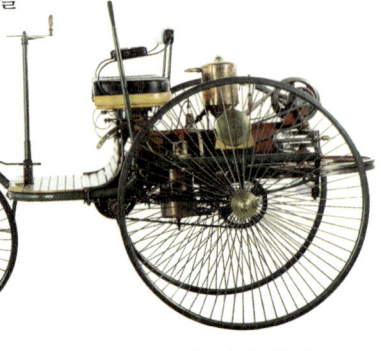

벤츠와 다임러의 가솔린자동차 1호.

서울-인천 간 전신 개통

【1885년, 서울】 청나라는 지난 6월 조선 정부를 압박해 강제적으로 '의주전선합동(義州電線合同)'을 체결했다. 이 조약에 따라 부설된 서로전신선은 인천에서 시작해 부평, 시흥, 한성, 고양, 파주, 개성, 평양, 철산, 용천, 의주를 지나 청나라 봉황성까지 이어진다. 서로전선의 총길이는 1,053리, 전신주는 모두 6,300주. 그런데 청나라는 차관과 기술력을 제공한다는 명분으로 이권을 독차지하고, 경비를 조선 정부에 떠넘기는 횡포를 부린 것으로 알려졌다.

▶뢰플러·클렙스, 디프테리아균 공동 발견(1884) ▶반트 호프, 삼투압 원리 발견(1885) ▶파스퇴르, 광견병 백신 개발(1885) ▶지석영, 『우두신설』 발행(1885)

"우리 일본은 더 이상 아시아가 아니다"

후쿠자와 유키치, 『문명론의 개략』에 이어 '탈아론' 발표

【1884년, 일본】 조선에서 갑신정변이 끝난 지 3개월이 지난 1885년 3월 일본에서 우리의 눈길을 사로잡는 글이 나왔다. 제목은 '탈아론', 저자는 후쿠자와 유키치. 그는 일찍이 '문명개화론'을 제기해 일본의 근대화를 사실상 이끌어온 중요한 인물이다. 또한 갑신정변을 일으킨 김옥균을 비롯해 급진 개화파가 직접적인 영향을 받았다는 점에서 그의 입장이 자못 궁금하다. 특히 김옥균은 1882년 두 차례에 걸쳐 8개월 간 일본을 방문해 그와 정세 토론을 한 적이 있다고 한다.

후쿠자와 유키치는 『문명론의 개략』에서 서양의 기술만이 아니라 제도와 사상 등 모든 것을 받아들일 것을 주장해왔다. 이는 청나라의 양무운동과는 무척 대조적이다. 그는 이번 '탈아론'에서 일본이 지리적으로는 아시아에 있지만, 이미 서양의 근대 문명을 받아들였다는 점에서 '탈아', 즉 아시아를 벗어났다고 주장했다. 하지만 청나라와 조선은 아직 유교적인 고루함을 벗어나지 못했으며 그럴 능력도 없다고 부정적으로 평가했다.

또 후쿠자와 유키치는 청나라와 조선이라는 '나쁜 친구'를 일본의 이웃이라고 해서 특별히 배려할 필요가 없다고 주장했다. 그는 일본이 아시아의 연대를 벗어나 서양 문명국들과 연대를 맺어야 하며, 청나라와 조선을 대할 때도 서양 문명국들이 청나라와 조선을 대하듯이 해야 한다고 주장했다. 이는 일본이 조선을 근대화시켜야 한다는 이전의 주장에서 후퇴한 것이다.

이러한 변화는 자신이 지원한 갑신정변이 청나라의 군사 개입으로 실패한 데서 나온 좌절감의 표현이라는 분석도 있다. 후쿠자와 유키치의 입장 변화가 앞으로 어떻게 전개될지 눈여겨보아야 할 까닭이 여기에 있다.

1860년 미국사절단으로 간 후쿠자와 유키치(맨 오른쪽)와 그의 대표작인 『문명론의 개략』.

현대 디자인의 아버지, 윌리엄 모리스

【1884년, 런던】 윌리엄 모리스가 사회주의동맹을 결성했다. 시인이자 공예가이며 아트디렉터인 모리스가 정치에 적극 참여하는 까닭은 자신의 예술 사상을 실현하기 위해서라고 한다. 모리스는 "예술은 인간 노동의 즐거움의 표현"이고 "건전한 예술은 제작자에게도 사용자에게도 행복한 것으로 민중에 의해, 민중을 위해 만들어진 예술"이라며, 예술을 '민중의 노동 자체'로 보았다.

모리스는 이러한 생각을 바탕으로 미술 공예 운동의 중심에 섰다. 미술 공예 운동은 기계로 만든 조악한 제품에 반대하며 고딕 양식을 되살리고, 중세 길드의 수공업 방식으로 돌아가 노동과 예술이 일치하는 사회를 만들자는 운동이다. 그래서 모리스는 벽지, 타일, 스테인드글라스, 가구, 책 등 누구나 사용하는 생활 주변의 사물을 예술의 대상으로 삼아 미술 공예 운동을 이끌고 있다. 이런 모리스에 대해 '현대 디자인의 아버지'라는 찬사가 나오는 것도 무리는 아니다.

'장인 공동체'인 모리스의 회사에는 현재 100여 명의 노동자가 일하고 있다. 그러나 사회주의자를 자처하며 민중 미술 운동을 펼치고 있는 모리스의 회사에서조차 노동자들은 장시간 노동과 저임금에 시달리고 있다. 모리스의 꿈처럼 "노동자가 아름다운 집에서 아름다운 책을 읽으며 살아가"는 모습을 볼 수 있기에는 현실이 녹녹치 않아 보인다.

윌리엄 모리스의 〈딱따구리 태피스트리〉.

📖 "신은 죽었다" 니체 신간 '충격 속 화제'

【1885년, 독일】 세계 지성계를 충격의 도가니로 몰아넣은 '유령'이 있다. 그 유령의 이름은 니체. 신의 죽음을 선언한 그가 『차라투스트라는 이렇게 말했다』를 출간했다. 이 책은 10년간 산속에서 명상의 세월을 보낸 차라투스트라가 세속으로 내려와 자신의 복음을 전하는데, 그 첫 복음이 바로 "신이 죽었다"는 것이다. 이 책의 핵심은 영원 회귀와 흔히 '초인(超人)'이라 번역하는 '위버멘쉬'. 한 전문가의 표현대로 "신의 죽음을 받아들이고 허무주의를 극복할 새로운 인간"에 대한 열망을 담고 있다.

▶아프가니, 『끊을 수 없는 끈』 발간(1884) ▶ 조선, 최초의 개신교회 소래교회 설립(1885) ▶골턴, 인간 지문의 고유성 발견. '지문 분류 체계'를 세움(1885)

제3세계 통신

트란스발, 골드러시 속으로

【1886년, 트란스발공화국】 비트바테르스란트 지역에서 엄청난 매장량의 금광이 발견돼, 수많은 외지인들이 엘도라도를 찾아 일확천금을 노리며 트란스발로 몰려들고 있다. 요하네스버그의 골드러시는 조지 해리슨이라는 사람이 이웃의 집을 지어 주려고 돌을 파내다가 우연히 금맥을 발견하면서 시작됐다. 그 결과 이곳에는 요하네스버그라는 거대 도시가 생겨 트란스발공화국의 새로운 중심지로 떠오를 전망이라고 한다. 하지만 크뤼에르 대통령은 심각한 문제에 직면한 것으로 알려졌다. 바로 요하네스버그가 영국인들의 거주지로 탈바꿈돼 '신의 국민'들의 민족 동질성을 훼손할 뿐만 아니라 트란스발공화국마저 영국에 합병될 가능성이 있기 때문이다. 영국은 1871년에 다이아몬드 광산이 발견된 오렌지자유국을 합병한 바 있다.

콩고, 벨기에 국왕의 사유지

【1885년, 콩고】 베를린 서아프리카 회담에서 유럽 열강들은 벨기에 국왕 레오폴2세를 주권자로 하는 콩고자유국을 인정했다. 이는 벨기에보다 약 80배나 큰 콩고자유국을 미국과 유럽 열강들이 레오폴2세의 사유지로 승인한 것을 의미한다. 벨기에 국왕 레오폴2세는 1874~77년에 스탠리가 콩고강을 탐험할 때부터 이 지역에 주목했고, 1877년 11월에는 콩고강을 따라 이루어지던 유럽인들의 무역을 위해 아프리카 내륙지방을 개방하려고 상(上)콩고연구위원회를 결성한 바 있다. 이 위원회의 후원에 따라 스탠리는 1879~82년에 상콩고 지방에 기지를 건설하고 지방 통치자들과 협정을 맺었다. 지난해 콩고국제협회는 아프리카의 450개 독립 부족과 조약을 맺고 협회와 연관된 모든 영토를 하나의 독립국가로 선언했다.

버마, 영국의 식민지로 전락

【1886년, 버마】 1월 1일, 콘바웅왕조가 영국과 벌인 전쟁에서 패해 끝내 합병됐다. 지난해 버마의 흘루트다우(각료회의)가 프랑스 총리에게 상호방조조약을 제안하는 편지를 보냄으로써 버마산 티크 목재에 대한 영국의 독점권에 위협을 가한 것이 전쟁의 발단이었다.

사실 이전에도 영국은 버마와 두 차례에 걸쳐 전쟁을 벌인 적이 있다(1824~26, 1852). 이후 버마는 영국을 몰아내기 위해 프랑스 사절단을 환대하고, 프랑스에 밀사를 파견하기도 했다. 하지만 이러한 움직임은 결국 영국의 의심을 사, 양국 관계가 다시 악화되면서 3차 전쟁이 터진 셈이었다.

노비의 씨가 따로 있다더냐?

【1886년】 3월 11일, 조선 정부가 노비 세습을 금지하는 법령을 반포했다. 이번 조치는 18세기 이래 노비제 폐지를 향한 일련의 개혁 연장선에서 취해진 것이며, 노예 해방이라고 하는 세계적 추세와도 발맞춘 것으로 평가되고 있다.

80여 년 전, 조선 정부는 이미 왕실과 관청에서 보유하고 있던 노비를 해방시키고, 노비 문서를 돈화문 밖에서 불태운 바 있다. 고종이 즉위한 이듬해인 1864년에도 그때까지 일부 남아 있던 왕실의 노비 문서를 불태우라는 명령을 내렸기에 정부의 이번 조치는 이미 예견돼 오던 일이다.

노비제 폐지는 세계사적으로도 시대적 추세라고 할 수 있다. 서양에서 농노 해방은 17세기부터 시작됐으며, 가장 늦었다고 할 수 있는 러시아도 지난 1861년에 농노를 해방시킨 바 있다. 중세의 농노와는 차원이 다르지만 흑인 노예도 해방되는 추세이다. 노예 해방은 인권 옹호의 측면도 있지만, 산업화 과정에서 자유로운 노동자를 확보하려는 자본의 요구도 적지 않게 작용했다.

사실 이번 조치는 노비라는 신분을 당대에만 그치게 하고 대대로 부리지는 못하게 함으로써 명목만 남은 낡은 제도를 현실에 맞게 조정한 것에 지나지 않을지도 모른다. 그러나 노비의 완전한 해방으로 가는 물꼬를 텄다는 데 큰 의미가 있다. 게다가 천한 신분의 굴레를 쓰고 살아오던 노비들에게는 묵은 체증이 한꺼번에 내려가는 조치로 받아들여지고 있다.

꽈배기 열차 타러 가자

【1884년, 미국 코니아일랜드】 꽈배기처럼 뱅뱅 도는 열차가 등장했다. 톰슨이란 미국 사람이 '롤러코스터'라는 이름을 붙여 특허를 낸 이 놀이기구는 꽈배기처럼 꼬인 궤도를 돌면서 솟구치기도 하고 뒤집히기도 하여 승객의 혼을 쏙 빼 놓는다. 그러면서도 열차에서 떨어지지 않으니 신기할 지경. 그래서 톰슨은 '중력의 아버지'라는 애칭을 얻기까지 했다.

자유의 여신상 완성

【1886년, 미국】 프랑스·아메리카 연맹이 모금해서 제작한 '자유의 여신상'이 마침내 완성돼, 미국 뉴욕시 입구에 자리 잡은 '자유의 섬'에 놓였다. 높이 90미터, 무게 220톤. 자유의 여신은 오른손에 자유와 횃불을, 왼손에 미국 「독립선언서」를 들고 있다. 오귀스트 바르톨디 작. 미국의 독립 혁명 때 맺어진 미국과 프랑스의 우정을 상징한다고 한다.

약값 대신 총을 쏜 청나라 군사

【1884년, 서울】 임오군란이 일어난 후, 청나라 군사 3천 명이 진압을 명분으로 서울에 들어왔다. 이처럼 한꺼번에 많은 청나라 군사가 주둔하게 되자, 그들의 행패도 만만치 않은 실정. 올 1월 30일 『한성순보』 제10호에는 청나라 군사가 광통교의 약방에 들어가 약을 구입하고는 돈을 내지 않고서 오히려 약방 주인의 아들을 총으로 쏘아 죽이는 사건이 발생했다는 보도가 실렸다. 약방 주인은 청나라 군사가 약값을 내지 않아 항의하자 그가 총을 쏘았다며 자신의 억울한 심정을 호소했다고 한다. 이번 사건을 계기로 조선의 민심이 앞으로 어디로 향할지 불을 보듯 뻔한 일이다.

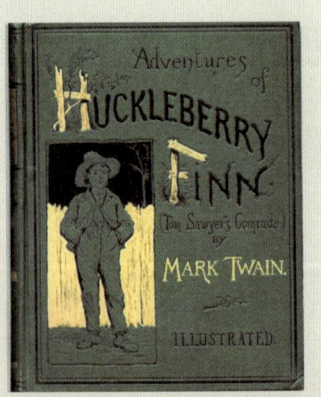

『허클베리 핀의 모험』(1884) : 마크 트웨인의 신작으로, 『톰 소여의 모험』(1876)과 함께 문명에 오염되지 않은 미국의 대서사시로 평가받고 있다.

부고

▶ 멘델(1822~1884) : 오스트리아 생물학자이자 성직자. 유전학의 수학적 토대를 확립했으며, '멘델의 법칙'으로 유명하다.

▶ 빅토르 위고(1802~1885) : 프랑스 시인, 극작가, 소설가. 프랑스 낭만파 작가 가운데 가장 중요한 인물이며, 만년에는 저명한 정치가이자 저술가로 활동하여 보나파르트주의와 권위주의를 비난했다. 가장 유명한 장편소설은 『노트르담의 꼽추』, 『레 미제라블』 등이다.

▶ 율리시스 그랜트(1822~1885) : 미국의 제18대 대통령. 남북전쟁 때 북군 지휘관으로 명성을 날렸다.

▶루이 워터먼, 만년필 발명으로 특허 얻음(1884) ▶서양식 병원 광혜원 설립(1885) ▶스탈리의 '안전 자전거' 큰 인기(1885) ▶펨버턴, 코카콜라 제조법 발견(1886)

1887년~1890년

근현대사신문

근대 4호

주요 기사 | **2면** 프랑스, 파리만국박람회 개최 (1889) | **3면** 조선, 경복궁에 전등불 밝혀 (1887) | **4면** 사설 - 돗자리와 300미터 철탑, 산업 기술자를 고대함 | **4면** 해설 - 철도, 문명의 상징 vs 수탈의 지렛대 | **5면** 초점 - 복음의 산실인가 제국의 첨병인가 | **6면** 첫 서양식 국립 병원 '제중원' | **7면** 인상주의의 종말 | **8면** 파발이여 안녕! 봉화여 안녕!

파리만국박람회와 근대 과학 문명

근대 문명은 빛이다. 과학 기술이 창조한 빛이 온 세상을 비춘다. 영국, 프랑스, 미국 등 선진국이 앞다퉈 이루어낸 과학 기술의 성과를 만방에 선보이는 장이 엑스포, 곧 만국박람회이다. 빛은 조선에도 들어와 경복궁의 밤을 전등불이 환하게 밝히기 시작했다.

빛에는 그림자가 따르는 법. 선진 열강은 과학 기술의 산물을 총동원하여 자신들 이외의 인류를 노예로 만들었고, 그들을 데려다가 만국박람회의 볼거리로 전시해 놓았다. 곳곳에서 제국주의의 야만적 학살이 자행되는 가운데, 조선은 점점 더 그러한 근대 문명의 그림자 속으로 내동댕이쳐지고 있다.

사진 | 프랑스혁명 100주년을 기념하여 열린 파리만국박람회의 포스터

파리만국박람회… 근대 문명에 축복을

세계에 빛나는 프랑스… 최신 과학 기술의 성과 맘껏 뽐내

【1889년 10월, 파리】 샹드마르스 광장에 세계인들의 방문이 줄을 잇고 있다. 이곳에서 열리고 있는 만국박람회를 구경하러 오는 행렬이다. 프랑스혁명 100주년을 기념하는 이번 박람회는 여러 가지 면에서 획기적인 모습을 연출하고 있다.

그 가운데 으뜸은 아무래도 박람회장 한가운데에 높이 솟아 있는 에펠탑. 지금까지 높은 것이라면 돌탑인 오벨리스크나 피사의 탑 정도만 알고 있던 유럽인들은 철골 구조로 만든 탑이 하늘을 찌를 듯이 300미터나 솟아 있는 장관에 혀를 내두른다. 구스타브 에펠이 설계한 이 탑은 바로 최신 과학 문명을 과시하는 증거로 받아들여지고 있다.

무엇보다도 이번 박람회의 하이라이트는 전기다. 에펠탑이 프랑스 국기의 색깔인 빨강, 파랑, 흰색 불빛으로 밤새 불을 밝히는 가운데, 각 전시관의 운영이 밤늦은 시간까지 연장됐다. 이러한 볼거리 때문에 박람회가 열린 지난 5월 이래 관람객은 이미 3,000만 명을 넘었다.

박람회 참가국은 35개국인데, 영미권 국가 이외에 브라질, 베네수엘라 같은 라틴아메리카 국가와 아프리카 국가들, 프랑스의 영향 아래 있는 베트남·캄보디아·시암 등 동남아시아 국가도 눈에 띈다. 이번 박람회를 개최한 목적이 다른 유럽 국가들에 비해 식민지 경쟁에서 뒤진 프랑스의 위상을 만회하는 데 있다는 것을 감안하면 당연한 일이다.

하지만 프랑스의 한 지식인은 이번 만국박람회가 세계 각국의 문화를 한눈에 감상할 수 있는 종합전시장인 것 같지만, 사실은 유럽이 점령한 세계 각국을 전시해 놓은 노획물 전시장이기도 하다고 꼬집었다.

축구장 10개 크기만 한 기계관의 지붕은 단 하나의 철제 대들보로 지탱되고 있다.

박람회 최대 볼거리 '인간 동물원'

【1889년 10월, 파리】 3,000만 명이라는 경이적인 관람객 수를 기록한 파리만국박람회에서 가장 관심을 끈 볼거리는 단연 '흑인 마을(village néègre)'이다. 400명의 살아 있는 유색인을 종족별로 나눠 백인 관람객 앞에 세워놓아 '인간 동물원'이라고도 불렸다.

'인간 동물원'은 1836년 미국인 바넘이 흑인 노예 조이스 헤스를 공개 전시한 데서 비롯됐다고 한다. 유럽인과 비유럽인의 문화적, 인류학적 차이를 보여준다는 명분 아래 지금까지 성행해온 '인간 동물원'은 명백한 인종주의의 산물이라는 비판을 받으면서도 각종 전시회에서 인기를 끌고 있다.

하지만 박람회라는 공간에서 인간까지 전시해 제국의 위용을 드러내려는 이러한 의도는 오히려 식민 통치의 본질을 확연하게 드러낼 뿐이라는 지적도 있다.

운디드니계곡의 인디언 대학살… 근대의 야만에 저주를

【1890년 12월 29일, 미국】 사우스다코타주의 운디드니계곡에서 미국 제7기병대가 수족 원주민 300여 명을 무차별 학살하는 충격적인 사건이 발생했다.

목격자에 따르면, 이날 아침 미국 기병대가 빅풋 추장의 지도 아래 파인리지 보호구역으로 이동하던 300여 명의 수족 원주민들을 무장해제하려는 순간, 한 원주민의 총에서 오발 사고가 일어났다고 한다. 그 오발로 피해자는 없었지만 긴장해 있던 기병대가 자신들을 공격하는 줄로 알고 원주민들을 향해 일제사격을 가했다고 한다. 여자와 아이들을 포함해 원주민 일행을 향해 무차별 사격을 한 결과 300여 원주민들의 시신이 계곡을 가득 메웠다. 기병대도 29명의 사망자가 발생했으나 이는 당황한 동료들의 총에 맞았던 것으로 밝혀졌다.

사우스다코타주일대에 흩어져 있는 수족들 사이에는 지난 가을부터 '영혼의 춤' 열풍이 불어닥쳐, 원주민 마을마다 흙먼지를 뿌리며 미친 듯이 춤을 추는 것이 유행처럼 번졌다. 이 유행을 이끈 원주민 주술사들은 '영혼의 춤'이 백인들의 세상을 끝장내고 원주민이 주인이 되는 새 세상을 앞당기는 의식이라고 주장해왔다. 특히 '영혼의 옷'을 입으면 백인들이 쏜 총알도 뚫지 못한다고 선전했다. 이는 지난 100년 동안 백인들에게 조상 대대로 살아온 땅을 빼앗기고 학살당한 많은 원주민에게 구원의 메시지로 받아들여졌다.

따라서 미국 정부는 원주민들의 이러한 움직임이 백인들에 대한 폭동으로 번질 것을 우려했고 급기야 '영혼의 춤'에 빠진 원주민들의 추장들을 체포해 원주민들과 분리시키기로 결정했다. 이번 학살은 그 과정에서 발생한 최악의 불상사로 보인다.

이번 학살로 원주민들 사이에 들불처럼 번지던 '영혼의 춤' 열풍은 곧 사그러들 것으로 보인다. 하지만 뜻있는 이들은 사그러들 것은 '영혼의 춤'만이 아니라 원주민들의 '영혼' 자체일 것으로 내다봤다. 지난 100년 동안 미국 이주민들이 자행해 온 원주민 추방과 학살의 결과 이제 원주민들은 더 이상 저항할 기력마저 잃어버리고 말 것이라는 전망이다. ▶관련기사 4면

▶미국, 하와이의 진주만 사용권 획득(1887) ▶포르투갈, 청으로부터 마카오 할양(1887) ▶청, 캉유웨이 등 의회제 개혁 주장(1888) ▶일본, 대일본 제국 헌법 공포(1889)

조선에도 근대 과학 문명의 빛이

경복궁에 전등불 밝혀… 에디슨의 백열전등 발명 8년 만에

【1887년 3월, 서울】어스름한 경복궁 내 건청궁에서 작은 불빛 하나가 깜빡깜빡하는가 싶더니 갑자기 눈부신 빛이 주위를 환하게 밝혔다. 주위에 모여든 관리들은 "와아!" 하고 모두 놀라며 탄성을 터뜨렸고, 이 신기한 장면을 두려운 나머지 숨어서 바라보는 나인과 내관도 있었다.

에디슨전등회사의 전기 기사 윌리엄 맥케이가 경복궁 향원정에 3킬로와트 규모의 발전기를 설치해 건청궁 처마 밑에 세운 백열등 2기의 점등식을 가진 것이다. 서양에서 시작된 근대 과학 문명의 상징인 전등이 조선 땅에 처음으로 밝혀지는 순간이자, 구중궁궐의 신비가 전기의 힘으로 만천하에 드러나는 순간이다.

조선이 미국과 조·미수호통상조약을 체결한 것은 5년 전인 1882년 5월이었다. 이듬해 6월 민영익·홍영식 등은 보빙사로 미국에 파견돼 우편제도, 전기 시설, 농업기술 등을 살펴보고 돌아와 고종에게 발전소 건설을 건의했다. 고종은 이 건의를 받아들여 에디슨전등회사와 계약하고, 1884년 9월 궁궐에 전등을 설치하기 위한 발전 시설과 전등 일체를 발주했다. 10월 17일 갑신정변이 일어나자 전기 도입은 일시 중단됐지만, 정국이 차차 안정됨에 따라 1885년부터 궁궐에 전등을 설치하는 계획은 다시 추진됐다.

1886년 말 전기 설비들이 인천항을 통해 들어오고, 에디슨전등회사는 윌리엄 맥케이를 파견해 본격적인 설치 공사를 벌여 왔다. 에디슨이 백열전등을 발명한 지 8년 만에 이루어진 이번 일은 근대 과학 문명의 도입을 상징하는 획기적 사건으로 받아들여지고 있다.

조선에도 근대적 야만의 그림자

영국, 러시아 견제하며 거문도 점령

【1887년 2월 7일, 거문도】전라도 여수와 제주도 사이에 있는 거문도를 2년씩이나 불법 점령했던 영국의 동양 함대가 마침내 철수했다.

지난 1885년 3월 1일, 영국 함대는 러시아의 남하를 막는다며 조선 정부에 통고도 하지 않고 거문도에 상륙해 이곳을 '해밀턴항'이라는 군사기지로 무단 사용해 왔다. 얼지 않는 항구를 찾아 남쪽으로 내려오려는 러시아와 맞서온 영국은 영흥만을 점령하려는 러시아의 계획에 맞서 러시아 함대의 예상 이동 경로에 자리 잡은 거문도를 미리 차지했던 것이다.

아프가니스탄에 이어 조선에서도 충돌한 영국과 러시아의 신경전은 조선 정부의 의사와 상관없이 청나라 리훙장의 중개에 따라 일단락됐다. 리훙장은 영국이 떠나도 러시아가 거문도를 점령하지 않겠다는 약속을 중개하고 영국군의 철수를 이끌어내, 이번 사태의 최대 승자로 평가받고 있다.

한반도를 둘러싼 러시아와 영국의 각축을 나타낸 지도(왼쪽)와 1885년 3월 1일 거문도를 불법 점령한 후 이곳에 주둔한 영국 수병들(오른쪽)의 모습.

조선이라고 앉아서만 당할소냐… 원산에 방곡령 내려

【1887년 9월, 원산】함경도 관찰사 조병식이 내린 방곡령에 따라 원산항의 일본 상선에 대한 대대적인 압수수색이 진행되고 있다. 조병식은 "자연재해나 변란으로 양곡이 부족해질 염려가 있을" 경우, 1개월 전에 일본 영사관에 알리고 양곡 수출을 금지할 수 있다는 조·일통상장정(1883)의 조항에 따라 이번 조처를 내렸다. 일본인과 콩 거래를 금지하며 이를 위반하는 자는 그 물품을 압수하고 투옥한다는 초강경 조치와 함께 일본 상인과 일본 수출입 화물에 엄중 과세한다는 방침도 밝혔다.

개항 이후 미곡이 싼값으로 일본에 대량 반출되자 종종 방곡령이 내려졌지만, 이번 조치만큼 일본에 큰 타격을 입힌 사례는 없었다. 그동안 원산에서는 일본인에 콩을 판 조선인이 몰매를 맞아 죽는가 하면, 간간이 폭동마저 일어날 정도로 반일 감정이 극에 달해 왔다는 소식이다. 한편 일본 측은 방곡령이 지방관아가 아니라 중앙정부의 소관 사항이라며 절차와 기간을 어긴 조병식을 처벌하고 피해를 배상할 것을 요구하고 있다. 그러나 조병식 측은 1개월 전에 통보한 합법적 조치임을 강조하고 있다.

개항 후 첫 번째 반일 경제투쟁으로 일컬어지는 이번 방곡령의 귀추와 조선 정부의 태도에 온 백성의 이목이 쏠리고 있다.

▶박정양, 주미공사로 임명(1887) ▶군제 개편·3영(통위영, 장위영, 총어영) 설치(1888) ▶조·러육로통상장정 조인, 경흥 개시(1888) ▶조·일어장정 체결(1889)

사 설

돗자리와 300미터 철탑 – 산업 기술자를 고대함

프랑스의 '벨 에포크(좋은 시절)'를 한껏 과시한 파리만국박람회가 막을 내렸다. 이번 박람회에는 조선이 처음으로 참가해 개화를 향한 의지를 보여주었다. 여기서 우리가 주목하는 것은 조선이 출품한 갓·모시·돗자리·가마 등의 수공업품이다. 선진국의 화려한 전시물에 비해 초라하다는 말을 하려는 것이 아니다. 이것들은 조선 공인의 섬세한 솜씨를 잘 보여주는 특산물로, 그 정교함이 이번 박람회의 상징물로 우뚝 선 에펠탑에 뒤질 것이 없다.

그러나 첨단 산업과 과학 기술의 성과를 전시하는 박람회에 조선이 내놓을 수 있는 것이 수공업품뿐이라면 문제가 아닐 수 없다. 에펠탑만 해도 50명의 엔지니어와 132명의 숙련공이 1만 8,008개의 철골과 250만 개의 리벳으로 27개월 간 만든 최신 건축 공학의 위대한 성과물이다. 크고 많다고 해서 좋은 것은 아니지만, 대규모 생산 공정이 가능하다는 것은 프랑스 산업이 얼마나 선진화되었는가를 잘 말해 준다.

이처럼 영국, 프랑스, 미국 등 열강은 대량생산 체제에 힘입어 전 세계로 시장을 넓혀 가면서 많은 곳을 식민지로 삼고 있다. 조선도 언젠가는 수공업 단계에서 벗어나 근대적 기계공업으로 나아가겠지 하는 낙관은 금물이다. 열강의 식민지로 전락하면 그들의 산업을 위한 배후 기지가 돼 그들에게 필요한 부분만 발전해 산업화가 왜곡될 것이기 때문이다. 지금 우리에게 필요한 것은 돗자리를 짜는 한두 명의 예술적 수공업자가 아니라 철골과 기계를 능숙하게 다루는 수십, 수백 명의 엔지니어이다.

철도는 인류 역사를 어떻게 바꿀까

해 설　문명의 상징 vs 수탈의 지렛대

1814년 영국의 스티븐슨이 증기기관차를 만들어 11년 후 운행에 성공한 이래 철도는 과학 기술 혁명과 산업혁명의 상징처럼 여겨져 왔다. 그러나 철도는 자본을 소유한 자의 일방적인 질주를 부추기는 측면도 있다. 철도의 도입을 앞두고 그 양 측면을 짚어 보자.

시커먼 연기를 내뿜고 달리는 기차는 최신 문명의 상징이다. 기차의 발명이 인류 역사의 커다란 전환점이라는 데에는 이견이 있을 수 없다.

우리는 기차 때문에 공간의 거리를 획기적으로 극복할 수 있게 됐다. 지금 기차는 한 시간에 40킬로미터를 달리고 있다. 이는 마차가 달릴 수 있는 속도의 3배이다. 그러나 이는 단순한 비교일 뿐이다. 마차는 말이라는 동물의 동력을 이용한다는 한계 때문에 연속해서 달릴 수 없을 뿐만 아니라 운송의 양에도 한계가 있다. 그러나 기차는 증기기관을 이용하기 때문에 이런 제약을 단번에 뛰어넘을 수 있다. 이렇게 철도는 전 세계를 하나로 연결해 최신 문명을 획기적으로 발전시킬 수 있다는 희망을 주고 있다.

그러나 한편에서는 우려의 목소리도 커가고 있다. 철도는 근대 자본주의가 가져온 부정적인 측면을 더욱 확대할 것이라는 예상 때문이다. 영국에서 산업혁명과 더불어 시작된 근대 자본주의는 인간을 힘든 노동에서 해방시킬 것이라는 예상과 달리, 노동자들이 기계의 보조자가 돼 더욱 힘든 노동을 하고 있다. 심지어 다섯 살 된 어린 소년이 기계의 요구대로 노동을 할 정도이다.

기차는 공업 원료와 상품 운송을 획기적으로 변화시켜 이러한 자본주의 경제체제를 전 세계로 확대시킬 것이다. 이 과정에서 지금 나타나고 있는 식민지 획득 경쟁은 더욱 격화될 것이다. 그리고 식민지에 철도가 건설된다면 이는 식민지 민중들을 수탈하기 위한 가장 강력한 지렛대의 역할을 할 것이 틀림없다. 철도는 앞으로도 끊임없이 건설될 것이지만, 부정적인 측면을 극복하기 위한 노력 또한 반드시 필요하다는 점을 잊지 말아야 할 것이다.

그림마당 | 이은홍

기록/실

인디언 추장의 마지막 말들

그 당시에는 몇 명이나 죽었는지 몰랐다. 하지만 지금 이렇게 늙어서 그때를 돌이켜보니 살육당한 부녀자들이 험난한 협곡을 따라 널브러져 산더미처럼 쌓여 있던 모습이 눈에 선하다. 그 피투성이 진흙탕에는 죽은 사람 말고 죽은 다른 것도 눈보라 속에 묻혀 있었다. 한 종족의 꿈이 사라져간 것이다.…… 그 종족의 테는 깨지고 흩어져 이제 더 이상 중심은 없으며, 신성한 나무도 죽어 없어졌다.

― 1890년 파인리지 현장에 있던 오글라라족의 주술사 블랙엘크의 말.

우리는 버펄로를 식량으로 삼고, 버펄로 가죽으로 옷과 천막을 만들어 살아왔다. 보호구역에서 빈둥거리며 사는 것보다는 사냥하며 살기를 원했다. 우리의 의지대로 살고 싶었기 때문이다. 먹을 것이 부족할 때도 있었으나 보호구역을 떠나 사냥을 할 수도 없었다. …… 우리는 우리 방식대로 살기를 원했다. 정부에는 아무런 재정적 부담도 지우지 않았다. 우리가 원한 것은 다만 평화였고 우리를 그냥 내버려두라는 것이었다. 그런데도 겨울에 병사를 보내 우리 마을을 파괴했다.

― 리틀빅혼 전투를 승리로 이끈 수족 전사 크레이지 호스가 마지막으로 남긴 말.

▶에티오피아, 소 전염병 '우역' 발생, 동·남부 아프리카로 확산(1888) ▶청, 북양해군 창설(1888) ▶서울 시전 상인, 외국 상점의 용산 이전 요구 철시 투쟁(1890)

초점 언더우드 첫 교회 이어 아펜젤러 정동교회 세워
복음의 산실인가 제국의 첨병인가

【1887년, 정동】조선에 최초의 장로교회가 설립됐다. 이 교회의 설립을 주도한 언더우드 선교사는 조선에서 포교 활동을 시작한 지 불과 2년 만에 교회 설립이라는 놀라운 성과를 낸 것이다. 이는 천주교가 17세기에 서학으로 수용돼 많은 탄압을 받았으며, 20여 년 전에 병인박해 등을 통해 엄청난 시련을 겪은 것과는 뚜렷이 대조된다.

이렇게 개신교가 천주교에 비해 짧은 기간에 뿌리내린 까닭은 크게 두 가지이다. 먼저 시대의 차이이다. 천주교는 조선이 성리학 이외의 사상을 불온시하던 때에 전파돼 많은 희생을 치러야 했다. 천주교 신부와 많은 신도들의 희생 덕분에 1886년 프랑스와 수교할 때 포교권이 인정돼, 천주교뿐 아니라 개신교도 공개적으로 활동할 수 있었다.

다른 하나는 개신교 선교사들의 의료, 교육 활동을 통한 포교 방식이다. 특히 개신교가 불과 몇 년 만에 조선에서 자리 잡도록 결정적인 역할을 한 것은 의료 사업이었다. 1884년 9월 조선에 들어온 최초의 개신교 선교사인 알렌은 갑신정변 때 크게 다친 민영익을 치료하면서 능력을 인정받아 궁중을 자유롭게 출입하게 되었다. 이것이 계기가 되어 알렌은 정부의

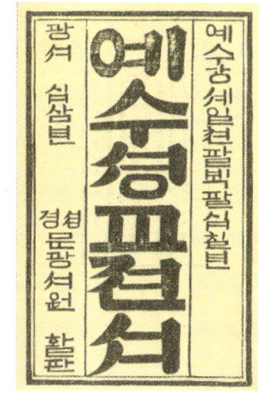

아펜젤러가 세운 정동교회(왼쪽 위)와 언더우드가 세운 새문안교회 정동 예배당(왼쪽 아래). 그리고 최초로 번역된 신약 성서 조선어판 『예수성교전서』(오른쪽 위).

보조를 받아 최초의 서양식 병원인 광혜원(6면 참조)까지 설립했다. 그리고 배재학당, 이화학당 등 선교 학교들도 교회가 조선에 뿌리내리는 데 큰 역할을 했다.

하지만 지금 조선에서 개신교와 천주교는 적지 않은 갈등을 일으키고 있는 것도 사실이다. 개신교 선교사들은 천주교가 프랑스 제국주의자들과 연결돼 있다는 사실을 공공연하게 강조하고 있고, 천주교 신부들은 개신교 선교사들의 안락하고 편안한 생활을 못마땅하게 여기고 있다. 원래 개신교와 천주교는 똑같은 뿌리에서 갈라져 나온 종교이다. 천주교가 로마 시대부터 이어져 내려오는 정통 흐름이라면, 개신교는 중세 말 천주교의 타락을 비판하면서 나온 새로운 교파이다.

개항 이후 조선의 전통적인 생활양식이 모두 무너져 가고 있는 오늘날, 외국에서 들어온 종교가 우리의 삶에 어느 정도 영향을 끼치게 될지는 아직 판단하기 힘들다. 그런데 의료·교육 사업 등을 통한 근대적인 생활의 보급은 바람직하나 자칫 무분별한 외래문화의 수용으로 이어지지는 말아야 할 것이라는 목소리가 드높다.

"독점은 범죄!"
세계 최초 반독점법 통과

【1890년 6월 20일, 워싱턴】카르텔, 트러스트 같은 자유경쟁을 제한하는 독점 행위를 처벌하도록 한 셔먼반트러스트법이 만장일치로 미국 하원을 통과했다. 이로써 같거나 비슷한 업종의 기업끼리 경쟁을 피하기 위해 연합하거나 아예 합치는 독점이 금지된다.

19세기 후반 이래 경쟁이 심해지자 미국을 중심으로 석유업계와 담배업계의 여러 회사가 결합한 스탠더드오일, 아메리칸토바코 같은 거대 독점 기업이 늘고 있다. 힘들게 경쟁하지 않아도 시장을 마음대로 주무르며 쉽게 돈을 벌려는 독점 기업과 자유경쟁을 보장해 경제의 활력을 유지하려는 반독점법의 전쟁은 이제부터 시작이다.

파리를 수놓은 또 하나의 축제, 제2인터내셔널
노동자 권력 선언…5월 1일, 세계는 노동자들을 주목하라!

【1889년 7월 14일, 파리】프랑스혁명의 시작인 바스티유 감옥 탈취 100주년을 맞아 파리가 만국박람회와 또 다른 볼거리를 제공했다.

전 세계 사회주의 정당과 노동운동 단체의 연대 조직인 '제2인터내셔널'이 창립 대회를 가졌다. 이날 20개국에서 모인 391명의 대표들은 1876년 해체된 국제노동자협회(IWA)의 재건을 선포하고, 다시 한 번 "만국의 노동자여, 단결하라!"고 외쳤다. 국제노동자협회는 마르크스, 엥겔스 등의 이론적 지도를 받으며 유럽 지역의 노동운동에 헌신했으나, 1871년 파리코뮌 이후 마르크스주의자와 무정부주의자 사이의 갈등이 커져 해산된 바 있다. 이번에 마르크스주의자 중심으로 재건된 제2인터내셔널은 "노동과 인류의 해방은 계급으로 조직된 프롤레타리아의 힘으로 가능하다."면서 이를 위해 노동자계급이 정치권력을 획득할 것을 다짐했다. 이번 대회는 1886년 5월 1일 미국 노동자들이 8시간 노동제를 요구하며 일으킨 총파업의 상황을 보고받고, 이를 기념해 내년 5월 1일 전 세계에서 동시에 8시간 노동제 쟁취를 위한 시위에 나설 것을 결의했다. 》관련기사 3호 5면

'사회주의의 봄'이란 제목의 동판화. 제2인터내셔널의 정신을 상징한다.

▶인천 중매인 25명, 동업조합 결성(1890) ▶양화진에 외인공동묘지 설치 인가(1890) ▶세실 로즈, 케이프 식민지 총독 부임(1890) ▶전미여성선거권협회 창설(1890)

침·뜸 대신 주사·메스로 치료 받는다

첫 서양식 국립병원 제중원… 선교사 알렌의 주도로 서울 재동에서 성업중

【1890년 2월, 서울】 조선 최초의 서양식 국립병원인 제중원이 설립 5년째를 맞았다. 제중원은 백성을 구제한다는 이름처럼 왕진료, 입원료를 제외한 약값이 무료이고, 진료비도 회복된 환자에게만 받는 전통 의료 정책의 틀을 유지하고 있다. 그러나 2명이던 의사가 1명으로 줄고, 부설 의학교에서 배출된 10여 명의 조선 학생은 보조 역할만 하는 등 의료진의 부족은 보완해야 할 문제점으로 꼽히고 있다.

제중원의 설립에는 보수파 인사로 알려진 민영익이 본의 아닌 기여를 한 것으로 알려져 화제를 낳은 바 있다. 갑신정변 때 수구파의 실세였던 왕비의 친정 조카 민영익이 크게 다치는 일이 벌어졌다. 그때 미국 공사관 부속 의사 자격으로 있던 알렌은 칼로 난자 당한 상처를 수술로 치료해 민영익의 목숨을 구했다. 이로 말미암아 알렌은 고종을 비롯한 조선의 지도층과 가까워지게 되었다. 개항 직후부터 서양 의술에 관심을 가졌던 고종은 때마침 만난 알렌과 흥미로운 대화를 나누고, 고종의 적극적인 의사를 감지한 알렌은 서양식 병원 건설안을 제출했다. 선교활동의 기반도 마련하고 서양의학의 유용성도 알리는 것이 알렌의 목적이었다. 기존의 활인서와 혜민서가 혁파된 상황에서 고종의 지시를 받은 통리아문은 진찰실·입원실·대기실·수술실·약국 등을 갖춘 제중원(처음에는 광혜원)을 서울 재동에 열었다.

알렌이 사용했던 검안경과 의료기구, 약잔, 맥박 측정용 시계.

외래환자 20명, 수술 환자 3명으로 진료를 시작한 제중원은 열흘도 채 되지 않아 단골손님이 생기는 등 출발이 순조로웠다. 제중원 환자는 크게 외래, 입원, 왕진 등 세 가지로 구분된다. 외래환자는 수술실, 약국, 목욕실을 갖춘 외래 병실을 이용하고, 입원 환자는 경제적 능력에 따라 상등실(독실, 1일 10냥), 중등실(2~3인실, 1일 500전), 하등실(3명 초과 병실, 1일 300전)을 이용하고, 의탁할 곳 없는 빈민 환자는 일반실을 무료로 이용할 수 있다. 쌀 한 말 값이 80전인 것을 감안하면 하등실의 입원비도 녹록지 않은 만큼, 의료진과 의료 서비스의 지속적인 확충을 기대해 본다.

일본, 100년 만에 서양 과학 용어 번역 마쳐

material은 '물질(物質)', physics는 '물리(物理)'

【1888년】 일본의 물리학역어회가 서양 물리학 용어의 번역을 확정해 사전으로 간행했다. 이로써 1774년 『해체신서(解體新書)』의 번역으로 시작된 일본의 과학 용어 번역 사업은 100여 년 만에 완료돼, 최신 과학의 일본화가 급물살을 타게 됐다. 이번에 간행된 사전은 science를 '과학(科學)'으로 확정짓고, tech-nology는 '기술(技術)', physics는 '물리(物理)', gravity를 '중력(重力)' 등으로 표기하고 있다. 일본의 과학 용어 번역 사업은 '난학(蘭學 : 네덜란드에 관한 학문)'과 더불어 시작됐다.

한편 동아시아에서는 그동안 천문, 풍수, 지리, 의학, 양생술, 산학 같은 자연에 대한 탐구 전통이 존재했다. 송대 이후 이들 분야의 내용은 '격치' 또는 '격물'의 이름으로 개념화되었다. 하지만 격치 개념은 서양의 사이언스(science)나 자연철학과 다른 차원의 것이다. 격치는 자연의 내용뿐만 아니라 인간사에 대한 내용을 넓게 포함했다. 또한 사이언스가 주체와 객체를 완전히 분리해 객체인 자연에 대한 탐구를 지향했던 것이라면, 격치는 궁극적으로 주·객관이 구분되지 않은 도(道)의 깨달음에 이르는 방법이었다.

이번 서양 물리학 용어 번역의 성과는 같은 한자 문화권인 조선과 청나라의 과학 기술계에도 큰 영향을 끼칠 것으로 예상된다.

번역 용어 사례	
atom	원자(原子)
molecule	분자(分子)
current	전류(電流)
cell	전지(電池)
solid	고체(固體)
liquid	액체(液體)
gas	기체(氣體)
hygiene	위생(衛生)
nerves	신경(神經)
artery	동맥(動脈)
vein	정맥(靜脈)
cell	세포(細胞)
temperature	온도(溫度)

『내셔널 지오그래픽』 지리 지식의 대중화

【1888년, 미국】 '인류의 지리 지식 확장을 위하여'라는 기치 아래 설립된 미국국립지리학회의 학술지 『내셔널 지오그래픽』이 창간됐다. 이 잡지는 지리 지식을 소수만 독점해서는 안 되며, 많은 사람들이 공유해야 한다는 학회의 기본 방침에 따라 모든 사람을 위한 잡지로 간행됐다.

사실적 사진과 기사로 담아낼 자연과 인류에 대한 정보가 이 잡지를 통해 차곡차곡 쌓여간다면, 자연 및 지리 지식이 크게 확장될 것으로 기대된다. 그리고 지금은 미국 내의 정기간행물로 제작되었으나, 기사의 성격상 곧 전 세계를 다루는 잡지로 키워 나갈 계획도 있는 것으로 알려졌다.

▶조선전보총국 설립(1887) ▶서울~부산 전선 준공(1888) ▶헤르츠, 전자파의 존재 증명(1888) ▶엘스터, 광전지를 처음 만듦(1889)

내 광기마저도 표현하고 싶어!

고흐, 인상파 넘어 주관적 감정까지 화폭에 담아

〈열네 송이 해바라기〉(고흐 작품, 95×73cm, 1888년).

【1890년 7월 29일】 정신병을 앓던 무명 화가 빈센트 반 고흐가 권총으로 자살했다. 향년 37세. 친구인 화가 폴 고갱(42)은 "빈센트가 자신의 광기 때문에 얼마나 힘겹게 싸워왔는지를 알기에 슬프지 않다. 어쩌면 고흐는 그 광기 덕분에 독창적인 작품들을 그려낼 수 있었는지도 모른다."라고 말했다.

네덜란드에서 목사의 아들로 태어나 목사가 되고자 했던 고흐는 특유의 광신적 기질 때문에 교회로부터 받아들여지지 않았고, 그림에서 구원을 찾게 되었다. 그는 10년 동안 900점이 넘는 작품을 그려낼 정도로 엄청난 열정을 쏟아부었다. 그러나 세상의 인정을 받지 못한 채 궁핍과 정신적 고통에 시달리다가 2년 전 발작 상태에서 자신의 귀를 잘라버린 뒤로 정신병원 신세를 지기도 했다.

〈꽃병에 꽂힌 열네 송이 해바라기〉(사진)는 고흐의 삶과 열정을 가장 또렷이 보여주는 그림이다. 타오르는 태양처럼 강렬한 노란색의 화면은 화가 자신의 이룰 수 없는 갈망과 광기를 표현하고 있는 듯하다. 고흐는 동생 테오에게 "너무나 강렬한 감정에 사로잡혀 지금 작업을 하고 있다는 것도 의식하지 못할 때가 있어."라는 편지를 보내기도 했다.

고흐의 작품들은 근래 미술계를 풍미하고 있는 인상파 화가들과 분명히 다르다. 인상파 화가들은 빛에 따라 시시각각 변화하는 색을 통해 자연을 묘사해 왔다. 그러나 고흐는 빛과 색으로 자연을 객관적으로 모방하거나 재현하는 데 그치지 않고, 필요에 따라 사물의 형태를 과장하거나 변화시킴으로써 화가의 주관적인 감정까지 표출하려 했다. 그는 자연의 모방에는 관심이 없었고, 필요에 따라 사물의 형태를 과장하거나 변화시키기를 주저하지 않았다. 이런 관점에서 고흐는 금세기를 관통해온 사실주의 화풍을 뛰어넘는 위대한 화가로 평가받을 수도 있을 것이다.

외국인만 보면 꿀 먹은 벙어리라고요?

에스페란토와 함께라면 걱정 붙들어 매세요

【1887년, 바르샤바】 서로 다른 언어를 가진 인류가 누구나 쉽게 배워 쉽게 소통할 수 있는 '국제 보조 언어'가 발명됐다. 폴란드의 안과 의사 자멘호프가 '에스페란토(희망하는 사람)'라고 이름 붙인 인공 언어의 러시아어 해설판을 발표했다. 자멘호프는 폴란드인, 유대인, 러시아인 등이 섞여 살던 마을에서 서로 의사소통에 어려움을 겪는 것을 보고 자랐다. 그래서 여러 언어에서 따온 어휘들을 자신이 개발한 쉬운 문법에 결합시켜 에스페란토를 만든 것.

에스페란토는 국적이 없다. 따라서 이를 사용하는 사람들은 완전히 평등한 상태에서 의사소통을 할 수 있다는 것이 이 새로운 국제어의 가장 큰 강점. 인류애적 발상에서 나온 에스페란토가 자멘호프의 바람대로 인류의 희망이 될지 지켜볼 일이다.

에스페란토 용어	
patro	아버지
patrino	어머니
bopatro	장인
bopatrino	장모
amo	사랑
ama	사랑의
ame	사랑으로
ami	사랑하다
amis	사랑하였다
amas	사랑한다
amos	사랑할 것이다

화제 | 유학생의 새 전형

국비 장학생에서 망명객으로

서재필이 다녔던 콜럼비아 의과대학 건물.

【1890년】 조선인의 해외 유학은 개항 이후 수신사, 영선사, 보빙사 등의 이름으로 선진 열강에 다녀온 개화파 인사로 시작됐다는 것이 정설이다. 일본과 미국 유학생 1호로 꼽히는 유길준(34)은 현재 국내에서 연금된 채 해외 경험을 총정리하는 『서유견문』을 쓰고 있다.

유길준을 포함한 최초의 유학생들이 국비 유학생이었다면, 요즘 유학생들은 상당수가 국가로부터 버림받은 망명객이다. 한때 국비 장학생이던 갑신정변 주역들이 대부분 외국으로 망명해 자의반 타의반 고학의 길을 걷고 있는 것. 특히 정변의 주모자인 김옥균(39)은 끊임없이 암살의 위협에 시달리며 '이와다'라는 일본 이름으로 곳곳을 전전하고 있어, 유학이라 할 만한 처지가 못 된다. 한편 박영효(29)는 '야마자키'라는 일본 이름으로 메이지학원에 입학해 영어와 서구 학문을 연마하는 중이며, 서재필(26)은 자기 이름에서 딴 '제이슨 필립스'라는 미국 이름으로 콜럼비아 의과대학에 입학해 의학을 공부하고 있다. 그들의 쓰디쓴 경험이 다시금 조선 근대화의 원동력이 될 날은 과연 올 수 있을까?

한편, 조선인 최초의 프랑스 유학생이 탄생했다. 주인공은 올해 40세의 늦깎이 유학생 홍종우. 저명한 화가 펠릭스 레가메의 집에 여장을 푼 그는 파리에 세워진 동양 박물관인 기메 박물관에서 일하며 프랑스어와 프랑스 문화를 배울 예정이라고 한다.

▶코넌 도일, 명탐정 셜록 홈즈 등장하는 『주홍색 연구』 발표(1887) ▶언더우드, 『한영문법』·『한영자전』 발간(1890) ▶미국, 최남부 지방에서 블루스 탄생(1890경)

제3세계 통신

베트남, 프랑스 식민지로
【1887년, 베트남】 청·프전쟁에서 승리한 프랑스가 인도차이나를 차츰 속국으로 만들더니, 마침내 이곳을 통치하기 위한 인도차이나연합을 만들었다. 베트남 남단의 코친차이나(프랑스령 코친차이나)를 제외한 베트남·캄보디아·라오스 지역들은 연방 형태로 중앙정부에 소속되고, 프랑스 상무장관 휘하의 프랑스인 총독이 주도하는 중앙정부가 이들 지역의 외교·재정·국방·세무·공공사업을 독점 관리할 것이라고 한다.

인도차이나라는 이름에서도 알 수 있듯이 이 지역의 문화는 인도와 중국의 영향을 받아 형성됐지만, 최근 프랑스의 침략으로 새로운 세계 질서에 편입하게 된 것이다. 한편 코친차이나의 행정은 지사(知事) 1명과 프랑스인으로 구성된 관료들이 맡을 것으로 전해지고 있다.

쿠바, 1회 노동자대회 개최
【1887년, 쿠바】 1회 노동자대회가 열려 쿠바 노동자계급의 높은 정치적 성숙도를 보여주었다. 쿠바 노동자들은 이 대회에서 무정부주의 노선을 결의하고, 앞으로 무정부주의자들의 주도로 노동자연합을 결성할 것이라고 한다.

쿠바의 노동운동은 민주주의운동과 민족해방운동으로부터 분화되는 과정을 천천히 밟아왔다. 그렇게 된 까닭은 쿠바가 다른 라틴아메리카 국가들과는 달리 늦게까지 식민지 상태였으며, 독립한 뒤에도 사실상 미국의 보호국으로 있었기 때문이다. 더욱이 1880년대 말까지 노예제도가 존속했던 점도 노동운동의 발전을 가로막은 요인이라고 한다.

브라질, 공화국 선포
【1888년, 브라질】 지난해 군부 지도자가 일으킨 혁명으로 페드루2세가 왕위에서 물러나며 브라질은 마침내 공화국을 선포했다. 또한 노예제를 폐지해 라틴아메리카에서 노예제에 사실상 마침표를 찍었다.

브라질은 라틴아메리카의 유일한 포르투갈 식민지에서 발전한 나라로, 1531년부터 식민 지배를 받아오다가 1822년 9월 7일 리우데자네이루에 머물러 있던 황태자 돔 페드루가 독립을 선언했다. 브라질 왕국은 처음 20년간 많은 소요를 겪다가 페드루2세가 오랫동안 통치(1840~89)하면서 성장과 안정을 이뤘지만 여전히 포르투갈 왕가를 받드는 왕국이었다. 그러나 이번에 공화제를 선포하고, 노예제까지 폐지함으로써 새로운 도약의 발판을 놓았다는 평가를 받고 있다.

파발이여 안녕! 봉화여 안녕!

【1888년】 이제 '파발'을 '구(舊)파발'이라고 불러야 할까 보다. 산봉우리마다 불과 연기를 피워 급한 소식을 전하던 봉수제도나 사람이 말을 타고 달려가서 소식을 전하던 파발제도가 역사 속으로 사라지게 됐다.

지난 1885년 서울-인천, 서울-의주 간 전신이 가설된 데 이어, 서울과 부산을 잇는 남로전신선이 조선의 기술로 개통됐다. 1885년 한성전보총국을 세운 조선 정부는 1887년부터 독자적인 전선 가설을 추진해 왔다. 이로써 서울에서 국토 끝까지 실시간으로 소식을 주고받을 수 있는 전천후 통신 시스템이 마련된 것이다.

더욱이 서울-의주 전신은 청나라를 거쳐 유럽에 연결되고, 서울-부산 전신은 일본까지 연결되니 세계가 한 손에 들어온 것이나 마찬가지. 정부는 내친 김에 러시아로 연결되는 서울-원산 전신도 가설해 조선을 동양 3국의 통신 허브로 발전시키려는 계획도 세우고 있다. 파발꾼이 바람 같이 주파하던 역참과 역참 사이를 '한참'이라고 했는데, 이것이 앞으로는 꽤 오랜 시간을 뜻하게 될 것 같다.

무악봉수대 터. 무악에는 동쪽과 서쪽에 1개씩 봉수대가 있었다.

1889년 서울의 기상도
【1890년 9월】 서울과 인천, 원산, 부산 등의 강수량, 기온, 기압을 종합 관측한 결과가 나왔다. 관측자는 러시아 공사 베베르와 일본 각 영사관. 1887년 4월 1일부터 매일 오전 9시, 오후 3시, 오후 9시 등 1일 3회 기상을 관측했다고 한다. 조선의 관상감은 그동안 강수량만 측정하고 기온과 기압에는 관심을 갖지 않았다.

벌리너의 축음기 광고 : 1887년 에디슨의 원통 대신 편평한 원반에 홈을 파서 만들었다.

1880년대 코닥 카메라 광고 : "아기가 사진을 다 찍을 때까지 가만히 있을 거라고 생각하세요?"라는 물음에 "코닥은 윙크하는 속도면 충분하단다."라는 대답으로 선전하고 있다.

경복궁 전등불 뒷 이야기

○ 향원정 연못에서 물을 길어다 발전기를 돌리자 수온이 올라가 연못의 물고기가 떼죽음을 당했다. 그래서 전등을 가리켜 물고기를 끓인다는 뜻으로 '증어(蒸魚)'라 불렸다고 한다.

○ 전등불은 자주 꺼지고 비용이 많이 들어가는 게 꼭 건달 같다고 해서 '건달불'이라 부르기도 했다.

○ 전등 기술자 맥케이가 경호원이 오발한 총탄에 사망했다. 전기는 마귀의 힘이라는 둥, 전등 아래서는 제사도 지내지 말자는 둥 이야기가 나돌았다.

남포등과 기름 등잔

최근 석유가 들어오면서 기름등잔을 석유 남포등으로 바꾸고, 초도 밀랍 대신 양초를 사용하는 곳이 늘고 있다. 석유가 들어오기 전에 어둠을 밝히기 위해 쓴 것은 등잔. 가정에서는 등잔에 콩기름, 피마자기름 같은 식물성 기름을 태워 어둠을 밝혔다. 등잔의 종류도 다양해 흙으로 만든 것과 유기(놋쇠)로 만든 것, 도자기 등이 있다. 등잔 이외에 초를 사용하기도 했다.

초는 상류층 양반 가정에서 주로 사용했으며, 예식용으로 사용하기도 했다. 초를 꽂는 촛대는 보통 30~70센티미터 정도로 박쥐형, 나비형, 원형 등 다양한 바람막이가 달려 있었다. 남포등과 양초의 시대가 열렸지만, 기름 등잔과 초도 쉽게 사라지지는 않을 전망이다.

부고

▶ 알렉산드르 보로딘(1833~1887) : 러시아 화학자 겸 작곡가. 대표작은 〈중앙아시아 초원에서〉이다.

▶ 빌헬름 1세(1797~1888) : 독일제국 황제. 보불전쟁을 승리로 이끌었다.

▶ 시팅 불(1831~1890) : 아메리칸 인디언 수족의 추장. 리틀빅혼 전투에서 미국 기병대를 격파한 수족의 영웅이다.

▶난센, 그린란드 횡단(1888) ▶미국 시카고에서 아동 법정 최초 설립(1889) ▶프랑스 파리에서 카바레 '물랭루주' 개업(1889) ▶영국, 전철식 지하철 최초 운행(1890)

1891년~1894년

근현대사신문

근대 5호

주요 기사 2면 | 조선, 동학농민운동 (1894) 3면 | 뉴질랜드, 최초로 여성에게 참정권 부여 (1893) 4면 | 사설 – 동학농민운동이 차라리 반란이었더라면 4면 | 해설 – '동학운동'인가 '농민혁명'인가 5면 | 조선 경제의 현황 6면 | 릴리엔탈, 행글라이더 비행 성공 (1893) 7면 | 조선 사회, 동학에 길을 묻다 8면 | 네이 스미스, 농구 경기 만들다 (1891)

동학농민운동

잃어버린 10년이었다. 1884년 갑신정변이 실패한 뒤 조선의 역사는 생동감을 잃어버렸다. 일본의 지원을 받아 혁명을 일으키려 했던 개화당은 백성의 신뢰를 잃어버린 채 지리멸렬했고, 갑신정변의 위기를 청나라 덕분에 넘긴 민씨 일족의 수구당은 아무런 원칙과 소신 없이 필요하면 외세에 기대서라도 권력을 유지하려고 안간힘을 써 왔다. 여기에 일본의 경제 침략이 가속화되면서 조선 사회는 썩을 대로 썩어 들어갔다.

1884년 베를린회의에서 제국주의 시대의 개막을 알린 선진 열강들은 아프리카, 발칸반도에 이어 중국과 한반도에서도 편가르기를 하며 식민지 확보 경쟁을 벌였다. 일본과 청나라가 엎치락뒤치락하던 조선에는 부동항을 찾는 러시아가 조금씩 손을 뻗기 시작했다. 1894년 갑오년은 그런 가운데 밝아왔다. 권력이 부패하고 무능하면 하늘은 늘 농민을 움직여 권력을 응징했다. 갑오년은 다시 한 번 하늘의 뜻이 내리는 해였다.

그림 | 칼춤을 추는 동학 농민군

서울로 올라가 권귀를 멸하라!

동학 농민군, 부패 권력·외세 척결 내걸고 대규모 봉기

【1894년 5월】 폭정을 제거하고 백성을 구하자는 구호를 내걸고 봉기한 동학 농민군이 서울을 향해 파죽지세로 북상하고 있다. 지난달 7일 전라도 정읍군 황토현에서 관군을 전멸시킨 데 이어 27일에는 전주성마저 점령하고, 정부군과 대치 중이다.

동학농민운동은 1892년 삼례 집회 등 교조신원운동으로 시작됐다. 교조신원운동은 혹세무민의 죄로 처형당한 동학 교주 최제우의 억울함을 풀고 동학을 합법화하라고 요구한 종교운동이었다. 처음에는 주로 동학교도가 참여했으나, 보은 집회를 거치면서 탐관오리들의 수탈에 분노한 일반 농민의 참여가 두드러지고 외세를 몰아내자는 구호까지 등장했다.

이렇듯 정치적 색채를 띤 농민운동은 올 1월 전라도 고부군수 조병갑의 가혹한 수탈에 저항한 봉기로 이어졌다. 정부의 재발 방지 약속과 회유책으로 잠시 소강 상태를 보이던 농민들은 뒤처리를 위해 파견된 안핵사 이용태의 부당한 탄압에 맞서 3월에 무장에서 다시 봉기하기에 이르렀다.

성난 파도와 같은 농민군의 진격에 겁을 먹은 정부는 서둘러 농민군과 강화조약 체결을 추진하면서, 한편으로는 청나라에 농민군 진압을 위한 군대 파견을 요청했다. 이에 지난 5일 청나라 군대가 아산만으로 들어왔다. 그러자 이 소식을 들은 일본도 톈진조약(3호 4면 참조)을 근거로 인천항 파병을 결의, 동학농민운동은 국제전으로 비화할 위기를 맞게 됐다.

이에 따라 농민군 진영에서는 청·일 군대가 조선 땅에 주둔할 명분을 없애기 위해 정부와 강화를 체결할 것인지를 놓고 격론이 벌어지고 있다. 농민군의 진압을 위해 청·일 군대가 파견됐기 때문에 정부와 농민군이 화약을 맺은 이상 양국 군대는 철수할 수밖에 없다는 것이 강화론자들의 의견이다. 이들은 일단 전주에서 화약을 맺고 전라도 일대에 자치 기구인 집강소를 설치해 개혁을 도모하면서 사태의 추이를 예의주시하자고 주장하는 것으로 알려졌다.

그러나 앞으로 양국 군대가 아무런 조건 없이 철수할지 의심스럽고, 특히 일본군이 염려되므로 외세에 빌붙는 부패 권력을 처단할 때까지 밀어붙여야 한다는 것이 강경론자들의 의견이다.

▶ 관련 기사 4면, 5면, 7면

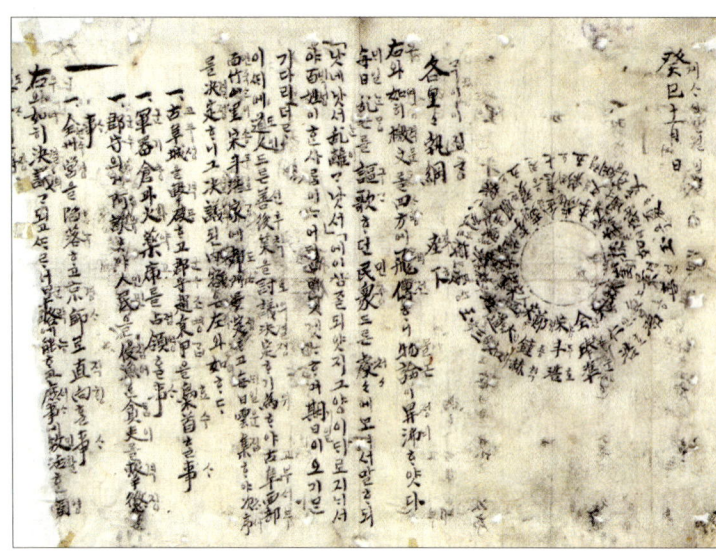

동학 농민군에 참여한 사람들의 이름과 격문 내용이 담긴 사발통문.

인터뷰

"동학(東學) 적고 원민(怨民) 많아"

동학 농민군은 누구인가? 전주성에서 농민군과 직접 만나 물어보았다.

▲ 지난 3개월 동안 고부 등지에서 농민들이 봉기한 까닭이 무엇인가?

"민심이 억울하고 통한스러워 일어난 것이외다."

▲ 고부 군수가 탐관오리라면 그 죄가 있을 것이니, 상세히 말해 달라.

"보를 새로 만들고, 황무지를 개간해 세금은 거두지 않겠다고 하더니, 추수 때 거둬들인 것이오. 또 백성에게 탈취한 엽전이 2만여 냥이고, 그 아비가 일찍이 원님을 지낸 이유로 비각을 세운다 하고 강제로 탈취한 돈이 1,000여 냥이오."

▲ 고부에서 봉기할 때 동학(東學)이 많았소, 원민(怨民)이 더 많았소?

"의거할 때 원민과 동학이 합했으나, 동학은 적고 원민이 많았소."

▲ 농민군의 강령은 무엇이오?

"사람을 죽이지 않고 가축을 잡아먹지 않는 것이고, 충효를 다하여 세상을 구하고 백성을 평안하게 하는 것이고, 일본 오랑캐를 몰아내고 나라의 정치를 깨끗이 하는 것이고, 군대를 몰고 서울로 들어가 권세가와 귀족을 모두 없애는 것이오."

개화 상징 김옥균, 또 다른 개화파에 피살

【1894년, 상하이】 2월 22일 오후 4시, 상하이 뚱허양행 호텔 방에서 세 발의 총성이 울렸다. 갑신정변 실패 후 일본으로 망명했다가 상하이로 건너간 김옥균(43)이 암살된 것. 범인은 홍종우(45).

당시 김옥균은 시내를 구경하려고 마차를 빌려 놓은 채 호텔 방 침대에서 쉬고 있었다. 이때 갑자기 들어온 자객이 권총을 꺼내 방아쇠를 당겼는데, 세 발의 탄환이 김옥균의 얼굴과 가슴, 어깨를 관통해 그 자리에서 즉사했다는 소식이다. 현장에서 범인으로 붙잡힌 홍종우(관련 기사 4호 7면)는 당당한 태도로 "김옥균은 우리나라의 재상으로 대역부도한 사건에 연루돼 몇 백 명을 죽였다. 그런데 그는 일본으로 도피해 이름까지 바꿨다. 나는 김옥균을 죽여 왕의 마음을 편하게 해드린 것이다."라고 자신이 암살한 까닭을 밝혔다고 한다.

정통한 소식통에 따르면, 김옥균은 암살되기 전 일본에서 '이와다'라는 일본 이름으로 망명 생활을 하면서 뛰어난 언변으로 일본인들에게 열렬한 지지와 명성을 얻은 것으로 알려졌다. 그런데 이런 김옥균의 행동이 일본의 힘을 빌려 조선을 개혁시키려 한다는 모의설로 발전돼 『조야신문』에 보도됐다. 결국 이 사실이 조선 정부를 불안하게 만들어 홍종우가 김옥균을 암살했을 것이라는 분석이다.

이번 암살 사건은 조선의 개화를 추진한 두 선각자가 서로 다른 방식으로 시대를 고민하다가 암살로까지 비화된 역사의 비극으로, 조선인들의 마음을 무겁게 하고 있다.

▶제주도에 민란 발생(1891) ▶동학교도, 교조 신원 요구(1892) ▶군국기무처 설치(1894) ▶최초로 교동소학교 개교(1894)

여심 없이는 정책도 없다… 여성참정권운동 새 바람

영국령 뉴질랜드, 세계 최초로 여성 투표 실시

【1893년 11월 23일, 뉴질랜드】 역사적인 총선거가 성공적으로 마무리됐다. 이번 선거는 세계 최초로 여성들에게도 투표권을 주어 전 세계 여성들의 시선을 집중시키고 있다. 뿐만 아니라 여성은 원래부터 남성보다 지능이 떨어지고 몸이 약해 가정에서 남성의 보살핌 아래 살아야 한다고 생각해 온 남성들에게는 이번 선거가 충격 그 자체였다. 선거 결과 여성 투표권자의 약 65퍼센트가 투표에 참가해(총 투표율 75퍼센트) 기대 이상의 성과를 거둔 것으로 드러났다. 투표에 참가한 여성 유권자들은 "이제야 비로소 우리도 남성과 동등한 인격체로 대접받을 수 있게 됐다."라며 기쁨을 감추지 못했다.

여성참정권운동의 빛나는 승리를 이끈 주인공은 단연 케이트 쉐퍼드다. 영국에서 출생했으나 1869년에 뉴질랜드로 이주해 온 그녀는 1870년대부터 뉴질랜드의 여성운동을 주도해 왔다. 그녀는 먼저 여성기독교금주연맹 뉴질랜드지부를 창설해 남성 위주의 사회 구조를 남녀평등 체제로 변화시키기 위한 운동을 펴왔다.

쉐퍼드의 활동에 대해 남성들 특히 의회 의원들은 "여성들이 있어야 할 곳은 가정"이라며 불쾌해했다. 그러나 쉐퍼드는 「여성이 투표권을 가져야 할 10가지 이유」를 발표해, 여성도 남성과 마찬가지로 법률의 영향을 받고 있으므로 당연히 입법 과정에 참여

최초로 여성참정권을 허락한 뉴질랜드 국회의사당(왼쪽)과 이 운동을 이끈 케이트 쉐퍼드(오른쪽).

해야 한다고 맞섰다. 나아가 여성은 남성이 갖고 있지 못한 섬세함을 가지고 있으므로 오히려 현재의 정치 구조에 활력을 불어넣을 수 있다고 주장했다.

이러한 쉐퍼드의 정력적인 활동 덕분에 지난 7월 마침내 여성참정권을 보장하는 법률이 의회를 통과해 이번 선거로 이어졌다. "여성이 단두대에 오를 권리가 있다면 의정 단상에도 오를 권리가 있다."라는 말을 남긴 채 실제로 단두대의 이슬로 사라진 프랑스의 여성 구즈가 1790년 「여성 공민권의 승인에 대하여」를 발표한 이래, 여성참정권 운동 사상 첫 승리이다. 뉴질랜드의 역사적인 이번 선거는 영국과 미국의 여성참정권운동가들에게도 큰 힘을 불어넣어줄 전망이다.

에스파냐, 필리핀에서 손 떼!

호세 리살, 필리핀민족동맹 결성

【1892년, 필리핀】 필리핀은 에스파냐의 탐험가 마젤란이 이곳에 도착한 이래 300여 년에 걸쳐 에스파냐의 식민 통치를 받아 왔다. 제국주의 시대를 맞아 식민 지배의 폐해가 곳곳에서 나타나고 있는 가운데, 한 젊은 사회 개혁 운동가가 필리핀인의 독립 의식을 고취하다 체포돼 화제다. 그의 이름은 호세 리살(32). 마닐라에서 비폭력 단체인 '필리핀민족동맹'을 만들고 사회 개혁 운동을 벌이다 최근 다피탄섬으로 추방됐다.

필리핀의 부유한 집안에서 태어난 호세 리살은 1882년에 에스파냐의 마드리드대학에서 의학을 공부하며, 식민지 필리핀의 개혁을 요구하는 언론 활동에 참여한 바 있다. 당시 필리핀 유학생 단체의 지도자였던 호세 리살은 "우리의 조국은 필리핀"이라고 외치며, 『라 솔리다리다드』 신문에 자신의 정치 강령을 발표했다. 그는 에스파냐 국회에 필리핀 대표자를 파견할 것, 집회·결사의 자유를 보장할 것, 필리핀인과 에스파냐인의 법적인 평등을 보장할 것 등 파격적인 주장을 펼쳤다.

호세 리살은 지난 1886년 필리핀인의 언어인 타갈로그어로 『내 몸에 손대지 마』라는 소설을 발표했는데, 오늘의 그는 에스파냐에게 필리핀에서 손을 떼라고 외치고 있는 듯하다.

》 관련 기사 4면 5면 7면

영국, 페르시아에 담배 팔지 마!

알 아프가니, 영국 담배불매운동

한데 모여 담배를 피우고 있는 페르시아 사람들.

【1891년 12월, 페르시아】 페르시아제국의 후예들이 담배를 끊었다. 종교 지도자 쉬라즈가 금연을 선포하자 전국적인 담배 불매운동이 일어났다. 발단은 지난해 영국인 탈보트에게 50년간 페르시아의 담배 재배, 판매, 수출에 대한 독점권을 준 국왕의 조치. 이 조치는 물담배를 애호하는 페르시아인의 감정을 자극했다. 올 4월 상인들이 시장 문을 닫으면서 벌인 저항운동을 계기로 테헤란, 이스파한, 타브리즈를 비롯한 주요 도시에서 반영 운동으로 확산됐다.

이번 종교 법령 선포에 결정적인 역할을 한 인물은 범이슬람주의를 제창하고 있는 알 아프가니(53)로 알려졌다. 아프가니는 쉬라즈를 찾아가, "당신의 말 한 마디로 민중을 하나 되게 할 수 있습니다."라며 담배 불매운동에 동참할 것을 요구했다고 한다. 그렇게 시작된 운동이 점차 국왕과 외세를 반대하는 저항운동으로 발전한 것. 이에 따라 국왕이 곧 전매권 부여를 철회하고 영국인도 이권을 반납할 것이라는 관측이 나오고 있다.

▶프랑스·러시아, 정치·군사협정 체결(1891) ▶독일사회민주당, 에르푸르트강령 채택(1891) ▶벨기에여성권리동맹 창설(1892) ▶라오스, 프랑스 보호령으로 전락(1893)

사설

동학농민운동이 차라리 반란이었더라면

우리는 앞서 갑신정변의 주역들이 일반 백성과 함께 하지 못한 점을 아쉬워 한 바 있다. 이번 농민운동은 그러한 아쉬움의 실체를 단적으로 보여 준 사건이다. 나라의 기강을 바로잡아 기울어 가는 조선 왕조를 다시 일으키고, 백성의 삶을 평안히 한다는 농민들의 뜻이 만방에 똑똑히 전달되었다. 농업이 나라의 근본이 된 이래 농민들은 나라가 잘못되어 갈 때마다 들고일어나 '민심이 천심'임을 되새겨 주곤 했다. 이번 농민운동 또한 왕실과 개화파 중신들에 대한 엄중한 경고다. 백성의 삶을 돌보지 않고 정권과 일신의 안위만을 위해 외세에 빌붙는 개화 정책을 편다면 하늘이 결코 용서하지 않으리라는 것을 분명히 알았을 것이다.

그런데 이번 농민운동은 신분제를 폐지하고 과부의 개가를 허용하며 농민을 착취하는 소작제도를 개혁하라는 등 과거의 농민 봉기와는 근본적으로 다른 요구 사항을 들고 나왔다. 기껏해야 하나의 봉건 왕조를 다른 왕조로 교체한 예전 농민 봉기와 달리, 이번 농민운동에서는 뜻있는 정치 세력과 결합하면 근대국가로 나아갈 싹이 엿보인다. 그런 점에서 이번 농민운동을 주도한 세력이 개화파와 외세를 정확히 비판하면서도 조선 왕조에 대해서는 유보적인 태도를 취한 것이 큰 아쉬움으로 남는다.

조선 정부는 농민군을 '반란 세력'으로 몰아붙였지만, 농민군이 진정으로 왕조를 부정하고 혁명을 꿈꾼 반란군이라면, 우리 역사는 자주적 근대국가를 향한 큰 걸음을 내딛을 수 있을 것이다.

농민 봉기 최고봉 '혁명'에 못 미쳐

해설 '동학운동'인가, '농민혁명'인가

동학농민운동에 대해 여러 평가가 나오고 있다. 어떤 이들은 이번 사건을 동학의 연장선에 있는 종교운동이라고 주장한다. 그러나 대부분 사람들은 비록 종교운동에서 시작됐지만 종교를 넘어섰다는 점에 동의하고 있다. 농민운동에 참가한 사람 대다수가 봉건제에서 고통받고 있는 가난한 농민이라는 사실이 이번 사건의 가장 중요한 동인이라는 점에서 이 견해가 더 설득력을 얻고 있다.

그렇다고 해서 동학과 농민운동을 전혀 별개로 바라보는 시각에는 문제가 있다. 비록 이번 운동이 농민계급의 이해관계를 반영하고 있지만, 농민운동을 촉발시킨 계기로서 동학사상은 상당한 기여를 한 것이 사실이다. 만약 동학과 농민운동을 완전히 분리한다면 이번 운동의 지향점을 설명하는 것이 곤란해진다. 물론 동학과 이번 농민운동을 별개의 사건이라고 생각해도 우리 역사에서 이전부터 존재했던 무수한 농민 봉기의 최고봉이라는 평가는 가능하다. 전국적인 규모나 그 치열한 전투, 그리고 집강소라는 전대미문의 자치 기구 활동을 볼 때 이러한 평가는 정당하다.

하지만 농민운동의 사상적 지향을 말할 때 동학을 아예 뺄 수는 없다. 1789년 프랑스에서 자유, 평등, 박애라는 사상에 기반하여 혁명이 가능했던 것처럼 우리나라에서 동학은 농민들의 반봉건적인 지향을 담아내는 역할을 했다고 평가할 수 있다.

비록 종교적인 껍데기를 지니고 있지만 '사람이 곧 하늘'이라는 동학의 인내천 사상은 봉건제 아래서 신음하고 있는 많은 농민들에게 커다란 희망이다. 이런 사상의 영향을 받아 동학농민군은 "불량한 유림과 양반의 못된 버릇을 징벌"하고, "노비 문서를 불태워"버리며, "칠반 천인의 대우를 개선하고", "청춘 과부의 재가를 허락"한다는 혁명적인 폐정개혁안을 내걸었다. 신분제를 철폐하고 사람들 사이의 차별을 없애는 방향으로 나아간 것이다. 그러나 동학사상은 종교적인 틀을 벗어나지 못했기 때문에 완전한 혁명에는 미달했다는 지적이다. 이 한계는 전제군주제를 부정하지 않았다는 점에서 가장 뚜렷하게 드러난다.

그림마당 | 이은홍

기록실

농민군의 12개조 폐정 개혁안과 4대 강령

1. 동학도는 정부와 원한을 씻어 버리고 모든 행정에 협력할 것.
2. 탐관 오리는 그 죄목을 조사하여 엄징할 것.
3. 횡포한 부호들을 엄징할 것.
4. 불량한 유림과 양반의 못된 버릇을 징벌할 것.
5. 노비 문서는 불태워버릴 것.
6. 칠반 천인의 대우를 개선하고, 백정이 쓰는 평양갓은 벗게 할 것.
7. 청춘 과부의 재가를 허락할 것.
8. 잡세는 일체 거둬들이지 말 것.
9. 관리의 채용은 지벌을 타파하고 인재를 등용할 것.
10. 왜적과 통하는 자는 엄징할 것.
11. 공사채를 물론하고 기왕의 것은 무효로 돌릴 것.
12. 토지는 평균으로 분작하게 할 것.

— 12개조 폐정개혁안

1. 사람을 죽이지 말고 가축을 잡아먹지 말라.
2. 충효를 다하여 세상을 구하고 백성을 평안하게 하라.
3. 일본 오랑캐를 몰아내고 나라의 정치를 깨끗이 한다.
4. 군대를 몰고 서울로 들어가 권세가와 귀족을 모두 없앤다.

— 동학농민군 4대 강령 (정교, 『대한계년사』)

▶서울~원산 전신 개통(1891) ▶샤르도네, '레이온' 대량생산(1891) ▶조선, 청에서 은 10만 냥 차관(1892) ▶간디, 남아프리카의 인종 차별주의에 반대 (1893) ▶

조선 경제, 겉만 '조선' 속은 '일본·청나라'
각종 이권 다 내주고 서민 생활은 갈수록 곤궁

【1893년 4월 3일, 서울】 조선 측 대표 남정철은 일본 측 대표 오이시와 서울에서 협상을 벌여 그동안 외교 마찰의 원인이던 방곡령에 따른 배상금 문제를 매듭지었다. 합의 내용은 함경도 거류 일본인에 9만 원, 황해도 거류 일본 상인에게 2만 원 등 총 11만 원을 지급한다는 것이다. 이로써 1892년 9월 일본이 방곡령에 따른 손해배상을 요구한 것에 대한 최종 합의에 이르렀다.

이로써 방곡령에 따른 외교 분규는 해결됐으나, 이를 계기로 일본과 청나라의 경제침투는 가속화될 것으로 보인다. 개항 이후 일본 상인들은 무역의 주도권을 쥔 채 영국산 면제품을 팔고, 쌀과 금, 쇠가죽, 콩 등을 사갔다. 특히 1890년 이후 일본 상인들은 쌀을 판매해 많은 이익을 남기게 되자 집중적으로 쌀을 사가고 있다. 또 한 가지 주목되는 점은 일본으로 수출하는 품목에는 금이 많다는 것이다. 일본은 수입한 금의 대부분을 조선에서 충당해 금본위제를 확립시킬 수 있었다.

한편 1882년 조·청상민수륙무역장정이 맺어진 이후 청나라 상인들의 활약도 두드러지고 있다. 올해 조선의 수입액 현황을 살펴보면, 청과 일본의 비율이 45 대 55일 정도로 조선에서 청나라와 일본은 대등한 지위에 이르렀다. 조선은 청에 홍삼, 인삼, 해산물을 주로 수출하고, 청으로부터 비단과 약재를 사들이고 있다. 조선을 놓고 청나라와 일본 상인이 벌이고 있는 시장

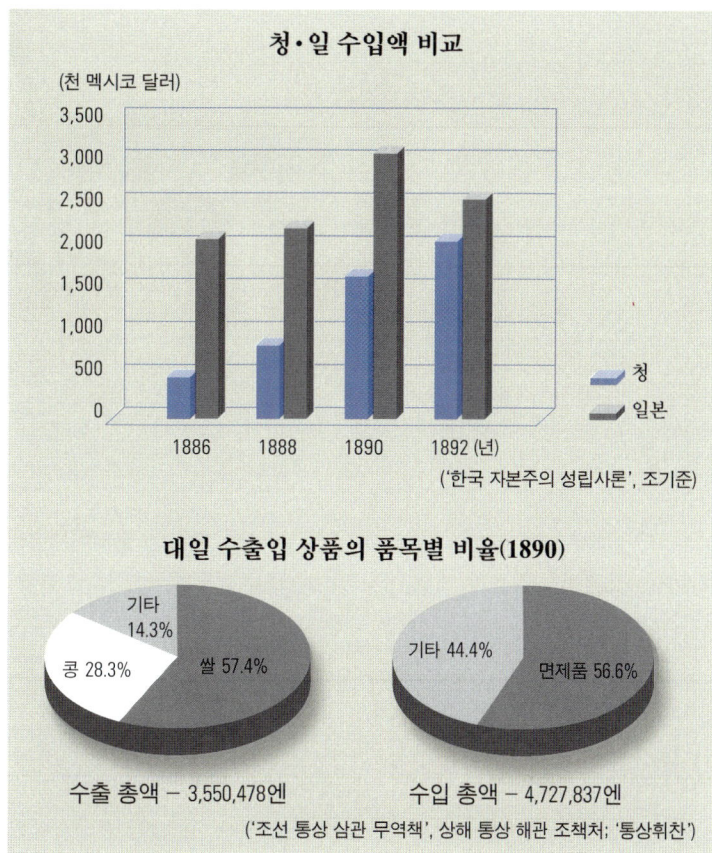

갑신정변 이후부터 동학농민운동 이전까지 청나라와 일본에서 수입한 금액의 변화를 나타낸 표(위)와 1890년 대일 수출입 상품의 품목별 비율을 나타낸 표(아래).

쟁탈전은 올해가 최대 고비일 것으로 전망된다. 지금 진행되고 있는 청·일 전쟁에서 승리한 쪽이 조선에서 확고한 지위를 갖게 될 것이기 때문이다. 승자가 어느 나라이든 이에 맞서 조선의 경제를 지키기 위한 노력을 지금부터라도 해야 할 것이다.

농민군, 전라도 각지에 자치 기구 '집강소' 설치
지역에 따라 '분풀이식' 행동도 터져 나와

【1894년】 5월 20일, 전라관찰사 김학진이 농민군 지도자 전봉준과 만나 폐정 개혁의 실시와 그 집행 기구인 집강소의 설치에 합의했다. 이에 따라 농민군은 경상도·충청도 일대와 전라도 53개 고을에 집강소를 설치해, 고을마다 집강 1명과 그 밑의 집행 기구를 두어 폐정 개혁에 착수하고 있다.

그러나 전봉준이 순창에서 전라우도를, 김개남이 남원에서 전라좌도를 통할하고 있는 가운데, 농민군 지휘부가 각 지역의 집강소를 통제하지 못해 무질서한 보복과 약탈이 행해지고 있다고 한다. 특히 일부에서는 "양반을 나타내는 뾰족관을 쓴 자를 만나면 관을 벗기어 빼앗아 버리거나 자기가 쓰고 거리를 돌아다니면서 양반에게 모욕을 주었다."라는 말이 있을 정도. 하지만 집강소에서 부자에게 뺏은 재물과 곡식을 가난한 사람들에게 나눠주거나 싸게 팔아 환영을 받기도 했다.

집강소는 전주화약에 따라 정부가 약속한 폐정개혁안의 실시를 통제·감독하려고 설치한 농민 대표 기관이다. 일부 지역에서 문제가 없는 것은 아니지만, 이번 농민전쟁으로 많은 지방 관리들이 처단되거나 쫓겨난 상황에서 집강소가 실질적인 지방 자치 기관 역할을 맡아 그 귀추가 주목되고 있다.

강철왕 카네기, 노조 파업 '강철 진압'

【1892년, 미국】 강철왕 카네기가 1886년에 매입한 홈스테드제강소에서 미국 사회를 뒤흔든 노사 간 유혈 충돌이 발생했다. 미국 노동총연맹(AFL) 산하의 금속·주석 노조가 카네기 공장에서 파업을 벌이자, 카네기의 동업자인 헨리 클레이 프릭은 공장 주변에 3마일에 이르는 가시철조망을 설치, 300명의 사설 경비원을 고용해 공장을 요새화시켰다. 이에 맞선 노동자들의 공세로 경비원들이 포위되자 군대가 파견돼 시위는 진압됐지만, 그 과정에서 10명이 죽고 60명이 부상하는 참극이 벌어졌다.

평소 '노동자의 친구'를 자처하며 노동자에게 자신을 애칭인 '앤디'로 부르게 했던 카네기였지만, 인수·합병을 통해 경쟁업체가 사라지자 냉정하게 임금 삭감에 나서면서 이번 사태를 자초했다. 이에 대해 카네기의 강철 사업이 최고에 도달하기 위해서는 이처럼 노동자의 희생이 필요한 것이냐는 의문이 제기되고 있다.

일본, '기미가요' 국가로 제정(1893) ▶드레퓌스, 간첩 혐의로 유죄 판결(1894) ▶캘리포니아 앞바다 유전 시추 작업(1894) ▶쑨원, 홍중회 조직(1894)

인간, 날다!
릴리엔탈, 행글라이더 비행 성공

독일 공학자 오토 릴리엔탈(45)이 1891년 인류의 오랜 숙원인 하늘을 나는 일에 처음 성공한 이후 비행 거리를 갱신하며 계속 성공을 기록하고 있다. 이카로스의 꿈과 레오나르도 다빈치의 연구를 실현하고 있으며, "공기보다 무거운 것을 띄운다고? 바보 짓!"이라던 세간의 비관적 전망을 깨고 있는 것이다.

릴리엔탈이 사용한 비행체는 새의 비행을 본떠 직접 만든 것이다. 그는 무수하게 새의 비행을 관찰한 경험을 바탕으로 1889년 『비행 원리로서의 새의 비행』을 저술하기도 했다. 그가 만든 비행체 몸통 양쪽엔 날개가 하나씩(단엽) 또는 둘씩(쌍엽) 붙어 있고, 동력이 될 모터를 달지 않았다. 날개 길이는 10미터, 무게는 18킬로그램 정도. 비행 방법은 기류의 흐름을 읽고 팔다리를 이용해 무게중심을 잡으며 공중서 활강하는 방식이다. 비행체의 이름이 '미끄러지다'란 뜻의 '글라이더'로 지어진 것은 이 때문이다.

릴리엔탈 이전에도 포르투갈의 구스망, 프랑스의 몽골피에 등이 열기구를 이용해 떠오른 적은 있으나, 이는 단순 상승 운동일 뿐 비행 원리에 의한 것이라 할 수는 없다. 비행 원리는 1809년 영국 과학자 조지 케일리가 처음 주장하고 릴리엔탈이 이를 더 발전시킨 것으로, "공기 압력은 속도에 반비례한다. 날개 위아래의 공기 흐름 속도를 달리해 생기는 압력 차이, 즉 양력을 이용한다."라는 것이 그 내용이다.

릴리엔탈의 비행체는 좌우의 균형을 맞추기가 어렵다는 문제점이 있으나, 이는 앞으로 보완되리라 전망된다. 릴리엔탈은 이론 차원에서나 실제 비행체 제작에서나 큰 업적을 올리고 있다는 찬사를 받고 있다.

오토 릴리엔탈이 시험 비행을 위해 쌓은 15미터 높이의 인공 언덕에서 역사적인 비행을 준비하고 있다. 그는 날개의 양력을 이용한 글라이더를 최초로 만들어 비행에 성공했다.

과학 기술의 재미있고 신나는 진화
시카고만국박람회, 발전기 등 새 발명품과 함께 테마파크 선보여

【1893년 5월, 시카고】 시카고만국박람회가 콜럼버스의 미국 발견 400주년을 기념하며 성대하게 막을 올렸다. 시카고에서 1,600킬로미터나 떨어진 백악관에서 클리블랜드 대통령이 '마법의 단추'를 눌러 박람회장의 불을 밝히는 극적인 이벤트를 연출한 것.

박람회장에는 신고전주의 양식의 흰색 건물 '화이트 시티', 미국을 상징하는 여성상, 각종 전시관 및 국가관을 배치했다. 미국인들은 '화이트 시티'를 비추는 불빛의 향연을 보고 '꿈의 유토피아', '인류의 위대한 승리', '미국의 번영과 미래'에 도취됐다.

'미드웨이 플레잔스'라는 테마파크도 선보였다. 미국의 대중문화가 만들어낸 발명품으로, 노래와 춤이 어울린 각종 쇼 프로그램, 오락 시설과 놀이 기구, 먹을거리와 술집 등이 넓은 통로를 가득 메웠다. 이곳에는 이국적인 정서를

박람회에 처음 등장한 회전 관람차, 페리스 휠. 조지 페리스가 발명한 놀이기구로 무게 1,200톤, 36개의 차에 40명을 태울 수 있다.

자극하는 민속촌이 세워져, 유럽 문화뿐 아니라 페르시아와 인도의 궁전, 남태평양 제도의 촌락, 이집트의 무희, 불교 사원, 터키의 바자(시장), 카이로의 거리 등등을 구경할 수 있다. 아프리카 다호메이부족 100여 명이 벌거벗은 채로 생활하는 식민지촌도 볼 수 있다. '화이트 시티'와 이곳 식민지촌은 대조를 이루며 문명과 야만을 상징하는 것처럼 보였다.

일본은 63만 달러의 기부금을 시카고에 전달하고, 10만 달러 이상을 투자하여 호오덴이라는 전시관을 세웠다. 호오덴은 박람회 기간 내내 일본 선풍을 일으키며 서양인들에게 깊은 인상을 심었다. 한편 이번 박람회에 조선도 공식 요청을 받고 공예품과 특산품을 출품해 참가했다.

디젤기관, 뛰어난 열효율로 각광

【1893년 2월】 독일의 열역학 공학자 루돌프 디젤이 새로 특허를 얻은 열기관인 디젤기관에 대한 세인의 관심이 뜨겁다. 16년 전 니콜라우스 오토가 개발한 가솔린기관에 비해 열효율이 훨씬 높기 때문.

열기관은 열에너지를 왕복운동 형태의 기계 에너지로, 그리고 이 왕복운동을 회전운동으로 변환시키는 장치다. 가솔린기관은 휘발성이 높은 연료가 필요한 반면, 디젤기관은 연료 선택의 폭이 넓으면서도 열효율은 가솔린기관의 2배에 가깝다.

이에 따라 가솔린기관뿐 아니라 디젤기관도 증기기관을 대체하는 인공 동력으로 폭넓게 사용될 것으로 전망된다. 이 가운데 특히 가솔린기관은 소형 자동차에, 디젤기관은 대형 기차에 최적의 효과를 낼 것으로 기대를 모으고 있다.

▶에디슨·딕슨, 키네토스코프 발명(1891) ▶리프만, 컬러사진 발명(1891) ▶서울에 교환국 설치(1892) ▶베르너, 배위설 주장(1893) ▶슈만, 원자외선 발견(1893)

내우외환 조선 사회, 동학에 길을 묻다

정통 유학자 출신 최제우 창시… "사람이 곧 하늘" 외쳐

"지기금지 원위대강 (至氣今至願爲大降) 시천주조화정 영세불망만사지 (侍天主造化定 永世不忘萬事知)"

전라도 어느 고을의 집강소 뜰. 한 동학교도가 뜻 모를 주문을 외면서 칼춤을 춘다. 핵심 주문인 '시천주'는 내 마음 속에 있는 한울님을 바로 안다는 뜻이라고 한다. 그렇게 칼춤을 추면서 '영부'라고 불리는 부적을 불에 태워 그 재를 물에 타서 마신다. 그렇게 하면 빈곤에서 해방되고 병에 걸린 환자는 쾌유하여 장수를 누린다고 한다.

세상이 어지러울 때면 나타나 백성을 호도하는 그저 그런 사이비 종교라고? 그러나 동학이 '보국안민(나라를 돕고 백성을 편안하게 한다)'이라는 기치를 들고 전라도 일대를 평정한 농민군의 지도사상이라는 데 생각이 미치면, 그렇게 함부로 깎아내릴 일만도 아니다.

동학을 창시한 최제우(1824~1864)는 경상도 경주의 전통적인 유교 집안에서 태어나, 어릴 때부터 유교 경전을 배운 정통 유학자였다. 그러나 그의 눈에 들어온 조선은 유교의 이상 국가가 아니었다. 그러기는커녕 세도정치가 이어지면서 양반과 지방 세력이 백성을 탄압하고 쥐어짜는 바람에 견디다 못한 백성이 곳곳에서 들고일어나는 총체적 난국이었다. 더구나 일본을 비롯한 외세의 간섭과 수탈이 날로 심해지고 있었다. 최제우가 보기에 유교는 조선 사회를 지탱할 수 있는 힘을 잃어버린 상태였다. 여기에 새로 들어온 서학(천주교)이 백성 속으로 파고들었으나, 전통적인 사고방식과는 너무도 이질적인 가르침 때문에 곳곳에서 충돌을 빚고 있었다.

바로 이때 최제우는 유교와 다르고 서학과도 다른 조선의 새로운 도(道)가 필요하다고 판단했다. 세상을 구하고 백성을 이끌 새로운 이념을 찾겠다고 결심한 그는 경상도 양산의 천수산 바위굴 속으로 들어가 몇 년 동안 수도에 정진했다. 그리하여 마침내 '한울님'이라는 절대적 존재의 계시를 받아 '동학'이라는 큰 도를 깨닫게 됐다고 한다.

동학은 서학에 대응할 만한 동방의 종교라는 뜻이다. 동방 전래의 풍수 사상과 유·불·선의 교리를 토대로 하고 있으나, 사람이 곧 하늘이라는 '인내천(人乃天)' 사상은 동학만이 가진 독특한 가르침이다. 최제우에게 계시를 내린 한울님은 천주교의 하나님처럼 범접할 수 없는 절대자가 아니라, 모든 인간의 마음 속에 있는 우주의 원리이다. 따라서 동학은 인간의 주체성을 강조하며 지상이 곧 천국이 될 수 있다는 생각과 만민이 평등하다는 생각을 교도들에게 심어준다. 신분 질서를 강조하는 유교 윤리를 혁명적으로 부정할 수 있는 싹을 품고 있는 셈이다.

동학은 나아가 신분제도, 적자와 서자의 차별 등을 비판했으므로, 사회 불안이 심했던 경상도·충청도·전라도에 빠르게 퍼져 나갔다. 최제우가 포교를 시작한 지 4년도 안 돼 교세가 커지자, 이를 지켜보던 정부는 동학도 서학과 마찬가지로 불온한 사상이며 민심을 현혹하는 사이비 종교라고 단정했다. 1863년 최제우를 비롯한 20여 명의 동학교도가 세상과 백성을 어지럽힌 죄로 체포됐고, 최제우는 이듬해 대구에서 사형선고를 받아 순교했다.

그 후 동학의 2세 교조가 된 최시형은 태백산과 소백산 지역에서 은밀히 교세를 정비하고, 농민 속으로 파고들었다. 현재 집강소를 운영하고 있는 농민군이 모두 동학교도인 것은 아니지만, 동학이 농민군의 혁명적 봉기에 큰 영향을 끼친 것만은 분명해 보인다.

비명인가 절규인가

노르웨이 화가 에드바르트 뭉크는 최근작 〈절규〉에 대해 그림 속 사람은 비명을 지르는 것이 아니라 "자연을 관통하는 커다란 절규"를 듣고 있는 것이라고 설명한다.

1892년 베를린에서 열린 뭉크의 개인전은 독일미술가협회 회원들의 항의에 떠밀려 중단됐다. "습작이라고 부르기조차 어려운 졸작", "예술에 대한 모독"이라는 혹평이 쏟아졌다. 사물을 객관적으로 재현하는 게 아니라 왜곡된 형태와 색채로 인간의 내면을 그려내는 뭉크의 표현주의 화법을 이해하지 못한 것.

뭉크의 이러한 작품 세계는 부모 형제의 죽음을 차례로 지켜봐야 했던 개인적 경험의 산물이기도 하고, 우리가 살고 있는 세기말의 불확실성과 혼돈이 화가의 손을 빌어 형상화된 것이기도 하다는 평이다.

원숭이와 인류의 연결 고리 찾았다… 자와 원인

뒤부아는 피테칸트로푸스 에렉투스로 분류했으나, 사실은 최초의 호모 에렉투스(Homo erectus) 화석이다. 키는 약 172센티미터였을 것으로 짐작된다. 사진은 발견된 화석으로 만든 복제품.

【1891년, 인도네시아】 자와섬에 있는 솔로강 유역 트리닐에서 아래턱뼈 조각과 두개골, 넓적다리뼈로 이루어진 인류의 화석이 발견됐다. 발견자는 네덜란드의 해부학자이자 지질학자인 뒤부아. 그는 이 화석을 '피테칸트로푸스 에렉투스(직립한 원숭이 사람)'라 명명했는데, 이는 화석이 원숭이과 짐승에서 인간으로 발전하는 진화의 중간 단계라는 것을 나타내려고 붙인 이름이다.

뒤부아가 발견한 이 화석들은 작은 두뇌, 잘 발달한 미궁골, 편평하고 뒤로 처진 듯한 이마, 송곳니가 겹쳐 있는 치아 등 유인원의 특성도 가지고 있다. 그러나 기본적으로는 인류의 치아에 가까우며, 넓적다리뼈는 화석의 주인공이 현생인류처럼 완전한 직립 자세로 걸어다녔음을 보여주고 있다. 그래서 뒤부아는 인류의 조상이 현대인의 특징인 직립 자세를 지닌 원숭이과 짐승이었다고 주장했다.

앞으로 뒤부아는 자신이 발견한 사실을 책으로 출간한 뒤 유럽으로 돌아갈 예정이라고 한다.

▶루, 최초의 실험발생학 잡지 창간(1894) ▶카네기 홀(음악당) 뉴욕 시에서 문 열어(1891) ▶홍종우, 『춘향전』 불어로 번역(1893) ▶벨데·오르타, 아르누보 양식 창시(1893)

제3세계 통신

하와이공화국 수립

【1894년, 하와이】 미국 설탕 산업 자본가들의 선동으로 하와이에서 쿠데타가 일어나, 군주제가 폐지되고 공화국이 수립됐다. 지난 1875년 하와이왕국은 미국에 준하는 외교관계를 다른 나라와 수교하지 않는 대신, 미국은 하와이산 사탕수수에 관세를 면제하는 관세협정을 체결해 사실상 미국의 속령이 됐다. 하지만 마지막 왕인 릴리우오칼라니 여왕이 저항하자 미국인 사탕수수업자들이 해군의 도움으로 쿠데타를 일으켜 왕국을 무너뜨리고 샌포드 돌을 수반으로 하는 백인 하와이공화국을 탄생시킨 것이다.

오스만제국, 아르메니아인 학살 자행

【1894년, 오스만제국】 아브뒬하미드2세가 제국 내의 아르메니아 민족을 잔인하게 학살하는 만행을 저지르고 있어 충격을 주고 있다. 이번 학살 사건은 아르메니아인들이 과중한 세금 납부를 거부하자 오스만제국 군대와 이웃한 쿠르드족이 수천 명의 아르메니아인을 죽이고 마을을 불태우면서 시작됐다. 현재 오스만제국에는 약 250만 명의 그리스도교도 아르메니아인이 살고 있다. 그런데 동부 지방의 아르메니아인이 러시아의 독려로 자치를 추진하기 시작함에 따라 오스만제국 내의 모든 분리주의적 경향을 억누르고자 했던 아브뒬하미드2세가 이웃한 쿠르드 부족들 사이에 아르메니아인에 대한 민족주의적 감정과 원한을 부추긴 것이 이번 사건의 원인이라고 전해진다.

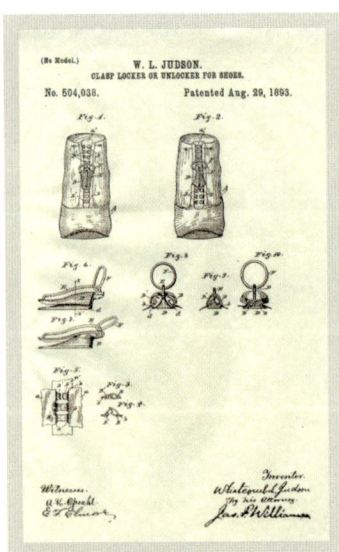

1893년 지퍼 설계도 : 저드슨이 개발한 구두용 지퍼는 시카고 만국박람회에 출품됐지만, 흥미를 끌지 못했다.

농구 창안… 겨울에도 재밌게

【1891년 12월, 미국】 매사추세츠 주 스프링필드에 있는 국제 YMCA 직업학교의 체육학 강사였던 제임스 네이 스미스가 농구 경기를 창안했다. 스미스가 이 경기를 만들게 된 것은 이곳 체육학과 학장인 루더 핼시 굴릭2세가 학교에서 겨울에 실시하는 지루하고 위험한 운동 대신 재미있고 안전한 실내 경기를 고안해 달라고 부탁했기 때문이라고 한다.

네이 스미스는 축구와 미식축구, 필드하키, 그밖에 여러 야외 경기의 특징들을 모아서 새로운 실내 경기를 만들어냈다. 그리고 다음과 같은 5개의 기본 원칙을 마련했다.

① 크고, 가볍고, 손으로 다룰 수 있는 공이 있어야 한다. ② 공을 가지고 뛸 수는 없다. ③ 시합 도중 양 팀 선수는 누구나 무제한으로 공을 가질 수 있다. ④ 신체적 접촉만 없으면 양 팀 선수들은 같은 구역에 있을 수 있다. ⑤ 골은 수평으로 높게 설치한다.

당시 네이 스미스가 맡고 있던 학급이 18명이었기 때문에 처음에 농구 경기를 할 때에는 9명씩 편을 갈라 경기를 했다고 한다.

네이 스미스는 1/2부셀(bushel, 약 18.19l)의 복숭아 바구니를 골대로 사용했는데, 이것이 농구의 영어 이름인 '바스켓볼(basketball)'의 기원이 되었다.

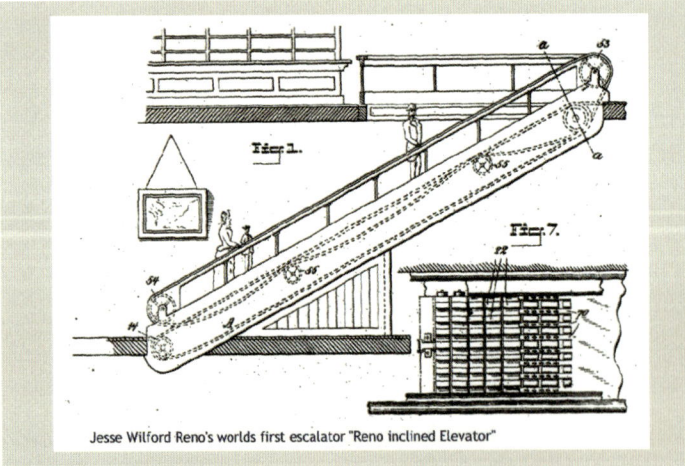

최초의 에스컬레이터 디자인 : 1892년 3월 15일 미국 발명가 제시 레노는 25도 경사에 무한궤도를 가진 '자동 계단'을 고안해 '경사진 엘리베이터'라고 이름 붙였다.

시베리아 횡단철도 건설 시작

【1891년, 러시아】 차르 알렉산드르 3세의 구상에 따라 시베리아 횡단철도 공사가 마침내 착공됐다. 정식 명칭은 '대시베리아철도'. 이 철도는 1850년 동아시아의 군사적 의의 증대, 식민, 대중국 무역 등을 목적으로 계획됐다. 예정된 노선은 시베리아 가도를 따르도록 되어 있어, 1897년부터 부분적으로 개통된다면 서쪽의 모스크바와 동쪽의 블라디보스토크를 비롯해 중부 시베리아 철도와 바이칼 횡단철도 등 그 밖의 노선들을 경유하게 되어, 세계에서 가장 긴 철도가 될 전망이다.

미모의 여성 의원은 남성 의원을 타락시켜?

【1893년, 뉴질랜드】 여성참정권을 허용하는 법안이 의회에 제출되자, 어떤 의원이 다음과 같은 이유로 반대했다. "수수한 여성에게만 의회 입성을 허용한다면 모를까, 미모의 여성이 의회에 등장하면 마음이 여린 남자들을 타락시킬 것이다. 나부터도 마누라가 의회에 나가지 못하게 할 것이다."

이에 반해 1888년 기독교금주연맹을 이끌던 쉐퍼드가 의회에 제출한 「여성이 투표권을 가져야 할 10가지 이유」에는 다음과 같은 항목도 있어 주목된다. "여성은 부정선거를 할 기회가 남성보다 적다. 따라서 여성이 의회에 들어오면 뇌물수수와 부패가 사라질 것이다." 그렇다면 여러분은 과연 누구의 편을 들고 싶은가?

조선에 인력거 등장

【1894년, 조선】 일본인이 발명한 인력거가 조선에도 들어왔다. 인력거를 들여온 사람은 일본인 하나야마. 그는 청·일전쟁으로 서울과 인천 간에 교통이 폭주하자, 10대의 인력거를 수입해 톡톡히 재미를 보고 있다. 그런데 '만자(挽子)'라고 불린 인력거꾼들은 모두 일본인. 소달구지를 끌던 조선인들이 인력거를 몰면 손님을 메다꽂기 일쑤였기 때문이라고 한다.

부 고

▶ 모파상(1850~1893) : 프랑스 최고의 단편소설 작가. 자연주의 계열의 단편 및 장편소설을 썼으며, 주요 작품으로 『비계덩어리』, 『여자의 일생』 등이 있다.

▶ 차이콥스키(1840~1893) : 러시아의 대표적인 작곡가. 그는 특히 선율적 영감과 관현악법에 뛰어났다. 〈백조의 호수〉·〈호두까기 인형〉·〈잠자는 숲속의 미녀〉 등의 작품으로 고전 발레 음악에 있어 최고의 작곡가로 평가받고 있다.

▶ 헤르츠(1857~1894) : 독일의 물리학자. 라디오파를 만들어내는 장치로 전자기파의 존재를 처음 실증해 보았다.

▶ 최초의 카페테리아, 미국 캔자스시에 등장(1891) ▶ 비숍, 영국왕립지리학회 최초 여성 회원 가입(1892) ▶ 쿠베르탱, 국제올림픽위원회(IOC) 결성(1894)

1895년~1896년

근현대사신문

근대 6호

주요기사 **2면** | 청, 조선 쟁탈 토너먼트 탈락 (1895) **3면** | 무한 질주 일본에 '아관파천' 옐로 카드 **4면** | 사설 – 고종은 차라리 러시아로 떠나라 **4면** | 해설 – 갑오개혁과 을미개혁, 이문 것과 잃은 것 **5면** | 서구 열강에게 속속 이권 넘어가 **6면** | 뤼미에르 형제, 최초로 영화 상영 (1895) **7면** | 조선의 독립은 문자 독립부터 **8면** | 을미개혁에 따른 생활상의 변화

청·일전쟁과 아관파천

중국에 대한 조선의 공식 외교정책은 '사대'였다. 중국의 주인이 청나라로 바뀐 뒤에 조선은 내키지 않으면서도 어쩔 수 없이 조공을 바치는 사대의 예를 갖추어 왔다. 그러나 사대는 문화적 관계일 뿐, 큰 나라가 작은 나라의 내정에 간섭하고 경제적으로 침략하는 근대의 제국주의와 식민지의 관계와는 달랐다. 그런데도 청나라는 조선이 사대를 했다는 것이 마치 식민지의 증거라도 되는 양 기득권을 주장해 오더니, 진짜 제국주의적 야심으로 똘똘 뭉친 일본과 한바탕 맞붙었다. 그것도 동학농민운동을 진압하겠다는 명분으로 조선에 출병해 한반도를 전쟁터로 삼은 싸움박질이었다. 이 전쟁에서 이긴 일본은 친일 개화파 관료를 동원해 조선을 입맛대로 개혁해 나갔다. 그러자 러시아가 슬슬 조선에 발을 디밀었고, 일본에 겁먹은 고종은 러시아 영사관으로 도망쳐 국정을 돌보는 희대의 코미디가 서울 한복판에서 벌어졌다.

그림 | 조선 땅인 아산만 앞바다의 풍도에서 격돌한 일본과 청나라 해군

청, 조선 쟁탈 토너먼트 탈락

일본, 청·일전쟁 승리하고 조선 독점 향해 달음박질

【1895년, 시모노세키】 세계의 이목을 집중시켰던 청·일전쟁이 뜻밖에 일본의 일방적인 승리로 끝나고 말았다. 4월 17일 시모노세키에서 열린 강화 회담에서 양국 대표 이토 히로부미와 리훙장은 전쟁의 결과를 반영하듯 일본에게 일방적으로 유리한 조항으로 가득 찬 조약 문서에 서명했다.

이 조약 제1조는 청나라가 조선이 완전한 자주 국가임을 인정하며, 조선은 앞으로 청나라에 대한 조공 등 일체의 사대 관계를 끊는다고 밝히고 있다. 이렇게 조약 첫 조항에 조선 문제가 언급된 것은 이번 청·일전쟁이 서로 경쟁적으로 조선에 군대를 출동시킨 행동이 원인이 돼 발발했기 때문이다. 따라서 이 조항은 글귀 그대로 해석해서는 안 되고, 일본이 조선을 차지하겠다는 의사를 에둘러 표현한 것으로 봐야 한다는 것이 국제 관계 전문가들의 일치된 지적이다.

시모노세키조약은 이밖에도 청이 일본에 거액의 배상금을 지불하는 한편, 타이완과 랴오둥반도를 일본이 차지하도록 규정하고 있다. 이는 청·일전쟁의 승리를 계기로 일본도 서양 제국주의 국가처럼 식민지 쟁탈전에 나

1894년 7월 25일, 아산만에서 일본 군함이 청나라 군함을 격침시키고 있다. 영국 국적의 이 청나라 군함에는 청나라 군사 1200명이 타고 있었는데, 생존자는 겨우 87명이라고 전해진다. 이후 일본은 성환전투와 평양전투를 통해 육지에서도 승승장구하면서 랴오둥까지 공격했다.

서야 한다는 일본 지배층의 주장이 그대로 관철된 결과이다.

한편 조약 내용을 전해 들은 러시아는 일본이 랴오둥반도를 차지하는 것에 대해 펄쩍 뛰며 반대 의견을 나타냈다. 러시아는 겨울에 얼지 않는 항구를 아시아에서 마련하기 위해 랴오둥반도의 뤼순항에 눈독을 들여왔다. 따라서 러시아는 일본에게 뤼순항을 그냥 빼앗길 수 없다는 강경한 입장이다.

현재 러시아는 독일과 프랑스를 끌어들여 삼국의 힘으로 일본을 압박할 태세여서 긴장감이 감돌고 있다.

하지만 서구 열강들은 랴오둥반도에만 관심을 쏟을 뿐 시모노세키조약 제1조의 조선 문제에 대해서는 한마디도 언급하고 있지 않다. 이에 대해 한 국제 관계 전문가는 서구 열강이 조선 문제를 소홀히 하는 것은 역사적인 실수가 될 것이라고 경고했다.

화제

식민지화 태풍 속에 독립 지킨 시암 외교

【1896년, 시암】 라마5세(쭐라롱콘, 43)가 이끄는 동남아시아의 시암이 주변 나라들의 잇단 식민지화에도 불구하고 영국·프랑스로부터 '영토 보전' 약속을 받아냈다. 버마와 말레이시아를 이미 차지한 영국과 베트남·라오스·캄보디아를 합병한 프랑스가 시암을 식민지로 삼지 않고 독립을 보장한다는 데 합의한 것이다.

시암의 독립은 단지 열강의 정략에 따른 어부지리만이 아니라, 단호한 내정 개혁과 끈질긴 독립 외교가 거둔 성과로 평가받는다. 1868년에 왕위에 오른 라마5세는 왕 앞에 엎드려 머리를 조아리는 인사법과 노예제를 폐지하고, 자동차와 기차를 도입하는 등 근대화에 온 힘을 기울였다. 그럼에도 불구하고 식민지화의 압력이 거세지자 러시아·독일을 7개월 간 순방하며 영국·프랑스를 견제하도록 해 시암의 독립을 이끌어냈다. 이처럼 열강에 고개를 숙이면서도 독립을 지켜낸 시암의 현실 외교는 '대나무' 외교라 불리며 주위의 부러움을 사고 있다.

부활한 '올림픽'

【1896년】 그리스 아테네에서 3개국 280여 명의 선수가 참가한 가운데 1회 근대 올림픽 대회가 열렸다. 참가 선수들은 모두 남성! 육상·수영·역도·레슬링·펜싱 등 43종목의 경기가 치러졌다. 사진은 100미터 예선전 풍경. 왼쪽에서 두 번째 선수가 독특한 출발 자세로 1위로 골인했다고 한다.

아프리카 자존심 에티오피아, 이탈리아 격파

【속보=1886년, 에티오피아】 3월 1일, 에티오피아 중북부의 아도와에서 메넬리크2세가 이끄는 에티오피아 군대가 이탈리아 식민지인 에리트레아의 총독 바라티에리 군대를 크게 물리쳤다. 이 싸움은 한니발 이후 아프리카 군대가 다시 한 번 유럽 군대에 치욕적인 패배를 안긴 전투로 평가된다. 아도와 전투는 이탈리아가 에리트레아를 보호령으로 삼은 뒤 에티오피아 진출을 꾀하면서 맺은 우치알리

에티오피아가 승리한 아도와 전투 장면이다.

조약을 구실로, 에티오피아를 보호령으로 선포한 것이 발단이다. 이 조약은 이탈리아어와 암하라어로 쓰여 있

는데, 이탈리아어 내용은 에티오피아에서 이탈리아의 주권을 인정하고 있었다. 그래서 메넬리크2세가 이를 파기하고 바라티에리 총독과 여러 차례 전투를 치른 끝에 아도와에서 승리한 것이다. 에티오피아는 이번 전투의 승리로 우치알리조약의 무효를 확인하고 완전한 독립국으로 인정받을 전망이다. 또한 유럽 열강의 아프리카 분할에 제동을 건 위대한 아프리카 전사로 기억될 것으로 보인다.

▶쿠바, 호세 마르티 등 '쿠바혁명당' 결성해 독립전쟁 벌임(1895) ▶일본, 타이완총독부 설치(1895) ▶일본, 삼국(러·프·독) 간섭으로 랴오둥반도를 청에 반환(1895)

무한 질주 일본에 '아관파천' 옐로 카드

고종, 일본 칼부림에 왕비 잃고 러시아 공사관으로 피신

【1896년 2월 11일】 오전 7시 30분, 고종이 경복궁에서 러시아 공사관으로 거처를 옮기는 사건이 발생했다. 고종은 여인 복장으로 변장한 채 가마를 타고 러시아 공사관으로 옮겼는데, 수천 명의 군중이 공사관을 에워싸고 만세를 부르며 환호했다. 이번 아관파천은 지난 몇 년간 조선에서 벌어진 열강들의 세력 다툼 과정에서 일어났다.

2년 전인 1894년 동학농민운동 진압 과정에서 청과 일본이 동시에 파병을 했고, 이는 청·일전쟁으로 이어졌다. 작년 초까지 진행된 이 전쟁에서 일본이 승리해 랴오둥반도를 차지하며 기세를 올렸다. 그러나 일본의 환호는 오래가지 못했다.

작년 4월, 러시아는 일본의 세력이 너무 커질 것을 염려해 프랑스, 독일과 손잡고 랴오둥반도를 청에 돌려줄 것을 일본에 강요했다. 이에 일본도 이들 세 국가와 맞서지 못하고 랴오둥반도를 돌려주어야만 했다. 이후 조선에서 러시아의 영향력은 커지게 됐다.

경운궁(덕수궁)이 있는 정동 일대는 각국 공사관이 자리 잡은 외교의 거리이다. 사진은 아관파천 후 고종이 머문 러시아 공사관으로, 경운궁이 한눈에 내려다보인다고 한다.

그러나 일본은 그대로 물러나지 않았다. 일본은 왕비 민씨를 궁궐에서 살해하는 을미사변을 자행했다. 이 사건 후 일본은 다시 조선의 내정을 장악하고, 중단됐던 단발령과 양력 사용 같은 개혁 정책을 추진했다.

을미사변 후 일본의 만행과 내정간섭에 분노하며 대항할 방법을 찾던 고종은 드디어 러시아 공사관으로 거처를 옮기는 결단을 내렸다. 여기에는 러시아의 도움으로 일본을 견제하려는 의도가 깔려 있는 것으로 전해지고 있다. 고종의 선택은 일시적으로 성공했지만 장기적으로 긍정적일지에 대해서는 의견이 엇갈리고 있다. 한 외교 전문가는 "일단 러시아의 영향력이 강화돼 일본을 견제할 수는 있겠지만, 러시아의 영향력 강화가 조선에 더 안 좋은 결과를 가져올 수도 있다. 지금은 러시아와 일본이 세력균형을 이루고 있지만, 두 국가는 서로 이 균형을 깨뜨리려고 할 것이다. 이는 2년 전 청과 일본이 그랬듯이 전쟁으로 치달을 가능성이 크다."라고 우려를 감추지 않았다.

이 전문가의 진단처럼 조선 땅에는 다시 전쟁의 검은 그림자가 짙게 드리우고 있다. 어느 국가가 전쟁에 이기든지 조선 스스로 힘을 키우지 않으면 주권을 보장받을 수 없는 위험에 처할 것이라는 경고가 곳곳에서 나오고 있다. 이래저래 조선은 역사상 최악의 위기를 향해 치닫고 있다.

머리 자르고 양력 쓰고… 근대적 개혁 본격화

일본에 의존한 '국민국가 만들기'에 우려의 목소리 커

【1895년 11월 15일】 고종이 스스로 상투를 자르고 모든 백성에게 단발령을 내리고, 새로운 연호와 역법 사용을 알리는 조칙도 함께 반포했다. 지난 10월 고종은 일본 공사의 단발 강요를 받자 왕비 민씨의 인산을 치른 뒤로 이를 미뤄왔다. 그러나 군부대신 조희연 등이 궁성을 포위하고 대포를 설치해 머리를 깎지 않는 자는 죽이겠다고 협박하자, 농상공부대신 정병하가 고종의 머리를, 유길준은 왕세자의 머리를 깎았다. 이에 도성 안은 백성의 곡성이 진동하고, 분노하여 목숨을 끊으려는 사람들이 속출하고 있다.

한편 이번 조칙에는 '건양'이라는 연호와 함께 양력 사용을 알리는 내용도 포함돼 있다. 따라서 오는 11월 17일이 '1896년 1월 1일'로 바뀌어 적용된다. 역법은 예로부터 왕조의 흥망과 직결된 것으로 여겨졌고, 역서를 만들어 백성들에게 농사지을 시기를 알려 주는 일은 임금의 고유하고 신성한 임무의 하나였다. 그러나 여지껏 음력으로 사용하던 것을 갑자기 양력으로 바꾸게 되면 백성들 사이에 많은 혼란이 일어날 것으로 보인다.

혼란스럽기는 궁중 또한 마찬가지. 기일·생일·기념일 등 매일 행사가 있는데, 그것을 양력으로 지내자니 자칫하면 잊어버리거나 엉뚱한 날에 행사를 치를 수 있기 때문이다.

상투를 자르고, 양력을 사용하고, 연호를 새로 제정하는 일은 모두 개국 500여 년 만에 처음 있는 것으로, 실로 엄청난 일이다. 게다가 이번 조칙은 일본이 국모인 민씨 왕후를 살해한 다음, 김홍집을 중심으로 친일 내각을 세워 국면 전환을 꾀했다는 점에서 우려스럽고 안타까운 일로 받아들여지고 있다. 이 조칙은 내각 총리대신 김홍집, 외부대신 김윤식, 내부대신 서리 유길준 등의 이름으로 발표됐다.

'을미' 의병, '병신' 정부가 진압

【1896년 3월】 '을미년'인 지난해에 왕비 살해와 단발령 실시에 분노해 일어난 '을미 의병'이 고비를 맞았다. 임진왜란 이래 최초의 본격 의병인 을미 의병은 '병신년'인 올해 2월 들어 친러 정부가 단발령을 폐지하고 민생 조치를 취하자 서서히 잦아들고 있다. 이에 의병장 유인석은 '병신 정부'의 탄압을 피해 만주로 근거지를 옮길 것으로 알려졌다. 그동안 강원도 춘천의 이소응, 충청도 제천의 유인석 등 각지의 유생들은 1,000~4만 명의 세력을 과시하며 관찰사, 군수, 경무관, 순검 등을 처단·문책하고, 관군과 맞서 싸워왔다.

▶고종, 교육입국조서 발표(1895) ▶민씨 왕후, 일본 낭인들에 피살(을미사변, 1895) ▶친일 내각 구성, 훈련대 해산(1895) ▶서재필 등 30여 명 독립협회 결성(1896)

사설

고종은 차라리 러시아로 떠나라

개항 이래 20년 동안 조선은 여러 가지 정치 실험을 해 왔다. 그 가운데 가장 두드러졌던 갑신정변과 동학농민운동은 각각 백성과 지배 세력의 지지를 얻지 못해 실패했다. 하지만 우리는 외세에 배신당한 갑신정변과 외세에 진압당한 동학농민운동으로 값비싼 교훈을 얻었다. 어떤 변화를 추구하든 주체의 역량과 의지가 없으면, 외세가 그 변화를 이용하거나 좌절시키면서 조선을 먹으려 한다는 교훈이다.

그런 점에서 올해(1896) 들어 '건양'이라는 독자 연호를 쓴 것은 높이 평가할 만한 일이다. 그러나 올 한 해 조선에서 벌어진 정치 상황은 '건양 원년'에 전혀 걸맞지 않았다. 조선의 왕이 연초부터 러시아 공사관으로 거처를 옮겨 그곳에서 친일파 각료들을 경질하고 친러파 정부를 새로 구성하는 정사를 펼쳤다. 러시아 공사관은 조선 땅인 서울 정동에 있지만, 국제법상 치외법권을 인정받는 러시아 영토이다. 이런 일은 역사에 없었다. 고려 말에 원나라가 다루가치라는 관리를 파견해 내정에 간섭한 일이 있었지만, 그때도 고려 국왕이 원나라 기관(정동행성)에서 정사를 돌보는 일은 없었다.

테러가 두려워 러시아 공사관에서 일신의 안녕을 꾀하는 것은 필부의 행위로는 동정이 가지만, 일국의 국왕이 택할 처신은 아니다. 갑신정변과 동학농민운동을 진압해 자주적 변혁의 동력을 상실한 조선 왕조는 이제 마지막 자존심도 잃어버렸다. 고종은 차라리 러시아 황도 페테르부르크로 떠나라. 이 나라는 새롭고 신실한 근대화의 구심점을 필요로 하고 있다.

이 개혁, 갑신년에 이루어졌더라면

해설 갑오개혁과 을미개혁, 성과와 한계

1894년에 시행된 갑오개혁과 1895년의 을미개혁은 사실 연속된 개혁이다. 단지 갑오개혁이 진행되는 가운데 일본의 중국 침략을 저지하려는 러시아·프랑스·독일의 삼국간섭으로 잠시 개혁이 중단됐던 것뿐이다. 갑오개혁과 을미개혁의 주요 내용과 그 의미를 살펴본다.

갑오개혁과 을미개혁의 가장 중요한 내용은 단연 신분제가 폐지되었다는 점이다. 신분제는 우리 역사에서 청동기시대부터 오늘에 이르기까지 거의 2,000년간 존재했던 제도이다. 이제 신분제가 폐지되어 양반도 천민도 없는 새로운 세상이 열리게 됐다. 이와 더불어 과거제도를 폐지하고, 문벌제도, 인신매매, 연좌제 같은 잘못된 봉건적 관습도 폐지됐다. 이는 동학 농민군의 요구가 크게 반영된 것이다.

정치면에서는 군주권이 제한되고 내각의 권한이 크게 강화됐다. 먼저 왕실 사무와 국정 사무를 나눠 의정부와 내각이 행정을 담당하고, 의정부 총리대신 및 각 아문 대신들에게 인사권을 부여해 입헌군주제의 기초를 다졌다. 또 이제까지 지방관이 행정과 재판을 모두 담당했는데, 앞으로는 행정만을 담당하게 되어 그 권한이 축소됐다.

경제면에서 가장 돋보이는 조치는 역시 재정 일원화이다. 이는 그간 정부의 여러 기관에서 중복으로 걷어온 세금을 탁지아문이라는 한 부서에서 담당하는 조치이다. 그리고 조세 금납제를 실시하고, 도량형을 통일했다.

이처럼 갑오·을미개혁은 갑신정변이나 동학농민운동의 개혁 내용을 반영했다는 점에서 그 의미가 크다. 그러나 이 두 개혁이 일본의 강요에 따라 추진된 측면을 부정할 수는 없다. 게다가 갑오개혁 때 청·일전쟁에서 승기를 잡은 일본이 이노우에 공사를 임명해 20개조 개혁안을 제시하고, 일본인 고문관들을 채용해 조선을 보호국으로 삼으려 했다는 점에서 주체적인 개혁이라 할 수 없다는 비판이 제기되고 있다.

앞으로 조선 사회는 예전과 달리 단발령과 양력 사용 같은 조치들로 급속하게 변화될 전망이다. 그럴수록 자주적 근대화를 추진했던 갑신정변 때에 이 개혁이 이루어졌더라면 하는 아쉬움이 크다.

갑오개혁	을미개혁
내각의 권한 강화	단발령
왕권 제한	양력 사용
사법권과 행정권의 분리	연호 사용
재정 일원화	우편 사무 시작
은본위제도	종두법 시행
조세의 금납화	친위대·진위대 설치
도량형 통일	소학교 설립
신분제 폐지	
인신매매 금지	
과부의 재가 허용	
고문과 연좌 폐지	

기록실

조선 문제 처리 방안과 〈각대신간규약조건〉

1894년 일본 외상 무쓰 무네미쓰가 내각회의에 제출한 조선 문제 처리 방안과 1895년에 일본인 고문이 정치에 간섭하는 고문정치 실시를 발표한 〈각대신간규약조건〉의 주요 내용을 소개한다.

(갑) 일본 정부는 이미 내외에 조선을 하나의 독립국으로 공인하고 내정을 개혁하게 하였다고 성명하였다. …… 다른 나라가 간섭하는 것을 추호도 허용하지 않으며 조선의 운명은 조선에 맡길 것.
(을) 조선을 명목상 독립국으로 공인한다 해도 일본 제국이 직간접으로 영원히 또는 장기간 동안 독립을 보호하고 유지토록 하여 다른 나라로부터 멸시를 받지 않도록 수고를 다할 것.
— 무쓰 무네미쓰 외상의 제출안, 1894년 8월 17일

53. 내각과 각 부 기타 각 관청에서 각령, 부령, 청령 등의 명령과 지시를 내릴 때는 이를 협판에게 제출하기 전 반드시 각 고문관이 사열하도록 제공할 것.
56. 각 고문관은 내각회의에서 …… 의견을 말할 필요가 있을 때는 참석하여 의견을 진술할 수 있을 것.
— 〈각대신간규약조건〉, 1895년 3월 29일

▶청, 쑨원 등 서구적 민주국가 표방한 대중 봉기 주도(1895) ▶일본과 300만 원 차관 계약(1895) ▶근대적 예산안 최초로 편성(1895) ▶도성 안 야간 통행금지 폐지(1895)

개발은 조선에서 하는데 이익은 열강 손에

미·러, 경인철도 부설·광업·전기 부설·삼림 채벌 등 각종 이권 차지

【1896년】 아관파천 이후 우리의 소중한 이권들이 열강에 차례로 넘어가고 있다. 올해 들어 미국은 경인철도 부설권과 전등, 전화, 전차 부설권을, 러시아는 경원, 경성 금광 채굴권과 압록강, 두만강, 울릉도 삼림 채벌권을, 프랑스는 경의철도 부설권을 가져갔다. 올해 이렇게 많은 이권이 열강에 넘어간 까닭은 물론 아관파천 이후 정치적인 혼란 때문이다. 고종이 러시아 공사관에 머무르면서 러시아의 영향력이 강화돼, 러시아가 이권을 가져가는데 앞장서고 있다. 이에 미국을 비롯한 다른 열강들도 뒤질세라 최혜국 대우 조항을 내세워 기회균등을 외치면서 이권을 챙기고 있다. '이권'이란 '이익을 얻을 수 있는 권리'라는 뜻으로, 조선 정부와 합법적인 조약을 맺고 사용권을 가져가는 것이다. 예를 들어 조선 최대의 금광인 운산 금광의 채굴권을 가져간 미국은 25년간 계약 조건으로 자본금 100주 중 25주를 조선 왕실에 납입하고 일체의 세금을 면제받는다는 식이다. 하지만 우리 스스로 개발한다면 모든 수익금이 나라를 부강하게 만드는 데 쓰일 수 있지만, 이렇게 외국에 이권을 넘겨줌으로써 그 기회를 잃어버리고 있다. 사실상 지금 벌어지고 있는 열강의 이권 침탈은 강한 나라가 약한 나라를 경제적으로 약탈하는 것에 불과하다. 이런 점에서 열강이 이권을 고르게 가져감으로써 한반도에서 열강들 간의 세력균형을 이룰 수 있다는 일부 관리들의 주장은 순진한 것이라는 지적이다. 조선의 힘이 없는데 어떻게 주권을 지켜낼 수 있느냐는 의문이 제기되고 있다. 오직 이권을 지켜내 국력을 키우는 것만이 주권을 보전하는 길이라는 것이 뜻있는 이들의 한결같은 목소리다.

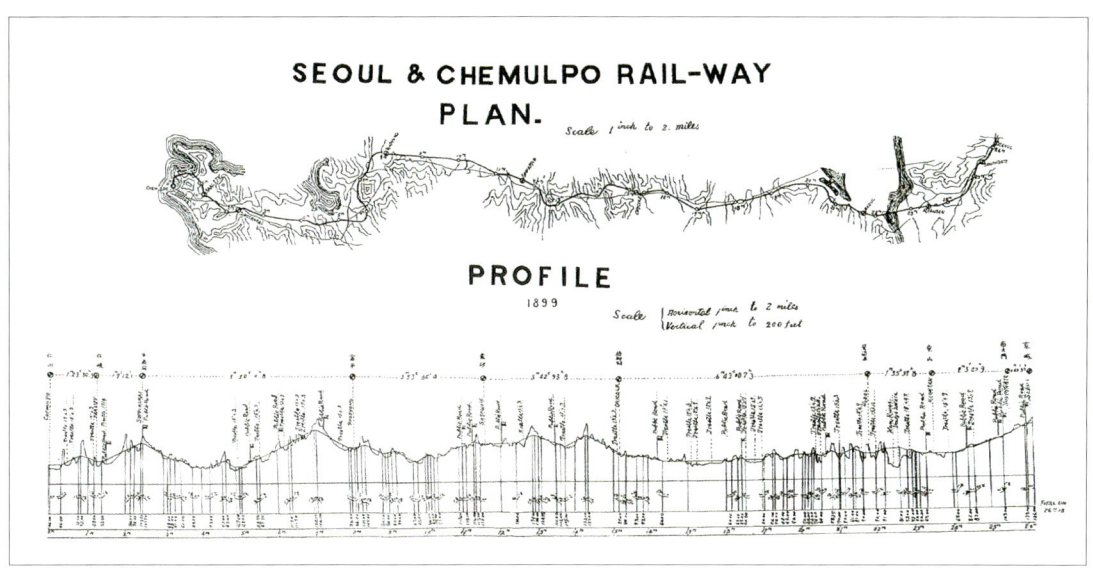

미국은 경인철도 부설권과 함께 전차 부설권을 얻었다. 사진은 서울과 제물포 사이의 철도 노선 설계 도면.

유럽의 유대인들 "타향은 싫어, 고향이 좋아!"

유대인 헤르츨, 고향 시온산으로 돌아가자는 시온주의 운동 주창

【1896년, 오스트리아】 『유대인 국가』라는 소책자가 빈에서 출판돼 파문을 일으키고 있다. 저자는 팔레스타인에 유대인 국가를 세우는 운동을 이끌고 있는 유대인 헤르츨. 그는 유대인 문제가 사회문제나 종교문제가 아니라 오직 '세계 문명국들이 모여 토의하고 해결할 세계적인 정치 문제'로 삼아야만 그 해답을 얻을 수 있는 '민족문제'라고 주장하고 있다.

헤르츨은 빈의 유력한 신문 『자유신문』의 파리 특파원으로 일하다가 사회·정치 분야에 관심을 가지게 됐고, 프랑스에서 일어난 드레퓌스사건이 정치 논쟁으로 번지는 것을 보고 시온주의자가 됐다고 한다. 드레퓌스사건은 프랑스 군사 문서가 독일 정보원에게 넘겨진 사실이 밝혀졌을 때 유대인 장교 드레퓌스가 누명을 쓴 사건이다. 그는 반유대주의에 대한 유일한 해결책은 국가를 세워 그곳에 이민하는 것이라고 판단했다. 『유대인 국가』는 동유럽 시온주의 단체의 호응을 얻고 있다. 지난 6월, 헤르츨은 오스만제국 황제에게 팔레스타인을 넘겨달라고 부탁하러 가던 중 수많은 유대인의 지지를 받았으나, 황제를 알현하지는 못한 것으로 알려졌다.

시온주의의 상징인 시온산(왼쪽 사진에서 멀리 보이는 산)과 시오니스트인 헤르츨의 모습이다.

지방행정 구역 개편 '23부'에서 '13도'로!

【1896년 8월】 지방을 23부에서 13도로 개편하는 칙령이 을미개혁의 일환으로 반포됐다. 8도 중 경상, 전라, 충청, 평안, 함경 등 5도를 남·북으로 나누고 여기에 기존의 경기, 강원, 황해를 더해 13도 체제로 만든 것이다. 지난해 5월에 8도제를 23부제로 바꾼 지 1년 만에 다시 개편한 것. 기존 8도 체제가 갖고 있던 지역 공동체의 틀을 허물 수 없다는 판단에서다. 23부제는 기존의 '부·대도호부·목·도호부·군·현'으로 설정돼 있던 행정단위를 군으로 통합하고, 중요 거점 도시별로 23부를 설치해 337개의 군을 관장하게 하는 것이었다.

▶김창수(김구), 일 육군 중위 살해 혐의로 체포(1896) ▶러·일, 조선 공동 지배 및 이권 분할 등에 합의(1896) ▶독립문 정초식 거행(1896) ▶짐바브웨, 반영 봉기(1896)

손잡이를 돌리니 사진이 움직이네

뤼미에르 형제, 에디슨 영사기 개량해 영화 상영

1895년 겨울에 프랑스 파리의 한 살롱에서 열린 뤼미에르 형제의 영화 상영을 알리는 포스터(오른쪽)와 그 영화 속에서 공장을 나서는 노동자들의 모습(왼쪽)을 실감나게 촬영하고 영사한 시네마토그래프(아래).

꿈을 꾸고 있는 것만 같았다. 눈앞에 펼쳐진, 도무지 믿을 수 없는 장면 앞에서 관객들의 벌어진 입과 동공은 다물어질 줄을 몰랐다. 시커먼 기관차가 증기를 뿜으며 달려올 때는 자지러지는 비명이 터져 나왔고, 심지어 자리에서 일어나 도망치려는 사람들도 있었다.

지난 1895년 12월 28일, 오귀스트 뤼미에르와 루이 뤼미에르 형제가 프랑스 파리의 인디언 살롱에서 개최한 최초의 영화 상영회에서 벌어진 일이었다.

이날 상영된 10여 편의 영화는 각각 1~3분 정도의 분량으로, 역에 들어오는 기차, 공장에서 퇴근하는 노동자들, 잔디에 물을 뿌리는 정원사, 거리의 눈싸움과 같은 장면들을 담고 있었다. 1프랑의 관람료를 낸 33명의 관객들이 이 역사적인 순간을 지켜보았는데, 이들의 흥분과 감동은 입소문을 타고 엄청난 속도로 퍼져나가 이제 파리 시내에서, 아니 프랑스 전역에서 영화라는 신기한 발명품을 직접 보려는 수많은 사람들이 몰려들고 있다고 한다.

엄밀히 말하자면 영화를 찍고 상영하는 기계를 처음으로 만들어낸 사람은 미국의 토머스 에디슨과 그의 연구자 윌리엄 케네디 로리 딕슨이었다. 이들은 이미 1891년에 키네토그래프라는 촬영 장비와 키네토스코프라는 영사 장비를 발명해냈다. 하지만 키네토그래프는 그 크기와 무게가 피아노에 필적했기 때문에 일상의 자연스런 장면들을 촬영하는 것이 불가능했고, 키네토스코프는 한 번에 한 사람씩 눈을 구멍에 들이대고 영화를 관람해야 하는 불편한 점이 있었다.

뤼미에르 형제는 1894년에 우연히 에디슨–딕슨의 기계들을 접하게 되었고, 그 결점을 획기적으로 보완한 시네마토그래프를 만들어냈다. 시네마토그래프는 하나의 기계로 촬영과 영사를 모두 해낼 수 있었으며, 재봉틀의 원리를 이용해 사람의 손으로 작동시켰기 때문에 크기와 무게를 현저히 줄일 수 있었고, 덕분에 어느 곳에서라도 문제없이 촬영할 수 있었다. 그리고 무엇보다 외부의 스크린에 영사함으로써 많은 관객이 동시에 영화를 즐길 수 있게 됐다. 이로써 뤼미에르 형제에 의해 영화는 보다 대중적이고 상업적인 방향으로 한 걸음 더 나아갈 수 있게 된 것이다.

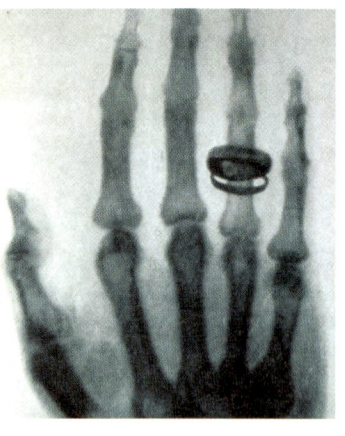

뢴트겐, X선 발견
메스 대지 않고 인체 투시

【1896년 1월 23일】 독일의 뢴트겐 교수(51)가 수많은 청중 앞에서 손뼈를 촬영하는 데 성공했다. 지난해 12월 관련 논문을 발표한 뢴트겐은 이런 촬영이 가능한 것은 'X선'이라 이름 붙인 미지의 광선 때문이라고 밝혔다. 그는 우연히 음극선관 가까이 두었던 형광물질이 빛을 내는 것을 보고, 실험을 통해 종이나 살 등은 통과하지만 뼈는 통과하지 못하는 'X선'을 발견했다고 한다. 이 소식을 들은 의학자들은 "그간 사람 몸에 메스를 대야 했던 수술법이 많이 개선될 것"이라며 흥분을 감추지 못했다.

마르코니, 무선전신 발명

【1895년, 미국】 이탈리아 발명가 마르코니(21)가 무선전신을 이용해 아메리카컵 요트 경기 상황을 뉴욕의 신문사로 보고하는 데 성공했다.

그가 사용한 도구는 전압을 높이기 위한 유도 코일로, 모스 키로 조절되는 불꽃 방전기와 수신기에 달린 간단한 코히러(coherer : 라디오파를 검출하기 위해 고안된 기구)가 부착되어 있다. 마르코니는 그동안 수많은 실험을 통해 무선으로 신호를 전달하는 범위를 2.4킬로미터까지 증가시켜 왔다. 그는 내년에 영국에서 무선전신에 대한 특허를 신청할 예정이다.

▶조선, 의주 등 서북 지역에 콜레라 만연(1895) ▶브라운, 브라운관 발명(1895) ▶미국 나이아가라폭포에 수력발전소 완공(1895) ▶린데, 공기 액화 장치 발명(1895)

조선의 진정한 독립은 문자 독립부터

갑신정변의 소년 정객 서재필, 순한글 신문『독립신문』으로 돌아오다

【1896년 4월 7일】 한글로만 쓰인 최초의 신문이 처음 등장했다. 발행인은 서재필(31). 조선인 최초로 미국 시민권자가 된 교포로, 영어 이름은 본래 이름의 발음을 딴 필립 제이슨(Philip Jaisohn). 그래서 '제이슨'의 표기가 일반적인 Jason과 다르다. 그는 파란만장한 인생 역정의 주인공이다. 18세 때 갑신정변에 참여해 병조참판이 되어 세상을 깜짝 놀라게 했다. 하지만 정변이 실패해 대역 죄인으로 죽을 목숨이었으나, 미국으로 망명해 콜럼비아대학에 입학, 세균학을 공부하고 의사가 됐다.

안정된 삶을 등지고 한 많은 땅으로 돌아온 그가 이번에는 무기 아닌 펜으로 세상을 놀라게 하고 있다. 오늘 논설과 기사, 광고를 모두 한글로 수록한 타블로이드판『독립신문』300부가 서울과 각 지방에 배포됐다. 창간사에 따르면, "정부에서 하시는 일을 백성에게 전할 터이요, 백성의 정세를 정부에 전할 터이니 …… 피차에 유익한 일만 있을 터"라고 그 취지를 밝혔다. 개화파 정부의 지원을 받은 신문은 1부 값이 동전 한 닢으로, 일반 백성도 사 볼 엄두를 낼 수 있다고 한다. 기사를 한글로만 작성한 것은 "남녀 상하 귀천이 모두 보게"한다는 취지도 있지만, '독립신문'이라는 제호와 관련되어 있다. 오랫동안 사대를 해 오던 중국으로부터 '독립'을 지향하는 신문인 만큼 중국의 한자를 빼고 조선의 독립 문자인 '한글'을 쓰는 것은 지극히 당연한 선택으로 보인다. 그런데 모두 4면으로 된 신문의 한 면이 온전히 영어로만 되어 있는 것은 무슨 까닭일까? 사장이 재미교포라서 영어에 자신이 있기 때문이기도 하지만, 온 세상에 조선의 사정을 널리 알리려는 의도가 앞선다. 한 신문이 동시에 두 개의 언어로 나오는 것은 동양 최초라고 한다. 이래저래 기록의 신문이다.

그런데 왕년의 '소년 혁명가' 서재필이 신문을 발행하는 일에서 그칠 것인가? 그렇게 보는 사람은 거의 없다. 이완용, 박영효 등 개화파 동료들은 이렇게 말한다. "중국 사신을 맞던 영은문을 헐어 그 자리에 독립문을 세우기로 하고, 그 일을 추진하기 위해 독립협회를 만들 것이오. 송재(서재필의 호)가 그 일에 앞장서고 있소."

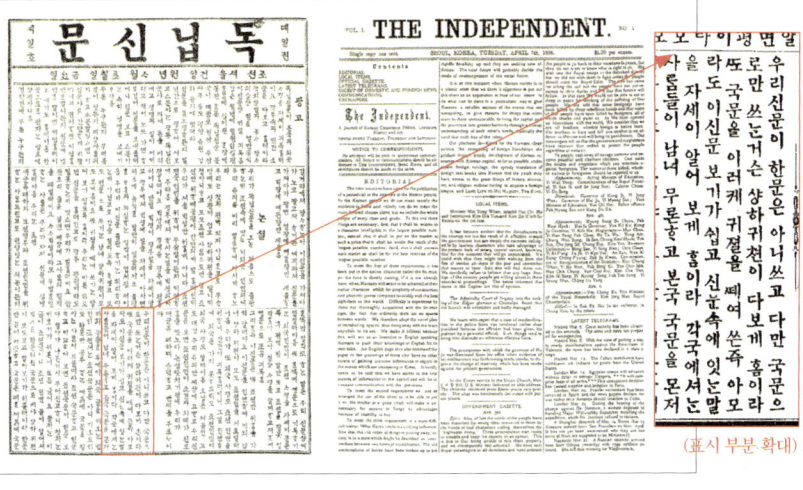

『독립신문』사설의 일부. "만일 백성이 정부 일을 자세히 알고, 정부에서 백성의 일을 자세히 아시면 피차에 유익한 일이 많이 있을 터이다. …… 모두 언문으로 쓰기는 남녀 상하 귀천이 모두 보게 함이요. 또 구절을 떼어 쓰기는 알아보기 쉽도록 함이라."라고 쓰여 있다.

📖 우리나라 최초 세계 여행기 출간

유길준『서유견문』· 민영환『해천추범』

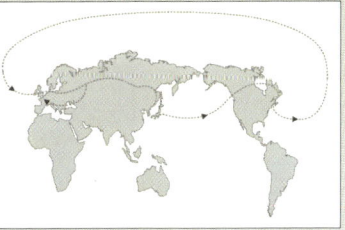

민영환(앞줄 가운데)이 러시아 황제 대관식에 참석한 기념으로 찍은 사진과 여행 경로.

【1896년】 조선인이 직접 찾아가 만나고 온 서양의 고갱이가 책으로 나왔다. 민영환의『해천추범』은 조선인의 손으로 쓴 최초의 세계 일주 기록이라 할만하다. 민씨는 1896년 4월 1일 특명전권공사 자격으로 러시아 황제 니콜라이 2세의 대관식에 참석하러 러시아로 떠났다. 이 여행은 총 6개월 21일이 걸렸는데, 들른 나라만 11개국에 이른다. 민씨는 이 책에서 서구 열강이 이룩한 근대적 성과를 기록했으며, 이를 조선에 적용하는 방법에 대한 고민을 남겨 놓았다.

한편 조사시찰단과 보빙사 수행원을 역임했던 유길준은 지난해에 우리말로 쓴 '서양사정'이라 할 수 있는『서유견문』을 내놓았다. 이 책은 견문보다 서양의 정치와 제도, 사상에 초점을 맞춰 서양 문명에 대한 총체적인 이해에 큰 도움이 된다는 평가를 받고 있다. 이제 우리는 무엇을 해야 하는가? 두 권의 책이 조선인 모두에게 던지는 질문이다.

한글로 번역된 최초의 서양 소설『천로역정』

【1895년, 원산】 선교사 게일이 아내와 함께 번역한『천로역정』이 상·하 2책으로 간행됐다.『천로역정』은 화가 김준근이 원문에 없는 그림을 목판화(사진)로 그려 곁들인 것이 특징. 이 삽화들에서는 원근법을 엿볼 수 있다고 한다. 이 책은 '천국으로 가는 사람들이 지나는 길'이라는 뜻을 지닌 제목처럼『성서』와 더불어 기독교를 전파하는 데 중요한 공헌을 할 것으로 보인다.

▶비숍 여사, 조선 입국(1895) ▶키플링,『정글 북』완성(1895) ▶솅키에비치,『쿠오바디스』출간(1895) ▶미국에『모닝 저널』등 선정적인 옐로 저널리즘 등장(1896)

제3세계 통신

영국, 말레이연방 조직

【1896년, 말레이반도】페라크·셀랑고르·네그리셈빌란·파항으로 이루어진 영국령 말레이연방이 성립됐다. 이로써 영국이 인도 지배를 안정시키고 인도와 중국을 연결하는 해상 무역권을 장악한다는 전략이 일단락됐다는 분석이다.

영국은 1819년에 싱가포르를 식민지로 만들고, 1867년 해협 식민지(말라카, 싱가포르, 페낭)의 지배권을 획득했다. 그리고 이번에 말레이반도의 여러 주들이 영국 고문관들을 받아들이면서 영국령 말레이연방이 탄생함으로써, 앞으로는 말레이반도 내륙과 도서 지역으로까지 침략을 확대할 것으로 보인다.

마다가스카르, 식민지로 전락

【1896년, 마다가스카르】프랑스군이 메리나왕국의 군대를 패배시키고 실질적인 식민지 통치권을 획득했다. 1890년 영국이 마다가스카르를 프랑스 보호령으로 인정한 지 5년 만이다.

1860년대 초 메리나족을 다스리던 라다마2세는 유럽인들에게 왕국을 개방하고, 프랑스 무역회사에 큰 권한을 주는 특허 계약을 맺었다. 이후 1868년에는 메리나왕국과 프랑스 사이에 맺어진 조약에 따라 프랑스가 북서부 해안을 통치해 오다가 이번에 식민지로 병합하게 된 것이다. 이에 따라 메리나족 여왕의 운명도 바람 앞의 등불이 될 전망이다. 초대 총독으로 부임할 예정인 갈리에니 장군은 프랑스령 수단의 총독을 역임한 인물로, 최근에는 프랑스령 인도차이나에서도 복무한 것으로 알려졌다.

잃어버린 물건을 찾는 광고(『독립신문』, 1896년 12월 29일) : 외국 여성이 잃어버린 솔을 찾는다는 내용이다.

백정은 갓 쓰고 이발사가 당상관 되다

【1896년 2월, 서울】"단발령에 대해 짐이 무엇을 말할 수 있겠는가. …… 이는 짐의 뜻이 결단코 아님을 모두가 잘 알 것이며…… 단발령에 관해 말하건대 누구도 의관에 관해 강요받지 않을 것이니 그대들의 뜻대로 하라."

아관파천 직후 고종이 흐트러진 민심을 수습하고자 단발령을 철회했다. 2개월 전, 단발령은 전국에 일제히 포고돼 정부 관료와 이속, 군인·순검부터 먼저 단발을 시행했다. 그리고 머리를 깎은 순검과 군인들이 '체두관'으로 임명돼, 거리와 길목에서 오가는 백성들을 다짜고짜 붙잡아 상투를 잘랐다. 서울 거리는 단발령으로 상투가 잘린 사람들의 곡성과 체두관을 피해 달아나는 사람들로 아우성이었다. 지방에서 올라온 사람들은 미처 피하지 못해 강제로 잘린 상투를 주머니에 넣고 통곡하며 서울을 떠나기도 했다. 체두관은 지방에도 파견돼 거리는 물론 민가에까지 들어가 강제로 단발을 했다. 나이가 많건 적건, 신분이 높건 낮건 상투가 잘리지 않은 사람이 드물 정도. 울분과 원망을 참지 못해 스스로 목숨을 끊는 사람마저 있다는 소문이 파다하다.

이에 앞서 정부는 백정들에게도 면천을 허락하고 갓을 쓸 수 있도록 했다. 한편 이미 상투를 잘라버린 왕과 왕자를 위해 궁 안에는 이발소가 설치됐다. 군수를 하던 안종호라는 사람이 정3품 당상관으로 특채돼, 왕과 왕자의 머리를 다듬는 영예를 누리게 됐다고 한다.

북극에 곰 아닌 인간이 나타났다!… 난센, 북극 탐험 성공

북극 탐험에 나선 난센(위)과 탐험 도중에도 늘 지니고 다녔던 성냥(아래).

【1895년 4월 8일】난센의 북극탐험대가 지금까지 인간이 도달한 범위에서는 위도가 가장 높은 북위 86° 14′ 지점에 닿았다. 난센이 이끈 '프람(Fram)호' 탐험대는 지난 1893년 6월 24일에 크리스티아니아항을 출발, 올 3월 14일에 북위 84°4′, 동경 102°27′에서 난센이 요한센 만을 동반한 채 개썰매와 카약을 타고 북쪽으로 향하던 중 이번 쾌거를 이룬 것. '프람호'는 '전진'한다는 의미로 이름 붙인 것인데, 난센이 직접 설계해 건조한 배라고 한다.

해류를 타고 북극해를 가로질러 스피츠베르겐으로 간다는 그의 계획은 북극 탐험가들로부터 비판을 받기도 했지만 이번 쾌거를 통해 충분히 가능할 것이라는 기대를 모으게 됐다.

아침 식사용 시리얼 등장

아침식사용 플레이크 시리얼이 잡지 『푸드 헬스』에 처음 소개됐다. 미국의 켈로그 박사가 만든 '그래노즈 플레이크'가 바로 그것! 이에 앞서 최초의 시리얼은 1893년 미국의 퍼키 박사가 소화를 돕기 위한 수단으로 만든 '쉬레디드 휘트'이다.

부고

▶ 엥겔스(1820~1895) : 독일의 사회주의자. 마르크스와 함께 『공산당 선언』을 발표한 이래, 1889년에 제2인터내셔널을 창건해 국제공산주의운동을 지도했다. 주요 저작으로는 『도이칠란트 이데올로기』, 『가족, 사적소유 및 국가의 기원』 등이 있다.

▶ 호세 리살(1861~1896) : 필리핀의 독립운동가. 1892년에 비폭력 개혁 단체 '필리핀동맹'을 결성했으며, 주요 저작으로는 『나에게 손대지 말라』, 『체제전복』 등이 있다.

교원 양성 학교를 세우다

【1895년 4월, 서울】역사상 처음으로 교원 양성 학교를 세운다는 칙령이 반포됐다. 이에 따르면, 학교의 명칭은 한성사범학교로, 정원은 본과 100명, 속성과 60명, 수업 연한은 본과가 2년, 속성과가 6개월이다. 교사는 두 사람으로, 한국 역사와 만국사·초보 수학·지리·한문·국어·작문을 가르칠 예정이다. 이번 조치는 두 달 전에 고종이 이른바 '교육조서'를 내려 새로운 교육의 필요성을 강조한 데 따른 것으로, 그동안 성균관과 사학, 향교와 서당이 맡았던 교육 기능이 점차 사라질 전망이다.

고살기회사 바늘 광고(『독립신문』, 1896년 10월 3일) : 값도 헐하고 품도 상등인 고살기 바늘을 사라는 내용이다.

▶ 덕수궁에서 최초로 전등 사용(1895) ▶ 전봉준 사형 집행(1895) ▶ 부산-나가사키 간 해저전선 완성(1895) ▶ 질렛, 안전 면도기 개발 ▶ 모건, 배구 경기 창안(1895)

1897년~1900년

근현대사신문

근대 7호

주요기사 **2면** | 독립협회, 만민공동회 개최 (1898) **3면** | 청, 변법자강운동 전개 (1898) **4면** | 사설 – 길거리 정치의 등장을 환영한다 **4면** | 대담 – 서재필 vs 이용익 ; 대한제국이 가야 할 길 **5면** | 조선, 한성은행 설립 (1897) **6면** | 과학 초점 – 개항 20년, 과학 기술 어디까지 왔나 **7면** | 프로이트, 『꿈의 해석』 출간 (1900) **8면** | "나는새도따르지못하더라"

만민공동회와 자주적 근대화의 길

　개화파가 중심이 된 독립협회는 중국에 대한 사대의 상징인 영은문을 헐고 그 자리에 독립문을 세웠다. 러시아 공사관에 피신해 있던 고종은 경운궁으로 돌아와 국호를 대한제국으로 바꾸고, 봉건 제후를 의미하던 왕에서 독립국의 황제로 변신한다고 선언했다. 그러나 낡은 중국 왕조에 대해 형식적인 사대 관계의 청산을 선포한다고 해서 실질적인 독립이 이루어지기는 어려웠다. 때는 20세기를 코앞에 둔 제국주의 시대. 나날이 한국의 국권을 노리고 침략의 손길을 더욱 깊숙이 뻗쳐오는 일본, 러시아 같은 제국주의 열강으로부터 주권을 지키는 것이야말로 진정한 독립이었다. 대한제국 관료들은 열강의 간섭과 침탈을 막아내지 못하고 있었다. 그러자 독립협회는 자주적 근대화를 이루기 위해 대중과 함께 '길거리 시위'를 벌이고 나섰다. 그 무렵 열강의 노리개로 전락한 중국과 에스파냐의 지배를 받아온 필리핀, 쿠바 등도 자기 힘으로 근대화를 이루려고 안간힘을 쓰고 있었다.

사진 | 영은문을 헐고 새로 세운 독립문

백성들 뿔났다 "대한제국, 똑바로 해!"

독립협회, 만민공동회 개최… 수면으로 떠오른 열강의 이권 다툼 비판

【1898년, 서울】역사상 처음으로 일반 백성이 정치에 참여한 대중 집회가 3월 10일 오후 2시 종로에서 열렸다. 이 집회는 예상을 뒤엎고 1만여 명이 참여하는 성황을 이뤘다. 집회를 주최한 독립협회 관계자는 "우리도 이렇게 많은 백성이 참여할 줄 몰랐다. 개항 이후 달라진 백성들의 의식을 여실히 보여준 것으로, 앞으로도 이러한 집회를 계속할 것이다."라며 흥분을 감추지 않았다.

독립협회의 간부인 서재필(33), 이완용, 윤치호 들이 집회를 준비했지만, 직접 연사로 나서지는 않았다. 이번 집회의 연사로는 배재학당 대표 이승만(22)과 경성학당 대표 현공렴 들이 나섰다. 연사들은 옷감 파는 상점인 백목전의 다락을 연단으로 삼아 연설을 했는데, 아관파천 이후 대한제국에 영향력을 행사하고 있는 러시아를 규탄하는 내용이었다.

이승만은 "러시아가 부산에 있는 절영도를 조차해 석탄 저장소로 사용하려고 한다. 우리 땅을 마음대로 사용하려는 러시아의 음모를 반드시 분쇄해야 한다."라며 목소리를 높였다. 다음 연사로 오른 현공렴도 러시아가 대한제국에 파견한 군사고문단을 철수시켜야 하며, 한러은행도 폐쇄해야 한다고 주장했다.

이날 집회에 참석한 한 사람은 "러시아가 그렇게 우리나라 국정에 간섭하고 있는 줄 몰랐다. 아관파천 이후 우리나라를 속국인양 생각하는 러시아의 못된 행동을 반드시 고쳐야 한다."라고 목소리를 높였다.

집회는 질서정연하게 진행됐으며, 마지막으로 외무대신에게 보내는 편지를 채택해 절영도 조차 저지와 한러은행 폐쇄, 군사고문단 철수를 요구하

서울 종로 거리에서 첫 만민공동회가 열렸다. 긴 장대 위에 태극기가 걸려 있고, 중앙에는 외국 사람이 사진을 촬영하려고 카메라를 조작하고 있다.

는 집회를 끝마쳤다.

이번 집회의 파장은 의외로 커질 전망이다. 특히 정부가 백성들의 건의서 형식의 편지에 어떤 반응을 보일지 벌써부터 관심이 모아지고 있다. 만약 백성들의 건의서가 받아들여진다면 일반 백성들이 정치의 맨 앞에 나서서 국정을 결정하는 첫 사례가 될 것이다. 이에 따라 정부와 외교계에도 적지 않은 충격을 줄 것으로 보인다.

하지만 이렇게 성공적인 집회에도 아쉬움이 없는 것은 아니다. 한 정치 평론가는 "이번 집회가 러시아에만 너무 초점이 맞춰져 있다. 미국, 영국, 일본 등의 이권 침탈과 내정간섭에 대해서도 대응해야 할 것이다."라며 충고를 아끼지 않았다.

【1897년 11월 27일】국모인 명성황후의 국장을 마침내 치렀다. 경운궁을 나선 국장 행렬은 통곡하는 백성들이 지켜보는 가운데, 종로를 지나 청량리로 향했다. 명성황후가 일본 낭인들에게 시해된 것은 1895년 10월 2일. 고종 황제는 대한제국을 선포한 후에야 '황후의 예'로 국장을 치른 것이다.

'쇠당나귀' 등장… 서대문 - 청량리 간 전차 개통

【1899년, 서울】석가탄신일을 맞아 많은 시민이 동대문 성루와 근처 성벽에 빽빽이 올라 전차 개통식을 구경했다. 지난달 하순으로 예정됐던 것이 기계 고장으로 연기된 것. 전차는 일본 교토에 이어 아시아에서 두 번째라고 한다. 고종이 홍릉에 행차하는 것을 보고 미국인 콜브란이 "거금 10만 원에 이르는 행차 경비를 절감하고, 최신 문명의 이기인 전차를 일반 시민의 교통기관으로 이용한다면 큰 이익을 얻을 수 있을 것"이라고 건의한 것으로 알려졌다. 이에 고종은 산업 진흥 정책의 일환으로 한성전기회사(사장 한성판윤 이채연)를 설립하고, 지난해 7월 7일 공사를 시작해 이번에 그 결

상등칸과 하등칸으로 나뉜 초기의 전차.

실을 맺게 됐다.

개통식 행사가 끝나자 황제의 어용 귀빈차를 비롯해 화려하게 장식한 꽃 전차 8대에 고관대작, 외국 사신과 관원들, 민간 유력자들이 나눠 타고 동대문에서 출발해 서대문으로 달렸다. 그런데 구경꾼들이 얼마나 신기해하는지 너도나도 가까이서 보려고 몰려드는 바람에 전차는 가다가 멈추기를 여러 번 반복했다.

그러나 전차 개통을 둘러싸고 민심이 뒤숭숭하다는 목소리도 있다. 몇 달 전 동대문 밖에서 전선줄을 끊어 훔쳐간 범인 5명이 체포돼 재판 한 번 받지 못한 채 참수형에 처해졌고, 근래 가뭄으로 수십 일간 비가 오지않자 사람들 사이에 "전차가 구름을 빨아먹어서 날이 가문다."는 꽤 그럴싸한 소문마저 나돌고 있다. 그러다 보니 신문명이 출발부터 삐걱거리는 게 아니냐는 우려의 목소리도 나오고 있다.

▶고종, 연호를 '광무'로 고치고 황제로 즉위(1897) ▶흥선대원군 별세(1898) ▶독립협회, 관민공동회에서 '헌의 6조' 건의(1898) ▶영학당, 전라도에서 봉기(1899)

중국 개혁파 뿔났다 "청 황실, 정신 차려!"
변법자강파, 일본식 근대화 추진… 입헌군주제 공론화

【1898년, 청나라】 스물일곱 살의 젊은 황제 광서제가 발탁한 캉유웨이(40), 딴스퉁, 량치차오 등 개혁파들이 일으킨 매서운 개혁 바람이 중국을 휩쓸고 있다. 그들이 개혁하기 위해 모범으로 삼고 있는 나라는 일본. 일본이 메이지유신을 통해 서구의 근대 문물을 받아들여 강대국으로 탈바꿈하고 있듯이, 청나라도 그것을 따라 배워야 한다는 것이다.

이러한 뜻을 알리는 황제의 담화문이 발표돼, 광업과 상업 등 산업을 일으킬 관청이 속속 설치되고 있다. 청은 또 서구의 기술을 받아들일 인재를 키우기 위해 국립대학인 경사대학당도 세우기로 했다.

이러한 변법자강운동을 이끌고 있는 캉유웨이는 황제에게 청이 중대한 갈림길에 서 있다며 개혁만이 살길이라고 설득했다고 한다. 그는 유럽의 폴란드가 주변 열강에게 야금야금 분할당하다가 마침내 지도에서 사라진 것을 이야기하며, 청나라의 운명도 그와 같이 되지 말라는 법이 없다면서 사태의 심각성을 알렸다. 따라서 일본이 메이지유신을 통해 서양의 헌법 체계를 받아들이면서도, 천황 체제를 유지했듯이, 청나라도 전통 유교와 황제 체제 아래 개혁을 적극적으로 추진해야 한다는 것이다.

청나라는 아편전쟁의 쓴맛을 본 뒤로 1860년대

캉유웨이

중국이라는 '파이'를 서로 차지하려는 독일·영국·러시아·프랑스·일본의 흉계를 보고서 속수무책이라는 듯이 두 손을 들고 있는 중국의 모습을 풍자한 그림.

부터 쭝궈판, 리훙장 등을 중심으로 서양 문물을 받아들이자는 양무운동을 벌여왔다. 하지만 군수산업을 중심으로 펼친 개혁은 1884년 프랑스, 1895년 일본과 벌인 전쟁에서 연이어 패함에 따라 빛을 잃고 말았다. 따라서 이번 변법자강운동이 양무운동의 전철을 밟지 않고 성공할 수 있을지 귀추가 주목되고 있다.

그러나 어린 광서제를 대신하여 그동안 나라를 다스려온 서태후가 이들의 개혁 바람에 강력하게 반발하고 있어 개혁의 전망은 어두운 상황이다. 서태후는 이번 개혁으로 기득권을 잃을 위기에 놓인 수구 세력들을 부추겨 광서제와 개혁 세력을 무너뜨리고 다시 권력을 잡으려는 속셈을 가진 것으로 알려졌다.

필리핀, 아시아 '공화국 1호점' 개점
에스파냐에 맞선 무장 투쟁의 개가… 초대 대통령에 아기날도 선출

【1899년, 필리핀】 1월 23일, 필리핀혁명의회가 밀롤로스헌법을 승인함에 따라 아시아 최초의 공화국을 선포하고, 혁명정부의 수반 아기날도(30)를 대통령으로 선출했다. 아기날도는 1896년 8월 에스파냐에 대항해 격렬한 투쟁을 벌인 혁명 조직 카티푸난의 지도자. 호세 리살이 에스파냐의 통치에 대한 개혁을 바란 것과는 달리, 카티푸난은 완전한 독립을 주장한 보니파시오가 1892년에 마닐라에서 결성한 비밀 혁명 결사 조직이다.

1896년 카티푸난은 노동자와 농민들이 대다수인 10만 명의 회원을 확보하면서 에스파냐에 대해 무력 투쟁을 벌이는 필리핀혁명을 일으켰다. 이 혁명 과정에서 아기날도는 필리핀의 독립을 선언하고, 이듬해 3월 혁명정부의 수반이 되었다. 그러나 아기날도는 필리핀 총독 프리모 데 리베라의 회유책에 말려들어 홍콩으로 망명했다. 하지만 1898년 4월, 에스파냐와 미국 사이에 전쟁이 터지면서 미국 해군이 마닐라만에서 에스파냐 함대를 전멸시키자, 아기날도는 즉시 필리핀으로 돌아왔다. 그리고 필리핀의 독립을 지지한다는 미국과 함께 에스파냐를 공격했다. 마침내 아기날도는 말롤로스에 혁명정부를 세우고 의회를 구성해 새 헌법을 만들었다.

하지만 갓 태어난 필리핀공화국은 새로운 위기에 직면하고 있다. 지난해 12월 10일 미국·에스파냐 전쟁 결과에 따라 에스파냐가 괌·푸에르토리코와 더불어 필리핀을 미국에 양도해 버린 것이다. 이제 필리핀공화국은 에스파냐의 식민 지배를 종식시켰지만, 하루아침에 동맹국에서 침략자로 돌변한 미국과 새로운 전쟁을 치를 위기를 맞고 있다. 이에 필리핀공화국의 앞날에 대한 관심과 우려의 목소리가 점점 커지고 있다.

영·프, 검은 대륙서 일촉즉발 위기 맞아

【1898년, 수단】 영국과 프랑스가 수단의 파쇼다에서 정면충돌의 위기를 맞고 있다. 이번 사건은 우간다와 이집트를 연결하려는 영국의 종단정책과 아프리카 서부 연안에서 중앙아프리카와 수단을 가로질러 동쪽으로 영토를 확장하려는 프랑스의 횡단정책이 맞부딪친 제국주의 영토 분쟁의 결정판이다. 하지만 양국 정부는 군사적 대결만은 피하고 싶기 때문에 조만간 영국·프랑스 국기가 파쇼다요새에 함께 휘날려야 한다는 데 합의할 것으로 관측되고 있다.

▶미국, 하와이 합병 조약 승인(1897) ▶수단, 마흐디 정권 몰락(1898) ▶헤이그만국평화회의 개최(1899) ▶청, 의화단운동 일어남(1899~1901)

사설

길거리 정치의 등장을 환영한다

1898년 이전까지 '민(民)'은 그저 이름 없는 피치자를 뜻할 뿐이었다. 물론 '민심은 천심'이라는 말은 있었다. 그러나 여기서 '민'은 나라가 안정돼 있는지를 알려주는 소극적인 지표에 불과했다. 1898년 독립협회가 개최한 세 차례의 만민공동회와 함께 '민'이라는 말은 돌아올 수 없는 강을 건넜다. 만민공동회에서 민은 백목전(옷감 파는 상점) 다락을 연단으로 삼아 사자후를 토하는 이상재, 서재필, 이승만 등의 연설에 환호할 뿐 아니라, 스스로 의견을 개진하고 정부가 나아갈 길에 관해 열띤 토론을 벌였다. 이 모든 것이 사방이 탁 트인 서울 거리 한복판에서 대낮에 이루어졌다. 갑신정변과 동학농민운동의 좌절을 보며 그토록 안타까워했던 개화 세력과 '민'의 거리감이 길거리에서 없어져 버린 것이다.

하지만 만민공동회의 '헌의 6조'를 받아들였던 고종은 정치적 안위 때문에 외세의 양해를 얻어 이를 스스로 번복하고, 만민공동회를 무력으로 해산시켰다. 을미사변, 아관파천 등을 겪으면서 그토록 경계했던 정부와 외세의 음험한 본색이 만천하에 드러난 것이다. 만민공동회는 이 나라의 자주적 개혁에 기여할 수 있는 마지막 기회였으나 고종이 이를 파괴함으로써 스스로를 모독하고 민을 압살했다. 그러나 만민공동회는 우리 모두에게 큰 소득을 안겨주었다. 민이 더 이상 피치자가 아니라 스스로 국정을 논하고 방향을 제시하는 능동적 존재로 역사의 전면에 등장하고, 또 그들을 등장시킨 종로 거리는 '열린 정치'의 성지로 두고두고 기억될 것이다.

대한제국, 어디로 가야 하나?

대담 서재필 vs. 이용익

자주적 근대화를 위해 대한제국이 나아갈 방향을 둘러싸고 정치 세력에 따라 의견이 크게 엇갈리고 있다. 이에 독립협회를 만드는 데 주도적 역할을 한 서재필과 대한제국의 실세인 탁지부대신 이용익의 대담을 마련했다.

▲ 어떤 정치체제를 지향해야 하나?

△ **서재필**: 세계는 지금 군주권을 가능한 제한하고 일반 국민에게 국가권력을 넘겨주고 있습니다. 입헌군주제나 공화제가 그것이죠. 우리나라도 지금의 위기를 극복하기 위해서는 하루빨리 국민의 대표를 뽑아 정치에 참여하게 해야 합니다. 그래야 국민의 지지를 받는 강력한 나라가 될 수 있습니다.

△ **이용익**: 아니오! 그렇지 않습니다. 지금 같은 위기 상황에서는 오히려 황제권을 강화해야 합니다. 우리의 전통적 정치체제를 버리고 서양의 것을 모방하다가는 나라의 중심이 없어져 더 큰 위기를 맞을 수 있어요. 대한제국에서 내세우고 있는 '구본신참', 즉 옛 것인 황제권을 강화하면서 새로운 문물을 받아들이는 것이 올바른 길입니다.

▲ '구본신참'에 대해 한 말씀?

△ **서재필**: 결국 복고적인 이념이라서 올바른 방향은 아니라고 봅니다.

△ **이용익**: 아니오! 하루아침에 모든 걸 바꿀 수는 없지요.

▲ 외교 정책의 방향은?

△ **서재필**: 미국, 일본, 영국은 우리나라를 식민지로 만들려는 의도가 없고 우리나라를 도와주고 있는 착한 나라들입니다. 그러나 러시아나 러시아와 협력하고 있는 프랑스는 그렇지 않습니다. 따라서 우리는 미국, 일본, 영국과 힘을 합쳐 러시아 세력을 물리쳐 자주적인 나라를 만들어야 합니다.

△ **이용익**: 저는 반대로 생각합니다. 개항 이후 우리나라를 위협하면서 식민지로 만들기 위해 혈안이 되어 있는 나라는 바로 일본입니다. 그리고 영국과 미국도 뒤에서 일본을 후원하고 있는 실정입니다. 따라서 러시아 세력을 이용해 일본, 영국, 미국을 견제하고 세력균형을 유지하는 것이 우리가 독립을 지키는 유일한 길이라고 봅니다.

그림마당 | 이은홍

기록실

『독립신문』 독자 투고

"지금 육대주 각국이 부하고 강하기만 힘쓰며 격치하는 이치를 곡진히 하여 전선이 미국서 창시되어 경각 간에 소식이 만리를 통하고 륜선이 또한 미국서 창시하여 사해에 주류하고 기의에 창과 총의 이로운 것이며 기계의 편한 것과 농업과 상무와 공례와 의술과 산술 등 모든 학문이 극히 정묘한데 남은 있고 나는 없으니 그 더디고 빠르고 이롭고 둔함은 가히 한 날에 말지 못할지라. 그런즉 그 법을 부득불 취하겠고 그 학문을 부득불 의방하겠는데 마침 자주 독립…"
– 문명개화를 위해 할 일 (『독립신문』, 1897년 5월 11일)

"대개 조선이 남의 나라 속국으로 남의 압제만 받는 고로 독립 자주가 무엇인지 몰랐으며, 다만 안다 하는 것은 본 나라 일이나 안다 하였으되 그도 또한 분명치 못한 것이 첫째, ……지금 때를 보면 하나님의 은혜로 각국이 동포 의를 나타내 조선을 자주 독립으로 세운 지가 벌써 사 년이 되었으니 조선 신민 되는 이는 어찌 기뻐할 일이 아니오마는 독립 자주를 하려면 남에게 의탁할 것이 없어야 할 것이요, 그러려면 불가불 학문이 있어야 할 터인즉 자녀를 학교에 보내어 교육하여야 될……"
– 독립 자주의 길 (『독립신문』, 1897년 5월 18일)

▶스위스에서 1회 시오니스트회의 개최(1897) ▶대조선저마회사 설립(1897) ▶경인선 철도 기공식 거행(1897) ▶러시아, 플레하노프 등 사회민주노동당 결성(1898)

이제 한국 돈은 한국인의 은행에 맡기세요
민간인 대상 '한성은행' 설립에 이어 '대한천일은행' 창립

【1899년, 서울】 개항 이후 은행을 설립하려는 노력은 꾸준히 있어 왔다. 1880년대에도 정부는 은행 설립을 시도했지만 청의 간섭 등으로 성공하지 못하다가, 1896년 6월 25일 조선은행이 최초의 민간은행으로 설립됐다. 조선은행은 전현직 관료가 뜻을 모아 설립한 최초의 민간은행으로, 자본금은 20만 원으로 출발했으나 최근 들어 거의 활동이 정지된 상태이다.

조선은행 다음으로 한성은행이 2년 전인 1897년에 세워졌다. 한성은행은 김종한, 이보응, 민영찬 등 서울의 상인들과 관료층들이 참여해 세운 민간은행이다. 일반 민간인을 대상으로 예금과 대출을 시도했으나, 지금은 조선은행과 마찬가지로 영업 부진에 빠져 있는 상태이다.

이처럼 지금까지 설립된 은행들이

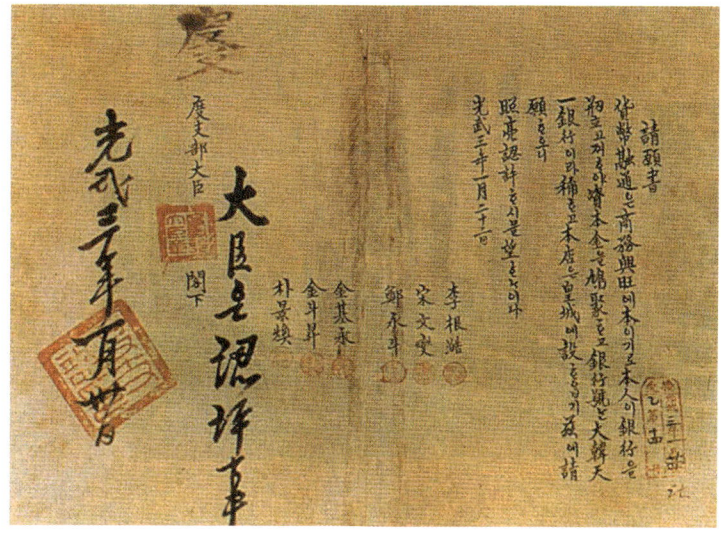

침체 상태에 빠져 있는 가운데, 올해 1월에 설립된 대한천일은행에 거는 기대는 자못 크다. 대한천일은행은 심상훈, 민병석, 민영기, 이근호, 이용익 등 대한제국의 관료층과 상업 자본가들이 주체가 되어 설립했다. 자본금은 8만 4,000원을 가지고 출발했다. 대한천일은행은 조선은행과 한성은행이 1897년에 정부의 잉여금 110만 원의 절반씩을 유치하는 데 성공했지만, 민

대한천일은행 창립 청원서. 개항 이후 외국 은행의 진출에 따른 피해를 줄이려고 조선은행·한성은행·대한천일은행 등 민족 은행들이 생겨났다.

간인들의 적극적인 이용을 유도하는 데는 실패했다는 사실을 교훈 삼아 더욱 노력해야 한다.

민족 은행의 설립은 1878년에 부산에 진출하기 시작한 일본 은행에 맞서 금융업을 지켜내려는 노력으로 평가된다. 이는 단순히 금융업에 한정되는 것이 아니라, 개항 이후 주체적인 근대화의 성공 여부를 가늠할 수 있는 또 하나의 기준이 된다는 점에서 그 의미가 크다. 3년 전 주체적인 근대화 노력의 일환으로 실시된 광무개혁이 성공하기 위해서도 은행업이 하루빨리 제 자리를 잡아야 할 것으로 보인다.

남아프리카 보어전쟁, 보아 하니 '金'의 전쟁
세계 최대 금광 탐낸 영국, 보어인의 트란스발에 선전포고

【1899년, 남아프리카】 남아프리카의 네덜란드계 백인(보어인)과 영국군 간에 전쟁이 시작됐다. 이번 전쟁은 남아프리카의 트란스발공화국 광산 지역에 사는 영국인에게 참정권을 주지 않자, 영국이 공격적 태도를 취한 데서 비롯됐다.

하지만 전쟁의 근본 원인은 영국의 통화 체제가 점점 더 '금(金)'에 의존하게 된 데 있다는 분석이 지배적이다. 금을 확보하기 위해 세계 최대 금광 단지인 트란스발공화국을 직접 지배하고 싶은 것이 영국의 속셈이라는 것. 게다가 트란스발공화국이 오렌지자유국과 군사동맹을 확고히 하자, 영국이 참정권 문제를 빌미로 전쟁을 일으켰다는 것이다. 금의 원래 주인인 흑

보어인과 영국군 간의 전쟁에서 죽은 병사들.

인들을 제쳐둔 채 침략자인 영국과 네덜란드가 다툰다는 것이 더 큰 문제라는 지적도 있다.

이번 전쟁의 결과는 처음부터 뻔할 것이라는 관측이 많다. 왜냐하면 영국군은 50만 명에 육박하지만, 보어인은 기껏해야 8만 8,000명에 지나지 않기 때문이다.

땅값을 알려드립니다
전국 양전사업 실시

【1898년】 전국 331개 군을 대상으로 양전사업이 본격적으로 시행돼, 토지조사가 한창 진행되고 있다. 이번 사업은 대한제국 건국 후 가장 많은 자금과 인력을 투입하는 대사업으로, 정부 재정의 확충과 토지제도의 정비가 목적이다. 정부는 모든 토지를 한꺼번에 측량해 토지소유권 증명서인 지계를 발급하고, 이 지계에 땅값을 적어 조세제도를 확립해 재정을 늘릴 계획이다. 하지만 자칫 지주들의 토지소유권만 강화시킬 수 있다는 우려도 나오고 있다. 그렇게 되면 토지개혁의 핵심인 토지 재분배 문제가 쏙 빠져버리게 되고 만다는 것이다.

▶보부상들, 황국총상회(황국협회) 결성(1898) ▶독립협회 회원 17명 검거(1898) ▶중국에 만주 왕조 타도 봉기(1898) ▶러시아, 하얼빈-뤼순 간 철도 부설권 획득(1900)

대중 외면하는 과학 기술은? 고급 장난감!

과학 초점 전차 개통을 계기로 돌아본 개항 20년 과학 기술 도입사

【1899년 5월, 서울】 대한제국은 지난 20여 년 동안 청나라와 일본, 미국에 해외 시찰단을 보내 농무목축시험장, 육영공원, 우편제도, 전등설비 등을 도입하여 식산흥업, 부국강병, 문명개화의 시대적 과제를 해결하고자 노력해오고 있다. 특히 지난 4월에는 서대문-종로-홍릉을 잇는 전차를 개통했다. 이 전차 사업은 3년 전부터 시작된 광무개혁의 일환으로 적극 추진돼 왔다. 또한 개항 이후 이어져 온 과학 기술의 도입이 맺은 결실이기도 하다. 그런데 당국의 과학 기술 정책은 그동안 실질적인 성과를 내지 못해 왔으며, 이번 전차 사업 역시 마찬가지가 될지 모른다는 우려의 목소리가 높다.

우선 전차를 비롯한 전기 사업에 참여할 전문 인력이 양성되고 있지 않다는 문제가 지적되고 있다. 최근에 상공학교, 광무학교, 전무학당 등 기술 교육기관의 설립이 추진되고 있으나, 전기 기술에 대한 전문 교육은 아직 불투명한 상태이다. 지금 전차는 일본에서 초빙한 기술자들이 운행·관리하고 있다. 빠른 시일 안에 한국인으로 대치시켜야 함에도 불구하고 한성전기회사는 이러한 기술 인력 수급 계획을 세우고 있지 못한 실정이다.

또한 대한제국 정부가 전차와 같은 첨단 과학 기술을 도입하면서 서울 도시 계획과 교통 수송 체계, 상공업 진흥 정책을 치밀하게 검토한 것인지 의문이 든다. 한성전기회사는 이번 종로선 전차의 개통 이후 남대문과 용산, 남대문과 서대문을 잇는 2차, 3차 선로 연장 계획을 세우고 있다. 남대문-용산 노선은 용산나루를 거점으로 해외 교류와 국내 상업을 연결한다는 목적으로 진행되고 있으나, 한강으로 들어오는 수하물을 운반하는 데 이 노선을 이용하기는 불편한 점이 많을 것으로 예상된다.

아직 서울은 전차와 연계된 시내 교통수단이 발달하지 않은 상태이며, 전차를 이용할 만큼 긴급히 수송해야 할 화물이 많은 것도 아닌 실정이다. 결국 전차가 대중의 실용적인 교통수단이기보다는 흥밋거리의 놀이 기구로 전락하지 않을까 하는 우려도 제기되고 있다.

서양 과학 기술의 성과를 도입한다고 해서 곧바로 근대화가 이루어지는 것이 아니라는 사실을 새삼 깨닫고 좀 더 신중한 자세와 주체적인 노력으로 서양 과학 기술의 활용에 나서야 한다는 지적에 귀 기울일 필요가 있다.

'기차, 전기, 활동사진, 우편'을 흔히 근대 과학 기술 문명의 4대 발명품이라고 한다. 사진은 1899년에 도입된 최초의 기차(오른쪽 위)와 1884년 우정국에서 최초로 발행한 '문위우표'(오른쪽 아래), 1898년 무렵 전화교환원(왼쪽)의 모습이다.

초강력 방사능 물질 발견
라듐, 우라늄보다 200만 배 강한 방사능 뿜어

【1898년, 프랑스】 퀴리 부부가 폴로늄보다 100만 배 정도 방사능이 더 강한 라듐을 발견, 『사이언스』지를 통해 공개했다. 이들은 지난 7월 퀴리 부인의 모국인 폴란드의 이름을 딴 폴로늄을 발견해 그 연구 결과를 이미 발표한 바 있다.

2년 전, 퀴리 부부는 베크렐이 우라늄에서 발견한 방사능의 성질과 다양한 활용도에 매료돼, 지금까지 알려진 모든 원소에서 방사능을 찾으려는 거대한 계획을 세웠다. 이후 이산화우라늄 광석(우라늄의 필수광석인 역청우라늄광)이 우라늄보다 훨씬 더 많은 방사능을 가진다는 것도 알아냈다. 이번 성과도 지난 45개월 동안 고된 실험 끝에 얻어낸 값진 것이라고 한다.

아스피린 첫 시판

【1899년, 독일】 호프만이 특허를 낸 아스피린이 시판됐다. 발작 환자와 심장마비 환자의 항염증제, 진통제, 응고방지제로 효과적이며, 발열 치료에 뛰어나 감기 환자들에게도 도움을 줄 것으로 기대된다.

35년 만에 햇빛 본 멘델의 법칙
유전 현상 규명하여 다윈 진화론 뒷받침

【1900년 4월】 멘델이 발견한 유전 법칙이 35년 만에 빛을 보게 됐다. 네덜란드의 드브리스, 독일의 코렌스 등이 유전 법칙을 각각 연구하던 중 멘델의 법칙을 재발견해 발표한 것.

멘델의 법칙은 큰 키와 작은 키처럼 다소 차이가 있거나 유사한 대립 형질(이를테면 A 또는 a)이 유전의 기본단위를 통해, 또 간단한 통계 법칙에 따라 부모로부터 자손에 전해진다는 이론이다.

이러한 멘델의 법칙은 분리 법칙(유전의 기본 단위가 AA, Aa, aa처럼 쌍으로 존재하지만 A 또는 a로 분리돼 유전된다는 법칙), 우열 법칙(우성 형질만 나타난다는 법칙), 독립 법칙(완전히 다른 형질에 대해 다른 법칙들이 독립적으로 작용한다는 법칙)으로 구성되어 있다. 멘델은 여러 해 동안 완두를 연구하면서 이런 법칙을 발견해, 1865년 「식물의 잡종에 관한 연구」로 발표한 바 있다.

이번에 재발견된 멘델의 법칙은 다윈의 진화론을 뒷받침해 줄 뿐 아니라, 유전에 관한 새로운 이론을 세운 기념비적 법칙으로 평가받을 전망이다.

▶톰슨, 전자의 존재 증명(1897) ▶치올코프스키, 최초로 로켓 연구(1898) ▶한국, 관립 경성의학교 설립(1899) ▶플랑크, 양자 가설 세움(1900)

내 안에 살고 있는 또 다른 나를 찾아서

프로이트, 『꿈의 해석』 발간… 무의식이라는 광대한 대륙 발견

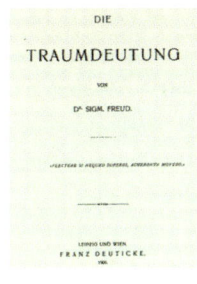

눈먼 오이디푸스를 끌고 가는 효녀 안티고네(오른쪽)와 『꿈의 해석』 초판본 표지(왼쪽). 프로이트가 제기한 오이디푸스콤플렉스는 앞으로 격렬한 논쟁을 낳을 것으로 보인다.

【1900년】 프로이트가 쓴 『꿈의 해석』이 출간된 것을 한낱 우연이라고 할 수 있을까? 아니다. 이것은 19세기의 종말을 선언하고 새로운 세기가 시작됐음을 알리는 지적 신호탄이다. 또한 그것은 인류 지성사가 새로운 정신외 영토를 개척했음을 알리는 폭죽이기도 하다. 그 이유는 무의식이라는 광대한 대륙을 『꿈의 해석』이 새롭게 발견했다는 데 있다.

그런데 이 책이 왜 중요한 것인가. 꿈에 대한 연구를 통해 인간의 심리 세계를 체계적으로 분석했기 때문이다. 프로이트는 『꿈의 해석』에서 "꿈이란 (억압되고 억제된) 소원의 (위장된) 성취"라고 말한다. 여기까지만 해도 독자들의 심기를 건드리지는 않는다. 다양한 꿈의 사례를 들어 자신의 주장을 뒷받침해서다. 그러나 꿈과 신경증이 연결되고, 이것이 일탈한 리비도와 관련 있다는 주장은 상당한 파격이다.

『꿈의 해석』의 불온성은 철혈 재상 비스마르크의 꿈을 분석하는 데서 절정을 이룬다. 프로이트는 가장 강력하게 억압받고, 그만큼 강한 무의식적 소원을 남긴 증농으로 성충동만한 것이 없다고 했다. 그러고 나서 무의식의 가장 깊은 곳에 또아리 틀고 있는 오이디푸스콤플렉스를 설명했는데, 그 내용은 다음과 같다.

"우리는 모두 어머니에게 최초의 성적 자극을, 아버지에게 최초의 증오심과 폭력적 희망을 품는 운명을 짊어지고 있는지도 모른다. 우리의 꿈은 그것이 사실이라고 우리를 설득한다."

프로이트가 제기한 오이디푸스콤플렉스는 격렬한 논쟁을 낳을 것이 불을 보듯 뻔하다. 신경증의 원인이 여기에서 비롯된다는 주장도 쉽게 받아들여지지 않을 것으로 보인다.

그럼에도 『꿈의 해석』은 일대 충격을 안겨주었다. 이성적인 존재로 평가받아 온 인간의 내면세계에, 억압된 욕망이 득시글거리는 무의식의 세계가 있다고 입증했기 때문이다. 프로이트는 분명 판도라의 상자를 열어제낀 셈이다. 쏟아져 나오는 것은 무엇이고, 남아 있는 것은 무엇일까?

제국의 황성에는 매일 같이 신문이 나옵니다

『매일신문』·『제국신문』·『황성신문』 등 창간 잇달아

【1898년, 서울】 9월 5일, 우리나라 신문사상 최초로 합자회사 형태로 2,500민 원의 자본금을 마련해 준비한 『황성신문』이 창간됐다. 창간을 주도한 남궁억, 나수연, 장지연, 박은식, 유근 등이 독립협회 관계자이면서 관료 출신이거나 유학자의 성향이 짙어, 신문의 논조가 대한제국과 독립협회의 협력 관계나 점진적 개혁을 대변하는 쪽으로 흐를 것이라는 분석이다.

이에 앞서 8월에는 국민 계몽과 외세 배격을 내걸고 『제국신문』이 창간됐다. 사장 이종일은 "개명, 개화의 가장 좋은 매체가 신문이라 생각한다."면서 "정부의 무능과 관리의 부패 및 외국 세력의 국권 침투에 대해 날카롭게 비판하는 신문으로 자리 잡아 나갈 것"이라고 창간 배경을 밝혔다. 이 신문은 한자 위주로 국한문을 혼용하는 『황성신문』과 달리, 순한글만 사용해 서민과 부녀자들 대상으로 배포할 예정이다. 또, 지난 4월에는 배재학당 출신들이 주도해 협성회 회보의 후신으로 창간한 최초의 일간신문 『매일신문』도 순한글을 사용함으로써, 앞으로 본격적인 한글 신문 시대가 열릴 것으로 전망된다.

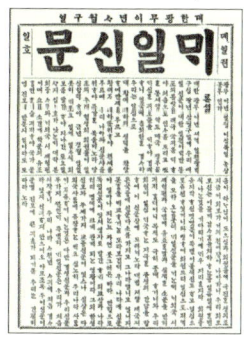

최초의 일간지 『매일신문』(왼쪽)과 국한문을 혼용한 『황성신문』(오른쪽). 우리나라 최초의 근대 신문인 『한성순보』가 창간된 이후 국내 여러 지식인들이 신문의 중요성을 인식해 특징 있는 신문을 잇달아 발간했다.

천주교 종현본당 준공

【1898년 5월 29일】 서울의 종현(명동)에서 천주교 본당 준공식이 열렸다. 정초식을 가진 이래 6년만에 완공된 것. 원래 이곳은 조선 왕조 역대 왕들의 영정을 모신 영희전의 주맥에 해당되기 때문에 정부에서는 성당 건축을 반대해왔다. 하지만 정부의 반대를 견뎌내고 이번에 보란듯이 우뚝 선 것이다.

▶비베카난다, 라마크리슈나운동 시작(1897) ▶남대문서 프랑스 단편영화 〈가스등〉 상영(1898) ▶톨스토이, 『부활』 발표(1899) ▶푸치니 오페라 〈토스카〉 초연(1900)

제3세계 통신

쿠바, 에스파냐로부터 독립
에스파냐 이긴 미국이 변수

【1898년, 쿠바】 12월 10일, 라틴아메리카에서 마지막으로 남아 있던 에스파냐 식민지 쿠바가 마침내 독립했다. 지난 1895년 2월에 일으킨 독립전쟁의 소중한 결실이다. 하지만 쿠바는 독립하자마자 새로운 위협에 직면했다. 이번 독립전쟁에서 결정적인 역할을 했던 미국이 카리브해 방면으로 진출하고자 쿠바를 보호국으로 삼을 우려가 있기 때문이다.

미국은 지난 2월 15일 아바나항에 정박 중이던 미국 군함 메인호가 원인 불명의 폭발로 가라앉자, 이 사건을 빌미로 에스파냐와 전쟁을 벌여 승리했다. 하지만 쿠바가 독립을 쟁취한 지금, 미국은 질서 회복과 학교·도로·교량 건설 등을 내세워 한동안 쿠바를 점령할 것으로 보인다.

에스파냐 군대에 맞서 싸우고 있는 쿠바의 흑인 병사들과 미국 병사들.

콜롬비아내전,
자유당 패배로 끝나

【1900년, 콜롬비아】 집권당인 보수당과 자유당 사이에 벌어진 전쟁이 팔로네그로에서 자유당의 패배로 끝났다. 1885년 보수당의 승리 이후 정권에서 밀려난 자유당은 그동안 자유방임 경제 정책을 원하는 커피 농장주와 무역업자를 대변해왔다. 하지만 커피의 국제가격이 폭락하면서 많은 커피 농장주들이 손해를 보았다. 게다가 보수당 정부는 관세 수입 감소로 어려움을 겪자 불환지폐를 발행했는데, 그 결과 페소 가치는 급격히 하락했다. 결국 지난해 커피 경작지대에서 보수당 정부와 자유당 지지자 사이에 전쟁이 발발하고 말았다.

약 7개월간 지속된 이번 내전은 수많은 인명 피해와 재산 손실, 국가 경제의 파탄을 불러온 채 일단 막을 내렸지만, 여전히 전쟁의 불씨가 남아 있어 콜롬비아의 앞날을 어둡게 하고 있다.

"나는 새도 따르지 못하더라"

【1900년】 칙칙폭폭. 천지를 울리는 기적과 함께 노량진을 떠난 기차가 제물포를 향해 달린다. 차창 밖으로 산과 집들이 다가오는 듯 싶더니 다시 물러난다. 1년 전 개통한 경인선 기차 안에서 바라본 풍경이다.

지난해 9월 18일 개통 당시 『독립신문』은 "산천초목이 모두 활동하여 닿는 것 같고 나는 새도 미처 따르지 못하더라."라고 전했는데, 조금도 과장이 아니다. 경인선 개통으로 서울부터 인천까지 33.2킬로미터를 불과 1시간 30분만에 갈 수 있게 된 것. 뱃길로 9시간, 도보로 12시간 걸리는 것에 비하면 무척 빠른 것이다.

대한제국 최초로 증기기관차가 운행되기까지는 우여곡절도 많았다.

6년 전 공무아문에 철도국까지 생겼으나 자본 부족으로 실제 철도 건설은 요원한 과제였다. 이후 부설권을 차지한 미국인 제임스 모스가 3년 전 기공식을 치렀으나, 자금을 조달하지 못해 일본인의 경인철도합자회사로 부설권이 넘어갔다.

경인철도합자회사는 지난 7월초 한강철교를 준공했다. 이 회사는 오는 11월에는 서대문까지 선로를 연장해 운행할 예정이다.

경인선 기차는 하루 4회 두 번 왕복한다. 요금은 1등 객차 1원 50전, 2등 객차 80전, 3등 객차 40전. 한닢 두닢 엽전을 세다가 기차가 떠나가면 손을 들고 쫓아가며 소리치는 일도 많다.

1899년 9월 18일 개통된 경인선 기차의 속도는 시속 20~22킬로미터. 기차를 타는 사람들은 갓을 쓰고 두루마기를 걸친 남자가 대부분이지만, 양복 입은 미남이 타면 기생들이 따라 타는 일도 있단다.

당나귀를 저당한 한성은행

어느 날 물건을 구입하려고 대구에서 서울로 온 상인이 자금이 모자라 한성은행에 대출을 신청했다. 은행 측은 그동안 아무도 대출을 받으러 오는 사람이 없던 차에 너무나 반가웠지만, 뜻밖의 일로 고심해야 했다. 그 까닭은 바로 담보물! 대구 상인은 "상품을 구입하러 온 터에 무슨 부동산이나 귀중품이 있을 리 없잖소? 내가 타고 온 저놈을 담보로 드리면 어떻소?" 하며 대출을 신청했던 것. 그런데 '저놈'은 다름 아닌 당나귀였다! 결국 한성은행은 당나귀를 맡고 돈을 대출했지만, 그 후 '담보 당나귀'가 어떻게 됐는지는 알 수 없다. 대구 상인이 대출금을 상환하고 다시 데려갔다는 둥, 끝내 그 상인 오지 않아 임원 가운데 한 사람이 업무용으로 타고 다녔다는 둥 전설 같은 얘기만 전해지고 있다.

황제 독살 미수에 그쳐

【1898년 9월 11일, 서울】 황태자가 커피 한 모금에 쓰러졌다. 고종은 냄새가 좋지 않다고 마시지 않았지만, 커피를 마신 사람은 죄다 인사불성. 커피에는 아편 독소가 들어 있었다. 궁중 요리사인 김종화를 문초한 결과, 러시아어 통역관인 김홍륙이 거금 횡령으로 유배를 가게 되자, 아내를 시켜 저지른 짓임이 드러났다. 이날은 고종의 생일인 만수절 다음 날이었다.

부 고

▶ 장승업(1843~1897) : 안견·김홍도와 함께 조선 화단의 3대 화가로 손꼽힌다. 주요 작품으로는 〈홍백매십정병〉, 〈군마도〉, 〈청록산수도〉 등이 있다.

▶ 오스카 와일드(1854~1900) : 아일랜드의 극작가·소설가. 대표작으로 희곡인 『베라 혹은 무정부주의자들』, 『살로메』, 『하찮은 여인』, 『이상적인 남편』 등이 있다.

▶ 이제마(1837~1900) : 조선 후기 한의학자. 사람마다 체질이 다르므로 그 치료도 달라야 한다는 '사상의학'을 제창했다.

자전거 광고(『독립신문』, 1899년 7월 17일) : 마이어사(세창양행)의 레밍턴 자전거 광고이다.

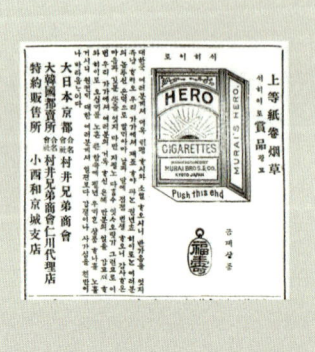
양담배 광고(『독립신문』, 1899년 7월 3일) : 담뱃갑 모양을 크게 그려 넣어 광고 효과를 극대화한 것이 특징이다.

▶서울에 석유 가로등 등장(1897) ▶트란스발, 야생 생물 금렵 지역 선포(1898) ▶뉴욕에 세계 최초 어린이박물관 건립(1899) ▶첩 제도에 저항해 여우회 조직(1899)

1901년~1905년

근현대사신문

근대 8호

주요 기사 2면 | 일본, 러시아 발틱함대 격파 (1905) 3면 | 조선, 일본의 보호국으로 전락 (1905) 4면 | 사설 – 일본의 승리는 아시아의 승리인가 4면 | 쟁점 토론 – 위기의 대한제국
5면 | 조선, 신식 화폐 조례 공포 (1905) 6면 | 라이트 형제, 동력 비행 최초 성공 (1903) 7면 | 량치차오 '사회진화론' 국내 소개 8면 | 최초 하와이 이민 시작 (1905)

러·일전쟁과 일본 제국주의의 대두

욱일승천기(旭日昇天旗). '태양의 나라' 일본의 군대가 상징으로 사용하는 깃발의 이름이다. 일장기의 태양 무늬에서 퍼져나가는 햇살 무늬를 덧붙인 그 모양처럼 일본군은 무섭게 상승하고 있다. 1895년 수천 년간 동아시아의 중심 국가로 군림해 온 중국의 청나라를 황해에 가라앉히더니, 이번에는 동토에서 내려온 러시아를 동해와 랴오둥반도에서 침몰시킬 기세이다.

일본과 러시아의 대결은 세계 곳곳에서 제국주의 열강 사이에 벌어지는 숨막히는 영토 분할 전쟁의 동아시아판 클라이맥스이다. 일본은 영국과 미국을 대신해 동아시아에서 러시아를 견제해 실력을 검증받는 시험대 위에 섰다. 세계는 러시아의 승리를 조심스레 점치고 있으나, 일본도 승리와 함께 동아시아를 대표하는 제국주의 국가의 지위를 확고히 하겠다는 의지가 만만치 않다. 어느 쪽이 승리하든 러·일전쟁의 결과는 해일처럼 대한제국을 덮칠 것이다.

그림 | 미국 샌프란시스코에서 일본군 병사들이 환송을 받고 있는 장면

러시아 발틱함대, 동해에 수장되다

아시아 유일 제국주의 일본, 러·일전쟁 승리하고 침략 행보 가속

【1905년 5월, 동해】 세계 최강을 자랑하는 러시아의 발틱함대가 일본 함대의 기습공격으로 궤멸당하는 대이변이 발생했다. 이로써 1년 넘게 지속돼 온 러·일전쟁은 일본의 승리 쪽으로 급격하게 기울 전망이다.

1904년 초, 일본은 러시아에 개전을 선언하고 러시아 조차지인 랴오둥반도의 뤼순항을 점령했다. 이후 전장은 육지로 옮겨져 수십만 명의 양국 병력이 충돌했다. 양국이 전투마다 수만 명씩 희생자를 내는 가운데, 일본이 승세를 잡았지만 결정적인 승리는 거두지 못했다. 러시아는 기우는 전세를 뒤집기 위해 세계 최강을 자랑하는 발틱함대를 동해로 출동시켰으나, 일본 해군의 기습을 받아 물귀신이 되고 말았다.

이번 전쟁은 1895년 청·일전쟁에서 승리한 일본이 랴오둥반도와 만주 일대를 차지하자, 러시아를 비롯해 프랑스와 독일이 이를 가로막으면서부터 불씨가 일기 시작했다. 일본은 중국 진출을 강력하게 제지하고 있는 러시아에 만주를 차지하는 대신 일본이 한반도를 차지하도록 해 달라는 절충안을 제시했으나 거절당했다. 게다가 대한제국의 외교가 친러시아 쪽으로 급격하게 기울자, 일본은 중국과 한반도에서 배제될지 모른다는 위기감에서 전쟁을 통한 중국 진출의 돌파구 마련을 결정했던 것이다.

일본은 이번 전쟁의 승리로 한반도는 물론 만주에 대한 진출권까지 확보할 것으로 보인다. 이로써 일본은 동아시아 국가로는 처음으로 유럽 국가를 무력으로 꺾으며 제국주의 대열에 올라설 전망이다. 현재 일본열도는 승전의 기쁨으로 들뜬 축제 분위기라는 소식이다.

러·일전쟁에서 발틱함대의 참담한 패배는 러시아뿐 아니라 서구 열강들과 아시아 민중들에겐 청천벽력 같은 소식이었다.

의화단, 8개국 연합군에 패배… 중국 '부청멸양' 운동 끝

속보 – 라이트 형제, 동력 비행 성공 → 6면

【1901년 9월, 베이징】 청나라가 8개국 연합군에 굴복, 배상금을 지급하고 적대 행위를 중단한다는 강화조약을 맺었다. 이로써 그동안 '부청멸양(扶淸滅洋 : 청 왕조를 돕고 외국을 멸한다)'을 슬로건으로 외세 배격 운동을 펼치던 의화단도 막을 내렸다.

의화단은 원래 '의화권'으로 알려진 비밀결사로, 이들의 목표는 청나라에서 특권을 누리고 있는 서구 열강을 몰아내는 것이었다. 지난해 5월 의화단원들이 수도 베이징 주변의 농촌 지역으로 모이자, 6월 초 8개국 연합군 2,100명이 텐진항에서 베이징으로 급파됐다. 서태후는 관군에게 외국 군대의 진입을 저지하라고 명했고, 그 사이 의화단원들은 베이징에서 교회와 외국인 거류지들을 불태웠다. 연합군은 텐진에서 베이징으로 접근할 수 있는 길을 확보하기 위해 해안에 위치한 다구포대를 점령하고, 마침내 8월에는 베이징을 장악했다. 서태후와 조정 관리들은 협상을 추진할 몇몇 대신들만 남겨둔 채 베이징을 떠나 시안으로 달아났다.

이제 제국주의 열강에게 직접 칼을 겨누었던 의화단마저 그들의 총포 앞에 쓰러짐으로써, 향후 청나라는 제국주의 열강의 식민 진출에 재기 불능의 상태로 노출될 것이 확실시된다.

지난해 텐진을 점령한 의화단 주력 부대는 교회를 불사르고 외국 기관을 파괴했다.

▶영·일동맹 체결(1902) ▶쿠바, 공화국 수립(1902) ▶미·캐나다, 알래스카 국경 확정(1903) ▶러시아, '피의 일요일' 사건(1905) ▶인도, 벵골 분할령 발표(1905)

러·일전쟁 전리품은 대한제국

을사조약 강제 체결… 전국에서 조약 무효 투쟁 폭발

기자의 눈
또 한 번 외세의 전쟁터 된 한국

러·일전쟁의 개전과 함께 경복궁을 점령한 일본군을 보도한 프랑스 신문 『르 프티 파리지앵』.

1904년 1월 21일, 대한제국은 러시아와 일본 간에 전운이 감도는 가운데 국외 중립을 선언했다. 그러나 일본군은 이를 무시한 채 전쟁 개시와 함께 서울을 장악하고, 2월 23일에는 공수동맹의 성격을 띤 '한일의정서'를 체결했다. "한국은 일본에게 충분한 편의를 제공하고 전략상 필요한 지역을 언제나 사용할 수 있도록 할 것"이라는 내용을 담았다. 이후 일본은 병력과 군수품의 수송을 위한 경부선·경의선 철도 건설을 서둘렀으며, 4월 1일에는 대한제국의 통신 사업마저 강점했다. 또 5월 18일에는 대한제국이 러시아와 맺은 모든 조약과 러시아인에게 부여했던 이권을 폐기하도록 했다.

이후 일본의 선제공격으로 시작된 러·일전쟁은 10년 전 청·일전쟁처럼 한반도를 또다시 주변 나라들 간의 전쟁터로 만들어버렸다. 마침내 일본이 러시아의 세력 확장을 저지하려는 영국과 미국의 막대한 군비 지원에 힘입어 승리함으로써 제국주의 열강 대열에 올라섰다. 그러나 일본의 승리는 한국의 비극이다. 이제 일본은 어느 누구의 간섭도 받지 않고 한국을 식민지로 만드는 작업을 착착 진행해나갈 것으로 보인다.

【1905년 11월 18일, 서울】 하늘이 무너지고 땅이 꺼지는 소식이다. 500년 넘게 지속된 왕조가 사실상 막을 내리는 조약이 오전 2시경 경운궁 중명전에서 강제로 체결됐다. 조약의 핵심 내용은 일본이 대한제국의 외교권을 박탈한다는 것과 일본인 통감을 두어 정치에도 간섭한다는 것이다. 한 나라의 주권은 외교권과 군사권이 핵심이다. 그런데 그중 하나인 외교권을 일본에 빼앗김으로써 사실상 국권을 상실한 대한제국은 일본의 보호국으로 전락했다.

이번 조약을 배후에서 지휘한 사람은 11월 9일 한반도에 들어온 이토 히로부미(64). 그는 고종 황제를 알현하면서 조약 체결을 강요했으나 끝내 거부당하자 대신회의를 열었다. 나라의 운명이 걸린 이 회의는 긴장된 가운데 진행됐다. 모든 대신들이 선뜻 나서지 못하고 있는 가운데, 회의 분위기를 반전시킨 인물은 바로 이완용(47)으로 알려졌다. 그는 "오늘날 나라의 사정은 일본국을 믿고 의지하는 것 이외에 별다른 방책이 없다."라며 조약 체결을 앞장서서 독려했다고 한다.

을사조약을 강제로 체결시킨 일본 전권대사 이토 히로부미가 마차를 탄 채 거리를 지나고 있다. 대한제국은 조약 체결의 절차조차 무시한 을사조약으로 일본의 보호국이 됐다.

일본군이 출동한 공포 분위기 속에 진행된 이 회의에서 8명의 대신 중 내부대신 이지용, 군부대신 이근택, 외부대신 박제순, 학부대신 이완용, 농상공부대신 권중현 등 이른바 '을사5적'의 찬성을 근거로, 이토 히로부미는 조약 체결을 공포했다. 하지만 고종 황제가 조약안에 비준을 거부해 조약의 유효성에 대해서 논란이 예상된다.

한편 이 소식을 전해 들은 백성들은 을사5적을 처단하라고 외치며 분노로 들끓고 있다. 또 을사조약 파기를 주장하는 상소들이 줄을 잇고 있다. 상가는 철시 투쟁을 벌이고, 학생들도 동맹휴학에 나서고 있다.

이에 따라 정국은 혼미한 상황으로 치닫고 있다. 일부에서는 고종 황제의 외교적 노력에 기대를 걸고 있으나, 정통한 외교 소식통은 일본이 이미 영국과 미국 등 세계 열강의 협조와 묵인 아래 대한제국의 국권을 침탈하고 있어 성과를 거두기는 어려울 것이라는 전망을 내놓았다.

친일의 시대? 친일 단체 일진회, 동학 계열 진보회와 손잡아

【1904년, 서울】 일진회가 "제실의 안전을 보호할 것, 정치의 개선을 꾀할 것, 재정을 긴축하고…… 군비를 축소하고 지방 진위대를 폐할 것" 등을 강령으로 내걸고 종로에서 창립식을 가졌다. 이 단체는 일본군 통역을 지낸 송병준이 일본의 비밀 명령으로 친일파 고위 관료들과 독립협회 출신 친일 인사들을 끌어들여 만든 유신회가 이름을 바꾼 것으로 알려졌다.

앞으로 일진회는 지난 2월 조직된 진보회와도 손잡을 것이라고 한다. 진보회는 동학 지도자 손병희의 지령으로 세워진 개화 운동 단체로, 지금은 이용구가 이끌고 있다. 그런데 일진회가 진보회와 손을 잡는 목적은 대중적 지지가 없어서 진보회의 전국 조직을 이용하려는 데 있다는 분석이다. 이들은 러·일전쟁 동안 일본군을 위해 경의선 철도 부설, 군수품·군량미 조달, 정보 수집 등에 회원들을 동원할 것으로 알려졌다.

이처럼 일진회와 진보회가 친일에 앞장서게 된 배경에는 대한제국이 일본의 도움을 받아서라도 하루빨리 문명개화를 달성해야 한다는 생각이 있다는 후문이다. 따라서 향후 이들의 정치적 행보도 그와 같은 생각의 연장선상에서 이루어질 것이라는 전망이 우세하다.

▶제주도 대정에서 도민과 천주교도 충돌(이재수의 난, 1901) ▶이상재 등 개혁당 사건에 연루돼 체포(1902) ▶1차 한·일협약 체결 및 고문정치 시작(1904)

사설

일본의 승리는 아시아의 승리인가

중국의 혁명가 쑨원은 "일본이 러시아에 승리하자 아시아 민족은 독립에 대한 커다란 희망을 품게 되었다."라고 말했다. 인도의 독립운동가 네루도 "일본이 유럽의 가장 강대한 한 나라에 대해 승리했는데, 인도라고 못 하겠는가?"라고 고무돼 있다. 아시아뿐 아니다. 러시아의 침략에 시달리던 폴란드, 핀란드 등 유럽의 약소국가 지도자들도 러시아가 패배한 덕에 독립을 쟁취할 수 있게 됐다며 일본에 고마워하고 있다. 그러나 이러한 반응에는 분명 문제가 있다. 그것은 어디까지나 자신들의 정치적 목적과 맞아떨어지는 부분에 한해서 러·일전쟁의 결과를 해석했을 뿐이다.

가장 큰 문제는 비슷한 반응을 보이는 우리나라 사람도 있다는 데 있다. 고종과 이지용 같은 친일파가 은밀히 일본의 승리를 바라며 전쟁 자금을 헌납하고, 일부는 일본 첩자로까지 활약하는 것은 두말할 나위 없는 매국 행위다. 그런데 안중근 같은 애국지사조차 일본의 승리를 '백인종에 대한 황인종의 승리'로 보고 이를 계기로 동양 평화가 이루어지기를 기대한다니, 위험천만한 일이 아닐 수 없다. 제국주의 식민지 쟁탈전은 언뜻 보기에 백인종과 유색인종 간의 대결처럼 보이지만, 사실은 한 줌도 안 되는 제국주의 집단과 인류 대부분의 대결이다. 여기서 일본은 영국, 미국 등의 하수인 노릇을 하는 '사무라이 제국주의'에 불과하다. 일본의 다음 발걸음이 아시아 민족의 해방이 아니라 타이완, 한국 등 아시아의 완전 지배라는 것이 그토록 보이지 않는단 말인가?

위기의 대한제국, 무엇을 할 것인가?

쟁점 토론 을사조약을 보는 각 정치 세력의 입장

▲ 오늘은 민족의 위기 상황 속에서 을사조약의 의미는 무엇이고 우리 민족은 이에 어떻게 대처할 것인지를 놓고 각계 의견을 들어보는 시간을 갖고자 합니다. 먼저 을사조약의 의미는 무엇입니까?

△ **이용구** : 지난 러·일전쟁 때, 일본은 손해를 무릅쓰고 우리를 지켜주었습니다. 이는 서양 세력으로부터 동양을 지켜낸 것입니다. 이번 외교권 양여와 보호조약도 일본의 선의를 좇아서 우리 스스로가 원한 바입니다.

△ **민영환** : 일본의 강압으로 을사조약과 같은 국가의 치욕을 당하고 백성이 욕을 보았습니다. 이를 저지하지 못한다면 우리 인민들은 장차 생존경쟁에서 사라질 것입니다.

△ **대한자강회 회원** : 일본은 메이지유신 이후 부국강병에 성공해 국력을 키웠고, 우리는 실패해 국력이 약해졌습니다. 을사조약은 그 결과입니다.

△ **의병** : 일본의 앞잡이인 을사오적이 개돼지만도 못하게 나라를 팔아먹은 것입니다. 이렇게 된 까닭은 우리의 군사력이 부족해 일본에게 국권을 강탈당했기 때문입니다.

▲ 앞으로 우리는 이 난국을 어떻게 헤쳐 나가야 할까요?

△ **이용구** : 일본의 선의를 몰라보고 경거망동해서는 안 됩니다. 일본에 협조해야만 우리 민족을 지킬 수 있다는 사실을 반드시 명심해야 합니다.

△ **민영환** : 저는 죽음으로써 황제의 은혜에 보답하고, 이천만 동포에게 사죄하고자 합니다. 죽어서도 여러분과 함께할 것이니 앞으로 천 배 만 배 더 분발해 주시오.

△ **대한자강회 회원** : 일본에 대항하는 길은 우리도 실력을 키우는 길밖에 없습니다. 실력을 키우는 방법은 산업을 진흥시키고 교육을 장려하는 것입니다. 우리도 하루빨리 산업과 교육을 부흥시켜 스스로 강해져야 합니다.

△ **의병** : 일본이 마치 강도처럼 국권을 빼앗고 있으니, 우리도 무력으로 저항하는 방법밖에 없습니다. 당장 총을 들고 일제에 맞서 국권을 지킵시다. 우리 모두 총궐기 합시다!

러·일전쟁 때 만들어진 러시아 엽서. 청나라를 뒤로 한 채 한국 사람의 등을 짓밟고 지나가는 일본군이 러시아 쪽으로 향하자, 경계의 눈초리를 보내는 러시아군의 모습을 담고 있다.

기록실

가쓰라·태프트 비밀협약과 2차 영·일동맹

러·일전쟁의 결과인 포츠머스조약이 체결되기 직전, 일본은 미국·영국과 비밀조약을 맺었다. 이 밀약들은 러·일전쟁 이후 동아시아 국제 질서의 틀을 짠 것으로, 대한제국이 일본의 배타적 지배권에 편입됨을 상호 인정하는 내용이기에 소개한다.

▲ **가쓰라·태프트 밀약** (1905년 7월)

첫째, 필리핀은 미국 같은 친일적인 나라가 통치하는 것이 일본에 유리하며, 일본은 필리핀에 대해 어떤 침략적 의도도 갖지 않는다.

둘째, 극동의 전반적 평화 유지하는 데는 일본·미국·영국 등 3국 정부의 상호 양해를 달성하는 것이 최선의 길이며, 사실상 유일한 수단이다.

셋째, 미국은 일본이 대한제국의 보호권을 확립하는 것이 러·일전쟁의 논리적 귀결이며, 극동 평화에 직접 이바지할 것으로 인정한다.

▲ **2차 영·일동맹** (1905년 8월)

(제3조) 일본군은 한국에서 정치·군사 및 경제상의 탁월한 이익을 옹호·증진하기 위하여 정당하고 필요하다고 인정하는 지도·감리 및 보호 조치를 한국에서 집행할 권리를 갖는다. 단, 해당 조치는 항상 열국의 상공업에 대한 기회균등주의에 위반하지 아니할 것을 요한다.

▶미국, 파나마운하 건설·관리권 획득(1901) ▶한국, 토지조사사업 재개(1902) ▶러시아, 용암포에 군대 주둔 및 토지 매수·삼림 채벌(1903)

화폐를 통제하는 경제 주권도 일본에 넘어갔다

다이이치은행 서울 지점, 금본위제도 실시와 함께 중앙 은행 업무 담당

【1905년, 서울】 대한제국 정부는 7월 1일자로 화폐 정리 사업을 전격 단행했다. 기존에 사용하던 백동화를 새로운 금화나 은화로 바꾸어 주는 사업이다. 화폐 정리 사업을 추진한 까닭은 기존의 백동화를 정부가 남발했고, 심지어 개인들도 사적으로 주조해 화폐 가치가 떨어져 경제 질서가 극도로 문란해졌기 때문이다.

그러나 이러한 긴박한 필요성에도 불구하고 우려의 목소리가 커지고 있다. 이번 화폐 정리 사업을 주도하는 이가 1904년 1차 한·일협약으로 들어온 일본인 재정 고문 메가다라는 점 때문이다. 메가다는 대한제국의 화폐 발행 기구인 전환국을 폐지하고, 일본 조폐국에서 발행된 것과 동일한 화폐를 국내에 진출해 있는 다이이치은행에서 관리하도록 했다. 이제 사실상 다이이치은행이 대한제국의 중앙은행

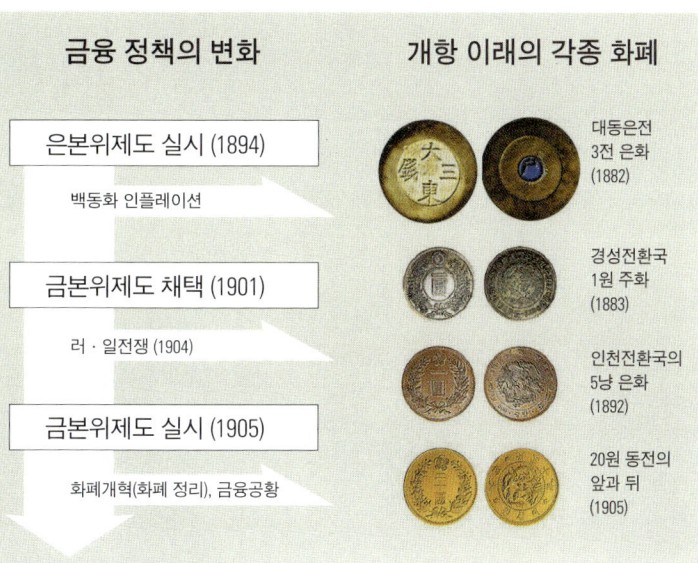

이 된 것이다. 화폐개혁의 결과는 한국 경제에 치명상을 입힐 가능성이 높다. 먼저 이번 화폐 정리 사업은 한국의 중소 상인과 농민들이 몰락하는 계기가 됐다. 기존의 백동화를 교환할 때 세 등급으로 나눴는데, 상급은 가치대로, 중급은 3분의 1정도의 낮은 가치로 교환했고, 하급은 아예 교환해 주지 않았다. 이 결과 한국 상인들은 엄청난 피해를 입었으며, 특히 하급 백

1882년 상평통보의 불편을 없애기 위해 최초의 근대식 은화(오른쪽 맨위)가 등장했다. 1894년에는 은본위화폐제도가, 1901년에는 금본위화폐제도가 채택됐다. 그러나 러·일전쟁 이후 일본인 재정 고문이 실시한 화폐 정리 사업으로 화폐제도의 자주성은 사라졌다.

동화를 주로 소유한 농민들이 더 큰 피해를 입었다.

이번 화폐 정리 사업의 더 큰 문제는 한국의 경제 주권이 사실상 일본으로 넘어갔다는 것이다. 이제 한국은 경제에 막대한 중요성을 지니는 화폐를 통제할 수 있는 권리를 일본에 넘겨주게 됐다. 또 한국이 일본과 같은 화폐를 사용함으로써 일본 상품과 자본이 훨씬 쉽게 한국 경제에 침투할 수 있게 됐다. 이런 점에서 이번 화폐 정리 사업은 근대적 성격을 지니고 있지만, 한국 경제가 일본에 예속되는 길을 닦았다는 것도 분명해 보인다.

러·일전쟁이 앞당긴 한반도 종단 철도

경부선 개통… 일본, 군수물자 수송 위해 경의선도 완공 서둘러

【1905년 1월 1일】 서울 남대문에서 부산 초량에 이르는 총연장 445킬로미터의 경부선이 완전 개통됐다. 경부선은 경인선에 이어 두 번째로 개통된 철도로, 일본 자본으로 설립된 경부철도주식회사가 지난 1901년 8월 영등포, 9월 초량에서 각각 공사를 시작해 지난해 12월 27일 완공한 바 있다. 이번 경부선 개통으로 한국 철도는 부관연락선을 매개로 일본 철도와도 연결될 전망이다.

러·일전쟁으로 다급해진 일본은 군수물자의 수송을 목적으로 경부선과 경의선 공사를 서둘렀다고 한다. 결국 한국인의 땀과 피눈물로 만들어진 이 철도가 일본의 제국주의적 침탈을

경의선의 평양 부근에서 사람이 끄는 궤도차가 일정한 간격을 둔 채 지나가고 있다.

위한 교두보역할을 하는 셈이다. 철도 시대의 개막을 마냥 반길 수만은 없는 이유이다. 한편 용산-신의주 구간을 잇는 경의선은 4월쯤 전 구간이 개통

될 예정이다. 이에 따라 경부선과 함께 부산-서울-의주를 잇는 종단 철도가 생겨나 한반도의 대동맥을 이룰 전망이다.

신조어 '스모그' 등장

【1905년, 영국】 최근 런던에서 열린 공중위생회의에서 '스모그(smog)'라는 신조어가 등장해, 대기오염에 대한 관심을 새로이 불러일으키고 있다. 스모그는 '연기(smoke)'와 '안개(fog)'의 합성어로, 런던처럼 매캐하고 뿌연 연기가 안개처럼 온 도시를 뒤덮는 현상을 가리키는 말이다.

한때 영국에서는 공장 굴뚝의 검은 연기가 산업 발전의 상징이던 시절이 있었다. 그러나 공장이 점점 더 많이 건설되고 석탄 소비가 늘어나자, 석탄이 타면서 나온 매연이 안개와 혼합돼 건강에 해로운 스모그 현상이 종종 나타나기 시작했다.

▶목포 부두노동자 전면 동맹파업(1903) ▶일본, 독도를 시마네현에 편입(1905) ▶쑨원, 중국혁명동지회 결성(1905) ▶이준·윤효정 등, 헌정연구회 결성(1905)

말똥가리가 날개를 움직이듯 기체를 조종하라

라이트 형제, 동력 비행 최초 성공… 59초 동안 256미터를 날다

【1903년 12월 17일, 미국】 라이트 형제가 직접 설계한 동력 비행기로 하늘을 날아올랐다. 네 차례 시험 비행에서 256미터 거리를 59초 동안 비행한 것. 1896년 독일의 오토 릴리엔탈이 글라이더 비행으로 추락사한 것에 자극받아 비행기 제작과 조종에 직접 뛰어든 지 7년 만에 이룬 쾌거이다.

동력 비행기의 제작은 미국은 물론 프랑스, 영국, 독일 등에서도 적극 추진해 온 사업이다. 미국 국방부는 스미소니언연구소 소장이던 랭글리 박사에게 5만 달러의 연구비를 지원하고 스미소니언연구소 기금 2만 달러를 추가 지원해, 1903년 시험 비행을 실시했으나 실패했다. 그런데 고등학교 중퇴의 학력이 전부인 라이트 형제가 미국 정부와 언론의 주목을 받지 못한 상태에서 맨몸으로 그 일을 해냈다. 스미소니언연구소에 자료를 요청해 독학으로 공학 지식을 습득하고, 자전거 사업으로 번 돈을 털어 비행기 부품을 제작했다.

라이트 형제의 성공 비결은 비행기의 조종, 즉 균형과 통제의 문제를 해결한 것이다. 비행기가 날기 위해서는 위아래, 좌우로 방향을 바꾸는 제어장치가 필요한데, 라이트 형제는 말똥가리(겨울 철새)의 움직임을 관찰해 돌파구를 찾았다. 새들이 날개를 조종하는 원리를 비행기 날개에 적용해, 조종사가 작동할 수 있도록 만든 것이다. 지난해 라이트 형제는 수백 번의 실험 비행을 거쳐 3차원적 항공기 제어장치를 가진 글라이더를 완성했다. 그 다음에 가볍지만 강력한 모터와 비행기체를 앞으로 추진시키는 프로펠러, 그리고 모터와 프로펠러의 무게와 진동을 견디는 비행기 동체를 제작하는데 1년 이상의 시간을 보냈다. 이렇게 탄생한 '플라이어호'는 마침내 미국 노스캐롤라이나의 키티호크 사구에서 날아올랐다.

라이트 형제가 직접 설계하고 만든 '플라이어(Flyer)호'가 마침내 미국 노스캐롤라이나의 키티호크 사구에서 날아올랐다.

서울·인천 전화 개통 민간 전화 업무 개시

【1902년, 서울】 서울과 인천 간의 공중용 시외전화 업무가 3월에 개시됐다. 전화 사업은 시외전화업무가 시내전화업무보다 먼저 개통되는 것이 상례다. 전화는 멀리 떨어져있는 지방 사람과 소통하는 데 주로 이용되는 물건으로 인식됐기 때문이다. 가까운 거리는 직접 만나서 이야기하는 것이 더 빠르고 편하다고 생각하는 사람들이 그만큼 많았다. 3월에 개통된 시외전화는 차츰 이용자가 확대되자, 5월에 서울과 개성 간 시외전화가 개통되고 6월에는 한성전화소에서 시내전화 업무도 보기 시작했다.

아인슈타인, 뉴턴 역학에 정면 도전장 내놓아

'특수상대성이론' 발표… "시간·공간의 크기는 상대적"

【1905년 6월 30일, 취리히】 스위스 연방 특허국 사무소에서 근무하던 아인슈타인은 「움직이는 물체의 전자기학에 대하여」라는 논문을 『물리학 연대기』에 발표했다. "특수상대성이론"이라고 불리는 이 논문은 아인슈타인이 올 3월에 발표한 광양자 가설 논문, 5월에 발표한 브라운 운동 논문과 더불어 물리학사에 새로운 획을 긋는 놀라운 연구이다. 그 까닭은 아인슈타인의 논문이 절대 시공간 개념을 가진 뉴턴의 고전역학체계를 부정하기 때문이다.

"우리가 확실하게 안다는 것은 무엇일까"로 시작하는 이 논문에서, 아인슈타인은 움직이는 것과 정지해 있다는 것의 근본적인 차이를 따져 물었다. 그리고 우리가 경험하는 위치 변화와 시간의 흐름은 절대적인 것이 아니라 상대적이라는 결론을 도출했다. 즉 우리는 다른 것과의 관계 속에서, 그리고 다른 것과의 비교를 통해서 사물을 알아갈 뿐이라는 것이다.

물리학계에서는 아인슈타인의 이런 주장을 거의 받아들이지 않고 있다. 논쟁의 가치도 없다고 외면하는 분위기에서 유독 독일 베를린대학의 막스 플랑크만이 무명의 과학자인 아인슈타인의 주장에 주목하면서 공개적인 지지를 보내고 있다.

▶슈타이너, A, B, O 혈액형 발견(1902) ▶보르-아스만, 성층권 발견(1902) ▶에인트호벤, 심전계 발명(1903) ▶세브란스병원 완공(1904) ▶플레밍, 진공관 발명(1904)

한국 지성, 사회진화론에 길을 묻다?

『음빙실문집』… 중국에서 날아온 동병상련의 고뇌

『음빙실문집』을 통해 국내 지식인들은 '사회진화론'과 '신민'의 개념을 접했다.

【1905년】 러·일전쟁을 통해 우승열패(강한 자는 이기고 약한 자는 패함)를 눈으로 직접 확인한 지식인 사이에 '사회진화론' 열풍이 거세다. 열풍의 근원은 일본에 망명 중인 중국의 사상가 량치차오의 『음빙실문집』. 이 책은 사회진화론을 통해 국가 간의 약육강식과 경쟁의 시대라는 국제 질서의 본질을 꿰뚫고 있다. 『음빙실문집』은 2년 전 일본에서 간행되자마자 국내에 들어와, 전 세계적으로 유행하는 '사회진화론'을 체계적으로 소개하고 있다.

사회진화론은 1870년대 영국의 철학자 스펜서가 다윈의 생물진화론을 인간 사회에 적용해, 자연계와 마찬가지로 생존경쟁, 우승열패, 적자생존의 원리가 사회 진화의 원동력이라고 보는 새로운 사회 이론이다. 이러한 신사상은 지금 영국·독일·미국을 거쳐 일본과 중국에서도 크게 풍미하고 있다. 특히 일본에서는 일찍이 1870년대 말 가토·도야마·후쿠자와 같은 학자들이 사회진화론을 수용·전파했고, 중국에서는 청·일전쟁 패배 이후 옌푸·캉유웨이·량치차오 등에 의해 활발하게 수용됐다.

한편 국내에서도 1880년대에 일본과 미국에서 공부한 유길준·윤치호 같은 문명개화론자들과 『독립신문』을 통해서 사회진화론이 조금씩 알려지기 시작했다. 특히 유길준은 1883년에 집필한 『경쟁론』에서 "대개 인생의 만사가 경쟁을 의지하지 않는 일이 없으니 크게 천하 국가의 일부터 작게 한 몸 한 집안의 일까지 실로 다 경쟁으로 인해서 먼저 진보할 수 있는 바라. …… 대개 경쟁이라는 것은, 무릇 지혜를 연마하고 도덕을 닦는 일부터 문학, 기예, 농공상의 백반 사업까지 사람마다 그 고비우열(高卑優劣)을 서로 비교하여 타인보다 초월하기를 욕심내는 일이라."고 밝혔다. 그리고 1895년에 간행한 『서유견문』에서 인간 사회도 '미개·반개화·개화'의 발전 과정을 거친다는 문명관을 제시했다.

지금 한국 곳곳에서 설립되는 학교들은 량치차오의 『음빙실문집』을 교재로 채택하고 있다. 이에 따라 봉건적인 인습을 타파하고 입헌군주제를 세우자는 '신민설(新民說)'을 주장하는 량치차오의 사회진화론이 러·일전쟁 결과 일본의 보호국으로 전락한 한국의 앞길과 약육강식하는 제국주의 열강들의 침략으로 위기감을 느끼는 한국의 지식인들에게 어떤 해법을 제시할지 좀더 지켜볼 일이다.

오페라 〈나비부인〉 스칼라극장 초연

【1904년, 밀라노】 뉴욕과 런던에서 이미 연극으로 성공한 〈나비부인〉이 이번에 푸치니에 의해 오페라로 만들어져 스칼라극장에서 초연됐다. 〈나비부인〉의 원작은 미국 작가 존 롱의 단편소설로, 일본 나가사키항을 배경으로 미국 해군 장교를 사랑한 게이샤 쵸쵸상(나비부인)의 비극적인 사랑을 다뤘다. 이번 〈나비부인〉 공연은 '어떤 개인 날', '꽃의 이중창' 등의 아리아가 무척 감동적이라고 한다.

 『프로테스탄트 윤리와 자본주의 정신』 출간

자본주의는 왜 유럽에만 나타나는가

【1905년, 독일】 한 권의 책이 고전의 반열에 오를 것을 예측하기는 쉽지 않다. 그럼에도 막스 베버의 『프로테스탄트 윤리와 자본주의 정신』은 놀랍게도 고전으로 널리 읽힐 것임을 예감하게 한다. 이 책이 목적하고 있는 바는, 자본주의 탄생의 비밀이다. 이런 주제야 수많은 학자들이 도전했고, 나름의 성과를 내놓은 것도 사실이다. 그럼에도 마르크스의 『자본론』 이래 자본주의가 발생하게 된 배경을 이토록 정교하면서도 설득력 있게 그린 책은 없었다. 드디어 인류 지성은 자신이 발딛고 있는 현실의 토대가 무엇으로 구성되어 있는지 알게 된 것이다.

도전적인 질문이 위대한 답변을 남기는 법. 베버가 이 책에서 던진 질문은 왜 자본주의가 오로지 유럽에서만 나타나는가 하는 것이다. 사실, 이 책은 이 질문에 대한 답변으로 이루어졌는데, 베버가 주목한 점은 자본주의 발전을 이룬 곳에는 청교도들의 비율이 상당히 높았다는 사실이다. 본문 내용에 못지않게 긴 각주를 동원하며 베버가 이른 결론은 책 제목에 이미 암시돼 있는 바, 소명 의식에 사로잡힌 금욕적인 청교도의 정신이 자본주의를 낳았다는 것이다.

베버는 학문의 판도라 상자를 열어 제낀 것이다. 탄생의 비밀을 안다는 것은 지적 흥분을 불러일으키는 법. 그것을 바탕으로 성장을 가늠하고 종말을 예견할 수 있기 때문이다.

고종 즉위 40주년 '국가(國歌)' 제정

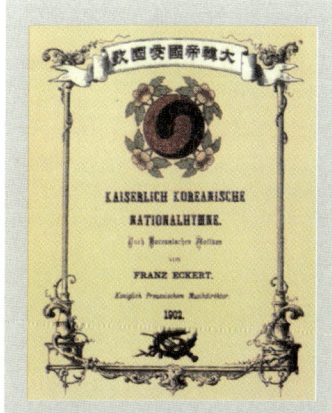

【1902년 8월 15일】 광무개혁을 추진하고 있는 대한제국 정부가 '국가(國歌)'의 필요성을 느껴, 군악대 지휘자인 에케르트가 작곡한 〈대한제국 애국가〉를 정식 국가로 제정·공포했다. 이 애국가는 그동안 난무하던 여러 애국가를 하나로 정리한 것으로, 앞으로 각 학교에 보급될 예정이다.

▶스티글리츠, '사진분리파' 결성(1902) ▶『대한매일신보』 창간(1904) ▶로댕, 〈생각하는 사람〉 완성(1904) ▶장지연, 〈시일야방성대곡〉 발표(1905)

제3세계 통신

독일, 헤레로족과 나마족 대량 학살

【1904년, 나미비아】 독일은 나미비아에서 헤레로족과 나마족이 일으킨 봉기를 진압하며 수만 명을 학살했다. 빌헬름2세의 명령을 받은 독일 점령군 사령관은 "독일 영토 내에 있는 모든 헤레로족은 총이나 토지 소지 여부 등에 관계없이 총살하라."고 지시했다. 독일군은 살육에 그치지 않고 마을을 초토화하고 우물에 독까지 풀었다. 결국 사막으로 쫓겨난 헤레로족과 나마족은 물 한 모금 마시지 못한 채 죽어갔다. 두 종족의 봉기는 권리를 박탈당하고 독일 이주민에게 땅을 빼앗긴 유목민의 생존권 투쟁이었다.

콩고, 프랑스 식민지로

【1905년, 무아앵콩고】 지난해 발발한 프랑스와 콩고의 전쟁 결과 콩고, 가봉, 우방기샤리차드를 묶는 프랑스령 적도아프리카가 창설됐다. 콩고전쟁은 콩고 지역을 분할한 프랑스계 특허 회사들이 인적 자원과 천연자원을 착취해 수많은 봉기를 유발하면서 일어났다. 한편 콩고의 중심지였던 브라자빌이 프랑스령 적도아프리카의 수도가 되면서 이곳에 프랑스의 관심이 쏠리고 있다.

파나마운하 건설권, 미국에 양도

【1903년, 파나마】 파나마공화국이 파나마지협을 횡단하는 너비 16킬로미터의 운하 건설 독점권을 미국에 양도하는 대신 국가의 독립을 보장받고 경제적 대가를 받는 조약을 체결했다. 이에 앞서 파나마는 미국 해군의 우호적인 시위에 힘입어 콜롬비아로부터 독립한 바 있다. 이번 조약 체결로 미국은 파나마운하 지역을 통치하고 요새화할 수 있게 됐다.

알로하 코리아! 하와이 농장 이민 시작

【1905년】 "이곳에서 일한 지 3년째입니다. 한국 유민원이 발행한 집조(여권)를 달랑 가슴에 품고 제물포항을 떠난 것이 엊그제 같은데 벌써 그렇게 됐습니다."

하와이 사탕수수 농장에서 일하는 이민가씨(38, 가명)의 목에는 번호표인 방고가 목걸이처럼 매달려 있다. 새벽 4시 반에 일어나 아침밥을 먹고, 점심시간 30분을 제외하고는 오후 4시까지 일하니 힘이 든다. 그래서 고향에 사는 가족에게 돈을 보낸다는 보람에 가까스로 버티고 있다고 한다. 이씨는 1902년 12월 22일 제물포항을 떠난 '미주 이민 1세대'다.

가난에서 벗어나 꿈을 찾고자 떠난 길이었지만 새로운 생활 역시 만만치 않았다. 관리인인 '루나'의 감시 때문에 11~12시간 동안 허리도 펴지 못한 채 억센 수숫대를 잘라야 했다. 처음엔 말도 통하지 않아 아파도 제대로 하소연조차 할 수 없었다. 월급은 이씨 같은 성인 남자가 15~20달러.

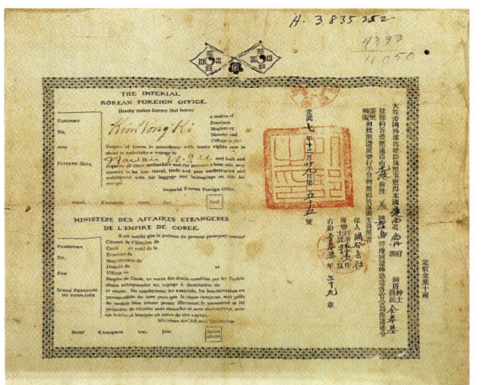

1902년 인천 제물포에서 갤릭호 상선은 최초의 한인 이민자들을 태우고 하와이 호놀룰루로 떠났다. 사진은 하와이행 여권.

미국인에 비해서는 10분의 1에 불과하다.

이씨는 고향으로 돌아갈 것이냐는 질문에 "계약 기간 4년이 끝나면"이라고 의향을 비치면서도, "그러나 다시 갈 수 있을지 자신 없다."라고 쓸쓸하게 말했다.

하와이 측 집계에 따르면 올해까지 하와이로 이주한 한국인은 65차례에 걸쳐 7,226명에 이른다고 한다.

생각하라 저 등대가 지키는 일본 배를

【1903년, 인천】 한국 최초로 해발 71미터의 팔미도 꼭대기에 높이 7.9미터, 지름 약 2미터, 90촉광짜리 석유등을 사용하는 등대가 세워졌다. 팔미도 등대는 탁지부 산하 해관등대국이 공사를 맡았지만, 사실은 일본의 강권에 의한 것.

일본은 청·일전쟁 때 이미 한국 연안에 등대를 세울 위치를 조사한 바 있고, 이후 한국과 조약을 맺어 등대를 세우도록 요구해왔다. 낙조에 이곳을 돌아드는 범선의 자취가 아름다운 팔미도는 인천 팔경의 하나로 꼽힌다.

한편 세계 최초의 등대는 기원전 280년 이집트 파로스 섬에 세워진 '파로스 등대'. 120미터에 이르는 이 등대는 1,600년 동안 선원들의 길잡이가 됐으나 두 번의 지진으로 파괴됐다.

부고

▶ 후쿠자와 유키치(1835~1901) : 일본 메이지 시대의 계몽사상가·교육자·출판가. 서구 사상의 도입에 앞장섰던 인물이며, '탈아론'으로 유명하다.

▶ 리훙장(1823~1901) : 청나라의 정치가. 오랜 기간에 걸쳐 서구 열강을 상대로 외교 문제를 담당했다.

▶ 고갱(1848~1903) : 프랑스의 화가. 후기인상파 시대를 이끌었으며, 대표작으로는 〈설교 후의 환영〉, 〈우리는 어디에서 왔는가? 우리는 무엇인가? 우리는 어디로 가는가?〉가 있다.

손탁호텔 광고 : 독일 여성 손탁이 정동에 세운 최초의 호텔을 소개하는 영문 광고.

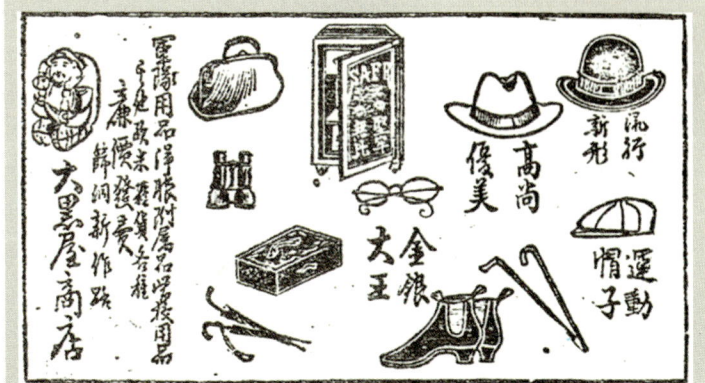

잡화 광고 : 신문은 외국에서 온 박래품을 소개하는 전시장이다. 박래품이란 서양의 수입상품을 말하는데, 배를 타고 왔다고 해서 붙인 이름. 양복·구두·바늘·회충산·빈대약 등을 비롯해 서양 우산·향수·석유·비누 같은 서양 박래품이 광고 대상이었다.

이상재, 비누를 깎아먹다

서양 비누가 사치품이던 시절, 독립협회 지도자 이상재가 어느 고관으로부터 비누를 받았다. 그는 바라보다 주머니칼을 꺼내 싹둑싹둑 비누를 베어 먹었다. "아니 이사람! 비누란 먹는 게 아니라 때를 벗길 때 쓰는 걸세."라고 하자, 이상재는 "알다마다요. 사람들이 얼굴의 때를 벗긴다고 야단이지만, 나는 뱃속의 시커먼 때를 벗길까 해서 깎아먹는 것이외다."라고 말했다. 고관은 얼굴을 붉혔다.

▶ 1회 노벨상 시상(1901) ▶ 캐리어, 최초의 에어컨디셔너 고안(1902) ▶ 황성기독교청년회(YMCA) 발족(1903) ▶ 일본, 국정교과서제 채택(1903)

1906년~1909년

근현대사신문

근대 9호

주요 기사 2면 | 13도 연합 의병 서울 진격 (1908) 3면 | 영국, 벵골 분리 정책 발표 (1906) 4면 | 사설 – 침략자와 싸우면서 역사를 거꾸로 돌리기 4면 | 인터뷰 – 안중근 "나를 전쟁 포로로 대접해 주시오" 5면 | 조선, 국채보상운동 전개 (1907) 6면 | 서울에, 관립공업전습소 설립 (1907) 7면 | 『월남망국사』 등 '금서' 지정 (1909) 8면 | 대한제국 최초 '야구 경기' 개최

국권회복운동

을사조약의 체결과 더불어 일본의 제국주의적 야욕은 마각을 드러냈다. 일본이 러시아를 무찌르고 아시아 민중을 해방시켜 줄 것이라고 기대했던 사람들은 충격에 빠졌다. 일본이 서구 열강과 똑같은 제국주의 세력이며 만주와 함께 한국을 식민지로 차지하는 것이 그들의 목표라는 사실이 분명해진 이상, 개항 이래 한국의 숙원이던 자주적 근대화를 이루는 길도 더욱 분명해졌다. 바로 일본 제국주의와 싸워 을사조약으로 잃어버린 국권을 되찾는 것이다.

1895년 위정척사파 선비들이 주도해 일어난 항일 의병은 1907년 군대 해산을 거치면서 군인, 농민으로 그 중심이 이동했다. 고종도 무기력하게 앉아만 있지 않고 국제회의에 밀사를 파견하여 억울함을 호소했다. 동양 평화의 길을 일본에서 찾던 구국 청년 안중근은 배신감 속에 일본 제국주의의 선봉장인 이토 히로부미를 쏘았다. 한국인의 본격적인 반제국주의 투쟁이 시작된 것이다.

사진 | 이토 히로부미 사살 후 안중근이 갇힌 뤼순감옥에서 올려다본 하늘

13도 연합 의병, 서울에서 일본과 격돌 앞둬

최강 신돌석·홍범도 부대, 평민이란 이유로 뺀 것은 결정적 한계

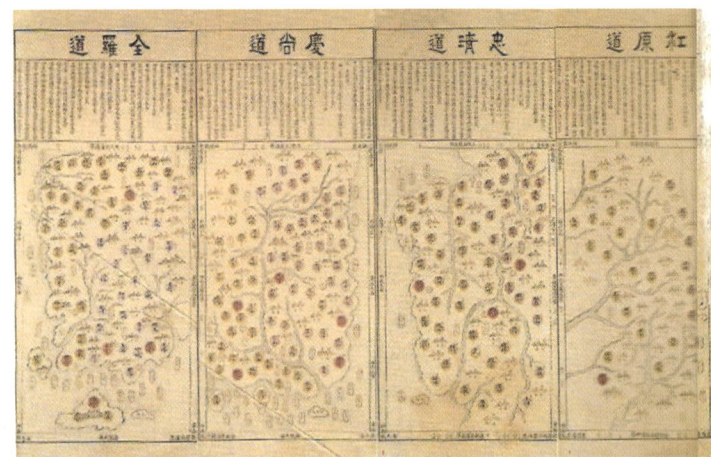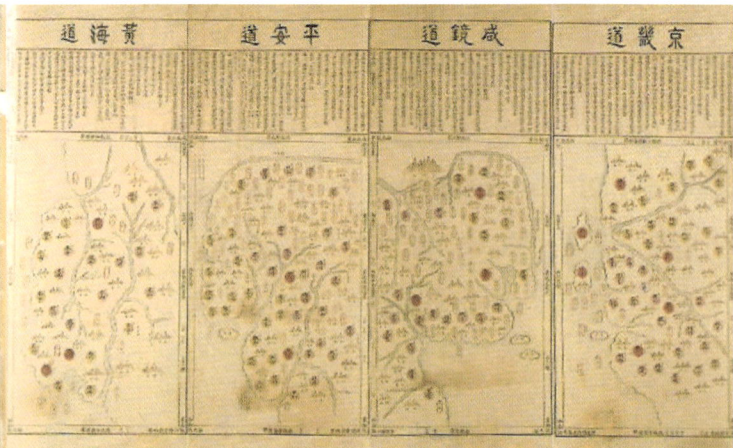

전해산 의병장이 그린 작전용 전국지도. 고종 황제의 퇴위와 군대 해산을 계기로 전국 곳곳에서 일어난 의병들의 규모가 점점 커지면서 전쟁의 양상을 띠고 있다.

【1908년 1월, 서울】 경기도 양주에 모인 13도 연합 의병(창의군)이 마침내 서울 진공 작전에 나섰다. 허위가 지휘한 300여 명의 선발대는 동대문 밖 30리 지점까지 이르러 일본군과 결전을 앞두고 있다.

을사조약으로 대한제국의 외교권을 빼앗은 일본은 헤이그 특사 사건(3면 참조)을 구실 삼아 고종을 퇴위시키고, 정미조약을 맺어 군대까지 해산시켰다. 이에 해산한 군인들은 의병투쟁에 합류해 일본을 상대로 본격적인 무력 투쟁을 벌여왔다.

그러나 대한제국 최후의 무력 저항일 수도 있는 이번 작전을 앞두고 의병 진영에서는 몇 가지 한계가 노출돼 아쉬움을 낳고 있다. 먼저 을사의병 때부터 활약한 신돌석 부대, 정미의병으로 활약한 홍범도 부대 같은 전투력이 가장 뛰어난 부대가 이번 작전에서 제외됐다. 신돌석과 홍범도가 평민이기 때문이다. 이번 전투에 참가한 한 의병대원은 "을사의병 때 유인석이 평민 대장 김백선을 불손하다는 이유로 처형하더니, 아직도 양반들이 정신을 못 차렸다."라며 한탄했다. 또 13도 창의군 총대장 이인영의 행동도 구설수에 올랐다. 서울 진공을 앞두고 부친상을 당한 이인영은 "불효는 불충"이라는 말을 남긴 채 3년상을 치르기 위해 고향으로 가버렸다. 이에 군사장인 허위가 연합 의병을 대신 이끌고 있지만, 나라가 위급한데도 부친상을 핑계로 낙향한 이인영의 행동에 비판의 목소리가 커져가고 있다.

한편 연합 의병의 서울 진공 작전은 이 사실을 알고 있는 일본군의 선제공격을 받을 경우 실패할 가능성이 매우 높다. 그렇게 된다면 일본은 발빠르게 합병을 추진할 것으로 보인다. 일본이 을사조약과 정미조약으로 외교, 군사권을 박탈하고도 합병을 망설여 온 것은 의병의 존재를 의식했기 때문이다. 따라서 허위의 선발대를 깨고 그 여세를 몰아 잔여 의병을 제압한다면 일본의 합병 행보는 더욱 빨라질 것으로 보인다. 그래서 의병 진영에서는 의병이 사라지는 날이 한국 최후의 날이므로 결사항전해야 한다는 목소리가 높다.

대한국 중장 안중근, 전 조선 통감 이토 히로부미 처단

【속보=1909년, 하얼빈】 10월 26일 오전 9시 30분경, 만주 하얼빈역에 여섯 발의 총성이 울려 퍼졌다. 그 순간 방금 도착한 기차에서 내려 환영 인파에게 손을 흔들던 전 조선 통감 이토 히로부미가 쓰러졌다. 이토는 황급히 열차 안으로 옮겨져 응급치료를 받았으나, 폐와 복부에 총탄이 명중돼 10여 분 만에 즉사한 것으로 알려졌다.

이번 저격 사건의 주인공은 대한국 중장 안중근으로 밝혀졌다. 안중근은 지난 3월 노브키에프스크에서 김기룡, 엄인섭, 황병길 등 12명의 동지와 함께 '단지회'라는 비밀결사를 조직, 치밀하게 이토 히로부미 암살 계획을 세운 것으로 알려지고 있다.

하얼빈역은 만주를 가르는 일본과 러시아의 철도가 교차하는 전략 지점으로, 일본의 만주 진출을 진두지휘하던 이토 히로부미가 이곳에서 숨진 것은 매우 상징적이라는 평이다.

이토 히로부미를 저격한 것과 같은 기종의 권총(위). 하얼빈역에 도착한 이토 히로부미가 모자를 벗으며 인사하고 있다(오른쪽).

이번 사건은 일본이 을사조약 이후 정미7조약을 또다시 강요하는 등 한국을 병합하겠다는 의도를 노골적으로 드러내는 시점에서 발생해, 앞으로 동북아시아 정세에 엄청난 파장을 몰고 올 것으로 보인다.

▶통감부 설치(이토 히로부미 부임, 1906) ▶고종 황제 퇴위(1907) ▶일진회, 합방 요구 성명서 발표(1909) ▶기유각서 조인으로 사법권 빼앗김(1909)

"차라리 인도를 영국에서 분리하라!"
인도 벵골주 동서 분리가 반영 독립운동에 불 붙여

【1906년, 인도】벵골을 동서로 분할한 조치에 대한 반발이 전국으로 확산되고 있다. 지난해 10월 커즌 총독은 벵골주의 인구가 너무 많다는 이유로 벵골을 힌두교도가 주로 사는 서부와 이슬람교도가 많이 사는 동부로 나눴다.

이에 대해 인도 사람들은 유난히 독립운동의 기운이 강한 벵골주를 종교에 따라 나눠 서로 싸우게 함으로서 독립운동을 약화시키려는 의도라며 거세게 반발했다. 초기에는 과격파 민족주의자들이 저항을 시작했지만 그 열기는 점차 전국으로 확대됐다. 시위를 이끌고 있는 지도부는 이 참에 영국의 인도 통치를 끝장내려고 시장에서 영국 제품을 거부하고 국산품만 거래하자는 스와데시운동을 벌여 큰 호응을 얻고 있다. 사태가 크게 번지자 그동안 영국 당국에 협조적이던 인도국민의회도 영국의 통치를 벗어던지고 인도는 인도 사람이 다스리자는 스와라지운동을 제창하기에 이르렀다.

스와데시와 스와라지 두 운동의 물결은 벵골을 벗어나 전 인도를 휩쓸고 있어 이 열기에 놀란 영국은 이 조치를 조만간 철회할 조짐이라고 한다. 하지만 동벵골의 이슬람교도들은 공공연하게 영국 편을 들며 영토 분리를 주장하고 있어 종교 갈등의 불씨는 쉽게 꺼지지 않을 것으로 보인다.

법정 투쟁을 벌이고 있는 틸라크. 벵골 분할을 반대하는 투쟁에 나선 틸라크는 '스와라지(독립)' 이념을 제기하여 인도인의 광범위한 반영 투쟁이 일어나게 하였다.

돌아오지 않는 황제의 밀사

1907년 7월 15일, 네덜란드 일간지는 "한국에 대한 일본의 잔인한 탄압에 항거하기 위해 이상설, 이위종과 같이 온 이준씨가 어제 사망했다."고 보도했다.

【1907년 7월, 네덜란드】헤이그에서 개최된 2회 만국평화회의에 고종의 밀명을 받고 이상설, 이위종과 함께 파견된 이준(48)이, 을사조약이 무효임을 알리려던 임무를 달성하지 못하자 지난 14일 현지에서 자살한 것으로 알려졌다.

『대한매일신보』호외는 이렇게 전했다. "이준은 분하고 억울함을 이기지 못하고 스스로 자기의 배를 찌르고 뜨거운 피를 움켜쥐고 좌석에다 뿌리며 말하기를, '이같이 해도 족히 믿지 못하겠는가?' 하였다. 피가 절절 흐르고 몸은 이미 쓰러지니 회의 참석자들은 크게 놀라서 서로 보며 말하기를, '천하의 열렬한 대장부다' 하고 모두 일본이 나쁘다고 했다."

세 특사는 만국평화회의 의장에게 고종의 친서를 제시하고 대회 참가를 요청했으나 열강의 방관과 일본의 방해 공작으로 거부당해, 장외에서 외교 활동을 펼쳐왔다. 한편 통감부는 이를 구실로 고종 황제의 강제 퇴위를 결정한 것으로 전해졌다.

드레퓌스는 무죄였다
부정한 권력에 맞선 인류 양심의 승리

【1906년 7월 12일, 프랑스】프랑스 최고 재판소는 지난 12년간 전 세계에 논란을 일으켰던 '드레퓌스 사건'에 대해 무죄를 선고했다. 유대인 드레퓌스는 지난 1894년 독일 대사관원 장교에게 군사 기밀을 팔아넘긴 죄로 고발당했다. 드레퓌스는 혐의를 부인했지만 반유대주의 여론 속에 유죄 평결과 종신형 선고가 내려졌다. 그러나 진범 에스테라지 소령이 드레퓌스에게 죄를 뒤집어씌운 편지를 썼다는 것이 밝혀지면서 드레퓌스 편에 서는 사람들이 조금씩 늘어났다. 1898년 1월 소설가로 유명한 에밀 졸라는 『오로르』지에 '나는 고발한다'라는 제목으로 군부가 드레퓌스 사건을 잘못 재판한 사실을 숨기고 있다는 공개 서한을 발표했다. 프랑스 육군은 이번 무죄 판결로 드레퓌스가 조만간 공식적으로 복직돼 육군 소령으로 복귀하고, 레종도뇌르 훈장도 받을 것이라고 밝혔다.

드레퓌스 사건을 보도한 『르 프티 주르날』.

오스만에 혁명 바람 청년튀르크당 봉기

【1909년 4월 23일, 오스만제국】청년 장교들이 쿠데타를 일으켜 압둘 하미드 황제를 퇴위시키고, 새 술탄으로 마흐메트5세를 추대했다. 이른바 '청년튀르크당 혁명'이 발발한 것. 청년튀르크당은 지난 1889년 사관학교의 젊은 장교와 이스탄불대학의 학생들이 조직한 비밀결사대로, '신앙과 인종차별이 없는 오스만 전 국민의 통일'을 지도 원칙으로 내세워 "유럽은 내정간섭을 그만두고 술탄은 헌법을 부활하라."라고 주장해왔다. 이번 혁명으로 술탄이 된 마흐메트5세는 헌법 복원과 권력 분립 등 정치 개혁을 약속한 것으로 전해졌다.

▶삼국(영·프·러) 협상 성립(1907) ▶간디, 남아프리카에서 '사티아그라하(진실에의 헌신)' 운동 전개(1907) ▶오스트리아, 보스니아와 헤르체고비나 합병(1908)

침략자를 묻고 동양 평화를 찾는다

인터뷰 안중근 "나를 전쟁 포로로 대접해 주시오"

안중근(31, 황해도 해주 출신, 사진). 을사조약 후 학교를 세워 인재 양성에 힘쓰다가 항일 의병에 투신했다. 그는 왜 조직적인 항일 전쟁 대신 암살을 택했을까? 뤼순감옥에서 대한국 중장 안중근을 만났다.

▲ 당신은 러·일전쟁 당시 일본을 지지했다. 왜 생각을 바꿨나?

"일본이 서구 열강에 맞서는 동양의 희망이라고 생각했다. 그런 일본이 서구 열강을 본떠 한국을 침략했다. 이를 응징하려 이토 히로부미를 쐈다."

▲ 이토 히로부미의 죽음이 한국에 불리할 것이라고 한다. 어떻게 생각하나?

"이토 자신은 아시아의 문제를 외교적으로 해결하려는 사람인데, 그런 이토가 죽으면 일본 내에서 강경한 세력이 나와 한국에 불리할 것이라고 생각한 모양이다. 하지만 온건파든 강경파든 침략자는 침략자다."

▲ 감옥에서 어떻게 지내고 있나?

"대한국 남아로서 후회는 없다. 오랜만에 많은 책을 읽으며 '동양평화론'을 집필하고 있다. 하루라도 책을 읽지 않으면 입에 가시가 돋는다."

▲ 동양 평화라……. 평화를 말하는 사람이 왜 폭력을 사용했나? 동양 평화가 더욱 멀어진 것 아닌가?

"동양 평화를 깬 주범은 일본이다. 일본이 조선을 침략하고 만주를 손에 넣으려는 책동을 아시아와 세계 민중에게 똑바로 전하기 위해 거사한 것이다. 일본이 나를 죽이고 한국에 복수하면 더 큰 저항에 직면할 것이다."

▲ 일본인은 당신을 테러리스트요, 범죄자로 처벌하려고 하는데…….

"나는 대한국 중장의 자격으로 침략국의 선봉장을 쐈다. 그것은 전투 행위였고 나는 전장에서 체포됐다. 그러므로 나를 전쟁 포로로 대접해야 한다."

▲ 마지막으로 하고 싶은 말은?

"내가 죽은 뒤에…… 대한 독립의 소리가 천국에 들려오면 나는 마땅히 춤을 추며 만세를 부를 것이다."

그림마당 | 이은홍

사 설

침략자와 싸우면서 역사를 거꾸로 돌리기

의병은 의로운 군대다. 그들이 일제 침략자들을 격퇴하려는 정의의 사도라는 데는 이견이 있을 수 없다. 그러나 최근 일어난 불미스런 사건들은 과연 일제와 싸운다는 것만으로 모든 것이 정당화될 수 있는가라는 의문을 품게 한다. 을미의병 당시 양반 의병장 유인석은 평민 선봉장 김백선이 양반 의병장 안승우의 잘못을 탓했다는 이유로 처형했다. 이에 평민 의병들의 사기는 땅에 떨어졌고 유인석 부대는 지리멸렬하고 말았다. 그리고 13도 창의군이 서울로 진공할 때 신돌석과 홍범도의 부대를 제외시킨 행위, 총사령관 이인영이 부친상을 당하자 서울 진공 작전을 포기하고 고향으로 내려가 3년상을 치른 행위도 마찬가지이다.

양반 출신 의병장들의 이런 행동은 그들이 일본을 격퇴하고 무엇을 얻으려 하는지를 분명히 보여준다. 그들은 양반이 주인이던 유교의 나라로 돌아가려 한다. 그래서 의병 전쟁에 차질을 빚더라도 평민이 양반과 맞먹는 모습은 두고 보지 못한 것이고, 당장 침략자를 격퇴하지 못해도 유학이 가르치는 의례는 치렀던 것이다. 외래 침략자들과 싸우는 정의로운 사람들이 낡은 사회 체제로 퇴행하는 행태를 보인다니, 역설이 아닐 수 없다. 역사의 수레바퀴를 거꾸로 돌리는 짓이다. 일본 침략자들을 몰아낸 뒤 이 나라는 신분 차별이 없는 민주 국가로 나아가야만 한다. 1908년부터 몰아친 일본의 토벌 작전에 맞서 끝까지 싸우는 의병들은 양반이 아니라 대부분 평민과 천민 출신이라는 사실이 이를 웅변하고 있다.

기록실

간도협약 – 일본과 청나라의 영토 협정

1909년 9월 4일 청나라와 일본이 간도협약을 체결해 간도를 청나라에 귀속시켜 버렸다. 그 주요 내용을 자세히 알아본다.

"대일본국 정부와 대청국 정부는 (중략) 도문강이 청국과 한국 두 나라의 국경으로 된 사실을 서로 확인한다. 동시에 타협의 정신으로 관련된 모든 제도를 토의 확정함으로써 청국과 한국의 변방 백성들이 영원히 편안하고 치안의 행복을 누리게 하기 위하여 다음의 조항을 체결한다.

제1조 일·청 두 나라 정부는 도문강을 청국과 한국의 국경으로 하고 강 원천지에 있는 정계비를 기점으로 하여 석을수를 두 나라의 경계로 한다.

제3조 청국 정부는 이전과 같이 도문강 이북의 개간지에 한국 국민이 거주하는 것을 승인한다. 그 지역의 경계는 별도로 표시한다.

제4조 청국 관청은 한국 국민을 청국 국민과 똑같이 대우하여야 하며 세금을 무는 것과 그 밖의 일체 행정상의 처분도 청국 국민들과 똑같이 하여야 한다.

제5조 도문강 이북의 잡거 구역 안에 있는 한국 국민 소유의 토지와 가옥은 청국 정부로부터 청국 국민들의 재산과 똑같이 완전히 보호하여야 한다.

—『순종실록』

▶대한자강회 결성(1906) ▶광업법 공포(1906) ▶통감부, 지방관의 징세권 폐지(1906) ▶전국 호구조사 실시(233만 87호, 978만 1671명, 1906)

침략자 일본에게 빚지고 살 수는 없다

담배 끊고 비녀 빼고… 전국 곳곳에서 국채보상운동 활발히 전개

【1907년】 지난 2월 대구에서 시작된 국채보상운동이 들불처럼 전국으로 번져가고 있다. 국채보상운동은 대한제국 1년 예산에 해당하는 1,300만 원의 나라 빚을 갚아 일본의 예속으로부터 벗어나자는 취지에서 시작됐다. 이 운동을 주도한 서상돈(57)은 "우리가 일용에 무익한 연초를 3개월 기한으로 끊고 그 소모비용으로 각자가 1원씩만 모으면, 전국 인구에 담배 피지 않는 부녀자를 제하여도 1,200만 원이 될 것이니 국채를 갚음이 어찌 걱정이랴."라면서 온 국민의 동참을 호소했다. 서상돈이 주도한 금연회는 서울에서 국채보상기성회가 조직되면서 전국 조직으로 확대돼 나가고 있다.

이 운동은 『대한매일신보』와 『황성신문』 등 언론기관이 앞장서자 각계각층으로 확산되는 추세다. 담배 끊기에서 시작된 운동에 부녀자들도 비녀와 금가락지 모으기 운동으로 힘을 보태고 있다. 하지만 온 국민이 나서는 이 운동에 서울의 고관이나 부호들은 전혀 참여하지 않아 뜻있는 국민들을 적잖이 실망시키고 있다. 한편 통감부는 나라 빚을 갚자는 취지에서 시작한 국채보상운동이 일본 배척 운동으로 발전하지 않을까 전전긍긍하면서 상황 전개를 예의 주시하고 있는 중이다.

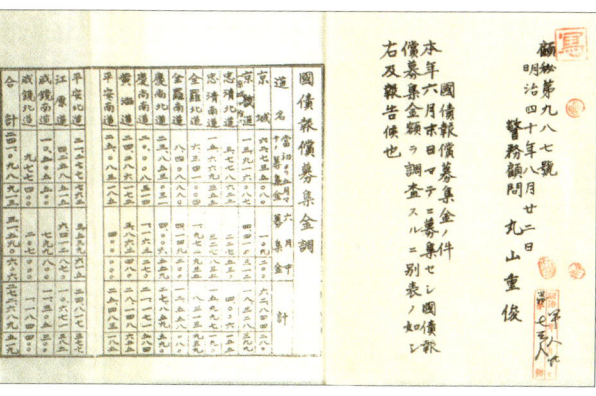

1907년 8월에 일제가 파악해서 보고한 국채보상금 모집 금액표. 국채보상운동은 경제적인 자립을 바라는 한국 사람들의 성원으로 약 231만 원의 성금을 모으는 성과를 거뒀다.

국채보상운동에 대한 비판의 목소리도 있다. 서울의 한 시민은 "국민 성금으로 1,300만 원을 모금할 가능성도 낮고, 설사 나라 빚을 모두 갚는다고 해도 일제가 순순히 국권을 내놓을까? 일제에 대항해 직접 무기를 들고 싸워야 한다."라고 목소리를 높였다. 그는 국채보상운동이 단순한 나라 빚 갚기 차원에서만 전개된다면, 을사조약 이후 점점 노골화되는 일본의 완전 병합 시도를 막을 수 없다고 덧붙였다. 이번에 나타난 국민의 애국심을 한 단계 더 높은 투쟁으로 발전시키자는 목소리가 드높은 가운데, "여러분, 여러분, 때를 잃지 말고 보상하오. 국채 다 갚는 날 오면 기쁘고 즐겁지 않을 손가."라는 '국채보상가'의 노랫소리도 더욱 커지고 있다.

대한의 공화주의자들이 떴다

신민회, 한국 최초로 '공화제' 강령 내걸어

【1907년, 서울】 양기탁(36)·안창호(29)·이동휘(34)·이동녕(38)·신채호(27) 등이 만든 비밀결사 '신민회'가 국권 회복시의 정체로 입헌군주정이 아닌 공화정을 구상한 것으로 알려졌다. 공화정은 군주 없이 행정부와 의회가 국정을 담당하는 제도로, 군주국인 대한제국의 명맥이 남아 있는 상황에서 이러한 방침이 제시된 배경에 이목이 쏠리고 있다.

신민회는 청년학우회를 외곽 단체로 조직해 서울을 중심으로 평양·의주·안주 등지에 조직을 확대하고, 청년·학생 등의 인격 수양과 민족의식 배양에 노력할 것으로 전해졌다. 또한 신민회는 양기탁의 집에 모여 전국 간부회의를 열고, 국외에 적당한 독립군 기지를 만들어 무관학교를 설립하고 독립군 사관을 양성해 강력한 독립군을 창건하기로 결정했다. 그뿐 아니라 일본의 침략이 본격화되면서 국내의 국권회복운동이 한계에 도달했다는 판단에 따라 주요 인사들이 곧 해외로 망명할 계획으로 알려져 이들의 움직임에 관심이 모아지고 있다.

이 같은 신민회의 대일 투쟁 노선과는 달리 또 다른 자강운동단체인 대한협회와 서북학회는 운동 방향을 일본 배격보다는 정권 장악에 목표를 두고 친일 단체인 일진회와 연합을 추진해 내각 구성조차 불사할 것으로 보여 충격을 주고 있다.

감옥에 간 여성참정권

영국 경찰, 여성운동가 팽크허스트 체포

【1907년 2월 13일, 런던】 여성운동가 에멀린 팽크허스트가 여성참정권을 요구하는 데모를 벌이다 체포됐다. 팽크허스트는 1889년 '여성참정권연맹'을 창설하고, 1894년 지방 공직자 선거에서 기혼 여성의 참정권을 확보한 다음, 1895년부터 맨체스터시의 공직을 맡아 왔다.

여성참정권을 주장하고 있는 팽크허스트.

그러나 팽크허스트는 1903년 자신이 맨체스터에 설립한 '여성사회정치연맹'에 점점 더 힘을 기울였다. 이 연맹이 처음으로 세인의 관심을 끈 것은 크리스타벨 팽크허스트와 애니 케니가 여성참정권에 관한 글을 발표하기 위해 자유당 회합을 무산시켰을 때였다. 당시 그들은 폭력을 휘두르는 경찰에게 체포됐지만, 벌금형을 거부하고 대신 옥살이를 했다고 한다.

팽크허스트는 지난해부터 런던에서 '여성사회정치연맹'의 활동을 지휘해 왔다. 그는 자유당 정부를 여성참정권운동의 주요 장애물로 간주해 선거 때 자유당 후보를 반대하는 운동을 벌였으며, 동료들은 내각 각료들의 회합을 방해하기도 했다.

▶한국, 주안에 염전을 만듦(1907) ▶포드, T형 자동차 생산 시작(1908) ▶동양척식주식회사 설립(1908) ▶영국, 최초로 실업보험·의료보험·노령연금 도입(1908)

과학 기술 인력 양성도 이제는 일본 입맛대로

서울에 관립공업전습소 문 열어… 입학시험에 1,111명 몰려 높은 관심

【1907년 4월 20일, 서울】 과학 기술 분야의 기능 인력을 국가 차원에서 양성하기 위한 관립공업전습소가 문을 열었다. 각 지방에서 기업전습소 등이 농촌 부업 기술을 교육하고 있는 가운데, 서울에 관립교육기관이 생겨 앞으로 공업 기술 교육이 확대될 것으로 전망된다.

이번에 문을 연 관립공업전습소에는 본과, 전공과, 실과의 세 과정이 개설됐다. 본과에는 전문학과(전습과목)라고 불리는 염직, 도기, 금공, 목공, 응용화학, 토목의 6과를 두고 실습 위주의 수업을 진행할 예정이다.

입학 전형에서는 공업가의 자제와 장차 공업에 종사할 자를 우대하며, 재학시 모든 전습생에게 수당을 지급한다고 명시했다. 그 결과 올해 처음 실시된 입학시험에는 지원자가 1,111명이나 몰려, 기술 교육에 대한 한국인의 높은 관심을 보여주었다. 관립공업전습소는 공업학교로 출범한 것은 아니지만, 수업 연한 2년의 전문 교과과정을 이수할 수 있다는 점에서 큰 기대를 모으고 있다.

이에 앞서 통감부는 그동안 운영돼 오던 광무학교, 우무학당, 전무학당, 철도학교 등 대한제국 정부가 세운 과학 기술 교육기관을 모두 폐지했다. 그리고 과학 기술 교육기관을 일원화한다는 명목 아래 농상공학교 공과를 관립공업전습소로 개편한다고 발표한 것. 여기에는 관립공업전습소를 통해 한국의 과학 기술을 이끌고 나갈 인재를 양성하기보다는 통감부 사업에 필요한 기능 인력을 기르겠다는 복안이 깔려 있다고 전문가들은 보고 있다.

이러한 전문가들의 견해를 뒷받침하는 것은 이번에 개설된 염직, 도기, 금공 등 관립공업전습소 6과의 성격. 이들 학과들은 최근 통감부가 지원해 온 도기업, 요업, 제지업 등 한국의 재래 수공업과 관련되어 있다. 통감부의 의도는 한국의 근대 공업을 발전시키기 위한 기초 교육기관을 설립하는 것이 아니라, 한국의 재래 수공업을 계승시켜 일본 공업에 부족한 부분을 보충하는 데 있다는 평이다.

서울 이화동에 설립된 관립공업전습소 건물. 관립공업전습소는 1904년 1차 한·일협약이 체결된 뒤 대한제국 학부 고문으로 부임한 시데하라 히로시의 구상에 따라 세워졌다.

금속보다 가볍고 단단한 플라스틱이 나왔어요

【1909년, 미국】 벨기에 태생의 발명가이자 사업가인 베이클랜드(46)가 4년 전 합성에 성공한 바 있는 플라스틱을 대량생산하기 시작했다.

1900년 독일을 방문한 베이클랜드는 화학자 폰 베이어의 논문을 보고 힌트를 얻어 합성수지의 발명에 착수했다. 그 후 1905년 페놀과 포름알데히드를 합성해 플라스틱을 개발했고, 이 듬해에는 자신의 이름을 딴 '베이클라이트'라는 이름을 붙여 특허까지 획득했다.

대량생산에 들어간 베이클라이트는 금속이나 돌보다 가볍고 단단하며 열이나 화학약품에 강한 성질을 띠고 있어 그 활용성에 관심이 쏠리고 있다. 특히 전기산업 분야에서 전기 절연체로 수요가 급증하고 있어 베이클랜드는 '플라스틱 공업의 시조'라는 명예와 엄청난 부를 한꺼번에 누리게 되었다. 그는 이미 1890년대 초 인공 빛만으로 인화가 가능한 사진감광지 '벨록스'를 발명하여 큰 돈을 벌기도 했으며, 자신의 이름을 딴 회사 설립도 준비하고 있다.

플라스틱으로 만든 계산기(왼쪽)와 라디오(오른쪽) 제품.

모호로비치치, '땅속은 모호해요'

【1909년, 세르비아】 지질학자 모호로비치치가 땅속에는 성분이 다른 물질로 이루어진 불연속면이 있다는 사실을 발견했다. 지난 10월 8일 자그레브 관측소에서 쿨파계곡의 지진을 기록한 뒤 그 기록과 다른 관측소의 기록을 비교한 결과, 일부 지진파가 예상보다 빨리 다른 관측소에 도달한 사실을 발견했다.

쿨파계곡에서 발생한 지진파가 1,100킬로미터 이상 떨어진 관측소에 예상보다 빨리 도착한 것은, 지진파가 이동 경로 상에서 갑작스럽게 고속 지대로 들어갔기 때문이라는 것이 모호로비치치의 결론. 따라서 땅속은 성분이 서로 다른 물질들로 이루어져 있다는 추론이 가능하다.

▶쿠이셔, 전기세탁기 발명(1906) ▶페센던, 최초로 라디오 방송 실시(1906) ▶알츠하이머, 치매의 생리학적 기초 수립(1906) ▶미국, 청결식품의약법(FDA) 제정(1906)

한 권의 책이라도 항일의 불씨 될라

출판법 반포…『월남망국사』등 베스트셀러, 금서 지정

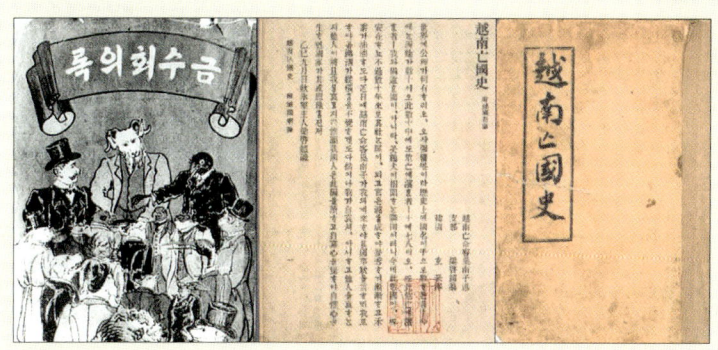

아동용 교과서『유년필독』과『월남망국사』(오른쪽),『을지문덕전』,『금수회의록』(왼쪽),『20세기 조선론』등 베스트셀러 책들이 금서로 지정되거나 압수될 것이라고 한다.

【 1909년 2월 23일 】통감부가 법률 제6호로 출판법을 반포해, "사회의 안녕질서와 풍속을 저해한다."라는 이유로 교과서는 물론 현재 일반에 널리 읽히고 있는 책들의 내용을 일일이 검열하는 조치를 내렸다. 이에 따라 앞으로 많은 책의 발행이 금지되거나 압수될 전망이다.

특히 통감부가 이번 조치를 통해 금서로 지정할 책들에는 아동용 교과서인『유년필독』을 비롯해, 청년층이나 어른들에게도 널리 읽히고 있는 역사책『을지문덕전』,『월남망국사』등의 베스트셀러가 다수 포함된 것으로 알려졌다.

통감부에 따르면 이 책들이 대부분 일본의 침략을 이겨낼 수 있다는 자신감과 민족의 자주정신을 일깨워주기 때문에 사회의 안녕질서에 심대한 영향을 끼칠 수 있다고 한다. 베트남 망국의 역사를 번역해 소개함으로써 지금의 위기를 경계하고 역사 외식을 드높이려고 한『월남망국사』를 보면 통감부가 정말 두려워하는 것이 무엇인지 알 수 있다. 한 평론가는 "번역자와 간행자의 의도는 망국을 눈앞에 둔 상황에서 저항의 불씨를 제공하는 데 있었을 터. '반역'을 이끄는 '번역'! 그러나 한 권의 책이 '생명 보존'을 위한 불길로 타오를 수도 있다는 것을 영악한 제국의 심복들이 몰랐을 리 만무하다. 어찌 이를 보고만 있을 수 있었겠는가." 하면서『월남망국사』가 '금서'에 오를 수밖에 없는 까닭을 설명했다.

『월남망국사』는 청나라의 저명한 개혁사상가인 량치차오와 베트남의 독립운동가인 판보이차우가 만나 '식민지 베트남의 현실에 대해서, 청나라가 현재 직면한 위기에 대해서' 나눈 얘기를 대담집 형식으로 묶은 책으로, 1905년 9월 청나라의 상하이에서 처음 발간됐다. 80여 쪽에 불과한 이 책은 1년 후『황성신문』을 통해 판보이차우의 망국 기억을 부분 연재한 이래, 현채의 국한문 번역본, 순국문으로 다시 번역한 주시경 번역본, 이상익 번역본으로 여러 번 소개됐다.

그리고 1907년 5월 현채가 지은『유년필독』은 국가·역사·지리·인물·풍속·종교·애국·학문·인류 등을 망라한 아동용 교과서로, 청년층과 어른들에게도 널리 읽혀 폭넓은 독자층을 확보한 베스트셀러이다.

첫 신극〈은세계〉원각사 무대에

【 1908년 11월 15일 】최초의 국립극장 원각사(사진)에서 이인직의 신소설〈은세계〉가 최초의 신연극으로 상연됐다. 원각사는 지난 1902년 고종 등극 40년을 기념해 봉상사 구내에 로마식으로 지어진 2,000여 명 규모의 극장으로, 처음에는 '희대(戲臺)'로 불렸다. 지난 7월 이인직이 이 건물에 원각사를 개설하면서부터 '원각사 극장'이라 불리게 됐고, 연극을 상연하는 고정 장소로 자리 잡았다.

궁내부가 직할하는 원각사는 처음 2개월간〈춘향가〉,〈심청가〉,〈화용도〉등 판소리를 주로 상연하다가 이번에〈은세계〉를 '신극'이란 이름으로 처음 상연하게 되었다. 이번 공연을 계기로 원각사가 신극운동의 요람으로 자리 잡기를 기대하는 연극계의 목소리가 높다.

상업 통신사 UP 설립, AP와 서비스 경쟁 UP

【 1907년, 미국 】뉴욕 언론인 스크립스가 석간 전문의 'UP(United Press)'라는 새로운 상업 통신사를 설립했다. 스크립스는 1878년에 자신의 첫 신문『클리블랜드 페니 프레스』를 창간한 뒤, 1894년에는 맥크레와 함께 '스크립스–맥크레 신문연맹'을 만들어 미국 최초로 주요 신문 체인을 조직했던 인물이다. 또한 그는 1902년에는 특집기사·화보·만화 등을 신문에 공급하는 최초의 통신사인 '신문사업연합회(Newspaper Enterprise Association/NEA)'를 설립하기도 했다.

한편, 1848년 뉴욕의 6개 신문사가 설립한 AP(Associated Press) 통신은 UP 통신사의 등장에 촉각을 곤두세우고 있다. '하버뉴스어소시에이션'을 기원으로 해, 입항하는 선박으로부터 유럽의 뉴스를 공동으로 취재하기 위해 비영리 법인으로 설립된 AP 통신은 1863년 당시 미국 대통령 링컨의 역사적인 명연설인 '게티즈버그 연설'을 보도했던 통신사이다. 참고로 세계 최초의 뉴스 통신사는 1835년에 설립된 프랑스의 아바스통신사(Agence Havas)로, 1832년에 샤를 루이 아바스가 차린 외국 신문 번역 통신사가 기원이다.

앞으로 뉴스의 생명인 '속도'와 함께 '선정성'을 무기로 내세운 UP 통신사가 AP 통신에 맞서 치열한 경쟁을 벌일 것으로 보인다.

〈아비뇽의 아가씨들〉 '입체파라 아뢰오'

【 1907년 】피카소(26)의 최신작. 여러 각도에서 본 여성의 몸을 서로 엇바꾸어 놓고, 앞과 옆을 겹쳐 놓는 등 파격 일색. 아프리카 미술의 영향을 받았고, 바르셀로나 아비뇽 거리의 매춘부를 지칭하는 제목처럼 전통적인 미인상을 비웃고 있다.

▶이인직, 신소설〈혈의 누〉를『만세보』에 연재(1906) ▶고리키,『어머니』출간(1906) ▶신채호,『독사신론』발표(1908) ▶나철, 대종교 창시(1909)

제3세계 통신

모로코 항구 카사블랑카, 프랑스 품 안에

【1907년】 프랑스가 모로코의 제1항구인 카사블랑카를 점령하고 모로코를 보호령으로 삼는 첫발을 내디뎠다. 2년 전 프랑스는 영국으로부터 모로코에 대한 권리를 양보받았으나, 이에 분개한 독일 황제 빌헬름2세의 개입으로 국제적 위기 상황이 발생했다. 하지만 독일의 기대와는 달리 이탈리아, 러시아, 미국 등이 모두 프랑스를 지지하면서 프랑스의 행보가 빨라졌다. 카사블랑카는 '하얀 집'이라는 뜻으로, 19세기에 유럽과 미국의 무역업자들이 정착하면서 모로코 제1의 항구가 됐다.

뉴질랜드 등, 대영제국 자치령으로 승격

【1907년】 캐나다·오스트레일리아·뉴질랜드·남아프리카로 구성된 식민지 연맹이 대영제국으로부터 스스로의 문제에 관한 완전한 통제권을 얻어내 '자치령'이라는 새로운 지위를 부여받았다. 이들 나라는 주민 대부분이 유럽인들로 이루어져 있으며, 오랫동안 영국의 생활양식과 관습을 간직해 왔다. 앞으로 이들은 영국의 상징적인 종주권을 인정하는 대신 사실상 주권을 보장받게 된다.

실크로드 탐사 본격화

【1907년】 영국인 동양학자 스타인이 1900년에 이어 두 번째로 나선 실크로드 탐사에서 둔황 천불동을 조사해 많은 불교 서적과 불화, 고문서를 얻었다. 실크로드는 고대 동서 문화 교류의 주요 루트였다. 둔황은 불교가 중앙아시아를 거쳐 중국에 처음으로 수용된 곳. 4세기 중반부터 이곳 동굴에 사원이 생기기 시작해 수많은 벽화와 불상이 만들어졌다. 그러나 16세기에 투르판에게 침략당해 약 200여 년간 지배를 받으면서 수많은 동굴과 불상이 파괴됐다.

양복점 광고(『만세보』, 1907년 1월 24일) : 양복점 이름, 전화번호, 그림만 넣은 광고.

대한제국 최초 야구 경기 개최

【1906년 2월 11일, 서울】 3회 말 황성기독교청년회(YMCA)의 공격. 조금 전 한성고등학교 선수들에게 공을 던지던 현동순 선수가 이번에는 타자석에 들어선다. 방망이는 한성고등학교 타자에게서 넘겨받았다. 방망이가 엉겁결에 공을 맞추자, 어리둥절하고 있던 외야수가 날아오는 공을 허겁지겁 맨손으로 받는다. 관중석에서 아쉽다는 한숨이 터져나왔다.

동대문 근처 훈련원에서 황성기독교청년회와 한성고등학교 야구단의 경기가 열렸다. 훈련원은 한국 최초의 야구 경기를 보려고 몰려든 관중들로 발 디딜 틈이 없었다. 양 팀 각 9명으로 구성된 선수들이 투수가 던지는 공을 방망이로 때려 점수를 내는데, 한

YMCA와 한성학교의 경기. 포수는 YMCA의 허성, 타자는 한성학교의 이영복이다.

손에 쏙 들어오는 작은 공을 방망이로 친다는 것이 선수들에게나 관중에게나 무척 신기했다는 후문이다.

미국인 선교사 필립 질레트가 황성기독교청년회 회원들에게 야구를 소개한 것은 지난해 봄. 그 후 일본인 선생의 지도 아래 한성고등학교 야구단이 만들어졌지만, 오늘 경기에서 승리한 쪽은 한성고등학교였다.

일본에 돌 던질라… 석전 금지령

【1908년】 일본 경찰이 설날 세시 풍속인 석전(石戰, 사진)을 금지한다고 발표했다. 석전은 동편과 서편으로 나누어 수백 보의 거리를 두고 돌팔매질을 벌여, 달아나는 쪽이 지는 한국 고유의 놀이. 일본 경찰은 석전이 한국인의 씩씩한 기상과 전투 기술을 키운다는 점을 우려해 이번에 엄금한 것으로 알려졌다.

오랑우탄과 함께 전시된 피그미족 남성

【1914년】 뉴욕 브롱크스동물원에 전시된 아프리카 남성이 화제다. 주인공은 키 150센티미터, 체중 46킬로그램인 콩고 피그미족 출신 오타 벵가(26). 1904년 아프리카 콩고전쟁에서 아내와 아이들을 잃고, 미국으로 팔려왔다. 벵가는 원숭이 우리에서 거주하며 관람객들에게 일기수일투족을 보여줬다. 동물원 관계자는 인간이 영장류로부터 진화했다는 것을 관람객들에게 이해시키려고 이 같은 전시를 기획했다고 밝혔다.

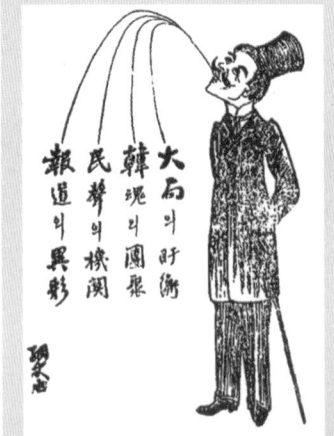
『대한민보』 사훈 삽화(1909년 6월 2일 창간호) : 한국 신문 최초의 시사 만화. 만화라는 말을 '삽화'로 표시했다. 『대한민보』의 창간 목적과 사명을 다짐하는 내용을 말만수로 연결해 1면에 실었다. 동양화가 이도영이 밑그림을 그리고 조각가 이우승이 목판본에 새겼다.

부고

▶ 최익현(1833~1906) : 위정척사파 관리. 을사조약 체결 후 의병을 일으켰으나 쓰시마섬에 유배돼 4개월 만에 사망.

▶ 입센(1828~1906) : 노르웨이 극작가. 현실주의 극에 공헌. 대표작 『사회의 기둥』, 『인형의 집』 등이 있다.

▶ 세잔(1839~1906) : 프랑스의 후기 인상파 화가. 주요 작품으로 〈목맨 사람의 집〉, 〈목욕하는 여인들〉 등이 있다.

▶ 서태후(1835~1908) : 청나라 황후. 보수파 관료들을 기반으로 거의 반세기 동안 청나라를 철권 통치한, 중국 역사상 강력한 여성 지도자 중 하나이다.

최초의 양복 교복 입고 졸업 사진 찰칵

1907년 숙명여학교 학생들 : 한국에서 양복을 교복으로 제일 먼저 입은 학교는 숙명여학교로 자주색 원피스를 입었다. 최초의 교복은 이화학당의 다홍색 무명치마와 저고리. 여학생들은 머리를 길게 땋거나 트레머리를 했으며, 외출할 때에는 쓰개치마나 장옷을 썼다.

▶대한체육구락부 결성(1906) ▶베이징-파리, 사상 최장·최악의 자동차 경주 개최(1907) ▶몬테소리, '어린이의 집' 개원(1907) ▶포얼, 보이스카우트 창설(1908)

한·일 병합

사진 | '일한합병기념' 엽서

아! 원통하다 대한이여

일진회는 한·일병합 직전 일본 황태자의 조선 방문 때 '사꾸라' 문양이 새겨진 대형 아치를 숭례문(남대문) 앞에 세웠다(오른쪽 아래). 이후 한·일병합의 주역인 데라우치 조선 통감과 이완용 영친왕 등(오른쪽 위)이 조약 문서(왼쪽 아래)에 서명하고, 근정전에는 일장기가 내걸렸다(왼쪽 위).

【1910년 8월 29일, 서울】기습이었다. 모든 정치 집회를 금지하고, 원로 대신들을 연금하고, 용산 주둔 2사단 등 일본군이 곳곳에서 삼엄한 경비를 펴는 가운데, 총리대신 이완용(52)은 순종 황제의 어새가 날인된 양국('나라를 양보함') 칙유와 자신이 서명한 한·일병합조약을 발표했다. 8개조로 된 이 조약의 1조는 한국 정부의 모든 통치권을 완전히, 또 영구히 일제에 넘긴다고 규정하고 있다. 이로써 무려 27대 519년을 이어 온 왕조가 너무도 쉽게 막을 내리고 말았다.

5년 전 을사조약을 강제한 일제는 1907년 8월 한국을 식민지로 만드는 데 최대의 장애였던 한국 군대를 강제로 해산하고, 최대의 저항 세력이던 항일 의병마저 '남한대토벌 작전'으로 진압했다. 그리고 1909년 10월 안중근이 초대 통감 이토 히로부미를 사살하자, 이때부터 한국을 영구 병합하려는 계획을 노골적으로 추진하기 시작했다.

병합의 주역은 올 5월 3대 통감에 임명된 육군대신 데라우치 마사타케(58). 일본은 우선 경찰권부터 정비하고 나섰다. 한국 경찰은 이미 1907년 10월 일본 경찰에 통합됐으나, 일본은 사법 경찰권만 갖고 일반 경찰권은 한국 경찰이 행사했다. 그러다가 1910년 6월 한·일 양국은 각서를 교환하고 일반 경찰 업무도 일본이 도맡아서 관장하기로 합의했다.

7월 12일, 데라우치 통감은 일본 정부가 마련한 '병합 후의 대한 통치 방침'을 들고 한국에 왔다. 8월 16일에는 데라우치 통감이 이완용 총리대신과 농상공대신 조중응(50)을 통감 관저로 불러 병합조약안을 보여 주고 수락할 것을 재촉했다. 이틀 뒤 이완용은 내각회의를 소집하고 합의를 밀어붙였다. 반대 의사는 철저히 묵살됐다. 일본은 이 같은 사실이 새어나가 병합조약에 반대하는 소요가 일어날 것에 대비, 나남·청진·함흥·대구 등에 주둔하는 일본군을 야간에 서울로 이동시켰다.

살벌한 분위기 속에 데라우치 통감과 이완용 총리대신 사이에 병합조약이 체결된 것은 지난 22일. 일본군에 둘러싸인 채 이완용은 순종 앞에서 어전회의를 가진 뒤 쫓기듯 도장을 찍었다. 날림으로 이루어진 병합조약은 한국인의 분노가 폭발할 것을 두려워한 일제에 의해 한동안 발표가 미뤄져 오다가 오늘 마침내 기습적으로 공개된 것이다.

이번 한·일병합조약은 강요에 의한 비밀조약인데다 순종이 직접 날인하지도 않고 순종이 작성한 비준서도 없어 원천 무효라는 비난을 받고 있다. 심지어 이완용 총리대신의 측근인 윤덕영(37)이 어새를 날조했다는 설까지 나돌고 있다. 그러나 조약의 정당성 이전에 한·일병합은 힘의 논리에 의해 이미 현실로 나타나기 시작했다.

한·일병합, 무엇이 어떻게 달라지나

대한제국이 식민지 '조선'으로, 천황 직속 총독부가 13도 통치

한·일병합으로 '대한제국'이라는 나라 이름은 지구상에서 사라졌다. 일본은 자국 영토로 편입된 한반도의 지역 명칭을 대한제국의 약칭인 '한국' 대신 '조선'이라 부르기로 했다. 한편, 한·일병합이 발표되자, 일본의 『중외상업신보』는 1면 중앙에 대문짝만하게 한반도의 지도를 싣고, 1,248만 4,621명의 인구를 지닌 새 영토의 획득을 축하했다.

일제는 종래의 통감부를 폐지하고, 이보다 강력한 기구인 조선총독부를 식민지 통치 기구로 설치했다. 조선총독부는 1910년 10월 1일부터 가동되었으며, 초대 조선 총독에는 한·일병합의 행동대장인 3대 조선 통감 데라우치 마사타케가 임명됐다. 그는 한국을 병합하던 날 밤, "가토 기요마시, 고니시 유키나가가 살아있다면 오늘밤 이 달을 어떻게 보았을까?"라는 시를 한 수 지었다고 한다.

한반도의 최고 통수권자인 조선 총독은 데라우치가 그렇듯이 일본의 육·해군 대장 가운데서 선임되며 일본 천황에 직속된다. 조선 총독은 한반도에 주둔하는 일본 육·해군을 통솔하여 한반도의 방위를 맡고, 한국의 모든 정무를 총괄하는 권한과 책임을 갖게 된다. 또한 천황의 특별한 위임에 따라 총독부령을 발포할 수 있고, 벌칙도 내릴 수 있으며, 법률에 준하는 명령을 내릴 수도 있다. 한마디로 한국의 최고 통치자로서 매우 폭넓고 강력한 권한을 한 손에 쥐게 될 것이다.

식민지 조선의 중앙 행정조직은 관방·총무·내무·탁지·농상공·사법 등 5부로 구성하고, 그밖에 기능별로 취조국·경무총감부·재판소·임시토지조사국 등을 두었다. 지방은 경기, 충청남·북, 전라남·북, 경상남·북, 강원, 황해, 함경남·북, 평안남·북 등 13도로 나누고, 도 밑에는 부(府)·군·면을 두었다. 도의 책임자는 장관이라 한다.

총독의 자문기관인 중추원에는 의장 밑에 부의장·고문·서기관 등을 두었다. 한국인도 의장만 아니면 3년 임기로 중추원에 들어갈 수 있으나, 이들은 친일 인사를 우대하는 명예직에 지나지 않는 것으로 알려졌다. 한국인은 특별임용령에 따라 조선총독부 소속관청의 문관에 임명될 수도 있으나, 그 수가 매우 적고 일본인 관리에 비해 차별 대우를 받을 것으로 보인다.

현재 전국에는 일본군 2개 보병 사단, 헌병 및 경찰 약 4만 명, 헌병보조원 2만여 명이 배치돼 데라우치 마사타케 총독의 강압 통치를 뒷받침할 만반의 준비를 하고 있다.

주차한국군사령관 데라우치가 조선 통감으로 부임하는 행렬(왼쪽)과 조선총독부 청사(오른쪽). 조선총독부 청사는 남산에 있던 조선통감부 건물을 그대로 사용했다.

일본제국에는 어떤 식민지들이 있나 타이완, 사할린과 식민지 한국

대한제국을 식민지로 편입한 일본제국의 정식 국호는 1890년 2월 발포된 대일본제국 헌법에서 유래하는 '대일본제국'이다. 영문으로는 'The Empire of Japan'으로 표기한다. 일본에서 통상적으로 사용하는 칭호는 제국이나 황국(皇國)이지만, 법률과 공문서 등에서는 일본, 일본국, 대일본국 등을 섞어 쓴다.

제국은 말뜻대로만 풀면 황제가 다스리는 나라이지만, 현실에서는 영국·미국·프랑스 등 열강처럼 국외에 식민지를 거느리는 대국을 의미한다. 일본제국이 획득한 첫 번째 식민지는 1895년 청·일전쟁 후 시모노세키조약에 따라 청나라로부터 떼어낸 타이완. 일본은 이곳에 총독부를 설치하고 한국을 식민지로 삼기 위한 예행 연습을 충실히 진행해왔다.

일본제국의 두 번째 식민지는 1905년 러·일전쟁 후 포츠머스조약에 따라 러시아로부터 떼어낸 사할린섬의 북위 50도 이남 지역. 일본은 타이완과 달리 이곳에 총독부를 설치하지 않고 1907년 3월 '가라후토청'이라는 행정조직을 설치해 통치하도록 했다. '가라후토'는 사할린섬을 가리키는 일본 말.

한국은 타이완과 사할린섬처럼 한 나라의 일부 지역이 아니라 문명 국가가 통째로 일본제국의 식민지가 되었기 때문에 일본도 이곳에 큰 비중을 두고 있는 것으로 알려졌다. 현재까지 드러난 일본의 식민 정책은 오랜 기간에 걸쳐 '해가 지지 않는 제국'을 건설한 영국의 다소 방만하고 느슨한 방식과 달리, 짧은 시간에 일사불란하게 몰아치는 방식을 보인다는 평이다.

일본제국의 타이완총독부 건물. 일제는 1895년 4월 청·일전쟁의 결과로 맺은 시모노세키조약에 따라 타이완·펑후열도·랴오둥반도를 할양받고 막대한 배상금을 얻었다. 이로써 동아시아 국제 질서는 청을 대신해 일본이 주도하게 됐다.

합병으로 목숨 잃은 사람들
절명시 쓰고 순국한 매천 황현, 회은 유도발

나라 잃은 슬픔을 절명시로 남기고 자결한 매천 황현.

새와 짐승도 울고 온 산천 찡그리니	鳥獸哀鳴海嶽嚬
무궁화 세계 기어이 망해 버렸구나	槿花世界已沈淪
가을 등불 아래 책 덮고 역사 헤아리니	秋燈掩卷懷千古
글 아는 사람 노릇 하기 어렵도다.	難作人間識字人

1910년 10월 11일 지방 유생 황현(55)이 지은 네 편의 '절명시'가 『경남일보』에 실렸다. 절명시란 말 그대로 목숨을 끊으며 지은 시를 말하는데, 제목처럼 시인 황현은 지난 9월 한·일병합을 한탄하며 전라남도 구례에서 음독 자살했다. 이 시가 실린 『경남일보』의 주필은 1905년 을사조약 때 『황성신문』에 「시일야 방성대곡("이날을 목놓아 통곡하노라")」이라는 사설을 실었던 장지연(46). 조선총독부는 이 시를 문제 삼아 곧 『경남일보』를 폐간 조치할 태세이다.

한·일병합 소식을 접하고 목숨을 끊은 이는 황현만이 아니다. 농사를 짓고 살던 평범한 유생 유도발(78)은 울분을 참지 못해 고향인 안동에서 단식으로 자결했다. 유도발 역시 단식을 시작해 죽을 때까지 「자지(自誌)」, 「자명(自銘)」등 여러 편의 절명시를 지어 세상에 남겼다.

이렇듯 목숨을 끊는 이가 있는가 하면, 적극적으로 병합 무효 투쟁을 벌이는 사람도 적지 않다. 안지호는 각국 공관에 호소문을 보내고 데라우치 총독에게 독립을 요구하는 글을 보냈다가 옥살이를 했고, 미국 교포들은 병합의 원천 무효를 선언하고 나섰다. 김일환, 조훈 등 만주로 이주해 독립운동에 적극 투신하는 이들도 늘어나고 있다. '글 아는 사람 노릇' 하기 위해 붓뿐 아니라 총까지 들어야 하는 시대가 왔나 보다.

합병에 목숨 걸었던 사람들
합병 주도권 경쟁 벌인 이완용과 송병준

친일 단체 일진회를 이끌던 송병준(52)은 일찍이 조선 통감 이토 히로부미에게 한·일병합을 요청했으나, 일제의 전략적 접근으로 늦어지자 1909년 2월 직접 일본으로 건너가 가쓰라 다로 수상 등을 상대로 병합을 흥정하고 나섰다. 이 무렵 조선통감부가 이완용 내각을 와해시키고 그의 맞수 송병준을 내세우려 한다는 소문이 파다했다. 두 사람의 충성 경쟁을 부추기려는 통감부의 전술이었다. 합병의 공을 빼앗기기 싫었던 이완용은 "현 내각보다 더 친일적인 내각은 나올 수 없다."라며 신소설 작가 이인직(48)을 통해 자신이 병합조약을 맺을 수 있다고 통감부 외사국장 고마쓰 미도리에게 알렸다.

병합의 분위기가 무르익고 있다고 본 일제는 일진회 고문 스기야마 시게마루로 하여금 송병준, 이용구(42)등을 움직여 병합 청원을 하도록 부추겼다. 그에 따라 1909년 12월 3일 서울 종로의 상업회의소에서 일진회와 대한협회의 정견위원회가 열리고, 이날 저녁 늦게 일진회 임시총회가 열렸다. 여기서 일진회 회장 이용구는 나라와 백성의 형세가 절박하니 황실을 지키고 백성을 돕기 위해 일본과 병합해야 한다고 주장해 만장일치의 동의를 얻어냈다.

이용구는 다음 날 100만 일진회 회원의 이름으로 순종·이완용 내각·통감부에 「일한합방상주문」을 보내고, 전 국민 앞으로 「일한합방성명서」를 발표했다. 그러자 전국의 여론은 찬반으로 들끓었다. 중추원 고문 김윤식(75)은 이용구·송병준의 처형을 주장하고 나섰고, 일진회 주도의 병합을 반대해 온 이완용은 이에 뒤질세라 더욱 적극적으로 병합을 추진했다. 결국 8개월간의 갈등과 경쟁 끝에 1910년 8월 대한제국이 일본제국에 흡수 통합됨으로써 일진회의 청원은 실현되었다. 그리고 한 달 뒤 일진회는 '역사적' 소명을 다 하고 해체돼 역사 속으로 사라졌다.

송병준이 이끄는 일진회 회원들이 모의하던 집회장(위)과 일진회 회장인 이용구의 집에서 기념 촬영한 일진회 회원들의 모습(아래).

1910년~1913년

근현대사신문

근대 10호

주요 기사 2면 | 혁명 공화국으로 가는 중국 (1912) 3면 | 조선총독부, 식민지 수탈 정책 속속 발표 (1910) 4면 | 사설 – 중국혁명을 아시아의 혁명으로 4면 | 쟁점 – 누구를 위한 토지 조사사업인가 5면 | 일본 농민이 몰려온다 (1913) 6면 | 대륙은 살아 있다! 7면 | 나라 잃었다고 글까지 잃으랴? 8면 | 엄복동, 평양자전거대회 우승 (1913)

중국혁명과 식민지 한국의 운명

대한제국이 일본의 식민지로 전락함에 따라 동아시아에는 청나라만 남았다는 것이 많은 사람의 생각이었다. 1900년, 8개국 연합군이 의화단을 제압하고 베이징을 장악했을 때 청 왕조의 숨통은 거의 다 끊어졌다. 이제 남은 관심사는 반식민지가 되어 버린 청나라를 통째로 집어삼킬 최후의 승자는 누구일까 하는 것이다. 독일일까, 영국일까, 일본일까? 아니면 중국 대륙도 아프리카처럼 마지막 살점까지 갈갈이 찢긴 채 숨을 거둘까?

바로그때 중국에서 양무운동과는 다르고 변법자강도 구별되며 의화단 같은 국수주의는 더구나 아닌 새로운 정치세력이 나타났다. 그들은 청 왕조, 아니 수천 년 전통의 중국 왕조에 사형선고를 내리고 국민이 주인인 공화제 국가를 선포했다. 반제 반봉건을 지향하는 그들의 성공은 총체적 식민지로 나아가는 동아시아에 전환을 가져올 것이며, 낙심한 식민지 한국의 민중에게도 새로운 희망을 제공할 것임에 틀림없다.

사진 | 영화 〈마지막 황제〉의 주인공 선통제

혁명 공화국으로 가는 중국

쑨원, 마지막 왕조 '청' 무너뜨리고 중화민국 수립

신해혁명의 성공으로 중화민국을 수립한 쑨원이 오색기와 혁명 깃발 아래 서 있다.

【1912년, 중국】 수천 년 동안 대륙을 지배해 온 왕조 체제가 무너져 내렸다. 1월 1일, 난징에 모인 혁명군은 공화제 국가인 중화민국 수립을 선포하고, 쑨원(46)을 임시 대총통에 임명했다. 쑨원은 취임사에서 "청 왕조를 끝장내고 민족, 영토, 군정, 내치, 재정의 통일을 이루어내겠다."라며 새 나라의 청사진을 밝혔다.

이른바 신해혁명 세력은 작년 10월 우창에서 무장봉기를 일으킨 뒤 전국적인 지지를 받아왔다. 청 왕조는 아편전쟁에서 패한 뒤 무기력하게 서양 세력에 휘둘려왔다. 이에 중국 민중 사이에서는 이민족인 만주족이 통치하는 청 왕조를 몰아내고 새 나라를 세우자는 운동이 점차 세를 얻어갔다.

이 운동의 중심 인물이 쑨원. 쑨원은 일찍부터 기독교를 받아들이고 서양 의학을 배워 신지식을 습득한 입지적 인물이다. 그는 봉건 왕조인 청나라가 남아 있는 한 중국의 미래는 없다고 보고 혁명운동에 뛰어들었다. 하지만 국내 활동이 어려워지자 일본으로 망명해 '중국동맹회'를 결성해 혁명운동을 지도해왔다. 그러던 참에 지난해 10월 우창에서 무장봉기가 일어나자, 각 성이 청 왕조로부터 독립을 선언하며 혁명에 동참한 것. 혁명 세력은 공화제 정부를 수립하기로 하고, 그 지도자로 쑨원을 추대하기에 이르렀다.

전문가들은 중화민국의 수립으로 중국의 정세는 새로운 국면에 접어든 것으로 보고 있다. 그들은 청 왕조가 수명을 다한 것은 사실이지만, 왕조를 떠받쳐온 군벌 세력의 힘은 무시할 수 없으므로 중화민국의 장래가 낙관적이지만은 않다고 말한다. 이런 점에서 유력한 군벌로 혁명군과 협력해 청 왕조를 퇴진시킨 위안스카이(53)의 행보에 눈길이 모이고 있다.

초호화 유람선 타이타닉 침몰

【1912년 4월 15일】 새벽 2시 20분경, 사상 최악의 선박 사고 발생! "하느님도 침몰시킬 수 없는 배"라고 선전했던 세계 최대의 초호화 유람선인 타이타닉호가 뉴욕으로 가는 도중, 북대서양 뉴펀들랜드 근해에서 빙산과 충돌해 차가운 바닷속으로 가라앉았다. 누구나 한번쯤 타보고 싶었던 배였고, 미국의 새 인생을 꿈꾸는 사람들로 가득찼던 타이타닉호에는 여객들과 승무원을 포함해 약 2,340명이 타고 있었다. 그러나 생존자는 겨우 745명, 주로 여자와 어린이들인 것으로 전해져 안타까움을 자아내고 있다.

아프리카·발칸 반도에서 제국주의 전쟁 '일촉즉발'

【1912년 12월, 발칸반도】 세르비아와 그리스, 몬테네그로와 불가리아로 구성된 발칸의 동맹국이 지난 10월 8일 오스만제국과 전쟁을 벌이기 시작한 이래, 파죽지세로 오스만제국군을 밀어붙여 이스탄불의 방어선을 무너뜨렸다.

이들 동맹국은 4년 전 오스만제국이 보스니아와 헤르체고비나를 오스트리아에게 빼앗겨 급격히 힘을 잃자, 이를 독립 쟁취의 기회로 보고 전쟁을 일으켰던 것이다.

현재 발칸의 정세는 휴전 상태로 접어들었다. 이번 전쟁에서 국제적으로는 러시아가 발칸 동맹국을, 오스트리아와 독일이 오스만제국을 편들고 있다. 게다가 영국과 프랑스도 발칸반도가 어느 강대국의 소유가 되도록 내버려두지 않겠다는 입장을 보이고 있다. 이른바 영국의 '3C선(케이프타운-카이로-콜카타)'과 독일의 '3B선(베를린-비잔티움-바그다드)', 그리고 러시아의 '2P선(페테르부르크-페르시아만)'이 서로 실타래처럼 얽혀 있는 상태.

그 결과 아프리카에서 튀니지를 프랑스에게 빼앗긴 이탈리아는 독일·오스트리아와 '3국동맹'을 맺고, 러시아는 독일을 견제하려고 영국·프랑스와 '3국협상'을 맺었다. 특히 독일은 지난해 7월 모로코의 아가디르항에 전함 판터호를 파견해 프랑스와 일촉즉발의 전쟁 위기를 초래했으나, 프랑스가 모로코를 보호령으로 삼는 대신 프랑스령 콩고 영토의 일부를 할양해주자 한 발 물러난 바 있다.

이처럼 아프리카는 물론 발칸반도에서 벌어지고 있는 제국주의 국가들끼리의 경쟁은 어디서든 건드리기만 하면 세계 전쟁으로 폭발할 수 있는 '화약고'와 같다는 것이 국제 문제 전문가들의 평이다.

▶영·독, 해군 군비 경쟁 가속화(1912) ▶모로코, 프랑스 보호령(1912) ▶발칸동맹 성립(1912) ▶알바니아, 영세 중립국으로 독립(1913) ▶청년투르크당 집권(1913)

식민지 수탈의 그늘 깊어가는 한국

총독부, 총칼 차고 토지조사령·회사령·조선교육령 등 밀어붙여

【1912년】 일제가 한국을 병합한 이래 식민 체제 정비 작업을 본격적으로 추진하고 있다. 일제는 우선 통감부를 없애고 총독부를 설치했다. 조선 총독은 현역 육·해군 대장 중에서 임명되는데, 일본 의회의 감독을 받지 않고 천황 직속으로 배치돼 조선의 입법, 사법, 행정의 모든 권한을 행사하게 된다. 국민의 대표기관인 의회의 감독을 받지 않으니까 사실상 마음대로 권력을 집행할 수 있으며 감시나 견제 장치는 전혀 없다. 초대 총독으로는 한일 병합을 앞장서 추진한 데라우치 마사타케가 임명됐다.

총독부의 한국 식민 통치는 헌병 경찰 제도에서 그 본질을 명확히 드러내고 있다. 그동안 문화적으로 앞서지 못한 일본이 한국을 지배하려면 무력을 사용할 수밖에 없어서 군대의 경찰인 헌병이 민간인을 감시하고 있다. 심지어 학교에서 선생님들이 칼을 차고 수업을 진행하는 등 세계 역사에서도 유례가 없는 폭압적인 통치 방식을 통치 채택하고 있다. 한 정치평론가는 "이러한 무단통치의 연장선상에 있는 정책이 태형령의 부활이다. 갑오개혁 때 폐지됐던 태형령을 부활시켜 조선인을 범죄자처럼 취급하고, 일제의 식민 지배에 순응하도록 강요하고 있다."고 분개했다.

한편 일제는 식민 지배를 위한 토지조사령, 회사령, 조선교육령, 광업령, 어업령, 산림령, 사찰령 등 각종 법률

총독부는 일본인 측량사와 기술자를 동원해 지방마다 토지 현황과 면적을 측정해 지적도를 만들었다. 사진은 일본인 토목 기사와 측량사들이 토지조사를 하는 모습.

을 만들고 있다. 토지조사령은 전국의 토지를 측량하고 소유자를 확인해 소유권을 명확히 정해서 지세의 안정적 수입을 확보할 목적으로 시행되고 있다. 회사령은 한국에서 회사를 설립할 때 총독의 허가를 받는 것을 조건으로 달아 한국인의 회사 설립을 억제하는 것을 목표로 하고 있다.

또한 일제는 조선교육령을 시행해 한국인에게 기초 교육과 실업교육만을 실시해 식민 지배에 동조하는 인간으로 길러내려 하고 있다. 한편 광업령, 어업령, 산림령을 제정해 조선의 기본적인 자원을 통제하고, 사찰령을 통해 종교 단체마저도 일제에 순응하도록 감시하고 통제하려는 본색을 드러내고 있다. 이렇게 일제는 모든 분야에서 한국인이 식민 지배에 순응하도록 강요하고 있다.

105인 잡으면 2천만이 기죽나?
신민회 탄압 위해 총독 암살 음모 조작

105인 사건으로 기소된 사람들이 공판장으로 끌려가고 있다.

【1911년 9월, 서울】 조선총독부는 데라우치 총독 암살 미수 혐의로 윤치호(46)를 비롯해, 양기탁·임치정·이승훈·유동열·안태국 등 600여 명을 검거했다고 밝혔다.

이들은 지난해 말 압록강 철교 개통식에 참석하기 위해 경의선 열차편으로 이동하는 데라우치 총독의 암살을 기도했다는 혐의를 받고 있다. 그러나 이번 사건의 배후로 지목된 신민회 관계자에 따르면, 지난해 12월 군자금을 모금하던 안명근을 체포해 총독 암살 음모 사건으로 확대·날조한 총독부가 그 과정에서 확인한 신민회 조직을 일망타진 하기 위해 이번 사건을 조작한 것이라고 한다. 총독부가 이미 짜놓은 각본에 맞춰 핵심 인물 105인을 기소함에 따라 이번 사건은 이른바 '105인 사건'으로 불리고 있다.

한편, 이번 사건을 계기로 많은 독립운동가들이 지하로 잠적하거나 해외로 망명해 항일 독립투쟁을 계속할 것이라는 전망이 나오고 있다.

의병은 다 사라진 줄 알았더니
독립의군부 등 나라 안팎에서 항일 투쟁 계속

【1912년】 고종의 밀조를 받은 의병장 임병찬(61)을 중심으로 항일 비밀결사인 독립의군부가 조직됐다. 임병찬은 을사조약 이후 최익현 휘하에서 의병 활동을 하던 인물로, 순창전투에서 일본군과 격전 중 최익현과 함께 체포돼 2년형을 선고받고 쓰시마섬으로 유배됐다가 1907년 1월 귀국했다. 독립의군부 전라남도 순무대장인 그는 앞으로 호남 지방의 유림과 의병 출신을 규합해 독립의군부 조직을 서울을 비롯한 전국으로 확대시킬 계획이라고 한다.

그동안 의병은 병합 직전 일제의 남한 대토벌 작전으로 타격을 입었지만, 계속된 게릴라전으로 일본에 타격을 안겨 왔다. 1910년에는 1,832명의 의병이 일본 헌병·경찰과 120회 가량 전투를 벌인 것으로 밝혀졌다.

일본군의 무력에 밀려 국외로 이동한 의병 부대들도 독립군으로 전환해 새로운 항일투쟁을 준비하고 있다는 소식이다. 블라디보스토크에서는 권업회라는 독립운동 단체를 조직했고, 상하이에서는 정인보·박은식·신채호 등이 동제사를 만든 것으로 알려졌다.

▶만주 최초 항일 단체 중광단 조직(1911) ▶조선 민사령·형사령·감옥령 시행(1912) ▶안창호, 샌프란시스코에서 흥사단 조직(1913) ▶경북에서 광복단 조직(1913)

사설

중국혁명을 아시아의 혁명으로

신해혁명이 성공하자 아시아 민중은 희망에 들떴다. 곧이어 위안스카이가 독재 체제를 확립하고 혁명을 좌절시키자 아시아 민중도 함께 좌절했다. 우리는 쑨원의 혁명 세력이 위안스카이의 군벌 세력을 물리치고 중화민국을 명실상부한 민주공화국으로 일으켜 세우기를 간절히 기도한다. 다행히 쑨원은 험난한 혁명의 역정 속에서도 군벌의 뒤에 제국주의가 있다는 것을 몸으로 깨닫고 더욱 근본적인 반제 반군벌 투쟁에 나서고 있어 앞날을 기대하게 한다.

중국은 수천 년간 아시아의 정치적, 문화적 중심 국가였다. 그러나 중화주의로 무장한 전제 중국은 주변 국가들에게 자존심의 상처와 물질적 피해를 안겨주기도 했다. 중국이 열강의 반식민지로 전락한 것은 그 업보였는지도 모른다. 신해혁명은 중국이 그 업보를 떨쳐버리고 반제국주의 반봉건 투쟁의 선두에 서서 아시아 민중의 등불이 되어 줄 가능성을 높였다. 민주공화제로 나아가는 신중국은 우리나라의 민족해방운동에도 크나큰 도움을 줄 수 있을 것이다. 우리 애국자들은 중국을 해방투쟁의 든든한 기지로 삼고, 중국 공화 정부의 지원을 받아 일제 침략자들과 싸워나갈 수 있을 것이다. 반면 황제 체제의 복원까지 노리는 위안스카이가 계속 중국을 차지한다면 우리의 해방투쟁도 그만큼 설 땅을 잃을 뿐 아니라, 중국 자신도 더욱더 암울한 식민지로 굴러떨어지는 운명을 피할 수 없을 것이다. 쑨원과 중국 혁명 세력의 어깨에는 중국뿐 아니라, 아시아 여러 민족의 운명이 함께 걸려 있다.

누구를 위한 토지조사사업인가

쟁점 근대적 소유권 확립 명분, 식민 통치 기반 마련

1912년 일제가 조선토지조사령을 공표하고 전국적으로 일제히 토지조사에 들어갔다. 이번 조사에서는 토지의 위치, 면적, 소유자 등을 조사한다. 그런데 일제가 토지조사사업을 하는 목적에 대해서는 의견이 엇갈리고 있다. 쟁점이 무엇인지 살펴보자.

데라우치 총독은 지난해 7월에도 장관들에게 "토지조사국을 설치해 지적의 어지러움을 정리하고, 소유권을 확인하며 재정의 기초를 세우게 하려고 한다."라고 훈시했다. 이번 토지조사는 이 훈시처럼 토지 소유 제도를 바꿔 농업의 자본주의적 발전을 도모하는 것이라고 일제는 설명하고 있다.

그러나 한 전문가는 이러한 설명에 의문을 표시하고 있다. 이번 토지조사로 근대적 토지 소유권이 확립돼 토지 소유자가 법의 보호를 받게 되지만, 이는 명분에 불과하다는 것이다. 그는 "이번 조사의 진정한 목적은 총독부가 한국을 식민지로 지배하는 데 필요한 안정적인 지세 수입을 확보하고, 개인 소유지가 아닌 토지를 총독부가 차지하며, 식민지 동맹자로 지주 계급을 확보하는 것이다."라고 말했다.

실제 이번 조사 과정에서 전국의 토지가 정확하게 파악돼 조세 수입이 늘어나게 되었고, 국공유지와 문중 토지가 일제의 손에 들어가고 있다. 또 토지조사사업도 지주 계급에게 유리하게 전개되고 있다.

예로부터 농민은 특별한 사정이 없는 한 토지에 대한 경작권을 평생 보호받아 왔다. 그러나 일제는 근대적 계약을 명분으로 1~2년 단위로 지주와 소작인이 계약을 맺도록 함으로써 지주의 권리를 강화시키고 소작인의 권리를 약화시켰다. 이제 지주는 자신의 입맛에 맞지 않는 소작인에게 소작을 주지 않을 명분이 생긴 것이다.

조선 후기에는 소작인이 개간을 하면 특별히 약 3분의 1 정도의 소작료만 내면 되는 소작인 보호 제도가 있었다. 도지권이라고 불리는 이 권리도 이번 토지조사 사업으로 사라졌다.

결국 일제는 근대적 토지 소유권 확립을 명분으로 토지조사사업을 실시해 조선을 식민 통치할 수 있는 기반을 마련하려는 속셈인 것이다.

그림마당 | 이은홍

기록실

비밀 결사 대한 신민회의 취지서

신민회는 1907년에 안창호, 이동휘, 신채호 등 독립운동가와 서울 및 서북 지방의 신흥 상공인을 비롯한 사회의 여러 인사가 참여해 비밀리에 조직한 비밀 결사이다. 신민회의 노선과 활동 목표를 한눈에 알 수 있는 '대한 신민회 취지서'를 입수해, 신민회의 조직 목표를 긴급 점검한다.

"…… 신민회(新民會)는 무엇을 위하여 일어남이뇨? 민습(民習)의 완고 부패에 신사상이 시급하며, 민습의 우미(愚迷)에 신교육이 시급하며, 열심의 냉각에 신제창이 시급하며, 원기의 쇠퇴에 신수양(新修養)이 시급하며, 도덕의 타락에 신윤리가 시급하며, 문화의 쇠퇴에 신학술이 시급하며, 실업의 초췌에 신모범이 시급하며, 정치의 부패에 신개혁이 시급이라, 천만 가지 일에 신(新)을 기다리지 않는 바 없도다…….

무릇 우리 대한인은 내외를 막론하고 통일 연합으로써 그 진로를 정하고 독립 자유로써 그 목적을 세움이니, 이것이 신민회가 원하는 바이며, 신민회가 품어 생각하는 소이이니, 간단히 말하면 오직 신정신을 불러 깨우쳐서 신단체를 조직한 후에 신국을 건설할 뿐이다."

▶압록강 철교 준공(1911) ▶뉴욕시 화재 발생으로 노동자 146명 사망(1911) ▶블로일러, '정신분열증' 용어 만듦(1911) ▶테일러, 『과학적 경영의 원리』 출판(1911)

일본 농민이 몰려온다… 농업 이민 급증

동양척식주식회사 주도로 각종 특혜 제공… 한국 농민 몰락 가속화

【1913년, 서울】한·일병합 이후 일본인의 농업 이민이 급증하고 있다. 1910년부터 매년 1,000호 정도가 이주해 와서 올해에는 이미 3,000호를 넘어섰으며, 이러한 추세는 앞으로도 계속될 전망이다.

이렇게 농업 이민이 급증하는 가장 큰 까닭은 저렴한 토지 가격으로 이익이 많이 남기 때문이다. 일본인 농민들은 1908년에 설립된 동양척식주식회사를 통해서 한국의 땅을 구입하고 있다. 동양척식주식회사는 "일본에서 1단보(약 10아르)를 살 수 있는 금액으로 조선에서는 7단보를 살 수 있다."라는 모집 광고를 내고 있다. 이렇게 싼 토지 가격 때문에 땅을 사서 소작을 시키면 보통 연20퍼센트의 수익을 낼 수 있다는 것. 이와 비교해 일본에서는 5퍼센트 정도의 수익을 올릴 수 있을 뿐이다. 따라서 일본인 지주들이 한국 땅에 몰려들고 있는 것이다.

일제는 계획적으로 농업 이민을 추진하고 있다. 1912년까지 국유지로 편입된 땅이 13만 정보로 전체 경지 면적의 5퍼센트에 이르고 있다. 이렇게 편입된 땅은 동양척식주식회사를 비롯한 일본 회사와 지주들에게 불하됐다. 동양척식주식회사는 소유 토지를 다시 연리 6퍼센트에 25년 분할 상환이라는 유리한 조건으로 일본인에게 분배하고 있다. 그 결과 1910년 2,000명 수준이던 일본인 지주가 올해에는 6,000명에 이르고 있다.

일본인의 농업 이민이 많아지면서 한국 농민의 피해는 더욱 커지고 있다. 가장 큰 문제는 이들이 토지로부터 쫓겨나고 있다는 것이다. 많은 한국인 농민들이 토지를 잃고 소작농으로 전락해 가난한 삶을 살아가고 있다. 더 큰 문제는 소작지마저 얻기가 어렵다는 점이다. 1912년까지 소작지를 빼앗긴 농민이 약 35만 명에 달하고 있는 실정이다.

그래서 소작지를 얻지 못한 농민들은 만주나 시베리아로, 또는 일본으로 일자리를 찾아 정든 고국을 등지고 있다. 이러한 농민의 몰락은 1912년부터 시행되고 있는 토지조사사업이 진행될수록 더욱 늘어날 것으로 예상되고 있다. 한국 농민의 몰락을 막기 위한 대책이 시급하다.

1908년 12월에 자본금 1천만 원으로 설립된 동양척식주식회사는 식민지 경제 수탈의 본거지 역할을 맡아, 일본인 농업 이민 추진과 조선의 토지조사사업을 주도했다.

포드 자동차, 컨베이어 벨트로 차를 찍어낸다

이동식 조립라인 도입해 자동차 제작에 걸리는 시간 8배 단축

【1913년 5월, 미국】'모델T' 자동차로 유명한 포드가 컨베이어 벨트 위에 자동차를 올려놓고 차례차례 조립해가는 '대량생산 시스템'을 도입해 화제다. 포드는 이 방식으로 종전 12시간 30분 걸리던 자동차 제작 시간을 1시간 30분으로 단축시켰다고 한다.

이에 앞서 포드는 점화를 위해 전류를 발생시키는 자석 발전기의 제조 공정에 이 방식을 실험한 것으로 알려졌다. 솜씨 좋은 직공도 18분이 걸리던 작업 공정을 분업화해 동작의 낭비를 없애고 조립 시간도 13분으로 단축했다. 그리하여 자석발전기의 생산량이 76퍼센트나 증가했다고 한다. 포드 측은 여기에 컨베이어 벨트를 사용하자 조립 시간은 다시 5분으로 단축됐다고 밝혔다.

자동차의 조립 공정이 이런 식으로 개선되면, 내년 초에는 조립라인에서 차가 거의 완성돼 마지막 단계에서는 차를 운전해 옮겨놓기만 하면 될 것이라고 포드 측은 주장한다. 포드가 자동차 생산을 위해 새로 고안한 작업 방식은 앞으로 노동자들의 생활 방식에도 혁명적인 변화를 불러일으킬 것으로 보인다. 하지만 이 새로운 방식의 높은 생산성에도 불구하고 노동자들은 단조롭고 반복적인 작업과 비인간적인 작업 환경에 불만을 느끼게 될 것이라는 지적도 있다.

포드자동차회사에서 컨베이어 벨트 시스템으로 조립되고 있는 자동차들.

에밀리아노 사파타, 멕시코혁명 성공

【1911년, 멕시코】판초 비야와 에밀리아노 사파타가 이끄는 혁명군이 30년 독재로 극심한 빈부 격차를 초래한 디아즈를 몰아내고 마데로를 새 대통령으로 선출했다. 비야는 북부에서 정부군 요새를 습격하고, 사파타는 남부에서 지방의 카시크(농촌의 정계 거물)들에 맞서면서 혁명의 불길은 순식간에 타올랐다. 한편 미국은 2만 명의 육군과 군함 2척을 동원해 비상대기하고 있는 것으로 알려졌다. 이에 미국이 남아메리카의 혼란한 정국을 틈타 세력을 뻗치려 한다는 의혹도 제기되고 있다.

▶한국, 직거자동차상회 설립(1912) ▶단성사 설립(1912) ▶인공 질소비료 시대 개막(1913) ▶풍크, '비타민'이라는 새로운 용어를 만듦(1912)

판게아에서 여러 대륙으로… 땅은 살아 있다!

베게너 주장에 종교계 "하느님이 창조하신 땅이 움직인다니!" 발끈

【1915년】 "하느님이 창조하신 땅이 움직인다고? 헛소리!"

독일의 지구물리학자 알프레드 베게너(35)가 주장한 '대륙이동설'이 종교계 등으로부터 비웃음을 사고 있다. 그러나 이 학설은 상당한 증거를 바탕으로 하고 있어 앞으로 학계의 반응이 주목된다.

베게너가 최근 발간한 저서 『대륙과 대양의 기원』에 따르면, 유라시아·아프리카·아메리카·오세아니아 등 모든 대륙은 2억 5천만 년쯤 전인 후기 고생대에 하나의 거대한 대륙 '판게아'를 형성하고 있었다. 이것이 오랜 시간을 두고 갈라져 이동하면서 오늘날 같은 여러 대륙이 됐다는 학설이 그가 주장하는 대륙이동설의 핵심 논지이다.

베게너가 대륙 이동에 관한 생각을 떠올린 것은 1911년 (저자 미상의) 논문을 읽은 뒤였다. 그 논문은 "아메리카 동해안과 아프리카 서해안의 화석이 서로 비슷하다."라는 내용을 담고 있었다. 이후 그는 각 대륙을 돌며 연구·관찰을 계속한 뒤 유럽·아프리카·아메리카 등이 서로 상당한 거리로 떨어진 대륙이지만, 해안선 구조가 서로 일치할 뿐 아니라 양 대륙의 화석이나 서식하는 동식물, 암석의 종류 등이 일치한다는 것을 발견했다. 그는 이러한 증거를 제시하며 대륙이동설을 주장하기 시작했다.

대륙 이동은 이미 여러 학자가 주장한 바 있다. 17세기 영국의 철학자 프랜시스 베이컨이 대표적인 예다. 하지만 증거를 제시한 것은 베게너가 처음이다. 그렇지만 베게너도 '대륙이동설'을 추론해내긴 했지만, 정작 대륙을 이동시키는 힘이 무엇인지는 제시하지 못했다. 따라서 대륙이동설이 학계로부터 통설로 인정받기 위해서는 앞으로 더 많은 연구가 필요할 것으로 보인다.

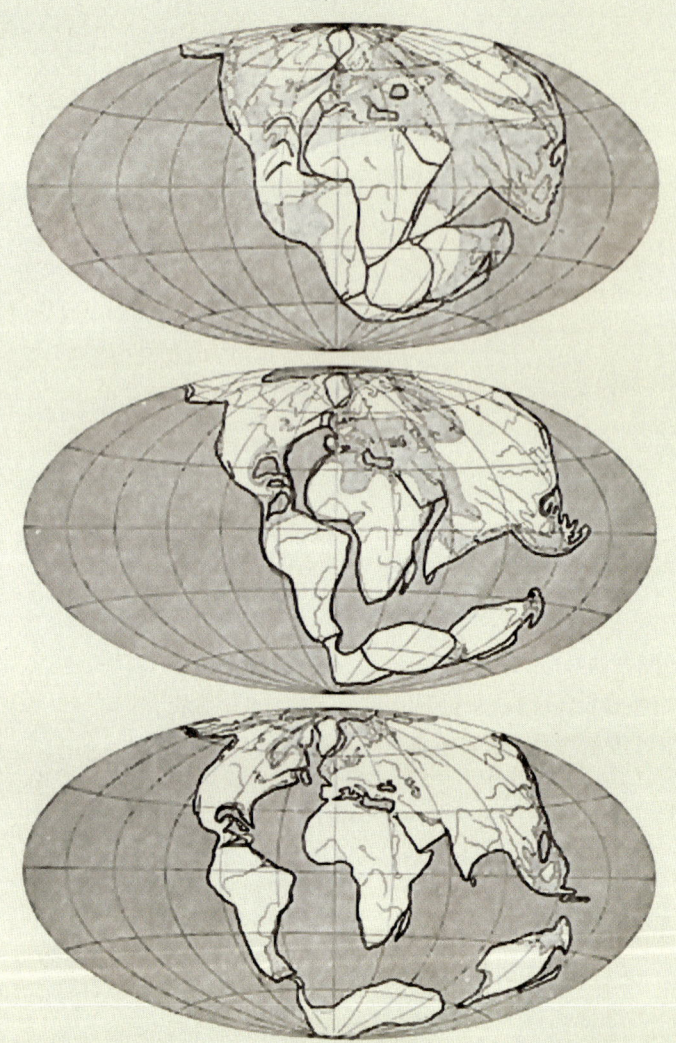

베게너의 대륙이동설을 설명하는 그림으로, 위로부터 점점 떨어지고 있는 대륙의 모습이다.

원자 모양이 태양계와 비슷하다고요?

【1911년, 영국】 물리학자 어니스트 러더퍼드(40)가 새로운 원자 모형을 고안해냈다. 이 모형은 양전하를 띤 양성자들이 원자 한가운데 빽빽하게 모여서 크기는 작지만 밀도가 큰 핵을 이루고, 그 주위를 마치 행성이 태양 주위를 돌듯이 음전하를 띤 가벼운 전자가 돌고 있는 모양이다.

러더퍼드에 따르면 전자와 핵이 서로 끌어당기는 정전기력은 행성과 태양이 만유인력으로 서로 끌어당기며 맴도는 현상과 비슷하다는 것이다.

이번에 러더퍼드가 고안해낸 새 원자 모형은 앞으로 원자 연구에 새로운 지평을 열 것으로 한껏 기대를 모으고 있다.

공업 실험과 자료 조사도 일본 입맛대로

중앙시험소 설립… 산업 연구보다 식민지 경영에 필요한 조사 위주

【1912년 4월 1일, 서울】 조선총독부가 설립한 중앙시험소가 업무를 시작해, 예전의 대한제국 농상공부에서 관장하던 분석 시험과 탁지부에서 하던 양조 시험을 계승하게 된다. 소장은 조선총독부 권업모범장 기사를 지낸 농학박사 도미나가 마리. 중앙시험소의 사업 중에는 지난해부터 총독부가 대대적으로 시행해온 한반도 전체에 대한 광물조사사업이 포함돼 있다.

총독부가 이번에 중앙시험소를 건립하면서 모델로 삼았던 것은 1907년 만주 지역의 자원 개발을 목적으로 세워진 만철중앙시험소. 일본 본토에는 동경공업시험소가 있어서 유럽 선진국을 본뜬 연구기관이 운영되고 있으나, 식민지 시험소는 그 역할과 위상이 다르다. 이번에 설립된 중앙시험소의 조직은 산업 연구 활동보다 식민지 경영에 필요한 각종 광물·농산물의 원료 분석과 자료 조사를 잘할 수 있도록 구성됐다. 특히 조선의 중앙시험소는 행정적으로 관립공업전습소와 연계하여 연구와는 무관한 농촌 가내수공업의 기술 지도까지 수행하도록 했다.

》 관련 기사 9호 6면

▶오네스, 초전도 현상 발견(1911) ▶동위원소 발견(1912) ▶혈관 봉합술 개발(1912) ▶보어, 양자역학적 원자 모형 완성(1913) ▶러셀, 별의 진화에 관한 이론 발표(1913)

나라 잃었다고 글까지 잃으랴?
주시경, 한글 문법 교과서 『국어문법』 수정 간행

【1911년 12월】 젊은 국어학자 주시경(35)의 『국어문법』(1909)은 근대 한글 문법의 체계를 잡았다고 평가받은 역작이다. 한글의 품사를 임(명사), 엇(형용사), 움(동사) 등 9개로 가른 것도 독보적이고, 문법 용어를 순한글로 표기한 것도 획기적이라는 평이었다. 이 책은 이번에 수정 보완을 거쳐 『조선어문법』이라는 제목의 개정판으로 출간됐다.

왜 이름을 바꾸었을까? 나라가 망했기 때문이다. 1909년에는 한글이 국어였으나, 일제에게 나라를 빼앗긴 뒤로는 우리말을 '국어'라고 부르기가 어렵게 됐다. 그래서 우리말을 가리키면서도 남의 나라 말 가리키듯 '조선어'라고 부르게 된 것이다. 총독부는 한글을 가르치는 교과서를 『조선어』로 정하고, 그에 따른 맞춤법을 규정한 『보통학교용 언문철자법』을 내년 초에 공포한다는 계획이다. 조선시대에 한글을 만들어 놓고도 이를 한문보다 낮추어 부르던 '언문'이라는 이름이, 이제는 일본글보다 낮추어 부르는 이름으로 되살아난 것이다.

언문으로 천대받던 한글이 널리 쓰이도록 문법과 맞춤법을 정리하려는 노력은 1894년 갑오개혁 때부터 시작됐다. 말과 글을 일치시키려는 '국문학운동'은 1907년 설치된 국문연구소를 중심으로 활발하게 전개됐다. 최초의 한글 신문인 『독립신문』의 편집을 맡았던 주시경은 국문연구소에 발탁돼 지석영, 이능화 등과 더불어 한글의 현대화에 박차를 가해 왔다. 3년 만에 국권을 상실해 우리말과 글이 '조선어'와 '언문'으로 격하됐지만, 이제 막 시작된 한글 다듬기는 앞으로도 계속될 것으로 보인다.

1909년 『조선어문법』으로 개정하기 이전에 발간된 『국어문법』(왼쪽)과 '주보따리'라는 별명을 얻을 만큼 보따리를 싸 들고 다니며 우리말운동을 꾸준히 전개해 온 주시경(오른쪽).

📖 월간 교양 잡지 『소년』 폐간

【1911년 5월 1일】 소년들의 미래지향적인 의식을 고취시키기 위해 1908년 11월 1일 창간된 월간 교양 잡지 『소년』이 통권 23호를 끝으로 폐간됐다. 60쪽 안팎인 이 잡지는 창간호에서 "우리 대한으로 하여금 소년의 나라로 하라. 그리하랴 하면 능히 이 책임을 감당하도록 그를 교도하여라."라는 창간 취지를 내세워, 주로 청소년을 대상으로 새로운 지식의 보급과 계몽, 강건한 청년 정신의 함양에 주력했다.

『소년』은 일제의 출판법에 따라 창간됐지만, 신문지법이 시사보를 금지한 상황에서 민족 정기를 드높이려 했다는 평가를 받고 있다.

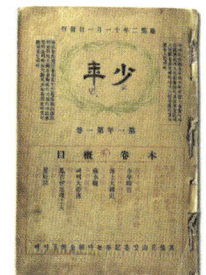

일제, 석굴암 손본다… 해체 후 전면 보수키로

【1913년】 석굴암이 전면 보수를 위한 해체 작업에 들어갔다. 석굴암은 1907년 무렵부터 일본인의 관심과 약탈의 대상이 되어 심하게 훼손돼 왔다.

2대 조선 통감 소네 아라스케가 이곳을 방문한 뒤 11면 관음상 앞에 놓여 있던 5층 석탑이 사라진 것을 비롯, 주벽 위쪽 감실들에 있던 작은 석상 2점이 없어지고 본존불 두부가 파괴되는 등 피해가 잇따랐다. 게다가 석축의 둥근 천장 일부와 전실부가 무참히 허물어져 석굴암 전체가 온통 파괴된 상태다.

전문가들은 석굴암이 완벽한 비례 구조와 효율적인 배수 처리 체계를 갖춘 최고의 문화유산이라고 밝혔다. 일제가 시멘트를 이용한 최신 건축 공법을 동원해 보수 작업에 나섰다가 석굴암을 돌이킬 수 없이 훼손할지도 모른다는 우려가 곳곳에서 나오는 이유이다.

해체 작업에 들어간 석굴암에서 당국자들이 포즈를 취하고 있다. 정면 위쪽 불상이 본존불.

스트라빈스키 〈봄의 제전〉

【1913년, 파리】 발레 음악 〈봄의 제전〉이 초연된 떼아뜨르 데 샹젤리제에서 대소동이 벌어졌다. 으스스한 불협화음과 폭발적인 리듬이 극장을 울리면서 막이 오르자, 채 2분도 못 돼 관중들이 고함을 지르고 야유를 퍼부었다. 이에 격노한 작곡자 스트라빈스키는 공연 도중 자리를 떴다.

사람들이 원했던 것은 그들이 이해할 수 있는 음악이었다. 그러나 〈봄의 제전〉에는 듣고 기억할 수 있는 멜로디 대신 듣는 사람을 어리둥절하게 만드는 리듬만 있었다. 하지만 한 평론가는 이번 공연이 새 시대에 더 이상 적합하지 않은 인습으로부터 음악을 해방시킬 것으로 기대한다고 평가했다.

▶콜라주 기법 등장(1912) ▶버로스, '타잔 이야기' 출간(1912) ▶한용운, 『조선불교유신론』 간행(1913) ▶타고르, 비유럽권 최초로 노벨 문학상 수상(1913)

엄복동, 평양자전거대회 우승

【1913년 4월 27일】 조선의 남아 엄복동(21, 사진)이 평양 역전 광장에서 열린 전 조선자전거경기대회에서 2만 5,000여 관중의 환호 속에 일본 선수들을 제치고 일등으로 골인했다.

경성일보사와 매일신보사가 공동 주최한 이 대회는 조선에서 열린 본격적인 첫 자전거 경기로 100여 명이 참가했다. 4월 12일 인천 대회를 시작으로 서울(13일), 부산(20일), 평양에서 차례로 열려 평양 대회가 결승전인 셈이었다.

엄복동은 경주법도 특이했다. 중간 그룹에 끼여 달리다가 마지막 한 바퀴를 알리는 종소리가 울리면 갑자기 엉덩이를 치켜올리고 속력을 낸다. 그러면 관중석에서도 "올라간다!"라는 함성이 터져 나오는 진풍경이 연출되곤 했다. 엄복동은 자전거 판매점인 일미상회 점원으로 일하면서 신기에 가까운 자전거 솜씨를 익혔다고 한다.

목숨을 건 여성참정권

【1913년, 런던】 영국 왕실 주최의 경마 대회 도중 여권운동가 에밀리 데이비슨이 왕실 소유의 명마 앤머 앞에 뛰어들어 큰 부상을 입었다. 데이비슨이 목숨을 걸고 질주하는 말 앞으로 뛰어든 것은 여성참정권의 정당함을 알리기 위한 시위였던 것. 시민혁명(부르주아혁명) 이후에도 여전히 여성의 정치 참여는 여러 가지 제한을 받아왔다. 이번 에밀리 데이비슨의 살신성인이 여성들의 참정권 획득을 위한 마지막 투쟁이길 바라는 목소리가 곳곳에서 드높다.

신작로는 '연필도로'

【1911년】 총독부는 서울과 지방 도로의 개수 공사를 마무리짓고 도로규칙을 공포했다. 1907년부터 시작된 이번 공사로 장장 741킬로미터의 신작로가 새로 뚫렸다. 총독부는 추가 예산을 투여해 전국적인 도로 정비 작업을 대대적으로 서두를 것이라고 밝혔다.

그런데 이번 신작로는 대부분 헌병들이 책상 위에서 연필로 쩍쩍 그어 만든 속칭 '연필도로'로, 인근 주민을 강제 동원한 데다가 땅값 보상마저 없어 곳곳에서 원성이 자자하다.

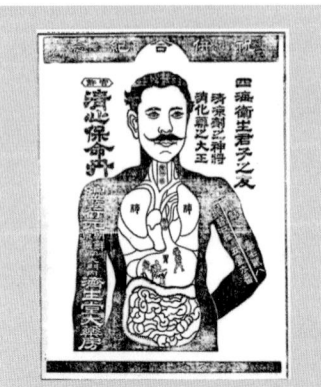

안약 광고(『매일신보』, 1911년 11월 23일): '동양의 목약 중 패왕'이라고 선전하는 대학목약. 목약은 눈의 질병을 치료하는 안약을 말한다.

'청심보명단' 약 광고(『매일신보』, 1911년 8월 29일): 사람의 신체 장기를 보여주는 그림을 사용해 선전하는 것이 재미있고 색다르다.

제3세계 통신

남아프리카연방 탄생

【1910년 5월 31일, 남아프리카】 트란스발, 오렌지자유국 등 4개의 영국 식민지가 하나로 합쳐 영연방 내의 '남아프리카연방'으로 다시 태어났다. 네덜란드, 독일 등에서 이주해 온 청교도로 이루어진 보어인은 19세기 중반 남아프리카에 트란스발공화국과 오렌지자유국을 세우고 영국과 경쟁해왔다. 그러나 1899년부터 시작된 보어전쟁에서 패한 뒤 영국의 식민지가 된 두 공화국은 이번에 다른 두 식민지를 합쳐 결국 영연방의 일원이 된 것이다.

다시 모습 드러낸 마추픽추

【1911년, 페루】 약 400년 동안 사람 눈에 띄지 않던 잉카 유적 마추픽추가 미국의 역사학자 하이럼 빙엄에 의해 재발견됐다. 페루 남부 쿠스코시 북서쪽 우루밤바 계곡에 있는 마추픽추는 '나이 든 봉우리'라는 뜻인데, 산자락에서는 그 모습을 볼 수 없어 '공중 도시'라고도 불린다. 이 높은 곳에 200톤이 넘는 거석과 인티파타나라고 불리는 태양의 신전 등으로 이루어진 고도의 문명을 이룩한 잉카인이 16세기 후반 갑자기 깊숙한 오지로 떠난 까닭은 밝혀지지 않았다.

아문센과 스콧의 남극점 경주

【1912년】 인류 최초로 남극점에 도달하기 위한 경쟁에서 노르웨이 탐험가 아문센이 영국 탐험가 스콧에 근소한 차이로 앞섰다. 아문센은 지난해 12월 14일, 스콧은 지난 1월 17일에 남극점에 도달했다. 그러나 2등에 그친 것은 스콧에게 곧바로 닥친 비극에 비하면 아무것도 아니다. 스콧은 귀로에 5명의 대원과 함께 조난으로 죽고 말았던 것. 한편 남극권을 처음으로 돌파한 사람은 영국의 제임스 쿡으로 1772년의 일이었다. 그 후부터 남극해에서 바다표범과 고래의 사냥이 시작되고, 남극 탐사가 활성화됐다.

부고

▶ **톨스토이**(1828~1910) : 러시아 소설가. 도스토옙스키와 더불어 러시아 문학의 양대 거장으로 꼽는다. 대표작은 『전쟁과 평화』, 『안나 카레니나』, 『부활』 등이다.

▶ **메이지**(1852~1912) : 일본의 천황. 1868년 즉위해 일본의 근대를 연 메이지유신을 단행했다.

▶ **소쉬르**(1857~1913) : 스위스의 언어학자. 구조주의 언어학의 창시자로 불린다. 대표 저서는 『일반 언어학 강의』이다.

국내 최초 어린이 신문 『붉은 저고리』 창간!

【1913년 1월 1일】 최초의 어린이 신문 『붉은 저고리』가 창간됐다. 한·일병합 이후 조선인이 만든 신문이 모두 강제 폐간된 이래 가장 반가운 소식이다. 이 신문은 표제 위에 '공부거리와 놀잇감의 화수분'이라는 부제를 달아 어린이를 위한 학습 계몽 신문임을 분명히 밝혔다.

『붉은 저고리』의 발행인은 최남선(23)이며, 앞으로 매월 1일과 15일에 신문관에서 총 8면으로 계속 발행할 예정이라고 한다.

고종, 일본 강압으로 한양공원 편액 써줘

【1910년 5월 19일】 서울 남산에 한양공원이 문을 열었다. 개항 이후 남산 일대에 거주하는 일본인들이 1908년부터 각종 시설을 만들어 마침내 개원한 것이다. 그런데 공원 입구에 세운 표지석에 고종 황제가 일본인들의 강압에 못 이겨 '한양공원'이란 편액을 써 보낸 것으로 알려져 안타까움을 자아내고 있다.

▶ 서울 거리에 택시 첫선(1911) ▶ 프라덴베르거, 셀로판 제조(1912) ▶ 미국여성참정권회의연맹, 국회의사당 앞 대규모 집회 개최(1913) ▶ 경성유치원 설립(1913)

1914년~1916년

근현대사신문

근대 11호

주요 기사 2면 | 제국주의, 세계를 휩쓸고 유럽에서 대폭발 (1914) **3면** | 대한광복회, '공화제' 주장 (1915) **4면** | 사설 – 제국주의 전쟁판의 하이에나, 일본 **4면** | 쟁점 – 세계대전을 바라보는 두 가지 시선 **5면** | 전쟁은 국적이 있어도 무기는 국적이 없다 **6면** | 조선물산공진회 개최 (1915) **7면** | "예술가는 다음 시대의 창조자" **8면** | 전쟁, 치마 길이를 줄이다

제국주의 세계대전

서유럽이 세계로 진출하기 전까지 세계에서 가장 강대했던 나라는 중국과 터키였다. 중국에서는 청제국이, 터키에서는 오스만제국이 각각 유라시아 대륙의 동과 서를 호령했다. 신흥 제국주의 열강들은 세계 분할을 거의 다 완료한 뒤에도 동쪽에서는 중국, 서쪽에서는 오스만제국의 세력권인 동유럽과 발칸반도를 서로 더 많이 차지하려고 지독한 싸움을 벌여왔다. 영국, 프랑스, 미국이 영토 분할 경쟁에서 앞서 가면 후발 주자인 독일과 러시아가 뒤쫓았던 것이다.

러시아가 중국과 한반도를 노리다가 일본에게 패한 것이 1905년. 그후 러시아는 동유럽과 발칸반도로 눈을 돌렸으나, 그곳은 급성장하고 있는 독일이 눈독을 들이고 있었다. 러시아는 슬그머니 영국과 프랑스 편에 붙어 독일을 협공했다. 독일과 그 동맹국인 오스트리아는 세르비아, 몬테네그로 등을 놓고 러시아와 다투면서, 러시아를 돕는 영국과 프랑스를 가만두면 안 되겠다는 생각을 굳혀 갔다. 제국주의 전쟁은 이렇게 조금씩 다가왔다.

사진 | 참호 속의 프랑스 병사들

제국주의, 세계를 휩쓸고 유럽에서 대폭발

화약고는 발칸반도… 독일 참호전 '장군'에 영국 탱크전 '멍군'

참호전은 이번 세계대전의 가장 큰 특징이다. 사진은 1916년 10월 솜전투에서 캐나다 병사들이 참호에서 나와 돌격하는 모습이다.

【1916년 9월, 프랑스 솜】 독일이 벨기에를 침공하면서 시작된 유럽 전쟁이 3년째로 접어든 가운데, 프랑스 북부 솜 전선에서 영국군이 탱크라는 신무기를 투입해 세계를 놀라게 했다. 영국군은 얼마 전까지 독일군의 참호전 때문에 하루에 5만 8,000명의 사상자를 내는 등 고전해 왔으나, 이번에 참호를 돌파할 탱크를 개발함으로써 전쟁 양상이 크게 뒤바뀔 전망이다.

이번 전쟁의 발단은 1914년 오스트리아 황태자가 세르비아 방문 도중 암살당한 사건이었다. 오스트리아와 세르비아가 전쟁을 벌이고 러시아가 세르비아 편을 들자, 독일이 러시아와 그 연합국인 영국, 프랑스에 공세를 가한 것이다. 영국, 프랑스보다 뒤늦게 산업화에 뛰어든 독일은 영토 확장의 욕심을 노골적으로 드러내며 전쟁의 불씨를 키워왔다. 전쟁은 순식간에 유럽 국가들이 대부분 둘로 나뉘어 싸우는 전면전으로 확대됐다.

이번 전쟁은 규모도 사상 최대이지만 전술에서도 세기적인 전환을 가져왔다. 전쟁 초기에 독일군은 정면충돌로 승부를 내던 기존 전술을 버리고, 전선에 긴 참호를 판 뒤 병사들이 숨어서 적군에게 기관총 세례를 퍼붓는 새 전술을 선보였다. 이에 연합군도 참호를 파고 독일군에 맞서자, 독일군은 공기보다 무거운 독가스를 흘려보내 참호 속 적군을 살상하는 화학전을 선보였다. 그러자 이번에 영국군이 솜전투에서 탱크라는 신무기를 등장시킨 것이다. 그리고 영국은 전투기를 개발해 공중에서 참호에 폭탄을 투하하는 전술도 개발 중이라고 한다.

제국주의의 탐욕이 부른 세계 전쟁으로 유럽이 불바다가 되고, 많은 인명 피해가 발생하고 있다. 그러나 이 불을 끄려는 노력은 너무나 미약하기만 한 실정. 오히려 전쟁을 승리로 이끌려고 많은 과학자를 동원해 사상 최악의 대량 살상 무기를 만들어내고 있다.

제국주의 전쟁터에서 싸우는 식민지 병사들

【1916년】 유럽에서 벌어지고 있는 전쟁에 인도, 베트남 등에서 온 병사들이 투입되고 있다. 이들의 공통점은 주요 전쟁 당사국의 식민지라는 점.

전쟁이 터지자 병력이 부족한 영국은 인도에 협력을 요청하며, 전쟁이 끝나면 인도의 자치를 인정하겠다고 약속했다. 이에 인도의 지도자 간디(47)까지 나서 참전을 지지했고, 100만 명에 달하는 인도 청년이 유럽에서 피를 흘리고 있다. 현재 인도 병사들은

프랑스에서 행진하고 있는 인도 병사들.

영국군에서 가장 많은 수를 차지하고 있다. 하지만 인도는 영국이 인도의 국방비를 3배나 늘리자 세금 증가와 물가상승으로 몸살을 앓고 있다. 게다가 전쟁 중인 유럽이 농산물 구입을 줄이자 농산물 수출가격이 폭락해 인도의 경제는 삼중고를 앓고 있다. 이러한 사정은 프랑스로부터 미래의 독립을 담보로 참전 권유를 받고 있는 인도차이나도 마찬가지라는 것.

그러나 이와 같은 식민지 젊은이들의 희생에도 불구하고 영국과 프랑스가 약속을 지킬지는 불투명하다는 평이다.

지금 우리 말 들으면 나중에 독립시켜 줄게

【1915년 10월, 이집트】 영국 고등판무관 맥마흔이 이번 전쟁이 끝나면 아랍인의 독립국가 건설을 지지하기로 약속했다. 이러한 사실은 영국이 독일 편에 서 있는 오스만제국 내 아랍인의 반란을 지원하면서 팔레스타인 지역의 향후 독립을 약속한 맥마흔의 편지를 통해서 밝혀졌다. 맥마흔은 10여 차례에 걸쳐 전시 외교 정책이 담긴 편지를 아랍 측에 전달했는데, 한결같이 아랍인이 참전하면 전쟁 종결 후 팔레스타인 지역의 독립국가 건설을 보장해준다는 내용이었다.

▶사라예보 사건(1914) ▶일본, 독일에 선전포고(1914) ▶미국, 중립 선언(1914) ▶이탈리아, 삼국동맹 파기(1915) ▶인도, 틸라크가 자치동맹 결성(1916)

일제를 몰아내고 공화제/군주제로 가자!

일본, 중국 침략 박차 가해

독일군을 몰아내고 중국 칭다오를 점령한 일본군을 풍자한 그림.

【1915년 5월 9일, 베이징】 일본인은 독일의 양조 기술과 칭다오의 맑은 물이 결합된 '칭다오 맥주'를 마음껏 즐기게 됐다. 칭다오가 자리 잡은 산둥성이 사실상 일본의 식민지가 되었기 때문. 서구가 세계대전에 휩쓸린 틈을 타 중국에서 많은 이권을 차지하려는 일본의 책동이 급물살을 타고 있다. 위안스카이(56) 중화민국 대총통은 일본이 통보해온 굴욕적인 21개조 요구를 약간만 수정해 국회 동의도 없이 승인했다.

지난해 세계대전이 일어나자 일본은 독일에 선전포고하고 독일 조차지인 산둥성을 공격, 이권을 가로챘다. 그리고 지난 1월 18일에는 산둥성의 철도와 광산에 대한 일본의 이권을 인정하고, 만주에 일본의 조차지를 설정하며, 중국 연안의 섬·항구·만 등을 이용하게 해 달라는 등 21개조 요구를 중화민국 정부에 통보했다. 이에 중화민국 민중은 저항했으나 군벌들이 세력 다툼으로 분열돼 효과적인 대응을 하진 못했다. 특히 황제가 되려는 야심을 가진 위안스카이는 국회 동의라는 최소한의 민주 절차도 무시한 채 일본의 요구를 받아들여 심각한 후유증을 예고하고 있다.

▶ 관련 기사 13호 5면

【1915년】 일제의 삼엄한 감시망을 피해서 독립운동 조직이 소수의 비밀결사 형태로 유지되고 있는 가운데, 가장 활발한 활동을 하고 있는 대한광복회에 안팎에서 눈길이 쏠리고 있다.

일제 헌병과 경찰이 무단통치를 강화하고 있어 일제에 반대하는 독립운동 조직을 꾸려 간다는 것 자체가 어려운 일인데다, 대한광복회는 대한제국으로의 복귀도 아닌 '공화제'로의 독립을 추구하고 있어 더욱 주목을 받고 있다.

대한광복회가 전제군주제를 뛰어넘어 공화제를 지향하는 데 영향을 준 것은 지난 1907년 처음으로 공화제를 주장한 신민회였다. 1911년 중국에서 신해혁명으로 수립된 '중화민국'으로부터도 자극을 받았다. 이에 최근 독립운동가들 사이에는 국권을 상실한 대한제국을 이어나갈 새로운 나라는 군주국이 아닌 공화국이 돼야 한다는 논의가 있어 왔다.

대한광복회는 지난 7월, 경상북도 풍기의 광복단과 대구의 조선국권회복단이 결합해 만든 단체이다. 총사령은 박상진(31)이며, 부사령은 김좌진(26). 이들은 대한광복회를 군대식 조직으로 운영하면서 군자금을 모금해, 만주에 군관학교를 만들 계획이라고 밝혔다. 우선은 군자금을 모금하고, 이에 협조하지 않는 친일 부호를 처단하겠다고 선언해 병합 후 일제에 협력해온 인사들에겐 비상이 걸렸다.

한편 지난 1912년 조직된 독립의군부는 '복벽주의(물러난 왕을 다시 왕위에 세우려는 사상)'를 내세워 과거의 조선과 같은 전제군주 국가로 독립할 것을 주장해 공화제를 주장하는 대한광복회와 대비된다.

독립의군부는 고종의 밀명으로 임병찬이 전라도와 충청도에서 300여 명으로 구성한 의병 부대이다. 이들은 지난해 본거지를 서울로 옮기고 전국으로 조직을 확대하는 한편, 이름을 '대한독립의군부'로 고쳐 고종을 다시 황제로 만들려는 목표 아래 활동해 온 것으로 알려졌다.

▶ 관련 기사 10호 3면

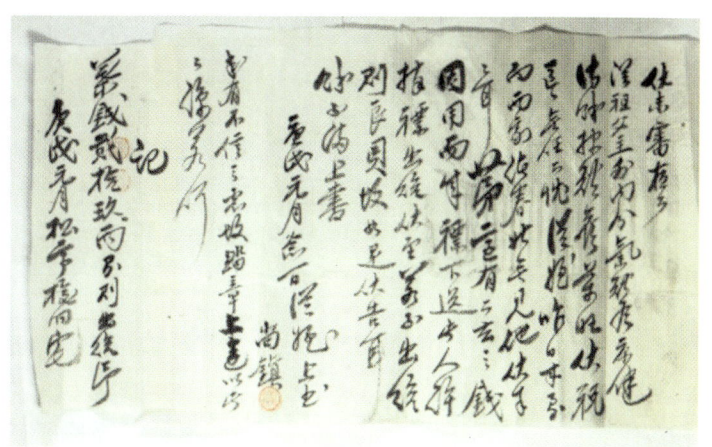

박상진 총사령이 종숙(5촌 아저씨)인 박시준에게 독립운동 군자금으로 '엽전 스물아홉 냥'을 보내 달라고 부탁하는 친필 서찰.

마지막 의병장 채응언, 감옥에서 '전사'하다

일제 토벌 뚫고 평안도, 황해도에서 맹활약… 처남 밀고로 잡혀

【1915년 9월 21일, 평양】 평안도에서 활동하던 의병장 채응언이 끝내 평양 감옥에서 처형됐다.

채응언 의병장은 일찍이 대한제국 육군 보병부교로 근무하다 1907년 군대 해산을 계기로 의병 전쟁에 뛰어들어 이진룡 의병 부대에 참여했던 인물이다. 이후 평남, 강원, 함남 일대에서 무력 항쟁을 전개하다가 1910년 9월에는 황해도 선암동 헌병분견소를 습격해 헌병 1명과 보조원 2명을 처단하면서 본격적인 의병 투쟁에 나섰다. 이 무렵 일제의 탄압으로 국내 의병 활동은 점차 소멸해가고 있었지만, 채응언 의병장이 이끈 의병 부대는 평안도와 황해도를 중심으로 맹활약을 펼친 것으로 알려졌다. 그러자 일제 헌병과 경찰은 그를 체포하려고 현상금 280원을 내걸었다. 하지만 안타깝게도 처남의 밀고로 체포된 채응언 의병장은 옥중에서도 "나는 의병이므로 강도·살인의 죄명으로 사형을 받기 싫다."라고 주장하며 과감히 자결을 시도해 마지막 의병장의 기개를 만천하에 떨쳤다고 전해진다.

한편 총독부는 조선주둔군 2개 사단 증설안을 확정해, 제19사단과 제20사단을 나남과 용산에 각각 배치할 예정인 것으로 알려졌다. 이번 조치는 일제가 조선에서 항구적인 식민 지배 체제를 구축하기 위해 취한 것으로 분석된다.

▶ 박용만, 하와이서 대조선국민군단 조직(1914) ▶ 선린고 학생들, 동맹휴교 자퇴원 제출(1914) ▶ 조선국권회복단 결성(1915) ▶ 상하이에서 신한혁명당 조직(1915)

사설
제국주의 전쟁판의 하이에나, 일본

"우리의 유일한 희망은 이 비참한 곳에서 빠져나가기 위해 목숨이 위태롭지 않을 만큼만 중상을 입는 것이다." 세계대전의 전장에 내던져진 아치 서플릿 일병의 말이다. 비단 그만의 생각일까? 이 말은 지금 유럽에서 벌어지고 있는 세계대전이 얼마나 명분 없는 제국주의 국가들끼리의 이권 다툼인가를 잘 보여준다. 독일이라는 강도 국가가 전쟁을 도발하는 악역을 맡은 것은 사실이다. 그렇다고 해서 그에 맞서 싸우는 영국, 프랑스, 러시아가 천사인 것은 결코 아니다. 그들 역시 독일의 도전을 뿌리치고 더 안정적으로 세계를 식민 지배하고자 하는 '덜 나쁜' 강도일 뿐. 하물며 이들 연합국에 빌붙어 아시아에서 세력을 확대해 보려는 일본이야 말해 무엇하겠는가?

일본은 독일에 선전포고를 함으로써 연합국의 일원이 됐다. 그러나 이것은 연합국이 독일과 싸우는 틈을 타 중국이라는 다 죽은 먹잇감을 독차지해 보려는 하이에나 심보에서 나온 행위일 뿐이다. 중국 내 독일 세력권을 넘겨받는 것을 포함해 21개나 되는 무리한 요구를 중국에 들이댄 것에서 그 속셈이 훤히 드러난다. 오죽하면 같은 편인 영국과 미국까지 나서서 일본을 비난했겠는가? 아프리카 초원에서나 볼 수 있는 사자, 승냥이, 하이에나 따위의 먹잇감 쟁탈전이 문명 세계 한복판에서 버젓이 벌어지고 있다. 당장 한국 사람이 전쟁터로 끌려가지 않는다고 해서 이번 세계대전이 남의 싸움판일 수 없는 까닭이 여기 있다. 하이에나 일본의 야욕에 더욱 경각심을 가져야 할 때다.

세계대전을 바라보는 두 가지 시선
쟁점 — 상대와 싸울 것인가, 전쟁 자체와 싸울 것인가?

1914년 8월 4일 독일제국 의회에서 사회민주당이 이번 세계대전에 찬성표를 던져 파문을 불러일으키고 있다. 사회민주당은 자본주의에 반대하는 노선을 걸어왔으므로 당연히 제국주의 전쟁에 반대할 것으로 예상됐기 때문이다. 이러한 변신을 주도한 베른슈타인과 이를 비판하는 로자 룩셈부르크를 만나 각자 입장을 들어 보았다.

▲ **베른슈타인** : 지금까지 사회주의자들은 마르크스의 이론에 따라 노동자들은 점점 더 가난해질 것이며, 결국 자본주의는 머지않아 멸망할 것이라고 믿어왔다. 또한 그때가 되면 자본가를 위한 기구인 국가 또한 소멸할 것이라고 믿어왔다.

하지만 현실은 그렇지 않게 진행되고 있다. 자본주의가 발전하면서 노동자들의 삶의 질도 향상되고 정치적 권리도 보장되고 있다. 따라서 국가를 타도하기 위한 폭력혁명 노선은 버려야 한다. 노동자들이 정치에 참여하고 나아가 국가 운영을 맡게 되면 자연스럽게 모두가 평등하게 살아가는 사회주의를 실현할 수 있게 된다. 그러므로 우리 노동자들은 국가의 운명이 걸린 이번 전쟁에 적극적으로 참여하는 것을 한순간도 망설여서는 안 된다.

▲ **룩셈부르크** : 사회주의란 무엇인가? 노동자가 더 이상 자본가에게 착취당하지 않는 세상을 말한다. 그런데 사회주의자가 이번 전쟁에 찬성한다는 것은 마치 지금 무기 공장에서 일하는 노동자들에게 임금 인상 요구를 하지 말고 국가를 위해 헌신하라는 것과 같다. 이 전쟁은 어떤 전쟁인가? 제국주의 국가들이 수탈할 식민지를 더 많이 차지하려고 자기들끼리 벌이는 전쟁이다. 따라서 이 전쟁 자체가 사회주의자의 적이다. 제대로 된 사회주의자라면 전쟁에 반대하는 투쟁에 나서야 할 것이다. 이번 사회민주당의 결정을 도저히 받아들일 수 없으며 즉각적인 전쟁 보이콧을 요구한다. 이것이 받아들여지지 않는다면 탈당도 감행할 것이다. 그리고 베른슈타인 같은 수정주의자들과는 손을 끊고 앞으로 노동자계급의 전면적인 봉기와 사회혁명을 위해 스파르타쿠스단을 결성할 계획이다.

그림마당 | 이은홍

기록실 — 대한광복회 강령

1915년 7월 15일 결성된 대한광복회의 강령을 통해 그들의 당면 과제를 살펴보자.

1. 부호의 의연금 및 일인이 불법 징수하는 세금을 압수하여 무장을 준비한다.
2. 남북 만주에 군관학교를 세워 독립 전사를 양성한다.
3. 종래의 의병 및 해산 군인과 만주 이주민을 소집하여 훈련한다.
4. 중국·아라사(러시아) 등의 여러 나라에 의뢰하여 무기를 구입한다.
5. 본회의 군사행동, 집회, 왕래 등 모든 연락 기관의 본부를 상덕태상회에 두고, 한만 각 요지와 베이징·상하이 등지에 그 지점 또는 여관·광무소 등을 두어 연락 기관으로 한다.
6. 일인 고관 및 친일 반역자를 수시 수처에서 처단하는 행형부를 둔다.
7. 무력이 완비되는 대로 일인 섬멸전을 단행하여 최후 목적의 달성을 기한다.

*상덕태상회 : 대한광복회 주요 인물인 박상진이 대구에 세운 것으로, 영주의 대동상점, 서상일의 태궁상점, 안희제의 백산상점처럼 독립운동의 정보 연락과 재정 기지 역할을 했다.

▶호남선·경원선 개통(1914) ▶지방 행정구역 개편(12부 218군, 1914) ▶지세령 공포(1914) ▶러시아, 일본 요구로 블라디보스토크 한인 추방(1914)

전쟁은 국적이 있어도 무기는 국적이 없다

전쟁은 커다란 마케팅 무대… 군수산업체 초고속 성장

【1916년】 북해에서 지난 5월에 벌어진 영국과 독일의 유틀란트해전은 이번 세계대전의 운명을 가늠하는 중요한 전투였다. 그런데 이 해전에서 양측 주력함이 사용한 방탄용 철판과 포탄은 똑같은 상표인 '크루프(Krupp)'를 달고 있었다.

철강 회사였던 크루프사는 독일이 오스트리아, 프랑스 등과 전쟁을 벌이던 19세기 말부터 총과 대포를 생산하기 시작해, 비스마르크 정부의 전폭적인 지원으로 성장했다. 최근에는 새로운 장갑 철판을 개발해 외국의 경쟁 회사조차 톤당 9파운드의 로열티를 내며 이를 사용하고 있다. 1911년에 이르러 크루프사 제품을 구입하는 나라가 52개국에 이를 정도. 국권을 상실하기 전 대한제국 군대의 주력포도 크루프사의 7.5밀리미터 속사포였다는 것은 잘 알려진 사실이다.

자본주의 경제의 후발 주자였던 독일은 중공업을 집중적으로 발전시켜 선진국인 영국을 따라잡으려 했고, 그러한 정책이 크루프사 같은 공룡 군수 업체를 키우는 바탕이 됐다. 솜전투 한 번에 2만 발의 포탄이 발사되는 전면전이 지속되면서 각국의 산업체들은 서둘러 군수산업으로 전환하고 있으며, 전장에 나간 남성을 대신해 여성들까지 고용하면서 무기 생산에 박차를 가하고 있다.

아직 전쟁에 참여하지 않은 미국도 총력전이 펼쳐지고 있는 가운데, 전장에 나간 남성을 대신해 여성들이 군수공장에서 무기 생산에 참여하고 있다. 사진은 탄약저장소에서 일하고 있는 영국의 여성들.

상황은 마찬가지. 지난해 격침된 미국 상선 루시타니아호는 영국, 프랑스에 수출하는 군수품을 실었다는 까닭으로 독일의 공격을 받았다. 현재 미국의 군수산업을 앞장서서 이끌고 있는 기업은 제이피모건, 골드먼삭스 같은 월가의 금융회사들. 이들은 전쟁 물자를 외상으로 살 수 있도록 금융 지원을 해준다는 조건으로 유럽 여러 나라로부터 조달권을 따낸 다음, 미국 기업들에게 무기 생산을 할당하고 있다. 제이피모건의 연간 군수품 조달 규모는 미국 정부의 1년 세입과 맞먹는 30억 달러로 예상될 정도이다. 바야흐로 파괴의 상징인 전쟁이 생산의 주역인 산업자본을 선도하는 시대가 전개되고 있다.

멕시코는 '토지와 자유'를 위한 전쟁 중

인터뷰 멕시코혁명의 지도자 사파타를 만나다

1910년 시작된 멕시코혁명이 5년 만에 위기를 맞았다. 멕시코 농민에게 토지를 나눠주기 위해 싸워온 에밀리아노 사파타(36)를 만나 그 사정을 들어보았다.

▲ 혁명 세력 간에 싸운 까닭은?
"카란사가 이끄는 입헌주의자들에게 아얄라 강령의 수락을 요구했는데, 카란사가 거부해 일어난 일이다."
▲ 아얄라 강령이란?
"4년 전 디아스의 30년 독재를 청산하면서 마데로를 새 대통령으로 뽑았다. 그런데 그가 토지를 빼앗긴 농민들에게 땅을 즉시 되돌려주지 않자, 혁명의 목표를 더 이상 이행할 능력이 없다고 판단해 만든 강령이다."
▲ 강령의 내용은?
"대농장의 3분의 1을 유상몰수해서 땅을 빼앗긴 농민들에게 돌려줄 것과, 대농장주들이 이 계획에 반대하면 무상으로 몰수할 것을 약속한다. 우리는 혁명 구호로 '토지와 자유'를 내걸었다. 그리고 앞으로 토지를 분배하기 위해 토지위원회를 설치하고, 멕시코 최초의 농업 신용 조직인 농촌 대부 은행도 설립할 계획이다."
▲ 멕시코의 환영을 받는 당신의 남부해방군은 어떤 군대인가?
"우리 농민군은 총을 어깨에 멘 채 농사를 짓다가 전투가 시작되면 싸우러 가고, 전투가 끝나면 다시 농사를

1915년 4월, 셀라야에서 혁명 세력 간에 벌어진 혈전으로 사파타와 판초 비야가 이끄는 혁명파가 카란사의 온건파에 패해 모든 기반을 잃을 위기에 처했다.

짓는다. 그리고 우리가 점령한 도시에서 세금을 걷거나 부자들을 강탈해 농민에게 보수를 지급한다. 무기는 연방군으로부터 빼앗았는데, 지금 병력이 대략 2만 5,000명 정도이다."

이제는 담배와 술도 세금 내고 즐기세요

【1916년, 서울】 조선총독부가 주세령을 공포함으로써 2년 전의 연초세령에 이어 담배와 술을 모두 식민 지배를 위한 재정 수입원으로 삼으려 한다는 비판을 받고 있다. 주세령의 시행에 따라 올 한 해 주세액은 전년에 비해 3배나 증가, 곧 지세에 맞먹는 비중을 차지할 것이라는 분석이 나오고 있다. 담배와 술의 생산을 허가제로 바꿔 세입원에 대한 통제를 강화하려는 속셈 아니냐는 의혹도 제기된다. 이번 주세령은 1909년의 주세법을 강화해 세율을 인상하고 일정한 규모 이상의 양조업자에게만 면허를 주도록 해, 한국인의 세금 부담 증가와 군소 생산업자들의 몰락이 예상된다.

▶위안스카이, 국회 해산(1915) ▶사회주의자, 반전 국제회의 개최(1915) ▶조선총독부, 공장제도 시행(1916) ▶아일랜드, 신페인당 주도로 반영 봉기(1916)

보라! 식민지에 내린 제국의 은총을
한국 지배 5주년 기념 '조선물산공진회' 열려

조선물산공진회를 보려고 광화문 앞 육조거리에 모여든 사람들. 조선총독부는 경복궁 안에 공진회장을 만들어 지난 5년 동안 식민 통치의 역량을 과시하는 선전장으로 활용했다.

【1915년 10월, 서울】 일제의 한국 지배 5주년을 기념하는 '시정 오년 기념 조선물산공진회'가 지난 9월 11일부터 열렸다. 이 행사를 위해 약 2,400아르에 달하는 경복궁은 공진회장으로 탈바꿈했고, 광화문·남대문 등 거리는 물론 각종 대회가 열리는 한강공원·남산공원·창덕궁 비원·조선호텔·경성호텔·중앙시험소·공업전습소·용산 비행기 격납고까지 공진회의 선전 깃발이 휘날리며 서울 일대가 들썩였다.

공진회장의 정문인 광화문을 들어서면 중앙에 분수, 오른쪽에 첨탑의 3층 건물인 철도특설관이 보인다. 분수 뒤편으로 50아르 넓이의 대형 건물 1호관, 그 뒤편으로는 40미터 높이의 광고탑도 한눈에 들어온다. 1호관·철도특설관·광고탑은 한국 제일의 인공 건물로 경복궁 근정전과 그 뒷편의 전각이 하나도 보이지 않을 만큼 시야를 가로막는다. 밤이 되면 광화문·철도특설관·분수탑·광고탑에 전등이 켜지고 지금껏 볼 수 없던 광경이 연출된다. 이른바 '일루미네이션(전구나 네온관을 이용한 장식이나 광고)'은 남대문부터 시작해 광화문 거리를 온통 밝히고 서울을 불야성으로 만들었다.

특히 관람객의 발길을 사로잡은 것은 철도특설관의 케이블카와 연예, 오락 시설이다. 철도특설관은 각 도시와 명승지를 디오라마(배경을 그린 길고 큰 막 앞에 여러 가지 물건을 배치하고, 그것을 잘 조명하여 실물처럼 보이게 한 장치)식의 모형으로 꾸민 뒤, 그 사이에 철도를 놓고 2, 3대의 케이블카를 설치했다. 마치 경원선 기차를 타고 금강산을 구경하고, 호남선 기차를 타고 군산과 목포에 가며, 경부선을 타고 대구와 낙동강, 밀양에 가보는 것처럼 꾸며놓았다. 또한 연예관·미로관·동물원·곡마관 등에서는 기생의 무용, 연극, 마술, 곡예, 활동사진 등이 인기를 얻었다. 특히 경성협찬회가 초대한 〈살로메〉 공연은 여배우의 파격적인 신체 노출로 장안의 큰 화젯거리였다.

밤낮을 가리지 않고 열린 화려한 기획 행사도 많았다. 9월 11일 개장 축하쇼, 10월 17일 부인·어린이데이, 10월 22~31일 연예관 복권 경품 행사, 10월 24일~28일 국화 품평회, 10월 24일 자전거 경주 대회, 10월 25일 예기(藝妓)와 기생 총출연(430명), 10월 25일 가장 행렬, 10월 26일 연화(불꽃놀이)데이 등이 그것.

조선총독부는 1913년부터 이 행사를 기획해왔다고 한다. 당국자는 "일제의 식민 통치로 발전한 한국의 모습을 보여주려고 서양 박람회의 전시 기법을 총동원해 높은 탑과 거대한 건물, 밤을 대낮처럼 밝히는 전기 불빛을 이땅에서 재현한 것"이라고 밝혔다.

옵셋 인쇄 개발!
금속·유리에도 가능

【1915년】 금속이나 유리 표면에도 자유롭게 인쇄할 수 있는 획기적인 인쇄 기법이 개발됐다. 미국의 아이러루벨이 개발한 옵셋인쇄가 그것.

옵셋 인쇄는 '인쇄판 제작 → 고무 실린더로 전사 → 인쇄'의 과정을 거친다. 인쇄판은 감광물질을 입힌 뒤 인쇄 영상을 쪼여 제작한다. 이를 물로 씻으면 인쇄될 면은 감광물질이 굳어 잉크가 묻고, 인쇄되지 않는 면은 감광물질이 씻겨 물이 남아 잉크가 묻지않는다. 이는 1798년 독일의 알로이스 제네펠더가 발견한 "기름 성분 잉크는 물과 섞이지 않는다."라는 원리와 1839년 영국의 폰턴이 발견한 감광물질을 이용한 것.

옵셋 인쇄는 인쇄판에 종이를 대고 직접 인쇄하는 기존 방식과 달리 고무실린더를 매개로 인쇄판에 묻은 잉크가 고무실린더에 전사된 뒤 인쇄물에 찍히는 간접 인쇄이다. 고무는 신축성이 강해 금속이나 유리뿐 아니라 거친 종이에도 선명하게 인쇄할 수 있다.

전쟁은 과학이다… 첨단 무기 탱크 첫 선

【1916년 2월】 영국군의 공병 장교 어니스트 스윈턴 중령이 '땅 위를 달리는 전함'인 탱크 개발에 성공했다. 그는 기관총·대포 등으로 무장하고 철조망·참호 등으로 만든 독일의 방어선을 연합군이 돌파하지 못해 전선이 고착된 것을 보고 장갑을 두른 차량의 필요성을 느꼈다. 스윈턴은 독일군의 맥심 자동기관총을 맞아도 끄떡 없이 돌진하고, 거친 진흙탕이나 참호를 거뜬히 뚫고 나가려면 바퀴를 무한궤도로 두른 장갑차가 효과적일 것이라고 판단했다. 이것을 해군의 총지휘자였던 윈스턴 처칠(42)에게 제안해 본격적인 장갑궤도 차량의 개발이 시작됐다. 해군의 예산 지원 아래 1년 여만에 완성된 탱크 '마크 I'(사진)은 자그마치 28톤에 이르는 육중한 몸으로 최고 시속 6킬로미터를 낼 수 있으며, 항속 거리는 약 20킬로미터에 이른다. 57밀리미터 포 2문과 기관총 4문을 탑재하고 있다.

세계대전에 사용된 최초의 탱크.

▶독일, 맹독성 염소가스 사용(1915) ▶아인슈타인, 「일반상대성이론」 발표(1916) ▶마거릿 생어, 뉴욕에 최초의 임신 조절 병원 설립(1916) ▶수중 음파탐지기 개발(1916)

아방가르드, "예술가는 다음 시대의 창조자"

미래파는 사회 변혁을 위한 예술, 다다이스트는 현존 질서의 파괴 추구

아방가르드를 대표하는 마르셀 뒤샹의 1911년 작품인 〈계단을 내려오는 누드〉(왼쪽)와 움베르또 보치오니의 1913년 작품인 〈공간에서 연속성의 특이한 형태〉(오른쪽)이다.

전쟁과 혁명이 세계를 휩쓸고 있기 때문일까? 유럽과 미국의 젊은 예술가들이 자신들을 '전위(前衛)', 즉 군대의 가장 앞에 서는 선발대를 뜻하는 '아방가르드'라는 이름으로 부르기 시작했다. 군대의 선발대가 목숨을 걸고 새로운 지역을 돌파하는 것처럼, 이들 또한 이전까지 존재하지 않던 완전히 새로운 예술을 창조하는 역할을 자임하고 나선 것이다. 아방가르드 예술가들이 하나의 단체를 구성하거나 통일된 경향을 보이고 있는 것은 아니다.

그러나 이들은 전통적인 예술과의 급격한 단절을 요구하며, 부르주아적인 가치, 자본주의 체제, 제국주의 국가와 같은 기존 질서에 대해 적대적인 태도를 취하고 있다는 공통점을 갖고 있다.

아방가르드 예술가 중에서 '미래파'에 속하는 사람들은 대도시나 기계문명과 같은 현대적인 문물들을 찬양하며, 속도와 운동, 발전과 진보를 가장 아름다운 것으로 여긴다. 1909년 이탈리아의 시인 마리네티는 「미래파 선언」에서 이렇게 말했다. "아름다움은 오직 투쟁 속에서만 존재한다. 공격적이지 않은 작품은 훌륭한 작품이 될 수 없다." 이들은 19세기적인 예술지상주의를 경멸하며, 오히려 예술이 사회 변혁에 적극적으로 기여해야 한다고 주장하는 것이다.

한편 '다다이스트'들은 미래파와 달리 새로운 가치를 창조하기보다는 현존하는 모든 질서를 공격하는 일에 매진하고 있다. 세계대전을 피해 스위스 취리히에 모여든 예술가들은 제국주의 전쟁이라는 끔찍한 현실 속에서 드러난 유럽 문명의 야만성을 폭로하고, 그것을 파괴하는 것을 창작의 목표로 삼았다. 〈다다 선언〉에 따르면, '다다'는 "어떤 의미도 갖고 있지 않지만, …… 파괴를 위해 주먹질로 항의하고, 우리의 하인 배들이 설정한 모든 가치관을 폐기하고자 한다."

러시아의 미술가 칸딘스키는 '정신의 삼각형'이라는 비유를 통해 아방가르드 예술가의 역할을 정의한 바 있다. 한 시대의 정신을 이루는 삼각형의 아래쪽에 수많은 대중들이 있다면, 위쪽 꼭짓점 부근에는 고독한 소수의 예술가들이 있다. 그런데 이 삼각형은 시간이 지날수록 조금씩 위로 움직이기 때문에, 오늘은 예술가의 예감에 지나지 않는 것이 내일은 모든 대중의 취향을 지배하게 된다. 예술가는 다음 시대의 창조자라는 것이다.

그러나 칸딘스키의 비유는 오늘날의 아방가르드 예술 또한 언젠가는 파괴되어야 할 진부함으로 전락할 수밖에 없음을 말해준다. 20세기가 시작되면서 날로 새로워지길 희구하고, 새로워지지 않으면 안 되는 예술의 시대가 도래한 것이다.

📖 소쉬르 『일반 언어학 강의』 랑그와 파롤을 아시나요?

【1916년, 스위스】 한 사회에서 공통으로 사용되는 체계적이고 구조적인 언어를 '랑그(langue)'라 하고, 그 언어가 개별적으로 사용되면서 상황에 따라 뉘앙스가 달라질 때 이를 '파롤(parole)'이라 한다.

이 두 용어는 언어학자 소쉬르가 쓰기 시작한 것으로, 가령 사람들은 '가다'라는 말을 공통으로 인식할 수 있는데 이것이 랑그라면, 똑같은 '가다'라는 말도 사람들이 이야기할 때마다 상황에 따라 조금씩 뜻이 달라지는데 이것이 '파롤'이다.

1913년에 작고한 소쉬르의 제자이자 대학 동료인 샤를 바이와 세슈예가 그의 강의를 들은 학생들의 노트를 토대로 『일반 언어학 강의』라는 책을 출간했다. 소쉬르는 학창시절에 이미 「인도유럽어 원시 모음체계에 관한 연구」 논문(1879년)으로 비교언어학계에서 명성을 얻은 인물이다.

그는 언어를 사회현상으로 보고 "언어는 어떤 특정한 시대에 존재하기 때문에 공시적으로 생각할 수도 있고, 세월이 흐름에 따라 변화하기 때문에 통시적으로 생각할 수도 있는 구조적 체계"라고 주장했다. 소쉬르는 말년에 제네바 대학에서 '일반 언어학 강의'를 하면서, 많은 강의 자료들을 잃어버렸기 때문에 직접 출판하지 못한다고 밝혀 주변을 안타깝게 했었다.

소쉬르는 언어 구조에 관한 새로운 개념을 도입해 언어학에 대한 접근 방식의 토대 마련하고 진보를 이뤄냈다는 평가를 받고 있다.

▶융, 분석심리학 수립(1914) ▶경복궁 내 총독부박물관 준공(1915) ▶박은식, 『한국통사』(1915) ▶카프카, 『변신』(1915) ▶원불교 창설(1916) ▶할리우드 조성(1916)

전쟁이 치마의 길이를 줄이다

【1916년, 영국】 전쟁 중에 여성의 스커트가 짧아졌다. 휴가 나온 군인들은 "군대 갈 때만 해도 통이 좁고 긴 스커트뿐이더니, 이제는 부츠의 부리에 닿을까 말까한 짧은 스커트가 대세"라며 놀랐다. 전쟁 전에는 긴 스커트 끝단에 트임을 넣고 엉덩이 둘레만 약간 폭넓게 만든 호블스커트가 유행했다. 일상생활에는 불편하지만 우아한 실루엣을 자랑했다.

하지만 최근 군수공장에서 일하는 20대 여성은 "간편한 부츠에 작업용 오버롤(사진)을 걸치고 일한다."라며 "옛날처럼 거추장스럽고 복잡한 옷을 입는 일은 두 번 다시 없을 것"이라고 잘라 말했다. 이처럼 짧아진 스커트는 실크 스타킹의 수요를 증가시켰다. 스타킹은 검은색 일색에 발목에 수를 놓을 뿐, 레이스를 끼운다거나 환상적인 무늬를 넣지 않는다. 또한 스커트 길이가 짧아지면서 신발에 대한 관심도 늘어났고, 편안하면서도 신축성 있는 거들과 따로 분리된 브래지어도 등장하고 있다.

제3세계 통신

파나마운하 개통

【1914년 8월 15일】 대서양과 태평양을 이어주는 파나마운하가 완공됐다. 사상 최초로 이 운하를 통과한 배는 8만 1,237톤의 퀸엘리자베스호. 파나마운하는 1529년 코르테스의 건의를 받은 에스파냐 국왕 카를로스 5세에 의해서 구상되었으나, 실제로 공사를 시작한 사람은 1875년 프랑스의 레셉스. 하지만 레셉스가 불철저한 계획과 질병, 사기죄 기소 등으로 실패하자, 1903년 미국이 운하 건설권을 얻어낸 뒤 10여 년의 공사 끝에 이번에 개통한 것. 그동안 투입된 노동력은 유럽에서 1만 2,000명, 서인도 제도에서 3만 1,000명 등으로 사상 최대의 대토목 공사라는 평가를 받고 있다.

아프리카 분할 끝

【1914년】 유럽 열강들의 아프리카 분할을 논의하기 위해 베를린회의가 열린 지 30년. 아프리카 땅따먹기가 사실상 완료돼 에티오피아와 라이베리아를 제외한 아프리카 전 지역이 제국주의 국가들의 식민지로 확정됐다.

인도, 힌두교도와 이슬람교도 협정 체결

【1916년】 인도에서 힌두교도와 이슬람교도가 제휴할 수 있는 길을 연 역사적 협정이 체결됐다. 힌두교 지도자 틸라크가 주도한 것으로, 힌두교와 이슬람교 간의 관계뿐만 아니라 인도 정부 조직도 다루고 있다. 입법부의 5분의 4를 선거로 뽑으며, 집행위 위원의 절반은 위원회가 자체적으로 선출한 인도인이어야 한다는 내용이다. 또한 인도국민회의는 지방위원회 선거에서 이슬람교도에게 인구 비례보다 유리한 가중치를 주기 위해 독립 선거구를 주자는 데 합의했다. 이번 협정은 무엇보다 인도국민회의 우익과 좌익이 연합했다는 점에서 의미가 있다는 평이다.

영화 〈국가의 탄생〉

【1915년】 최초의 장편 영화. 감독 데이비드 그리피스. 남북전쟁을 배경으로 한 서사극. 풀 쇼트, 클로즈업 등 신기술 사용.

최초 누드화… 김관호의 〈해질녘〉

【1916년】 일본 문부성이 주최한 10회 미술전람회(이하 '문전')에서 평양 출신 조선인 화가 김관호(26)의 작품 〈해질녘〉(사진)이 특선을 차지해 한국에서도 화젯거리다.

한국에 하나뿐인 일간지 『매일신보』는 이 소식을 대서특필하면서 소설가인 춘원 이광수(24)가 일본 현지에서 보낸 문전 관람기를 실었다. 이광수는 이 글에서 "아! 특선, 특선, 특선이라면 미술계의 알성 급제"라면서 흥분을 감추지 못했다. 김관호는 이번

입상으로 화려한 명성을 안고 평양으로 돌아와 한국 최초의 서양화 개인전을 열 계획인 것으로 알려졌다.

마거릿 생어, 잡지 『여성의 반란』 발간

【1914년, 미국】 '산아 제한'이라는 용어를 처음으로 사용했던 마거릿 생어가 잡지 『여성의 반란』과 팸플릿 「가족계획」을 발간했다. 18번 임신하고 7번 유산한 어머니를 보며 자란 생어는 빈곤, 무제한 출산, 유아와 산모의 높은 사망률 사이에 밀접한 관련이 있다는 것을 알게 됐다. 그래서 모든 여성에게는 가족계획의 권리가 있다는 것을 굳게 믿게 된 생어는 피임에 관한 사실을 공개하지 못하도록 하는 법적 장애물을 제거하는 일에 헌신하고 있다. 생어는 산아제한을 옹호하는 자료를 우송한 죄로 기소 중이지만, 앞으로 미국 최초의 산아제한 진료소를 열 것이라고 당당히 밝혔다.

부고

▶ 유길준(1856~1914): 개화사상가. 주요 저서는 『서유견문』, 『대한문전』 등이다.
▶ 파브르(1823~1915): 프랑스의 곤충학자. 곤충의 해부 구조와 행동에 관한 연구로 유명하다. 주요 저서는 『곤충기』이다.
▶ 위안 스카이(1859~1916): 중화민국 초대 총통(1912~16)을 지냈다.
▶ 나철(1863~1916): 대종교 창시자이다.
▶ 이인직(1862~1916): 신소설 작가. 대표작은 『혈의 누』, 『귀의 성』 등이다.

〈공룡 거티〉(1914): 캐릭터를 등장시킨 최초의 애니메이션 작품.

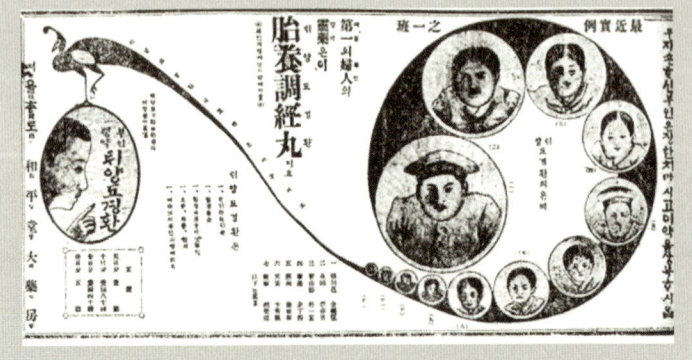

부인약 광고(『매일신보』, 1916년 8월 27일): "무자손하신 부인은 장한치 마시고 이 약을 상복하시압"이라고 말하는 태양조경환 광고이다.

▶샤코프스카야, 여성 최초로 전투기 조종(1914) ▶마산서 하와이로 국제 사진결혼 성사(1914) ▶페루, 최초의 여성 조직 에볼루시온 페메니나 창설(1916)

1917년~1918년

근현대사신문

근대 12호

주요 기사 2면 | 러시아, 세계 최초 사회주의 정부 수립 (1917) 3면 | 조선, 첫 사회주의 정당 결성 (1918) 4면 | 사설 – 러시아가 했는데 우리라고 못하랴! 4면 | 해설 – 두 개의 혁명을 낳고 끝난 세계대전 5면 | 특파원 보도 – '세계를 뒤흔든 10일' 6면 | 전 세계 '서반아 독감'으로 줄초상 (1918) 7면 | 루쉰, 『광인일기』 출간 (1918) 8면 | 한강, 이제 걸어서 건넌다

러시아혁명과 한국의 사회주의

세계는 제국주의 국가들과 그들의 지배를 받는 식민지로 나뉘었다. 이러한 제국주의 체제는 자본주의 시장경제의 원리 아래 움직이고 있다. 그런데 뒤늦게 근대 세계로 들어선 한국은 몰랐던 일이지만, 일찍 자본주의가 시작된 유럽 국가들 내부에서는 자본주의를 부정하는 사상이 오래 전부터 싹터 왔다. '사회주의'라고 불리는 이 사상은 자본주의 체제에서 생산을 담당하는 노동자계급과 결합해 국가권력과 생산과정을 장악하려는 투쟁을 벌여왔다. 마르크스를 비롯한 많은 사람들은 이러한 사회주의혁명이 영국, 미국처럼 자본주의가 발달한 선진국에서 일어날 것이라고 내다보았다. 그런데 세계대전이 제국주의 체제에 파열음을 내고 있는 지금, 선진국과는 거리가 먼 러시아에서 사회주의를 추구하는 혁명운동이 빠른 속도로 진전되고 있다. 러시아는 식민지 쟁탈전에 뒤처진 후진 자본주의 국가이고, 노동자의 수도 적다. 그러나 러시아는 바로 그런 약점 위에서 혁명으로 약진하고 있다.

사진 | 러시아혁명을 기념하는 러시아 사람들

러시아에 세계 첫 사회주의 정부 탄생
볼셰비키, 임시정부 타도… 노동자·농민 정권 세워

위 사진은 대중들에게 연설하는 레닌과 겨울 궁전으로 돌진하는 볼셰비키 군대. 왼쪽은 붉은 광장 앞에 세워진 세계 사회주의 기념탑.

【 1917년 11월, 러시아 】자본주의 후진국 러시아에서 대혁명이 일어났다. 수도인 페테르부르크의 노동자와 병사들이 봉기해 지난 3월(러시아력 2월)에 수립된 임시정부를 무너뜨린 것. 봉기의 지도자 레닌(47)은 군중들이 운집한 광장에서 "노동자와 농민이 주인인 사회주의 정부를 세울 것"이라고 선포했다. 이에 따라 세계 최초로 사회주의 이념을 국가 단위에서 실행하는 정부가 탄생할 전망이다.

지난 1905년 3월 페테르부르크에서 여성 노동자들이 여성의 날에 "빵을 달라!"며 시위를 벌이고 여기에 다른 노동자들이 합세하자, 차르 체제가 군대를 출동시켜 총을 발포해 수백 명의 사상자를 낸 '피의 일요일' 사건이 발생했다. 이후 시위가 진압되지 않고 더욱 격렬해진데다 러·일전쟁의 패배로 궁지에 몰린 차르 니콜라이 2세는 결국 정부를 내주고 물러나야 했다(2월혁명). 이후 수립된 임시정부가 개혁 정책을 떠맡았으나, 날이 갈수록 민중의 뜻과는 달리 소수 자본가들을 위한 개혁에 그치는 행태를 보여 노동자와 병사들이 반발해왔다.

이러한 상황에서 사회주의 진영의 소수파였던 볼셰비키는 민중들의 불만을 정확하게 파악해 그들의 요구를 구호로 내걸며 지지를 얻었다. 특히 그들은 '모든 권력을 소비에트로' 넘기라며 이번 사태의 성격이 민중혁명임을 분명하게 내세웠다.

상황은 더욱 진전돼 노동자들은 공장의 운영권을, 농민들은 토지를 요구하기에 이르렀고, 병사들은 즉각적인 전쟁 중지를 요구했다. 이러한 요구들은 러시아에 지역별로 조직돼 있는 소비에트(노동자·농민·병사의 대표자가 자발적으로 조직, 운영하는 권력 기관인 평의회) 단위로 모여 소비에트중앙위원회로 집중되는 양상을 보였다. 결국 소비에트들은 권력을 자신들에게 넘기라는 요구를 하기에 이른 것이다.

이번 10월혁명에서는 페트로그라드의 노동자·병사 소비에트의 군사위원회가 주축이 돼 권력을 접수한 것이다. 하지만 그 배후에는 일찍부터 사회주의 운동을 지도해 온 레닌과 트로츠키(38)라는 걸출한 지도자가 있었다.

레닌은 러시아가 이미 상당한 수준으로 자본주의화됐음을 밝히고, 노동자가 중심이 돼 부르주아민주혁명과 사회주의혁명을 연속적으로 수행해야 한다고 주장해왔다. 그래서 10월혁명은 레닌의 주장이 그대로 실현된 결과로 보인다. 향후 혁명은 레닌이 이끄는 볼셰비키들의 지도 아래 더욱 진전될 것으로 예측된다.

독일에도 혁명, 황제 권력 끝!
의회민주주의 대 사회주의, 혁명 노선 대립

【 1918년 11월 9일, 베를린 】독일에서도 혁명이 일어나 황제 빌헬름2세가 쫓겨나고 사회민주당 당수인 에베르트(47)를 대통령으로 하는 임시정부가 세워졌다. 이로써 1871년 비스마르크가 독일 통일을 이룩한 뒤 빌헬름1세를 황제로 삼아 출범한 독일 제국은 47년 만에 '동갑내기' 에베르트에 의해 숨을 거뒀다.

전시에 힌덴부르크와 루덴도르프가 이끄는 군부독재의 지배를 받아온 독일은 지난 10월 입헌군주제를 채택해 민주개혁을 진행해왔다. 그러나 빌헬름2세가 퇴위를 거부하면서 혼란이 거듭돼 왔고, 지난 3일 마침내 킬 군항에서 해군 수뇌부의 독자적인 전투 계획에 반대한 수병들이 반란을 일으켜 노동자·병사평의회를 구성하자 혁명은 순식간에 베를린으로 확산됐다. 임시정부의 주류는 의회주의 쪽으로 기울고 있으나, 로자 룩셈부르크(47) 등 사회민주당 좌파는 노동자·병사평의회를 중심으로 사회주의혁명을 추진하고 있다.

▶독일, 무제한 잠수함 작전 개시(1917) ▶인도네시아 이슬람 정당 민족 운동 전개(1917) ▶중국, 군벌 춘추전국 시대(1918) ▶일본, 시베리아 출병(1918)

러시아에 한국 첫 사회주의 정당 탄생

이동휘 중심 한인사회당… 사회주의 국내 유입 신호탄

【1918년 4월 25일, 러시아】 최초의 사회주의혁명인 러시아혁명의 성공 소식이 마침내 한국인들에게도 영향을 끼쳤다. 러시아의 하바로프스크에서 이동휘, 김알렉산드라 등을 중심으로 한국 최초의 사회주의 정당인 '한인사회당'이 결성됐다. 이번 한인사회당은 이동휘, 김립 같은 신민회 계열 인사 중 러시아로 귀화하지 않은 망명 세력과 김알렉산드라, 오하묵 등 러시아 출신 한국 혁명가들이 연합해 결성한 것으로 알려지고 있다.

사회주의가 한국인에게 소개된 것은 최초의 신문인 『한성순보』에 유럽의 사회당에 대한 간단한 기사가 실린 이래 지금까지, 『대한매일신보』가 아나키스트의 테러 활동에 대해 소개한 것이 고작이었다. 게다가 이렇게 소개한 사회주의 사상은 마르크스주의뿐 아니라 아나키즘, 길드 사회주의 등이 혼재돼 단편적으로만 알려졌을 뿐이다. 그렇기 때문에 한국과 국경을 맞대고 있는 러시아에서 한국인들이 사회주의 정당을 결성했다는 소식은 아직도 낯설기만 한 사회주의 사상이 조만간 국내에도 파급될 날이 멀지 않았음을 알리는 신호탄이다.

그러나 한인사회당에 대해 우려 섞인 목소리도 있다. 사회주의에 공감하면서도 민족주의 경향을 보이는 이동휘 계열과 사회주의 경향이 강한 김알렉산드라 계열이 물리적 결합을 넘어 화학적 결합을 할 수 있느냐는 지적이다. 하지만 한인사회당이 앞으로 유력한 독립운동 세력으로 커 나갈 것이라는 전망도 조심스레 나오고 있다. 왜냐하면 러시아의 소비에트 정부가 세계 내전 종결시 연합국의 세계 분할 뒷거래를 즉각 중단할 것을 주장하며 식민지 약소 민족의 권리 보장에 우호적인 태도를 보여, 한인사회당을 적극 지원할 것으로 예측되기 때문이다.

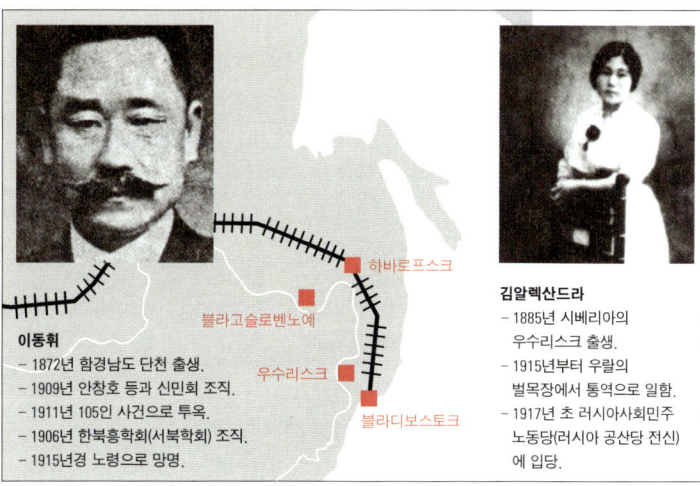

이동휘(왼쪽)와 한인 최초의 여성 사회주의자 김알렉산드라(오른쪽)가 아시아 최초의 마르크스-레닌주의 단체인 한인사회당을 함께 만들었다.

이동휘
- 1872년 함경남도 단천 출생.
- 1909년 안창호 등과 신민회 조직.
- 1911년 105인 사건으로 투옥.
- 1906년 한북흥학회(서북학회) 조직.
- 1915년경 노령으로 망명.

김알렉산드라
- 1885년 시베리아의 우수리스크 출생.
- 1915년부터 우랄의 벌목장에서 통역으로 일함.
- 1917년 초 러시아사회민주노동당(러시아 공산당 전신)에 입당.

기자의 눈

윌슨 민족자결주의 독립운동에 활력소

【1918년】 미국 대통령 윌슨이 세계대전 이후 국제 질서에 필요한 '14개 평화 조항'을 발표하면서 민족자결주의를 내세워, 조선의 독립운동 단체들에게 활력을 불어넣고 있다.

윌슨의 민족자결주의에 가장 민감한 반응을 보인 독립운동 세력은 북아메리카 교민. 그들은 이승만을 파리강화회의 대표로 보낼 계획을 세우고 자금을 모금하는 등 적극적인 움직임을 보이고 있다. 또 중국 상하이에서는 여운형, 장덕수 등 망명 인사들이 조직한 신한청년당이 미국 대통령 특사로 상하이를 방문 중인 크레인과 접촉해, 파리강화회의에 조선 대표를 파견하는 데 동의를 얻어냈다. 김규식(37)을 파견할 것을 결정하는 한편, 독립청원서를 윌슨과 파리강화회의에 제출하기로 했다.

이처럼 윌슨의 민족자결주의 원칙은 해외 독립운동 단체들에게 큰 자극제가 돼, 조만간 일본의 심장부인 도쿄에서 유학 중인 조선인 학생들에게도 영향을 끼칠 것으로 보인다.

제국주의 열강, 러시아혁명 뒤집기 나섰다

세계대전 치르기도 바쁜데… 영·일 이어 프랑스·이탈리아·미국 등

【1918년, 러시아】 서방 연합국들이 러시아의 소비에트 혁명정부를 무너뜨리려는 목적으로, 위험에 처한 체코슬로바키아군을 구원한다는 명분을 내세워 '소비에트 간섭전쟁'을 일으켰다.

지난 3월 영국군 부대가 무르만스크에 상륙했고, 4월에는 일본 군대가 아무런 승인도 없이 블라디보스토크에 상륙했다. 게다가 12월 중순에는 프랑스군을 주축으로 한 혼성부대가 오데사와 세바스토폴, 이어서 헤르손과 니콜라예프에 상륙했다.

이에 대응하여 혁명군인 적군을 재정비한 소비에트 혁명정부는 반혁명군인 백군에 이른바 '적색 테러'를 선포하면서 일단 반격에 성공한 것으로 알려졌다. 그러나 소비에트 혁명정부를 향한 서방 연합국의 공세는 아직 끝나지 않은 것으로 보인다. 미국·이탈리아 등 여러 나라가 세계대전으로 여유가 없는 상황에도 불구하고 간섭전쟁에 뛰어들 계획을 갖고 있기 때문이다.

시베리아에 출병한 각국 병사들의 모습. 오른쪽부터 일본, 체코, 이탈리아, 중국, 영국, 캐나다, 미국 순이다. 대륙 침략의 기회를 노리던 일본이 가장 많은 군대를 출병시켰다. 이 사진은 '시베리아의 군대 박람회'라 불리며 세계 각국에서 화제를 불러 모았다.

▶광복단 사건(1917) ▶김립·문창범, 전로한족회중앙총회 조직(1918) ▶이르쿠츠크에 공산당 한국지부 창립(1918) ▶상하이에서 신한청년단 조직(1918)

사설
러시아가 했는데 우리라고 못하랴!

역사학자 박은식은 러시아혁명을 평가하면서 "최악의 강도 국가가 최선의 인권 애호 국가로 변신했다."라고 말했다. 우리 애국지사들은 과거의 제정 러시아와 비교해 조금도 나을 것이 없는 강도 일본에 맞서 힘겨운 독립운동을 해왔다. 그렇기에 이들이 어떤 눈으로 러시아혁명을 바라보는지 잘 알려주는 말이다.

1905년 러·일전쟁에서 패배할 때까지 러시아는 조선을 식민지로 만들려고 호시탐탐 침략의 손길을 뻗어왔던 나라다. 하지만 동아시아 진출이 가로막히자 발칸반도로 눈을 돌려 독일, 오스만제국과 옥신각신하다가 세계대전으로 휘말려 들어갔던 것은 익히 알려진 사실이다. 하지만 이 나라에도 강도들만 살았던 것이 아니다. 러시아 안에서 제정 권력과 맞서 싸우는 세력, 러·일전쟁 때 일본의 지원을 거부하고 노동자, 농민, 병사의 힘만으로 권력을 쟁취하려던 세력이 있었다. 그들이 제정을 뒤엎고 소비에트 권력을 세우자 하루아침에 러시아라는 나라의 성격이 바뀌어 버렸다.

우리도 마찬가지다. 남들 눈에는 강도 일본의 식민지라는 비천한 처지로 비치겠지만, 우리 내부에는 침략자를 몰아내고 평화를 사랑하며 '독립 공화국'을 세우고자 싸우는 수많은 애국자들이 있다. 러시아가 노동자·농민의 나라로 변신하리라는 것을 우리가 예측할 수 없었듯이, 러시아 역시 우리가 독립하는 그날 깜짝 놀라며 박수를 칠 것이다. 누가 알랴, 우리의 변신이 제국주의 세계의 하이에나 일본마저 평화로운 나라로 변신시킬지.

두 개의 혁명을 낳고 끝난 세계대전
해설 미국의 참전부터 독일의 항복까지

러시아혁명의 지도자 레닌은 러시아가 제국주의 사슬의 약한 고리였다고 주장했다. 후발 제국주의 국가로서 비교적 체제가 불안정했기 때문이다. 그 고리를 뚫고 탄생한 러시아가 침략과 식민지배로 얼룩진 제국주의 체제를 정화할 수 있을까? 두 개의 혁명을 낳고 끝난 세계대전의 경과를 정리해 본다.

1917년 1월, 독일은 영국 해역에서 중립국을 포함한 모든 나라의 상선을 경고 없이 격침시킨다는 무제한 잠수함 작전을 개시했다. 식량과 원료를 수입에 의존하는 영국을 굴복시키려는 작전이었다. 그러나 이 작전은 그해 4월 영국과 경제적 유대가 강한 미국의 참전만을 초래한 채 실패했다.

독일의 마지막 기회는 러시아혁명이었다. 혁명으로 새롭게 탄생한 러시아는 모든 교전국에 즉각 정전을 제안하고, 전후 식민지 재분배에 관한 각국의 비밀 외교를 폭로했다. 그러자 미국 대통령 윌슨은 이듬해 1월 '14개조 평화 조항'을 발표해 연합국의 동요를 억제하려 했다. 윌슨은 앞서 레닌이 발표한 민족자결주의에 영향을 받아 패전국의 식민지 문제를 처리할 때 이 원칙을 적용하자고 주장했다.

한편 연합국의 일원이던 러시아는 전선에서 물러나 그해 3월 독일과 브레스트리토프스크에서 강화조약을 맺었다.

동부전선에서 부담을 던 독일은 서부전선에서 대공세를 폈다. 그러나 이 공세는 독일의 힘을 소진시킨 채 실패로 돌아갔고, 오히려 7월 18일부터는 연합군이 대반격에 나섰다. '승리의 강화'를 고집하며 타협을 거부하던 독일 군부는 9월 들어 패배를 인정했다. 군부의 조종을 받던 내각은 물러나고, 새로 들어선 내각은 개혁을 실시했다. 그리고 연합국 측에 조심스레 휴전을 타진했다. 9월 말부터 한 달간 오스트리아, 오스만제국 등 동맹국의 항복이 이어졌고, 독일에서도 혁명이 일어났다. 독일 임시정부는 11월 11일 휴전조약에 조인했다. 이로써 전 유럽을 살상의 도가니로 몰아넣었던 세계대전은 두 개의 역사적인 혁명을 낳고 막을 내렸다.

그림마당 | 이은홍

기록실
대동단결선언

미국의 참전으로 세계대전의 전세가 크게 바뀌자, 상하이 독립운동가들이 새로운 방향을 모색하고 나섰다. 1917년 7월, 상하이에서 신규식, 신채호, 박은식, 박용만, 조소앙 등이 '대동단결선언'을 발표한 것. 군주제 망명정부가 아닌 공화제 임시정부의 수립을 주장해 많은 독립운동가들의 주목을 받고 있다. 이에 그 주요 내용을 소개한다.

융희 황제가 삼보(토지, 인민, 정치)를 포기한 8월 29일은 바로 우리 동지가 삼보를 계승한 8월 29일이니, 그간에 한순간도 멈춘 적이 없음이라. 우리 동지는 완전한 상속자니 저 황제권이 소멸한 때가 곧 민권이 발생한 때요, 구한국 최후의 날은 곧 신한국 최초의 날이다.

무슨 까닭이오. 우리 한국은 처음부터 한국인의 '한(韓)'이오, 비한국인의 한이 아니라. 한국인 간의 주권 수수는 역사상 불문법의 국헌이오, 비한국인에게 주권을 양여하는 것은 근본적으로 무효요, 한국의 국민성이 절대 불허하는 바이라. 따라서 경술년 융희 황제의 주권 포기는 곧 우리 국민 동지에 대한 묵시적 선위니 우리 동지는 당연히 삼보를 계승하여 통치할 특권이 있고, 대통을 상속할 의무가 있도다.

▶러시아·독일 등, 브레스트리토프스크조약 체결(1918) ▶독일·오스트리아, 연합군에 항복 발표(1918) ▶쑨원, 중국혁명당을 중국국민당으로 개칭(1918)

1917년~1918년 | 사회·경제

특파원 보도 러시아혁명 현장 속으로

'세계를 뒤흔든 10일' 그 경이로운 나날들

1917년 10월(러시아력), 러시아혁명의 현장에는 미국 출신 언론인 존 리드(사진)가 있었다. 존 리드의 안내로 긴박했던 혁명의 주요 순간을 추적해 본다.

러시아혁명을 현장에서 직접 지켜본 미국인 기자 존 리드.

10월 16일, 페테르부르크 소비에트는 볼셰비키의 지도 아래 군사혁명위원회를 구성했다. 다음 날 군사혁명위원회는 "더 이상 임시정부를 인정하지 않으며, 이제부터 우리 정부는 페테르부르크 소비에트"임을 천명했다. 혁명이 시작된 것이다.

10월 25일, 페테르부르크 소비에트가 혁명의 승리를 알리는 결의문을 발표했다. 이 발표문에서 빈곤과 전쟁의 공포에서 벗어나는 길은 오로지 사회주의뿐임을 천명했다. 그리고 페테르부르크 병사들이 임시정부가 있던 겨울궁전을 점령했다. 다음 날 볼셰비키 근거지인 스몰니에서 노동자·병사·농민 대표 소비에트 대회가 열려 「모든 교전국 정부와 국민들에게 보내는 호소문」을 발표했다. 그러고 나서 혁명정부는 세계대전의 중지를 선언하고, 합병과 배상 없이 즉각적인 강화를 실현하자고 호소했다.

10월 28일, 노동자의 봉기에 맞서 자본가들이 혁명의 수도 페테르부르크로 진격하고 있었다. 혁명은 거대한 위기에 직면했다. 혁명의 구심이던 노동자·병사 혁명위원회는 즉각 노동자들에게 호소했다.

마침내 10월 30일에 반혁명군의 페테르부르크 진입이 저지되고, 다음 날에는 모스크바에서 혁명위원회가 권력을 장악했다.

이제 되돌릴 수 없는 혁명이 마지막 성공을 향해 러시아 전 지역으로 퍼져 나가고 있다. 이 혁명은 "고통받는 민중들을 이끌고 역사에 뛰어든, 또 민중의 광범하고 소박한 희망에 모든 것을 내건, 인류가 시도한 가장 경이로운 모험 중 하나"였다.

모스크바를 행진하는 붉은 군대.

쌀값 폭등에 "못 살겠다" 폭동
일본 반출과 지주·미곡상 사재기로 쌀 품귀

【1918년 8월 28일, 서울】 영세민을 구제할 목적으로 설치된 종로소학교 쌀 판매소에 쌀이 떨어지자, 줄 서서 기다리던 사람들과 경찰 사이에 벌어진 실랑이가 쌀값 폭등에 항의하는 폭동으로 번졌다. 이번 사건은 지난해부터 치솟기만 하는 쌀값 폭등이 근본 원인이라는 분석이다.

그러나 이러한 쌀값 폭등의 배경에는 일본으로 빠져나간 쌀이 있다는 분석이다. 일본은 이번 세계대전으로 급속한 공업 발전을 했고, 그 결과 도시 인구가 급증해 쌀 부족으로 폭동까지 일어났다. 이에 조선총독부를 앞세워 쌀을 마구 가져가자 오히려 이번에는 한반도에서 쌀이 부족하게 돼 쌀값이

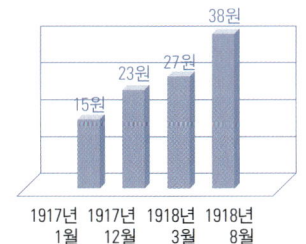
쌀값 폭등 현황 (단위: 상품 1가마당)
- 1917년 1월: 15원
- 1917년 12월: 23원
- 1918년 3월: 27원
- 1918년 8월: 38원

폭등한 것이다. 게다가 이 틈을 탄 지주와 미곡상들의 사재기로 쌀값이 더욱 폭등하게 됐다.

이번 쌀값 폭등은 물가 상승으로 이어져 앞으로 돈 없는 사람들이 더욱 궁핍해지는 반면, 지주와 미곡상들이 부를 축적함으로써 심각한 양극화를 가져올 것이라는 우려를 낳고 있다.

토지조사사업 마무리… 경제 침탈 기초 마련
농토 13퍼센트 이상이 일본 땅

동양척식주식회사의 홍보용 『사업 개황』.

【1918년 11월】 9년에 걸친 토지조사사업이 마무리됐다. 그 결과 논 154만여 정보, 밭 279만여 정보, 대지 13만 정보, 기타 40만여 정보가 새롭게 파악돼, 외형상 경지면적이 크게 늘어난 것으로 집계됐다. 하지만 이번 사업의 혜택을 가장 많이 누리게 되는 것은 조선총독부. 토지의 법적 소유를 확정함에 따라 세금 수입이 안정적으로 늘어나게 됐고, 토지 소유의 주체를 자연인이나 법인으로 한정함으로써 마을이나 문중의 공동소유로 돼 있던 땅과 국유지를 모두 총독부 소유지로 만들어 재정수입을 늘리는 결과를 가져왔다는 분석이다. 조선총독부는 이들 토지를 동양척식주식회사와 후지흥업, 후지이 같은 일본 토지 회사에 불하해 일본인 대지주가 출현하게 됐다. 통계에 따르면, 총독부와 동양척식회사가 전국 농경지의 약 5.8퍼센트(27만 2,000여 정보)를 소유하고, 기타 일본인이 7.5퍼센트를 소유해, 전국 농토의 13퍼센트 이상을 일본이 합법적으로 소유하게 됐다고 한다.

▶전로한족회중앙총회 조직(1917) ▶동제사를 조선사회당으로 개칭(1917) ▶이르쿠츠크 러시아공산당 한인지부 창립(1918) ▶만주서 「대한독립선언」 발표(1918)

전세계 '서반아 독감'으로 줄초상

국내 14만 명 사망, 세계대전보다 다섯 곱절이나 맹렬

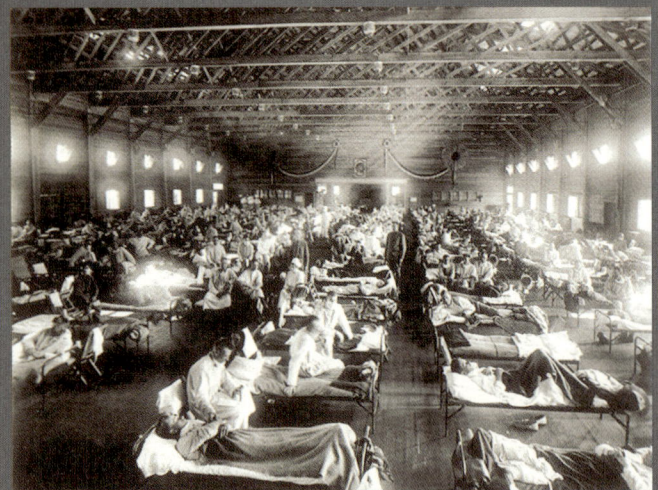
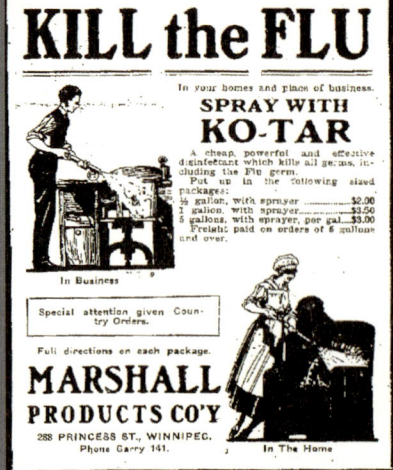
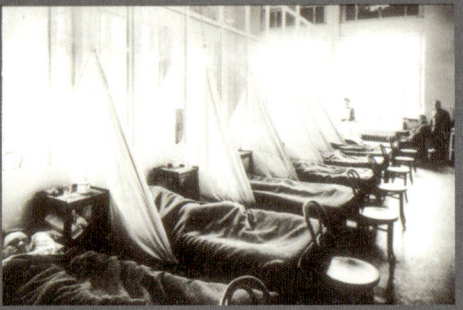
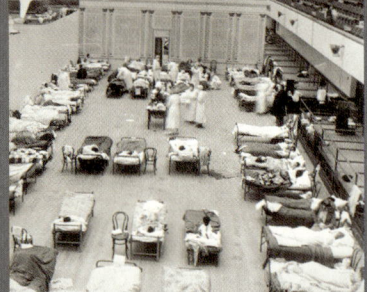

대재앙이라 불릴 만한 이번 서반아 감기가 전 세계적으로 수천만 명의 목숨을 앗아감으로써 '흑사병'의 공포가 되살아나고 있다. 사진은 서반아 독감에 걸린 환자들이 병상에 누워 있는 모습.

【1918년 12월】 전 세계로 '서반아(에스파냐) 독감'이 유행처럼 번져 나가고 있다. 지난 3개월 동안 전 세계에서 감기, 폐렴으로 죽은 사람이 2,000만 명이 넘는 것으로 추산됐다. 국내에서도 지난 9월 서울에 첫 환자가 발생한 이래, 인천·대구·평양·원산·개성 등지로 계속 번져나가면서 엄청난 사망자가 발생하고 있다. 에스파냐의 의학 전문 학술지 『자마』에 실린 '코리아에서 확산되는 인플루엔자'라는 연구보고서에 따르면, "최초 창궐일은 9월 말이며, 발원지는 시베리아이고 철길을 따라 확산됐다."고 한다.

조선총독부는 12월 말 현재 조선인은 742만 2,113명의 환자가 발생한 가운데 13만 9,128명이 사망했고, 일본인은 15만 9,916명의 환자가 발생해 그중 1,297명이 사망했으며, 기타 중국인 등을 합치면 총 758만 8,390명의 환자가 발생해 14만 518명이 사망했다고 발표했다. 지금 농촌에서는 들녘의 익은 벼를 거두지 못할 정도로 상여 행렬이 끊이지 않고, 각급 학교는 일제히 휴교한 상태이다.

한편 12월 27일 『매일신보』 기사에는 "런던 로이터 특전을 거한 즉 타임스 신문기자가 말하기를 유행성 감기로 3개월 간의 사망자가 600만 명이고, (지난) 5년 간의 대전쟁에는 2,000만 명이 사망했으므로 이번 감기가 전쟁보다 다섯 곱절이나 맹렬하다고 했다."라고 전했다.

실제로 지난 8월과 10월 사이 '서반아 감기' 인플루엔자로 사망한 미군 수는 2만 4,000명인데, 세계대전에서 사망하거나 부상당한 미군의 수가 3만 4,000명이라는 사실로 볼 때 대단히 큰 피해라 할 수 있다. 또 서반아 감기가 격전지를 중심으로 빠르게 번져나가면서 수많은 젊은 병사들이 밀집해 있는 부대 막사가 바이러스 확산에 더없이 좋은 환경을 제공했던 것으로 분석되고 있다. 다시 말해 이번 세계대전의 종전을 앞당긴 결정적인 요인은 바로 '서반아 인플루엔자'라고 할 수 있다. 이처럼 영국, 프랑스, 독일을 휩쓴 서반아 감기가 에스파냐를 초토화시키고 북아메리카와 아시아까지 확산되고 있다. 특히 알래스카와 캐나다를 비롯한 북아메리카 대부분의 지역은 죽음의 땅이 되고 말았다. 이른바 '1918년의 대재앙'이라 불릴 만한 이번 서반아 감기가 전 세계적으로 수천만 명의 목숨을 앗아감으로써 '흑사병'의 공포가 다시 되살아나고 있다.

원자번호는 같고 질량이 다른 원소가 있다!

【1918년, 영국】 영국의 실험물리학자 프랜시스 애스턴이 동위원소의 존재를 증명했다. 동위원소란 핵의 전하량은 같지만 원자량이 서로 다른 원소를 말한다. 또 동위원소는 각각 화학적으로 똑같이 작용하지만 물리적으로는 다른 방식으로 쪼개지는 원자를 포함하고 있다.

애스턴은 공동 연구자였던 톰슨의 기법을 더욱 발전시켜 동위원소를 입증했다고 밝혔다. 질량분석기를 발명해 네온을 비롯한 여러 원소의 동위원소를 분리하고, 그 원자량을 정밀하게 측정하는 데 성공했던 것이다.

애스턴의 성공은 1913년 영국 물리화학자 소디가 '동위원소(isotope)' 개념을 제기한 지 5년 만의 개가다. 소디는 방사성 물질을 연구하면서 화학적으로는 동일하지만 전혀 다른 방사성을 내는 원자가 존재한다는 사실을 알아내고, 이를 토대로 동위원소 개념을 세웠다.

외부의 힘이 없어도 계속되는 반응이 있다

【1918년, 독일】 독일 과학자 네른스트(사진)가 세계 최초로 염소와 수소의 반응 과정에 에너지 양자를 도입해 원자 연쇄 반응 이론을 정립했다. 연쇄 반응은 외부로부터 에너지를 가하지 않아도 반응이 계속 진행되는 것을 가리킨다.

네른스트는 수소와 염소를 1 대 1로 혼합한 기체에 빛을 쬐면 반응이 폭발적으로 일어나며, 염화수소가 연속적으로 만들어지는 것을 확인했다. 네른스트의 이 이론은 앞으로 물리학계에서도 큰 관심을 불러일으킬 것으로 보인다.

▶새플리, 구상성단 분포 연구로 은하의 중심이 궁수자리에 있음을 밝힘(1917) ▶세브란스의학전문학교 설립(1917) ▶랑주뱅, 수중음파탐지기 발명(1918)

중국, 이번에는 '문학' 혁명으로 간다

루쉰, 구어체 소설『광인일기』발표, 유교 문화 비판

【1918년, 중화민국】 백화문은 중국의 구어체 문장이다. 일상생활에서 사용하는 말을 그대로 글로 옮기는 것이다. 중국 문학은 1911년 신해혁명이 성공한 뒤에도『논어』,『맹자』에 나오는 것과 같은 문어체 한문 문장만을 사용해왔다. 그런데 수천 년 내려온 이 전통을 깨고 백화문으로 쓴 근대 최초의 소설이 나왔다.

오랜 전통을 넘어서는 엄청난 일이라서 그랬는지 이 소설은 미친 사람이 쓴 일기 형식을 취하고 있다. 그래서 제목도『광인일기』다. 중국 현대문학의 첫 작품으로 영원히 기억될 이 소설의 작가는 신정부의 교육부 관리로 재직 중인 루쉰(37). 유교에 뿌리를 둔 낡은 문화를 청산하고 과학과 민주주의에 기초한 새로운 문화를 창조하자는 잡지『신청년』에 발표됐다

이 소설은 "오늘밤 무척 밝은 달빛〔今天晚上很好的月光〕"이라는 백화문으로 시작한다. 달빛은 주인공의 광기를 상징한다.

광기에 사로잡힌 그는 늘 다른 사람이나 짐승한테 잡아먹힐까 봐 안달을 한다. 이웃집 개만 봐도 경기를 일으킬 정도이다. 주인공은 이처럼 20세기 벽두의 중국 사회를 사람 잡는 곳으로 인식하고, 그런 세상으로부터 아이들을 구해내야 한다고 외친다. 이러한 광인의 절규가 의미하는 것은 무엇일까? 그것은 곧 "유교가 사람 잡는다〔禮敎吃人〕."라는 생각 아래 전통문화와 관습을 혁파하고, 미래의 주인공인 아이들에게는 근대화되고 민주화된 중국을 물려주자는 근대 지식인들의 목소리이다.

신해혁명으로 낡은 왕조인 청나라는 사라졌지만 낡은 군벌 세력이 여전히 득세하고, 낡은 전통이 여전히 사회의 발목을 잡고 있는 중국. 과감히 백화문을 사용하고 유교를 정면 비판한 문학혁명이 이 늙은 대륙에 어떤 청신한 기운을 불어넣을지 전 세계의 문화계는 주목하고 있다. 또한 신해혁명의 주역인 쑨원과 마찬가지로 일본에서 서양의학을 배운 의사 루쉰이 문학이라는 메스로 중국을 어떻게 치료할 수 있을지 눈여겨보는 것도 큰 관심거리이다.

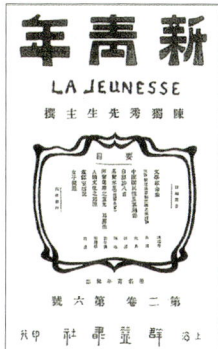

백화문학을 제창한 신문화 운동을 일으키는 데 중요한 역할을 했던 잡지『신청년』(2권 6호)의 표지(왼쪽)와 이 잡지의 편집인으로 참여한 루쉰(오른쪽).

이광수 장편소설『무정』인기리 연재

【1917년, 서울】 조선총독부 기관지『매일신보』에 연재되고 있는 장편소설『무정(無情)』이 독자들의 눈길을 끌고 있다. 이 소설은 젊은 작가 이광수(26)의 작품으로, 이전 신소설과는 달리 주인공의 삶을 애정 문제 중심으로 실감나게 그려내면서도 관습과 윤리를 반대하는 자유연애를 내세워 소설의 재미를 더하고 있다. 특히 주인공을 전통 사회에 속박된 인간이 아니라 자신의 원칙에 따라 행동하는 존재로 부각시킴으로써 요즘 세대의 현실 감각과 연애관을 확실하게 드러내고 있다는 평이다.

하지만 작가는 이 소설에서 식민지 현실을 외면한 채 '신교육과 신문명'이라는 이름으로 외형의 변화만 계몽한다는 비판을 받고 있다. 그래서 주인공과 그의 삶이 여전히 생생하게 느껴지지 않고 낯설게 다가온다는 것이다. 현실에 '무정'하지 않은『무정』을 기대해 본다.

혁명으로 거듭나는 새로운 '전위 예술'

【1918년, 러시아】 사상 초유의 세계대전과 사회주의혁명이 한꺼번에 휩쓸고 간 러시아에 새로운 예술의 움직임이 일고 있다. 혁명의 선전부대를 자처하는 예술가들이 거리로 달려나가 집회에서 작품을 낭독하며, 연극 대본을 창작하고, 선전용 포스터나 플래카드로 혁명적 예술을 선동하는 새로운 아방가르드(전위, avant-garde) 운동이 바로 그것.

본래 아방가르드란 전투에서 적진을 향해 돌진하는 전위부대를 가리키는 말이다. 특히 미래파 시인이자 극작가인 마야콥스키는 볼셰비키의 혁명을 지지하면서 시낭송회를 통해서뿐 아니라 선전 포스터에다 혁명적인 선전 문구를 집어넣는 방식까지 동원하여 혁명 정신을 전파하고 있다.

그러나 혁명의 이미지를 어린이들과 동물들이 자유롭게 뛰노는 모습으로 표현한 샤갈처럼 낭만적이고 이상적인 모더니스트들도 있다. 이들은 혁명을 통해 인류가 더욱 자유롭고 행복해질 것이라고 믿는 가운데, 혁명 이념의 실천보다는 해방과 자유의 이미지를 좇아 또 다른 길을 선택할 것으로 보인다.

앞으로 아방가르드 예술의 천국인 러시아에서는 예술가들이 혁명 이념에 따라 노동자와 농민을 교육하고 '생활의 진실'을 전달하려고 할 것이다. 새로운 전위 예술이 어떻게 전개될지 예술계의 관심이 쏠리고 있다.

1918년 노동절을 기념하며 모스크바의 크렘린과 붉은 광장을 장식하기 위한 데생. 러시아에서는 예술가들이 몇 차례의 사회 변동을 경험한 뒤 새로운 사회를 급진적으로 지향하는 혁명의 아방가르드로 나서고 있다.

지휘자 없는 오케스트라

【1917년, 러시아】 악기 배치가 매우 독특하다. 보통은 지휘자를 중심으로 반원형을 그리지만, 이 오케스트라는 연주자들이 서로 마주보면서 앉고, 심지어 관객에게 등을 돌린 연주자들도 있다. 이름은 바로 '페르짐판스 오케스트라'. 지휘자는 곧 독재자이므로 단원들이 스스로 음악을 만들어가야 한다는 것이 그 이유다.

▶뒤샹, '샘'이라고 명명한 소변기 전시(1917) ▶레닌,『국가와 혁명』(1917) ▶서당 규칙 공포로 총독부 편찬 교과서 사용 강제(1918) ▶안중식 등, 서화협회 창설(1918)

한강, 이제는 걸어서 건너세요

제3세계 통신

영국, 유대인 독립국가 약속

【1917년 11월 2일】영국이 "팔레스타인에 유대인을 위한 민족가 수립을 지지한다."라고 공식 선언했다. 이번 선언은 영국 외무장관 밸푸어가 시온주의 지도자 바이츠만과 소콜로프의 요청을 받아들여, 유대인 금융 재벌의 영국 지사장인 로스차일드 남작에게 보낸 서한을 통해 이루어졌다.

영국 정부는 이 선언으로 유대인의 여론을 연합국 쪽으로 돌리고, 종전 후에도 이집트의 수에즈운하를 지키는 데 도움이 되리라 기대하고 있다. 하지만 이번 선언이 지난 1915년 10월 팔레스타인의 독립국가 건설을 지지하기로 이미 약속한 '맥마흔선언'과 상호 모순돼, 전황을 유리하게 이끌려는 영국의 얄팍한 속셈이라는 지적도 있다. 더불어 전후 이 지역에 또 다른 전쟁의 불씨를 남기게 될 것이라는 우려를 낳고 있다.

아랍, 오스만제국으로부터 해방을 맞다

【1918년 10월 1일, 시리아】아랍을 대표하는 도시 다마스쿠스가 오스만제국으로부터 해방됐다. '아라비아의 로렌스'로 잘 알려진 영국군 로렌스 소령이 시리아의 페이살과 함께 양성한 군대를 이끌고, 오스만제국과 치열한 혈전을 벌인 끝에 다마스쿠스에 입성한 것. 이번 세계대전에서 아랍인은 영국군과 함께 다마스쿠스에서 메디나에 이르는 철로를 차단하는 등 오스만제국의 보급로를 교란시켜 영국의 팔레스타인 전투를 지원해 왔다. 한편 세계대전이 종전으로 치달고 있는 가운데, 오스만제국이 곧 연합국과 휴전할 것이라는 소식이다. 이로써 16세기 이래 아랍 지역을 지배해온 오스만제국이 이 지역에서 상당한 영토를 잃게 될 것이라는 전망이다.

【1917년, 서울】부릉부릉 시끄럽게 서울 시내를 달리는 자동차가 하나둘 늘어나면서 차와 사람이 다니는 다리를 만든다며 조선총독부 관리들이 몰려온 것이 지난해 봄. 옛날 철교에서 나온 재료들이라며 철재 등이 강변에 수북이 쌓여도 진짜 인도교가 세워지랴 했는데, 드디어 낙성식이 열린다는 소식이다.

용산과 노량진을 잇는 한강 인도교는 무려 660미터의 다리가 반대편 강변까지 길게 드리워져 위용을 자랑한다. 다리 중앙에는 폭 4.5미터의 차도를, 양편에는 1.6미터의 보도를 설치했고 장식 전등까지 설치해 한강의 명물이 될 전망이다.

한편, 용산 한강변에서 2대째 뱃사공으로 일하는 김나루 씨(가명, 40)는 요즘 걱정이 태산이다. 김 씨는 그동안 아침 일찍부터 나루터에 나가 부지런히 나룻배를 운행한 덕분에 풍족하진 않지만 근근이 네 식구가 연명할 수 있었다. 그러나 10월 7일부터 공짜로 한강을 건널 수 있게 되면 누가 돈을 내고 나룻배를 탈지 큰 걱정이다. 바로 한강 인도교가 개통되면 우마차건 사람이건 그냥 한강을 건넌다는 것이다. 김 씨는 하루에도 몇 번씩 나룻배에서 위를 올려다보며 "장관은 장관이네." 하고 감탄하지만, 앞으로 어떻게 살아야 할지 시름이 깊어가고 있다.

총 공사비 83만 4,000원이 든 한강 최초의 인도교. 폭 4.5미터, 보도 1.6미터.

할리우드 스타, 국채 매입 운동에 총출동

【1918년, 미국】영화배우 찰리 채플린과 페어뱅크스가 전국을 돌며 국민들에게 국채를 사달라고 호소하고 있다. 이에 할리우드 스타들을 보려고 곳곳에서 몰려든 미국인들이 아낌없이 주머니를 열고 있다는 소식이다. 특히 〈전당포〉에 주연으로 출연한 스물여섯 살의 젊은 배우 채플린이 단연 인기다. 그는 4년 전 주당 175달러를 받는 단역 배우였지만, 지난해에는 퍼스트내셔널영화사로부터 단 8편 출연에 100만 달러를 받는 스타로 성장한 흥행 보증수표. 그렇기 때문에 미국 정부가 이번 국채매입운동에 할리우드 스타들의 인기를 활용한 것은 어찌 보면 당연한 것이다.

가정용 냉장고 등장

【1918년, 미국】가정용 냉장고가 처음으로 시판돼 주부들의 관심을 끌고 있다. 캘비네이터사가 소형 컴프레서의 개발에 성공해 그동안 덩치가 크고 작동이 어려웠던 대형 냉장고에 비해 작은 캐비닛 모양의 냉장고를 만든 것. 지금까지 냉장고는 독성이나 가연성이 없는 안전한 냉매 개발이 어려워 가정용으로는 엄두도 낼 수 없었다. 하지만 캘비네이터 냉장고도 높은 가격과 냉매 누출 문제로 널리 보급되기에는 어려움이 따를 전망이다.

부고

▶ 마타 하리(1876~1917) : 네덜란드 무용가. 세계대전 중 독일 첩자 혐의로 처형.
▶ 로댕(1840~1917) : 프랑스 조각가. 대표작은 〈생각하는 사람〉, 〈입맞춤〉 등.
▶ 드뷔시(1862~1918) : 프랑스 작곡가. 대표작 〈달빛〉·〈목신의 오후 전주곡〉 등.
▶ 클림트(1862~1918) : 오스트리아 화가, 빈 분리파의 창시자. 대표작 〈입맞춤〉. 인물 주변의 그림자를 생략하고 건강하고 육감적인 피부를 두드러지게 표현했다.

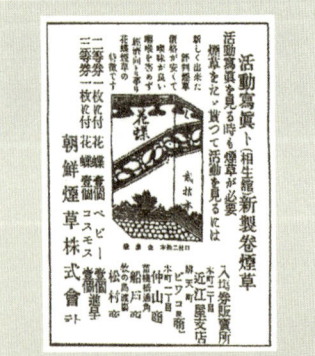

활동사진과 궐련초(『부산일보』, 1917년 4월 3일) : "활동사진은 연초 태우며 보세요."라는 문구를 통해 새로 시판되는 궐련초에 대한 소비 심리를 자극하고 있다.

시계(1917년) : 배경에 있는 기차역의 모습을 통해 기차 시간을 정확히 알려줄 수 있는 시계임을 강조하고 있다.

▶ 일본 최초의 여성참정권 모임 조직(1917) ▶ 멕시코, 최초의 국립공원(1917) ▶ 베이브 루스, 아메리칸리그 홈런왕 등극(1918) ▶ 페루, 근로 여성에 양육 시간 배정(1918)

1919년~1922년

근현대사신문

근대 13호

주요 기사 2·3면 | "대한 독립 만세!" (1919) 4면 | 대한민국 임시정부 수립 (1919) 5면 | 중국, 5·4운동 전개 (1919) 6면 | 사설 — 어디서 이런 힘이 솟아났단 말인가! 7면 | 해설 — 임시정부, 누가 이끄나? 8면 | 조선총독부, 산미증식계획 수립 (1920) 8면 | 밴팅, '인슐린' 발견 (1922) 9면 | 그로피우스, 바우하우스 설립 (1919) 10면 | 안창남, 고국 하늘 비행 (1922)

3·1운동과 5·4운동

제국주의 열강 간의 대충돌인 세계대전이 끝났다. 세계대전 중에 혁명을 일으켜 자본주의 체제에서 빠져나온 러시아는 열강들의 간섭전쟁을 막아내며 동방 식민지 나라들과의 협력에서 생존의 해법을 찾았다. 세계대전을 통해 신흥 강국으로 떠오르는 미국도 민족자결주의 원칙을 선언하며 많은 식민지 민중에게 자주독립의 희망을 안겨주었다. 그러나 이 같은 민족자결주의는 주로 패전국의 식민지에만 적용되었다. 영국을 도운 아랍 세계가 오스만제국으로부터 독립을 얻은 것이 그 사례이다. 인도는 자치를 허용하겠다는 영국의 약속을 믿고 참전하여 싸웠지만, 전후에도 식민지로 남았다. 그렇다면 일본은 어떤가? 안타깝게도 연합국의 일원이기에 승전국에 속했다. 따라서 일본은 당당하게 한국의 독립운동을 억누르고, 중국에 대한 침략을 가속화했다. 인도, 중국, 한국 등은 냉엄한 제국주의 질서를 다시 한 번 깨닫고 진정한 의미에서 '자결'로 나아가야 할 과제를 안게 됐다.

사진 | 3·1운동 때 사용한 태극기의 인쇄용 목판

대한 독립 만세! 목 놓아 터져나온 민족

1919년 3월 1일, 만세 시위를 벌이기 위해 군중들이 경성부청 앞에 몰려들었다(왼쪽). 시위 참가자 중에는 부녀자들과 여학생들도 있었다(오른쪽).

왕조 떠난 거리 메운 민족의 함성

【1919년 3월 1일】 오후 2시 30분, 서울 탑골공원에 "대한 독립 만세!"를 외치는 함성이 메아리쳤다. 한국이 일본에 병합된 지 9년 만에 식민지의 설움이 분출하는 순간이었다. 남녀노소, 양반, 천민을 가리지 않고 모두 목 놓아 만세를 부르면서 한국의 독립을 온 세상에 알렸다.

아침 일찍부터 종로와 서대문 거리에는 격문이 살포됐다. 오후 2시까지 오기로 했던 민족 대표들이 나타나지 않자, 학생 대표 정재용이 탑골공원의 팔각정 위에 올라가 『독립 선언서』를 힘차게 낭독했다. 낭독이 끝나자 군중들은 탑골공원 뒷문으로 달려나가면서 "대한 독립 만세!"를 외치기 시작했다. 종로 1가로 진출한 시위대는 남대문역, 정동, 덕수궁, 광화문, 서소문 등으로 몰려다니며 만세를 불렀다. 시위대는 거리에 있는 시민들의 합류를 권유했고, 이에 시민들이 함께 만세를 부르며 행진을 계속했다. 상인들은 가게 문을 닫고, 수업을 받던 학생들도 거리로 나와 시위에 동참했다.

만세 시위는 일제 경찰의 강력한 폭력 진압에 맞서 서울뿐 아니라 평양, 진남포, 안주, 의주, 선천, 원산 등지에서 동시에 전개됐다. 9년간 식민 지배로 억눌려온 분노가 용암처럼 전국을 휩쓸아 돌 것으로 보인다.

만세 시위 속 고종 인산 치러

【1919년 3월 3일】 고종 황제의 장례식이 망국의 설움을 간직한 수많은 애도 인파 속에 덕수궁에서 거행됐다. 지난 1월 22일 숨을 거둔 고종 황제의 장례식은 일제의 독살설이 나도는 가운데, 이틀 전 벌어진 3·1 만세 시위의 기폭제가 된 것으로 알려졌다.

해외서도 독립선언·시위 잇달아
일본·미국·중국·소련 등서 독립선언대회 개최

【1919년 3월】 지난 17일 러시아령 니콜리스크와 블라디보스토크에서 국내의 3·1운동을 잇는 독립 선언이 발표되고 만세 시위가 벌어졌다. 이날 발표된 『조선독립선언서』는 국내에서 나온 선언서와는 달리 국제사회에 일본의 위험성을 경고해 눈길을 끌고 있다.

미국에도 3·1운동 소식이 전해져 동포들이 신속한 대응에 나서고 있다. 대한인국민회는 지난 15일 전체 대표자 회의를 열어 독립운동을 한층 더 강화하기로 결의하는 한편, 3·1 독립선언에 호응하는 포고문을 발표했다.

이에 앞서 지난 2월에는 만주와 러시아에서 활동하는 신규식, 박은식, 이시영, 신채호, 김좌진 등 39명의 인사들이 지린에서 「대한독립선언」을 발표해, "우리 대한은 자주 독립국이자 민주 자립국이다. 일본의 합병은 사기와 강박과 무력 폭행에 의한 것이므로 무효이다."라고 선포했다.

일본의 심장부인 도쿄에서는 유학생 400여 명이 조선독립청년단 명의로 「독립선언문」을 발표하고 시위에 나서려 했다고 한다.

▶이승만 등, 미국 윌슨 대통령에게 한국위임통치청원서 전달(1919.2.) ▶개성에서 최초 학생 주도 만세 시위 (1919.3.) ▶총독부 산하 인쇄소 및 전차 파업(1919.3.)

1919년~1922년 한국 | 3면

의 함성, 한반도를 울리다

서울에서 벌어진 만세 시위는 덕수궁 앞(왼쪽)과 광화문 기념비각, 종로(오른쪽)를 거쳐 동대문에 이르기까지 곳곳에서 벌어졌다.

이번 만세 시위는 해외에서 먼저 시작됐다. 지난해 여운형, 김규식 등은 신한청년단을 결성해, 올 1월 전후 세계 질서가 논의되는 파리강화회의에 김규식을 파견했다. 그러나 승전국들이 일본의 눈치를 보며 식민지 한국의 대표를 외면하자, 독립운동 세력은 민족의 의지를 알리는 주체적인 방법을 모색하고자 나서게 되었다. 지난 2월 8일에 일본 도쿄에서 유학생들이 『독립선언서』를 발표했다. 그리고 국내에서도 천도교의 손병희, 기독교의 이승훈, 불교의 한용운 등이 여러 차례 비밀 회동을 갖고, 고종의 장례식에 맞춰 만세 시위를 준비해 왔다.

나라 전체의 운명이 민중의 손에

그러나 이들을 포함한 민족 대표 33인은 탑골공원 시위가 폭동의 우려가 있다며 어제 태화관으로 회동 장소를 긴급 변경, 오늘 오후 3시에 그곳에서 만세 삼창을 한 뒤 일본 경찰에 자수한 것으로 알려졌다. 민족 대표가 시위 지도를 포기함에 따라 시위가 어떤 방향으로 전개될지 속단하기 어려워졌다. 당장은 비폭력 원칙이 지켜지고 있으나, 일본 경찰의 대응이 더 과격해진다면 무력시위로 번질 가능성도 배제할 수 없다. 나라 전체의 운명이 이름 없는 민중의 손에 맡겨진 전무후무한 상황 속에 만세 소리는 더욱 커져가고 있다.

만세 시위 전국 확산… 일제 곳곳에서 살육 자행

만세꾼·지하신문, 시위 '촉매' 역할, 파업·철시·일제 시설 파괴 등 과격 양상

【1919년 4월 말】 지난 3월 1일 서울을 중심으로 일어난 만세 시위는 도시뿐만 아니라 농촌으로도 점차 확산되고 있다. 만세 시위는 처음에 지식인·청년 학생이 앞장섰지만, 일반 민중들이 참여하면서부터 더욱 격렬한 양상을 띠었다. 시위 양상도 일제의 폭력 진압에 맞서 점차 과격해져 폭력 투쟁으로 번지고 있다. 이에 일본 정부는 시위 진압을 위해 보병 6개 대대와 헌병 3,4백 명을 급파했다.

한편 지난 4월 5일 경기도 화성군 향남면 제암리에서는 일본 헌병들이 마을 사람들을 교회에 가둔 채 불을 질러 학살하는 만행을 저질렀다. 이외에도 전북 남원, 경남 함안, 경기 평택 등지에서 평화적으로 만세 시위를 벌이는 군중들에게 일본 경찰과 헌병들이 발포하는 등 살육을 자행하고 있다는 소식이다. 특히 노동자·농민·중소상공업자들이 파업·철시 등으로 시위 전면에 나서고, 농촌에서는 장날을 이용해 '만세꾼'을 자처하는 행상이 돌아다니며 "왜놈은 물러가라!"라고 외치는 상황이다. 그리고 천안에서 만세 시위를 주도하다 붙잡혀 서대문형무소에 수감 중인 유관순은 이화학당 학생으로, 올해 열여섯 살이라는 꽃다운 나이에 7년형을 선고받았다고 한다.

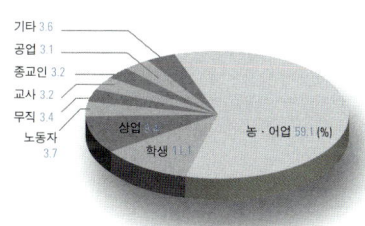

3·1운동 때 수감자의 직업별 분포
(1919. 3. 1. ~ 6. 30.) (단위: %)

날짜별 시위 횟수를 나타낸 그래프
(1919. 3. 1. ~ 4. 30.)

3·1 만세 시위로 투옥된 사람들의 직업별 분포(왼쪽)와 날짜별 시위 횟수를 나타낸 그래프(오른쪽). 만세 시위는 일반 민중들이 참여하면서부터 더욱 격렬한 양상을 띠었다.

▶김창숙, 독립 주장 유림 서한을 파리강화회의에 전달(1919.3.) ▶비밀결사 대동단 조직(1919.3.) ▶『반도의 목탁』 등 비합법 선전지 30여 종 등장(1919.3.)

3·1정신 이어받아 대한민국으로 '우뚝'

상하이에 통합 임시정부 수립… 독립운동 총본산 역할 기대

【1919년 9월 6일, 상하이】 대한민국 임시정부(이하 '임정')가 수립됐다. 대한제국 정부가 멸망한 지 9년 만에 대한민국 정부로 부활한 것이다. 이번에 수립된 임정은 지난 3·1만세시위 이후 독립운동가들이 상하이, 서울(한성), 블라디보스토크에서 잇달아 설립한 임시정부들을 하나로 통합한 것으로 그 의의가 자못 크다.

3·1운동 이후 가장 먼저 임시정부가 수립된 곳은 블라디보스토크. 이곳으로 망명한 민족 지도자들은 지난해 전로한족회중앙총회를 조직하고 이를 토대로 지난 3월 17일 대한국민의회를 수립, 대통령에 손병희(58), 부통령에 박영효(58)를 선출했다. 이어 4월 10일 상하이, 4월 23일 서울에서 잇달아 임시정부가 출현했다. 그러자 독립운동을 조직적이고 통일적으로 이끌어가기 위해서는 하나의 중심이 필요하다는 공감대가 형성돼 이들의 통합이 추진돼 왔다. 그 결과 한성정부를 정통으로 인정하고 나머지 두 정부가 결합해, 이번에 상하이에서 역사적인 통합 임정이 탄생한 것이다.

임정은 대한민국이라는 국호에서도 알 수 있듯이 군주정을 부정하고 공화정을 정체로 택했다. 갑오개혁으로 신분제가 폐지된 이래 민족 구성원 모두 자유롭고 평등한 나라를 추구해온 노력이 반영된 것. 누구나 능력만 있으면 대통령이 될 수 있는 평등한 나라를 세우겠다는 것이 임정의 뜻이다.

물론 임정이 해결해야 할 과제는 산적해 있다. 우선 임정에는 여러 정치 세력이 참여하고 있는 만큼 다양한 의견을 조정해 단결을 유지해야 한다. 특히 독립운동의 노선과 관련해 외교독립론과 무장투쟁론의 갈등을 어떻게 해결하느냐가 임정의 성패를 좌우할 것으로 보인다. 다음으로 상하이에 위치한 임정이 국내나 독립군이 많이 분포하는 만주·연해주와 어떻게 연락을 긴밀하게 유지하느냐 하는 것도 반드시 풀어야 할 숙제로 제기되고 있다.

임정이 독립운동의 총본산이 돼 일제에 대한 투쟁을 승리로 이끌어 독립의 그날을 앞당기리라는 기대가 나라 안팎에서 높아지고 있다.

중국 상하이의 프랑스 조계에 있는 대한민국 임시정부 청사. 1919년 6월 안창호가 가져온 대한인국민회의 독립의연금 1만 5,000천 달러 중 일부로 전세를 얻은 것이다.

일본군 토벌대, 청산리서 독립군에게 토벌당해

홍범도·김좌진 부대, 잇단 승전보… 정규 병력에 맞서 전과 거둬

【1920년 10월】 만주 지역의 독립군 부대가 지난 21일부터 26일 새벽까지 청산리 일대에서 일본군과 격돌, 큰 승리를 거뒀다. 김좌진(31)이 이끄는 북로군정서와 홍범도(52)의 대한독립군은 지난 6일 동안 연합 작전을 펼친 끝에 10여 차례에 걸쳐 일본군에게 전사자 1,257명, 부상자 200여 명이라는 막대한 피해를 입힌 것으로 전해졌다.

3·1운동 이후 두만강과 압록강 접경지대에서 독립군의 활동이 활발해지자, 일본군은 간도를 침략해 독립군과 중국 정부를 압박해왔다. 독립군은 일제의 강요에 밀린 중국 관헌의 요청에 따라 8월 하순부터 북간도를 떠나 만주 서북방 밀림지대로 이동했다. 이에 일본군이 지난 20일 독립군 대토벌 작전에 돌입하면서 청산리전투가 벌어지게 된 것이다.

이번 승리는 지난 6월 홍범도가 이끄는 대한독립군이 봉오동 지역에서 일본군을 섬멸하고 무기와 탄약 등을 노획한 승리에 뒤이은 값진 성과이다.

청산리전투 직후 퇴각하는 일본군.

독립군에게 당하고 양민에게 복수하기

【1920년 말, 중국】 일본군이 북간도, 동삼성 일대의 한국인 거주지에 대한 대대적인 학살과 파괴를 자행했다. 3,600여 명이 죽고, 집 3,500여 채와 곡식 6,000여 석이 불에 탔다.

이번 사건은 청산리전투에서 큰 타격을 받은 일본군이 보복 조치로 한국 양민들을 습격해 학살한 것이다. 향후 독립군과 일반인을 가리지 않는 일본군의 보복 공격이 계속될 것으로 전망되는 가운데, 독립군도 보복을 벼르고 있어 이 지역에 긴장이 고조되고 있다.

▶대한독립군, 갑산·혜산진에서 일본군 습격(1919) ▶광복단 간부 27명 체포(1920) ▶자유시 참변 발생(1921) ▶이승만 등, 워싱턴군축회의에 한국독립청원서 제출(1921)

3·1운동 자극 받아 중화민국 '불끈'

전후 처리 등 각종 모순에 반제·반일 함성… 학생·민중 총궐기

【1919년 6월, 베이징】 톈안먼광장에서 지난달부터 계속돼 온 학생 시위가 이달 들어 상하이 노동자들의 총파업으로 이어지면서 중국 전역을 뒤흔들고 있다.

지난 5월 4일 톈안먼광장에는 베이징대학 학생들을 중심으로 약 3,000명이 모여 최근 파리에서 세계대전을 종결짓기 위해 열린 회의 결과를 격렬하게 성토했다. 파리강화회의에는 중국도 승전국의 일원으로 참가해 패전국 독일이 점령하고 있던 산둥반도를 되돌려줄 것을 요구했다. 하지만 영국, 미국, 프랑스 등 강대국은 중국의 요구를 거절하고 오히려 일본의 요구를 받아들여 산둥반도를 일본에 넘기기로 결정했다.

이 소식이 알려지자 중국 사람들은 크게 술렁이기 시작했고, 마침내 톈안먼 시위로 이어진 것이다. 시위 학생들은 "조약 서명을 거절하라!", "죽음을 걸고 칭다오를 되찾자!", "밖으로 주권을 쟁취하고, 안으로는 매국노를 징벌하자!"라는 구호를 외치며 파리강

화회의를 규탄했다.

학생들은 특히 친일파 관료인 차오루린, 장쭝샹, 루쭝위를 매국노로 지목하고 이들을 처단할 것을 요구했다. 차오루린은 지난 1915년 일본이 요구한 21개조를 중국 정부가 받아들이는 조약에 서명하게 한 대표적인 친일파 관료다. 21개조는 일본이 독일에 선전포고를 하고 세계대전에 참전하면서 독일이 갖고 있던 중국 내의 이권을 모두 자신들에게 넘기라는 요구였다. ▶관련기사 11호 3면

이날 학생들은 구호를 외치는 데 그치지 않고 차오루린의 집으로 몰려가 집에 불을 질렀고, 그 자리에 있던 주일 공사 장쭝샹을 붙잡아 집단 폭행을 가했다. 시위는 군대가 출동하면서 일단 진압됐지만, 이튿날부터 베이징을 비롯한 전국에서 동조 시위가 이어졌다. 이달 들어서는 시위가 공업지대인 상하이까지 번져 노동자들이 총파업을 벌이고 상인들이 철시하는 등 사태는 더욱 커져가고 있다. 이처럼 시위가 좀처럼 수그러들지 않자 중화민국 정부는 일단 친일파 관료 3명을 해직시키고, 파리강화회의 결정에도 서명을 거부할 것이라고 밝혔다.

그동안 제국주의의 침략 앞에 속수무책으로 당해온 중국이 이번 5·4운동을 계기로 모처럼 기력을 되찾고 제국주의에 반격을 가하는 역사의 전환점을 이룰지 이목이 집중되고 있다.

5·4운동 때 거리에 붙은 대자보(벽보)를 읽고 있는 중국 민중들. 일본의 21개조 요구 소식을 들은 중국 민중들이 술렁이기 시작하면서 톈안먼 시위로 이어졌다.

무솔리니 정권 장악, 정부 비판 전면 금지

【1922년, 이탈리아】 무솔리니가 '파시스트'로 불리는 군대를 이끌고 로마로 진군해 무력으로 정권을 장악했다. 이번 사태는 공산주의에 대한 공포와 이탈리아의 영토를 축소시킨 강화조약이 자본가, 상인, 대지주, 공직자들을 불안하게 했기 때문에 일어났다는 분석이다.

파시스트가 주창하는 파시즘은 공산주의뿐만 아니라 의회민주주의까지도 반대하고 있다. 그래서 정부에 대한 모든 비판을 탄압하면서 질서와 규율만을 요구하고 있다.

그럼에도 불구하고 이탈리아 국민은 파시스트의 민족주의적 선전과 고용 프로그램, 사회 질서 유지 등에 지지를 보내고 있어, 무솔리니 정권은 쉽사리 물러나지 않을 것이라는 전망이 나오고 있다.

베르사유조약 체결… 세계대전 막 내려

독일에 지나친 보복 또 다른 불씨 될 듯

【1919년 6월 28일】 세계대전을 마무리하는 파리강화회의가 베르사유조약 체결과 함께 끝났다. 이번 조약으로 독일은 많은 영토를 잃고 가혹한 배상금을 물어야 하는 처지에 몰렸다. 독일 영토 가운데 알자스와 로렌은 프랑스, 북부는 벨기에와 덴마크, 동부는 폴란드에 할양된다. 또한 중국과 적도 이북 태평양 지역의 식민지는 일본, 남태평양과 아프리카 일부는 영국, 콩고 이북 아프리카의 식민지는 프랑스가 차지하게 됐다. 또한 독일이 물어야 할 배상금은 약 330억 달러에 달할 것으로 보인다. 영국 대표로 참석한 저명한 경제학자 케인스가 "이는 독일 경제를 붕괴시킬 정도로 가혹한 것"이라고 경고했을 정도. 군사력은 병력 10만 이하로 제한되고 탱크, 잠수함, 항공기 같은 장비의 생산이 금지된다.

한편 이번 회의에서 미국 대통령 윌슨이 국가 간 분쟁을 조정할 기구로 제안한 '국제연맹' 창설안이 가결됐지만, 정작 미국 의회는 이 조항의 비준을 거부하고 있어 앞날이 불투명하다.

베르사유조약 체결 때문에 울고 있는 독일을 풍자한 그림.

▶독일, 바이마르헌법 공포(1919) ▶코민테른(제3인터내셔널) 결성(1919) ▶중국공산당 결성(1921) ▶히틀러, 나치스 당수로 선출(1921) ▶소련(USSR) 수립(1922)

사설

어디서 이런 힘이 솟아났단 말인가!

망한 나라의 백성이었다. 국권을 지키기 위한 국가 차원의 전쟁을 한 번도 해 보지 못하고 무기력하게 망한 나라의 무기력한 백성이었다. 어떤 백성들은 "힘도 없으면서 제 백성의 고혈이나 빨아먹던 나라 잘 망했다!"라고 자조 섞인 비아냥거림을 내뱉기도 했다.

그런 백성들이 일어났다. 나라가 망한 지 9년도 채 안 돼 나라를 되찾겠다고 일어났다. 3월 1일 첫 봉기 이후 3개월 만에 200만 명이 넘는 백성이 시위에 참가해, 7,000여 명이 목숨을 잃고 4만여 명이 체포됐다. 그토록 무기력했던 나라의, 그토록 무기력했던 백성이 어디에서 이런 힘이 솟아났는지 알다가도 모를 일이다.

3·1만세운동의 전개 과정을 보면 그러한 한국인의 힘이 앞으로 무엇을 할 것인지는 충분히 짐작할 수 있다. 이번에 들고 일어난 이 백성들은 더 이상 왕조의 지배나 받던 '백성'이 아니라 자신의 힘으로 운명을 개척하고 결정하는 '민중'이다. 그들은 태화관에서 잡혀간 민족대표 33인의 소극적인 행위를 넘어 나라 안팎에서 독립 의지를 폭발적으로 과시했다. 백성을 버린 왕조를 되찾겠다는 것이 아니라 새로운 '대한 민족'의 나라를 세우겠다는 뜻을 분명히 한 것이다. 때마침 나라 밖에서 대한'제(帝)'국이 아닌 대한'민(民)'국을 세우려는 움직임이 구체화된 것은 이러한 민중의 의지를 잘 반영하고 있다. 3·1만세운동은 망해버린 대한제국이 이루지 못했던 근대국가를 우리 민중의 힘으로 이루어내겠다는 근대 민족운동의 진정한 출발점이 될 것이다.

3·1운동을 통한 한민족의 등장은 결코 한반도에 국한되는 특수한 현상이 아니다. 3·1운동이 일어난 그해 4월에는 인도에서 무저항 비폭력으로 유명한 샤티아그라하 운동이 일어났고, 5월에는 중국에서 5·4운동이 일어났다. 이집트, 오스만제국, 서아시아 등지에서도 근대 민족국가를 이룩하려는 운동이 거대한 흐름을 형성하고 있다. 3·1운동은 이 모든 운동들과 함께 세계사적 보편성을 띠고 일어났으며, 앞으로 계승되어나갈 정의의 투쟁이다. 새롭게 태어난 한민족은 결코 외롭지 않다.

대한민국 임시정부, 누가 이끄나?

해설 이승만·안창호·이동휘 삼각정부를 분석한다

1922년, 상하이에서 국내외 독립운동의 구심체이자, 우리 역사상 처음으로 민주공화정체를 표방한 대한민국 임시정부가 독립운동 세력들 간의 노선 차이로 흔들리고 있다.

을사조약과 국권피탈을 비관해 두 번이나 자살을 기도했던 신규식(43, 임시정부 외무총리)이 마침내 25일 간의 단식 끝에 목숨을 잃었다. 이번에는 일제 때문이 아니라 임시정부 내부의 분열 때문이다. 민족의 여망을 안고 출범한 통합 임시정부가 내부의 노선 차이 때문에 심각한 몸살을 앓고 있었던 것이다.

초기 임시정부를 이끈 대통령 이승만(47), 국무총리 이동휘(49), 노동국 총판 안창호(44) 등 세 지도자 가운데, 이승만을 제외한 두 명은 이미 지난해 임시정부를 떠났다. 세 사람은 같은 민족운동 1세대이지만, 임시정부 안에 모인 서로 다른 정치 세력을 대변해왔다.

미국의 하와이를 근거로 활동 중인 이승만이 미국식 의회 제도를 선호하는 친미 외교론자라면, 안창호는 미국에서 활동하며 의회제도를 지지한다는 점은 이승만과 같아도, 외교를 통해 독립을 얻기는 어렵고 실력을 길러 독립전쟁을 준비해야 한다는 입장이다. 이 두 사람이 정치적으로 우파라면, 러시아와 북간도를 기반으로 삼은 이동휘는 일찍이 사회주의를 받아들이고 레닌까지 만난 좌파라고 할 수 있다. 그는 한국의 독립을 지지하는 소련 정부의 지원과 협력을 받아 당장 일제에 대한 무장투쟁을 벌여나가야 한다고 주장했다.

이러한 노선 대립은 임시정부가 1920년 일본군의 만주 한국인 대량 학살(4면 참조) 때 아무 역할도 하지 못하면서 전면화됐다. 안창호와 이동휘가 외교에 의존하는 이승만의 독립운동 노선을 격렬히 비판했던 것이다.

이동휘는 지난해 1월 이승만을 참석시킨 가운데 대통령제를 폐지하고 국무위원 책임제로 바꾸자고 제안하면서 이승만 책임론을 펴기도 했다. 이러한 공세가 받아들여지지 않자 이동휘는 임시정부를 떠났고, 뒤이어 안창호도 사직하면서 '삼각정부'라고 불린 연합정부가 위기에 몰렸다.

사실 상하이 임시정부는 통합정부를 수립하는 과정에서부터 위치 문제와 독립운동 노선을 둘러싼 알력을 드러냈다. 그 결과 지도자들마다 서로 다른 입장 때문에 임시정부는 독립운동의 구심체라는 역할을 제대로 수행할 수 없었다.

앞으로 임시정부가 민족운동을 대표하고, 공화주의를 실현하는 진정한 통합정부가 되려면 3·1운동 정신을 계승해 국내외 독립운동 세력을 다시 하나로 모아서 이 위기를 슬기롭게 넘겨야 할 것으로 보인다.

1921년 1월 1일, 임시정부와 임시의정원 신년 축하식의 기념사진.

▶소련, 중국 내 이권 포기(카라한 선언, 1919) ▶상하이 임시정부, 연통제 실시를 공포(1919) ▶강우규, 사이토 총독에 폭탄 투척(1919) ▶대한애국부인회 조직(1919)

고양이 쥐 생각해 주는 산미증식계획

일제, 자국 쌀 부족 메우려 한국 쌀 생산 늘리기… 농민 수탈 가중

【1920년, 서울】 조선총독부가 한국에서 대대적으로 쌀 생산을 늘리겠다며 15년 예정의 산미증식계획을 발표했다. 조선총독부가 이 사업을 추진한 까닭은 본국인 일본에서 쌀이 부족하기 때문인 것으로 알려졌다.

일본은 1910년대 산업혁명이 본격적으로 진행되면서 도시로 인구가 집중돼 쌀이 부족해지기 시작했으며, 1918년에는 도시에서 쌀 폭동까지 발생하는 심각한 상황에 직면했다. 그래서 일제는 부족한 쌀을 보충하려고 한국에 눈길을 돌리게 됐다는 분석이 지배적이다.

그러나 한국도 쌀이 부족한 실정이기 때문에 일제가 무작정 쌀을 가져갈 수는 없다. 그래서 생각해낸 방법이 바로 먼저 한국에서 쌀을 증산한 다음 그 일부를 가져가겠다는 것이다. 하지만 문제는 한국에서 쌀을 얼마나 증산할 수 있을 것인가에 달려 있다.

일제가 쌀을 증산하는 방법은 먼저 수리조합을 만들어 관개시설을 안정적으로 운용하는 것이다. 벼농사가 얼마나 잘 되느냐 하는 것은 적절한 시기에 물을 잘 댈 수 있는가에 달려 있기 때문이다. 다음으로 화학비료를 투입하는 것과 다품종 종자를 보급하는 것이다. 이러한 방법으로 조선총독부는 950만 섬을 증산해 이중 700만 섬을 일본으로 가져간다는 계획을 세운 것으로 알려졌다.

그런데 이러한 산미증식계획이 순탄하게 진행될지는 극히 불투명하다.

일본으로 실려갈 쌀이 쌓여 있는 군산항의 모습. 일제는 산미증식계획에 따라 토지와 수리시설, 종자 등의 개량으로 식량 생산을 대폭 늘려 더 많은 쌀을 일본으로 가져가려고 한다.

그래서 계획대로 증산이 되지 않으면 일본으로 쌀을 가져가지 말아야 한다. 그러나 산미증식계획의 본질은 어디까지나 일본의 부족한 쌀을 메우는 것이기에 총독부는 한국의 쌀 생산량과 관계없이 일정량의 쌀을 반출할 가능성이 많다.

또한 쌀을 증산하는 비용을 누가 부담할지도 문제이다. 지주가 소작인의 불리한 처지를 악용해 이 비용을 소작인에게 떠넘긴다면 소작인의 처지는 더욱 나빠지게 될 것이다. 토지조사사업으로 경작권을 부정당한 소작농이 이번 계획으로 더욱 가난해질 가능성이 높아지고 있다.

한국 자본이 떴다… 토착 자본가들 기업 설립 붐

경성방직·동양염직 등 한국인 기업 잇달아 설립… 회사령 철폐도 영향

【1920년】 3·1운동을 전후해 한국인이 운영하는 기업체들이 늘어나고 있다. 한국인 회사는 1918년만 해도 16개사에 불과했으나 3·1운동이 일어난 지난해에 경성방직주식회사(사장 박영효)를 비롯해 44개사가 새로 설립되고, 올해 말 현재까지 총 99개사가 활동 중인 것으로 집계됐다.

신생 한국인 기업의 특징은 지방의 지주와 상인들이 대거 참여하고 있다는 점이다. 최근 쌀값이 폭등하면서 돈을 번 지주들이 기업에 투자할 여력이 생긴 데다 한국이 일본 제국주의의 식민지로 편입되면서 기업으로 돈을 벌 수 있는 자본주의 시장의 토대가 만들어졌기 때문이라는 분석이다. 또 일제

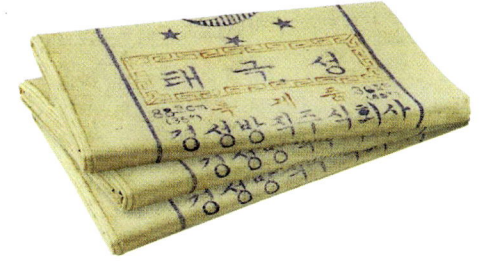

경성방직의 태극성 광목. 국내 면직물이 일본 제품 때문에 사라질 위기에 처할 무렵, 경성방직이 설립됐다.

가 한국인의 회사 설립을 막는 데 악용해왔던 회사령이 지난 4월 폐지된 것도 한국인의 창업 바람에 일조했다. 3·1운동 이전의 한국인 기업이 주로 은행업과 무역업, 창고업 등에 치중한 반면 최근에는 경성방직, 동양염직, 고려요업 등 제조업 분야에 활발히 진출하고 있다는 점도 눈에 띈다. 이 가운데 경성방직은 전라도 지주인 김성수(29)를 중심으로 182명의 한국인 지주가 참여한 대표적인 토착 기업. 군소 주주가 전체 주식의 62.9퍼센트를 차지하고 있으며, 일본인 자본과 일본인 기술자를 배제하고 한국인의 손으로만 운영되고 있는 것으로 알려졌다.

일본에 예속돼 발전하고 있는 식민지 자본주의에서 한국인 기업들이 어떤 자리를 차지할지 귀추가 주목된다.

한국인 노동자들 한데 모였다

【1920년】 한국 최초의 전국적 노동자 조직이 탄생했다. 지난 4월 11일 678명의 회원으로 창립총회를 개최한 조선노동공제회(회장 박중화). 신문배달부·인력거부·지게꾼·물지게꾼 등 자유노동자와 정미공·인쇄공·연초공장 직공 등 공장노동자, 그리고 소작농민이 망라된 회원은 지난해 이미 1만 명을 넘겼다. 공제회는 서울, 부산 등에 노동강습소·노동야학 등을 개설하고, 강연회를 통해 노동자와 농민의 대중운동을 지도해 왔으며, 기관지 『공제』, 『노동공제회보』를 발간하고 있다. 지난해에는 서울 관수동에 최초의 소비조합 상점이 개설된 바 있다.

▶의열단 조직(1919) ▶일본, 27억 엔 채권 보유, 경제 강국으로 부상(1920) ▶국민협회, 한인 참정권 청원서 일본 중의원에 제출(1920) ▶러시아, 신경제정책 채택(1921)

반갑다 인슐린, 잘 가라 당뇨병
캐나다의 젊은 의사 밴팅, 당뇨병 치료 임상 실험에 성공

【1922년 3월, 토론토】 체중 감소와 합병증에 시달리던 전 세계의 당뇨병 환자들에게 복음이 울려 퍼졌다. 웨스턴대학교 의과대학의 시간 강사 프레드릭 그랜트 밴팅(31)이 당뇨병 치료제인 인슐린의 성공적인 임상 결과를 발표했기 때문이다.

밴팅은 지난 1월부터 토론토종합병원에서 중증 당뇨병을 앓는 열네 살 소년을 대상으로 소의 췌장에서 분리한 추출물을 임상 실험해왔다. 인슐린으로 불린 이 추출물을 소년에게 지속적으로 투여한 결과, 체내의 혈당이 감소하여 소년의 건강이 회복되는 것을 확인했다. 그동안 인슐린의 합성과 분비가 잘 이루어지지 않거나 기능을 제대로 못하게 되면 포도당을 함유한 오줌을 배설하는 당뇨병이 발생했다.

밴팅이 췌장의 추출물에서 당뇨병 증상을 완화시키는 호르몬 X가 분비될 것이라는 확신을 갖게 된 것은 2년 전 「췌장 결석과 관련한 당뇨병과 랑게르한스섬의 관계」라는 논문을 본 뒤였다. 그는 곧 토론토대학의 맥리오드 교수를 찾아가 실험에 대한 지원을 요청했다. 당시 밴팅은 아이디어와 열정만 있을 뿐 실험 경험이 전혀 없던 풋내기 의사. 그러한 밴팅에게 맥리오드는 숙련된 생화학 조교인 찰스 베스트를 소개해 주면서, 개 10마리와 8주간의 실험실 사용을 허락했다.

밴팅과 베스트는 지난해 5월 실험에 착수해 두 달 동안 개에게 투여된 췌장 추출물이 혈당 수치를 낮춘다는 사실을 발견했다. 그리고 마침내 지난 1월 임상 실험의 기회를 잡았던 것. 이들의 남은 바람은 인슐린이 더 많은 환자들에게 공급될 수 있도록 대량생산의 길이 시급히 열리는 것이다.

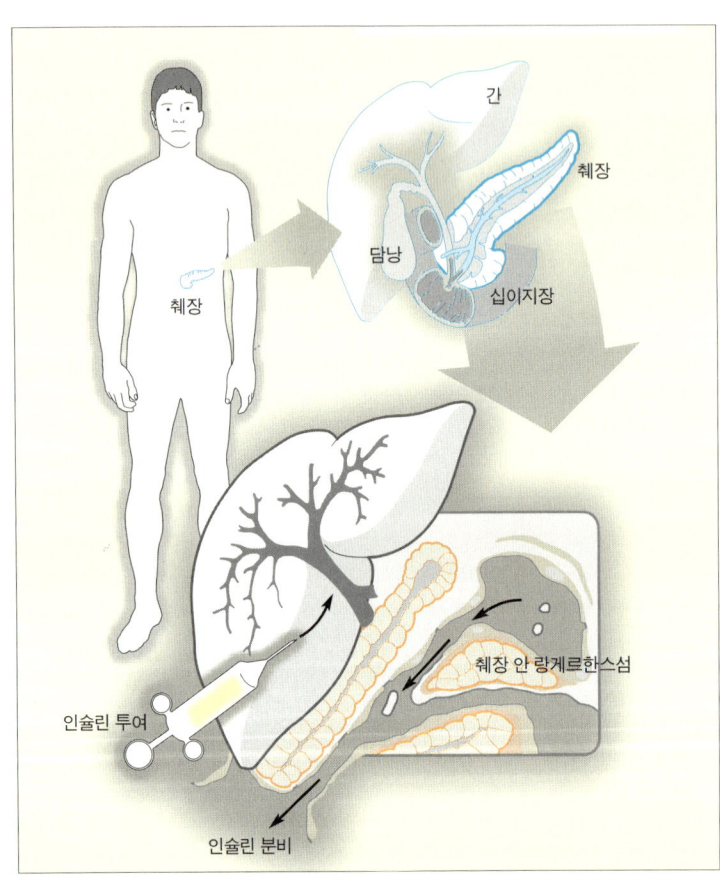

사람의 몸 안에서 인슐린을 분비하는 곳으로 잘 알려진 랑게르한스섬을 확대한 그림이다. 밴팅은 당뇨병 환자에게 인슐린을 투여하여 혈당을 낮추는 임상 실험에 성공했다.

반갑다 파지, 잘 가라 이질

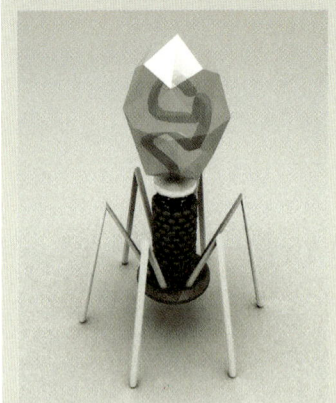

【1921년】 설사와 고열에 시달리던 전 세계의 이질 환자들에게 복음이 울려 퍼졌다. 프랑스 미생물학자 데렐이 이질을 일으키는 세균을 박멸하는 바이러스를 분리 추출하는 데 성공했기 때문이다.

세균을 잡아먹는다는 뜻에서 '박테리오파지'(사진)라고 불리는 이 바이러스는 세균 속에 침투하여 그 세균을 파괴하는 특성을 지니고 있다. '파지'라고도 불리는 박테리오파지는 살아 있는 세포 내에서만 증식할 수 있고, 광학 현미경으로도 직접 볼 수 없는 미세한 입자이다.

데렐은 지난 세계대전 중 프랑스 기병대대를 괴롭히던 이질을 연구하다가 박테리오파지가 이질의 병원균을 파괴하는 것을 발견하고는 박테리오파지의 추출에 전념해왔다.

아인슈타인이 한국의 민립대학 설립운동에 미친 영향은?

【1922년 11월, 서울】 세계적인 과학자 아인슈타인이 일본을 방문하자, 이를 계기로 식민지 한국에도 아인슈타인 붐이 일면서 민립대학 설립운동이 추진되고 있다. 이 운동은 조선교육회를 중심으로 고등교육을 담당할 대학을 한국인의 힘으로 세워, 민족해방에 앞장서는 일꾼을 키우자는 뜻에서 시작됐다.

아인슈타인은 유대인을 위한 대학을 예루살렘에 설립하기 위해 세계 곳곳을 방문해 모금활동을 벌이고 있는 인물이다. 지난해에는 세계 시오니스트협회장인 바이즈만과 함께 미국을 방문해 75만 달러를 모금했다고 한다. 이번 일본 방문도 모금을 하기 위한 것으로 알려졌다.

이에 조선교육회는 앞으로 아인슈타인과 같은 석학을 초빙해 민립대학의 설립 취지를 전 세계에 알리면서 모금운동을 벌일 생각이다. 이들은 총 1,000만 원의 기금을 모금해 법학부, 경제학부, 문학부, 이학부, 공학부, 농학부, 의학부를 갖춘 종합 대학교의 건립을 목표로 하고 있다.

한편 지난 2월 23일부터 3월 3일까지 7회에 걸쳐 아인슈타인에 관한 각종 기사가 『동아일보』에 실렸다. 특히 1면에는 「아인슈타인의 상대성원리」가 연재됐다. 이 글을 쓴 객원기자 나경석은 아인슈타인을 세계 3대 괴물 중 하나로 소개하고, 천문학의 혁명, 에테르 부인설, 철학상 의의, 최대 속도, 시간과 공간의 관념 등 5개 영역으로 나눠 그의 상대성 이론을 쉽게 다룬 바 있다.

▶러더퍼드, 원자핵 변환 성공(1919) ▶톰슨, 기관단총 특허 획득(1920) ▶비에르크네스, 온난전선과 한랭전선 개념 만듦(1921) ▶아인슈타인, 노벨 물리학상 수상(1921)

미술이여, 실용적인 건축의 품으로 들어오라

그로피우스, 바우하우스 세워 아름다움과 기능성 겸비한 통합 미술 추구

【1919년, 바이마르】 건축가 발터 그로피우스가 바이마르에 설립한 건축학교 바우하우스가 신선한 충격을 불러일으키고 있다. 바우하우스란 독일어로 "집을 짓는다"는 뜻의 '하우스바우'를 거꾸로 쓴 말로, "모든 미술은 건축으로 통합되어야 한다."라는 이 학교의 궁극적인 교육 목표를 보여준다.

19세기 미술은 '예술을 위한 예술'을 지향했다고 말할 수 있다. 따라서 회화, 조각, 건축 등 미술의 각 영역은 서로 철저히 격리되고 대중의 삶과 현실로부터 동떨어진 '살롱 미술'로 전락하고 말았다. 바우하우스는 이러한 고립 상태를 벗어나려면 각 영역이 건축이라는 실용적이고 통합적인 틀로 재결합해야만 한다고 주장했다. 이것이야말로 미술이 대중의 삶과 다시 조우할 수 있는 유일한 대안이라는 것이다.

바우하우스의 교육과정은 미술과 실용적인 기술의 장벽을 허문다. 6개월의 예비 과정을 거친 학생들은 3년 동안 미술 이론 교육과 더불어 작업장에서 목공, 금속공, 도공, 스테인드글라스, 직조 등의 기술을 익히게 된다. 그로피우스는 미술가와 기술자 사이의 계급적 차별과 장벽을 허물고 새로운 공예가 집단을 키워내고자 한다. 이에 파이닝거, 슐레머, 바실리 칸딘

항공 촬영한 바우하우스의 전경. 바우하우스는 독일어로 '집을 짓는다'는 뜻의 '하우스바우(Hausbau)'를 도치시킨 것이다.

스키 등 바우하우스의 교육 목표와 방식에 동의하는 저명한 미술가들이 속속 교수진으로 합류하고 있다.

바우하우스가 지향하는 예술은 극소수 부유층을 위한 것이 아니라 사회 전체를 위한 것이다. 따라서 바우하우스의 학생들은 고색창연한 사치품이 아니라, 건물의 구조와 형태에서부터 의자나 전등 하나하나에 이르기까지 대중이 실생활에 편리하게 쓸 수 있는 제품을 만들어내고 있다. 또한 바우하우스는 예전의 미술이 금기시했던 산업 기술을 적극적으로 받아들여, 아름답고도 대량생산에 적합한 디자인을 최고의 것으로 친다. 이른바 '산업미술'이고, 예술과 기술의 통합인 것이다.

『동아』·『조선』 등 일간지 잇달아 창간
막혔던 한국인의 입 열리나

【1920년, 서울】 3·1운동 이후 문화정치를 표방한 조선총독부가 『동아일보』(사장 박영효), 『조선일보』(사장 조진태), 『시사신문』(사장 민원식) 등 한국인이 한글로 발행하는 민간 신문의 창간을 허가했다. 3·1운동 이후 취임한 해군 대장 출신 사이토 총독은 "오늘날 우리는 위력 있는 문화운동으로 1,500만 반도인을 잘못된 사상에서 벗어나게 하고, 일선 병합의 대정신과 대이상 속에서 살아가게 해야 한다."라면서 언론·출판·집회·결사의 자유 보장을 비롯한 문화정치의 구상을 밝혔다.

이번에 창간된 신문 중에 특히 눈길을 끄는 것은 경성방직의 창립자인 김성수가 창간을 주도한 『동아일보』. 이상협, 장덕준 등 민족주의적 인사들이 발행인으로 참여해 민주주의, 문화주의와 더불어 조선 민중의 표현 기관이 되겠다는 뜻을 사시로 내세웠기 때문이다. 특히 장덕준은 지난 10월 일본군이 간도의 한국인을 집단 학살한 훈춘사건을 취재하다 일본군에게 살해당해 일제 하에서 순직한 최초의 언론인이 되기도 했다.

문화정치의 목표가 한국인을 문화적으로 동화시키는 데 있는 만큼, 『동아일보』, 『조선일보』 등이 일제의 감시와 회유를 뚫고 민중의 표현 기관으로 살아남을 수 있을지 관심이 집중되고 있다.

📖 서양 문명은 지금 저물고 있다
슈펭글러『서구의 몰락』 발표

【1922년】 독일 문화철학자 슈펭글러(42)가 최근 두 권으로 완간한 『서구의 몰락』이 서구 사회를 발칵 뒤집어놓고 있다. 그 까닭은 제목처럼 서구가 몰락하고 있다는 예언 때문. 슈펭글러는 문명의 역사에는 비슷한 점이 있어서 정치·경제·종교·예술·과학 등을 비교해보면 어떤 사회가 문명사의 어느 단계에 있는지 알 수 있다고 주장한다. 그래서 그가 '문명형태학'이라 이름 붙인 방법에 따라 서구 문명을 분석해보니 몰락 단계에 있다는 것이다. 또 이 몰락은 19세기 들어 정신적인 문화로부터 물질적인 문명으로 넘어가면서 시작됐다고 한다.

고도로 발달한 물질문명의 끝에서 대량 살상이 난무하는 전쟁을 치르고 숨가빠하는 서구 사회를 보면 슈펭글러의 주장에 고개가 절로 끄덕거려진다. 그는 인류의 문명도 유기체처럼 발생, 성장, 쇠퇴, 사멸의 과정을 겪는다고 했다. 생소한 주장은 아니다. 다윈의 진화론이 서구 사회를 강타한 이래 생겨난, 사회도 생명체처럼 진화한다는 사회진화론처럼.

일본을 통해 수입된 서구 문명에 열광하면서 그것을 따라잡지 못하는 동족을 질타하는 이땅의 지식인들에게 일독을 권한다.

▶최초 문예 동인지『창조』창간(1919) ▶상하이 임시정부 기관지『독립신문』발간(1919) ▶1회 조선미술전람회 개최(1922) ▶조이스,『율리시스』출간(1922)

제3세계 통신

아프가니스탄, 영국의 침략 물리치고 독립 지켜

【1919년 1월 12일】세 차례에 걸친 영국과 아프가니스탄 간의 '앵글로아프간 전쟁'이 막을 내리고 아프가니스탄이 영국으로부터 독립을 지켜냈다. 지난 1838년부터 5년 동안 벌어진 1차 전쟁에서는 영국이 패했으나, 1878년부터 3년 동안 벌어진 2차 전쟁에서는 영국이 승리함으로써 아프가니스탄을 보호국으로 삼았다. 하지만 3차 전쟁은 결과가 말해주듯 아프가니스탄의 승리.

19세기 이래 남하정책을 편 러시아가 중앙아시아로 밀고 내려오자, 영국은 '대영제국의 보석'인 인도를 잃을까 두려워했다. 그래서 아프가니스탄을 완충국으로 만들려고 군대를 보내 내정에 간섭하는 전쟁을 세 차례나 일으켰던 것이다.

영국, 인도에서 대학살 자행

【1919년 4월 13일】인도 편자브주의 암리차르에서 영국 군대가 인도인 시위 군중에게 총격을 가해 379명이 사망하고 1,200여 명이 부상을 당했다. 이번 사건의 원인은 인도의 영국 식민지 정부가 세계대전 당시의 비상대권을 질서 파괴 행위에 확대 적용키로 한 데 있었다. 이에 항의하는 약 1만 명의 인도인들이 광장에 모여 시위를 벌이자 영국군이 발포한 것. 현재 인도에는 계엄령이 선포된 가운데 인도인에게 공개 태형을 비롯한 갖가지 모욕적 행위가 가해져 거센 저항을 불러일으키고 있다고 한다. 이에 인도 국민회의를 이끌고 있는 마하트마 간디를 중심으로 대대적인 불복종운동이 전개될 것이라는 소식이다.

이집트, 영국의 보호 벗어나

【1922년 2월 28일, 이집트】푸아드1세가 왕으로 즉위하면서 입헌군주국을 선포해 이집트가 명목상 영국으로부터 독립했다. 1914년 세계대전이 일어나자 이집트는 오스만제국의 지배로부터 벗어나 영국의 보호령이 됐다. 그후 와프드당(아랍어로 '이집트 대표단'이라는 뜻)을 중심으로 한 독립운동이 전개돼왔다.

1919년 영국의 식민장관 밀너는 사절단을 이끌고 이집트를 방문해, 영국과 이집트의 관계에 대한 권고안을 작성하기 시작했다. 지난해 2월 밀너가 보호령 철폐와 조약 협상을 제안하는 권고안을 발표하자, 고등판무관 앨런비는 우선 반영 단체인 와프드당의 지도자 자글룰을 추방한 뒤 이를 받아들였다. 그리하여 이집트의 독립은 이루어졌으나, 자글룰 없는 입헌군주국 이집트는 여전히 영국의 영향력 아래 남게 될 전망이다.

떴다 보아라 안창남 비행기

고국 방문 비행을 마치고 일본으로 돌아간 안창남이 도쿄 교외에 추락한 비행기 옆에 있다.

【1922년 12월 10일, 서울】한국의 비행사가 한국의 하늘에서 처음으로 나는 날이 왔다. 여의도광장은 5만여 명의 군중으로 인산인해를 이뤘다. 낮 12시 25분, 양편에 한국 지도를 그린 금강호가 웅장한 프로펠러 소리를 내며 맑고 맑은 공중으로 웅장하게 날아오르니, 군중의 환호로 여의도광장은 떠나갈 듯했다. 안창남(21)의 역사적인 시범 비행. 비행기는 한강을 지나 남산을 향한 뒤 동대문을 돌아 순종이 거처하는 창덕궁 상공에서 날개를 흔들며 경의를 표했다. "내 경성의 한울! 어느 때고 내 몸을 따뜻이 안아 줄 내 경성의 한울! 그냥 가기가 섭섭하여 비행기를 틀어 독립문 위까지 떠가서……."

안창남의 도쿄~오사카 우편 비행대회 우승을 기념해 『동아일보』가 마련한 행사였다.

한국 첫 신파 활동사진

【1919년 10월 27일, 서울】전문극단 신극좌가 서울 시내 곳곳에서 촬영한 〈의리적 구토〉가 단성사에서 개봉돼 화제다. 연극과 활동사진이 결합된 한국 최초의 작품이다.

상영 첫날 초저녁부터 표를 팔지 못할 정도로 밀려든 관객 남녀가 성황을 이뤘다. 특히 관람 온 기생이 백여 명이나 돼 또 다른 볼거리를 주었다고 한다.

여탕 안의 남자

【1920년, 조선】에그머니! 적선탕의 여탕에서 목욕하던 여자들이 갑자기 뛰쳐나왔다. 알고 보니 한 남자가 발가벗고 들어간 것! 그 남자는 경성 부청에 다니는 일본인으로, "남탕은 사람이 많이 들어갈 수 없다."는 평계를 대자 주변인들이 분개했다고 한다. 이후 그 남자는 조선 남자들에 의해 남탕으로 끌려갔다가 곧 샛문으로 달아나 버렸다고.

양말 공장 광고(1920년 6월 23일): 기계로 양말을 만들어 파는 월성상회를 큰 글씨로 소개하고 있다.

미국, 세계 최초 상업 방송 송출

【1920년 11월 2일, 미국】대통령 선거 개표 결과가 라디오방송으로 중계돼 화제다. 방송사는 피츠버그에 있는 KDKA. 이 방송은 신문사를 통해 전화로 입수한 개표 소식을 그때그때 청취자들에게 전달했는데, 개표 결과가 중단되는 사이에는 축음기를 틀기도 하고 대기시켜 둔 악사 2명의 밴조 연주를 내보내기도 했다.

공화당 하딩 후보의 당선과 함께 화제가 된 것은 이번 방송이 웨스팅하우스회사의 라디오 판매를 늘리기 위한 최초의 상업방송이라는 사실! 이번 방송의 대성공으로 다른 회사도 곧 라디오방송 사업에 뛰어들 것으로 보인다.

부 고

▶ **로자 룩셈부르크**(1871~1919): 폴란드 태생 독일 혁명가. 마르크스주의 혁명 정당인 스파르타쿠스단을 설립했다.

▶ **신규식**(1880~1922): 한국의 독립운동가. 상하이 임정의 국무총리를 지냈다.

▶ **강우규**(1859~1920): 한국의 독립운동가. 1919년 사이토 마코토 총독을 폭살하려고 폭탄을 던졌으나 실패했다.

▶ **막스 베버**(1864~1920): 독일의 사회학자. 프로테스탄티즘을 자본주의와 관련지어 규명한 '프로테스탄트 윤리'와 관료제에 대한 사상으로 유명하다.

삼용보익수 광고(『매일신보』, 1919년 8월 29일): 인삼과 녹용을 합성해 약효가 좋다.

▶시내버스 대구에 첫선(1920) ▶러시아, 국영 유치원 설립(1920경) ▶1회 전조선체육대회(1920) ▶모나코 국제여성체육대회(1921) ▶샤넬, 선탠 유행시킴(1921경)

1923년~1925년

근현대사신문

근대 14호

주요 기사 **2면** | 조선, "노동자·농민이 해방을 노래하다"(1924) **3면** | 오스만, '제국' 접고 '공화국'으로!(1923) **4면** | 사설 - 일제를 몰아내야 하는 진짜 이유 **4면** | 해설 – 임시정부, 창조할 것인가 개조할 것인가 **5면** | 유럽을 뒤흔드는 '파시스트 악령' **6면** | 우주론의 새로운 모색(1924) **7면** | 한국은 고대에 이미 일본의 식민지였?? **8면** | "5월 1일은 어린이날"(1923)

전조선노농총동맹과 민중운동의 서막

한국 최초의 근대적 노동자는 개항장의 부두 노동자와 광산 노동자였다. 목포항 부두 노동자들은 1898년 최초의 파업을 일으켰고, 운산 광산 노동자들은 1901년 채광권이 외국인에게 넘어가는 것에 반대해 노동거부투쟁을 벌였다. 병합 후 일본이 공업화 정책을 펼치자 노동운동도 빠르게 성장해 1920년에 벌써 전국 단위의 조선노동공제회와 노동대회가 설립되기에 이르렀다. 그리고 4년 뒤에는 이들을 통합한 전국노농총동맹이 등장하게 된다.

일제의 수탈 정책은 농민의 80퍼센트를 소작농으로 만들었고, 이들은 수리조합비, 비료값 등까지 부담하며 70~80퍼센트의 소작료를 내야 했다. 농민은 소작인조합, 농민공제회 등을 조직해 저항했다. 최초의 소작쟁의는 1919년 황해도 흑교농장에서 일어났고, 1923년 전라도 암태도의 쟁의는 1920년대의 대표적인 농민운동이었다. 이러한 농민운동조직 역시 전국노농총동맹에 합류해 민중 시대의 개막을 알리게 된다.

사진 | 1920년대 한국의 공장 노동자들

노동자·농민, 한데 모여 해방을 노래하다

전조선노농총동맹 창립, 대중운동의 통일적인 지도를 목표로

【1924년 4월 18일, 서울 종로】 기독교청년회관에서 전국 167개 단체 소속 204명의 대표가 모여 전조선노농총동맹을 결성했다. 이 단체는 1920년에 조직됐던 최초의 노동운동 단체인 조선노동공제회를 계승해 노동자·농민의 대중운동을 통일적으로 지도할 목적으로 결성됐다.

전조선노농총동맹의 결성은 최근 몇 년간 한국 사회의 변화를 반영하고 있다. 3·1운동 이후 들어온 사회주의 사상은 노동자, 농민, 청년층을 중심으로 뿌리를 내리고 있다. 따라서 이전에 민족주의자가 주도했던 민족운동에 변화가 요구되는 상황이다. 또한 노동자의 파업 투쟁과 농민의 소작쟁의가 폭발적으로 증가하고 있는 것도 전에 볼 수 없던 현상이다. 따라서 계급적 지향을 더욱 뚜렷하게 내세우는 단체가 필요하게 됐다. 때마침 유입된 사회주의 사상과 노동자·농민 투쟁의 열기가 결합하여 이번에 전조선노농총동맹이 결성된 것이다.

최근 노동자들의 파업 투쟁과 농민들의 소작쟁의가 증가하고 있는 가운데 '전조선노농총동맹'이 결성돼 창립총회를 가졌다. 사진은 이를 기념해 찍은 참석자들의 모습이다.

전조선노농총동맹은 사회주의자들에 의해 주도되고 있는데, 이는 "노동계급을 해방하여 완전한 신사회의 실현을 목적으로 한다. 최후의 승리를 얻는 데까지 철저히 자본가계급과 투쟁한다. 노동계급의 복리 증진 및 경제적 향상을 도모한다."라는 강령에서 뚜렷이 드러난다.

전조선노농총동맹은 오는 20일 열릴 임시 대회에서 노동운동과 농민운동에 대한 결의 사항을 채택할 예정이다. 노동운동과 관련해서는 각 지방의 노동 단체를 조직, 원조할 것과 8시간 노동제를 준수할 것을 결의할 예정이다. 그리고 농민운동과 관련해서는 소작인 단체를 면과 군 단위로 조직할 것, 소작료는 30퍼센트 이내로 할 것 등을 결의할 예정이다.

의욕적으로 출발한 전조선노농총동맹은 일제의 탄압에 맞서 어떻게 활동을 계속할 것인가라는 문제에 맞닥뜨리고 있다. 그리고 1923년 백정들이 조직한 형평사가 실질적인 평등을 이루려고 펼치는 형평운동, 1920년대 들어 활발하게 전개되고 있는 청년운동과 어떻게 제휴해 투쟁할 것인가도 중요한 문제로 대두되고 있다.

민족 엘리트, 해방 접고 자치를 노래하다 이광수 「민족적 경륜」 발표

【1924년, 서울】 소설가 이광수(32)가 지난 1월 2일부터 6일까지 『동아일보』 사설에 「민족적 경륜」을 연재하고 '자치론'을 주장해 나라 안팎에 파문을 불러일으키고 있다. 이광수는 1922년 5월 "민족이 무능하여 독립이 불가능하다."라며 "민족을 개조해야 살 수 있다."라는 요지의 「민족개조론」을 발표한 인물. 그는 이번 사설을 통해 "조선 내에서 허하는 범위 내에서 일대 정치적 결사를 조직하여야 한다."라고 밝혔다. 이 말은 일본의 통치를 기정사실로 인정하고 그 아래에서 우리 민족끼리 자치를 하자는 뜻으로 받아들여지고 있다.

자치론이 제기된 것은 이번이 처음은 아니다. 한·일병합 직전에 제기된 대한협회의 정당정치론, 일진회의 합방론 등이 모두 일본의 통치를 받으며 그 밑에서 권력을 나눠 갖자는 의도를 담고 있었다.

최근 들어 다시 「민족적 경륜」과 같은 자치론이 등장한 것은 물산장려운동이나 민립대학 설립운동 등 실력양성운동이 뚜렷한 성과를 거두지 못한 데 따른 것으로 분석되고 있다. 한국인 대지주와 자본가, 일부 지식인들 사이에 경제적 실력을 쌓기 위해서라도 최소한의 정치권력이 필요한데, 그러려면 일제 하에서 제한된 자치라도 해야 한다는 인식이 생겨나기 시작했다는 것이다.

안팎의 독립운동 세력은 이러한 자치론을 내용적으로 비판하는 한편으로 자치론이 한국인의 민족운동을 분열시키려는 일본의 속셈에 이용될 가능성도 제기하고 있다. 상하이 임시정부 관계자는 일본이 자치권을 허용할 의지를 전혀 갖고 있지 않은 상태에서 한국인이 먼저 나서 자치론을 주장하는 것은 허무맹랑한 망발이라며 반대의 목소리를 높였다.

경성역, 착공 3년 만에 완공!

【1925년 10월 12일】 경성역이 상량식을 갖고, 10월 14일부터 업무를 개시할 예정이다. 경성역은 1922년 6월 1일 착공해 올 9월 30일에 완공됐다. 경성역을 설계한 일본인 츠카모토는 도쿄대학 교수로, 스승인 다츠노킹고가 설계해 만든 도쿄역을 모델로 삼았다.

▶박열, 천황 암살 음모로 검거(1923) ▶김좌진·김혁, 신민부 조직(1924) ▶임정, 이승만 탄핵 가결, 내각책임제 채택(1925) ▶김재봉 등, 조선공산당 창당(1925)

튀르크 전사들, 제국 접고 공화국으로
정교 분리·알파벳 사용… 초대 대통령에 케말 아타튀르크

이스탄불에서 돌아오는 케말 아타튀르크 군대(왼쪽)와 1923년 3월호 『타임』지 표지 인물로 선정된 아타튀르크(오른쪽 위).

【1923년, 터키】 600년을 이어온 이슬람 제국 오스만튀르크가 역사의 무대 뒤로 사라지고 새로 터키공화국이 출범했다. 10월 29일 터키독립전쟁을 이끌어온 지도자 케말 아타튀르크(42)가 초대 대통령으로 선출돼, 그 자리에서 터키공화국을 선포했다.

이미 쇠퇴기에 접어든 오스만제국은 수명을 연장시키려고 유럽의 발달된 문물을 적극적으로 받아들이는 개혁 조치를 연달아 취했지만, 결국 대세를 뒤집지는 못했다. 20세기에 들어와서는 발칸전쟁에서 패해 발칸반도를 잃고, 세르비아·그리스·불가리아·루마니아 등이 독립하는 것을 지켜봐야 했다. 그리고 지난 세계대전에서 독일 편에 가담했다가 독일과 함께 패전국이 돼 이집트·이라크·시리아 등 아랍권 영토도 대부분 상실했다.

이렇게 지리멸렬한 오스만제국을 대신해 청년 장교들을 중심으로 개혁 운동이 일어났고, 그 중심에 케말이 있었다. 케말은 군부 장교들을 중심으로 결집한 '청년튀르크당'을 이끌면서 서구화 개혁을 추진해왔다. 따라서 앞으로 터키공화국의 정책도 그의 노선에 따를 것으로 예상된다.

관측통은 케말의 성향에 따라 곧 칼리프제도도 폐지될 것이라고 내다보고 있다. 칼리프제도는 이슬람 창시자 무함마드를 계승한 칼리프가 이슬람권의 종교와 정치를 통틀어 지도하는 체제이다. 케말은 개혁의 핵심이 이러한 이슬람주의로부터 벗어나 종교와 정치를 분리시켜 나라를 세속화하는 데 있다고 생각하는 것으로 알려졌다.

오랜 세월 이슬람교를 믿어 오면서 국민이 칼리프제도를 비롯한 이슬람 관습에 익숙해졌다는 점을 감안, 이를 타파하기 위해 아랍어 사용을 폐지하고 로마자 알파벳을 사용하는 것까지도 구상하고 있다고 밝혔다.

케말의 구상이 실현되면 터키공화국은 개인에게는 종교의 자유가 허용되고, 국가는 종교로부터 자유로운 서구적 근대국가로 다시 태어나게 된다. 그렇게 되면 1,400년 이슬람 역사는 최대 변화를 맞게 되는 셈이다. 이에 대해 이슬람교 지도자들은 "이슬람교를 이끌고 나갈 종주국은 누가 맡느냐?"라며 우려의 눈길을 보내고 있다.

일제와 군벌에 맞서 공동 투쟁 나서기로
중국, 사상 첫 국공합작 초읽기

국공합작의 결과로 세워진 황푸군관학교.

【1924년, 중국】 리다자오, 마오쩌둥 등 공산당원이 국민당의 중앙집행위원 및 후보에 선출됐다. 이들은 당적을 유지한 채 국민당에 입당한 것으로, 올 1월 국민당이 "소련과의 연대, 공산당 포용, 농민과 노동자 원조"라는 정강을 채택해 공산당과 협력을 공식화한 데 따른 조치이다.

1921년 창당한 공산당은 그해 일제와 군벌을 타도하고 민족혁명을 이룬다는 취지로 국민당과 합작하기로 결정했다. 여기에는 식민지해방투쟁에서 민족주의 세력의 역할을 인정한 소련의 입장도 반영됐다. 국민당도 제국주의와 군벌에 반대하는 노선을 걷던 참이라 이에 긍정적인 반응을 보였다. 지난해 국민당의 쑨원과 소련 전권대사 이오페가 상하이에서 만나 사실상 국공합작은 초읽기에 들어간 바 있다. 역사상 초유의 좌우합작은 중국처럼 반제 반봉건 투쟁과 좌우 분열의 양상이 나타나고 있는 한국에도 적지 않은 영향을 미칠 것으로 예상된다.

코민테른, 일국사회주의론 승인
스탈린 서기장 입지 강화

'일국사회주의론'을 주장한 레닌을 계승해 소련을 새로이 이끌고 있는 스탈린.

【1924년】 전 세계 사회주의자들의 연합조직인 제3인터내셔널(코민테른)이 소련공산당 서기장 스탈린(45)의 일국사회주의론을 승인하고, 트로츠키(45)와 권력투쟁을 벌이고 있는 스탈린에게 힘을 실어주었다. 일국사회주의론은 지난 1월 사망한 레닌이 주창한 것으로, 구미 선진국의 사회주의혁명이 실패한 상황에서 소련은 독자적으로 사회주의를 완성시키는 길로 나아가야 한다는 내용을 담고 있다. 반면 트로츠키는 소련 같은 후진국은 사회주의를 독자적으로 이룰 수 없으며 끊임없이 혁명을 전파하고 외부 사회주의 세력의 지원을 받아야 한다며 '영구혁명론'을 주장해왔다. 자본주의 후진국 러시아에서 사회주의혁명을 일으킨 소련 지도자들은 독일의 사회주의혁명이 실패로 돌아간 뒤 자본주의 선진국들의 간섭전쟁과 봉쇄에 시달려왔다. 일국사회주의는 이런 고립 상황에서 소련이 현실적으로 채택한 노선으로 분석된다.

▶프랑스·벨기에, 독일의 루르 점령(1923) ▶히틀러, 뮌헨 폭동으로 체포(1923) ▶영국, 최초로 노동당 내각 조직(1924) ▶페르시아, 팔레비왕조 성립(1925)

사설

일제를 몰아내야 하는 진짜 이유

독립을 외치는 한국인에게 일제는 반박한다. 너희처럼 약해 빠진 민족이 무슨 수로 이 약육강식의 세계에서 따로 살아갈 수 있는가? 일본이 철도와 도로도 놓고 토지 소유관계도 정비했으며 은행, 학교, 공장 시설도 눈에 띄게 늘리지 않았는가? 한국은 대한제국보다 총독부 치하에서 더 산업화되지 않았는가 말이다!

좋다. 그렇다면 과연 그렇게 산업화된 사회에서 사람들의 생활이 나아졌는가? 1924년에 결성된 전조선노농총동맹은 아니라고 대답한다. 5만여 회원을 거느린 이 조직은 근대적 토지 소유관계에 묶인 소작농과 공장에서 일하는 노동자를 대변한다. 그들은 일제가 이 땅에서 진행시키고 있는 근대화의 산물이다. 바로 그들이 단순한 소작쟁의와 노동쟁의를 넘어 일제로부터 해방을 외치고 있다. 고율의 소작료와 저임금, 장시간 노동으로 그들에게 고통을 안겨주는 지주와 자본가의 상당수가 일본인이며, 노동자 중에서도 높은 대우를 받는 고급 기술자 역시 대부분 일본인이기 때문이다.

일본 내에서도 농민과 노동자들이 지주와 자본가를 상대로 쟁의를 벌이고 있다. 한국의 농민과 노동자는 거기에 더해 민족적 차별까지 받으며 인도의 수드라 같은 하층민으로 전락하고 있다. 해방이 된다고 해서 한국인 지주와 자본가를 상대로 한 쟁의가 벌어지지 말라는 법은 없다. 그러나 자기가 태어난 땅에서 하등 국민의 대우를 받는 현실은 참을 수 없다. 그것이 이 땅에서 일제가 물러가야 하는 진짜 이유이다.

임정, 창조할 것인가 개조할 것인가

해설 임정 개편 둘러싼 국민대표회의의 쟁점 분석

임시정부 대통령 이승만이 국제연맹에 한국을 위임통치해 달라는 청원서를 제출한 사실이 드러나 불신임 당한 뒤, 임시정부를 뜯어고쳐야 한다는 목소리가 높았다. 이에 동의하는 사람들이 1923년 1월 상하이에 모여 국민대표회의를 열고 6개월간 임시정부의 개편 방안을 논의했으나, 창조파와 개조파라는 분파의 존재만 확인한 채 막을 내렸다. 이에 안창호(왼쪽)와 신채호(오른쪽)로 대표되는 두 세력의 입장을 살펴본다.

신채호(43), 박용만(42) 등의 창조파와 안창호(45)를 중심으로 한 개조파는 국민대표회의 내내 격론을 벌였지만 끝내 타협점을 찾지 못했다.

창조파와 개조파 간의 가장 중요한 쟁점은 임시정부의 정통성을 인정할 것인가 하는 점이다. 창조파는 3·1운동 이후 여러 독립운동 단체가 출현했고, 상하이 임시정부는 그중 하나이기 때문에 그 대표성을 인정할 수 없다고 주장한다. 창조파가 상하이 임시정부의 대표성을 인정할 수 없다고 주장하는 근거는 상하이가 중국의 한 구석에 위치해 민족운동을 지도할 수 없으며, 인적 구성으로 보아도 지도적인 민족운동 단체로서 대표성이 없다는 것이다. 따라서 전면적으로 새로운 임시정부를 다시 만들어야 한다고 주장했다.

한편 안창호로 대표되는 개조파의 생각은 전혀 다르다. 개조파도 상하이 임시정부가 인적 구성에 한계가 있고 외진 곳에 자리 잡고 있다는 창조파의 주장에는 동의한다. 그러나 3·1운동 이후 시급히 통합 임시정부를 세우는 것이 절박했기 때문에 그러한 인적, 지역적 제한성은 불가피했다는 것이 개조파의 판단이다. 그럼에도 임시정부는 3·1운동이라는 거족적인 독립운동의 성과 위에 성립했으며, 민족의 독립운동을 대표하는 정부로서 상징성을 충분히 지닌다고 반박한다. 따라서 개조파는 현재 임시정부의 인적 구성을 개편하고 조직을 개조함으로써 임시정부의 문제를 해결하자고 주장했다.

개조파는 주로 민족주의 인사들로 이루어진 반면, 창조파는 사회주의자나 사회주의에 동조하는 인사들이 주류를 이루고 있다. 또 개조파는 이승만과는 차이가 있지만 기본적으로 외교를 중요시하는 반면, 창조파는 일제에 맞선 무장투쟁을 통해 독립을 이룩해야 한다고 주장한다.

또 이들 간의 대립에는 지역적 차이에 기반한 주도권 다툼이 얽혀 있다는 분석도 나오고 있다. 국민대표회의의 결렬에 따라 창조파는 블라디보스토크에 새 정부를 세우겠다고 선언했으나 여의치 않은 모습이다. 국민대표회의의 결렬은 역설적으로 일시 개별 투쟁을 전개한다고 해도 곧 민족이 단결해서 투쟁할 필요성을 알려주는 계기가 될 것이라는 전망이 나오고 있다.

기록실

의열단의 조선혁명선언

내정 독립이나 참정권이나 자치를 운동하는 자 누구이냐? …… 3·1운동 이후에 강도 일본이 또 우리의 독립운동을 완화시키려고 송병준, 민원식 등 매국노를 시켜 이 따위 미친 소리를 외치게 하는 것이니, 이에 부화뇌동하는 자 맹인이 아니면 어찌 간사한 무리가 아니냐? …… 이상의 이유에 의하여 우리는 우리의 생존의 적인 강도 일본과 타협하려는 자나 강도 정치 하에서 기생하려는 주의를 가진 자나 다 우리의 적임을 선언하노라. …… 이상의 이유에 의하여 우리는 '외교', '준비' 등의 미련한 꿈을 버리고 민중 직접 혁명의 수단의 취함을 선언하노라.

조선 민족의 생존을 유지하자면 강도 일본을 내쫓을지며 강도 일본을 내쫓을지면 오직 혁명으로써 할 뿐이니, 혁명이 아니고는 강도 일본을 내쫓을 방법이 없는 바이다. …… 민중은 우리 혁명의 중심부이다. 폭력은 우리 혁명의 유일한 무기이다. 우리는 민중 속에 가서 민중과 손을 잡아 끊임없는 폭력 암살, 파괴 폭동으로써 강도 일본의 통치를 타도하고 우리 생활에 불합리한 일체 제도를 개조하여 인류로써 인류를 압박치 못하며 사회로써 사회를 약탈하지 못하는 이상적 조선을 건설할지니라.

— 신채호, 「조선혁명선언」(1923)

▶의열단원 김상옥, 종로경찰서에 폭탄 투척(1923) ▶조선총독부, 경성제국대학 설립(1924) ▶나치 친위대 결성(1925) ▶조선총독부, 인구조사 실시(1,952만 3,000천명, 1925)

특파원 보도 **무솔리니의 검은셔츠단이 휩쓰는 이탈리아를 가다**

르네상스의 후예들, 파시즘에 휩쓸리다

【1923년, 이탈리아 토리노】 피아트 자동차 공장을 비롯해 30여 개의 대기업이 밀집해 있는 이곳 토리노는 현재 검은 공포에 휩싸여 있다. 검은 셔츠를 입은 무리들이 해골이 그려진 깃발을 들고 행진하며 파업 중인 공장을 습격해 노동자들을 끌어내고 있다.

피아트 공장을 습격, 점거하고 있는 이들 검은셔츠단의 일원을 만나 "당신들은 어디에 소속돼 있느냐?"라고 묻자, "우리는 존경하는 두체의 지시에 따라 움직인다."라고 말했다. 두체는 수령이라는 뜻으로, 최근 수상에 취임한 베니토 무솔리니(40)를 가리킨다. 무솔리니는 세계대전 이후 이탈리아에 불어닥친 인플레와 실업 사태로 불만에 가득차 있던 국민들에게 고대 로마의 영광을 되찾아주겠다며 호소해 인기를 끌기 시작했다. 이탈리아는 지난 세계대전에서 영국, 프랑스, 미국의 연합군 편에 가담하여 참전했으나, 전쟁이 끝난 뒤 이탈리아에 떨어진 승전의 결과물은 아주 작은 떡고물에 지나지 않았다. 거기에 경기 불황이 닥치자 국민들의 불만이 점차 쌓여 갔다. 무솔리니는 이러한 국민들에게 부강했던 옛 로마의 추억을 자극하며 선동 정치를 시작했다.

무솔리니에게 지지를 보낸 이들은 중산층과 기업가들이다. 이곳 토리노에서는 경기 침체에 빠지자 급진적인 노동운동이 터져나왔다. 파업 중인 공장에서 만난 한 노동자는 이렇게 말했다. "우리의 모델은 러시아혁명이어야 한다. 부도덕한 자본가들을 몰아내고 우리 노동자들이 공장을 직접 경영해야 한다." 노동자들은 이러한 사회주의 노선에 따라 총파업을 결의하고, 피아트에서는 실제로 노동자들이 스스로 경영하며 자체 생산을 시작하기도 했다. 그러자 기업가들과 중산층은 급진적인 노동운동에 대해 우려하기 시작했고, 그러던 참에 무솔리니의 선동에 귀 기울이게 된 것이다.

지난해 10월 검은셔츠단을 이끌고 로마로 진군해 수상 자리에 오른 무솔리니는 자신을 지지하는 이들에 보답이라도 하듯, 노동운동과 사회주의자들을 무력으로 탄압하고 나선 것이다. 이탈리아 사람들 가운데 '단결'과 '권위'를 내세운 무솔리니의 파시즘에 동조하는 이들이 점점 늘고 있지만, 과연 그의 말대로 옛 로마제국의 영광이 재현될지는 두고 볼 일이다.

무솔리니는 파시스트 전당대회에서 로마로 진군해 정권을 탈취할 것을 지시해, 12만 6,000명의 검은셔츠단이 로마로 이동했다. 사진은 로마에 입성한 무솔리니와 검은셔츠단원들.

일본, 간토대지진 빌미로 한국인 수천 명 인간 사냥
'조선인 난동' 유언비어 날조… 자경단원에 일반 국민까지 광분

【1923년 9월, 일본】 도쿄를 포함한 간토지역에 대지진이 일어나자 도쿄를 중심으로 계엄령이 선포된 가운데, 일본 경찰과 자경단이 한국인과 일본인 사회주의자들을 학살하는 사건이 일어나 충격을 던져주고 있다.

대한민국 임시정부 산하의 『독립신문』은 도쿄 752명, 가나가와현 1,052명, 사이타마현 239명, 지바현 293명 등 모두 6,661명의 한국인이 학살됐으며, 이들 가운데 상당수는 시체조차 찾지 못했다고 보도했다.

이번 사태는 심각한 경제 불황과 정국 불안에 처한 일제가 대지진으로 인한 민심의 동요를 막으려고 "한국인이 폭동을 일으켰다."라는 유언비어를 고의로 퍼뜨리자 일본 군대, 경찰, 자경단, 심지어 일반 국민까지 나서 무고한 한국인에게 닥치는 대로 폭행을 가하면서 일어났다.

한 일본인 의사는 학살 현장에서 한국인 300여 명의 목숨을 지켜준 일본 경찰서장을 거론하며 이성을 찾자고 호소했다. 그러면서 "유언비어를 퍼뜨려 아무 잘못도 없는 한국인의 목숨을 위험에 빠뜨리고, 일본인 자신도 일시적으로 공포에 빠지는 것은 어리석으며 부끄러워할 일"이라고 꼬집었다.

간토대지진 직후 아무런 이유도 없이 학살당한 채 거리에 버려져 있는 재일 동포들의 시신.

치안유지법 시행 민중운동 정조준

【1925년 5월, 서울】 조선총독부가 일본에서 공포된 치안유지법을 한국에서도 시행한다고 발표하자, 악법이라는 여론이 강하게 일고 있다.

이 법은 "국체를 변혁하거나 사유재산 제도를 부인하는 것을 목적으로 결사를 조직하는 자 또는 사정을 알고서 결사에 가입하는 자, 결사의 목적 수행을 위한 행위를 돕는 자"를 사형 등 중형에 처한다고 규정하고 있다. 게다가 미수에 그친 행위와 국외 활동까지 처벌하도록 규정하고 있다.

이는 3·1운동 이후 급속히 보급된 사회주의 사상과 노동쟁의나 소작쟁의 같은 활동을 탄압하기 위한 것으로 분석된다.

▶조선물산장려회 창립(1923) ▶경성 고무공장 여공 파업(1923) ▶암태도 소작쟁의(1924) ▶나주시에서 동척 소작인 1만여 명, 일본 경찰과 충돌(1925)

우주론을 바꾼 허블의 위대한 발견

안드로메다성운

【1924년, 미국】 캘리포니아 윌슨산 관측소의 천문학자 허블(35)이 은하 너머에 더 큰 우주가 있다는 사실을 발견했다. 세페이드변광성을 관측한 결과 안드로메다성운이 은하계 밖에 있다는 사실을 밝혀낸 것. 세페이드변광성이란 밝기가 규칙적으로 변하는 별인데, 천문학자들은 세페이드변광성의 주기와 절대밝기를 측정해 별까지의 거리를 추정해왔다.

지금까지 우주론은 우리 은하를 우주 전체로 여겨왔으며, 은하의 전체 형태가 영구적으로 변하지 않는다고 생각해왔다. 그러나 허블의 관측에 따라 이러한 우주론은 무너지고 새로운 우주 지도가 그려지게 됐다.

허블은 지난해부터 망원경으로 세페이드변광성이 포함된 은하(성운)의 사진을 찍는 일에 몰두해왔다. 그래서 안드로메다성운이 우리 은하와 매우 유사한 나선형 은하라는 것을 입증했다. 그의 발견은 우리 은하가 많은 은하들 중 하나에 불과하며, 인간이 우주에서 차지하는 공간이 아주 작다는 것을 의미한다. 또한 허블은 은하의 움직임을 관찰해 우주가 고정된 것이 아니라 계속 변화하고 있다는 사실도 확인했다.

아인슈타인(45)은 지난 1917년 자신의 일반상대성이론을 우주론에 적용해, 우주의 팽창을 이론적으로 예측한 바 있다. 그해 네덜란드의 드 지터는 아인슈타인의 방정식에 대한 해답을 찾고 기하급수적으로 팽창하는 우주를 설명했다.

또 1922년에는 러시아의 알렉산드르 프리드만이 팽창하는 우주 모형을 보여주고, 그 팽창을 수학적으로 설명한 책을 출판했다. 그럼에도 불구하고 과학자들은 우주의 팽창을 아직까지 반신반의하고 있다. 하지만 허블의 획기적인 발견으로 새로운 우주론은 앞으로 더욱 탄력을 받을 것으로 보인다.

무선전화의 이상한 조화 한번 들어보실래요
조선일보사, 광화문 체신국에서 라디오 공개 시험 방송

【1924년 12월, 서울】 광화문 체신국에서 라디오 공개 시험 방송이 조선일보사 주최로 진행됐다. 지난달 신문통신기자 20명을 초대해 시험 방송을 한 데 이어 일반인도 참여할 수 있는 기회가 제공된 것.

라디오는 전파를 이용해서 무선으로 음성을 전달한다는 점 때문에 '무선전화'로 불린다. 그 원리는 방송용 전화기(마이크)로 연설·담화·동화·동요·창가 등을 하면 그 소리가 멀리 떨어진 청취용 수화기(라디오 스피커)를 통해 많은 사람들에게 들리는 것이다.

지난달 시험 방송에 참여했던 한 기자는 "송화소에서 발송하는 체신국장의 연설, 비파와 하모니카 등의 악기소리, 지금 관리국 여자 사무원의 합창이 수화소에 설치된 조그마한 안테나로 퍼져나가고 유성기나 달 같이 생긴 확성기로 소리를 크게 해 정말 음악이나 이야기를 그 옆에서 직접 듣는 것보다도 더 자세히 재미있게 들을 수 있었다."라고 감탄했다.

이번 조선일보사의 공개 라디오방송에는 수많은 인파가 몰려 성황을 이루었다. 새로운 과학 기술에 민감한 젊은 세대뿐 아니라 50, 60대 노인들까지 죽기 전에 이상한 조화를 한번 봐야겠다며 몇 시간씩 기다려서 입장했다는 후문이다.

중력보다 5,000배 큰 원심력 만들어봐요

【1924년, 스웨덴】 화학자 스베드베리(40)가 기름으로 움직이는 터빈을 이용해 중력보다 5,000배나 큰 원심력을 만들어내는 초원심분리기를 완성, 헤모글로빈과 같은 매우 복잡한 단백질의 분자량을 정확히 측정하는 데 성공했다. 스베드베리는 1906년 콜로이드 미립자가 퍼지면서 일어나는 브라운운동을 연구해 분자의 실재성을 증명했으며, 이를 바탕으로 이번에 개가를 올렸다.

▶포리스트, 유성영화 작동 체계 밝힘(1923) ▶벨 연구소, 레코드 개발(1924) ▶존 하우드, 최초의 자동손목시계 발명(1924) ▶베어드, 상업용 텔레비전 첫선(1925)

한국은 고대에 이미 일본의 식민지였다?
총독부, 역사 왜곡 식민사관 본격 착수…역사 전쟁 신호탄

【1925년 10월】 "서기 369년 진구 황후(神功皇后)가 보낸 왜군이 한반도에 건너와 7국과 4읍을 점령한 뒤 임나일본부를 세웠다." 『일본서기』에 나오는 이 이야기는 광개토대왕릉비 신묘년(391년) 기사의 '왜가 바다를 건너와 백제와 임나·신라 등을 격파하고 신민(臣民)으로 삼았다.'라는 기록으로 확인됐다(탁본). 또한 일본 이소노카미신궁의 칠지도(사진)는 백제가 왜의 야마토 조정에 바친 선물로 당시 왜가 한반도 남부를 지배했다는 움직일 수 없는 증거이다. 따라서 일본은 이미 고대부터 한반도에 연고권을 갖고 있었으며, 이제 다시 한국을 보호하게 된 것은 역사의 필연이다.

일제가 마련하고 있는 식민사관의 초벌 시나리오는 이렇게 전개된다. 지난 1916년 중추원 산하 조선반도사편찬위원회로 발족했다가 최근 천황 칙령에 따라 독립 관청으로 격상된 조선사편수회가 그 시나리오의 완성을 맡고 나섰다. 일본 고문서학의 권위자인 고고학자 구로이타 가쓰미가 고문을 맡고 이완용, 박영효 등 친일파가 들러리를 선 조선사편수회는 이달 1회 위원회를 열고 대대적인 자료 수집에 착수했다.

임나일본부설에서 시작하는 식민사관은 일선동조론, 정체성론, 타율성론을 축으로 구체화의 길을 갈 것으로 보인다. 일선동조론은 본래 한국과 일본이 같은 민족으로, 한국은 일본의 보호와 도움을 받아야 한다는 주장이다. 정체성론은 한국이 현재 10세기 말 고대 일본의 수준과 비슷한 상태에 머물러 있으며, 특히 근대사회로 이행하는 데 필수적인 봉건사회가 형성되지 못했다는 주장이다. 타율성론은 한국이 늘 역사의 주인이 되지 못하고 중국, 몽골, 일본 등 외세의 간섭과 힘에 좌우되어왔다고 주장한다.

이러한 주장들은 모두 한국사의 독립성을 부정하고 일제의 식민 지배를 합리화하는 역할을 할 것이다. 이에 대해 박은식, 신채호 등 우리 역사학자들도 민족사의 철저한 재정립을 다짐하고 있어, 일제에 대한 무장투쟁과 함께 전개될 치열한 역사전쟁을 예고하고 있다.

광개토대왕릉 비문(왼쪽)은 없어진 글자가 있어 다른 해석의 여지가 많으며, 칠지도(오른쪽)는 백제가 왜왕에게 하사했을 가능성이 크다.

에이젠슈타인 〈전함 포템킨〉 개봉

【1925년】 에이젠슈타인이 만든 흑백 무성영화. 영화의 새로운 지평을 연 걸작으로 평가된다. 1905년 '피의 일요일' 사건을 발단으로 일어난 포템킨호의 선상 반란과 오데사항의 대학살 장면을 몽타주 기법으로 담아내, 사람들의 뇌리에 반혁명과 혁명이라는 개념을 각인시켰다.

문학에도 민중을 노래하는 작가들이 떴다
박영희, 김기진 등 주축, 사회주의 리얼리즘 내세운 카프 출범

【1925년 8월】 "나는 간도로 이주하여 어머니와 아내를 먹여 살리기 위해 열심히 일했다. 모진 고생을 했지만 홀몸도 아닌 아내가 귤 껍질을 주워다 먹어야 할 만큼 굶주렸다. 그런데도 세상은 고생한 우리를 돌보아 주기는커녕 모욕하고 멸시하고 학대했다. 그래서 나는 탈출했다. 어머니와 아내와 자식을 희생하더라도 세상을 바로잡기 위해 어떤 집단에 가담하게 되었다."

지난 3월 『조선문단』에 발표된 최서해(24)의 단편 「탈출기」의 줄거리다. 이 작품은 이번에 출범한 조선프롤레타리아예술가동맹(KAPF:일명 '카프')의 선언문처럼 읽힌다.

카프는 최서해를 비롯해 박영희(24), 김기진(22) 등 신경향파 작가들이 모인 한국 최초의 전국적인 문학예술가 조직으로, 문학도 민중을 일깨우고 일정한 경향으로 이끌어야 한다고 주장하는 유파이다. 카프는 1922년 이후 문학의 사회 참여를 부르짖어 온 '염군사', '파스큘라'라는 두 단체가 한데 합쳐 이루어졌다.

한국 문단은 그동안 백조파와 창조파 등 낭만주의와 자연주의를 주창하는 단체를 중심으로 움직여 왔다. 그러나 이번 카프의 출범으로 대대적인 중심 이동이 이루어질 것으로 전망되고 있다.

▶윤심덕, 귀국 독창회(1923) ▶안확, 『조선문명사』 간행(1923) ▶모헨조다로 유적 발굴(1923) ▶다트, 오스트랄로피테쿠스 두개골 발견(1924) ▶카프카, 『심판』(1925)

| 8면 | 생활·단신 | 14호 |

이제 5월 1일은 어린이날

【1923년 5월 1일】 "어린이를 내려다보지 마시고 쳐다봐 주시오.", "돋는 해와 지는 해를 반드시 보기로 합시다."라는 내용을 담은 전단 12만 장이 서울 시내에 뿌려졌다. 한국에서 처음 치르는 어린이날을 알리는 선전지였다.

방정환(24)이 이끄는 천도교계 소년운동협회가 주최한 이번 행사는 오후 3시경 천도교당에서 어린이 1,000여 명과 소년운동 관계자가 모여 소년운동 선언문을 낭독하고, "어린이에게 완전한 인격적 예우를 하라. 만 14세 이하 어린이에게는 무상 또는 유상의 노동을 시키지 말라. 어린이가 조용하게 배우고 즐겁게 놀도록 다양한 가정 또는 사회적 시설을 보장하라." 등 3가지를 천명했다.

기념식이 끝난 뒤 소년운동협회는 옥양목에 붉은 글씨로 '어린이날'이라고 쓴 띠를 가슴에 두를 예정이었으나, 일본 경찰은 붉은 글씨가 매우 불온할 뿐만 아니라 5월 1일이 노동절과 겹친다는 까닭으로 이들의 기념 행렬을 금지했다.

1회 어린이날 기념포스터.

제3세계 통신

몽골, 아시아 최초 사회주의국가 수립

【1924년 11월 26일】 아시아 최초의 사회주의국가인 몽골인민공화국이 정식으로 선포됐다. 몽골은 1912년 청나라가 몰락한 뒤 러시아의 지원을 받아 중국으로부터 독립을 선언했지만, 1917년 러시아에서 제정이 무너지자 다시 중국의 지배를 받았다. 러시아혁명에 대한 간섭전쟁이 한창이던 1920년, 반혁명군인 벨로루시군 5,000명이 침략하자 몽골인민당 지도자 수호바토르가 볼셰비키 정부의 지원을 받아 이를 격퇴했다. 몽골혁명의 아버지 수호바토르는 1921년 중국인도 몰아내고 독립을 쟁취했지만, 이듬해 서른 살의 젊은 나이로 결핵에 걸려 사망했다. 그의 뜻을 이어받아 이번에 군주제를 폐지하고 사회주의공화국으로 거듭난 몽골은 앞으로 소련과 정치·경제·문화·이념적으로 더욱 밀접한 유대 관계를 맺을 것으로 전망된다.

온몸 드러낸 기제의 대스핑크스

【1925년, 이집트】 기제 지구의 대스핑크스가 마침내 전체 길이 60미터, 높이 20미터의 석회암으로 이루어진 거대한 몸을 드러냈다. 대스핑크스는 수천 년간 모래 속에 파묻혀 있다가 서서히 발굴되기 시작해 1817년 어깨 부분까지 드러난 바 있다. 기원전 2500년 이전에 만들어진 것으로 알려진 대스핑크스는 피라미드처럼 돌을 쌓아 만든 게 아니고 원래 있던 바위산을 통째로 조각한 것으로 알려졌다. 대스핑크스는 코가 깨진 채 공개됐는데, 그 이유에 대해서는 이집트를 침략했던 프랑스의 나폴레옹이 대포를 쏘아서 그렇게 만들었다는 둥, 이슬람교의 우상숭배 금지 때문에 파괴됐다는 둥, 또 오스만제국 병사들이 포격 연습을 했다는 둥 온갖 설만 난무하고 있는 실정이다.

백정도 사람이다!

【1923년 4월 25일】 가축의 도살을 담당하며 조선시대 이래 천민 중의 천민으로 설움을 받아 오던 백정들이 스스로 신분해방을 선언했다. 경상도 진주의 사회운동가와 백정 지도자들이 '조선형평사'를 결성해, 백정이라는 호칭의 폐지와 교육을 포함한 모든 분야에서의 불이익 타파를 주장하고 나선 것. 백정의 작업 도구인 저울처럼 평등한 사회를 추구한다는 뜻으로 단체 이름에 '형평'이라는 말을 사용했다고 한다. 지난 1894년 갑오개혁에 따라 신분 차별과 백정이라는 호칭을 폐지했지만, 도축업자에 대한 사회적 억압과 멸시는 30년이 지나도록 계속돼온 것이 현실이다. 조선형평사의 등장은 실질적인 사회 평등의 디딤돌이 될 것으로 기대를 모으고 있다.

전주에 사는 백정의 가족과 가옥.

한국 최초 네 칸짜리 신문 연재만화 등장!

최멍텅과 그의 친구 윤바람, 미모의 기생 신옥매의 연애 사건을 다룬 인기 연재만화 〈멍텅구리 헛물켜기〉. 김동성 기획에 이상협, 안재홍이 줄거리를 만들고, 노수현이 그렸다.
(『조선일보』, 1924년 10월 13일)

부고

▶ **파레토**(1848~1923) : 이탈리아 사회학자. 상위 20퍼센트가 80퍼센트의 부를 소유한다는 학설로 파시즘에 이론적 기초 제공.
▶ **박은식**(1859~1925) : 한국의 독립운동가. 주요 저서는 『한국통사』, 『한국독립운동지혈사』 등이다.
▶ **카프카**(1883~1924) : 체코 태생의 독일 작가. 대표작은 『판결』, 『변신』 등이다.
▶ **푸치니**(1858~1924) : 이탈리아 작곡가. 대표작은 〈토스카〉, 〈나비 부인〉 등이다.

미쉐린 타이어 광고(『동아일보』, 1925년 5월 24일) : 1920년대 자동차 광고와 함께 등장.

박가분 광고(『동아일보』, 1923년) : 물산장려운동과 함께 등장한 최초의 박가분 광고. 국산품 애용을 권장하는 글과 함께 민족 정서를 반영하려는 투박한 그림이 특징이다.

▶신용카드 등장(1923년경) ▶월트디즈니사 설립(1923) ▶조선YMCA야구단 하와이 원정(1924) ▶미국에서 진화론 교육 문제로 일명 '원숭이 재판' 열림(1925)

1926년~1928년

근현대사신문

근대 15호

주요 기사 **2면** | 민족협동전선 신간회 결성 (1927) **3면** | 인도·인도네시아 독립운동에 박차 (1928) **4면** | 사설 - 누가 일제의 진정한 적인지 가리자 **4면** | 특파원 보도 - 비행기가 대서양을 날다 **5면** | 나석주, 동척에 폭탄 투척 (1926) **6면** | 기적의 약 '페니실린' 발견 (1928) **7면** | "우리도 재미와 감동을 주는 영화 만든다" **8면** | 시내버스 타고 서울 한 바퀴 (1928)

민족협동전선 신간회

침략과 압제에 저항하는 사람들에게 뭉치면 살고 흩어지면 죽는다는 것은 자명한 진리다. 한국, 중국, 인도 등 식민지와 반식민지의 반제국주의 운동 세력은 1920년대 들어 이념과 종교를 넘어 광범위한 협동전선을 모색했다. 중국이 국공합작을 성사시켰고, 인도가 힌두교와 이슬람교의 제휴를 실현했다. 동방의 민족주의 세력과 연대해 고립을 벗어나려던 소련은 국공합작을 적극적으로 지원했다. 이러한 협동전선의 흐름은 한국에도 직접적인 영향을 미쳤다.

1925년 말 조선총독부가 자치제를 검토한다고 나서자 민족주의 진영은 이에 대한 찬반을 놓고 분열되었다. 송진우, 이광수 등은 동조하고 이상재, 안재홍 등은 반발했다. 그 무렵 조선공산당 등 사회주의 진영은 민족주의 세력과의 협동전선을 추진한다는 방침을 세웠다. 협동의 고리는 자치운동이었다. 자치에 반대하고 일제와 비타협적으로 싸운다는 공감대가 일부 민족주의자와 사회주의자 사이에 형성되고 있었던 것이다.

사진 | 신간회에 참여한 민족 지도자들

민족주의·사회주의 손 잡고 전열 재정비

자치론에 맞서 신간회 출범… 독립운동 중추 기관 기대

【 1927년 2월 15일, 서울 】기독교청년회관(YMCA) 강당에서 신간회 창립 대회가 개최돼 회장에 이상재, 부회장에 홍명희를 추대하고, 강령으로는 '정치적, 경제적 각성을 촉진함, 단결을 공고히 함, 기회주의를 일체 부인함' 등을 채택했다. 그리고 서울에 본부를 설치하고, 전국 각지에 군 단위의 지회를 두는데, 중앙 지도부에는 민족주의 인사들이, 지방 하부 기구에는 사회주의 인사들이 참여함으로써, 신간회는 민족주의 세력과 사회주의 세력이 힘을 합쳐 만든 합법적 대중운동 단체로 출범했다.

이번에 신간회가 결성된 가장 중요한 배경으로는 민족주의자 내부에 대두된 자치운동을 꼽을 수 있다. 3·1운동 이후 민족운동 내부에서는 사회주의 세력과 민족주의 세력 사이에 주도권 다툼이 진행되고 있었다. 그런데 1920년대 초반 물산장려운동과 민립대학설립운동이 실패하자, 송진우, 최린, 최남선 등 일부 타협적 민족주의자들이 일제와 협조하는 자치운동으로 돌아섰다. 자치운동은 일본의 조선 지배를 인정하고 일본이 허용하는 범위 내에서 정치운동을 전개하자는 것으로, 사실상 조선의 독립을 포기한 운동이다. 이에 민족주의 진영 내부에서 반발이 일어나 안재홍, 홍명희 등 비타협적 민족주의자들이 사회주의자와 연합을 추진해 6·10만세운동을 거치면서 신간회의 결성에 이르게 됐다.

한편 사회주의자들이 민족주의자들과 연합한 배경에는 1925년 일제가 제정한 치안유지법이 있다. 이 법이 사회주의자들을 탄압했기 때문에 위축된 분위기의 전환이 필요했던 것. 또 중국에서 국공합작이 이루어진 것에도 영향을 받은 것으로 알려졌다. 또한 사회주의 세력은 1926년 『조선일보』에 실린 정우회선언에서 보듯이, 조선의 정세를 부르주아민주주의 혁명 단계로 파악했다. 그래서 비타협적인 민족주의 세력과 함께 자치론에 반대하는 공동 대응을 모색해 그 성과물인 신간회를 이뤄낸 것이다.

이렇게 민족주의 세력과 사회주의 세력의 협동전선으로 성립한 신간회는 앞으로 일제에 맞서 민족의 독립운

1927년 2월 15일 오후 7시, 조선기독교청년회(YMCA) 회관에서 회원 500여 명과 방청객 500여 명이 참가한 가운데 신간회가 결성됐다. 사진은 신간회 창립총회 모습.

동을 지도할 중추 기관으로 활동할 것이라는 전망이다. 하지만 앞으로 풀어야 할 과제도 많다. 가장 중요한 문제는 역시 이념이 서로 다른 세력의 연합에서 필연적으로 생기는 차이를 극복하는 것이다. 원래 사회주의는 자본주의를 타도하기 위한 것이어서 자본주의 체제를 유지하려는 민족주의자의 적일 수밖에 없다. 그럼에도 민족협동전선으로 신간회가 결성된 것은 두 세력이 공동으로 일제에 투쟁하는 것이 서로에게 도움이 된다고 생각했기 때문이다. 민족의 독립을 이룰 때까지 민족 내부의 차이를 슬기롭게 극복하는 것이 신간회 성공의 관건이 될 전망이다. 한편 조만간 신간회 자매단체인 근우회도 발족할 예정이라고 한다.

〉관련 기사 5면

순종 인산일에 대규모 만세 시위

【 1926년 6월 10일 】마지막 황제 순종의 인산일에 맞춰 대규모 독립만세시위가 벌어졌다. 조선학생과학연구회가 중심이 된 학생들이 일제의 삼엄한 경비를 뚫고 "조선 민중아! 우리의 철천지원수는 제국주의 일본이다. 2,000만 동포야! 죽음을 결단코 싸우자! 만세 만세 조선 독립 만세!"라는 격문을 뿌리고 독립 만세를 외쳤다.

훈민정음 여덟 번째 회갑 맞아 가갸날 제정

조선어연구회, 우리글 수난의 역사 속에서 고군분투

【 1926년 11월 4일 】조선어연구회가 훈민정음 반포 480주년을 기리는 기념식을 갖고, 해마다 이날을 '가갸날'로 정해 기념하기로 했다. 훈민정음 반포를 기념하는 행사는 이번이 처음. 조선어연구회는 『세종실록』에 1446년(세종 28) 음력 9월 훈민정음이 반포됐다는 기록을 근거로 훈민정음의 여덟 번째 회갑(八回甲 : 480년)을 기념했다고 밝혔다.

훈민정음 반포 기념일의 명칭을 '가갸날'로 정한 것은 우리글의 이름이 아직 통일되지 않은 가운데, 가장 대중적인 것이 '가갸거겨…'이므로 우리글에 대한 대중적인 관심을 이끌어 내기 위한 것으로 알려졌다.

조선어연구회의 모체는 대한제국 시절인 지난 1908년에 창립된 국어연구학회. 이 단체는 그후 배달말글몯음(1911), 한글모(1913)로 이름을 바꿨다가 침체기를 거쳐 1921년부터 지금의 이름으로 활동해왔다.

한편 훈민정음 창제 이후 수난의 역사를 걸어온 우리글은 1894년 정부 공문서를 순한문이 아니라 국한문으로 쓰도록 한 칙령으로 잠시 새롭게 주목받았지만, 이후 국권 상실로 일본어가 공식적인 나라말이 되자 모든 것이 물거품으로 돌아가고 말았다. 그렇기 때문에 이번 가갸날 선포는 우리글이 민간에서나마 끊이지 않고 이어질 수 있는 계기를 마련한 것으로 한껏 기대를 모으고 있다.

▶조선총독부, 경복궁 새 청사로 이전(1926) ▶안광천·한위건 등, 조선공산당 재조직(1926) ▶김구, 임시정부 국무령에 취임(1926) ▶동척, 일본인 이민 폐지(1928)

인도와 인도네시아도 독립운동 힘 모은다

네루 인도독립연맹, 수카르노 인도네시아국민연합, 반제투쟁 박차

【1928년, 인도】 인도의 민족 지도자 네루(39)가 인도독립연맹을 결성하고 영국에 대한 독립운동을 더욱 거세게 벌여나가겠다고 선포했다. 인도는 지난 세계대전 때 영국 편에서 세계대전에 참전했고, 영국은 그 대가로 자치권을 보장하겠다고 약속했다. 인도는 총 110만 명의 병력을 투입하며 전력을 다해 영국을 도왔다. 그러나 세계대전 이후 영국은 자치권 인정을 차일피일 미뤄오면서 인도인들의 반감을 불러왔다. 이번 인도독립연맹은 그러한 인도인의 불만을 결집시킨 것이다.

관측통은 네루가 인도독립연맹을 토대로 세력을 결집해 인도국민회의 의장에 나설 것으로 내다보고 있다. 네루가 간디(59)와는 달리 독립을 위해서는 다소 폭력적인 운동도 불가피

하다는 입장이어서 향후 인도의 독립운동 세력과 영국 사이에 타협 없는 충돌이 벌어질 것으로 예상된다.

한편 네덜란드의 식민지인 인도네시아에서도 독립운동의 전열이 재정비됐다. 지난해 젊은 독립운동가 수카르노(27)를 수반으로 한 인도네시아국민연합이 출범한 것. 인도네시아에

반영 시위를 벌이며 독립투쟁에 나선 인도 사람들. 지난 세계대전에서 영국을 도와 참전했던 인도 사람들은 영국이 약속한 자치를 1년여 앞두고 민족운동의 새로운 전기를 맞고 있다.

서는 그동안 한편으로는 이슬람 세력을 중심으로, 다른 한편으로는 공산당을 비롯한 사회주의 세력을 중심으로 독립운동이 전개돼왔으나 뚜렷한 성과를 거두지는 못했다.

그런데 이번에 수카르노가 민족주의 깃발을 내걸고 그 아래에 민족주의 세력, 이슬람 세력, 사회주의 세력을 모두 아우르는 조직을 결성한 것이다. 현지에서는 그가 이끄는 국민연합이 곧 국민당으로 전환해 본격적인 정치투쟁을 벌일 것이라고 보고 있다.

린드버그, 대서양 횡단 무착륙 비행 성공!

【1927년 5월 21일】 라디오를 통해 "린드버그 씨는 뉴욕에서 파리까지 무착륙 비행에 최초로 성공한 인간이 된 것입니다."라는 로웰 토머스의 음성이 흘러나왔다. 사진은 6월 14일 뉴욕시에서 린드버그를 위해 베푼 리셉션 프로그램의 표지.

▶ 관련 기사 4면

중국은 국공합작 파탄, 다시 싸우는 좌와 우

장제스 상하이쿠데타에 마오쩌둥 난창봉기로 맞서… 국공내전 점화

【1927년 9월, 중국】 3년 넘게 이어오던 국민당과 공산당의 국공합작이 파탄으로 끝나고, 양측은 무력을 동원한 내전에 돌입했다. 봉건군벌 세력과 일본에 대한 싸움에서 공동전선을 폈던 국민당과 공산당이 서로에게 총구를 돌리게 된 계기는 지난 4월 12일의 상하이쿠데타.

공산당과 상하이 노동자들은 군벌이 장악하고 있던 상하이를 3월에 해방하고 국민당 지도자 장제스(40)의 입성을 환영했다. 그러나 공산당 세력이 커지는 것을 못마땅하게 여기던 장제스는 노동자 무장대와 총공회(노조)를 해산시키고, 공산당을 불법화하는 정변을 단행했다. 이후 중국 전역에서 공산당 사냥이 시작됐고, 공산당 설립자 중 한 명인 리다자오(38)마저

베이징에서 군벌 장쭤린(54)에게 잡혀 죽임을 당했다. 당시 우한에는 공산당과 국민당 좌파가 협력해 세운 국민당 정부가 있었으나, 장제스는 난징에 새로운 정부를 세우고 우한정부를 압박했다. 이에 왕자오밍 등 우한의 국민당 세력마저 반공으로 돌아서자, 마오쩌둥(34) 등 공산당 세력도 국민당에 대한 무력 반격에 나섰다.

지난 8월 1일 난창에서 공산당 군

상하이 역 플랫폼에 도착해 연설하는 장제스. 1927년 3월, 상하이 노동자들은 총파업과 무장봉기로 군벌을 몰아내고 임시정부를 수립한 뒤 장제스를 맞이했다.

대와 국민당 군대 간에 최초의 교전이 일어난 데 이어, 이달 7일에는 추수철을 맞아 후난성과 장시성 일대에서 공산당이 대대적인 추수 봉기를 일으키기도 했다. 현재 장제스는 우한정부를 흡수해 난징에 단일정부를 세우고 대대적인 공산당 토벌을 준비하고 있으며, 잇따른 봉기에서 대패한 공산당은 저장성 징강산으로 숨어들어 훗날을 기약하고 있다. 2년 전 국공 양측을 통합할 능력을 가진 쑨원이 사망하면서 예견됐던 국공내전은 이제 전면화의 길로 접어들어 중국 전역을 피로 물들일 것으로 보인다.

▶ 아르헨티나, 여성 평등권 인정(1926) ▶ 독일, 국제연맹 가입(1926) ▶ 중국국민당, 북벌 시작(1926) ▶ 켈로그·브리앙 협정(다자간 전쟁 방지를 위한 파리협정, 1928)

사설

누가 진정한 일제의 적인지 가리자

불과 10년 전만 해도 이땅에서 민족주의 세력과 사회주의 세력이 함께 일제에 맞서 싸우자는 논의를 한다는 것은 상상도 하지 못할 일이었다. 빼앗긴 나라를 되찾는 것이 하나의 목표일 뿐, 우리 내부에 이처럼 서로 다른 전망을 갖는 세력이 갈라져 나올 줄 누가 알았으랴!

1925년에 이뤄진 중국의 국공합작처럼 신간회를 이룬 양대 세력을 보면, 역사는 식민지라는 특수 상황에서도 제 갈 길을 간다는 것을 알 수 있다. 일제가 아무리 지주 세력을 보호하고 사회 발전의 싹을 짓밟아도 자본주의와 사회주의라는 근대 세계의 두 가지 길은 우리 앞에도 열려 있는 것이다. 민족주의 세력은 일제를 몰아내고 자신들이 주도하는 자본주의 사회를 이룩하고자 한다. 한편 사회주의 세력은 소련이 열어 놓은 길을 따라 노동자·농민이 주인 되는 사회로 나아가기 위해 일제라는 자본주의 체제를 타도하려 한다. 이러한 대립은 우리가 일제의 침략을 받지 않은 독립국이었다고 해도 피할 수 없을 것이다.

그러나 지금 두 세력은 일제라는 공동의 적을 앞에 놓고 손을 잡았다. 민족주의자 가운데 이미 일제에 대한 저항을 포기한 자치론자들은 협력 대상에서 제외되었다. 비록 국공합작처럼 좌우 각 진영의 협동 주체가 명확하게 있는 것은 아니지만, 일제와 선명한 대립각을 세우는 인사들이 대거 참여했기 때문에 나름대로 신간회에 거는 기대가 크다. 과연 누가 진정한 일제의 적인지 정정당당하게 경쟁하면서 협력하기 바란다.

추위와 졸음을 참는 것이 가장 힘들어

특파원 보도 린드버그, 대서양 횡단 무착륙 비행 대기록 달성

1927년, 린드버그가 33시간 동안 약 5,800킬로미터를 날아 무사히 파리 상공에 모습을 드러내자, 사람들은 환호성을 지르며 그의 비행기로 몰려들었다. 그 역사의 현장을 가보자.

5월 21일 저녁, 파리의 비행장에는 수만 명의 인파가 몰려들어 군대가 출동하는 초유의 사태가 벌어졌다. 군중들은 어제 아침에 미국 뉴욕을 출발한 린드버그의 비행기가 도착하는 것을 구경하러 모인 것이다.

일찍이 1903년에 미국의 라이트 형제가 최초로 동력 비행기를 만들었을 때 비행시간은 1분이 채 되지 않았고, 날아간 거리도 300미터가 못 되었다.

이후 비행기 제작 기술이 발달하면서 비행시간과 거리가 늘어 도버해협을 30여 분만에 건너는 등 획기적인 사건이 있었고, 세계대전에서는 주요한 공격 무기 역할까지 맡았지만 대서양 횡단만은 불가능의 영역으로 여겨져왔다.

대서양 횡단에 거액의 상금이 걸리기도 했는데, 수많은 젊은이들이 이에 도전했다가 대서양의 물귀신이 되고 말았다.

한편 비행기에서 내린 린드버그는 추위와 졸음을 참는 것이 가장 힘들었다고 말했다. 따라서 앞으로 비행기 개발자들은 기체를 더 크게 해 더 많은 장비와 사람이 탑승할 수 있도록 하는 데 심혈을 기울일 것으로 보인다.

린드버그가 '스피릿오브세인트루이스' 비행기를 몰고 런던에 도착하고 있다. 무착륙 대서양 비행 횡단에 성공한 린드버그는 용기 있는 도전 정신으로 파리뿐 아니라 런던, 베를린, 브뤼셀 등에서도 열광적인 환영을 받았다.

기록실

신간회 결성의 계기가 된 '정우회선언'

1926년 11월, 조선공산당의 외곽 단체인 정우회는 민족주의 세력과 제휴할 필요성을 강조하는 선언서를 발표했다. 때마침 한국에서 벌어지고 있는 민족유일당운동은 중국의 국민당과 공산당이 일제에 공동 대응하려고 추진한 국공합작과 비슷한 움직임으로, 민족협동전선의 결성을 적극 지원하고, 신간회라는 좌우합작의 성과를 마련했다. 이에 정우회선언의 내용을 간추려 소개한다.

민주주의적 노력의 집결로 인하여 전개되는 정치적 운동의 방향에 대하여는 그것이 필요한 과정의 형세인 이상, 우리는 차갑게 강 건너 불 보듯 할 수 없다. 아니 그것보다도 먼저 우리 운동 자체가 벌써 종래에 국한되어 있던 경제적 투쟁의 형태에서, 보다 더 계급적·대중적·의식적 정치 형태로 비약하지 아니하면 아니될 전환기에 달한 것이다.

따라서 민족주의적 세력에 대하여는 그 부르주아민주주의적 성질을 명백하게 인식하는 동시에 또 과정적 동맹자적 성질도 충분히 승인하여, 그것이 타락하는 형태로 출현되지 아니하는 것에 한하여는 적극적으로 제휴하여, 대중의 개량적 이익을 위하여서도 종래의 소극적 태도를 버리고 분연히 싸워야 할 것이다.

— 『조선일보』, 1926년 11월 17일

▶조선총독부, 산미증식계획 수정(1926) ▶전주고보, 동맹휴학으로 일본 교장 축출(1926) ▶히로히토 일본 천황 즉위(1926) ▶담배 전매제도 확립(1927)

농민의 피눈물로 만든 폭탄 맛을 보라

나석주, 동양척식주식회사·조선식산은행에 폭탄 던져

【1926년 12월 28일, 서울】 대낮인 오후 2시경 의열단원인 나석주(34)가 조선식산은행과 동양척식주식회사에 폭탄을 던진 사건이 벌어졌다. 나석주는 먼저 조선식산은행에 폭탄을 던졌으나 불발되자, 동양척식주식회사로 가 다시 폭탄을 던지고 권총을 쏘아 일본 경찰 등 7명을 사살하고 권총으로 자결했다.

나석주가 조선식산은행과 동양척식주식회사에 폭탄을 던진 이유는 이들 기관이 우리 민족을 경제적으로 착취하는 중추 기관이기 때문이다. 나석주를 잘 알고 있는 한 인사는 올해 의열단에 가입한 나석주가 지난 6월 중국 톈진에서 민족 지도자 김창숙으로부터 경제 침탈을 자행하는 기관들에 대한 응징이 필요하다는 이야기를 듣고 이번 거사를 준비해왔다고 한다.

동양척식주식회사는 1908년 일본에 의해 국책회사로 설립됐는데, 창립 자본금 1,000만 원 중에는 대한제국 정부도 30퍼센트에 해당하는 토지를 투자하고 그 나머지를 일본인이 투자했다. 이 회사는 토지조사사업이 끝난 뒤 조선총독부가 소유권을 차지한 국유지를 불하받아 일본인의 농업 이민에 힘을 기울여왔다. 그 결과 1910년부터 올해까지 약 1만 호의 일본인 농업 이민을 유치한 것으로 알려졌다. 일본인에게 쫓겨서 밀려난 한국 농민은 자꾸만 토지로부터 떨어져 나갔고, 그들이 한국 농촌을 떠나 만주로 이주하는 현상은 날이 갈수록 늘어나고 있다.

한편 1918년 10월 설립된 조선식산은행은 그동안 조선총독부가 사실상 직접 관리해 왔다. 이 은행의 중심 업무는 한국에서 농업 생산을 극대화하는 것으로, 이를 위해 산미증식계획을 지원하고 각종 농업 개발 사업을 벌여나가는 데 치중하고 있다. 이 같은 동양척식주식회사와 조선식산은행의 업무 내용으로 볼 때 나석주의 의거는 일본의 경제 침탈에 대한 응징의 성격을 갖고 있다는 분석이다.

나석주의 폭탄 투척 사건을 '백주돌발한 근래 초유의 대사건'으로 보도한 『동아일보』(1927년 1월 13일) 호외. 나석주는 동양척식주식회사에 가기 전에 조선식산은행에 폭탄을 던져 일본인들을 죽이고, 동양척식주식회사에 폭탄을 던진 뒤에도 다시 조선철도회사에 가서 일본인들을 저격했다.

서울 시내버스 운행 시작

【1928년, 서울】 대구에서 최초로 시내버스 운행이 시작된 이래, 서울 시내에서도 '부영(府營) 버스'가 운행돼 시내버스와 전차 사이의 승객 쟁탈전이 시작됐다. 지난 2월 경성부청은 11만 원의 예산으로 자동차 30대(예비차 5대)를 구입해 요금을 1구역에 5전으로 하되 형편에 따라 7전으로 올려 받기로 하고, 서울역을 기점으로 하는 4개 버스 노선을 확정했다. 하지만 노선이 주로 관청이나 일본인 거주 지역에 집중돼, 일본인들이 즐겨 이용할 것으로 보인다. 당국에서는 노선을 차츰 전차와 같이 해 치열한 경쟁을 벌일 것이라고 한다. ▶관련기사 8면

위로부터 경성부영 승합자동차, 버스, 승합택시. 맨 아래는 버스를 타고 수학여행을 가는 이화여전 학생들이다.

조선의 자매들아! 미래는 우리의 것이다

여성운동 단체들, 신간회 방식의 좌우 연합으로 근우회 창립

【1927년, 서울】 여성운동 단체들이 신간회와 같이 좌우연합을 이뤄 '근우회'를 창립했다. 창립 인사로는 박원희, 황신덕 등 사회주의 계열과 김활란, 유각경 등 민족주의 계열, 김동준 등 중립주의 계열이 포함됐다.

이들은 취지문에서 "우리 사회에서도 여성운동은 거의 분산되어 있었다. 그것에는 통일된 조직이 없었고 통일된 목표와 지도 정신도 없었다. 고로 이 운동은 효과를 충분히 내지 못하였다. …… 우리 사회를 위하여 분투하려면 우선 조선 자매 전체의 역량을 공고히 단결하여 운동을 전반적으로 전개하지 않으면 아니된다. 일어나라! 오너라! 단결하자! 분투하자! 조선의 자매들아! 미래는 우리의 것이다."라고 밝혔다. 근우회는 서울에 본부를, 전국 각지 및 일본·만주 등에 지부를 둘 것이라고 한다. 회원은 만 18세 이상 여성으로 근우회의 강령과 규약에 찬동하며 회원 2명 이상의 추천을 받아야 입회할 수 있고, 입회금 1원과 매월 20전 이상의 회비를 납부해야 한다.

▶조선노농총동맹, 조선노동총동맹과 조선농민총동맹으로 분리(1927) ▶소련, 토지사유금지령 제정(1928) ▶미국, 대량소비사회 진입(1928)

반갑다 페니실린, 잘 가라 전염병

플레밍, 기적의 항생물질 페니실린 발견

【1928년, 런던】 영국의 세균학자 알렉산더 플레밍(47)이 병균을 죽이는 기적의 항생물질 페니실린을 발견, 의학혁명에 시동을 걸었다.

플레밍은 포도상 구균을 연구하던 중 우연히 '페니실리움 노타툼'이라는 푸른곰팡이를 관찰했는데, 푸른곰팡이 근처에 포도상 구균이 유독 보이지 않는 것을 이상하게 여긴 끝에 푸른곰팡이가 포도상 구균을 죽이는 항생물질을 분비한다는 사실을 알아냈다. 플레밍은 이 물질을 '페니실린'이라 이름 붙이고, 푸른곰팡이를 배양해 각종 세균들을 접종했다. 그 결과 페니실린이 모든 세균에 효과가 있는 것은 아니지만 폐렴, 매독, 임질, 디프테리아, 성홍열에 효과가 있음을 이번에 증명해냈다.

플레밍의 페니실린 발견은 우연이지만, 그는 이미 10년 전부터 항균물질을 연구해왔다. 지난 1918년 런던대학교 성메리병원에 근무하면서 세균에 감염된 환자들의 치료 방법을 연구한 것이 출발점. 이후 1921년에 항균물질인 리소자임을 발견하고, 이듬해「조직과 분비물에서 발견된 놀랄 만한 항균물질」이란 논문을 영국학술원에 발표했다.

최근 플레밍은 페니실린이 임상적으로 얼마나 사용 가능한지를 꾸준히 실험하고 있다. 살아 있는 동물, 즉 실험용 쥐와 토끼에 주사해 그 부작용을 알아보고 있으며, 페니실린의 추출과 농축을 위한 방법을 개발하고 있는 중이다.

이번에 플레밍이 발견한 페니실린은 앞으로 인체 조직이나 면역 체계에 해를 끼치지 않는 효과적인 항생물질로 광범위하게 사용돼, 새로운 의학혁명을 일으킬 것으로 기대를 모으고 있다.

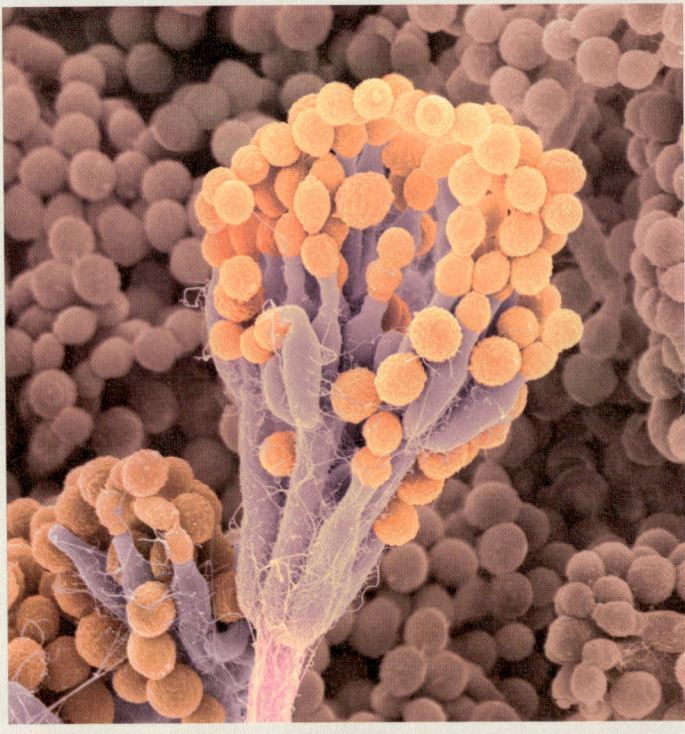
페니실린을 만들어내는 푸른곰팡이를 확대한 모습이다.

"신은 주사위 놀음을 하지 않는다" 아인슈타인, 양자역학 비판

【1927년, 브뤼셀】 세기의 물리학자 아인슈타인과 보어가 솔베이 회의에서 대논쟁을 벌이고 있다. 아인슈타인은 그동안 하이젠베르크의 불확정성원리나 보어의 상보성원리로 대변되는 양자역학의 비결정론적 성격에 대해 불만을 갖고 있었다. 그러다가 지난해 보른에게 보낸 편지에서 "신은 주사위 놀이를 하지 않는다."라며 자신의 심경을 밝혔다. 아인슈타인이 그런 말을 한 까닭은 물리 현상을 설명할 때 양자역학이 어느 수준에선가 우연이나 확률을 도입하는 것에 근본적인 결함이 있다고 보았기 때문. 그리고 아인슈타인은 자연 세계를 설명할 때 확률을 도입하지 않고 일반상대성이론을 기초로 한 통일장 이론으로 설명하기를 원한 것으로 알려졌다. 이번 논쟁에서 보어는 이에 대해 "제발 신 이야기는 하지 말라."라고 응수했다고 한다.

과학관 구경 가면 일본 천황에게 '감사 드리세요'

【1927년 5월, 서울】 한국에도 처음으로 과학관이 생겼다. 남산에 있던 옛 조선총독부 건물을 새로 단장해 은사기념과학관으로 문을 연 것.

초대 관장에는 조선 총독이 추천한 해군 소장 출신 시게무라 기이치가 발탁됐다. 그는 지난해 10월 조선총독부의 승인을 받은 후 건물을 정비하고 전시물을 수집하느라 동분서주했지만, 개관 일정이 너무 촉박해 부득이 전시물이 설치된 일부분만 관람객에게 공개할 예정이라고 밝혔다. 하지만 개관에 맞춰 강연·영화·인쇄·선전·각종 전람회·부인데이·어린이날 등 여러 행사를 기획하고 있다.

한편 은사기념과학관은 설립 취지에서 "예로부터 내려오는 미신을 타파하고 낡은 인습을 버리도록 해 간접적으로 사상을 선도한다."라고 밝히고, 일본 천황으로부터 하사받은 은사금으로 지은 과학관이라는 뜻에서 '은사 기념'이라는 이름을 붙였다고 설명했다. 이에 대해 과학관까지도 제국주의 일본의 정치적 색깔이 그대로 드러난다는 지적이 나오고 있다.

천황의 은혜를 기념한 은사기념과학관.

이것이 세계 최초의 로켓입니다

【1926년 3월 16일】 미국과학자 고더드가 매사추세츠주 어번에서 세계 최초로 액체 연료를 사용한 최신식 로켓을 쏘아 올렸다. 고더드는 액체 연료를 사용하는 로켓 모터를 개발하고, 1919년에는「극한고도에 도달하는 방법」이라는 논문을 발표했다. 사진은 고더드가 개발한 로켓.

▶건스백, 최초 과학소설 잡지『어메이징 스토리스』창간(1926) ▶이원철, 한국 최초 이학박사 학위 받음(1926) ▶하이젠베르크, 불확정성의 원리 발표(1927)

우리도 재미있는 대작 영화 만들어보자

무성영화의 걸작 〈아리랑〉, 촬영부터 상영까지

【1926년 10월】 "한국 영화는 재미가 없다. 졸음이 오고 따분한 한국 영화를 누가 보겠는가? 미국 영화처럼 재미있는 대작을 만들어야 관객을 끌 수 있다."

지난 4월 서울 안암골에서 무성영화 〈아리랑〉의 촬영에 들어가면서 젊은 감독 겸 주연을 맡은 나운규(24)가 한 말이다. 그는 풍년 잔치를 벌이는 장면을 찍는 데 무려 800명의 엑스트라를 동원했다. "엑스트라들이 춤추는 것을 부끄러워해 흥을 돋우려고 막걸리를 먹였더니, 수백 명이 낮술에 취해 넘어지고 싸우고 엉망이 됐다. 궁리 끝에 단성사 악대들에게 신나는 음악을 연주시켰더니 모두 일어나 덩실덩실 춤을 추어 촬영을 성공적으로 끝냈다."라고 한다. 여주인공 신일선(15)도 이 장면을 장관으로 기억한다.

촬영 기간 4개월에 제작비 1,200원. 천신만고 끝에 촬영을 끝낸 〈아리랑〉은 조선총독부 건물 낙성식이 거행된 이달 1일 서울 단성사에서 개봉됐다. 배우 지망생이라는 양정고보생 전택이는 "영화 시작 두어 시간 전에 이미 표가 매진돼 미처 표를 구하지 못한 사람들이 아우성을 쳤고 극장 문이 부서지기도 했다."라고 말했다.

첫 화면에 '살찐 전답과 / 아름다운 산천을 / 자랑하던 백성들이 / 길고 긴 세월에 쌓인 / 설움의 시를 / 읊으려 한다.'라는 자막이 깔리면 변사 서상필의 구성진 목소리가 관중의 귀를 사로잡았다. 독립운동을 하다가 미쳐버린 영진이 악질 마름 오기호를 죽이고 경찰에 끌려 아리랑고개를 넘어가는 마지막 장면에선 변사가 "여러분, 울지 마십시오. 이 몸은 삼천리강산에 태어났기에 미쳤고 사람을 죽였습니다."라고 해설하고, 기생 5명이 무대에 나와 주제가인 민요 〈아리랑〉을 부르면 관객들도 따라 부르며 엉엉 울었다.

나운규가 직접 시나리오를 쓴 연출 데뷔작 〈아리랑〉은 민족 정서를 건드리는 주제에다 선진적인 몽타주 기법까지 동원해 종전의 감상적인 신파영화와는 다른 감동을 주었다. 한국 영화사에 큰 발자취를 남길 것을 기대해 본다.

영화 〈아리랑〉의 출연진(왼쪽)과 광고(오른쪽). 1926년 4월 서울 안암동에서 촬영을 시작한 영화 〈아리랑〉에는 제작 기간 4개월, 800명의 인원, 제작비 1,200원이 들었다. 조선총독부의 검열을 피하려고 일본인 감독을 내세워 무사히 통과하기도 했다.

📖 하이데거 『존재와 시간』

【1927년, 독일】 철학자 하이데거가 『존재와 시간』을 펴내 화제다. 이 책은 불안·무(無)·죽음·양심·결의·퇴락 등 실존에 관계된 양태를 매우 조직적·포괄적으로 다룬 역작이다. 하이데거에 따르면 인간이 있다는 것이 무엇을 뜻하는지, 좀더 정확히 말하면 인간은 '어떻게' 존재하는가를 밝히는 데 그 목적이 있다고 한다.

『존재와 시간』은 매우 읽기 힘들지만 독일 철학계를 놀라게 할 만큼 대단한 저작으로 여겨지고 있다. 또 독일어권 나라들만이 아니라 현상학이 이미 잘 알려져 있는 라틴계 나라들에서도 깊이 있고 중요한 저작이라는 찬사를 받고 있다. 자라나는 신세대에게 꼭 한번 읽어 보기를 권한다.

루이 암스트롱 부푼 입 따라 재즈 인기 팽창

흑인 전유물에서 탈피, 백인도 즐기는 대중음악으로 발전

【1927년, 미국】 뉴올리언스 출신 재즈 가수 루이 암스트롱(26)의 애칭은 '가방 입(satchmo)'이다. 두꺼운 입술로 트럼펫을 불 때마다 볼이 풍선처럼 팽창하는 모습이 마치 손가방처럼 커 보이기 때문이다. 그가 〈히비스지비스〉 등의 히트곡을 부르면서 "뚜밥 두 두던두……" 하고 뜻없는 가사를 반주처럼 읊는 스캣 창법을 구사하면 시카고의 젊은 음악 팬들은 열광한다. 바야흐로 재즈 시대.

재즈는 본래 흑인과 백인의 혼혈인 크레올의 음악이다. 백인들로부터 클래식을 배운 크레올이 뉴올리언스에서 블루스, 소울 같은 흑인 음악을 접하면서 두 인종의 음악을 자연스럽게 혼합하기 시작한 것. 이제 그 재즈가 루이 암스트롱이라는 천재 음악가를 만나 연주법과 창법이 진화하고, 뉴올리언스에서 시카고 등지로 확산되고 있다. 특히 흑인의 전유물에서 백인도 즐기는 대중음악으로 발전하고 있는 것이 가장 큰 진화로 보인다.

1921년 킹 올리버 밴드의 연주 장면. 루이 암스트롱이 이 밴드에서 활동하며 주목을 받았다.

▶이상화 〈빼앗긴 들에도 봄은 오는가〉(1926) ▶홍명희, 『조선일보』에 〈임꺽정〉 연재(1928) ▶에이젠슈타인, 영화 〈10월〉 제작(1928) ▶1회 아카데미상 시상식(1928)

시내버스 타고 서울 한 바퀴 돌아보자꾸나

《 제3세계 통신 》

니카라과 산디노, 반미 투쟁 선봉

【1927년】 중앙아메리카의 작은 나라 니카라과가 미국에 맞서 힘겨운 투쟁을 전개하고 있다. 지도자는 34세의 산디노.

산디노 부대는 1만2,000천 명의 미국 해병대를 맞아 게릴라전으로 대응하고 있다. 땅을 빼앗긴 농민들이 주축을 이룬 산디노 부대는 누더기 차림으로 통조림 깡통에 자갈을 넣어 만든 수류탄과 나무칼로, 최첨단 병기의 미 해병대에 맞서고 있다. 반면 미 해병대는 막강한 화력과 비행기를 동원하고서도 산악 지형 때문에 산디노 부대를 쉽게 공략하지 못하고 있다. 미국은 19세기 중엽부터 니카라과에 개입하기 시작해 1909년에는 당시 대통령 호세 산토스 셀라야를 몰아내고, 친미 정권을 세우기도 했다. 니카라과는 1838년 에스파냐로부터 독립했다.

터키, 이제는 유럽 나라

【1928년】 터키의 케말 아타튀르크 대통령이 결국 예고한 대로 수 세기 동안 사용돼 왔던 아랍문자를 대신해 로마자 알파벳을 도입한다고 발표했다. 그는 또한 "과학은 삶의 가장 믿음직한 안내자다."라면서 종교에 치우쳤던 전통 교육 체제를 폐지하고, 탈종교적인 근대식 학교들을 설립했다. 근대화된 민법전과 형법전도 반포했다.

이제 터키의 개혁은 국민의 일상생활에까지 침투하고 있다는 소식이다. 종교적 의미를 담은 전통 의복은 유럽식 의상으로 대체됐고, 서구의 고전음악과 극장이 대중화되어 유럽식 생활방식이 일반화되고 있다.

【1928년】 서울의 관문, 아니 한국의 관문 경성역에 내렸다. 르네상스와 바로크를 절충했다는 역사의 모습이 압권. 역전에는 인력거와 택시들이 나란히 서 있지만 서둘러 시내버스에 오른다. 요금은 1구역에 5전.

남대문통 5정목은 전차, 자동차, 자전거, 마차, 인력거 등으로 붐빈다. 숭례문을 지나니 경성부청이 우뚝 솟아 있다. 경성부청 앞에 비껴 앉은 덕수궁의 대한문이 오히려 낯설다. 경성부청 앞 일직선으로 뻗은 태평통 1정목 양편으로 서양식 빌딩이 여럿 들어서 있다. 차창 밖 황금정과 본정은 일본어 간판을 단 상점과 은행들로 어지러웠다. 서울의 도로망 정비 사업은 도쿄의 전례를 본 뜬 것이라고 한다.

광화문통 동아일보 사옥을 지나는가 싶더니 이윽고 하얗게 빛나고 있는 조선총독부 청사 종점. 여기서 종로행 버스로 갈아탔다. 종로에서는 기독교청년회관의 3층 붉은 벽돌집이 가장 높다. 그 옆 종로경찰서는 2층 석조 건물. 북촌의 번화가지만 남촌과 비교해 길은 넓은데도 쓸쓸해 보였다.

1920년대 혼마치(충무로) 입구 풍경(오른쪽)과 미니버스(왼쪽).

윤심덕, 현해탄에 지다

【1926년 8월 3일】 한국 최초의 소프라노 가수 윤심덕(29)이 극작가 김우진(29)과 함께 관부연락선을 타고 일본에서 귀국하는 도중, 유서를 남긴 채 현해탄에 몸을 던졌다. 윤심덕은 일본에서 이바노비치 작곡인 〈도나우 강의 잔물결〉에 직접 노랫말을 쓴 〈사의 찬미〉를 마지막 작품으로 남겼는데, '이래도 한세상 저래도 한평생 / 돈도 명예도 사랑도 다 싫다'라는 노랫말처럼, 유부남 김우진과의 사랑을 비관하며 동반 자살한 것으로 알려져 더욱 충격적이다.

컬러텔레비전 시대

1925년에 발명된 세계 최초의 텔레비전.

【1928년, 영국】 스코틀랜드의 공학자 베어드가 대서양 횡단 텔레비전 방송 및 컬러텔레비전방송에 성공해, 본격적인 텔레비전방송의 서막이 올랐다. 베어드는 이미 1924년 물체의 외관을 텔레비전방송으로 전송했고, 1925년에는 사람 얼굴을 알아볼 수 있을 만한 화상을 전송했으며, 1926년에는 운동하는 물체의 화상을 전송하는 데 성공한 바 있다.

『님의침묵』 광고(『동아일보』, 1926년 5월 25일) : 나라 잃은 민족의 설움을 표현한 『님의침묵』은 한용운이 지은 책이다.

부고

▶ 모네(1840~1926) : 프랑스 화가. 주요 작품은 〈짚단〉, 〈수련〉, 〈생 타들레스의 테라스〉, 〈템즈강〉 등이다.

▶ 이상재(1850~1927) : 독립운동가. 독립협회를 조직해 만민공동회 의장을 맡았고, 조선일보 사장을 역임했으며, 신간회 초대 회장을 지냈다.

▶ 이사도라 덩컨(1877~1927) : 미국의 무용가. 창작 댄스를 창조적 예술로 끌어올리고, 자유분방한 공연으로 찬사를 받았다.

씨름은 민속놀이가 아니라 스포츠입니다

【1927년 12월 28일】 조선씨름협회의 창립을 기념하는 1회 전조선씨름대회가 서울 휘문고등보통학교에서 열렸다. 이 대회에는 경신학교·중앙고보·보성고보 등 7개교가 출전해, 단체전에서는 경신학교가 우승하고 개인전에서는 함흥 출신의 이도남 선수가 우승을 차지했다.

조선씨름협회는 지난 11월 27일 서울 시내 각 고등보통학교에서 조교사직에 종사하는 강낙원, 서상천, 한진희, 강진구 등이 발기해 만든 단체. 이들은 씨름을 민속놀이에서 탈피해 현대적 경기로 발전시키려고 이번 대회를 개최했다고 밝혔다.

츄잉검 광고(『조선일보』, 1928년 4월 21일) : 식민지 한국의 아이들에게 츄잉검을 그림과 함께 여러 나라의 글자로 표현해 알려주는 광고이다.

▶중국 베이징인 발견(1926) ▶토키 〈재즈싱어〉 성공, 유성영화 시대 개막(1927) ▶만화 〈증기선 윌리〉에 미키마우스 첫 등장(1928) ▶대중가요 〈황성옛터〉 유행(1928)

1929년~1931년

근현대사신문

근대 16호

주요 기사 **2면** | 대공황, 전 세계 강타 (1931) | **3면** | 원산노련, 총파업 돌입 (1929) | **4면** | 사설 - 잘 만들어 놓은 물건을 왜 파괴하는가? | **4면** | 인터뷰 - 강주룡, 을밀대 지붕에서 고공 시위 | **5면** | 대공황이 가져온 사회상 | **6면** | 부전강수력발전소 완공 (1929) | **7면** | 신채호, 민족주의 역사학 제창 | **8면** | 모던보이와 모던걸의 아지트, '카페' 성업

세계대공황

1920년대 일제가 한국에서 문화 정치를 펼치고 산업화를 추진했던 배경에는 비교적 안정된 세계경제라는 조건이 자리 잡고 있다. 세계 대전 이후에 찾아온 장기 호황의 중심에는 세계 자본주의 중심국가로 떠오른 미국이 있었다. 전쟁터였던 서유럽과 달리 빠르게 회복한 미국 경제는 1922년부터 상승 국면으로 들어갔다. 전쟁 중 얻은 이익으로 자본이 넘쳐나 서유럽과 중남미로 수출하고 내구 소비재 및 건축 산업과 내수도 활발하게 이루어졌다. 그러나 1920년대 내내 실업률은 5퍼센트 이상을 유지했고, 면방직·석탄 등의 산업은 불황을 면치 못했다. 세계 농업도 과잉 생산으로 만성적 불황에 빠졌다. 넘쳐나는 자본은 주식 투자와 부동산 투기를 부추겼다. 1920년대 말에는 이 모든 경제 상황이 정점으로 치닫기 시작했다.

사진 | 대공황 때 무료 급식소 앞에 줄 선 뉴욕의 실업자와 노숙자들.

뉴욕발 대공황, 전 세계 강타

【1931년 6월, 뉴욕】 거대 은행 아메리칸유니언뱅크가 문을 닫았다. 은행 앞에는 수백 명의 예금자들이 몰려들어 "내 돈 내놓으라!"라며 아우성을 쳤다. 하지만 그들의 목소리엔 힘이 빠져 있었다. 지난 1929년 10월 24일 '검은 목요일'에 주식이 일순간 폭락하면서 대공황이 닥친 이후, 미국 경제가 끝없는 나락으로 추락하고 있기 때문이다.

세계대전 이후 영국을 제치고 세계 최강의 경제 대국에 오른 미국은 1920년대에 폭발적인 경제성장을 이뤘다. '아메리칸 드림'을 이루려고 전 세계에서 이민자들이 몰려들고, 제네럴모터스 같은 미국 기업의 주식 가격은 하늘 높은 줄 모르고 치솟았다. 사람들은 빚을 내서 너도나도 주식시장에 뛰어들었다. 하지만 주식 가격은 실제 가치 이상으로 부풀어 오르기 시작했고, 마침내 한계점에 이르러 '펑'하고 터져버렸다.

주식에 거품이 있다는 사실을 안 사람들이 너도나도 주식을 내놓자, 주가는 순식간에 폭락하고, 빚을 내 주식을 산 사람들은 파산자가 됐다. 이들이 소비할 여력을 잃어 상품이 팔리지 않자, 기업들이 공장 가동을 중단하면서 실업자가 거리로 쏟아져 나오기 시작했다. 실업자의 증가는 소비를 위축시켜 더 많은 공장이 문을 닫기에 이르렀다. 대공황 발생 1년 만에 은행 1,300여 곳이 문을 닫아 예금자들은 알거지가 됐고, 은행 직원들조차 실업자가 됐다. 이어 수많은 공장이 도산해 현재 실업률은 16.3퍼센트, 실업자 수 800만 명으로 최악의 기록을 계속 경신하고 있다.

대공황의 여파는 미국에 투자한 유럽 기업에도 미쳐 연쇄 도산으로 실업자를 쏟아내고 있고, 유럽 열강의 영향 아래 있는 아시아·아프리카의 식민지들도 연쇄적으로 영향을 받고 있다.

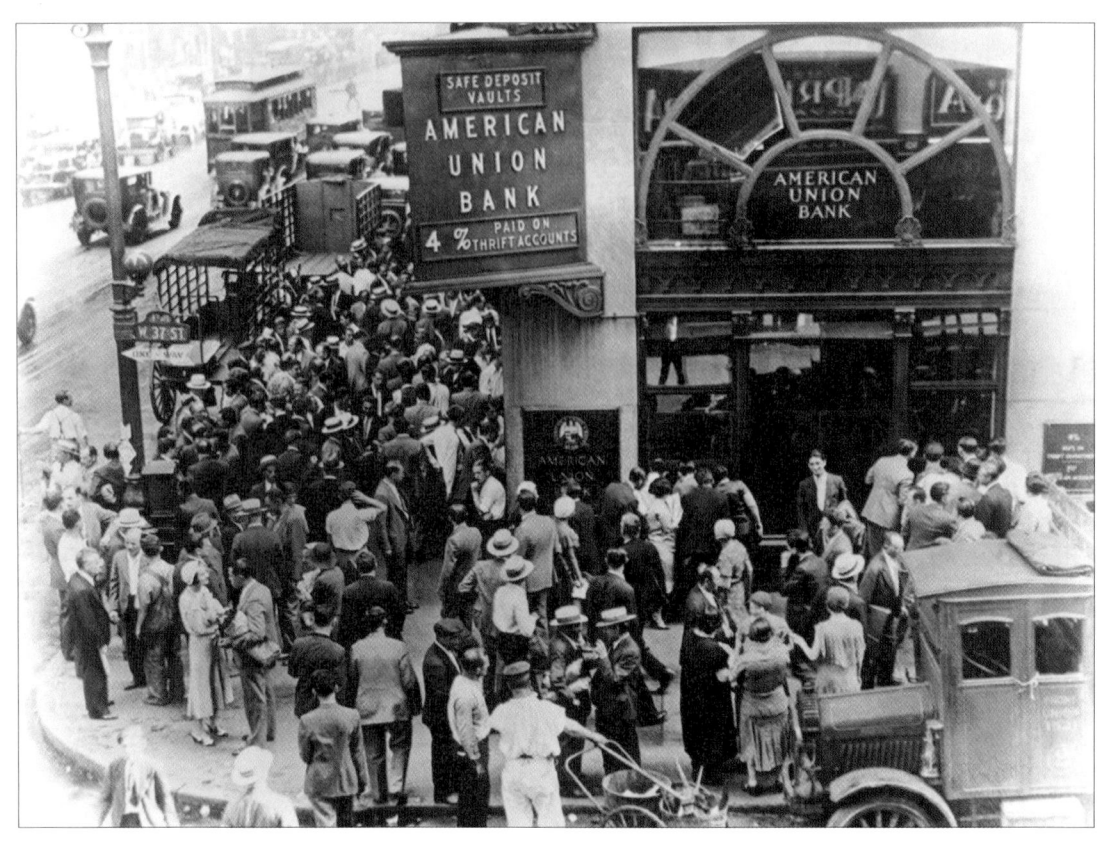

1931년 파산한 아메리칸유니언뱅크의 닫힌 문 바깥에 모여든 예금자들. '검은 목요일'이라 부르는 1929년 10월 24일이 대공황을 가져온 것은 아니다. 그날은 단지 뉴욕 증권시장의 붕괴와 대공황의 시작을 알리는 종소리만 울렸을 뿐이다.

간디의 '소금 행진'

【1930년】 간디(61)와 그를 따르는 사람들이 영국 식민 정부의 소금 전매권에 항의해 바닷물로 소금을 직접 만드는 시위를 벌였다. 이들은 388킬로미터를 걸어서 해안에 이르는 '소금 행진'을 벌이며 제국주의에 굴하지 않는 용기를 과시했다.

일본, 만주 침공… 대공황 타개 위한 시장 확보책
만주를 벌판으로 중국 대륙 침략 가시화

【1931년】 일본이 전격적으로 만주를 침략함으로써 동아시아 정세가 새로운 국면에 접어들었다.

평톈 주둔 일본 관동군은 지난 9월 18일 만주 철도가 지나는 평톈 외곽의 류타오후 철교를 몰래 폭파한 뒤, 이를 중국군 소행으로 몰아붙여 일제히 공습과 포격을 퍼부었다. 일본군이 평톈과 지린성의 주요 지역을 손에 넣자, 중국 민중은 상하이를 중심으로 대규모 항일 집회를 개최하고, 일본 상품 배척 운동을 전개하고 있다.

한편 일본의 만주 침략은 세계 대공황으로 인한 경제 난국을 타개하고 만주 시장을 독점적으로 확보해, 장차 대륙 진출을 위한 전진기지를 만들려는 속셈이라는 분석이다.

이번 일본의 만주 침략은 대공황의 여파에 허덕이고 있는 미국과 유럽 여러 나라가 방치할 수밖에 없는 상황이다. 따라서 만주를 무대로 활동하고 있는 한국과 중국의 항일운동 세력에게 심각한 타격을 줄 것으로 전망된다.

▶라테라노협정으로 바티칸왕국 성립(1929) ▶중국, 소련과 국교 단절(1929) ▶에스파냐, 공화정 수립(1931) ▶마오쩌둥, 중화소비에트 임시정부 수립(1931)

원산 2,000여 노동자 한국 역사상 첫 총파업
군경 동원한 대응에 전국적 지원 맞불… 일본서는 동조 파업까지

【1929년 1월, 원산】 원산노동연합회(이하 원산노련) 소속 노동조합의 2,200여 명 노동자가 총파업에 돌입했다. 22일에는 원산두량노동조합과 해륙노동조합이, 24일에는 원산중사조합과 원산제면노동조합이 파업에 들어갔고, 27일에는 양복직공조합, 28일에는 우차부조합과 인쇄직공조합이 잇달아 파업에 가담했다.

이번 총파업은 지난해 가을 영국인 소유의 라이징선석유회사에서 일본인 감독관이 한국인 노동자를 구타한 사건이 발생하자, 120여 명의 노동자들이 일본인 감독관의 파면과 처우 개선을 요구하며 파업을 벌인 데서 비롯됐다. 사건 발생 후 회사 측은 노동자들의 요구를 받아들였으나, 약속한 3개월이 지나도 노동자들의 요구를 이행하지 않아 올 1월 14일 다시 파업이 일어났다. 이에 원산노련이 파업을 지원하자, 원산 지역 자본가들의 모임인 원산상업회의소가 부두 노동자 450명을 해고하고, 외지에서 대체 노동자를 모집하는 대응 조치에 나섰다. 게다가 일본 경찰은 원산노련 간부를 구속하고, 함흥 보병대에서 약 300여 명의 군인까지 동원해 공포 분위기를 조성하면서 노동자들을 압박하고 있다.

한편 원산 총파업을 돕기 위한 나라 안팎의 움직임도 활발하다. 부산노우회, 수원노동조합 등 100여 개 단체가 지원품을 보내고, 일본에서는 동조 파업의 움직임까지 나타나는 등 국제적인 관심도 확산되고 있다.

최저임금제 실시, 8시간 노동제 등을 요구한 원산 부두 노동자들의 총파업은 일본을 비롯해 중국, 소련, 프랑스 노동자들의 지지를 얻어 국제적으로도 큰 반응을 불러일으켰다.

이번 총파업은 우리 역사상 처음있는 연대 파업이라는 점에서 노동계뿐 아니라 전 국민의 이목을 집중시키고 있다. 지금까지 개별 사업장에서 임금 인상 등을 요구하며 일어난 파업은 많았다. 그러나 다른 사업장 문제에 개입해 한 지역 노동자들 전체가 연대 파업을 벌인 것은 이번이 처음이다. 따라서 원산총파업은 개별 사업장 단위의 경제투쟁이 노동계급의 해방과 민족해방을 목표로 하는 정치투쟁으로까지 나아가는 계기가 될 수 있다는 분석이다. 원산노련 지도부는 자본가와 일본 경찰의 분열공작을 극복해 끝까지 단결투쟁할 수 있느냐가 총파업의 성패를 좌우할 것이라며 흔들림 없는 투쟁을 다짐하고 있다.

광주서 대규모 학생 독립운동
신간회 통해 서울을 비롯한 전국으로 확산

【1929년 12월 9일】 광주에서 시작된 학생들의 항일 시위가 서울로 번져 대규모 독립운동으로 폭발했다. 경신학교 300여 명, 보성고보 400여 명, 중앙고보 700여 명이 참여한 오늘 시위는 1,200여 명의 학생들이 경찰에 체포될 정도로 폭발적이었다.

이번 시위의 계기는 지난 10월 31일 일본인 중학생들이 나주역에서 박기옥, 이광춘 등 한국 여학생의 댕기머리를 잡아당기며 희롱한 사건이었다. 박기옥의 사촌동생 박준채가 항의하다가 '조센징'이라는 모욕을 당했고, 이 소문은 한국인에 대한 고등교육 제한과 각종 차별에 분노해오던 광주 학생들에게 급격히 번져갔다. 일본 메이지 천황의 생일과 개천절(음력 10월 3일)이 겹친 11월 3일, 학생들은 10월 31일 사건을 불공정하게 보도한 광주일보사를 항의 방문하고, 곳곳에서 일본 학생들과 충돌한 끝에 일제에 반대하는 대규모 시위를 일으켰다. 일제는 60여 명의 학생을 구속하였으나 학생들은 이에 굴하지 않고 같은 달 12일 2차 대규모 시위에 나섰다.

이러한 광주의 시위 소식은 신간회 광주지회를 통해 서울로 알려졌고, 서울의 청년학생운동가들은 치밀하게 오늘의 거사를 준비해왔다. 신간회는 이번 시위운동의 진상을 전국에 알리며 독립운동을 고취하는 보고회를 빠른 시일 내에 열 계획이라고 한다.

신간회, 불안한 좌우 동거 끝
노선 차이에 일제 압박으로 끝내 파경

【1931년 5월 1일】 신간회가 전체회의를 열어 '해소 결의안'을 투표에 붙인 결과 찬성 43, 반대 3, 기권 30으로 통과돼 지난 5년 동안의 활동을 마감하고 해체됐다. 지난해 12월 부산지회의 김봉환이 민족단일당의 미명 하에 노농 대중의 투쟁 의지를 말살하고 있다며 신간회를 비판한 이래, 각 지회에서 해소 결의가 잇따랐다. 올 4월에는 이원지회가 "노동자는 노동조합에, 농민은 농민조합에 돌아가서 투쟁해야 한다. 우리는 투쟁을 통하지 않고는 확대, 강화될 수 없다. 신간회의 조직에 쓰던 노력을 산업별 조합의 조직을 위해 쓰지 않으면 안 된다."라고 해소론을 제기하자, 경성지회도 신간회 해

신간회의 해소를 주장한 책.

소를 건의하기로 결의했다.

1929년 12월 개최 예정이던 민중대회가 사전에 발각돼 허헌(46), 홍명희(43) 등이 구속된 뒤 집행부가 우경화되고, 일본이 강압 정책으로 돌아선 것도 신간회 해소의 원인이 됐다. 이번 사태로 말미암아 민족주의 진영과 사회주의 진영 간의 대립이 한층 심화될 것으로 보인다.

▶국민부 조직(1929) ▶이동녕 등, 상하이에서 한국독립당 창당(1930) ▶임시정부, 삼균주의 천명(1931) ▶만보산사건(1931) ▶이청천 등, 한국독립군 조직(1930)

사설

잘 만들어놓은 물건을 왜 파괴하는가?

눈부시게 발전하던 세계 자본주의에 급브레이크가 걸렸다. 전 세계에서 주가가 곤두박질치고 공장이 문을 닫고 실업자들이 거리를 헤매고 있다. 그런데 정말 이상하다. 그렇게 주가가 떨어질 만큼 산업 생산성이 떨어지지도 않았고, 제품 생산을 중단해야 될 만큼 세상에 그 제품이 충분히 공급되지도 않았고, 공장 밖으로 내보내야 할 만큼 노동자들의 숙련도가 떨어지지도 않았다. 기술 발전과 더불어 생산 설비는 늘어나는데 자본가들이 투자를 꺼리고, 상품을 필요로 하는 소비자들은 많은데 살 돈이 없는 것이고, 노동자들은 일할 능력이 있는데 자본가들이 그들을 내쫓고 있는 것이다.

세상에 이런 낭비가 어디 있는가? 숙련 노동자들이 하루아침에 일터를 잃고, 멀쩡한 기계들이 제자리에서 녹슬고, 상품들이 적당한 값에 팔릴 곳을 찾지 못해 썩어간다. 시장이 받아들일 수 없을 만큼 생산이 많아지자, 자본주의 스스로 경제 규모를 확 줄여버리고 있는 것이다. 이렇게 경제가 축소되자 미국, 영국, 프랑스 등 선진 열강과 식민지는 단단한 블록을 형성해 그 안에서만 생산과 소비를 해결하려 하고 있다. 이렇게 되면 식민지가 충분치 않은 독일, 일본 등 후발 열강들은 무리한 시장 개척에 나서지 않을 수 없고, 이는 불가피하게 선진 열강과 충돌을 빚지 않을 수 없을 것이다.

많은 나라와 사람이 제품을 많이 만들면 만들수록 더 많은 나라와 사람이 그 제품을 쓰면서 경제 규모가 순조롭게 커지는, 그런 경제 시스템은 존재할 수 없을까?

식민지에서 여성 노동자가 사는 법

인터뷰 을밀대 지붕에서 고공 시위 중인 강주룡

1931년 5월 29일, 노동운동 사상 첫 고공 농성과 1인 시위를 벌인 평원고무공장 여성 노동자 강주룡(31, 사진)을 만났다.

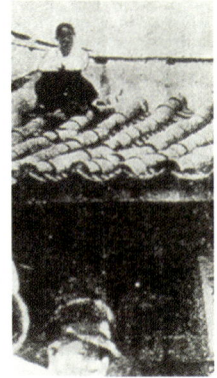

▲ 어떻게 노동자가 됐나?

"21세 때 5세 연하 남편과 결혼했는데, 남편이 서간도에서 독립운동을 하다 죽었다. 1926년부터 평양에 살면서 친정 부모와 어린 동생들을 보살피려고 고무공장에서 일하고 있다."

▲ 평원고무공장 노동자가 파업을 시작한 까닭은?

"우리 여성 노동자는 한국인 남성 노동자의 2분의 1, 일본인 남성 노동자의 4분의 1에 불과한 임금을 받고 하루 15시간씩 일하고 있다. 그런데 회사가 임금을 깎겠다고 통보했다. 우리 공장 노동자 49명도 문제지만, 여기서 물러서면 평양의 다른 고무공장에서 일하는 2,300명 동무의 임금도 삭감될 것이다. 그래서 아사동맹을 결성해 죽기를 각오하고 단식투쟁을 벌였다. 그런데 회사는 우리를 해고하고, 경찰을 동원해 내쫓았다."

▲ 을밀대 지붕 시위는 왜?

"원래는 자살하려고 했는데, 그냥 죽으면 사람들이 까닭을 모를 것 같아서 죽더라도 우리의 싸움을 알리고 싶었다. 그래서 경찰의 접근이 힘든 을밀대 지붕을 선택한 것이다."

▲ 고공 시위를 벌이는 각오는?

"죽음을 각오하고 올라왔다. 그렇기 때문에 평원고무공장 사장이 이 앞에 와서 임금 삭감 선언을 취소하기 전까지는 결코 내려가지 않겠다."

▲ 회사 측이 임금 삭감 선언을 취소할 것이라고 하던데….

"나도 들었다. 하지만 해고된 노동자 전원을 다시 채용하라는 요구에 대한 답변은 없다. 49명 중 27명만 채용한다는 조건으로 임금 삭감을 취소한 것이다. 우리 요구를 끝까지 받아들이지 않는다면, 나는 근로대중을 대표해 죽음을 명예로 알 뿐이다."

그림마당 | 이은홍

기록실

'바로 어제' 그리고 '어제 이후' 달라진 대공황!

뉴욕발 대공황은 순조로운 경기 순환과 자본주의의 자기 조정 능력을 믿던 사람들에게 커다란 충격을 안겨 주었다. 『하퍼스매거진』에서 편집자로 활약했던 프레드릭 루이스 알렌의 두 글을 통해 대공황 전후의 상황을 좀 더 상세히 살펴보자.

1929년 여름 사람들이 지난 일을 회고해 볼 때, 그들은 과거 몇 년 동안의 폭락은 언제나 결국에는 더 높은 주가의 상승으로 이어졌다는 사실에 위안을 받았다. 이보 전진, 일보 후퇴, 그리고 다시 이보 전진. 시장은 그런 식으로 움직였던 것이다. …… 사실, 주식을 팔 이유가 전혀 없었다.
— 프레드릭 루이스 알렌, 『바로 어제』(1932)

그날의 공식적인 통계에는 1,641만 30주가 거래되었다고 기록되었다. …… 큰손이든 작은손이든, 투자에 밝은 사람이든 어두운 사람이든, 증시의 대활황으로 의기양양하던 사람들은 하루아침에 빈털터리가 되고 말았다. …… 몇 주 안 되는 짧은 기간 동안 300억 달러라는 거금이 흔적도 없이 사라져버린 것이다. 그것은 미국의 세계대전 참전 비용과 맞먹는 금액이었고, 나라 전체 부채의 거의 두 배에 해당하는 금액이었다.
— 프레드릭 루이스 알렌, 『어제 이후』(1940)

▶팔레스타인, 유대인과 충돌(1929) ▶하산 알 반나, 이집트에서 이슬람형제단 결성(1929) ▶간도의 한인 공산주의자 봉기(1930) ▶경성제국대학 반제동맹사건(1931)

1929년~1931년 | 사회·경제 | 5면

공황기에 실업자와 그들의 아내가 사는 법
남편은 무료 급식소에 줄 서고, 취업한 아내는 목소리 커져

1930년 뉴욕시 8번가에서 실종된 아내를 찾는 표지판을 가로등에 건 채 사과를 파는 실업자.

【1932년대 중반, 미국】 대공황으로 실업자가 거리로 쏟아져 나오고 노숙자가 늘어나자 대도시 곳곳에 무료 급식소가 생겼다. 특히 1931년 크리스마스 날 뉴욕시의 한 급식소 앞에는 수백 미터에 달하는 행렬이 빵 한 조각을 얻어먹기 위해 줄을 섰다. 이듬해 7월에는 수도 워싱턴에 허름한 옷차림의 사람들이 모여들기 시작했다. 어느덧 모인 인원은 무려 2만 5,000여 명. 이들은 1924년에 퇴역한 군인들로 자신들을 '보너스 군대'라고 불렀다. 퇴역 당시 정부에서 이들에게 군 복무 기간 만큼 사회에서 일했다면 벌었을 임금을 보너스로 지급하겠다고 약속했던 것. 약속된 지급년도는 1945년. 하지만 대공황으로 살기 어려워진 퇴역 군인들은 보너스를 앞당겨 지급해 달라고 했으나 거절당해 백악관으로 모여든 것이다. 이들이 길거리에 천막을 치고 노숙투쟁에 들어가자 정부는 군대를 동원하기로 했다. 맥아더(52) 장군이 이끄는 폭동 진압 부대는 최루탄과 곤봉을 휘둘러 1백여 명의 사상자를 내며 이들을 워싱턴에서 몰아냈다.

한편 대공황 여파로 남성 노동자들이 직장을 잃고 실업자 신세가 되면서 여자들의 발언권이 높아지는 기현상(?)이 나타나고 있다. 그동안 결혼한 여성이 직업을 갖는 것에 반대하는 여론이 높았지만, 남성 가장이 실직을 하자 그동안 전업주부였던 아내들이 생계를 위해 취업 전선에 뛰어들고 있는 것. 특히 흑인 여성들은 가정부, 사무원, 의류 공장 노동자 같은 일자리를 남성들에 비해 쉽게 얻고 있다. 이에 따라 가정 안에서 여성들의 발언권이 이전과는 비교할 수 없을 정도로 커져, 여성들은 대공황 속에서 불행 중 다행인 상황을 맞고 있는 셈이다.

함흥 탄광 '동생계'가 동맹파업으로

【1930년 5월 3일, 함남 장풍】 조선탄업주식회사의 함흥 탄광에서 광부 150명이 동맹파업을 단행했다. 이들은 '처우 개선, 임금 인상, 8시간노동제 실시, 노동조합 조직에 간섭치 말 것' 등 12개 조목을 요구하고 있다.

이번 동맹파업의 계기는 지난 2일 회사 공휴일을 이용해 부근 산중에서 열린 '동생계(서로 생사를 함께 한다는 취지로 결성된 계)'였던 것으로 알려졌다. 연중행사의 하나인 이 모임에 탄광 노동자 100여 명이 참가했는데, 이 자리에서 회사 측의 구타를 포함한 극심한 노동 탄압과 간섭에 대한 성토가 쏟아져 파업으로 이어졌다는 후문이다.

소련 "우리는 공황을 모른다"
신경제정책 졸업, 공업화와 집단화 추진

【1929년】 전 세계가 대공황으로 몸살을 앓고 있는 지금, 소련 경제가 독보적인 성장세를 보이고 있어 관심이 집중되고 있다.

소련은 올해 열린 15차 공산당대회에서 국민경제발전 1차 5개년 계획을 승인하고 중공업 육성과 국민 경제의 사회주의화, 농업의 집단화에 매진하고 있다.

노동 현장에서는 '5개년 계획을 4개년으로!'라는 구호 아래 노동자의 26퍼센트가 '돌격대'로 조직돼 경제 개발에 전력을 기울이고 있고, 전체 농가의 4.1퍼센트만을 아우르던 집단 농장(콜호스)도 급격히 늘어나고 있다. 이에 따라 미국 등 선진 자본주의 국가들이 죽을 쑤고 있는 올해도 노동생산성이 전년 대비 13퍼센트 성장할 것이라는 전망이다.

이러한 계획경제는 자본주의 세계로부터 고립된 소련이 독자적인 사회주의 경제를 추진하기 위해 채택한 성장 전략이라는 분석이다.

그동안 자본주의적 영리 활동을 허용했던 신경제정책(NEP)은 소련 경제를 세계대전 이전 수준으로 회복시켰으나, 이로 말미암아 네프맨(신경제정책으로 파생된 부자), 크라크(부자) 등이 생겨나자 사회주의 경제를 강화시키는 쪽으로 돌아선 것이다.

1930년 소련의 1차 5개년 계획 선전 포스터.

▶마거릿 본필드, 영국 최초 여성 각료(노동부 장관) 취임(1929) ▶소련, 우랄산맥 남부에 철강 도시 건설(1929) ▶불이농장 소작쟁의 개시(1930) ▶신흥탄광 폭동(1930)

부전강 물길을 돌려 전기 만든다

한국 최초 유역변경식 수력발전소 완공

【1929년, 함경남도】 부전강 유역에 발전 용량 15만 2,000킬로와트에 달하는 동양 최대 규모의 수력발전소가 완공됐다. 1926년 4월에 착공된 지 3년만이다. 이 수력발전소의 발전 용량은 일본 가니데라발전소의 4만 5,000킬로와트를 넘고, 한국에서 사용하는 전기 사용량의 4배에 달하는 규모라고 한다.

일본질소주식회사의 자회사인 조선수력전기주식회사가 맡은 이번 공사는 규모면에서 일본이나 한국에서 전례가 없던 일이라, 기초공사부터 준공까지 수많은 시행착오를 겪은 것으로 알려졌다. 처음에는 산세가 가팔라서 물길만 돌려주면 큰 낙차를 얻을 수 있다고 생각해 공사에 뛰어들었다고 한다. 하지만 경험과 기술 부족이 곳곳에서 발목을 잡았다고 공사 관계자는 털어놓았다. 압록강 지류인 부전강 물길을 이용하려면 개마고원 남쪽의 부전령에 댐을 쌓고 산을 뚫어 강의 흐름을 바꿔야만 했다. 또한 물의 압력을 견디는 수압 철관을 설치하는 일부터 험한 산중에 거대한 저수지를 만드는 일까지 기술적 난제가 곳곳에 산적해 있었다.

이렇듯 많은 어려움 속에서도 부전강수력발전소가 짧은 기간에 완공된 것은 한국인의 피와 땀이 뒷받침됐기 때문이다. 특히 산을 깎고 굴을 파는 위험한 공사 현장에서 수많은 한국인 노동자가 각종 폭발, 압사, 수몰 사고로 목숨을 잃었다. 또한 본격적인 공사에 앞서 진행된 토지 매입과 기초공사 과정에서 이 지역의 화전민과 저수지 수몰 지역의 농민은 보상도 제대로 받지 못한 채 쫓겨나야만 했다.

이래저래 싼값에 대규모 발전소를 확보한 일본질소주식회사와 마음껏 전기를 쓰게 된 일본 기업들만 살판 나게 되어 한국에서 탄생한 동양 최대 발전소의 역사적 의미가 반감된다는 평이다.

부전강수력발전소(왼쪽)와 건설 모습(오른쪽). 부전강수력발전소 공사의 최대 난관은 산허리에 수로를 뚫는 일이었다.

최초 생명체는 무생물에서 저절로 나왔다

【1929년, 모스크바】 러시아의 젊은 생화학자 알렉산드르 이바노비치 오파린(35)이 『생명의 기원』이라는 책을 출간했다. 이 책은 제목 그대로 생명의 기원을 추적해, 지구상에서 최초의 생명체가 탄생하게 된 메커니즘을 밝히고 있다.

오파린은 초기 지구의 대기에 적합한 조건만 주어진다면, 생물을 이루는 기본 물질이 자연발생적으로 형성된다고 주장했다. 즉 무생물로부터 생물이 저절로 생겨난다는 것. 우주 공간에 있는 수소, 수증기, 암모니아, 메탄 등이 코아세르베이트라는 유기화합물로 전환해 생명체로 발전한다는 것이 오파린이 설명하는 생명 탄생의 메커니즘이다. 오파린은 이미 지난 1922년 러시아의 학회에서 이러한 자신의 가설을 발표한 바 있다.

민중 속으로!

브나로드 등 농촌 계몽운동 활발

【1931년】 『동아일보』가 브나로드운동을 대대적으로 펼치면서 민족주의 계열의 농촌 계몽운동이 본격화되고 있다. 브나로드운동은 제정 러시아 말기에 지식인들 사이에서 풍미했던 브나로드('인민 속으로'라는 뜻)운동을 표본으로 삼았다고 한다.

『동아일보』는 지난 7월 5일 선전문을 싣고 "한 고을의 7할 인민들은 문맹의 상태에 있고, 9할 이상은 비위생적·비보건적 상태에 있을 것이다. 여러분들은 이 상황을 그대로 보려는가. 한 글자라도 가르치고 한 가지라도 개량시키려는가." 하면서 "참으로 민중을 생각하는 마음으로 민중을 대하라. 그리하여 민중의 계몽자가 되고, 민중의 지도자가 되라!"라고 여름방학을 맞은 학생들을 독려했다.

일각에서는 이러한 농촌계몽운동이 근래 피폐해진 농촌 경제 때문에 확산되고 있는 적색농민조합과 농민들의 소작쟁의에 대한 대응이라고 지적하면서, 생계가 절박한 농민에게 계몽운동이 얼마나 효과가 있을지 의문스럽다는 비판도 제기하고 있다. 게다가 조선총독부도 그런 점을 꼬투리 삼아 농촌계몽운동을 방해할 움직임을 보여 그 귀추가 주목되고 있다.

『동아일보』에 실린 브나로드운동 선전 포스터.

▶로렌스, 입자 가속기 발명(1929) ▶톰보, 명왕성 발견(1930) ▶루스카, 투자전자현미경 개발(1931) ▶벨연구소와 칼 잰스키, 전파망원경 제작 성공(1931)

1929년~1931년 | 문화 | 7면

연개소문은 민족 영웅, 김춘추는 사대의 화신

신채호, 『삼국사기』 비판하며 민족주의 역사학 내세워

"수백 년 동안 사대주의에 찌들어온 용렬한 노예근성의 역사가들이 그 좁쌀만 하고 팥알만 한 주관적 안목으로 연개소문을 혹평하여…… 한 시대의 대표적 인물의 유체(遺體)를 거의 한 조각 살도 남아 있지 않도록 씹어대는 것을 통해해 마지않는 바이다."
―신채호 『조선사』 중에서

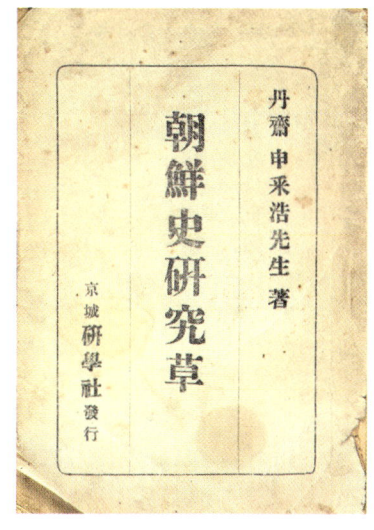  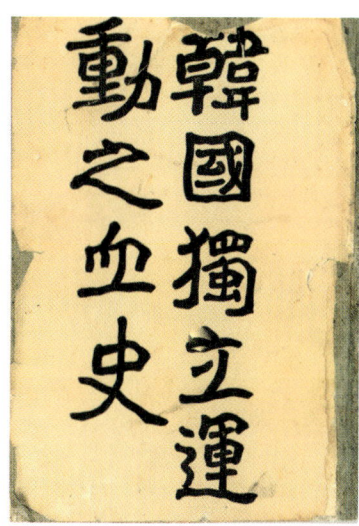

신채호가 『동아일보』에 연재한 6편의 논문을 1929년에 조선도서주식회사에서 『조선사연구초』(왼쪽)로 간행했다. 박은식의 『한국독립운동지혈사』(오른쪽)는 1920년 상하이의 유신사에서 간행됐다. 가운데는 민우사에서 나온 안재홍의 『조선상고사감』.

【1931년 10월 14일】 우리나라 역사학의 거대한 물줄기가 바뀌고 있다. 4개월에 걸쳐 『조선일보』에 역사 이야기 「조선사」를 연재한 신채호(51)가 그 선봉장.

신채호는 김부식의 『삼국사기』가 사대주의적인 서술로 일관해 우리 민족의 역사의식을 노예근성으로 물들게 했다고 맹비난한다. 이를 극복하기 위해 사료를 모으고 재해석하여 자주적 입장에서 우리 고대사를 다시 쓴 것이 오늘로 연재 103회를 맞은 「조선사」.

예를 들어 『삼국사기』는 당나라와 연합해 백제와 고구려를 공격한 김춘추를 "사대를 잘한 충신"으로 추켜세웠지만, 「조선사」는 반대로 사대주의 병균을 우리나라에 전파한 매국노로 평가절하고 있다. 반면 김춘추의 맞수였던 연개소문에 대해서는 『삼국사기』가 신하로서 임금을 죽이고 대국인 당나라에 대든 역적으로 보는 반면, 「조선사」는 기백과 지략을 모두 갖춘 혁명가로 추켜세운다.

신채호는 이미 1925년 『동아일보』에 「조선 역사상 1천년래 제1대사건」이라는 글을 발표하여 고려 때 김부식이 자주파인 묘청을 제압한 이래 우리나라의 역사관이 사대주의로 흘렀다고 주장한 바 있다.

이러한 민족주의 역사학은 신채호뿐 아니라 박은식, 안재홍 등 많은 역사학자들이 주창하고 있는 것으로, 근대 들어 새롭게 싹튼 민족의식이 일제의 식민 침략에 자극받으면서 강한 추동력을 얻고 있다.

민족주의 역사학자들은 역사 연구에 머물지 않고 항일투쟁의 현장에도 뛰어들고 있다. 특히 신채호는 무정부주의 단체에 가입해 일제를 겨냥한 폭력투쟁을 벌여오다 1928년 일제에 체포돼 현재 뤼순감옥에 수감 중이다. 그는 "나라는 잃어도 역사를 잃어서는 안 된다."면서 목숨이 붙어 있는 한 민족사를 바로세우는 일에 헌신하겠다는 각오를 전해왔다.

› 관련기사 14호 7면

『무기여 잘 있거라』, 잃어버린 세대의 길 찾기

【1929년】 미국 작가 어네스트 헤밍웨이(30)는 소설 『해는 또다시 떠오른다』의 서문에서 여성 작가 스타인에게 "당신들은 모두 잃어버린 세대."라는 말을 들었다고 했다. 그후 1920년대를 풍미했던 젊은 작가들을 모두 '잃어버린 세대'로 부르고 있다.

잃어버린 세대는 세계대전을 겪으면서 상처받고 가치관에 혼란을 일으켰다. 그리고 고국에 정착하지 못하고 유럽, 특히 파리를 전전하며 쾌락적인 삶에 탐닉한다. 『해는 또다시 떠오른다』의 주인공인 사진기자 제이크는 부상으로 성불구자가 된 뒤, 영국 간호사 브레트와 만족할 수 없는 사랑에 빠져 프랑스와 에스파냐를 떠돈다. 잃어버린 세대의 초상이다. 피츠제럴드의 『위대한 개츠비』(1925), 더스패서스의 『맨해튼역』(1925), 포크너의 『음향과 분노』(1929) 등이 1920년대 경제 호황 때 욕망의 늪에서 허우적거리다 파멸해가는 미국인의 모습을 잃어버린 세대의 시선으로 그린 걸작이다.

이들의 방황이 대공황과 더불어 끝나려는가? 헤밍웨이는 신작 『무기여 잘 있거라』에서 자신이 길을 잃은 원인을 통찰하고 있다. 주인공 프레드릭 헨리는 국가를 위해 전쟁에 뛰어들었지만 부상과 스파이라는 누명만 뒤집어썼다. 그는 무기를 던져버리고 스위스로 도망간다. 그에게 환멸을 안겨준 것은 애국심, 명예 같은 헛된 가치를 유포해 개인의 삶을 유린하는 국가 체제였다. 헤밍웨이는 그러한 체제에 도전해 10여 년에 걸친 '잃어버림'을 청산할 태세를 갖춘 듯하다.

이구영 감독 〈수일과 순애〉 개봉

【1931년 3월 13일】 한국 최초로 이동 촬영 장면이 등장하는 영화 〈수일과 순애〉가 단성사에서 개봉됐다. 원작은 일본 통속소설 『금색야차』를 번안한 『장한몽』. 백년해로를 맹서했으나 돈 때문에 헤어지는 이수일과 심순애의 비련을 담아냈다.

▶『삼천리』 창간(1929) ▶최승희, 제1회 창작 무용 발표회(1930) ▶루이스 리키, 탄자니아의 올두바이협곡에서 화석 발굴 작업(1931) ▶펄 벅, 소설 『대지』 발표(1931)

모던보이, 카페에서 모던걸을 만나다

제3세계 통신

호치민, 베트남공산당 창당

【1930년】 시암에서 돌아온 호치민이 2월 3일 베트남공산당을 창당했다. 베트남혁명청년협회 단원들은 홍콩에 모여 인도차이나공산당을 세우기로 결정한 바 있다. 이후 하노이, 휴, 사이공 같은 도시에 있는 사람들이 적극적인 조직 활동을 편 결과, 이번에 공산당을 창당하게 된 것.

최근 소련의 신임을 받고 있는 호치민은 소련의 충고를 받아들여 베트남공산당을 '인도차이나공산당(PCI)'이라는 이름으로 바꿀 것이라고 한다. 이러한 결정은 국제적으로 더욱 폭넓게 인정받고, 당내 분파 간의 갈등을 중재해서 베트남공산당이 갖고 있는 소시민계급 민족주의의 인상을 탈피하려는 의도에서 나온 것이라는 분석이다.

일본, 타이완 원주민 학살

【1930년】 일본 식민지인 타이완에서 원주민 아타얄족이 반일항쟁을 일으켰으나 일본의 대량 학살로 끝내 막을 내렸다.

10월 27일, 아타얄 족장 루오다 바이는 1,200명의 전사를 조직해, 우서초등학교에서 열린 육상경기에 참석한 일본인 134명과 2명의 타이완인을 살해하고, 경찰서, 우체국 및 다른 식민지 관청 등을 습격했다. 이에 일본은 경찰과 군대로 즉각 토벌대를 조직해 독가스가 주입된 산탄을 공중에서 살포하기 시작했다. 그 결과 약 700명의 아타얄족이 죽거나 자살했으며, 500명이 항복했다.

이번 사건은 일본 군경의 타이완 원주민에 대한 멸시가 그 원인이라는 분석이다. 아타얄족은 그들이 살던 땅이 개발되면서 강제 노동과 이주를 강요당했는데, 그 과정에서 정당한 보상은커녕 야만인 취급을 받아 반감이 극에 달했다고 한다.

부고

▶ 마야콥스키(1893~1930) : 소련의 미래파 시인. 대표작 「바지를 입은 구름」.
▶ 김좌진(1889~1930) : 독립운동가. 청산리 전투를 승리로 이끌었다.
▶ 방정환(1899~1931) : 아동문학가. 어린이날을 만들고, 『어린이』를 창간했다.
▶ 에디슨(1847~1931) : 미국의 발명가. 전등, 축음기 등 1,093개의 특허를 얻었다.
▶ 파블로바(1881~1931) : 소련의 발레리나. 1899년 황실 발레단에 입단해 1906년에 프리마 발레리나가 됐다.
▶ 부르델(1861~1929) : 프랑스의 조각가. 대표작은 〈활 쏘는 헤라클레스〉이다.

【1934년, 서울】 소비와 유행을 선도하는 모던보이, 모던걸을 겨냥한 카페가 속속 들어서고 있다. 한국 사람이 운영하는 최초의 다방 카카듀에 이어 20여 개의 카페와 바가 성업 중이다.

인사동의 멕시코는 배우와 여급, 기생이 가장 많이 출입하기로 유명하다. 무용가 최승희의 공연 포스터, 〈모나리자의 실종〉, 〈서반아의 광상곡〉같은 영화 포스터가 눈길을 끈다. 종로의 유명한 카페는 은행원, 신문기자, 화가가 많이 찾는 뿐아미와 제비. 특히 총독부 건축기사 출신 김해경(시인 이상)이 경영하는 제비에서는 일본 유학 후 할 일 없이 서양차나 마시며 소일하는 유한청년들을 쉽게 만날 수 있다.

장곡천정(소공동)은 연애의 거리로 소문난 곳. 예전에는 이국 정취가 나고 조용하던 정동 골목부터 덕수궁까지가 연애의 거리였는데, 그곳에 재판소가 들어앉고 이화학당의 미인 학생이 줄어들자 장곡천정으로 이동했다. 지금 이곳에는 화가 이순석이 경영하는 낙랑파라와 극작가 유치진이 관계하는 뿌라탄이 있다. 일본촌(진고개)이 가까워선지 낙랑파라에는 일본인도 많이 오고 전시회도 자주 열린다.

조선은행, 경성우편국과 함께 삼각형 랜드마크를 형성한 미쓰코시 백화점의 옥상 카페.

1회 월드컵 축구 대회

【1930년 7월】 1회 월드컵 축구대회가 우루과이에서 열렸다. 이번 월드컵은 첫 대회인 만큼 갖가지 에피소드가 많다는 후문. 개막 경기인 프랑스와 멕시코전에서는 주심이 실수로 종료 휘슬을 6분 일찍 부는 바람에다 끝난 경기를 계속했다고 한다. 게다가 이번 대회 장소가 지리상 멀다는 이유로 유럽 4개국, 남미 8개국과 미국 등 모두 13개국만 참가해 진정한 '월드컵'이라 할 수 있을지 의문스럽다는 지적도 있다.

1회 경평 축구전

【1929년 10월, 서울】 7,000명의 관중이 모인 가운데 휘문고보 운동장에서 서울과 평양 간의 경평축구전이 열렸다. 8일 첫 경기는 1 대 1 무승부였으나, 9일과 10일의 잇단 경기에서는 평양 축구단이 연승을 올려 2승 1무로 경성 축구단을 이겼다.

경기는 선수들이 부상을 각오해야 할 만큼 매우 거칠어서 격투기를 방불케 했다. 응원전도 매우 치열해 경기가 있는 날이면 서울과 평양을 연결하는 기차는 언제나 응원 인파로 초만원을 이룰 정도. 특히 평양에서 경기가 있는 날이면 온 시가지가 조용했고, 경기장 주변은 평양 기생들이 타고 온 인력거로 미어 터졌다고 한다.

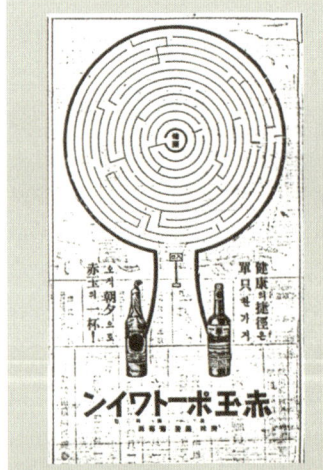

와인 광고(『매일신보』, 1929년 10월 9일) : 건강의 길은 꼭 한 갈래뿐. 아침 저녁으로 적포도주 한 잔씩!

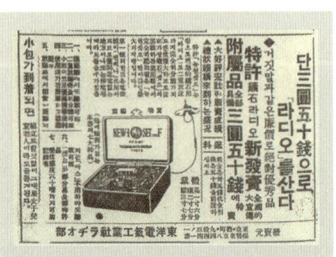

라디오 광고(『신동아』, 1931년 3월 1일) : "단 3원 50전으로 '라디오'를 산다."

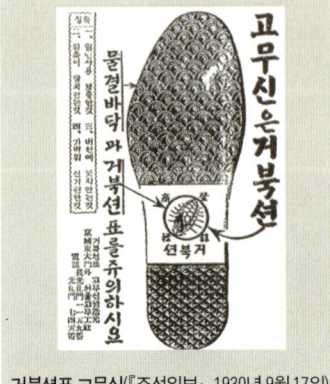

거북선표 고무신(『조선일보』, 1930년 9월 17일) : 물결 바닥과 거북선표를 주의하시오.

▶ 홍난파, 『조선동요 100곡집』(1929) ▶ 미국, 최초 슈퍼마켓 등장(1930) ▶ 브라질, 사상 최대 말라리아 발생(1930년경) ▶ 세계 인구 20억 돌파(1930년경)

근현대사신문

1932년~1935년

근대 17호

주요 기사 2면 | 히틀러, 제3제국 '총통' 되다 (1934) 3면 | 윤봉길, 홍커우공원서 폭탄 투척 (1932) 4면 | 사설 – 윤봉길은 테러리스트인가? 4면 | 해설 – 민족혁명당, 잇단 탈당 사태로 와해 위기 5면 | 농촌 경제의 해법을 찾아라! 6면 | 다시 떠오르는 '우생학' 논란 7면 | 독일 지식인들 잇따른 '망명' 러시 8면 | 소련 집단농장에서의 하루

나치스의 등장과 파시즘의 확산

1930년대는 대공황과 함께 시작됐다. 경제 대공황은 정치와 사회의 공황으로 이어졌다. 그 결과 유럽에서는 인권과 민주주의를 통째로 부정하는 무시무시한 정치 세력이 등장했다. 이탈리아에서 처음 등장한 파시스트는 국수주의와 인종주의를 정면으로 내걸었고, 독일 나치스도 전쟁 배상금에 지친 국민을 유혹하기 시작했다. 자본주의와 사회주의로 나뉘어 싸우던 사람들은 모든 것을 집어삼킬 수도 있는 이 괴물과 맞서 싸우기 위해 협력해야 한다는 것을 직감했다.

아시아에서는 일본이 만주를 집어삼킨 채 대륙을 노리면서 점점 괴물이 되어 가고 있다. 중국 국민당은 공산당 박멸 작전을 벌이고 있지만, 다가오는 일본 앞에서는 더 이상 그럴 여유가 없다는 것을 깨닫기 시작했다. 한국의 독립운동 세력도 조여오는 일본의 탄압 앞에서 단일 대오의 형성을 미룰 수 없다. 바로 그때 상하이 홍커우공원에서 괴물과의 전쟁을 선포하는 폭탄이 터졌다.

사진 | 나치스 청소년 조직 히틀러유겐트의 집회

신성로마제국의 후예들, 나치에 낚이다

히틀러, 바이마르공화국 폐지하고 제3제국 세워 총통 자리에

【1934년, 독일】 수상 히틀러(45)가 민주주의적인 바이마르공화국을 폐지하고 제3제국을 선언한 데 이어, 스스로 총통 자리에 올라 강력한 독재 권력을 구축했다. 히틀러는 지난해 힌덴부르크(87) 대통령의 지명으로 수상에 취임한 뒤, 연로한 힌덴부르크 대통령을 제치고 사실상 1인자의 권력을 행사해왔다.

국가주의 정당인 나치스를 이끄는 히틀러가 총통에 취임하자 독일 국민은 열띤 환호를 보내고 있다. 히틀러는 세계대전 이후 독일이 국제사회로부터 부당한 대우를 받아왔다며 이를 바로잡겠다고 공언하면서부터 국민의 지지를 얻기 시작했다. 뿐만 아니라 1929년 미국 뉴욕에서 시작돼 전 세계를 덮친 경제대공황으로 허덕이고 있는 기업과 국민에게 신속한 경제 부흥을 약속해 열광적인 호응을 이끌어냈다. 그는 군용 자동차와 탱크 등 중장비 군수공업에 집중적으로 투자해, 실업자를 흡수하고 국가 경제를 빠른 시일 안에 호황으로 이끌겠다고 장담하고 있다. 이밖에도 튼튼하고 값싼 국민차를 생산해 1가구당 1대씩 소유할 수 있게 해주겠다고 약속해 많은 국민이 기대감에 부풀고 있다.

하지만 이러한 히틀러 돌풍에 대해 유럽의 지식인들 사이에서는 우려의 목소리가 커지고 있다. 독일이 군수산업을 중심으로 산업을 부흥시키면, 패전으로 국제연맹의 군비 제한을 받고 있는 독일이 이를 파기하고 재군비를 선언할 가능성이 높다는 것이다. 그렇게 되면 유럽은 세계대전에 이어 또다시 대규모 전쟁에 휘말리게 될지도 모른다는 지적이다.

1933년 3월 21일, '포츠담 데이' 때 힌덴부르크 대통령(오른쪽)에게 경의를 표하면서 악수를 하고 있는 수상 히틀러(왼쪽).

중국 공산당, 서쪽으로 서쪽으로… 대장정 개시

국민당 파상 공세에 밀려 새로운 근거지 찾아 기약 없는 행군 시작

【1934년 10월, 중국】 국민당의 대토벌로 위기에 빠진 공산당이 장시성의 근거지를 포기하고 새로운 근거지를 찾아 대장정에 나섰다. 마오쩌둥(40)이 이끄는 10만여 '공농홍군(노동자와 농민의 붉은 군대)'은 구이저우성 방면에 진출한 허룽의 제2방면군과 합류하는 것을 목표로 진군을 시작했다.

그동안 공산당은 코민테른의 지도 아래 주요 도시를 근거지로 삼아 세력을 확산해 나간다는 전략을 구사해왔으나, 국민당군의 거센 공격을 받자 이러한 전략에 문제가 있음이 드러났다. 이에 마오쩌둥은 농촌을 우선 포섭한 뒤 도시로 진출하자는 정책을 제시해 당내의 공감을 이끌어냈다. 마오쩌둥은 1927년 패잔병을 이끌고 징강산으로 들어가 홍군을 편성한 뒤 장시성 일대에 제1농촌혁명 근거지를 형성해왔다. 그러나 이 역시 국민당군의 5차 토벌 작전으로 섬멸 직전까지 내몰리게 되자, 서쪽을 향해 기약 없는 행군에 나선 것이다.

1934년 10월, 10만여 명의 공산당원들은 마오쩌둥의 지도 아래 새 은신처를 찾아 출발했다.

코민테른, '반파쇼 인민전선' 결성 지지

【1935년, 소련】 코민테른(제3인터내셔널) 7차 대회는 공산주의자와 사회주의자의 연합전선이라는 개념을 넘어, 파시즘에 반대하는 자유주의자와 온건주의자 및 보수주의자와도 손을 잡는 인민전선 결성을 지지하는 새로운 정책을 선언했다.

이에 유럽 공산당은 사회주의 정당과 자유주의 정당 및 온건 정당과 제휴해, 파시스트 세력에 대항하는 인민전선을 결성하기 시작했다. 지난 7월 14일 프랑스에서는 대혁명 기념일에 바스티유 광장에서 노동계급을 중심으로 한 사회당과 공산당에 중산계급의 지지를 받는 급진사회당이 가세하는 인민전선이 정식으로 성립됐다.

▶만주국 수립(1932) ▶소련·프랑스 불가침조약(1932) ▶미국, 소련 승인(1933) ▶독일·폴란드 불가침조약(1934) ▶네루, 인도국민회의파 이끎(1934)

중국의 백만 군대가 못한 일, 윤봉길이 해냈다

훙커우공원에서 물통 폭탄 던져 일본군 사령관 등 10여 명 사상

【 1932년, 상하이 】 4월 29일 오전 11시 50분경, 한국인 청년 윤봉길(24)이 훙커우공원에서 열린 일본 천황 생일과 전승을 축하하는 기념식장에 폭탄을 투척하는 사건이 발생했다. 기념식장에 일본 국가가 울려 퍼지는 순간 윤봉길이 단상을 향해 물통 폭탄을 던져 중국 주둔 일본군 총사령관인 시라카와 대장과 상하이 일본인 거류단장 가와바타가 즉사하고, 제3함대 사령관 노무라, 제9사단장 우에다 등 일본인 10여 명이 다친 것으로 알려졌다. 또 사건 직후 윤봉길은 현장에서 도시락 폭탄으로 자결을 시도했으나 실패해, 일본 경찰에 체포됐다고 한다.

이번 거사를 일으킨 윤봉길은 한인애국단 소속으로 밝혀졌다. 한인애국단은 지난해에 김구가 상하이에서 조직한 의열 투쟁 단체로, 올 1월에도 이봉창이 노교에서 천황을 향해 폭탄을 던진 것으로 유명하다. 그러나 이봉창의 거사는 아깝게 불발돼 실패로 끝났다. 이때 중국 언론은 이봉창의 거사에 대해 아쉬움을 표했는데, 일본은 이를 구실로 무력으로 상하이를 점령한 다음 훙커우공원에서 기념식을 진행하다 오히려 윤봉길의 폭탄세례를 받은 것이라고 한다.

일본 당국은 이번 사건으로 상당히 당황하고 있으며, 이와 달리 만주 침략과 상하이 침략으로 일본에 적대감을 갖고 있던 중국 언론은 일제히 환호를 보내고 있다는 소식이다. 중국 국민당의 지도자 장제스(45)도 중국의 4억 인구가 하지 못한 일을 한국 청년 한 명이 해냈다며 한국에 대한 연대와 지지를 표명했다.

일본은 전 세계를 강타하고 있는 대공황 위기를 대륙 침략으로 타개하고자 지난해 만주를 무력 점령해 허수아비인 만주국을 수립한 다음, 올해에는 상하이까지 침략했다. 이러한 일본의 야욕에 맞서 중국인과 한국인의 연대 투쟁이 그 어느 때보다도 절실한 상황에서 이번 거사가 갖는 의미는 매우 크다는 분석이다. 윤봉길의 거사는 중국인과 한국인의 연대 투쟁에 새로운 출발점을 마련할 것으로 보인다.

왼쪽은 김구와 윤봉길이고, 위는 중국 훙커우공원에서 열린 일본 천황 생일과 전승 축하 기념식장에서 윤봉길이 폭탄을 던진 후의 모습이다. 그 아래는 김구와 윤봉길이 의거 직전에 서로 교환한 시계로 왼쪽이 김구의 시계, 오른쪽은 윤봉길의 시계이다.

독립운동의 단일 대오, 민족혁명당 출범

일본의 군사 침략과 파시즘 위협 앞에 좌우·지역을 넘어 대동단결

【 1935년, 난징 】 독립운동의 단일 대오인 조선민족혁명당(이하 민혁당)이 마침내 창당됐다.

민혁당은 지난해 3월 대일전선통일동맹이 결의한 통일정당운동의 결실로, 꺼져 가던 유일당건설운동의 불씨를 다시 살려냈다는 평을 받고 있다.

7월 5일 열린 창당 대회는 의열단의 김원봉(37, 사진), 한국독립당의 김두봉, 재미국민총회의 김규식, 신한독립당의 이청천, 조선혁명당의 최동오 등을 중앙집행위원으로 선임하고, 민혁당에 참가한 정당들은 모두 자진 해체하는 것을 원칙으로 삼는다고 밝혔다.

민혁당은 그동안 분열돼 있던 좌우익 정파와 각 지역 운동이 대동단결했다는 점에서 커다란 의미가 있다. 그 배경에는 만주사변 이후 일본의 군사적 침략이 코앞에 닥친 상황에서 더 이상 분열을 지속할 수만은 없다는 절박한 인식과 파시즘 세력이 전 세계를 위협하고 있다는 정세가 있다는 것이 현지의 일치된 분석이다. 특히 코민테른도 최근에 '반파쇼통일전선'으로 파시즘에 대응할 것을 각국 좌익 세력에 지시한 바 있고, 중국 국민당 정부도 공산당 토벌을 중지하고 좌우합작을 다시 고려하는 것으로 알려져 이러한 분석을 뒷받침하고 있다.

중국 공산당이 한국인을 죽이다니

【 1930년, 간도 】 한국인 독립운동가 500여 명이 간도 일대에서 민생단에 침투한 일본 간첩이라는 혐의로 중국 공산당에 체포·살해되는 사건이 발생했다. 이번 민생단 사건은 한국과 중국 간의 갈등을 첨예화시킬 우려가 있어 충격을 주고 있다.

민생단은 일본이 항일유격대를 무력화시키려고 만든 단체로 5개월 만에 해체됐다. 그러나 이번에 일본 간첩으로 몰려 희생된 한국인은 대부분 무고한 것으로 밝혀지고 있다.

▶이봉창, 일본 천황 암살 실패(1932) ▶조선혁명당, 중국의용군과 한·중연합군 결성(1932) ▶의열단, 조선혁명군사정치간부학교 개교(1932) ▶신한독립당 창립(1934)

사설

윤봉길은 테러리스트인가

백범 김구가 주석으로 있는 대한민국 임시정부는 지난 1920년대에 이른바 '칠가살(七可殺)', 즉 죽여도 되는 일곱 부류의 사람들을 지목한 바 있다. 여기에는 '일본인, 매국적(賣國賊), 고등경찰 및 형사·밀고자, 친일 부호, 적의 관리, 불량배, 배반한 자' 등이 포함돼 있다.

그런데 우리의 눈길을 끄는 것은 '일본인'이다. 일본이라는 국가가 한국을 침략해 식민지로 삼았으니까 그 국민으로 살아가는 이들을 모두 죽여도 좋다는 뜻인가? 만약 그렇다면 김구가 조직한 한국애국단은 범죄적 테러 단체라고 해도 할 말이 없다. 그러나 한국애국단 소속의 이봉창, 윤봉길 등이 실제로 행한 폭탄 공격은 그러한 무차별성과는 거리가 멀다. 그들은 무고한 일본 민간인을 털끝 하나 건드리지 않고 일본 천황, 일본군 장성 같은 제국주의 심장부를 노렸다.

안중근이 이토 히로부미를 저격한 이래 우리 독립운동가들이 벌인 폭력 투쟁은 무자비한 살상이 아니라 정치적, 군사적 목표물에 대한 정확한 타격이었다. 그것이 테러라고 해도 우리는 약자가 정당한 권리를 주장하기 위해 택할 수 있는 몇 안 되는 방법 중 하나라고 평가한다. 윤봉길의 의거는 작은 힘으로 큰 타격을 적에게 주고, 우리 민족의 독립 의지를 고취시켰다. 이제 우리 독립운동은 훨씬 더 강력하고 효과적인 투쟁으로 나아가야 한다. 여러 곳에 분산돼 있는 투쟁 역량을 하나로 모아 우리의 정규군을 건설하는 일이 바로 그것이다.

일제와 싸울 일만 남은 줄 알았는데

해설 | 잇단 탈당 사태로 와해 위기에 빠진 민혁당

독립운동의 단일 대오로 기대를 한껏 받으며 탄생한 민혁당이 창당한 지 3개월여 만에 탈당 사태라는 커다란 위기를 맞고 있다. 이번 사태의 배경을 알아보고, 민혁당과 기타 독립운동 단체들의 향후 행보를 전망해 본다.

민혁당이 와해 위기를 맞게 된 것은 1935년 11월 조소앙(48), 홍진 등 중견 간부 6명이 탈당해 임정 계열인 한국독립당을 재건하면서부터였다. 더욱이 지청천(47), 최동오 등 민혁당 내 만주 독립운동 세력도 뒤이어 탈당할 조짐을 보이고 있다. 한편 그동안 민혁당에 반대해 온 김구(59)를 중심으로 한국국민당도 창당돼 해외 독립운동 세력의 재편이 불가피한 실정이다.

민혁당의 내부 분열은 어찌 보면 태생적인 한계 때문이라는 분석도 있다. 민혁당은 1920년대 초 국민대표대회와 1920년대 말 민족 유일당 운동이 밑거름이 돼 좌우의 대동단결이라는 원칙 아래 통일정당으로 탄생했다. 그러나 내부의 좌우 갈등은 사라지지 않았다. 구한국독립당계 조소앙, 구신한독립당계 홍진 등 우익계 인사들이 좌익계인 중앙집행위원 김원봉의 당 운영을 비판하고 나섰던 것. 김원봉을 중심으로 한 의열단 계열이 민혁당을 독단적으로 운영해왔다는 것이다. 또 지청천, 최동오 등 만주 지역을 근거로 활동해 온 독립운동 세력은 내분에 싸인 민혁당이 현지에서 전개되고 있는 항일무장투쟁에 별 도움을 주지 못하는 데 대해 극도의 실망감을 내비치고 있다.

이번에 민혁당을 탈당하고 한국독립당을 재건한 조소앙 등이 김구가 이끄는 한국국민당과 손을 잡으면, 중국 본토의 한국 독립운동 세력은 좌파 중심의 민혁당과 우파를 주축으로 한 임정 세력으로 양분될 전망이다. 그러면 무장 독립운동 세력도 이들 양쪽과 거리를 두고 홀로서기를 할 것이라는 관측이 우세하다.

모처럼 대동단결한 민혁당이 내부 분열로 와해의 위기에 처하자, 이를 안타까워하는 내외의 비판 여론이 일고 있는 가운데, 각 독립운동 세력의 지도자들이 앞으로 어떤 대응을 보일지 귀추가 주목되고 있다.

그림마당 | 이은홍

기록실

대장정, 18개의 산맥을 넘어 24개의 강을 건너다

서양인 최초로 홍군(중국 공산당군)을 인터뷰한 에드거 스노가 묘사한 '대장정'과 마오쩌둥이 만든 인민을 대하는 태도에 대한 기본 규율을 소개한다.

공산주의자들 자신은 일반적으로 이것을 '2만 5,000리 장정'이라고 말했다. 홍군은 18개의 산맥을 넘었으며, 24개의 강을 건넜다. 6,000여 마일을 진군한 이 대장정의 경험은 홍군에게 '결국 이길 것이다.'라는 승리에의 신념을, 그들이 통과한 지역의 2억 명 중국 인민에게는 혁명의 씨앗을 심어주었다.
— 에드거 스노, 『중국의 붉은 별』(1937) 중에서

· 민가를 떠날 때는 (잘 때 사용한) 문짝을 제자리에 갖다 놓는다.
· 잘 때 사용한 짚단도 묶어서 제자리에 갖다 놓는다.
· 인민들에게 예의바르게 행동하며, 가능한 일은 도와준다.
· 빌려 쓴 물건은 모두 돌려준다.
· 손상된 물건은 모두 배상해 준다.
· 농민과 한 거래는 신용을 지킨다.
· 구매한 모든 물건은 값을 치른다.
· 위생에 신경 쓰고, 변소는 민가에 피해를 주지 않게 멀리 떨어진 곳에 세운다.
— 마오쩌둥, 『중국의 3대 기율 8개 주의사항』 중에서

▶용천 불이농장소작조합 강제 해산(1932) ▶오타와 영연방경제회의, 영국 중심으로 블록경제 확립(1932) ▶미국, 아이티에서 패배해 보호권 포기(1934)

들판은 메마른데 상록수는 어디서 푸르른가

대공황 이후 위기에 빠진 한국 농촌, 회생 위한 해법 3파전

【1935년】『상록수』. 올해『동아일보』창간 15주년 기념 소설 공모에 당선된 작품이다. 심훈(34)이라는 젊은 작가를 일약 유명 작가의 반열에 올려놓은 이 소설은 농촌계몽운동에 헌신한 박동혁과 채영신의 애절한 사랑을 다루고 있다. 악조건 속에서도 농촌 야학을 운영하며 농민을 돕다가 병마로 꽃다운 나이에 요절하는 채영신은 실제로 농촌 계몽운동을 하다가 지난 1월 숨진 최용신을 모델로 하고 있어 더욱 화제를 모으고 있다.

지금 한국 농촌은 26세의 꽃다운 나이로 숨진 최용신과 그가 젊음을 바쳤던 경기도 샘골마을처럼 빈사의 위기를 맞고 있다. 1929년 조사에 따르면 농가의 75퍼센트가 빚을 지고 있는데, 그해 시작된 대공황은 농촌을 극단적인 상황으로 몰아가고 있다. 쌀을 중심으로 농산물 값이 폭락하면서 빚이 늘고 보릿고개를 넘기지 못하는 농가가 늘어 소작농이 몰락하고 있는 것.

이처럼 절박해진 농민들은 생존을 위한 소작쟁의를 벌이는 데서 나아가 일본 제국주의를 타도하고 혁명을 일으켜 토지를 무상몰수한 뒤 재분배해야 한다는 주장까지 하고 나섰다. 민족주의자들의 농촌계몽운동뿐 아니라 사회주의 계열의 적색 농민조합 운동이 농촌에서 세력을 얻고 있기 때문이다.

조선총독부는 이런 농민운동의 영향을 차단하기 위해 1932년부터 농촌진흥운동을 시작했다. 처음에는 농촌의 생활 개선과 농민의 정신 계몽에 주력했지만 별 효과가 없자, 지주 편만 들던 정책을 바꿔 소작권을 보호하고 소작농에게 돈을 대출하여 농지를 구매하도록 해 자작농으로 만든다는 계획을 내놓기도 했다.

그러나 재정 부족으로 생색만 내더니 올해부터는 다시 본색을 드러내 전쟁 동원을 위해 농촌을 재편성하고 농민을 황국신민으로 만들겠다는 심전개발운동을 들고 나왔다. 농촌이 상록수처럼 푸르러지기는커녕 메마른 들판에 새빨간 일장기만 더 휘날릴 판이다.

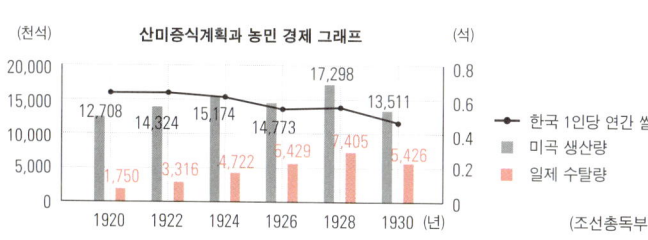

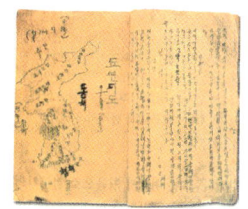

『농민생활』(왼쪽)은 기독교의 장로교총회가 1929년에 간행한 월간 잡지이다.『조선농민』(가운데)은 천도교 농민 단체인 조선농민사가 1925년에 창간한 잡지이고,『농민독본』은 윤봉길이 지은 책(오른쪽)이다.

미국, 뉴딜로 대공황 돌파한다

은행 닫아 통화량 조절하고 대규모 공공사업 시행

【1933년, 미국】 새로 출범한 미국의 루스벨트 행정부가 100일 동안 혁신적인 법규를 제정하면서 취임 때 약속했던 대로 뉴딜 정책의 본격적인 실행에 들어갔다.

루스벨트 대통령은 먼저 취임 이튿날 4일간의 은행 휴업을 선언했다. 그리고 뉴딜 정책의 핵심인 국가산업부흥법에 따라 유통 구조를 개선하고 빈틈없는 생산 계획을 수립해 나갔다. 새로 설립된 공공사업국은 그 같은 생산 계획에 따라 길을 닦고 집을 짓는 등 약 3만 4,000건의 공공사업을 벌여 나갔다. 사람들에게 일자리를 제공해 구매력을 증진시키고 산업 활동도 촉진시키는 방안이다. 또 농업조정국을 창설해 농산물 값 하락과 과잉 생산에 시달리는 농민을 지원하고, 노동조합이 더욱 강한 힘을 발휘하도록 단체교섭권도 확립시켰다.

국가의 강력한 시장 개입을 특징으로 하는 뉴딜 정책은 일각에서 자유시장경제를 부정하는 사회주의 정책이라는 비난도 듣고 있다. 루스벨트가 이런 논란 속에서 미국을 대공황으로부터 구해낼지 관심이 집중되고 있다.

독일, 뉴딜 베껴 재군비로 간다

히틀러, 아우토반 건설하고 군수산업 육성

1935년 개통된 프랑크푸르트-다름슈타트의 아우토반.

【1935년, 독일】 히틀러가 비상대권을 부여받고 착공시킨 라이히스아우토반(독일제국 자동차도로)의 일부 구간이 개통됐다. 히틀러는 이 건설 사업으로 실업자들에게 일자리를 제공해 경제를 살린다는 명분을 내세웠지만, 재군비를 앞두고 군대를 신속히 이동시킬 도로를 마련한다는 속셈도 있다는 게 일반의 평이다.

실제로 히틀러는 얼마 전 베르사유조약을 파기하고 재군비를 선언했다. 세계대전 이후 천문학적인 인플레이션과 대공황의 여파로 실업자가 양산되는 위기 속에서 강한 독일과 실업자 구제를 내건 히틀러는 미국의 뉴딜 정책을 모방해 대규모 공공사업을 벌이는 한편, 다임러 크라이슬러·크루프 같은 거대 기업을 중심으로 한 군수산업을 꾸준히 확대해 온 바 있다.

▶미곡의 양과 가격 통제·조절 정책 발표(미곡통제령, 1933) ▶함남의 정평적색농민조합 소속 400여 명 체포(1934.2.~1934.5.) ▶조선농지령 공포(1934)

나치 인종주의 따라 다시 떠오르는 우생학

19세기에 골턴이 창시… 과학의 외피 쓰고 전개됐던 해묵은 논쟁 재연

【1935년, 독일】 집권당인 나치스가 연일 독일 민족의 우수성을 강조하면서 유대인에 대한 대중적 증오심을 자극해 이에 대한 우려의 목소리가 커지고 있다. 히틀러는 9월 15일 뉘른베르크의 나치 전당 대회에서 승인된 법률에 따라 유대인의 시민권을 박탈했다. 이와 관련 최근 학계에서도 인종주의 정책의 바탕이 되는 우생학에 대한 비판이 날카롭게 제기되고 있다.

우생학의 선구자는 19세기 영국 과학자 골턴. 그는 『유전적 천재』(1869)에서 명사인 남성과 부유한 여성이 결혼하면 천부적 재능을 지닌 종족을 만들 수 있다고 제안했다. 이후 다윈의 진화론을 이용해 우생학에 과학의 외피를 씌운 사회진화론이 등장했다.

이러한 우생학은 20세기 초반부터 대부분 국가에서 공식 채택됐다. 특히 미국에서는 간질 환자, 저능아, 정신박약자의 결혼을 금지시킨 결혼규제법(1896), 범죄자와 정신병자에 대해 생식 기능을 제거하는 단종법(1907), 유럽인의 이민을 저지하기 위한 이민법(1924) 등이 만들어졌다. 그리고 1926년에 설립된 미국우생학회는 상류계급이 우월한 유전적 재능을 가졌기 때문에 부와 사회적 지위를 갖게 된 것이라고 주장했다.

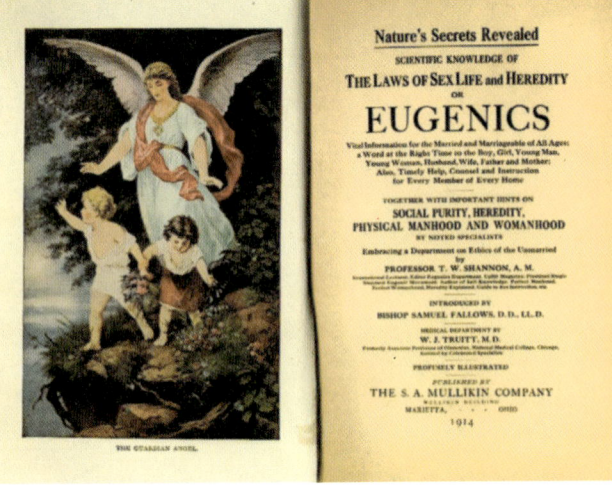

독일의 인종주의를 선전하는 포스터(왼쪽)와 1914년 미국의 우생학 교과서(오른쪽).

이처럼 우생학이 주목받은 까닭은 무엇일까? 유전이 인간의 사회적 행동을 결정한다고 전제하면, 하층민을 생물학적 열등자로 몰아 사회악의 모든 책임을 그들에게 전가해 상류층의 기득권을 지킬 수 있기 때문이다. 하지만 대공황 이후 우생학의 근거가 흔들리고 있다. 백인 상류층이 하류층 이민자들과 함께 공짜로 빵을 배급받으려는 상황에서 특정 인종이 생물학적으로 우월하다는 주장은 더 이상 설득력이 없기 때문이다.

최근 나치스가 우생학을 근거로 인종위생연구소를 세워 유대인·집시 등 소수 민족과 동성애자·장애인 등을 격리시키고 박해하자, 이에 대한 비판이 점점 거세지고 있다. 어느 독일 망명객은 "히틀러도 문제지만, 그에 대해 각국 지도자들이 입을 다물고 있는 것은 히틀러의 반인권 범죄를 방조하는 것이어서 더욱 유감이다."라고 꼬집었다.

우장춘, 세계 최초로 '종의 합성' 증명

【1935년】 우장춘(37·사진)이 서양 씨앗과 재래종 씨앗을 교배해 새로운 식물을 만들어내는 것이 유전적으로 가능하다는 사실을 밝혀 화제다. 그는 이 같은 내용을 담은 논문을 『일본 식물학』 잡지에 발표했다.

우장춘은 유채 씨앗의 품종 개량에 종간 잡종을 이용할 수 있다는 확실한 근거를 제시해, 종간 잡종에서는 번식력을 지닌 종자를 얻기 힘들다는 일반적인 믿음을 깨트렸다.

이로써 세계 최초로 '종의 합성' 이론을 입증한 것이다. 그에 따라 서로 다른 식물을 교잡해 만든 새로운 식물은 앞으로 '우장춘의 트라이앵글'로 불릴 전망이다.

발명학회 "다윈 서거한 4월 19일은 과학데이"

【1934년, 서울】 기독교중앙청년회관에서 지난 4월 19일 열린 과학데이 기념식 및 강연회에 800여 명의 청중이 모여 성황리에 행사를 마쳤다.

발명학회가 다윈의 서거 50주년을 기념해 그의 기일인 4월 19일을 '과학데이'로 정하고, 여러 행사를 마련한 것. 발명학회는 행사 기간 동안 활동사진회, 강연회, 실험회, 견학, 토론회 등 다양한 프로그램을 선보였다. 평양과 선천 등 지방에서도 자발적인 과학데이 행사가 열리고 '자동차 퍼레이드'까지 등장해 한층 분위기를 고조시켰다는 소식이다.

발명학회는 이번 과학데이 행사가 지난 10년 동안 부진했던 활동을 딛고 새로운 모습으로 거듭나려고 애쓴 결과라고 한다. 발명학회는 지난해 6월 기관지 『과학조선』을 창간하고, 윤치호, 박흥식, 현상윤, 김창제 같은 사회 유명 인사를 대거 영입해 조직 개편을 단행했다.

또한 발명학회의 사업 방향도 발명 진흥 사업에서 과학 대중화 운동으로 확대했다. 산업뿐 아니라 일상생활, 종교, 학문 등 '사회생활 전반을 과학적으로 재편'하자는 슬로건을 내걸고, 전 조선을 대상으로 대규모 과학 대중화 운동을 벌이기로 계획한 것이다. 그러한 노력이 결실을 맺어 이번 과학데이 행사가 라디오와 신문 등 언론의 주목을 받으며 성황리에 진행되었다고 발명학회는 밝혔다.

▶채드윅, 중성자 발견(1932) ▶도마히크, 술폰아미드(프론토실)의 항균 작용 발견(1932) ▶히데키, 중간자 이론 제창(1934) ▶리히터, 지진계 발명(1935)

잇달아 조국 떠나는 독일 지식인들
아인슈타인·호르크하이머·마르쿠제, 나치 피해 미국으로

【1933년】 알베르트 아인슈타인(54). 상대성 원리의 발견으로 현대 과학의 신천지를 개척해 1921년 노벨 물리학상을 받은 이 천재 과학자가 조국인 독일을 떠났다. 과학 연구 때문이 아니라 출신 민족과 사회사상 때문이다. 아인슈타인이 유대인으로서 유대인 민족주의인 시오니즘을 지지해 온 것은 잘 알려진 사실. 올 들어 인종주의적인 나치스 정권이 들어서 유대인을 박해하기 시작하자 아인슈타인은 독일을 떠나 미국의 프린스턴 고등연구소 교수로 취임해 통일장 이론 연구에 박차를 가하기 시작했다. 미국의 청신하고 개방적인 분위기는 그의 과학 연구에 날개를 달아줄 것으로 보인다.

막스 호르크하이머(38). 지난 1930년 독일 프랑크푸르트대학에 사회연구소를 설립해 마르크스주의와 프로이트의 정신분석학을 결합시킨 사회 이론을 연구하기 시작한 젊은 사회학자이다. 그는 유대인이 아니지만 그의 학문은 나치 독일과 화해할 수 없는 것이었다. 마르크스와 프로이트를 모두 이단시하는 나치즘 때문에 호르크하이머는 얼마 전 정든 교정을 떠나 스위스로 이주했다. 소식통에 따르면 호르크하이머도 머잖아 아인슈타인처럼 미국에 정착할 것으로 알려졌다. 그리고 호르크하이머의 학문적 동지인 헤르베르트 마르쿠제(35)도 그를 좇아 스위스 제네바로 망명했고, 이들과 함께 이른바 '프랑크푸르트학파'를 형성하고 있는 테오도르 아도르노(30)는 아직 독일에 남아 있지만, 곧 나치스의 압박을 견뎌내지 못하고 떠날 것으로 예상된다. 이들이 몸으로 경험한 나치의 인종주의에 대한 깊은 성찰에다 미국 사회학의 세례를 받아 내놓게 될 새로운 사회 이론을 많은 사람들이 기다리고 있다.

1928년 스위스의 다보스에서 열린 국제회의에 참가한 과학자들.

헉슬리 『멋진 신세계』 "미래는 멋지지 않다"

【1932년】 영국 소설가 올더스 헉슬리가 『멋진 신세계』라는 책을 출간해, 과학 기술의 진보가 초래할 반지성적이고 물질적인 사회에 대한 경종을 울리고 있다.

헉슬리는 이 책을 통해 금세기 정치와 과학 기술에 대한 깊은 불신을 나타내면서 새로운 문명에 대해 아무런 매력도 느낄 수 없다고 말했다. 다시 말해 과학 문명에 대한 맹목적인 신뢰를 바탕으로 한 미래 사회의 모습은 이 책의 제목과는 달리 전혀 '멋지지 않다.'는 것이다.

헉슬리는 해박한 지식과 번뜩이는 재치로 유명하다. 그의 작품은 우아한 문체, 위트, 신랄한 풍자가 두드러진다는 평가를 받고 있다. 이미 『크롬 옐로』(1921), 『어릿광대 춤』(1923)이라는 2권의 소설로 작가의 명성을 얻은 헉슬리는, 이 소설들을 통해 영국의 문인과 지식인들의 허식을 신랄하고도 재치 있게 비꼰 바 있다.

지난 세기의 과학소설(Science Fiction)들은 미래를 장밋빛으로 그려냈다. 그러나 이번에 출간된 『멋진 신세계』는 과학소설이지만, 지난 세기의 과학소설과는 정반대로 미래 사회의 공허함과 무목적성을 신랄하게 비판하고 있다는 점에서 철저히 현실적이라는 평가이다.

헉슬리의 『멋진 신세계』 초판본 표지.

백남운, 『조선사회경제사』 한국사의 보편성 밝혀

【1933년】 한국 역사도 인류 사회의 보편적인 발전 단계를 밟아 발전해왔다고 주장하는 책이 출간돼 화제다. 소장 경제사학자 백남운(38·연희전문학교 상과대학 교수)이 일본 가이조샤에서 출간한 『조선사회경제사』. 이 책은 한국의 원시시대는 다른 나라처럼 똑같이 원시 씨족공동체 사회를 이뤘고, 삼국시대도 노예 경제를 이뤘다고 주장한다.

또 유형원, 정약용 등 조선시대 실학자들의 업적을 높이 평가하는 등 우리 역사를 주체적으로 해석하려고 한 노력이 돋보인다. 일제가 한국 역사를 남들과 달리 정체돼 있고 남의 힘에 의해 좌우된 역사로 왜곡하고 있기 때문이다. 그래서 이 책은 역사 유물론의 방법론을 적용해 한국 고대사회를 파헤친 최초의 사회경제사적 연구서일 뿐 아니라, 식민사관에 대한 반론으로서도 가치가 높다.

조선어학회, 한글맞춤법통일안 제정

【1933년 10월】 조선어학회가 '한글맞춤법통일안'을 발표했다. 기본 내용은 우리말을 소리 나는 대로 적되 어법에 맞게 하고, 표준어는 서울의 중류층이 사용하는 말로 하며, 각 단어는 띄어쓰되 토는 앞 단어에 붙여 쓰는 것 등이다. 이로써 우리말 맞춤법의 기본 토대가 마련됐다는 평이다.

조선어학회는 1921년 이윤재, 최현배, 이병기 등이 주시경의 뜻을 이어받아 설립한 조선어연구회를 계승한 연구 단체. 1927년 제정된 '가갸날'을 '한글날'로 바꾸고, 『한글』이라는 잡지를 간행해 우리말과 글을 연구하고 있다.

▶소련, 사회주의리얼리즘 채택(1932) ▶조선성악연구회 창립(1933) ▶이병도 등, 진단학회 조직(1934) ▶카프 해체 결의(1935) ▶최초의 유성영화 〈춘향전〉 개봉(1935)

소련 집단농장의 하루

【1935년】 시베리아철도의 서쪽 종착역 스베르들롭스크(예카테린부르크) 외곽 콜호스(집단농장). 안드레이 이바노프(43·가명)네는 이곳 콜호스에 사는 75가구 중 한 가구다. 대대로 지주의 토지를 경작하던 이바노프는 3년 전 콜호스로 이주했다.

어른들은 아침부터 저녁까지 농장에서 일하지만, 국가에서 할당한 곡물·감자·채소 등을 국가에 팔고 나면 겨우 아사를 면할 정도의 식량만 남는다. 그래서 콜호스에서는 관리인 몰래 곡물을 감추거나 훔치는 일이 심심찮게 벌어진다. 이바노프가 '땅을 사용할 권리'에 대해 회의를 품는 것도 이 때문이다. 그렇다고 대안이 있는 것도 아니다. 콜호스에 들어가지 않는 농민은 체포돼 강제 노동을 하거나 부농으로 낙인찍혀 처형되기 때문이다. 마을 사람들은 콜호스에 들어가면 고기 맛을 못 볼 것이라며 집에 있는 가축들을 마구 죽였다. 이바노프네 소 2마리와 돼지 5마리도 그때 도살됐다.

이 같은 부작용에도 불구하고 집단화 정책은 성공적이다. 통계에 따르면 1931년 전 농가의 절반이 집단화되었으며, 올해 말에는 집단화율이 90퍼센트에 이를 것으로 예상된다.

제3세계 통신

사우디아라비아왕국 탄생

【1932년, 사우디아라비아】 아라비아의 풍운아 이븐 사우드(52)가 아라비아반도를 사우디아라비아왕국이라는 이름으로 통합했다. 그동안 이 지역은 1915년 이래 영국의 보호령이 되었다가 1927년 헤자즈왕국과 나지드왕국으로 독립해 각각 주권을 인정받았지만, 이번에 하나로 통합된 것.

절대군주가 된 이븐 사우드는 정규적인 관리 제도나 전문적인 행정관을 두지 않을 것이라고 알려졌다. 이븐 사우드는 자신이 직접 모든 결정을 내리거나 특별한 임무 수행을 위해 개인적으로 위임한 사람들에게 결정권을 준다는 방침이다. 하지만 이븐 사우드는 재정 문제에는 관심이 없어서 새로 탄생한 왕국의 국고가 거의 빈 지경에 이르렀고, 이에 따라 경제난이 우려된다는 분석이다.

페르시아, 이란으로 나라 이름 바꿔

【1935년】 레자 샤 팔라비가 그동안 사용해 오던 국호 '페르시아'를 '이란'으로 바꿨다. 지난 1926년 4월에 즉위한 팔라비는 그동안 열강들과 맺은 불공평한 협정과 조약을 무효화하고, 모든 특혜 조치들을 폐지하는 등 급진적인 개혁을 추진해오면서 국가의 초석을 놓은 인물이다.

특히 그는 교육과 사법에서 종교의 영향을 약화시키는 개혁을 추진해왔다. 지난해에는 최초로 대학교를 세우기도 했으며 병원, 도로, 이란 횡단 철도 등을 건설했다. 앞으로는 여성의 얼굴을 가리던 베일을 벗도록 해 여성을 해방시킬 것이라고 한다.

이처럼 레자 샤 팔라비의 개혁 정책은 국가를 민주화시키는 동시에 외세의 간섭으로부터 나라를 해방시키는 위업이라는 찬사를 받고 있다.

펭귄 페이퍼백 발간

【1935년】 영국의 펭귄북스 사가 앙드레 모루아의 『아리엘』(사진)을 페이퍼백으로 출간해 화제다. 값싸고 작으며 휴대가 편해 일부 계층에게만 한정돼 있던 문예, 지식, 교양을 대중화시키는 데 적격이라는 것. 6펜스라는 파격적인 가격이 좋은 반응을 얻고 있다.

한반도는 황금광 시대

【1935년】 '황금광(狂) 열풍'이 한반도에 불어닥치고 있다. 1933년에 개발된 금광만도 3,000여 곳에 달한다고 하니, 세간에는 "웬만한 양복쟁이로 금광군 아닌 사람이 없고, 또 예전에는 금전꾼이라 하면 미친놈으로 알았으나 지금은 금광 아니하는 사람을 미친놈으로 부르리 만치 되었다."라는 말이 여기저기서 나돌고 있다. 게다가 최근 『조선중앙일보』에는 신춘문예 가작 단편소설 「노다지」가 5회에 걸쳐 연재되고 있어 금광 열풍의 위력을 새삼 느끼게 된다.

종로에 가로등 등장

【1935년, 서울】 대낮 같이 환한 종로 밤거리에 청춘 남녀들이 몰려들어 새로운 연애 풍속도를 만들고 있다. 바로 가로등이 켜진 야시장에 들러 데이트를 즐기는 것.

종로 보신각 앞길에서부터 전찻길 뒤쪽을 따라 종로 3가까지 이어진 야시장은 1926년에 처음 열린 이래 4월부터 10월 사이에 열려왔다. 근래에는 좌판(헛가게)들이 칸칸이 포장을 둘렀기에 제법 포근해 심야 데이트족이 늘어났다고 한다.

야시장에는 없는 물건이 없다. 좌판들은 죽 늘어서 휘황한 등불을 켜고 음식, 과일, 잡화, 의류, 책, 장난감 등 온갖 물건을 판다. 하지만 대개는 싸구려 물건! 심야 데이트족들이 돈은 없어도 구경하기에는 안성맞춤이다.

부고

▶ **김소월**(1902~1934) : 한국의 시인. 대표작 「엄마야 누나야」, 「진달래꽃」 등.
▶ **치올콥스키**(1857~1935) : 소련의 로켓 과학자. 우주 비행 이론의 개척자.
▶ **마리 퀴리**(1867~1934) : 폴란드 출신 프랑스 과학자. 여성 최초로 노벨상 수상.
▶ **이동휘**(1873~1935) : 한국의 독립운동가. 임정의 국무총리를 지냈다.
▶ **박경원**(1901~1933) : 한국인 최초의 여류 비행사. 한반도로 비행 중 추락사.

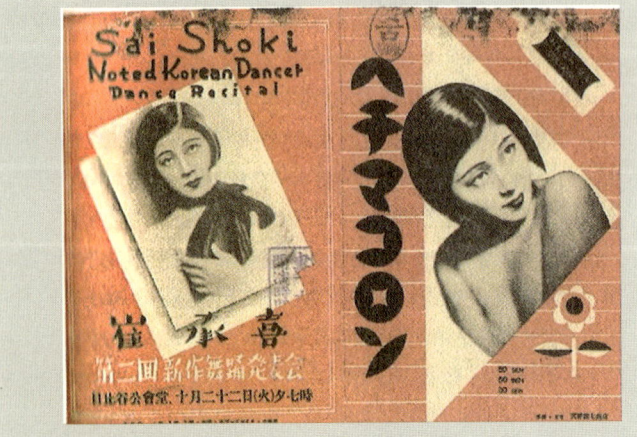

최승희 신작 무용 발표회 팸플릿(1932년 10월 22일) : 최승희는 서구식 현대무용에 본격적으로 입문해 현대무용의 기법으로 한국풍의 춤을 창작하고 공연한 최초의 인물.

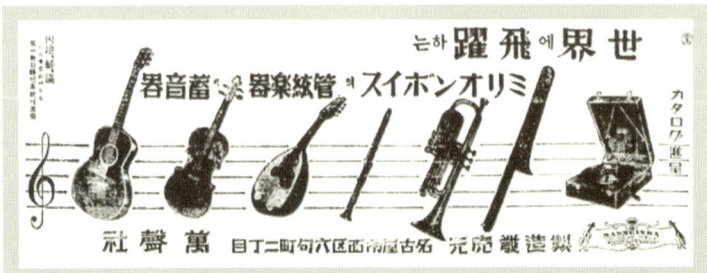

관현악기와 축음기 광고(『매일신보』, 1935년 11월 16일) : 대중문화의 형성과 함께 음반과 악기 광고가 등장하면서, 메시지보다 이미지를 강조하는 경향이 나타났다.

▶영국, 아동 학대에 국가 개입 선언(1933) ▶대중가요 〈타향살이〉 유행(1934) ▶일제, 한글교육 금지·야학당 폐쇄(1934) ▶대중가요 〈목포의 눈물〉 유행(1935)

1936년~1938년

근현대사신문

근대 18호

주요기사 2면 | 에스파냐내전, 국제전으로 비화 (1936) **3면** | 일본, '국가총동원법' 공포 (1938) **4면** | 사설 - 문명이 키운 괴물, 파시즘 **4면** | 동향 - 에스파냐내전에 참전한 세계의 지성들 **5면** | 연해주 동포, 중앙아시아로 강제 이주 (1937) **6면** | 초점 - 일본, 세균전 비밀 연구소 설립 **7면** | 〈모던타임스〉, 노동자의 '소리 없는 아우성' **8면** | 남자는 삭발, 여자는 몸뻬

에스파냐인민전선과 민족통일전선

프랑스에서 시작된 인민전선의 열기는 에스파냐에도 상륙했다. 에스파냐는 1931년 총선거를 통해 국왕을 추방하고 공화제 정부를 세웠다. 그리고 사회당, 공산당 계열의 좌파는 노동조합과 인민전선 협정을 맺어 1936년 2월 총선거에서 승리했다. 집권한 인민전선 정부가 토지개혁을 포함한 일련의 혁명적 민주 정책을 단행해 나가자 이를 저지하려는 파시스트 세력도 기민하게 움직이기 시작했다. 인민전선과 파시즘의 한판 대결이 다가오고 있는 것이다.

한편 군국주의의 모습을 띠고 나타난 아시아의 파시즘은 더욱 무서운 기세이다. 1931년 만주로 쳐들어간 일본은 공세를 확대해 중국에 대한 전면전을 선포했다. 그동안 내전을 벌이던 중국의 국민당과 공산당은 거대한 적 앞에서 다시 한 번 민족통일전선을 형성하지 않을 수 없었다. 그리고 중국 땅 곳곳에서 흩어져 싸우던 한국의 독립운동 세력도 통일전선의 필요를 느끼기 시작했다.

사진 | 에스파냐내전 때 공화파 잡지의 표지

에스파냐에서 파시스트와 인민전선 격돌

보수파 프랑코군은 독일·이탈리아, 인민전선은 소련 지원 받아

【1937년 4월, 에스파냐】 에스파냐 내전이 날이 갈수록 치열해지면서 많은 사상자를 내고 있는 가운데, 보수파인 프랑코 측이 바스크 지방의 소도시 게르니카에 무차별 공습을 감행해 2,000여 명의 사망자가 발생해 충격을 주고 있다. 이 공습에는 프랑코를 지원하고 있는 히틀러의 독일과 무솔리니의 이탈리아에서 보낸 공군 전투기들이 참가한 것으로 알려졌다.

에스파냐는 지난 1868년 9월혁명으로 왕정을 종식하고 입헌군주제 헌법을 만들었으나, 내정이 불안정하여 공화정과 왕정을 오락가락해왔다. 마침내 1931년 그동안의 정치 혼란을 뒤로 하고 제2공화정을 출범시켰지만, 지난해 식민지 모로코에 주둔하고 있던 프랑코 장군이 가톨릭, 지주, 자본가 등 공화정에 불만을 품고 있던 세력을 끌어모아 반란을 일으켰다.

이후 보수파 프랑코 측과 공화파 사이에 내전이 진행되고 있는데, 에스파냐의 남부와 서부를 장악한 프랑코 세력은 파시스트 국가인 독일과 이탈리아로부터 물자와 군대를 지원받고 있다. 이에 비해 에스파냐의 북부와 동부를 장악하고 있는 공화파는 사회주의 국가인 소련의 지지를 받고 있지만 실질적인 지원은 미미한 상태다. 한편 영국과 프랑스 등 유럽 국가들은 에스파냐내전이 또 다른 세계대전으로 번질까 우려해 개입을 자제하고 있는 것으로 알려졌다.

현재 세계 여론은 공화파에 우호적이지만, 독일과 이탈리아로부터 막대한 군수품 및 군대를 지원받고 있는 프랑코파가 물량면에서는 우세를 보이고 있다. 게다가 최근 국제 정세가 독일과 이탈리아를 주축으로 한 파시즘 정부의 득세를 제어하지 못한 채 방치되고 있어 이 또한 프랑코파에게 매우 유리한 상황이다. 에스파냐를 전장으로 한 파시스트 세력과 인민전선의 한 판 대결이 어떤 결과를 낳게 될지 세계가 숨죽이며 바라보고 있다.

1937년 에스파냐내전에 참전한 병사들. 에스파냐내전은 이탈리아와 독일의 개입으로 국제전의 성격을 띠면서 진행되고 있다.

중국에서 일본 군국주의 침략군과 중국 민족통일전선 격돌

【1937년, 중국】 일본 관동군이 베이징 근교 루거우차오에서 일어난 총격 사건을 빌미로 중국 본토에 대한 전면적인 침략을 단행했다. 일본은 이번 침략이 야간 훈련 중이던 일본군을 향해 10발의 총탄이 날아온 데 대한 반격이라고 주장했다. 그러나 총탄 발사의 실체는 확인되지 않았고, 일본군 사상자도 없는 것으로 알려져, 결국 이번 사태는 일본의 무조건적인 침략 의도가 드러난 것이라는 분석이다.

한편 중국 국민당 정부는 다시 국공합작을 선언하고, 공산군을 국민당 제8로군으로 편성, 전국적인 항일 전선에 투입한다고 발표했다. 이에 따라 공산군 4만 5,000명은 주더(51)를 총사령관, 펑더화이(39)를 부사령관으로 하는 8로군 사령부의 지휘를 받으면서 화북 지역의 항일 전선에 배치될 전망이다. 일본 군국주의 파시즘과 중국 민족통일전선의 한판 승부에 국제 사회의 이목이 집중되고 있다.

1938년 1월 4일, 난징시를 점령하고 승전 축하 퍼레이드를 벌이는 일본군.

▶소련, 소비에트 헌법 제정(1936) ▶버마, 인도로부터 분리(1937) ▶독·이·일 방공협정 성립(1937) ▶영·프·독·이, 뮌헨 회의에서 주데텐란트 문제 협의(1938)

일본이 결심하면 한국은 몸 바쳐 따르라

일본, 국가총동원법 시행… 한반도도 전시 파시즘 체제로 전환

【1938년 7월】 조선총독부는 지난 4월 1일 '국가총동원법'을 공포한 데 따른 첫 조치로 '국민정신총동원조선연맹'을 한·일 합동 단체로 조직했다. 이 단체에는 일본과 한국의 59개 사회단체가 참여했으며, 56명의 사회 지도층 인사도 참여한 것으로 알려졌다. 국민정신총동원조선연맹은 행동강령으로 '황국 정신의 함양, 내선일체의 완성, 전시경제 협력, 근로 보국' 등을 내세웠다. 조선 총독을 총재로 하여 조선총독부 산하 학무국이 중앙조직을 관리하고 그 밑에 지역 연맹을 둘 예정이라고 한다. 또 지역 연맹 밑에는 애국반을 조직해 운영하는데, 총독부 정책을 전달하고 지시하는 조직으로 활용할 것으로 보인다.

국가총동원법이란 전쟁이나 전쟁에 준하는 상황에서 국가의 모든 역량을 효율적으로 총동원하기 위한 법이다. 따라서 일제는 언제든지 칙령, 즉 천황의 명령으로 황국신민을 징용할 수 있고, 국민과 법인을 총동원하여 업무에 종사하고 협력하도록 하며, 사용·해고도 마음대로 할 수 있게 국민 생활 전반을 통제할 수 있다. 조선총독부가 '국가총동원법을 조선·대만

일본 우정성에서 발행한 국민정신총동원 선전 포스터. 1937년 중·일전쟁 이후 전쟁 자금으로 간이보험과 우편연금에 적립된 자금을 끌어다 넣기 위해 만들었다.

및 화태(사할린)에 시행하는 건'을 발표함에 따라 한국도 전시 파시즘 체제로 접어들게 된 것이다. 한국인도 자신의 의사와 상관없이 일제의 대륙 침략 전쟁에 동원돼 소모품으로 전락할 위험에 처하게 된 것. 더욱이 모든 정치 활동이 사실상 금지돼 국가총동원법에 대한 저항조차 원초적으로 불가능하게 됐다.

이러한 국가의 총동원 체제는 일제가 더 큰 전쟁을 준비하고 있는 것이 아닌가라는 의혹을 낳고 있다. 일본이 전쟁을 하는 데 필요한 인적·물적 자원을 무한대로 수탈당할 수밖에 없는 한국의 앞날에 어두운 그림자가 더욱 짙게 드리우고 있다.

만주 항일 유격대, 국경 넘어 보천보 주재소 공격

【1937년 6월 4일, 함경남도】 김일성(25)이 이끄는 항일 무장 유격대 2백여 명이 국경을 넘어 함경남도 갑산군 보천면 보천보에 있는 일본 경찰의 주재소와 우편소·면사무소·소방서 등을 습격해, 건물을 방화하고 일본군에게 타격을 입혔다. 이 지역은 압록강으로 흘러 들어오는 가림천에 면한 작은 시골로, 이 지방의 요지인 혜산진에 달린 비상벨이라고 할 만한 곳이다. 그렇기 때문에 이번 보천보 전투 소식은 한국 내에 일파만파로 퍼져나가고 있다. 그런 의미에서 항일 무장 유격대에게는 이번 전투가 최소의 비용으로 최대의 심리적 효과를 거둔 성과라는 평이다.

이번 국내 기습 작전을 성공시킨 항일 무장 유격대는 동북항일연군 소속으로 알려졌다. 이들은 1932년까지 만주 지역에서 활동하던 공산주의 계열의 무장투쟁 조직으로, 1933년 동북인민혁명군으로 개편됐다가 지난해 초 동북항일연군으로 다시 개편된 것. 이들은 그동안 만주 지역에서 끈질기게 항일 투쟁을 전개하면서 국내 진공 작전을 감행하기도 했다. 지난 1935년 2월 평안북도 후창군 동흥읍을 습격해 시가전을 벌이고 퇴각한 것도 바로 동북인민혁명군 소속 이홍광이 인솔한 200여 명의 유격대로 알려졌다. 이에 따라 일제는 조만간 이들 유격대에 대한 대대적인 토벌에 나설 것으로 관측되고 있다.

손기정 마라톤 우승 세계신기록 수립!

【1936년】 베를린 올림픽 대회에 참가한 마라톤 선수 손기정(24)이 2시간 29분 19초라는 세계신기록으로 우승했다. 하지만 일본 대표로 참가했기 때문에 일장기를 가슴에 단 손기정 선수는 시상식에서 고개를 숙인 채 월계수 화분으로 일장기를 가리고 있다.

▶조선광복회 결성(1936) ▶수양동우회 사건(1937) ▶전쟁 협력 친일 단체 '애국금차회' 조직(1937) ▶조선육군특별지원병령 공포(1938) ▶조선의용대 결성(1938)

사설

문명이 키운 괴물, 파시즘

이탈리아의 사회학자 빌프레도 파레토는 이탈리아 인구의 20퍼센트가 이탈리아 국부(國富)의 80퍼센트를 차지하고 있다고 말했다. 흔히 '파레토 법칙'이라고 불리는 이 이론은 이탈리아 파시즘의 이론적 토대가 되었다. 20:80의 자극적인 대비에서 보이듯 파시즘은 인간 평등을 부정하고 불평등을 신봉한다. 또한 그리스 이래 서구 문명이 키워온 이성에 대한 믿음을 부정하고, 인간을 비합리적이고 광신적인 존재로 보며, 근대 민주주의를 부정하고 소수 엘리트가 주도하는 정치를 지향한다.

이처럼 길게는 인류 문명 전체를, 짧게는 근대 문명을 부정하는 파시즘은 바로 그러한 문명의 산물이다. 이성과 자유, 민주주의를 먹고 자란 자본주의 체제는 19세기 말부터 안으로는 자유주의 경제를 부정하는 독점자본주의, 밖으로는 광적인 식민지 확보 경쟁을 벌이는 제국주의로 변모했다. 세계는 제국주의 열강과 그 식민지로 나뉘었고, 작금의 경제 위기를 지나면서 열강은 자신들의 식민지와 함께 배타적인 블록을 형성했다. 이 과정에서 뒤처진 이탈리아, 독일, 일본 등 후발 자본주의 국가들이 위기를 넘어서기 위해 스스로 파시즘이라는 괴물로 변신한 것이다.

우리 입장에서 보면 이탈리아, 독일보다도 일본의 군국주의 파시즘이 더 무서울 수밖에 없다. 군국주의자들은 민족적, 인간적 가치를 말살하고 본국과 식민지의 모든 인간 '자원'을 총동원령의 기치 아래 유린하고 있다. 문명의 부산물로 태어난 이 거대한 괴물이 인류 문명을 위협하는 최대의 무기는 공포이다. 따라서 파시즘을 극복하는 무기는 두려움을 떨치는 용기일 수밖에 없다.

다행히 이 세상에는 그러한 용기를 가진 사람들이 많다. 파시즘의 공격에 맞서 세계 곳곳에서 사상과 민족의 차이를 넘어 인류가 힘을 합치고 있는 것이다. 세계대전을 겪고도 바뀌지 않는 제국주의 질서 속에서 길 잃고 헤매던 인류의 양심이 파시즘의 도전에 맞서 깨어난다면, 파시즘도 인류의 역사에 기여하는 바가 아주 없는 것은 아닐 터이다.

에스파냐내전 국제의용군 누구인가

동향 세계의 양심으로 에스파냐를 지켜라

전 세계의 뜻있는 지식인들이 에스파냐내전을 인류 역사의 전진이냐, 후퇴냐를 판가름하는 중요한 전쟁으로 보고 있다. 그래서 공화파를 지원하기 위해 개인 자격으로 국제의용군에 자원해 총을 들고 전장으로 뛰어나가고 있다. 에스파냐내전 기간 중 50여 개국 출신의 5만여 명이 국제의용군에 참여했다. 그들은 어떤 사람들이고, 에스파냐내전에서 무엇을 보고 느꼈을까?

"나를 쏜 사람에 대해서도 생각이 오갔다. 어떻게 생긴 사람인지, 에스파냐 사람인지 외국인인지, 나를 맞췄다는 사실을 아는지 등등……. 그에 대해 아무 원한도 느껴지지 않는다. 그가 파시스트인 만큼 나 역시 그를 죽일 수 있으면 죽였으리라. 하지만 그가 이 순간 포로로 내 앞에 끌려온다면 사격 솜씨 칭찬이나 해주고 말리라는 생각이 들었다. 그러나 정말로 죽어가는 상황에서라면 생각이 이와 전혀 다르게 돌아갈지도 모른다. 내 몸이 들것에 올려지자 마비됐던 오른팔이 살아나면서 끔찍스럽게 아프기 시작했다. 당시에는 넘어지면서 부러진 것이 아닐까 생각했다. 아무튼 통증 때문에 마음이 좀 놓였다. 죽어가는 사람의 감각이 이렇게 되살아날 수는 없을 테니까."
―1937년 5월 20일, 우에스카 부근에서 총상을 입은 조지 오웰의 글 중에서

▶ 조지 오웰(영국) – 에스파냐 카탈루냐 지방을 찾아 공화파 군대에 가담하고 그곳에서 사회주의자와 무정부주의자들이 민중을 위해 헌신하는 모습을 보고 감명을 받았다. 이를 세계의 독자들에게 알리기 위해 『카탈루냐 찬가』라는 르포를 작성 중이다. 그 내용은 피가 튀는 종군기가 아니라 즐겁고 유쾌한 사회주의 건설 참관기가 될 것이라고 한다.

▶ 헤밍웨이(미국) – 정치에는 관심이 없던 작가였으나 파시즘에 대항해 싸우는 것은 인간의 최소한의 양심이라고 생각해 통신원으로 참전했다. 인간성을 파괴하는 전쟁의 참상을 목격하면서 많은 충격을 받았지만, 공화파 지지자들의 순수한 열정에는 깊은 감명을 받았다고 한다. 미국으로 돌아가면 이러한 느낌을 문학적 감수성으로 승화한 작품을 발표할 예정인데, 그 제목은 『누구를 위하여 종은 울리나』가 될 것이라고.

▶ 앙드레 말로(프랑스) – 중국 국민당과 공산당 사이의 내전을 직접 관찰하고 표현한 『인간의 조건』의 작가. 파시즘 반대 운동을 활발하게 펼치고 있어 사람들은 '현실 참여형 작가'라고 부르기도 한다. 그는 에스파냐내전에 공화파의 공군 지휘관으로 직접 참전하여 전장을 누비고 있다.

▶ 피카소(에스파냐) – 화가. 게르니카 폭격에 충격을 받아 그 참혹함을 〈게르니카〉로 표현, 파리만국박람회 에스파냐관에 내걸어 프랑코의 만행을 고발했다.

1937년 12월 15일, 텔루엘 전투에 참전한 공화국군 병사(왼쪽)와 이들을 지지하는 국제의용군 관련 포스터(오른쪽).

▶신사 제도에 관한 규칙 발표(1936) ▶조선 사상범 보호관찰령 공포(1936) ▶이재유, 조선공산당 재건 혐의로 체포(1936) ▶서울 인구 70만 명 육박(1936)

1936년~1938년 | 사회·경제 | 5면

연해주 동포 17만 명 중앙아시아로 강제 이주

소련, "한인·일본인 구별 안 된다"… 이주 대상 한인들 거센 반발

【1937년, 연해주】소련이 연해주의 한국인을 중앙아시아로 강제 이주시켰다. 지난 9월 1일부터 10월 25일까지 강제 이주된 연해주 동포의 수는 대략 17만 2,481명. 이번 강제 이주의 공식적인 명분은 "일본 정보원들이 극동 지방에 침투하는 것을 차단하기 위해서"라고 한다. 소련은 일제가 중·일전쟁을 일으키자, 소련까지 침공할 것을 두려워했다. 그래서 한국인이 일본의 첩자가 되거나 일본인과 구별되지 않아 전시 작전을 수행하는 데 어려움을 줄 가능성에 대비해 강제 이주를 추진했다는 것이다.

그러나 이는 연해주에서 한국인을 제거하기 위한 구실에 불과하다는 분석도 있다. 1920년대 말부터 1930년대 초까지 한국인을 강제 이주시킨 사례에서도 보듯, 소련의 한국인 차별 정책에 근본 원인이 있다는 것이다.

한편 이번 연해주 동포의 강제 이주는 며칠 전에 통보를 받은 이가 있을 정도로 급작스럽게 진행됐고, 이주 열차 안에서 먹을 것과 식수조차 제대로 공급하지 않아 1, 2개월이 걸리는 여정에서 노약자들이 죽기도 할 만큼 문제가 많다는 후문이다. 특히 이주 한국인 입장에서는 오랜 생활 터전인 연해주를 떠나 황무지나 다름없는 중앙아시아에 정착해야 한다는 것이 가장 큰 문제이다. 게다가 이번 이주는 선택이 아니라 강제였으며, 이주 후에도 정해진 구역 밖으로 벗어날 수 없다는 점에서 연해주 동포들의 인권을 완전히 무시한 사실상의 강제수용이라는 비판도 나오고 있어서 소련에 부담으로 작용할 것으로 보인다.

1930년대 연해주 거리에서 농산물을 팔고 있는 고려인들(왼쪽)과 연해주 지역의 한국인들이 강제 이주당한 행로(오른쪽).

일본, 난징 대학살… 30만 명 학살 '광란'

난징 전투 때 치른 희생에 피의 보복, 민간인·포로 학살 수법 잔혹

【1938년 3월】마쓰이 장군이 이끄는 일본군이 난징으로 진격하면서 약 30만 명을 살해하고, 난징을 점령한 뒤에는 약 4만 2,000명을 학살하는 만행을 저질렀다. 학살은 무차별 사격과 생매장, 휘발유 방화 등 끔찍한 방법으로 이루어졌으며, 심지어 포로들을 일렬로 세워 총검으로 무자비하게 찔러 죽이고, 약 8만 명의 부녀자가 성폭행을 당했다. 또 난징 시내의 약 3분의 1이 불에 타 파괴됐다.

국제 안전지대에서 중국인을 도운 독일인 욘 라베는 히틀러에게 편지를 보내 사태의 심각성을 알렸지만, 일본과의 외교 관계를 중요시한 독일 정부에 의해 도리어 반역자로 몰리기도 했다. 일본군은 중국인을 구조했다는 이유로 각국 외교관 저택과 병원, 학교, 교회에도 불을 지르고 약탈했다. 자선단체가 난징에 버려진 시체를 모아 매장한 수만도 15만 5,337구(어린이 859구, 부녀자 2,127구)에 이르는 것으로 보고됐다. 일본군은 난징전투의 희생에 대한 복수로 이번 학살을 저지른 것으로 알려져 충격을 주고 있다.

칼을 꽂은 총으로 학살을 자행하고 있는 일본군들.

아랍에서 석유 발견 석유업자 눈길 쏠려

【1938년 3월 3일, 아랍】사우디아라비아의 담맘에서 석유가 치솟아 전 세계 석유업자들이 이곳으로 몰려들고 있다. 특히 독일과 일본이 발벗고 나섰다는 소식이다. 하지만 이번 석유 개발에 성공한 미국계 석유회사 소칼사는 이미 사우디아라비아 왕국과 3년 전에 독점 계약을 맺은 것으로 알려져 다른 나라는 헛물만 켜게 됐다. 이에 앞서 지난 2월 말에는 쿠웨이트 남부의 부르간 유전에서도 미국과 영국의 합작 기업인 쿠웨이트석유회사가 다량의 원유를 발견했다. 이 덕분에 진주 채취로 연명하던 쿠웨이트는 단번에 부자 나라로 발돋움하게 될 전망이다.

▶「황국신민서사」 제정 및 강요(1937) ▶소련, 시베리아 북서부에 니켈 주조공장 설립(1937년경) ▶조선교육령 개정 공포(한·일 학제 통합, 조선어 교육 금지, 1938)

사람 죽이는 무기, 산 사람에게 실험해

초점 하얼빈 소재 일본군 비밀 연구소… 세균전 대비한 생체 실험 자행

【1938년, 만주】 2년 전 하얼빈시 남쪽 20킬로미터 떨어진 평팡 지역에 일본 육군 참모본부가 '헌병대 정치부 및 전염병예방연구소'를 세운 뒤 흉흉한 소문이 나돌고 있다. 공식적으로는 방역과 급수를 위해 휴대용 야전 정수기를 개발하는 것으로 알려졌다. 그러나 현지 주민들의 말에 따르면 '관동군 방역급수부'로 위장한 연구소들이 실제로는 생물학전 비밀 연구소라고 한다. 그래서 포로로 잡힌 중국인과 한국인, 러시아인 등을 상대로 각종 세균 실험과 독가스 실험 등을 자행하고 있다는 소문이 돌고 있다.

일본은 1932년 의사 출신인 이시이 시로 장군을 육군 전염병예방연구소의 사령관으로 임명해, 하얼빈시 남쪽 100킬로미터쯤 떨어진 마을에 종마 수용소를 건설했다. 하지만 1935년에 탈옥과 폭발로 폐쇄된 후, 이곳 평팡 지역에 훨씬 더 큰 실험 공장을 만들었다. 이시이 시로는 이 연구소에 화학, 생물학 작전을 위한 비밀 연구 그룹인 '토고 부대'를 조직해, 바이러스·곤충·동상·페스트·콜레라 등 생물학적 무기를 연구하는 17개 연구반을 둔 것으로 전해지고 있다. 그리고 암호명 '마루타(인간 통나무)'의 특별 계획에 따라 연구반마다 '마루타'로 불리는 실험 대상자들에게 생체 실험을 하고 있다.

세균 배양 시스템(위)과 세균 배양 상자(아래 왼쪽), 세균 폭탄(아래 가운데), 용해부(오른쪽 위), 살균기(오른쪽 아래).

이질, 탄저, 결핵 등 10여 종의 세균을 예방 접종으로 위장해 투입하는 세균 실험과 사람을 말뚝에 묶어 실시하는 세균방출폭탄, 화학무기 실험 등으로 충격을 던져주고 있다. 게다가 실험 결과에 영향을 주지 않으려고 마취도 없이 산 채로 실험을 마친 마루타들을 생체 해부한 뒤, 소각장으로 보내 불태우거나 여름에는 산 채로 냉동실에 넣어 동상 실험을 한 것으로 알려지고 있다.

생체 실험의 책임자인 이시이 시로의 이름을 따라 '이시이 부대'라고도 불린 이 부대는 원래는 히로히토 천황의 칙령에 따라 독일 나치스의 SS와 같은 정치 선동 부대로 설립됐다. 일본인의 인종적 우월성 입증, 방첩 활동, 정보 활동 등에 역점을 두었으나 점차 영역이 확대돼 화학·세균전 준비를 위한 연구와 산 사람을 대상으로 한 생체 실험을 하기에 이른 것. 결국 '마루타'라고 불리는 수많은 사람들이 실험 대상으로 죽어갔고, 그중에는 한국의 독립 투사와 동포도 있어 엄청난 충격을 던져주고 있다.

칼슨, 제로그래피 복사 성공!

【1938년, 미국】 물리학자 칼슨이 최초로 제로그래피(건식 복사) 사본을 만들어내는 데 성공했다.

제로그래피는 셀렌막을 입힌 알루미늄 드럼을 사용한다. 빛이 복사하려는 문서를 통과하거나 그 문서의 표면으로부터 반사돼 셀렌막에 닿으면 그 위로 음전기를 띤 잉크 입자가 뿜어져 드럼 위에 문서의 상을 만든다. 그리고 복사지가 드럼 가까운 곳을 통과하면 종이 밑의 양전기가 음전기를 띤 잉크 입자를 끌어당겨 복사지 위에 상을 옮기게 되고, 그 순간 열을 가하면 잉크 입자가 종이 위에 녹게 돼 복사가 가능한 방식이다.

이처럼 제로그래피는 정전기와 열을 이용하기 때문에 활용도가 매우 높아 필기물·인쇄물·그림 등 모든 종류의 복사본을 만들 수 있다. 그래서 앞으로 기업과 행정 업무에 많은 이익과 효율성을 가져다줄 것으로 기대돼 사무용 복사기로 각광받을 전망이다.

전파망원경 실용화 단계 들어가

【1937년, 미국】 천문학자 그로트 레버가 포물선 모양의 반사면이 달린 전파망원경(사진)을 제작해 실용화 시대를 열었다. 이 망원경은 지름 9.4미터의 사발 모양으로 만든 안테나로, 지난 1931년 칼 잰스키가 선형지향성 안테나로 우리 은하의 중심에서 나오는 전파 신호를 검출한 데 뒤이은 성과라고 한다. 전파망원경은 천체나 우주 공간으로부터 오는 전파를 수신, 증폭시켜 우주를 관측하는 장치이다.

▶오파린, 『생명의 기원』 출간(1936) ▶루스카, 전자현미경 발명(1938) ▶페르미, 노벨 물리학상 수상(1938) ▶오토 한과 슈트라스만, 핵분열반응 발견(1938)

시대의 정곡을 찌른 '구닥다리' 무성영화

채플린 〈모던타임스〉… 노동자의 소리 없는 아우성 대변

【1936년, 미국】 바야흐로 토키(talkie) 시대다. 배우의 발성과 배경음을 그대로 관객들에게 들려주는 유성영화 시대라는 얘기다. 1927년 상영된 미국 최초의 유성영화 〈재즈싱어〉는 보잘것없던 워너브라더스를 일약 메이저 영화사의 반열에 올려놓았다. 이제 무성영화는 과거의 촌스러운 유산쯤으로 치부되고 있다. 지난해 한국에서도 최초의 유성영화인 〈춘향전〉이 등장했으니 그럴 만도 하다.

그런 흐름으로 보면 채플린 제작·각본·감독·주연의 신작 〈모던타임스〉는 시대에 뒤떨어져도 한참 뒤떨어진 영화다. 단 한 마디의 대사도 없는 고전적인 무성영화의 틀을 답습하고 있다. 〈재즈싱어〉의 세련된 알 존슨과 달리 헐렁한 바지에 꽉 끼는 윗도리, 작은 중산모에 크고 낡은 구두, 짧은 콧수염에 마당발 걸음, 지팡이를 끼고 다니는 〈모던타임스〉의 채플린은 영락없는 구시대의 캐릭터.

그러나 이런 겉모습과 달리 영화의 주제 의식은 시대를 한참 앞질러간다. 그것은 자본주의가 인간을 기계의 부속품처럼 지배하고 있으며, 인간성을

찰리 채플린이 만든 영화 〈모던 타임스〉의 한 장면(왼쪽)과 광고 포스터(오른쪽). 1931년 찰리 채플린은 영화 〈시티 라이트〉 시사회에 참석하려고 런던에 갔다가 영국의 소금독점법에 저항해 '소금 행진'을 벌인 간디를 만나 대화를 나눴다. 5년 후 찰리 채플린은 기계와 돈에 얽매인 현대 산업문명을 풍자한 〈모던 타임스〉를 만들게 된다.

파괴해 나갈 것임을 '소리 없는 아우성'으로 들려주고 있기 때문이다. 타이틀백에 등장하는 시계의 문자판은 똑딱거리는 소리가 없어도 기계문명을 지배하는 분절된 시간의 위력을 웅변한다. 하루 종일 컨베이어 벨트에 실려오는 제품의 나사를 죄고 또 죄는 노동자 채플린. 그는 공장 밖에서 여성의 옷에 붙은 단추도 나사로 착각해 조이려다가 정신병원에 가서야 정상적인 생활 리듬으로 돌아가 제정신을 찾는다. 길거리에 떨어진 붉은 깃발을 들고 뛰다가 데모의 주모자로 체포되는 채플린. 이번에는 모범수로 석방돼 조선소 직공 등을 전전하지만, 하는 일마다 실수만 되풀이한다.

여기까지만 보아도 〈모던타임스〉는 괜찮은 영화지만, 거기서 그치지 않는다. 부둣가에서 먹을 것을 훔친 불행한 소녀와 만나 내일의 희망을 안고 걸어가는 마지막 장면은 압권이다. 기계문명에 종속되는 것을 끝내 거부하고 미래를 향해 나아가는 고귀한 인간성이 그 짧은 한 장면에 함축돼 있다. 그래서 〈모던타임스〉를 보고 나면 웅장한 화면에 입체 음향이 울려 퍼지는 미래의 영화를 본 듯한 착각이 든다.

안익태 〈애국가〉 작곡

올드랭사인 애국가·에케르트 애국가 안녕!

【1936년, 독일】 재독 음악가 안익태(30)가 〈애국가〉를 작곡해 베를린 올림픽 대회에 참가한 선수단을 찾아가 함께 불렀다는 소식이다. 안익태는 미국 샌프란시스코의 대한인국민회로 이 곡을 보내 출판한 상태이고, 임정에도 보내 사용 허가를 받을 예정이라고 한다.

갑오개혁 이후 애국가는 공식적인 국가가 아니지만 나라 사랑의 정신을 일깨우는 노래로 많이 불려왔다. 그러나 가사만 우리 것일 뿐 곡은 스코틀랜드 민요인 '올드랭사인'에 맞춘 것이었다. 이후 대한제국 정부는 1902년 군악대 지휘자 에케르트가 작곡한 〈대한제국 애국가〉를 국가로 공포하고 1904년 5월부터 각 학교에 배포한 바 있다. 올림픽에 참가한 한국인 선수들은 안익태 덕에 한국인이 곡을 쓴 국가를 갖게 됐다며 눈시울을 붉혔다.

퇴폐 미술전 vs 대독일 미술전

【1937년】 나치를 비판하면 퇴폐 미술이고 나치를 찬양하면 대독일 미술이다. 독일 뮌헨에서 이런 두가지 유형의 미술 작품을 각각 보여주는 전시회가 동시에 열렸다. 흥미로운 것은 관람객의 발길이 두 전시회 가운데 '퇴폐 미술전(왼쪽 사진)'에 더 몰리고 있다는 사실이다.

▶『동아일보』, 일장기말살사건으로 무기 정간(1936) ▶조선사편수회 『조선사』 35권 완간(1937) ▶덕수궁미술관 준공(1937) ▶『조선일보』, 국내 첫 영화제 개최(1938)

남자는 삭발하고 출근, 여자는 몸뻬 입고 배웅

제3세계 통신

아프리카 자존심 에티오피아, 이탈리아 식민지로 전락

【1937년】 제국주의의 식민지 분할에도 꿋꿋이 독립국가로 살아 남았던 아프리카의 자존심 에티오피아가 이탈리아와의 전쟁에서 패해 식민지로 전락했다. 지난 1930년에 즉위한 에티오피아의 하일레셀라시에1세는 헌법을 제정하고 에티오피아를 근대화시키기 위한 노력을 펼쳐 왔으나, 이번 전쟁에서 패하고 영국 런던으로 망명했다. 무솔리니의 이탈리아 정부는 에티오피아와 소말리아, 에리트레아 등을 합쳐 '이탈리아 동아프리카' 식민지를 건설한다고 발표했다.

멕시코, 석유 국유화 선언

【1938년】 3월 18일 오후 8시 20분. 카르데나스 대통령의 특별 담화 방송으로 멕시코 전역이 축제 분위기다. 담화의 주요 내용은 '석유 국유화'. 1934년 취임한 카르데나스 대통령은 지난해에 주요 철도들을 몰수하면서 외국인 소유의 산업들을 멕시코인의 통제로 전환시키는 정책을 실시해 왔다. 그런데 이번 석유 국유화에 반대하는 외국의 움직임이 예사롭지 않다. 특히 영국이 석유 국유화를 무산시키려고 적극 나서는 가운데, 독일·이탈리아·일본도 멕시코의 석유를 탐낸다는 소식이 퍼지면서 미국이 이들을 제어하고 나섰다. 따라서 앞으로 멕시코 경제가 성장을 이루는 데 미국이 가질 영향력을 예의주시할 필요가 있다는 지적이다.

부 고

▶ **신채호**(1880~1936) : 한국의 독립운동가. 중국의 뤼순 감옥에서 복역 중 사망했다. 주요 저서 『조선상고사』 등.
▶ **루쉰**(1881~1936) : 중국의 작가. 대표작 『광인일기』, 『아Q정전』 등.
▶ **고리키**(1868~1936) : 소련의 작가. 사회주의 리얼리즘을 창시한 소설가로 대표작은 『포마 고르데예프』, 『어머니』 등.
▶ **이상**(1910~1937) : 한국의 시인이자 소설가. 주요 작품 『오감도』, 『날개』 등.
▶ **나운규**(1902~1937) : 한국의 영화 제작자·감독. 대표작 〈아리랑〉 등.
▶ **그람시**(1891~1937) : 이탈리아의 사상가. 이탈리아공산당 창설자. 옥중에서 쓴 편지들이 사후에 『옥중서신』으로 출간됐다.
▶ **캐러더스**(1896~1937) : 미국의 화학자. 최초의 합성 중합체섬유로서 합성 섬유공업의 시대를 연 나일론을 개발했다.

【1938년, 서울】 경성부청 직원 김동원(35, 가명) 가족은 국민정신총동원조선연맹(조선연맹)의 모범 가정. 김 씨는 삭발한 머리에 카키색 국민복을 차려 입고, 소학교 3학년인 아들 녀석과 아침 일찍 집을 나섰다.

문 앞에서 이들을 배웅하는 김 씨의 아내(33)는 몸뻬 차림이다. 몸뻬는 바지처럼 생긴 여성 생활복. 가랑이 너비를 움직이기 편하게 만들고, 부리에는 주름을 잡고 허리에는 고무줄을 넣었다. 며칠 전 시골에서 올라온 시아버지는 며느리의 옷차림에 잠시 놀라는 듯 했으나, 아들이 귓속말로 사정을 설명하자 더 이상 내색을 안 했다.

김 씨는 출근길에 아들 녀석에게

근로보국대에 동원된 여성의 몸뻬 차림.

'황국신민의 서사'를 얼마나 외웠는지 물었다. 아들 녀석이 더듬자 안쓰러운 마음이 들다가도 외우지 못하면 불이익을 받으니, 아예 집에서 기회 있을 때마다 온 가족이 함께 낭독해야겠다고 결심한다.

아들 녀석과 헤어지자마자 사이렌이 울린다. 김 씨는 일본 천황의 궁성이 있는 남쪽을 향해 허리를 45도로 굽혀 요배를 했다.

어느덧 경성부청 앞. 옷차림을 다시 한 번 점검한 뒤, 얼마 전 조선연맹이 내려보낸 생활개선 내용을 상기해 본다. 한국인의 의식주 생활은 합리적이지 못하므로 일대 개선을 해야 한다는 것이다. 그러다 문득 황국신민이 되려고 하면 할수록 가슴에서는 알 수 없는 허탈감이 커져간다는 생각이 들었다.

화신백화점에 엘리베이터 타러 오세요

화신백화점의 서관(왼쪽).

【1937년 11월, 서울】 2년 전 화재로 완전히 불탔던 화신백화점이 한국인 건축가 박길룡의 설계로 완공돼 다시 영업을 시작했다. 지하 1층, 지상 6층의 고층 건물로, 에스컬레이터와 엘리베이터까지 갖춰 장안의 화제를 불러모으고 있다. 세련되고 개방된 모습을 갖춘 현대식 건축으로, 1층 외벽에는 화강석을 두르고 현관 주위는 대리석으로 꾸며 웅장한 느낌을 준다. 화신백화점(사장 박흥식)은 1932년 한국인이 세운 최초의 백화점으로 문을 열었다.

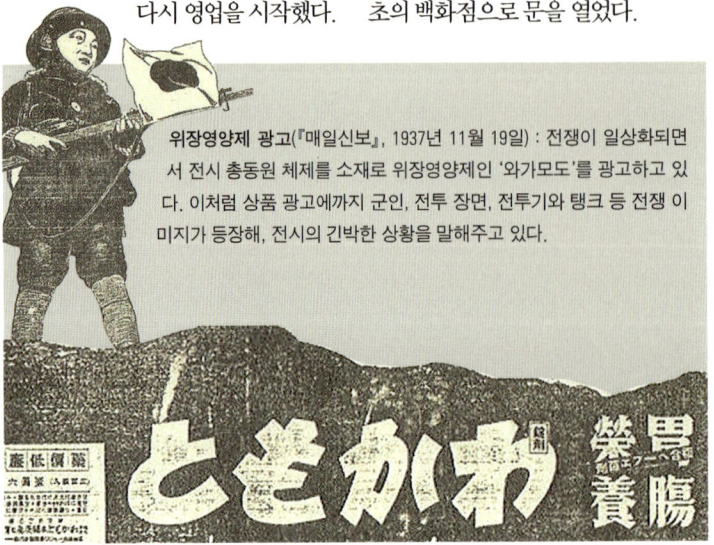
위장영양제 광고(『매일신보』, 1937년 11월 19일) : 전쟁이 일상화되면서 전시 총동원 체제를 소재로 위장영양제인 '와가모도'를 광고하고 있다. 이처럼 상품 광고에까지 군인, 전투 장면, 전투기와 탱크 등 전쟁 이미지가 등장해, 전시의 긴박한 상황을 말해주고 있다.

딴스홀을 허하라! 서울에 댄스 열풍

【1937년 1월, 서울】 서울의 치안을 담당하고 있는 경무국장에게 '딴스홀'을 허가해 줄 것을 요청하는 공개 탄원서가 잡지 『삼천리』 1월호에 실려 화제를 불러일으키고 있다.

'경무국장에게 보내는 우리의 글'이라는 제목의 탄원서를 쓴 사람들은 대일본레코드회사 문예부장, 끽다점(찻집) '비너스' 마담, 바 여급, 기생, 영화배우 등 모두 8명. 이들은 탄원서에서 "40년 전 메이지유신을 완성하고 서양 문명국과 평등을 주장하려 할 적에 이토 히로부미 등 유신의 제공신들이 도쿄 록명관에 댄스 파티를 성대히 열고 영국 공사 '빠크' 이하 열국 외교관들로 더불어 성대히 댄스를 하면서 크게 국제적 사교를 하지 않았습니까?"라고 물으며 댄스홀을 규제하고 있는 당국을 비판했다.

서양과 일본에서 유행하고 있는 댄스홀조차 식민지 한국에서는 통제되고 있는 현실의 부당성을 주장한 이들의 탄원이 받아들여질지 호사가들의 관심이 쏠리고 있다.

▶ 한국, 택시 미터제 실시(1936) ▶ 백백교, 300여 명 신도 살해 후 암매장(1937) ▶ 미국인, 만화책 『슈퍼맨』에 열광(1938) ▶ 나일론, 뉴욕세계박람회장에서 첫선(1938)

1939년~1941년

근현대사신문

근대 19호

주요 기사 2면 | 2차 세계대전 발발 (1939) 3면 | 태평양전쟁 발발 (1941) 4면 | 사설 – 대동아 단결하여 일본 제국주의 타도하자 4면 | 해설 – 2차 세계대전을 어떻게 볼 것인가 5면 | 조선총독부, 물자통제령 공포 (1941) 6면 | 석주명, 나비분류학 체계 바로잡아 (1940) 7면 | 그들의 이름은 '친일파!' 8면 | 한국어 '마지막 수업'

2차 세계대전

　1936년 독일과 일본이 소련을 겨냥한 반공 동맹을 맺자, 이듬해는 이탈리아가 이에 가세했다. 독일과 이탈리아는 에스파냐내전에 개입해 인민전선을 붕괴시켰고, 일본은 중국으로 쳐들어갔다. 미국·영국·프랑스는 그들이 소련을 공격 대상으로 삼는 한 타협적 태도를 취했다. 1938년 영국 총리 체임벌린이 뮌헨 회담에서 체코슬로바키아의 수데텐 지방을 독일에 할양토록 한 것도 그러한 맥락이다. 이로써 동유럽에 거점을 확보한 독일은 폴란드 땅까지 요구하게 되었고, 영국도 더 이상 물러설 수 없게 됐다. 그러던 1939년 전 세계를 경악시킨 독일과 소련 간의 불가침조약이 전격 발표됐다. 결국 영국과 프랑스의 독일에 대한 유화정책은 파탄에 이르렀다. 소련 침공을 꿈꾸던 일본도 넋을 잃고 대책을 찾아야 했다. 파시즘에 반대해 온 유럽의 좌익 세력도 큰 충격에 빠졌다. 소련의 중립을 확보한 독일은 마음먹고 폴란드를 침공했고, 유럽은 이전보다 더 큰 세계대전의 소용돌이로 빠져들었다.

사진 | 2차 세계대전의 베를린전투

인류의 모든 갈등 한꺼번에 불 붙었다…

독일군   프랑스군   소련군   영국군

독·이·일 3국 동맹에 영·미·프 등 연합국 맞서
독일, 프랑스 점령하고 영국 공습한 데 이어 소련 공격 준비

독일이 전격전을 펼쳐 순식간에 체코와 폴란드를 점령하자 세계는 또다시 전쟁의 회오리에 휘말렸다. 사진은 2차 세계대전에 참전한 여러 나라의 병사들.

【1941년 3월】 독일이 폴란드를 침공하고 영국과 프랑스가 이를 저지하면서 시작된 유럽의 전쟁에 미국이 참전을 선언했다. 영국과 프랑스 편에서 독일과 싸우겠다는 것이다. 이로써 이번 전쟁은 이미 아시아에서 벌어지고 있는 중·일전쟁과 소련·핀란드전쟁을 묶어 20여 년 전의 전쟁보다 훨씬 더 규모가 큰 2차 세계대전으로 비화하게 됐다.

이에 앞서 독일은 지난 1939년 전차부대와 공군을 동원한 전격전 전술로 단숨에 체코와 폴란드를 점령했다. 독일은 점령지 곳곳에 수용소를 짓고 폴란드인과 유대인을 수용한 뒤 집단 학살을 자행하고 있어 유럽을 공포에 몰아넣고 있다. 히틀러의 나치스는 열등한 폴란드인과 유대인이 독일의 순수한 혈통을 더럽히고 있으므로 멸종시켜야 한다는 대중 선동을 펼치고 있다.

독일군의 전격전은 이에 그치지 않았다. 1940년 4월 덴마크와 노르웨이는 의표를 찌른 전격전의 희생양이 됐다. 이때부터 독일의 목표는 영국을 포함한 유럽 전체를 대상으로 한다는 것이 밝혀졌다. 5월에는 프랑스가 믿어 의심치 않던 마지노 방어선조차 돌파당했고, 이 틈을 노린 이탈리아의 공격으로 남부 지역을 내주고 말았다. 결국 프랑스는 1940년 6월 14일 수도 파리마저 함락당해 독일군 앞에 무릎을 꿇어야 했다. 독일은 프랑스 본국의 약 2/3를 점령하고 남부의 나머지 지역은 '자유 지대'로 비시의 페탱 정부에 맡겼다. 비시 정권은 제3공화국 헌법을 폐지하고 파쇼적인 신헌법을 공포했다. 탈출한 드골(51)은 런던에서 대독일 항전을 위한 '자유프랑스위원회'를 결성했다.

이후 독일은 영국 본토 상륙작전을 선언하고 이에 앞서 제공권을 장악하기 위한 공습을 영국 곳곳에 가했다. 상황이 이렇게 되자 미국의 루스벨트(59) 대통령은 더 이상 방관할 수 없다고 판단해 참전을 결정하기에 이른 것이다.

유럽이 1차 세계대전이라는 인류 역사상 최악의 참사를 겪고 난 지 불과 20여 년 만에 또다시 전쟁에 돌입하게 된 데 대해 유럽의 식민 지배를 받아 온 아시아, 아프리카에서는 이해할 수 없다는 반응이 지배적이다. "그토록 발달된 문명을 자랑해 온 유럽국가들이 하필이면 가장 야만적인 전쟁을 선호하는 이유를 알 수가 없다."라는 것이다.

관측통은 지난 1차 세계대전의 승전국들이 패전국인 독일과 이탈리아에 대해 지나치게 가혹한 제재를 가한 것이 이번 전쟁의 주요한 원인 가운데 하나라고 입을 모으고 있다. 독일은 모든 식민지를 빼앗기고 과중한 배상금을 지불해야 했으며, 특히 1929년 대

민간인 의용병 반파시즘 저항운동 전개

【1940년 6월 18일】 런던으로 망명한 드골 장군은 BBC방송을 통해 "프랑스의 레지스탕스 불길은 꺼져서는 안 되며, 또 꺼지지도 않을 것입니다."라고 프랑스 국민들에게 호소했다. 지금 프랑스의 레지스탕스에는 무장 유격대뿐만 아니라 일반 시민들도 가세해, 지하신문을 발행하거나 사보타주, 독일 순찰병에 대한 기습공격, 정보 전달 등에 이르기까지 다양한 반파시즘 투쟁에 앞장서고 있다는 소식이다.

▶독·소 불가침조약(1939) ▶독·이·일, 3국 군사동맹 체결(1940) ▶마오쩌둥, '신민주주의론' 발표(1940) ▶일·소 불가침조약(1941) ▶대서양헌장(1941)

2차 세계대전 폭발

미국군

일본군

공황이 유럽을 덮치자 실업자가 넘쳐나게 된 독일의 불만은 극에 달하게 됐다는 것이다.

현재 독일은 영국에 대한 공습전인 브리튼전투에서 영국 공군을 제압하는 것이 여의치 않자, 일단 영국 상륙작전을 미루고 전선을 동쪽으로 돌려 소련 침공을 준비하고 있는 것으로 알려졌다. 독일이 소련과 맺은 불가침조약을 깨고 침공한다면, 이번 세계대전은 자본주의 국가와 사회주의 국가가 벌이는 최초의 전면전으로까지 확대돼 그 파장이 만만치 않을 것으로 보인다. 독일이 소련을 먼저 제압한 뒤 영국과 미국을 상대로 마지막 승부를 벌이게 될지, 소련의 저항에 밀려 사면초가의 처지에 몰리게 될지, 세계가 숨죽이며 독일의 행보를 예의주시하고 있다.

》관련 기사 4면

태평양전쟁 발발

일본의 진주만 기습 공격으로 미국 전함이 불탄 채 바닷속으로 가라앉고 있다.

일본, '마지막 패'를 꺼내 들다
진주만 기습 공격, 전 세계 상대로 전쟁?

【1941년 12월, 미국】 일본군이 하와이 진주만의 미국 해군 기지를 선전포고 없이 기습 공격했다. 7일 일본 전투기와 폭격기 350대는 오전 7시 55분 기습 공격을 펼쳐 미국의 순양함 3척과 구축함 3척 등 다수의 함정과 180대가 넘는 항공기를 파괴했으며 3,000여 명의 사상자를 냈다. 또 같은 날 타이완 기지의 일본 폭격기들은 필리핀에 있는 클라크와 이바 군용비행장을 공격해 수많은 미군 항공기를 파손시켰다. 일본은 동시에 인도네시아, 미얀마 등 동남아시아로 진격, 전선을 확대해 세계를 상대로 전쟁에 돌입했다.

뜻밖의 기습을 당한 미국은 처음에는 적잖이 당황했지만 신속하게 전열을 정비하고 있다. 미국민은 이를 계기로 단결하고 있으며, 미국 의회는 8일 신속하게 일본에 선전포고를 했다. 일본이 미국을 기습한 이유에 대한 가장 유력한 설은 중·일전쟁의 장기화와 미국·영국 등의 개입에 대한 돌파구를 찾기 위해 전면전을 감행했다는 것이다. 일본은 중·일전쟁을 일으키면서 단기간에 승리할 수 있으리라고 생각했다. 그러나 4년이 지났지만 전선은 교착상태에 빠졌고, 전쟁을 계속 수행하기 위해서는 석유, 고무 같은 천연자원 확보를 위해 인도차이나반도를 점령하는 것이 불가피해졌다. 또한 미국이 고철과 석유의 일본 수출을 전면 금지하고, 영국도 일본의 세력 확장에 제동을 걸자 이들과 전면전을 선택하는 것밖에는 다른 방법이 없었다는 것이다.

일본은 이번 확전을 시도하면서 '대동아공영권'을 명분으로 내세우고 있지만, 이것은 일본이 점령지에서 인적, 물적 수탈을 원활히 하기 위한 속임수일 뿐이라는 평이다. 미국과 영국을 상대로 전면전을 벌인 일본이 승리하려면, 유럽 전선에서 독일이 소련을 무너뜨리고 영국과 미국에 총공세를 펴야 할 것으로 보인다. 바야흐로 세계대전은 세계 전역을 하나의 전선으로 묶어 전개되고 있다. 》관련 기사 4면

임시정부, 일본에 선전포고
태평양전쟁 즉각 대응

한국광복군총사령부의 성립을 알리는 장면.

【1941년 12월 9일, 충칭】 임정이 '대일 선전 성명서'를 발표하고 일본에 대한 전면전을 선포했다. 임정은 한·일병합의 무효를 거듭 주장하면서 "한국 전 인민은 현재 이미 반침략 전선에 참가하였으니 한 개의 전투 단위로서 추축국에 선전한다."라고 밝히고, "한국, 중국 및 서태평양으로부터 왜구를 완전히 구축하기 위하여 최후의 승리를 얻을 때까지 혈전한다."고 선언했다.

임정의 대일 선전포고는 일본의 태평양전쟁 패전과 민족 독립을 예견한 데 따른 것이라는 분석이다. 앞서 임정은 지난 11월 '대한민국 건국 강령'을 발표하고, 전후에 승전국으로서 당당히 독립할 한국 정부의 청사진을 제시한 바 있다.

▶전국연합진선협회 결성(1939) ▶국민징용령 실시(1939) ▶창씨개명 실시(1940) ▶임정, 한국광복군 창설(1940) ▶화북조선청년연합회 결성(1941)

사설

대동아 단결하여 일본 제국주의 타도하자

솔직히 놀랐다. 일본이 그렇게 대담할 줄 몰랐다. 만주를 집어삼키고 중국을 절반 넘게 차지하더니, 바야흐로 세계 자본주의의 일등 국가로 떠오른 미국을 공격했다. 그리고 인도차이나반도에서 영국과 프랑스를 밀어내고 '해방군' 노릇을 할 태세와 각오가 매섭다.

오늘의 대담한 행동 뒤에는 지난 1940년 8월 일본 외상 마쓰오카 요스케가 발표한 대담한 구상이 있었다. 이른바 '대동아공영권'. 아시아 모든 민족이 구미 제국주의의 식민 지배로부터 벗어나 함께 번영을 누리자는 구상이다. 1931년 만주를 침략하면서 일본, 한국, 만주, 중국, 몽골이 협력하자는 '오족협화'를 주장하더니, 거기에 동남아시아와 오스트레일리아, 뉴질랜드, 인도까지 포함시켜 거창한 규모의 세계 전략으로 발전시켰다. 이에 대해 중국의 왕자오밍 친일 괴뢰 정권과 동남아시아, 인도 등은 동조하는 태도를 보이고 있다. 일본 뜻대로만 되면 멋진 그림이 될 법도 하다.

그러나 일본이 그 구상을 선전하며 발악하는 동안 남들은 놀고만 있을까? 미국, 영국이 일본 마음대로 물러나 주지도 않겠지만, 한국과 중국에는 이미 대동아공영을 거부하고 투쟁하는 수많은 민중이 있다. 일본 주도의 대동아공영권이 어떤 것일지 알고 싶은 자는 자기 땅에서 2등 국민으로 전락해 창씨개명까지 강요당하는 한국 사람들을 보라. 진정한 대동아공영의 제1조건은 전대미문의 군사 파시즘으로 무장해 점령 지역을 가혹하게 수탈하는 일본 제국주의의 승리가 아니라 완전한 멸망이다.

2차 세계대전을 어떻게 볼 것인가

해설 | 제국주의 전쟁인 동시에 반파시스트 연합 전쟁

2차 세계대전은 지난 세계대전과 같으면서도 다른 전쟁이다. 이에 1차 세계대전과 비교해 2차 세계대전의 특징을 살펴보자.

2차 세계대전은 1차 세계대전의 연장선에서 일어났다. 1차 세계대전은 유럽 국가들이 발칸반도, 아프리카, 아시아를 두고 서로 차지하겠다고 싸운 식민지 분할 전쟁이었다. 그런데 전쟁이 끝난 뒤 당사국들은 자신들이 품었던 야심에 대해 반성하지 않았다. 미국의 윌슨 대통령이 내세운 민족자결주의는 사실상 패전국의 식민지를 빼앗기 위한 말장난에 그치고 말았던 것. 종전 후 베르사유조약에 따라, 독일은 1871년 수준으로 영토가 축소됐을 뿐 아니라 아프리카와 아시아의 식민지도 모두 잃었다. 게다가 막대한 전쟁 배상금이 부과돼 나라 경제가 휘청거릴 정도였다.

그림마당 | 이은홍

이러한 상황은 이탈리아도 마찬가지다. 그러자 두 나라의 국민들 사이에는 불만이 쌓여갔고 이러한 정서를 바탕으로 파시즘이 뿌리를 내리기 시작한 것이다.

따라서 독일의 1차적인 전쟁 목표는 빼앗긴 영토와 식민지를 모두 되찾는 것이었다. 나아가 유럽의 패권국가가 되어 우월한 결정권을 행사하고자 했다. 1차 세계대전 승전국들이 일방적인 이득을 챙겼듯이 독일도 똑같은 방식으로 이권을 챙기겠다는 것이었다. 따라서 이번 전쟁은 1차 세계대전과 똑같은 제국주의 전쟁이다.

하지만 이번 전쟁에는 1차 세계대전과 다른 요소도 있다. 세계 최초의 사회주의 국가 소련이 그것이다. 소련은 제국주의에 반대하는 것을 외교의 원칙으로 삼고, 식민지의 반제국주의 운동을 지원해왔다. 하지만 이번에는 파시즘에 대항하기 위해 그동안 제국주의 국가로 비난해온 영국, 프랑스, 미국과 손을 잡아야 하는 형세가 됐다. 소련이 전쟁 초기 국가의 안전을 지키기 위해 독일과 불가침조약을 맺었던 것을 생각해 본다면, 앞으로 소련이 반제국주의의 대의를 지킬 것인지 자국의 이익을 중시하는 국가 이기주의 모습을 보일 것인지도 이번 전쟁의 중요한 지점이 될 것이다.

기록실

임정의 '대한민국 건국 강령' 주요 내용

1. 우리나라는 우리 민족이 반만 년래로 공통한 말과 글로 국토와 주권과 경제와 문화를 가지고 공통한 민족정기를 길러온 우리 끼리로서 형성하고 단결한 고정적 집단의 최고 조직임.

3. 토지 제도는 국유의 유법을 두었으니 선현의 통론한 바 '조상의 지극히 공평하고 사사로움이 없이 나누어주는 법을 따라 후인이 사유하고 겸병하는 폐단을 고침'이라 했으니, 이는 문란한 사유제도를 국유로 환원하라는 토지혁명의 역사적 선언이다.

6. 임시정부는 13년(1931) 4월에 삼균 제도의 건국 원칙을 천명하였으니 "보통선거 제도를 실시하여 정권을 균히 하고 국유 제도를 채용하여 이권을 균히 하고 공비 교육으로써 학권을 균히 하며 국내외에 대하여 민족 자결의 권리를 보장하여서 민족과 국가와의 불평등을 고쳐버릴 것이니 이로써 국내에 실현하면 특권계급이 곧 없어지고 소수 민족의 침몰을 면하고 정치와 경제와 교육 권리를 균히 하여 높고 낮음을 없이 하고 동족과 이족에 대하여 또한 이렇게 한다." 하였다. 이 제도를 발양 확대할 것임.

7. 임시정부는 이상에 근거하여 혁명적 삼균 제도로써 복국과 건국을 통하여 일관한 최고 공리인 정치·경제·교육의 균등과 독립·민주·균치의 3종 방식을 동시에 실시할 것임.

▶미국, 일본에 미·일통상조약 폐기 통고(1939) ▶조선총독부, 근로보국대 130만 명 만주에 보내 집단 노동시킴(1939) ▶한국, 방공법에 따른 공습 대피 훈련 실시(1939)

1939년~1941년　　사회·경제 | 5면

국가에 바라지 말고 국가가 바라는 것을 내놔!

전쟁에 물자 부족 심각… 총독부, 물자통제령 이어 공출제도 시행

【1941년】 조선총독부가 물자통제령을 공포해, 직접 물자 관리에 적극 나서고 있다. 중·일전쟁으로 물자 부족이 심각해지면서 원료 값이 올랐기 때문이라는 분석이다. 예를 들어, 지난 1938년에는 목탄을 사용하는 자동차가 등장할 정도로 석유 공급이 부족해지자 전표제에 의한 가솔린 배급을 실시했고, 계속해서 최근까지 배급량을 줄이고 있다.

또 지난해 3월 조선총독부는 지정 고시 가격으로 묶여 있던 성냥 가격을 평균 15퍼센트 인상했다. 그동안 성냥은 원료 가격은 30퍼센트나 올랐다. 그러나 소비자 가격이 그대로 묶여 있자 공급자들이 생산을 줄이는 바람에 성냥 품귀 현상이 발생해서 이를 해결하려는 조치였다.

나아가 전쟁이 장기화됨에 따라 군수물자마저 부족해지자, 지난 4월 생활필수물자통제령, 6월 금속류회수물자통제령을 각각 공포해 그릇, 숟가락, 젓가락, 놋대야까지 마구잡이로 수탈해 가고 있다.

식량도 사정은 마찬가지다. 1939년 여름에 큰 가뭄이 들어 쌀 작황이 평년의 75퍼센트에 불과하자 극심한 쌀 부족 현상이 나타났다. 그 결과 시장에서는 가을에도 쌀값이 폭등하는 기이한 현상이 나타났다. 이에 조선총독부는 올해 쌀값을 안정시키고 중·일전쟁을 수행하는 데 필요한 군량미를 확보하기 위해 농산품 공출제도를 시행하고 있다.

특히 쌀 공출은 지난해부터 전국적으로 시행됐는데, 미곡배급조합통제법을 제정해 시장 유통을 금지하고 대신 국가에서 돈을 주고 쌀을 사 주었다. 그러나 국가가 지급하는 쌀값이 시장 가격보다 훨씬 낮기 때문에 농민들은 공출을 꺼릴 수밖에 없는 실정이다. 이에 조선총독부는 소작료로 받은 쌀을 전부 공출 대상으로 정하고, 부족한 쌀은 일반 농가에 할당량을 정해서 사들이고 있다.

앞으로 쌀 부족 현상이 더욱 심각해지면 전체 농민을 대상으로 먹고살 만큼을 제외한 쌀의 전량을 강제 공출하게 될 것이라는 관측도 나오고 있다.

공출제도는 앞으로 쌀에만 그치지 않을 것이라는 전망이다. 보리, 면화 등 다른 농산물도 공출 대상이 될 가능성이 크며, 공산품으로도 그 범위가 확대될 것으로 보인다. 조선총독부는 이미 집집마다 사용하는 놋그릇을 대상으로 유기 공출을 시행하고 있다.

공출한 놋그릇을 쌓아 놓은 모습(왼쪽)과 공동작업 공출 벽보(아래).

전쟁에서 승리하면 부강해지나, 부강한 자가 전쟁에서 승리하나

진단　경제 위기 돌파 위해 전쟁 일으킨 독일의 대차대조표

【1941년 12월】 2차 세계대전이 일어나기 전에 독일의 중공업 기술은 세계 최고 수준이었다. 크루프사는 각종 무기를 쏟아냈고, 티센사는 철강 분야에서 타의 추종을 불허하는 생산고를 올렸다. 항공 기술과 광학 기술도 빼어났다. 문제는 중공업을 지탱할 만한 민간 부문이 약하고 원자재의 대외 의존도가 높다는 것. 따라서 독일은 국내 경제 구조를 바꾸기보다는 전쟁으로 원자재를 확보하고자 세계대전을 일으켰다. 소련을 빨리 무릎 꿇리고 동유럽을 확보해 영국, 미국과 맞서는 동방 제국을 건설하는 것이 독일의 목표였다.

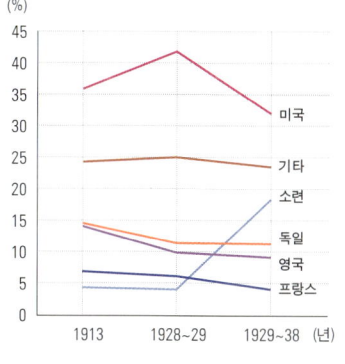
세계 공업 생산에서 각국이 차지하는 비율

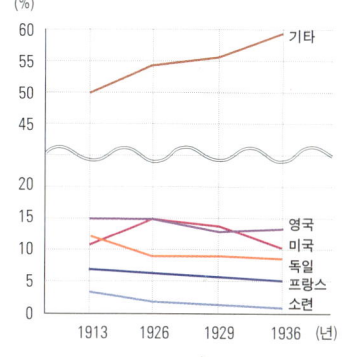
세계 무역량에서 각국이 차지하는 비율

이에 소련은 군수산업을 우랄 산맥 동쪽으로 옮기고 반격에 나섰다. 서방의 적인 영국과 미국은 당장의 경제력뿐 아니라 잠재력과 경제적 효율성에서 독일을 능가한다. 만약 독일이 이대로 소련에게 밀려 유고슬라비아, 루마니아 등의 석유 공급지를 잃어버린다면 전쟁은 끝난 것이나 다름없다. 독일 세계무역량에서 영국·미국에 뒤처진 독일은 군수산업 중심의 중공업에 대한 투자로 경제 위기를 극복하려고 했다.

은 온 국민을 하나의 이데올로기 아래 효율적으로 단합시킨 듯이 보이지만, 처음부터 지나치게 군수산업에 치중해 온 경제 구조 때문에 민간 부문을 끌어들여 총력전을 펼칠 능력이 제한돼 있다. 전쟁에서 승리하면 영국, 미국 등에 비해 처지는 경제력을 만회할 수 있을 것으로 생각했던 독일. 그러나 현실은 처음부터 경제력이 달렸던 독일의 승리 가능성이 낮아지는 쪽으로 움직이고 있다.

▶상고르와 세제르 등, 네그리튀드 운동 전개(1939년경) ▶미국 공화당, 남녀평등 헌법 수정안 지지(1940) ▶물자통제령 공포(1941) ▶티토, 파르티잔 투쟁 전개(1941)

169

다른 나비인 줄 알았더니 개체변이한 같은 나비

석주명, 나비분류학 체계 바로잡아

【1940년, 서울】 석주명의 명저『조선산 나비류 총목록』이 뉴욕에서 인쇄된 후 드디어 서울에서 발간됐다. 이 책은 지난 1938년 영국왕립아시아학회 한국지부가 석주명에게 한국산 나비에 관한 책의 집필을 요청해 만들어진 것. 석주명은 도쿄제국대학 도서관에서 넉 달간 작업한 끝에 지난해 3월『조선산 나비의 동종이명 목록』을 탈고, 이번에 책으로 출간했다.

석주명은 이 책을 통해 그동안 같은 종임에도 불구하고 다른 종으로 표기된 '동종이명(同種異名, synonym)'의 나비들을 밝히고, 한국산 나비분류학의 체계를 세웠다. 이는 일본 곤충학자들이 신종이나 신아종, 신변종으로 잘못 등록한 학명을 바로잡음으로써 가능했다. 이를 위해 그는 수많은 표본을 수집해 개체변이를 연구했다. 배추흰나비의 예를 들면 석주명은 배추흰나비 16만 7,847마리(개체)의 변이를 살펴보면서, 채집한 표본의 암수를 구별하고 날개의 형태, 무늬와 띠의 색채, 모양, 위치를 조사했다. 그 결과 다른 종이나 아종, 이형이라고 보고된 20여 개의 학명이 실제로는 배추흰나비가 평범하게 개체변이한 동종이명이라는 사실을 밝혔다.

이러한 연구 방법을 바탕으로『조선산 나비류 총목록』에는 212개에 달하는 동종이명 목록을 덧붙이면서, 잘못된 학명을 고치고 우리 나비를 255종으로 확정한 것이다.

『조선산 나비류 총목록』은 석주명이 10여 년에 걸쳐 행한 변이 연구를 전 세계에 알리는 역작으로 평가받고 있다. 책 서문에는 "석주명의 정확성 덕분에 한국산 나비의 올바른 이름과 산지를 알고자 하는 연구자는 큰 도움을 받을 것이며, 그동안 나온 이 분야의 저작 중에서 가장 가치 있는 최고의 것으로 이 책을 주저 없이 추천한다."라고 밝히고 있다.

한국이 낳은 세계적인 과학자 석주명이 한국산 나비의 분류 체계를 바로잡을 목적으로 채집한 나비 표본. 석주명의 연구 성과만큼이나 아름다운 자태를 뽐낸다.

리승기, 새 합성섬유 '비날론' 발명

【1939년, 일본】 새로운 합성섬유 '비날론'이 한국인 과학자의 손으로 발명돼 화제다. 그 주인공은 교토대학 다카쓰기연구소의 연구원 리승기. 그는 이번 발명으로 교토대학에서 공학박사 학위를 취득했다. 일본에서 '합성 1호'로 불리는 이 비날론은 석회석을 주원료로 하는 합성섬유. 고급 양복감으로는 쓰이지 못하지만 기타 용도의 옷감, 밧줄, 그물, 천막, 타이어 코드사, 합성 종이 제조 등에 쓰일 것으로 기대돼, 우장춘과 석주명에 이은 한국 과학의 쾌거라는 평가를 받고 있다.

캘린더, 지구 온실효과 밝혀

【1940년, 스웨덴】 산업체 연구원 캘린더가 '온실효과'를 가져오는 온실가스의 성질을 밝혀냈다. '온실효과'란 대기 중의 이산화탄소 등이 마치 온실의 비닐이나 유리처럼 지구 표면의 온도를 높이는 현상을 말한다. 온실가스는 지구로 들어오는 짧은 파장의 가시광선과 적외선을 통과시키고, 지구로부터 복사되는 긴 파장의 적외선을 흡수한다. 이렇게 흡수돼 지구 밖으로 달아나지 못한 적외선이 지구 전체에 '온실효과'를 일으키는 것.

최근 산업화로 인해 배출되는 이산화탄소의 양이 늘어나면서 지구 온난화가 환경에 큰 위협이 될지도 모른다는 경고가 대두되고 있어, 캘린더의 '온실효과' 규명은 관심을 모으고 있다. 이산화탄소뿐 아니라 메탄, 염화불화탄소(프레온) 등이 많이 배출되면, 온실효과에 따라 지구의 기온이 상승해 생태계의 파괴를 피할 수 없기 때문이다.

헬리콥터 발명

【1939년, 미국】 항공기 제작자 시코르스키가 직접 만든 헬리콥터 VS-300(사진)을 타고 비행에 성공했다. 앞부분의 커다란 수평 회전 날개로 상승 추력을 만들고, 꼬리 쪽의 작은 수직 회전 날개로 수직 이착륙과 전후좌우 비행을 할 수 있다고 한다.

▶오하인, 최초의 제트기 시험 비행(1939) ▶밀러, DDT 살충제 개발(1939) ▶플로리, 페니실린으로 질병 치료(1940) ▶맥밀런, 에이블슨과 함께 넵튜늄 개발 성공(1940)

1939년~1941년

최린 윤치호 김은호 홍난파 현제명 이광수 모윤숙 노천명 김활란…
어둠 속에 떨지 말고 친일하여 광명 찾자

(위) 친일 반민족 행위를 벌인 문화계 인사로, 왼쪽부터 최린, 윤치호, 이광수 방응모, 김은호, 노천명, 김활란, 김동인. 그 아래는 왼쪽부터 2회 성전 미술전을 관람하는 학생들과 출품작, 김은호의 〈금차봉납도〉이다.

【1941년】 태평양전쟁이 일어난 지 6일째 되던 날, 서울 부민관에서 희한한 일이 벌어졌다. 1천여 명이 임전보국전선대회를 열고 "황국신민으로서 황도 정신을 선양하고, 사상 통일을 기한다"며 친일 활동을 다짐했는데, 단장은 3·1운동의 민족 대표 33인 중 한 명인 최린(63), 고문은 『독립신문』 사장을 지낸 윤치호(76) 등이다.

친일 신드롬은 문화계도 강타하고 있다. '획하봉공, 화필보국'을 내세우며 일본 군국주의를 찬양하고 국방 기금을 마련하는 전람회도 개최됐다. 이런 미술계의 움직임에는 조선미술가협회의 창설을 주도하고 〈금비녀 헌납도〉를 그린 김은호(49)가 앞장섰다. 음악가들도 일제의 침략 전쟁을 미화하는 노래를 만들고 있다. 〈정의의 개가〉를 작곡한 홍난파(43)와 〈후지산을 바라보며〉의 곡을 쓴 현제명(39)이 대표적이다. 특히 홍난파는 1940년 7월 7일 『매일신보』에 "우리의 모든 힘과 기량을 기울여서 황국신민으로서 음악 보국 운동에 용왕매진할 것을 마음속에 스스로 기약하지 않으면 안 될 것이다."라는 친일의 글을 실었다.

문단에서는 1939년에 이광수(49), 최재서(33), 박영희(45) 등이 조선문인협회를 결성해 내선일체('일본과 조선은 하나'라는 뜻)를 표방하며 친일 문학 활동을 전개하고 있다. 특히 이광수는 지난해에 한국인이 스스로 일본인과 같은 성으로 바꾸는 창씨개명을 해 민족의 지위를 올리자고 주장했다가 많은 이의 분노를 샀다. 모윤숙(31), 노천명(29) 등 여류 문인도 조선임전보국단에 가입해 공출, 헌금 등 전쟁 협력 활동을 하고 있다.

민족지를 표방한 언론들도 친일 행각에 나섰다. 1938년 일제가 조선지원병령을 공포하자, 『조선일보』에는 "내선일체의 정신으로 종래 조선 민중이 국민으로서 의무를 다하지 못하고 있던 병역 의무의 제일 단계를 실시케 하는 것이다. 황국신민으로 그 누가 감격치 아니하며 그 누가 감사치 아니하랴."라는 글이 실렸고, 『동아일보』도 "황국신민으로서 감사하며 본분을 다하자"는 선동에 나섰다.

불교계는 1937년에 "조선 불교를 대동단결시켜 국민 정신 진흥 운동에 앞장세우자"는 모임을 갖고 일본군을 위문하는 등의 친일 행사를 벌였다. 천도교는 청년단이 앞장서고, 유교는 조선유림연합회를 결성해 친일 행각을 벌이고 있다. 기독교계도 남장로선교회 등 일부는 신사참배를 거부했지만 대부분은 일찍부터 신사참배에 참여한 실정이다.

교육계의 대표적인 친일 인사는 이화여전 교장 김활란(42). 1938년 애국여자단을 만들어 조직적으로 친일 활동을 해오고 있다.

친일파는 한·일병합 이전부터 등장해 일제 강점기를 거치면서 확대재생산돼왔다. 그런데 친일파가 수적으로 늘어나면서 적극적으로 활동하기 시작한 것은 1937년 중·일전쟁 이후부터다. 일제가 대륙 침략을 본격화하면서 인적, 물적으로 한국인의 협조가 필요해지자 친일파를 적극적으로 양성하기 시작했고, 일부 한국인이 이에 호응해 민족을 팔아 자신의 이익을 챙기고 있다는 분석이다.

지금 일제는 '일선동조론(일본과 조선의 조상이 같다는 논리)'을 내세우며, 한국인도 일본인과 똑같이 황국신민이 돼야 한다고 주장하고 있다. 내선일체 구호와 창씨개명 운동이 바로 그 같은 황국신민화 정책의 일환이다. 이것은 한국인을 지구상에서 없애고 일본인으로 흡수하겠다는 민족말살정책인데, 한국 최고의 지성인들이 그에 감사하며 동족을 전쟁 노예로 바치고 있다. 한민족은 일제의 물리적 수탈 못지않게 무서운 친일파들의 지적, 문화적 변신에 의해 최악의 생존 위기를 맞고 있는 것으로 보인다.

모더니즘 영화 탄생!

【1941년 5월】 고전주의 영화의 시대가 막을 내리고, 모더니즘 영화의 장이 열렸다. 신호탄은 영화 〈시민 케인〉. 이 작품은 전례가 없는 대규모 실험 영화로 주목 받고 있다. 초점 거리가 깊은 딥 포커스와 정지할 줄 모르는 이동 카메라, 시적 리얼리즘의 미장센으로 시간과 공간의 새로운 만남을 담아냈다. 셰익스피어의 열렬한 추종자이며, 체홉과 입센에 정통한 연극 연출가 출신인 오손 웰스(26)가 감독, 주연 등을 맡았다.

▶황군 위문 작가단 발족(1939) ▶『동아일보』·『조선일보』 강제 폐간(1940) ▶헤밍웨이, 『누구를 위하여 종을 울리나』 발표(1940)

한국어 '마지막 수업' 오래 오래 기억할 거야

제3세계 통신

아시아 자존심 시암, 국호를 타이로 바꿔

【1939년】 일본 제국주의를 제외하고는 아시아에서 유일하게 식민지로 전락하지 않은 채 독립을 지킨 시암왕국이 국호를 타이로 바꾸고 새 출발할 예정이다. 지난 세기 시암은 라마5세가 사법·행정제도 개혁과 함께 근대화를 이루고 영국과 프랑스의 대립을 이용해 식민지화의 위기를 벗어난 이래 독립국으로 살아남아 이웃의 부러움을 샀다. 그 후 왕족이 전제정치를 펼치면서 정치적 부패가 심해지자 이에 대한 불만이 높아져 혼란을 겪기도 했으나, 지난 1932년 인민당이 무혈 쿠데타를 일으켜 집권한 뒤에는 헌법을 공포하고 입헌군주국으로서 새로운 출발을 한 바 있다.

베트남도 일본에 맞서 민족통일전선 결성

【1941년】 호치민(51)을 중심으로 한 인도차이나공산당과 민족주의 계열 정당이 힘을 합쳐 베트남독립동맹(베트민)을 결성했다. 이들의 당면 목표는 프랑스로부터 베트남의 독립을 쟁취하고, 일본 제국주의에 저항하는 것. 이에 대해 일본의 패전이 독립의 기회가 될 것으로 파악한 호치민이 반일 노선을 분명히 한 것이라는 분석이 지배적이다. 일본군은 독일에 패한 프랑스의 양보로 베트남에 주둔하면서 베트남 독립운동 세력과 맞서게 됐다.

그동안 인민전선(파시즘에 대항하는 좌파 동맹)을 주장해 왔던 호치민은 일본군에 항거하기 위해 우파 민족주의자들과도 손을 잡은 것이다. 호치민은 중국 공산당과 국민당의 원조를 얻기 위해서도 노력하겠다고 밝혔다.

부고

▶ **문일평**(1888~1936) : 한국의 민족주의 사학자. 주요 저서『조선사화』,『호암전집』,『한국의 문화』등.

▶ **트로츠키**(1879~1940) : 소련의 정치가. 스탈린과의 권력투쟁에서 패해 추방당한 뒤 멕시코에서 암살당했다.

▶ **조이스**(1882~1941) : 아일랜드의 소설가. '의식의 흐름' 수법으로 유명하다. 대표작『더블린 사람들』,『젊은 예술가의 초상』,『율리시스』등.

▶ **타고르**(1861~1941) : 인도의 시인. 노벨문학상 수상. 1920년『동아일보』에 시〈동방의 등불〉을 실어 한국인에게 감동을 선사했다. 주요 작품『아침의 노래』등.

수업 시간에『일본어독본』을 읽는 학생들.

【1941년】 경상북도 의성의 안평국민학교 6학년 교실. 대구사범학교를 졸업하고 부임한 지 한 달도 안 된 교사 장세파(22)의 목소리가 떨렸다.

"우리 한국인은 입으로는 '황국신민의 서사'를 부르더라도 내심은 어디까지나 한국인이라는 마음을 망각해서는 안 된다."

57명의 학생들은 이 젊은 교사가 한국어 시간만 되면 흥분해 가르치는 것을 보아왔지만, 오늘은 또 달랐다. 아이들은 장 교사의 말 한 마디 한 마디를 놓치지 않으려는 듯 귀를 기울였다. 사실 얼마 전 교문에 '안평소학교' 대신 '안평국민학교'라는 문패가 달리면서 아이들은 학교에서 한국어를 배울 수 없을 것이라는 소리를 들었다. 바로 일본 문부성의 '국민학교령' 때문이란다. 1938년부터 한국어 과목을 금지할 것이라는 이야기가 들려왔지만, 아이들이나 학부모들이 정말로 한국어 시간이 없어진다고는 생각하지 못했다.

장 교사는 한국어는 한민족이 쓰는 우리말이고, 일본은 한민족을 없애려고 한국어를 쓰지 못하도록 하는 것이라고 설명해 나갔다. 그리고 학교에서 더 이상 한국어를 가르칠 수도 배울 수도 없지만, 한국어를 잊지 말아야 하는 것은 우리가 한국인이고 한국인의 마음을 가졌기 때문이라고 말을 이었다.

"내가 시골에 와서 교원을 하고 있는 것은 한국의 독립을 도모하기 위한 것이다. 금후 10년을 경과하면 한국의 독립은 필연적으로 이루어질 것이다."

이날 수업 내용은 한국어 시간과는 거리가 멀었지만 학생들은 이 시간을 오래 기억할 것이라고 소곤거렸다.

스타킹이 아니면 페인트를 달라

【1941년, 미국】 '꿈의 섬유'로 찬사를 받고 있는 나일론이 선풍적인 인기다. 영국의 한 여성(사진)은 스타킹을 신은 것처럼 보이려고 다리에 페인트를 칠할 정도. 이 여성은 스타킹을 사려고 배급 식량 쿠폰을 모으고 있는 중이란다. 나일론이 첫선을 보인 것은 1938년 뉴욕세계박람회장. 미국의 듀폰사는 당시 "물과 공기와 석탄으로 만들었으며 강철보다 강하고 거미줄보다 가는 섬유"라고 선전했다.

할리우드 스타 필립 안 알고 보니 안창호 아들

【1939년】 영화〈장군, 여명에 지다〉에서 게리 쿠퍼를 피스톨로 협박하던 독특한 마스크의 동양인 성격배우 필립 안(34). 중국 출신 여배우 안나 메이완과 결혼, 주로 중국 관련 영화에서 주요 배역을 맡았다.

필립 안은 일본에서 중국 출신으로 소개되고 있으나, 실은 평안남도 출신 한국인으로 밝혀졌다. 그것도 지난해 서거한 독립운동가 안창호의 장남 안정훈인 것으로 알려져 더욱 화제다.

콜더의 움직이는 조각 '모빌'의 세계

【1939년, 미국】 움직이는 조각으로 부피와 형태를 끊임없이 변화시켜 전혀 새로운 시각 경험을 창조해 낸 환상조각가 콜더의 최근작〈새우와 물고기의 꼬리〉가 공개돼 화제이다. "몬드리안의 작품을 움직이게 하고 싶다"고 생각한 콜더가 1932년 파리에서 전시회를 열었을 때, 마르셀 뒤샹은 움직이는 조각이라는 뜻에서 그의 작품을 '모빌'이라고 이름 붙였다.

안약(1930년대) : 노동자의 눈은 '스마이루(스마일)' 안약이 지킨다는 선전 문구로 노동자의 작업 능률을 향상시키려는 전시 총동원 체제 하의 광고이다.

▶국제 어린이 청소년 야구 기구 '리틀 리그' 조직(1939) ▶학생들 국방색 학생복에 전투모 착용(1940) ▶볼펜, 영국에서 선풍적 인기(1940년경)

1942년~1945년
근현대사신문

근대 20호

주요 기사 **2면** | 2차 세계대전 마침내 끝나 (1945) **3면** | 일본, 항복 임박 (1945) **4면** | 사설 – 이런 나라에서 살고 싶다 **4면** | 해설 – 민간인까지 마음먹고 죽인 전쟁 **5면** | 인터뷰 – 위안부 생활하고 돌아온 한국 여성 **6면** | 세계 최초 핵실험 성공하던 날 (1945) **7면** | 조선총독부, 항일사적 파괴령 공포 (1943) **8면** | 후방 도시에서 살아남기

종전과 해방

태평양전쟁이 발발하자 영국과 미국은 우선 유럽에서 독일을 타도하는 데 힘을 쏟는다는 전략을 세웠다. 독일의 침공을 받은 소련은 제2전선을 형성해 함께 싸울 것을 요청했으나, 영국은 독일과 이탈리아의 '부드러운 아랫배'에 해당하는 북아프리카부터 공격해 올라간다는 전략을 고집했다. 독일의 롬멜 전차군단이 북아프리카에서 이탈리아를 지원했으나, 영·미의 반격에 궤멸당했다. 유럽에서 독일군의 95퍼센트를 상대해야 했던 소련은 스탈린그라드에서 운명을 건 방어전 끝에 승리를 쟁취했다. 이 전투는 연합국의 사기를 높이고 히틀러의 군부 장악력을 떨어뜨려 세계대전의 물줄기를 바꾸어 놓았다.

태평양전쟁은 승승장구하던 일본이 1942년 미드웨이 해전, 1943년 과달카날 전투에서 잇달아 패한 뒤 전세가 뒤바뀌었다. 일본군은 거의 다 장악했던 중국에서도 중국군의 해방구에 자리를 내주고 있다. 마침내 지긋지긋했던 전쟁이 끝나가고 있는 것이다.

사진 | 전쟁이 끝나고 만난 사람들

독일 항복, 2차 세계대전 유럽 전선 상황 끝!
미·소의 동서 협공에 히틀러 자살… 얄타회담, 독일 분할 결정

1945년 2월, 2차 세계대전의 승리를 확신하며 유럽의 재건 계획을 논의한 얄타회담을 끝마친 뒤 웃고 있는 처칠, 루스벨트, 스탈린.

1945년 4월 30일 베를린을 해방시킨 소련 병사가 국회의사당에 소련 국기를 꽂고 있다.

【1945년 5월】인류가 이겼다. 사상 최악의 반인류 범죄 집단을 이끌고 광기의 전쟁을 일으킨 히틀러(56) 총통이 베를린 관저 지하에서 자살하고 독일이 무조건 항복을 선언했다.

앞서 지난 1943년 11월 이란의 테헤란에 모인 미국·영국·소련 등 연합국은 스탈린(66) 원수의 주장에 따라 북프랑스 상륙작전에 합의하고, 지난해 6월 미국 아이젠하워(55) 장군의 총지휘 아래 노르망디 해안에 상륙, 독일의 점령 아래 놓여 있던 프랑스를 수복해 나갔다.

막대한 물량을 보유한 미국은 서부 전선에 무제한 폭격을 가하면서 베를린으로 압박해 들어갔고, 소련은 동부 전선에서 역시 베를린을 향해 진격했다. 지난 4월 말 양국 군대는 중부 유럽의 엘베강에서 만나 하이파이브를 주고받으며 독일에게는 더 이상 희망이 없음을 확인했고, 히틀러는 자살로써 전쟁 범죄의 책임을 회피했다.

이처럼 전세가 기울어가는 가운데 연합국 수뇌들은 전후 처리 문제를 더욱 긴밀하게 논의해왔다. 논의의 초점은 두차례나 전쟁을 도발한 독일이 다시는 전쟁을 하지 못하도록 하는 방안과 아직도 항복하지 않고 있는 일본을 어떻게 제압할 것인가로 모아졌다.

결국 지난 2월 크림반도의 얄타에서 루스벨트(61) 미국 대통령, 처칠(71) 영국 수상, 스탈린 소련 원수가 모여 합의점을 이루어냈다. 합의 내용은 전쟁을 일으킨 독일의 영토를 축소할 뿐만 아니라 동독과 서독으로 분할해 전쟁 능력 자체를 영원히 제거한다는 것이었다. 또한 독일이 항복한 뒤에는 소련이 병력을 동쪽으로 돌려 아시아에서 일본과의 전쟁에 참여해야 한다는 내용도 포함돼 있다.

이 같은 얄타협정에 따라 연합국은 항복한 독일을 동서로 나누고 서쪽은 미군, 동쪽은 소련군이 맡아 독일군을 무장해제시키고 있다. 또 동쪽 블라디보스토크에서는 소련군이 일본 점령 아래 있는 한국을 향해 남하할 준비를 하고 있다는 소식이다.

》관련기사 19호 2면

아우슈비츠는 아직 끝나지 않았다고 말한다 사상 최악의 강제 수용소 해방

【1945년 1월, 폴란드】전 유럽에서 강제로 체포된 유대인, 소련인, 집시 등이 이곳 오스비엥침(독일 이름 '아우슈비츠')의 강제수용소로 끌려왔다. 비좁은 열차 안에서 아무것도 먹지 못한 채 7~10일간을 달려온 이들을 줄 세워놓고, 나치 친위대와 의사들은 일할 수 있는 죄수들을 골라냈다. 나머지 70~80 퍼센트의 죄수들은 "샤워하러 가자."라는 말을 듣고 끌려갔으나, 그들이 간 곳은 죽음만이 기다리고 있는 가스실이었다.

폴란드에 진격한 소련군이 아우슈비츠 수용소를 해방시키자 살아남은 자들에게서 끔찍한 증언이 쏟아져 나오고 있다. 소련군은 독일군이 미처 다 파괴하지 못한 수용소를 샅샅이 수색하고 있으며, 가스실의 잔해와 7톤에 이르는 머리카락을 발견했다. 머리카락에는 사이클론 화합물의 독성 원소가 검출되어 독가스에 희생된 자들의 것임이 확인되고 있다.

나치스는 1940년 4월 친위대 장관 하인리히 힘러를 앞세워 울타리에 고압전류가 흐르고 기관총을 든 경비병이 감시탑에서 지키는 아우슈비츠 수용소를 세우고 폴란드인, 러시아인과 유대인을 가둬 강제 노동과 생체 실험을 자행해 왔다. 이곳에 갇혔던 스타니슬라프 클로진스키는 지난 1943년 죄수들의 목숨은 걱정하지 말고 수용소를 폭파해 달라는 비밀 편지를 외부로 보내 참상을 알린 바 있다.

아우슈비츠 수용소 정문. '노동이 자유를 준다.'라는 글이 쓰여진 문을 통과하면 살인적인 강제 노동이 펼쳐진다. 대략 400만 명이 이곳에서 목숨을 잃은 것으로 짐작된다.

▶일본, 마닐라·싱가포르·미얀마 랑곤 점령(1942) ▶인도, 뭄바이에서 반영 불복종 운동 재개(1942) ▶코민테른 해산(1943) ▶일본, 도쿄서 대동아회의 개최(1943)

일본 항복 임박, 태평양 전선도 이상 없다!

항복 권고한 포츠담선언 거부하자 소련 참전, 미국은 원폭 공격

1944년 7월 20일 태평양제도의 괌섬에 상륙한 미국 해병대 병사들이 성조기를 꽂고 있다. 오른쪽은 미드웨이해전에서 미 공군의 공격을 받아 불타고 있는 일본 전함.

【 1945년 8월 9일, 나가사키 】 일본의 패배가 눈앞에 다가왔다. 미국은 지난 7월 26일 일본의 무조건 항복을 권고한 미·영·중·소 수뇌들의 포츠담선언을 일본이 거부하자, 8월 6일 히로시마에 이어 오늘 나가사키에 원자폭탄을 투하했다. 나가사키에서만 4만 명이 죽고 도시의 절반이 파괴됐다. 사망자가 10만 명에 이를 것이라는 관측이 나오자 전 세계는 역사상 최초로 등장한 원자폭탄의 가공할 위력에 선율하고 있다.

이번 미국의 원자폭탄 공격으로 일본은 사실상 전쟁을 수행할 능력을 상실했다는 것이 군사 전문가들의 공통된 견해이다. 다시 말해 이제 일본의 항복만이 남아 있다고 볼 수 있다. 일본이 더 이상 전쟁을 수행할 수 없다고 보는 또 다른 근거는 소련이 일본과의 전투에 참전했다는 사실이다. 소련은 어제 일본에 선전포고를 하고 연해주를 넘어 한국과 만주의 국경 지대에서 전투를 벌이고 있다. 게다가 독일이 지난 5월에 항복, 연합국의 모든 병력이 일본을 겨냥하고 있는 상황도 일본의 목을 조르고 있다. 일본이 미국과 소련 두 강대국과 전투를 계속할 수 없다는 것은 명백해 보인다.

태평양전쟁 초기에 승승장구하던 일본의 기세가 결정적으로 꺾이게 된 계기는 미드웨이해전이었다. 일본은 진주만 공격으로 기선을 제압한 상태에서 미국의 해군력을 초토화시키기 위해 태평양 한가운데 있는 미드웨이 해군기지를 총공격했다. 이 공격에는 항공모함 4척과 소형 항공모함 3척, 수상 비행기를 탑재한 항공모함 2척, 전함 11척, 순양함 15척, 구축함 44척, 잠수함 15척 등 진주만 공격 때보다 훨씬 많은 군사력이 동원됐다. 그러나 일본이 이 운명의 해전에서 대패함에 따라 전세는 급격히 기울었다.

일본 수뇌부는 금명간 무조건 항복을 결정할 것으로 알려졌다. 만주사변으로 시작된 일본의 '15년전쟁'이 막을 내리고 있다.

포츠담선언이란

트루먼(61) 미국 대통령, 처칠(71) 영국 수상, 장제스(58) 중국 총통 등이 1945년 7월 17일부터 26일까지 베를린 교외의 포츠담에 모여 전후 유럽 질서와 일본의 무조건 항복 등을 논의하고 발표한 선언. 스탈린도 이 선언에 서명했다. 연합국 수뇌들은 "독일 국민에게 민주적·평화적 기반 위에서 궁극적인 생활 개선의 기회를 주고자 한다."라고 선언하고, 독일을 네 지구로 나누어 각각 소련·영국·미국·프랑스의 점령군 총사령관이 관할하기로 했다. 또한 이들은 일본에 무조건 항복과 포츠담선언 수락을 요구하는 최후통첩을 보냈으나 거절당했다.

일본, 우리가 갈 때까지 항복하지 마라!

광복군, 국내 진공 작전에 착수… 징용 거부 청년들 속속 결집

【 1945년 8월 】 임정 산하 광복군과 미군 특수부대인 OSS(Office of Strategic Services)가 특공대를 조직, 8월 20일 안에 낙하산·잠수정 등을 이용해 한국 국내로 진공한다는 계획을 세웠다. 광복군은 지난 5월 OSS와 함께 국내 진입을 위한 '독수리 작전'에 착수한 바 있다. 이 작전은 광복군이 OSS의 특수 훈련을 받은 다음 국내로 잠입해 정보 수집·중요 시설 파괴·후방 교란 등 특수 임무를 전개하다가, 광복군과 미군이 상륙할 때 합류해 일본군을 공격한다는 계획이다.

이에 따라 광복군 제2지대는 이달 4일 특수 훈련을 받은 1기생 50명을 배출했다. 훈련에 참가한 공작대원들 중에는 일본 학병으로 끌려갔다가 탈출해 광복군에 들어간 장준하(27), 노응서, 이광인, 김상철 등도 포함됐다.

태평양전쟁 발발 후 김원봉(47)의 조선의용대를 편입한 광복군은 작년부터 임정 통수부의 지휘를 받아왔으며, 임정은 이번 작전으로 연합국 일원이 될 수 있기를 기대하고 있다.

한편 광복군과는 별도로 김두봉(55)을 중심으로 중국 옌안에서 활동 중인 조선독립동맹 산하 조선의용군과 여운형(59) 등이 지난해 국내에서 조직한 건국동맹도 국내에서 협동 작전을 모색하고 있는 것으로 알려졌다.

1945년 8월 미군 OSS의 특수 훈련을 마친 노응서·김준엽·장준하(왼쪽부터).

▶전승 연합 대회, 대한민국 임시정부 승인(1942) ▶징병제 공포(1943) ▶광복군, 연합군 요청으로 버마에 파병(1943) ▶일본 육군성, 학병제 실시(1943)

민간인까지 마음먹고 죽인 전쟁

해설 천인공노할 2차 세계대전의 범죄성

사설
이런 나라에서 살고 싶다

조국의 해방이 다가왔다. 30여 년의 공백을 딛고 새로 세워질 나라는 어떤 나라여야 할까? 안팎의 조건은 나라를 빼앗기기 전에 비하면 이루 말할 수 없이 달라졌다. 이전의 군주국으로 돌아가자는 사람은 아무도 없다. 이전의 신분 사회로 돌아가자는 사람도 없다. 어떤 이는 미국, 영국 같은 자본주의 공화국을 희망하고 어떤 사람은 소련 같은 사회주의 공화국을 지향한다. 어느 쪽이 됐든 국체를 결정하는 것은 우리 국민 전체의 의사여야 할 것이다. 서로 지고 볶고 싸우면서 수천 번을 토론하더라도 반드시 우리끼리 합의를 이루어내야 한다.

이와 관련하여 특히 경계해야 할 것은 짧지 않은 일제 치하에서 고질이 됐을지도 모르는 '식민지 근성'이다. 30여 년 동안 우리 민족은 자기 운명의 결정권을 일제에 빼앗겼다. 그러는 동안 중대한 문제를 동포가 아닌 일제에 의지해 해결하려는 근성의 소유자들이 양성되었다. 독립을 되찾기 위해 싸워온 민족 지도자들이 새 나라를 꾸리려면 경험의 부족에서 오는 시행착오를 겪게 될 것이고, 그때마다 일제 치하에서 훈련받은 친일 관료들의 역할이 필요하다는 이야기가 나올지도 모른다. 그러나 2등 국민의 지위에 안주하며 동족을 저버린 친일파들은 철저한 청산과 반성 없이 새 나라의 요직을 맡을 수 없다. 국가의 중대사를 국민보다는 외세에 의존해 해결하려는 습관이 대물림되는 시나리오는 생각조차 하기 힘든 악몽이다. 아무리 힘들어도 우리나라는 '우리' 힘으로 운영해야 한다.

2차 세계대전은 유럽에 국한됐던 1차 세계대전과 달리 전 세계를 전쟁터로 삼아 세계의 거의 모든 나라가 참전한 말 그대로 세계대전이었다. 그에 따라 발생한 엄청난 규모의 피해 상황을 점검하고, 그 원인을 분석해 본다.

2차 세계대전의 참가국은 연합국 측 49개국, 동맹국 측 8개국이다. 임정은 광복군의 국내 진공 직전에 일본이 항복해 승전국 자격을 인정받지 못했다. 중립국은 스위스 등 6개국이었다.

60개국에 육박하는 참전국이 동원한 병력은 총 1억 1,000만 명에 이르고, 그 가운데 2,700만 명이 죽었다. 놀라운 것은 민간인 희생자도 그에 못지 않게 많이 생겨났다는 것이다. 1차 세계대전과 비교해 동원 병력은 약 2배, 전사자는 약 5배, 민간인 희생자는 약 50배이다. 유럽에서는 사생결단의 혈전을 벌인 독일과 소련의 희생자가 가장 많다. 특히 소련은 민간인을 포함한 사망자가 2,000만 명(전사자 1,360만 명)으로 전 인구의 약 1/10을 잃었다. 독일인 사망자는 550만 명(전사자 500만 명)으로 역시 전 인구의 약 1/10이다. 일본은 250만 명(전사자 185만 명)으로 전 인구의 약 1/40이 목숨을 잃고, 중국인 1,300만 명이 죽었다.

이러한 통계를 볼 때 2차 세계대전은 민간인의 희생자가 두드러지게 많은 것이 특징이다. 그렇게 된 가장 큰 이유는 나치스의 인종주의이다. 민간인 희생자 가운데 유대인이 약 500만 명을 차지하고 있으며, 이 숫자는 나치스의 지배를 받은 유대인의 약 70퍼센트에 이르는 것으로 조사됐다. 또 한 가지 이유는 1차 세계대전 때 총력전 개념이 등장한 이래, 전쟁이 민간인을 배제하지 않는 대량 살육전으로 비화된 것을 꼽을 수 있다. 유럽 각국과 미국이 과학 기술에 많은 투자를 하고 군수산업을 육성한 결과 원자폭탄을 비롯해 가공할 살상력을 지닌 폭탄과 탱크, 전투기 등이 쏟아져 나와 대량 살육의 피해는 더욱 증폭됐다. 주택과 산업 시설 파괴 등 재산상의 피해는 미처 헤아리기 어려운 천문학적 규모에 이르고 있다.

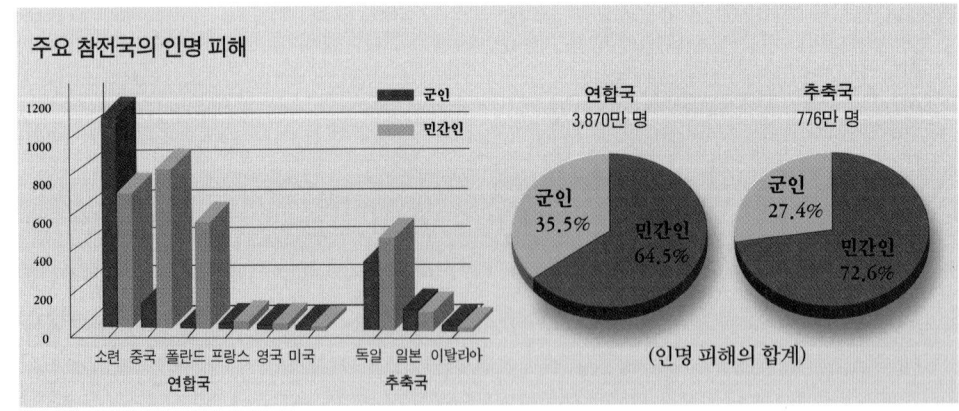

주요 참전국의 인명 피해 (인명 피해의 합계)

기록실
한국의 독립을 언급한 카이로선언

테헤란 회담과 비슷한 시기인 1943년 11월 말, 영·미·중 3국은 이집트의 카이로에 모여 회담을 갖고 일본에 대한 대응과 전후 처리 방침을 밝혔다.

루스벨트 대통령, 장제스 총통, 처칠 수상은 아래와 같이 성명한다.

각 군사 사절은 일본국에 대한 장래의 군사 행동을 협의하여 결정했다. 3대 동맹국은 해로·육로·공로를 통해 야만적 적국에 대하여 가차 없는 압력을 가할 결의를 밝혔다. 3대 동맹국은 일본국의 침략을 제지하고 다만 이를 벌하기 위하여 지금의 전쟁을 수행하고 있는 바이다.

연합국은 자기 나라를 위해서는 아무런 이득도 추구하지 않으며, 영토 확장에도 아무런 욕심도 가진 것이 없다. 연합국의 목적은, 1914년 1차 세계대전 개시 이후 일본국이 빼앗거나 점령한 태평양 일부 섬들을 일본국으로부터 박탈하고, 만주·타이완·펑후도 등 일본국이 청나라로부터 빼앗은 모든 지역을 중화민국에 반환하는 데 있다. 일본국은 또한 폭력 및 탐욕에 의하여 일본국이 빼앗은 다른 모든 지역으로부터도 쫓겨날 것이다.

앞에 언급한 세 나라는 한국민의 노예 상태에 유의하여 적당한 시기에 한국을 자유롭게 독립시킬 것을 결정한다.

▶독일 '아우토반' 완공(1942) ▶조선총독부, 가정의 유기 공출 강요(1942) ▶미국 여성들, 31만 명 이상 항공 산업에 종사(1943) ▶보국정신대 조직(1943)

공장 일자리 준다더니 위안부 시켰어요

인터뷰 취직 미끼로 끌려가 위안부 생활을 하고 돌아온 한국 여성

조선총독부는 1944년 8월 23일 '여자정신대근무령'을 공포하고, 이번 조치가 "12~40세 미혼 여성을 대상으로, 일본과 조선의 군수공장에 여성 인력을 동원하기 위한 것"이라고 밝혔다. 그러나 이는 중국 전선과 동남아 전선에 군 위안부로 끌고 가기 위한 속임수라는 지적이 많다. 실제로 속임수에 넘어가 군 위안부 생활을 하고 돌아온 여성을 만났다.

▲ 젊은 여성이 돈을 벌 기회라는데…

"절대 가면 안 된다. '여자정신대근무령'이 공포되기 전에도 취직을 미끼로 한국 여성들을 데려가 군 위안소로 넘겼다. 나도 그랬다."

▲ 좀더 구체적으로 말해 달라.

"열일곱 살이던 지난 1937년에 한국인 남자가 고향인 경상남도 합천에 있는 일본 공장에서 일할 여자들을 모집하러 다녔다. 그 사람의 말을 믿고 따라나섰다가 부산과 나가사키를 거쳐 상하이까지 갔다. 거기서 부대를 따라 전방으로 몇 번인가 이동해 마지막으로 난징에 있다가 귀향했다."

▲ 모두 속아서 온 사람들이었나.

"기차 안에서 아편 조사를 한다기에 밖으로 끌려나왔다가 온 사람, 산에서 나물 캐다가 온 사람도 있었다."

▲ 그곳에서의 생활은….

"부대 밖의 집에 살며 위안부 생활을 했다. 모두 50명 정도의 여자가 있었는데, 유곽에 있다가 온 일본인 두 명을 제외하면 다 한국인이었다. 한 사람 정도 겨우 누울 만하게 나무판자로 칸을 나눈 방에서 밤낮을 가리지 않고 일본군 병사들을 상대했다."

▲ 다른 위안소 사람들을 만난 적은….

"한두 달에 한 번씩 병원에 가서 군의관에게 검진을 받는다. 거기서 중국 여성들이 줄 서 있는 것을 보았다."

▲ 어떻게 돌아올 수 있었나?

"계급이 높은 일본군을 알게 돼 그 사람 도움으로 1941년 4월쯤 합천군 삼가면 집으로 돌아왔는데, 동네 사람들이 수군거려서 서울로 올라왔다."

▲ 나머지 사람들은 어떻게 되었나?

"병들어 죽어가고 있다. 얻어맞으며 인간 이하의 생활을 하고 있다. 전쟁이 끝나도 살아올 수 있을까?"

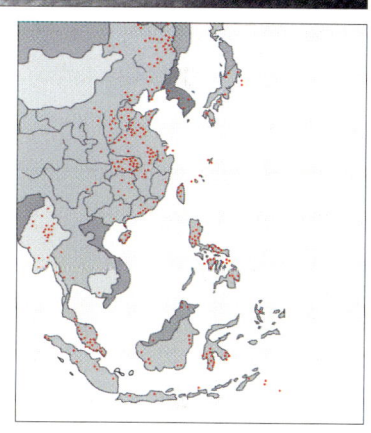

종군위안부 숙소(위)와 동아시아 전역에 설치된 일본군 위안소 분포도.

이제부터 환율을 미국 달러에 고정시키세요

브레턴우즈회의, 고정환율제 도입하고 IMF·세계은행 설립키로

【1944년, 미국】 연합국과 소련을 포함한 44개국 대표들이 뉴햄프셔주 브레턴우즈에 모여, 전후 세계 금융 질서를 새로 세우기 위한 국제 통화 제도를 도입하는 데 합의했다.

이번 모임은 1930년 이래 각국이 평가절하 경쟁을 벌이는 바람에 야기된 통화 가치의 불안정을 해소하기 위한 회의였다.

앞으로 세계 각국의 통화 가치는 미국 달러를 기준으로 일정하게 유지하는 고정환율제를 채택하되, 근본적인 불균형이 있을 때만 변경하도록 했다. 기준이 되는 미국 달러는 금 1온스(약 28그램)당 35달러로 정했다. 아울러 새 국제 통화 제도를 관장하는 기구로 국제통화기금(IMF)과 국제부흥개발은행(IBRD, 별칭 세계은행)을 두기로 했다.

IMF는 원조가 시급한 나라에 공급될 장기 자본을 마련하고, IBRD는 환율 안정과 국제수지의 불균형을 바로잡는 데 필요한 금융 지원을 담당하게 된다.

이번 회의는 전후 일정 기간 동안은 외환 관리가 필요하지만, 이런 조치들이 빠른 시일 안에 없어져야 한다고 명시했다.

1944년 7월, 브레턴우즈회의에 참석한 케인스(오른쪽)가 해리 덱스터 화이트(왼쪽)와 얘기하고 있다.

발전 용량 세계 최대 위풍당당 수풍댐 완공

【1944년】 평안북도 삭주군 수풍면에 세계 최대의 발전 용량을 자랑하는 수풍댐이 완공됐다. 지난 1937년 10월 조선압록강수력발전주식회사 설립으로 시작된 공사가 높이 106.4미터, 길이 899.5미터의 중력식 콘크리트댐으로 완성된 것.

2월 현재 이곳에는 3년 전 시동이 걸린 1호기를 비롯, 발전 용량 10만 킬로와트 발전기 6대가 가동 중이다. 압록강 상류를 가로지르는 댐에서 생산된 풍부한 전력은 대륙 침략을 위해 관북 지방에 건설된 군수공업 지대에 집중 공급될 예정이다.

▶여자정신대근무령 공포(1944) ▶조문기, 부민관 친일대회장서 폭탄 테러(1945) ▶세계노동조합연맹 결성(1945) ▶여운형, 총독 아베 노부유키의 정권 이양 교섭에 동의(1945)

핵폭탄은 천 개의 태양보다 밝았다

세계 최초의 핵실험 성공하던 날

트리니티 원자 폭탄 테스트준비 과정(위 가운데)과 폭발 장면(위 맨 오른쪽), 그리고 최초의 원자 폭탄(위 왼쪽)과 구조(아래).

【1945년 7월 16일, 미국】 세계 최초의 원자폭탄 실험이 뉴멕시코주 로스알라모스에서 성공적으로 이뤄졌다. 이번 실험에 참가한 물리학자 페르미(44)는 원자탄의 엄청난 위력에 놀라면서도 핵폭발 순간에 "천 개의 태양보다 밝다."라고 감격했다.

맨해튼계획으로 불린 이번 실험은 그동안 진행돼온 각국의 핵개발 경쟁의 산물이다. 원자폭탄 개발은 1938년 독일 과학자 오토 한(66)이 우라늄 핵의 연쇄 반응을 발견하면서 시작됐다. 이듬해 9월, 2차 세계대전이 발발하자 각국은 물리학자들을 동원해 핵분열을 무기 개발에 이용하기 위한 연구 작업에 뛰어들었다. 먼저 독일이 하이젠베르크(44)를 주축으로 우라늄 협회를 결성했다. 영국도 1940년 모드위원회를 신설해 핵무기 개발에 착수했다. 미국은 독일이 원자탄을 개발할지 모른다는 위기의식에서 뒤늦게 개발에 합류했다. 1942년 6월 미국은 수많은 과학자와 기술자를 동원해 맨해튼계획을 비밀리에 신속히 추진시켰다. 미 육군의 그로브스 장군이 계획의 총책임을, 로렌스(44)와 콤프턴(53)이 과학 기술 부문의 책임을 맡았다. 버클리 대학의 오펜하이머(41)뿐 아니라 실라드(47), 페르미 등 망명한 과학자도 대거 참여했다.

이번 핵실험의 성공을 두고 과학자들은 우려와 환호로 확연히 갈라졌다. 독일에서 망명한 물리학자 프랑크(63)는 1차 세계대전 중 독가스의 살상을 경험해 이번 핵무기의 위험성을 경고하는 '프랑크 보고서'를 제출했다. 이 보고서는 지난 5월 독일이 항복해 굳이 원자폭탄을 사용할 명분이 없어졌으며, 인류의 미래를 위해 인구 밀집 지역 등에 대한 핵무기 사용은 통제돼야 한다는 내용을 담아 큰 반향을 불러일으켰다. 로렌스, 콤프턴 등 맨해튼계획 참여자들도 반대 의사를 표명했다. 그러나 미국 정부와 국방부는 상황에 따라 원자폭탄을 사용할 수 있다는 생각이며, 상당수 과학자들도 자신들의 성과를 눈으로 확인하는 기회가 싫지만은 않다는 입장을 보이고 있는 것으로 알려졌다.

우리의 과학 유전자를 찾아서

홍이섭 『조선과학사』 발간

【1944년】 한국의 과학 전통을 최초로 정리한 『조선과학사』가 일본 도쿄의 산세이도출판사에서 출간됐다. 저자 홍이섭(31)이 잡지 『조광』에 연재했던 글을 일본어로 재구성해 책으로 펴낸 것. 그는 책 서문에서 일반 과학사의 관점에서 한국 과학이 어떤 역사를 밟아 왔는지 그 변화의 과정을 보여주는 데 주안점을 두었다고 밝혔다. 그는 한국사를 원시·삼국·고려·조선·서양 과학 수용기로 구분해, 각 시기마다 천문·지리·수학·의학·공예 기술·농업 기술·건축 기술·교통 기술·생산 기술 등을 상세히 설명했다.

『조선과학사』는 일본인 역사학자가 주도해 온 역사학계에서 한국인 학자가 과학사 분야를 선구적으로 개척한 업적이다. 또한 태평양전쟁으로 암울한 한국인에게 과학 민족의 자부심을 심어준 선물로 높은 평가를 받고 있다.

살육전 속에 꽃 핀 생명과학

인공신장 이식, 결핵 치료제 발견 이어져

【1943년】 네덜란드의 캄펜 병원에서 최초의 인공신장 이식 수술이 성공했다. 네덜란드의 젊은 의사 콜프가 요독증 말기로 고생하는 스크리버를 위해 셀로판지로 만든 반투막을 사용해 수동 정화 장치를 마련해 준 것이다.

이번 수술의 성공은 몸 밖의 기구가 인간의 장기를 대신해 생명 활동을 연장시킬 수 있다는 것을 증명해 주었다. 이번에 이식된 인공신장은 개를 이용한 실험을 거친 뒤 사람에게 적용된 것으로 알려졌다.

【1943년, 미국】 우크라이나 태생 미국 생화학자 왁스먼이 결핵 치료에 효과적인 항생물질 스트렙토마이신을 발견했다. 그동안 결핵균은 페니실린에도 끄떡없는 것으로 알려졌지만, 방선균류인 스트렙토미케스 그리세우스로부터 추출한 스트렙토마이신에는 매우 민감하다는 사실이 밝혀진 것. 스트렙토마이신은 페니실린 발견 이후 개발된 최초의 항균제다. 결핵균뿐 아니라 장티푸스균 같은 세균도 없앨 수 있어 항균 치료에 많은 기여를 할 것으로 기대된다.

▶브라운, V2 로켓 제작(1942) ▶쿠스토·가냥, 스쿠버(잠수용 수중 호흡기) 발명(1943) ▶미국, 대형 폭격기 B-29 완성(1944) ▶IBM(전자기계식 컴퓨터) 첫선(1944)

조선총독부 학무국은 역사 문화재 철거반

총독부, 경찰에 이순신신도비 등 항일사적 파괴령

경천사지 10층 석탑(왼쪽)과 북관대첩비(가운데), 남산에 세워진 조선신궁(오른쪽). 조선신궁은 천황제 이데올로기를 주입하기 위해 한국에 설치한 관립 신사 가운데 최고봉으로 일본 건국 신화의 주신인 아마테라스 오미카미와 메이지 천황을 봉헌했다.

【1943년】 조선총독부가 항일적 성격을 갖는 문화재를 파괴하라는 지령을 내린 비밀 문서가 공개돼 충격을 던지고 있다. 지난 11월 긴급 입수된 「반시국적 고적의 철거에 관한 건」은 "황산대첩비는 학술상 사료로서 보존의 필요가 있기는 하지만 …… 현시국의 국민 사상 통일에 지장이 있는 만큼 철거함은 부득이한 일로 사료됨."이라는 내용 등이 담겨 있다. 황산대첩비는 고려 때 이성계가 왜구를 무찌른 것을 기념하는 탑이다. 총독부 학무국은 그밖에도 고양 행주전승비, 청주 조헌전장기적비, 합천 해인사 사명대사석장비, 아산 이순신신도비 등 일본의 침략에 맞서 조국을 지킨 이들과 그 업적을 기리는 사적들을 철거 대상에 올려놓고 있다. 이에 따라 황산대첩비는 다이너마이트로 폭파됐고, 사명대사의 석장비와 기적비도 파괴됐다. 이순신의 기념비들은 지령이 내리기도 전에 이미 파괴되거나 어디론가 사라졌다.

일제가 한국의 문화재를 훼손하거나 무단 반출한 것은 어제오늘의 일이 아니다. 고려의 경천사지 10층 석탑(왼쪽 사진)을 일본으로 가져갔다가 반발에 못 이겨 반환한 사례도 있다. 임진왜란 때 정문부가 이끄는 함경도 의병이 일본군과 싸워 이긴 업적을 기린 북관대첩비(가운데 사진)는 1905년 일본군 장교 이케다 마사시게가 일본으로 가져간 다음 야스쿠니신사에 방치해 놓았다. 그런데 노골적으로 항일 사적만을 골라 대대적으로 파괴한 것은 이번이 처음. 내선일체를 내세우면서 민족말살정책을 쓰고 있는 터에 항일 민족의식이 살아날까 두렵기 때문이라고 한다.

감옥에 갇힌 한국말
최현배 등 조선어학회 관련자 11명 전격 구속

【1942년 10월, 서울】 조선총독부의 한국어 말살 정책에 가속도가 붙었다. 지난해 한국어 학습을 금지하더니 이번에는 관련 인물의 검거에 나서서 이중화(61)·장지영(55)·최현배(48) 등 11명을 전격 구속했다.

이번 사건은 지난 4월 함경남도 함흥의 영생고등여학교 학생 박영옥이 기차 안에서 친구들과 한국어로 대화하다 한국인 경찰관인 야스다(한국 이름 안정묵)에게 발각돼 취조를 받으면서 시작된 것으로 알려졌다. 경찰 취조 결과 이 여학생들에게 감화를 준 사람이 서울에서 사전 편찬을 하고 있는 조선어학회 회원 정태진(39)임을 알아내고, 9월 5일 그를 전격 연행해 조선어학회가 독립운동을 목적으로 하고 있다는 억지 자백을 받아냈다. 이 자백을 빌미로 조선어학회가 그동안 준비해 오던 사전 편찬과 한글 운동을 막기 위해 검거에 나섰다는 분석이다. 이번에 구속된 사람들은 치안유지법 상의 내란죄로 몰려 재판에 붙여질 것으로 관측되며, 조선어학회에는 앞으로도 대대적인 검거 선풍이 불어 닥칠 것으로 예상된다.

📖 신 없는 세상에 던져진 인간
사르트르『존재와 무』에서 만나보세요

【1943년, 프랑스】 실존주의 소설 『구토』의 작가 장 폴 사르트르(38)가 『존재와 무』라는 두꺼운 철학책을 펴내 실존주의를 이론으로 풀어냈다. 이 책에 비친 사르트르의 문제의식은 신이 없는 세상에서 인간이란 존재는 무엇인가이다. 그는 말한다. 인간은 우연히 세상에 던져진 존재이지만, 자신의 의식을 통해 세계에 의미를 준다는 점에서 다른 사물들과 구별되는 존재이다.

그러나 인간은 죽을 때까지 고독하게 자기 자신을 창조해나가야 하는 존재이자, 다른 인간들(타자)과의 끝없는 갈등과 투쟁의 악순환에 빠져들 수밖에 없는 존재이기도 하다. 이런 내용을 담은 『존재와 무』는 인간을 주인공으로 한 장편 드라마인 셈이다.

『존재와 무』에는 '현상학적 존재론의 시도'라는 부제가 붙어 있다. 여기서도 알 수 있듯이, 사르트르는 후설의 현상학과 하이데거의 존재론의 영향을 받아 자신의 무신론적 실존주의 철학을 720여 쪽의 방대한 분량으로 집대성하고 있다.

▶노기남, 한국 최초의 주교로 임명(1942) ▶슘페터, 『자본주의·사회주의·민주주의』 출간(1942) ▶생텍쥐페리, 『어린왕자』 출간(1943) ▶카뮈, 희곡 「칼리굴라」 완성(1944)

제3세계 통신

인도, 분리 독립 조짐 보여

【1944년 9월, 인도】 인도의 정치적 통일을 바라는 간디(75)와 이슬람 독립국가를 원하는 무함마드 알리 진나(68)의 회담이 결렬돼, 힌두교와 이슬람교의 융화가 실패로 돌아갔다. 진나가 이끄는 이슬람연맹은 영국령 인도를 힌두 국가와 이슬람 국가로 분할하자는 입장을 보여왔다. 간디와 네루(55)의 국민회의파는 그와 대립하고, 영국은 인도를 통일적으로 지배하는 데만 신경을 써왔다. 두 종교 세력의 화해를 이루려던 간디의 마지막 노력이 수포로 돌아감에 따라 앞으로 대립과 갈등은 더욱 커질 전망이다.

아랍연맹 결성

【1945년 3월 22일】 이집트·시리아·이라크 등 7개국이 3월 22일 이집트 수도 카이로에서 아랍연맹을 결성했다. 이 연맹은 아랍 지역의 평화와 안전을 확보하고 아랍 나라들의 주권과 독립을 수호하려고 협력하기 위해 만들어졌다. 각 회원국은 연맹협의회 투표에서 한 표를 행사할 수 있으며, 결정안에 찬성한 국가에서만 그 결정 사항이 구속력을 가진다. 이번 아랍연맹 결성을 이끈 인물은 지난해까지 영국의 후원 아래 이라크 총리를 지낸 누리 앗사이드(57)로 알려졌다.

5차 범아프리카회의 열려

【1945년 10월, 영국】 콰메 은크루마(36) 등 아프리카의 젊은 지도자들이 맨체스터에서 5차 범아프리카 총회를 열었다. 초기 범아프리카회의는 미국과 서인도제도 출신 흑인들이 주도하는 전 세계 흑인의 통합운동이었다. 그러나 이번 총회는 아프리카 독립을 당장의 과제로 내걸고, 아프리카 전체의 정치적, 경제적 통일만이 유럽의 식민 지배를 뿌리 뽑을 수 있다는 점을 분명히 해, 향후 이들의 행보가 주목된다.

부고
▶ 주기철(1897~1944) : 한국의 장로교 목사. 신사참배 반대 운동을 벌이다 체포돼 고문을 받고 순교했다.
▶ 칸딘스키(1866~1944) : 러시아 출신 프랑스 화가. 현대 추상미술의 선구자로 꼽힌다. 주요 작품 〈콤퍼지션〉 등.
▶ 생텍쥐페리(1900~1944) : 프랑스 작가. 대표작 『야간비행』, 『인간의 대지』, 『어린 왕자』 등.
▶ 고유섭(1905~1944) : 한국미술사학자. 대표작 『조선화론집성』, 『고려청자』 등.

후방 도시에서 살아남기… 어느 유대인 가족 이야기

2차 세계대전 중에는 전쟁터가 아니라고 안전한 곳은 없다. 독일군 점령지에 사는 유대인이라면 더욱 그랬다. 암스테르담의 미프 기스(34) 등 회사 동료 4명은 사무실 위 다락방에 유대인 사장과 딸 안네 등 8명이 숨어 지내도록 도왔다. 이 사실을 모르는 직원도 있으므로 도와주는 이나 숨어 사는 이 모두 살얼음판 위를 걷는 듯했다. 다락방 사람들은 직원들이 출근하기 전에 아침을 먹고, 근무 시간에는 발끝으로 살금살금 다녔다.

기스는 창고 담당 직원들이 점심을 먹으러 집에 간 사이 다락방으로 올라가 생필품과 바깥 소식을 전했다. 식료품점에서 채소와 고기를 사다 주었는데, 전쟁통에 식료품이 귀해져 다락방 사람들은 빵 한 조각으로 끼니를 때울 때도 적지 않았다. 밤에는 연합국 비행기가 끊임없이 공습을 퍼부어 다락방 사람들의 공포는 이루 말할 수 없었다. 이 같은 극한 상황 속에서도 네덜란드인들은 2만 5,000명의 유대인을 숨겨주면서 전쟁이 끝나기만을 기다려왔다.

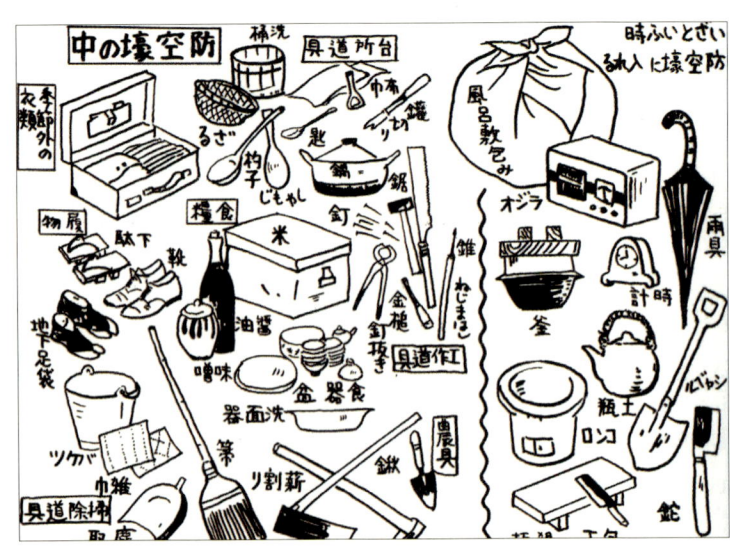

공습이 계속되는 후방 도시에서 살아남으려면 이 정도 준비물은 필수다. 사진은 일본 정부가 도쿄 시민에게 배포한 방공호 필수품 목록.

그해 여름은 헷갈렸네… 징병 가는 날 해방 맞은 청년

【1945년 8월】 '축 입영 서원태봉 군'이라 쓰인 빨간 띠를 두르고, 친구들이 기념으로 써준 글씨들이 적힌 일장기를 손에 든 채, 아침 첫차로 징병 나간 한국 청년 윤태봉(사진, 창씨개명한 이름은 '서원태봉'). 본토에서 결전이 벌어진다고 했으니 죽으러 가는 것이나 마찬가지였다. 그런데 불과 세 시간이 흐른 정오, 라디오에서 일본 천황의 특별 방송이 흘러나왔다. 연합국에 무조건 항복한다는 내용이었다. 불과 세 시간 사이에 죽은 목숨이던 서원태봉이 살아 돌아올 윤태봉으로 바뀐 셈. "혈기왕성한 젊은 군인들은 경거망동한 행동을 자중하여 달라."는 천황의 목 메인 소리가 잡음 사이로 들렸지만, 윤태봉이야말로 정말 경거망동하면 안 될 것 같다. 살아남아서 해방된 조국의 모습을 봐야 하기 때문이다.

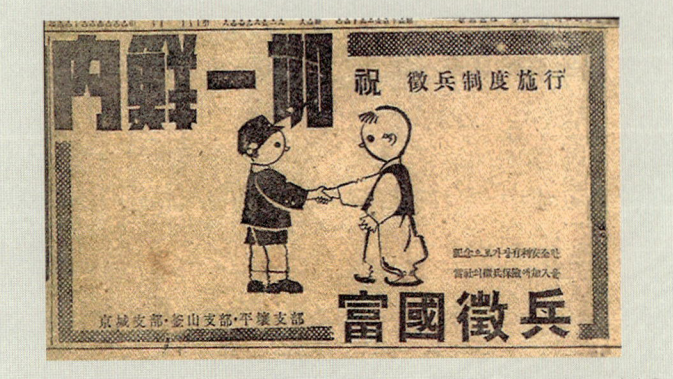

징병제도 시행 축하 광고(『매일신보』(1943년 5월 1일자) : 징병제도 시행 기념으로 가장 유리하고 안전한 징병보험 가입을 선전하는 광고이다.

일본 특공대원의 유서

"특공대 파일럿은 그저 조종간을 잡은 기계일 뿐 인격도 없고 감정도 없고 이성도 없으며, 그저 적의 항공모함을 향해 돌진하니 마치 자석 속의 철 분자와 같습니다. 이는 이성을 가진 자로서는 생각할 수 없는 일로 자살하는 것과 다를 바 없으며, 정신의 나라 일본에서만 볼 수 있는 일입니다. …… 내일은 출격입니다. 내일 자유주의자 한 사람이 이 세상에서 사라질 것입니다."
— 1945년 5월, 오키나와에서 전사한 우에하라 료지(22)의 유서 일부

▶ 소련, 〈인터내셔널가〉에서 〈소비에트연방 찬가〉로 국가를 바꿈(1944) ▶ 무솔리니, 파르티잔에게 처형됨(1945) ▶ 안네 프랑크, 베르겐벨젠수용소에서 사망.(1945)

부록

『근현대사신문』 근대편 따라잡기 183

『근현대사신문』 근대편 연표 194

『근현대사신문』 근대편 참고 문헌 202

『근현대사신문』 근대편 찾아보기 204

『근현대사신문』 근대편 도움받은 곳 210

『근현대사신문』 근대편 따라잡기

1호

2면 | 개항 임박, 조선은 어디로 가는가

1876년 강화도조약에 이어 그 시행 세목을 규정한 조·일수호조규부록을 조선 측 대표 강수관·조인희와 일본 이사관인 미야모토가 체결했다. 전문 11조로, 모든 조항이 일본의 권익을 일방적으로 옹호하고 있을 뿐만 아니라 장차 조선 침략의 발판이 되는 규정을 담고 있다. 더욱이 조선에서 일본 화폐를 유통하는 것과 일본인이 조선 동전을 사용·운수하는 것을 허용함으로써 일본 경제가 직접 침투할 수 있는 문을 열어주었다.

6면 | 마마를 물리치는 지석영의 새 종두법

지석영은 1882년 임오군란이 일어난 뒤 일본인으로부터 의술을 습득한 죄로 체포령이 내려져 피신했으나, 그가 설치한 종두장은 난민들에 의해 파괴됐다. 그러나 1883년 여름 전라도암행어사로 내려갔던 박영교의 요청으로 전주에 우두국을 설치하고 종두를 실시하면서 종두법을 가르쳤으며, 충청우도암행어사 이용호의 요청으로 공주에도 우두국을 설치했다.

1885년에는 그동안 축적한 경험을 토대로 우리나라 최초의 우두 관련 서적이자 서양의학서인 『우두신설』을 저술했다. 1893년 우두보영당을 설립하고 접종을 실시했다. 1894년에는 갑오개혁으로 내무아문 내에 위생국이 설치돼 종두를 관장했다. 1899년 의학교가 설치되자 초대 교장으로 임명돼 교육에 힘쓰는 한편, 종두 및 전염병 예방과 관련된 각종 관제·규칙을 공포하도록 했다. 1907년 의학교가 폐지돼 대한의원의육부로 개편되자 교장직에서 물러나 학감으로 자리를 옮겼다.

한편 지석영은 한글에 조예가 깊던 강위의 영향으로 일찍이 국문에도 관심을 가졌다. 그래서 국문학교 설립에 크게 기여했으며, 의학교 학생 모집 때도 국문을 시험 과목으로 채택했다. 1905년 「신정국문」 6개조를 상소, 학부 안에 국문연구소를 설치해 그 연구위원이 되었으며, 1909년에는 한글로 한자를 해석한 『자전석요』를 간행했다. 그해 4월 통감부가 의학 교육을 일본어로 해야 한다는 결정을 내리자, 즉각 의견서를 제출해 반대했다.

7면 | 광개토대왕릉비? 옛 고구려 땅에서 제왕의 비석 발견

1880년 광개토대왕릉비가 재발견된 이후, 일본 육군에서는 청의 대내외 정책에 관한 정보를 수집하기 위해 사코 카게아키 중위를 첩보원으로 파견했다. 사코는 첩보 활동 도중 재발견된 광개토대왕릉비의 초기 탁본을 손에 넣었고, 1883년 이 탁본을 가지고 일본으로 돌아갔다.

이후 5년 동안 일본육군참모본부에서 비밀리에 이루어진 비문 연구 결과가 1888년 아세아협회의 기관지인 『회여록』 제5집에 발표됐다. 이때 발표된 비문 내용 중에는 "왜가 신묘년(391년)에 바다를 건너와서 백잔(백제)을 격파하고 신라, □□을 신민으로 삼았다."라는 부분이 있다. 일본 측은 이를 '임나일본부설'의 결정적 증거로 제시함으로써, 이후 100여 년에 걸친 역사 논쟁의 실마리를 제공했다.

1910년 대한제국을 강제로 병합한 일본은 이러한 주장을 역사 교과서에 담아 일본인뿐 아니라 한국인에게도 가르쳤다.

7면 | 마이브리지, 말 달리는 장면 연속 촬영 성공

마이브리지는 미국과 유럽 각지에서 주프락시스코프(zoopraxiscope)라는 환등기를 사용해 동물의 움직임에 대한 강연을 했다. 주프락시스코프는 회전하는 유리 디스크 위의 인화된 사진을 스크린 위에 빠른 속도로 연속해서 투영함으로써 움직이는 그림의 착시 현상을 유발하는 것이다. 근대 영화의 탄생에 중요한 역할을 한 그의 동물 습관 관찰 기계는 1893년 시카고에서 열린 콜럼버스 만국박람회에 전시돼 커다란 화제가 됐다.

이후 그는 1884~87년에 사진 동작 연구를 했다. 이 연구는 다양한 움직임을 보여주는 인체에 대한 것으로, 옷을 입거나 벗은 수많은 사람들의 사진들로 구성돼 있다. 이 연구의 목적은 예술가나 과학자들이 사용할 수 있도록 인간의 모든 동작을 보여주는 시각일람표를 구성하는 것. 이 사진들 중 일부가 1887년에 발표된 『동물의 움직임, 동물의 연속적인 움직임에 대한 전기 조명 사진 연구』라는 작품집에 수록됐다.

8면 | 미 '내셔널리그' 새 단장

내셔널리그(NL)의 경쟁 단체인 '아메리칸리그(AL)'는 1900년에 설립됐다. 그리고 양 리그의 우승 팀끼리 정규 시즌 이후에 벌이는 챔피언 결정전인 월드시리즈가 1903년에 시작되면서 메이저리그가 탄생했다. 메이저리그 야구는 베이브 루스, 타이 콥, 행크 아론 등 기라성같은 스타들을 배출하면서 미국에서 가장 인기있는 스포츠의 하나로 자리잡았다. 오늘날 각 리그의 한 시즌 경기는 총 162 경기이며, 통상적으로 4월의 첫 번째 일요일에 개막전을 갖는다.

2호

2면 | 조선 '국기' 선포

태극기는 1883년 조선의 국기로 채택되고, 1948년부터 대한민국 국기로 사용되고 있다.

국기 제정 논의가 처음으로 거론된 것은 1876년 1월이다. 운요호사건을 계기로 한·일 간에 강화도조약 체결이 논의되는 동안, 일본 측은 "운요호에는 엄연히 일본의 국기가 게양되어 있었는데, 왜 포격을 가하였느냐?"라고 트집을 잡았다. 그러나 조정의 인사들은 국기가 무슨 의미와 내용을 지니고 있는지 몰랐다. 하지만 이것이 계기가 되어 국기 제정의 필요성이 활발하게 거론되기 시작했다고 한다.

5면 | 재정 근대화도 시동… 돈 찍는 전환국 세우고 일본에 차관 요청

김옥균과 묄렌도르프의 당오전에 관한 격렬한 논쟁은 김옥균이 대일 차관 교섭에 실패하게 되자, 결국 묄렌도르프와 민씨 일파의 승리로 끝났다. 그래서 당시 총리군국사무 홍순목의 건의에 따라 묄렌도르프의 주장을 받아들여 당오전을 주조·발행했던 것이다.

전환국 설치의 의미는 화폐주조사업을 중앙에서 집중 관리함으로써 통화정책을 보다 합리적으로 운용하며, 개항 이후 근대적 신식화폐를 주조·유통하려는 간접적인 동기도 있었던 것으로 보인다.

5면 | '약속의 땅' 미국, 중국인엔 '시련의 땅'

1892년 미국 연방 의회는 중국인 배제법을 개정해 중국계 노동 이민을 금지하는 기간을 10년 더 연장했다. 그리고 1902년에는 아예 중국인들의 이민 및 시민권 획득을 영구히 봉쇄해버렸다. 이러한 조치는 미국 내의 중국인 인구에 엄청난 영향을 미쳤다. 중국인 입국 불허법이 제정된 지 40년 만에 중국인 인구가 40퍼센트 이상 감소했던 것이다.

한편 1890년 무렵 미국의 주요 도시 인구는 대부분 이민자였다. 예를 들면 시카고 인구의 87퍼센트, 뉴욕 인구의 80퍼센트, 밀워키와 디트로이트 인구의 84퍼센트가 이민 온 사람이었다. 그에 못지않게 놀라운 사실은 새로운 이민 인구의 다양성이었다.

6면 | 인간은 영원하지 않다, 진화의 한 단계일 뿐!

진화론과 창조론의 대립은 법정 재판에서까지 여러 차례 다루어졌다. 특히 미국에서는 학교에서 진화론을 가르치는 것을 금지하는 주도 있었고, 이를 위반해 처벌받은 사례도 있었다.

1925년 테네시주에서는 기독교 근본주의의 압력으로 공립학교 내 진화론 교육을 금지하는 버틀러법이 통과됐다. 그런데 고등학교 생물교사이자 미식축구 코치인 존 스콥스가 이 법을 어기고 생물학 수업에 진화론을 가르쳤다는 이유로 그해 7월 재판을 받았다. 변호인은 클레이언스 대로우, 기소인은 윌리엄 제닝스 브라이언이었다. 재판에 걸린 기간은 5일이었지만, 1,000명이나 되는 사람이 모일 정도로 유명한 재판이다. 그래서 이후에 흔히 '원숭이 재판'이라 불렀다. 재판 결과는 유죄로 판결돼, 스콥스는 100달러의 벌금형을 받았다.

그러나 1980년대에 이르러서는 형세가 뒤바뀌어 학교에서 창조론을 가르칠 수 있는가가 문제로 떠올랐다. 미국의 몇 개 주에서는 창조론도 의무적으로 가르치도록 하는 법률을 만들었다. 그러자 진화론자들이 창조론은 과학이 아니라 종교이므로 이 법은 종교의 자유를 침해한다고 주장했다. 결국 1987년 미국 연방대법원은 창조론이 종교에 가까우므로 학교에서 창조론을 가르칠 것을 강제하는 루이지애나주법은 위헌이라고 판결했다.

6면 | 서양 과학 기술 도입, 물꼬 트이나?

1883년 7월, 미국의 공사 파견에 대한 답례로 민영익을 전권대사로 하는 보빙사절단이 미국에 파견됐다. 사절단은 모두 11명. 민영익은 이미 중국과 일본에 가 본 경력이 있으나, 다른 사람들은 대부분 개화에 뜻을 둔 젊은이들이었다. 사절단은 그해 9월 2일 샌프란시스코에 도착해, 대륙횡단기차 편으로 12일 시카고로 들어가 그곳에서 대단한 환영을 받았다.

9월 18일 『뉴욕타임스』는 다음과 같이 보도했다. "그들의 머리는 이발을 하지 않고 3인치나 되는 상투를 틀고 있었다. 대부분 수염이 적게 나는 민족이지만, 얼굴에는 긴 머리카락이 늘어져 있었고 콧수염과 턱수염이 드문드문 나 있었다." 이날 뉴욕의 한 호텔에서 미국의 아서 대통령을 접견했다. 『뉴욕 헤럴드』는 희한한 접견 광경을 대대적으로 보도하면서 한글로 된 사절단의 인사말과 신임장 사본을 게재했다.

7면 | 랑케 『세계사1』 출간, 세계사 아닌 유럽사

랑케(1795~1886)는 근대 역사학을 처음 시작한 19세기 독일의 대표적인 역사가이다. 1841년 프로이센 국사편수관, 1859년 바이에른 학사원 사학위원회 회장 등을 역임했고, 1865년 '폰'(von)이란 칭호와 함께 귀족 작위를 받았다.

그러나 랑케는 1857년 정치에서 손을 떼면서 비스마르크 총리의 정책에 반대하는 목소리를 높였다. 그 까닭은 비스마르크가 '자유민주적 민족주의를 거부하고, 독일 역사의 연속성을 위협하고, 민중운동과 협력한다.'라는 것이었다. 하지만 랑케는 1871년 독일제국의 성립에 대해서는 환영하는 입장을 나타냈다.

한편 랑케는 과거에 일어났던 사실을 '있는 그대로' 재현하기 위해 사료에 충실하면서 사실을 객관적으로 기술하려고 했다. 이러한 객관주의는 역사학을 현실의 철학이나 정책으로부터 해방시켜 독자적인 역사학으로 개척했다는 평가를 받고 있다.

8면 | 서울에 최초의 사진관 등장

1895년 화가였던 김규진이 일본에서 사진 기술을 배워 와 소공동에 천연당(天然堂) 사진관을 열었다. 갑오개혁 이후 제도적으로 반상(班常) 차별이 철폐된 데다가 단발령이 시행되는 등 사람들의 자의식과 외모에 변화가 일어났기 때문에 이 사진관은 크게 성공할 수 있었다. 하지만 주로 초상화를 대신할 인물 사진을 찍었고, 값비싼 필름과 인화지를 도시 경관을 찍는 데 '낭비'하지 않았다. 그래서 도시 경관에 관한 사진 기록은 철저히 외국인이 잡은 앵글에 의존한 것들만 남아 있다.

3호

2면 | 우아한 사회주의자들 페이비언협회 결성

1889년 페이비언협회는 버나드 쇼가 편집한 『사회주의에 대한 페이비언적 연구』라는 유명한 소책자를 펴냈다. 페이비언협회 회원들은 처음에는 사회주의적 강령을 가지고 진보당과 보수당에 침투하려고 했다. 그러나 나중에는 노동대표위원회라는 별도 조직을 지원해, 이 조직이 1906년 노동당으로 개편됐다. 페이비언협회는 그때 이래 노동당과 관계를 맺어오고 있다.

페이비언협회에 가입한 사람은 많지 않았는데, 1946년 최전성기에도 8,400명 정도였다. 하지만 영국 하원의 노동당 출신 의원 중 상당수가 페이비언협회 소속이며, 당 지도부의 상당수 인사들도 페이비언 회원이었다. 전국적 규모의 협회 외에도 지부 조직이 20개 이상 된다. 페이비언들의 해외정책 및 전쟁과 평화의 문제에 대한 관심에 부응하기 위해 1941년 페이비언 국제국이 창설됐다.

5면 | 신식 교육의 현장을 가다
— 관립·사립학교 이어 여학교까지

육영공원은 최초의 근대식 학교였으나, 지나치게 영어만 강조하고 외국인 교수만 채용해 국민을 교육하는 데에는 한계가 있었다. 여기에 재정난까지 겹쳐 설립된 지 불과 8년 만인 1894년에 폐교됐다.

한편 최초의 외국어 학습 기관인 동문학이 1883년에 설립돼 영어 통역관을 양성했으나, 육영공원이 이 역할을 대신하자 3년 만에 폐쇄됐다.

배재학당은 지금의 배재중학교·배재고등학교·배재대학교의 전신이다. 아펜젤러는 "통역관을 양성하거나 우리 학교의 일꾼을 가르치려는 것이 아니라, 자유의 교육을 받은 사람을 내보내려는 것이다."라고 설립 목적을 밝히고, '욕위대자 당위인역(欲爲大者當爲人役)'이라는 학훈(訓)을 내걸었다. 당시 배재학당에 설치됐던 인쇄부는 한국의 현대식 인쇄 시설의 효시이다.

이화학당은 미국 남북 감리교 선교회와 캐나다 연합교회가 함께 학교 운영을 지원했다. 1914년 1회 졸업생을 배출했으며, 1925년 사립 이화여전으로 승격되면서 비로소 여성들도 고등교육을 받기 시작했다.

6면 | 서울—인천 간 전신 개통

1894년 청·일전쟁과 1904년 러·일전쟁 때 일본은 한국에 설치한 '전선'을 보호하기 위해 일본군을 한국에 주둔시킨다고 밝혔다. 그만큼 전신과 전화는 제국주의 국가들이 전쟁을 수행하는 데 매우 효과적인 무기이다. 통신을 점령하는 자가 곧 전쟁에서 승리하기 때문에 전화와 전신은 제국주의 열강들에게 전술적으로 매우 큰 힘을 발휘하는 수단으로 인식됐다.

7면 | "우리 일본은 더 이상 아시아가 아니다"

후쿠자와 유키치는 1882년 『지지신보(時事新報)』를 발간하고 1885년 3월 16일 이 신문에 발표한 '탈아론'을 통해 점차 민권론자로부터 국익을 좇는 국권론자로 변신했다. 후쿠자와 유키치가 『지지신보』에 실은 2,000여 편의 사설은 안으로는 격동기 일본의 근대화 방향을 결정하는 나침반이었고, 밖으로는 자국의 국권 팽창을 주장하는 나팔수였다. 그 결과 훗날 『지지신보』는 제국주의 논리를 가다듬고 이를 집권층에 주입시키는 역할을 했다는 비판을 받았다.

7면 | 현대 디자인의 아버지, 윌리엄 모리스

1891년 윌리엄 모리스는 켈름스코트출판사를 설립했

다. 대표작은 『제프리 초서 작품집』으로, '초서 타입'이라는 새로운 활자를 만들어 디자인했다. 모리스는 "가장 중요한 예술 작품이 무엇이냐고 묻는다면 '아름다운 집'이라고 답하겠다. 그리고 다음으로 무엇이 중요하냐고 묻는다면 '아름다운 책'이라고 답하겠다."라고 말했다.

8면 | 콩고, 벨기에 국왕의 사유지

레오폴2세는 콩고자유국을 통해 1891년부터 천연고무 생산으로 수입을 올렸으나, 1904년 고무산업에 종사하는 원주민들을 학대한 사실이 폭로돼 이 지역에 대한 개인 통치가 내리막길을 걸었다. 영국은 미국의 지원으로 레오폴의 '고무노동자 학대'를 뿌리 뽑기 위해 콩고자유국을 합병하라고 벨기에 정부에 압력을 넣었다. 결국 1908년 11월 콩고자유국은 벨기에에 합병됐다.

4호

2면 | 운디드니계곡의 인디언 대학살… 근대의 야만에 저주를

운디드니 학살 사건은 북아메리카에서 백인들이 인디언을 정복하게 되는 결정적인 사건으로, 3세기에 걸친 인디언전쟁을 종식시켰다는 상징적인 의미를 지닌다. 크리스토퍼 콜럼버스가 대륙에 도착했을 때 85만 명에 달하던 인디언 인구가 운디드니 학살 사건이 발발할 당시에는 5만 명밖에 되지 않았다.

3면 | 조선이라고 앉아서만 당할소냐… 원산에 방곡령 내려

방곡령은 고종 때 식량난을 해소하려고 곡물의 수출을 금지한 명령이다. 1889년 조선 정부는 일본이 조병식의 처벌과 손해배상을 요구하자, 조병식을 강원도관찰사로 전출시켜 방곡령을 해제했다. 그러나 1890년 새로 함경도관찰사로 부임한 한장석도 곡물 수출의 폐해로 원산항의 방곡령을 다시 시행했고, 이어서 황해도에도 방곡령을 내렸다. 1893년 일본이 배상금에 이자를 합산해 17만 5,000환의 지불을 강요하자, 조선 정부는 청나라의 권고에 따라 배상금 11만 환을 지불하기로 하고, 1893년 4월에 이 사건을 해결했다. 이후 방곡령은 부분적으로 시행되다가 1894년 1월에 전면 해제됐다.

6면 | 침·뜸 대신 주사·메스로 치료 받는다

서울 재동의 외아문 북쪽, 옛 홍영식의 가옥(현재 헌법재판소 자리)에 자리 잡았던 광혜원(2주일 후 제중원으로 개칭됨)은 나중에 구리개(현재 을지로 외환은행 본점 부근)로 확장 이전했다. 1886년 제중원에는 의학교가 부설돼 조선 청년들에게 서양의학을 가르쳤는데, 이 학교는 우리나라 최초의 현대식 의학 교육기관이다. 조선 정부와 미국 선교부가 공동으로 운영하던 제중원은 1894년부터 미국 선교부가 독자적으로 운영했다.

1904년 세브란스의 기부로 남대문 밖 복숭아골(현재 연세재단 세브란스빌딩 자리)에 새 제중원이 세워졌고, 기부자의 뜻을 기려 세브란스병원이라 이름 붙였다. 1908년 제중원에서 교육받던 학생 중 7명이 세브란스의 학교를 처음으로 졸업했고, 이들에게는 우리나라 최초의 의사 면허가 부여됐다.

한편 1899년 대한제국 정부는 내부 소속의 병원(광제원으로 개칭됨)과 학부 소속의 의학교를 설립했고, 1902년 (관립) 의학교 1회 졸업생 19명이 배출됐다. 1907년 일본 통감부의 주도로 광제원, 의학교, 적십자사병원이 합쳐져 대한의원으로 재탄생했다. 한편 간호 교육은 미국 선교부의 에드먼즈와 쉴즈에 의해 시작됐다.

6면 | 『내셔널 지오그래픽』 지리 지식의 대중화

1731년 에드워드 케이브가 런던에서 만든 최초의 잡지가 등장한 이래, 『내셔널 지오그래픽』은 '이미지의 힘'을 보여주는 대표적인 잡지가 됐다.

내셔널 지오그래픽은 지난 118년 동안 지구의 수십 억 년 역사를 진지하게 기록한 지구의 일기장이다. 길버트 호비 그로스베너가 편집을 맡았던 1926년에는 발행부수가 100만 부에 달했다. 최초로 천연색 사진을 실은 잡지 가운데 하나로 바닷속 생물, 성층권에서 바라본 지구와 우주의 모습, 야생동물 등의 촬영에도 선구적인 역할을 했다.

세계 여러 지역에 관한 풍부한 기사로 세계적 명성을 얻은 『내셔널 지오그래픽』은 "어느 나라, 어느 국민에 관해서든지 그 진정한 본질만을 보여준다."라는 신조를 표방하고 있다. 지금은 세계의 지리뿐 아니라 자연, 인류, 문화, 역사, 고고학, 생태, 환경, 우주에 이르는 다양한 분야를 다루는 종합교양지로 계속 발행되고 있다. 현재 한국어를 비롯해 프랑스어, 독일어, 이탈리아어, 히브리어, 그리스어, 폴란드어, 스페인어, 중국어 등 23개 언어로 28개국에서 동시에 발행되는 세계적 잡지로 자리매김하고 있다.

7면 | 국비 장학생에서 망명객으로

한국 최초의 프랑스 유학생이던 홍종우(1854~1913)가 117년 전에 유럽에 처음으로 『춘향전』을 소개했던 프랑스어 번역판 『향기로운 봄(春香)』의 원본이 발견됐다. 연극평론가 김승열(프랑스 파리 제8대학 공연예술학 박사과정)은 2008년 8월 21일 "미하일 포킨과 야수파 화가 앙드레 드랭이 만들었던 발레〈사랑의 시련〉에 대한 박사 학위 논문을 집필하다 최초의 프랑스어판 『춘향전』인 『향기로운 봄』을 최근 프랑스 고서점에서 찾아냈다고 밝혔다. 이 책은 홍종우가 프랑스에서 작가 로니와 협력해 번역한 것으로, 1892년 『기욤 총서』의 한 권으로 발간됐다. 그동안 국내 학계에서 복사본으로 연구된 사례가 있지만, 원본은 희귀본이나 다름 없다.

『향기로운 봄』은 원래 『춘향전』과 다른 점도 많다. 춘향은 기생이 아닌 서민의 딸로 나오고, 월매도 나오지 않는다. 광한루에서 그네를 타고 있는 춘향에게 반한 이몽룡은 여장(女裝)을 한 채 춘향에게 접근하고, 옥으로 찾아간 이몽룡이 창살 사이로 두 손을 벌려 춘향과 키스하는 장면도 나온다.

한편 1936년 몬테카를로에서 『춘향전』을 각색한 발레〈사랑의 시련〉을 초연한 러시아 안무가 미하일 포킨(1880~1942)은 작품을 구상하면서 이 책을 무용 대본의 토대로 삼았다고 한다. 〈사랑의 시련〉은 2006년 국립발레단에 의해 70년 만에 복원돼 재공연됐다.

7면 | 외국인만 보면 꿀 먹은 벙어리라고요?

에스페란토(Esperanto)는 세계에서 가장 많이 쓰이는 인공어이다. 현재 전 세계 200만 명의 사람들이 에스페란토로 대화할 수 있고, 대한민국에도 에스페란토협회가 있다. 에스페란토를 쓰는 사람을 '에스페란티스토(esperantisto)'라고 한다. 전 세계 에스페란티스토는〈라 에스페로〉를 언어가(言語歌)로 사용하고 있으며, 언어기도 '라 에스페로'라고 부른다.

에스페란토는 인종·종교·이념·국적을 초월해 전 세계 사람들이 특정 민족어를 사용하지 않고 대등한 입장에서 자유롭게 대화하게 해준다. 이러한 에스페란토주의는 '1민족 2언어주의'에 입각해 같은 민족끼리는 모국어를, 다른 민족과는 중립적이고 배우기 쉬운 에스페란토 언어를 쓰도록 하자는 '세계 언어 평등권 운동'이라 할 수 있다.

5호

2면 | 개화 상징 김옥균, 또 다른 개화파에 피살

홍종우에게 암살당한 김옥균의 시신은 양화진에서 홍

종우가 직접 쓴 '대역부도옥균'이란 글씨와 함께 처참하게 육시됐다.

한편 고종의 신임을 얻은 홍종우는 조선이 황제를 중심으로 자주적인 근대화를 이루어야 한다고 주장해 황제권을 절대화하는 작업에 착수하고, 대한제국의 주요 법규들을 모아 『법규류편 속일』을 간행해 실제 업무에 적용하도록 했다.

그러나 홍종우의 노력과 달리 한국의 운명이 한·일병합으로 일본의 손아귀에 들어가게 되면서, 일본은 자국에 우호적이었던 김옥균을 위인으로 내세우고 홍종우를 테러리스트로 매도했다. 그리고 대한제국의 주권이 상실된 지 3년 만인 1913년에 홍종우도 생을 마감했다.

3면 | 여심 없이는 정책도 없다… 여성참정권운동 새바람

뉴질랜드에서 세계 최초로 여성의 투표권이 인정된 이후에도 여전히 전 세계적으로 여성 투표권은 제한됐다. 하지만 수많은 여성들의 끊임없는 희생으로 여성 투표권은 점차 확대됐는데, 특히 두 차례에 걸친 세계대전을 거치면서 여성들의 투표권이 폭넓게 인정되기에 이르렀다. 그 역사를 보면 오스트레일리아(1902), 핀란드(1906), 노르웨이(1913), 덴마크(1915), 소련(1917), 캐나다·인도(1918), 벨기에·룩셈부르크·오스트리아·네덜란드·스웨덴·독일·폴란드(1919), 미국(1920), 브라질·타이(1932), 필리핀(1937) 등이다. 우리나라는 해방 후 대한민국 정부가 들어서는 1948년 5·10 선거 때 처음으로 여성 투표권이 인정됐다.

3면 | 에스파냐, 필리핀에서 손 떼!

1896년 호세 리살은 민족주의 비밀결사인 카티푸난이 일으킨 폭동에 연루됐다는 혐의로 체포돼, 12월에 마닐라에서 공개 처형당했다. 그의 희생으로 필리핀인들은 에스파냐로부터 독립하는 것 말고는 그 어떤 대안도 있을 수 없다는 사실을 깨달았다. 호세 리살이 처형되기 전날, 산티아고 요새에 갇혀 있을 때 지은 「마지막 이별」은 19세기 에스파냐 시의 걸작으로 꼽힌다. 그뿐만 아니라 이후 필리핀혁명(1896~1902)과 필리핀 민족주의 사상에 큰 영향을 미쳤다.

3면 | 영국, 페르시아에 담배 팔지 마!

담배불매운동은 모자파르 옷 딘 샤(재위 1896~1907) 지배 하에서 일어난 입헌혁명의 서곡이 됐다. 페르시아는 은본위제를 유지하고 있었는데, 은이 국외로 유출되고 동화가 늘어나자 빵 폭동이 일어났다. 결국 1906년 왕은 입헌을 수락했고 10월에 1회 국가평의회를 열었다. 1908년 무하마드 알리 샤(재위 1907~09)의 통치 하에서 국가평의회는 탄압을 받았고 내전 끝에 알리 샤가 실각한 뒤 다시 열렸다.

1921년 페르시아 코사크기병대 장교였던 레자 칸은 사이이드 지아 옷 딘 타바타바이와 손을 잡고 쿠데타를 일으켜 군대를 장악했다. 그는 1921~25년에 아흐마드 샤 밑에서 국방장관 겸 총리로 있으면서 자신에게 충성하는 군대를 만들고, 마침내 레자 샤 팔레비의 이름으로 왕위에 올랐다.

7면 | 원숭이와 인류의 연결 고리 찾았다… 자와 원인

뒤부아의 발견을 둘러싼 논란이 벌어지자 그는 1923년까지 자료를 공개하지 않았다고 한다. 2008년 튀빙겐 대학의 알프레드 차르네츠키 교수는 아마추어 화석 수집가인 칼-베르너 프랑엔베르크 부부가 하노버시 부근 무덤터에서 2002년과 2004년에 발견한 두개골 파편들을 분석했다. 차르네츠키 교수는 이 두개골이 "최소한 70만 년 전 것이며, 1891년 자와에서 발견된 자와 원인과 너무도 닮아 쌍둥이라 해도 될 정도"라고 말했다. 이처럼 아시아에서 살았던 초기 원인으로 알려진 자와 원인의 두개골 화석이 독일의 채석장에서 발견됨으로써, 이들 아시아계 호미니드가 유럽을 지배했을 것이라는 추측을 낳고 있다.

8면 | 하와이공화국 수립

1898년 8월 21일, 하와이공화국은 미국과 합병하는 데 동의하고, 1900년에 미국 영토가 됐다. 이후 하와이는 미 해군 태평양함대의 주요 기지가 됐다. 1941년 일본이 진주만의 해군 시설을 공격하자, 미국은 곧바로 반격에 나섰다. 그리고 1959년 하와이는 미국의 50번째 주가 됐다.

8면 | 오스만제국, 아르메니아인 학살 자행

아르메니아 독립운동 세력은 유럽 열강의 관심을 끌기 위해 1896년 또다시 시위를 벌여 이스탄불의 오스만 행을 점령했다. 이에 오스만제국의 탄압으로 다시 한 번 유혈극이 벌어졌고, 이슬람교도 군중들은 정부군의 노골적인 협조를 받으며 5만 명의 아르메니아인을 살해했다. 그리고 최악의 아르메니아 대학살극은 1차 세계대전(1914~18) 중에 벌어졌다. 카프카스 출신의 아르메니아인들은 투르크에 대항해 러시아군을 돕기 위한 의용군 대대를 편성했다. 1915년 초 이들은 투르크 전선 후방의 투르크계 아르메니아인들을 징집했다. 이에 오스만제국 정부는 약 175만 명의 아르메니아인을 시리아와 메소포타미아로 추방하도록 명령했다. 강제 이주 과정에서 약 60만 명의 아르메니아인이 사막 한가운데서 굶어죽거나 오스만제국군과 경찰에 살해됐으며, 그밖에도 수십만 명이 강제로 추방당했다.

8면 | 조선에 인력거 등장

1895년 2월 5일, 조선 방문을 마친 영국의 인류학자 비숍 여사는 서울을 떠날 때 인천까지 인력거를 타고 갔다. 그러나 가는 도중 인력거꾼이 서툴렀던지 인력거가 뒤집혔다. 늙은 나이에 오랜 여행으로 지쳤던 비숍 여사는 그 후 1년 간 통증에 시달려야 했다. 이렇게 시작된 인력거는 그 영업소가 1905년까지 전국에 단 1개소밖에 없었고, 인력거꾼 또한 모두 21명에 지나지 않았다. 그러나 서울과 인천 간 인력거 삯은 꽤 비싸서 쌀 반가마니 값이 넘었다고 한다. 하지만 1910년대 이후 인력거는 빠르게 늘어나서 오히려 자동차를 압도해 갔다.

8면 | 시베리아 횡단철도 건설 시작

러·일전쟁(1904~05)이 끝난 후, 러시아는 일본의 만주 점령 가능성을 우려했다. 그래서 1916년 더 길고 어려운 대체 노선의 건설을 추진함으로써 블라디보스토크까지 이르는 아무르철도를 건설했다. 그 결과 시베리아 횡단철도는 2개의 준공일을 갖게 됐다. 즉 1904년에는 모스크바부터 블라디보스토크까지 전 구간을 연결하는 만주 경유 노선이 완공됐고, 1916년에는 전적으로 러시아 영내만을 통과하는 시베리아 횡단철도가 완성된 것. 시베리아 횡단철도의 개통은 실로 광대한 지역을 개발·산업화할 수 있는 길을 열어 시베리아 역사의 일대 전환점이 됐다.

8면 | 에스컬레이터

1897년 제시 레노의 발명품을 새로 디자인한 찰스 시버거가 '엘리베이터(Elevator)'와 '계단'이라는 뜻을 가진 라틴어(Scala)를 합성해 '에스컬레이터(Escalator)'라는 신조어가 나오게 됐다.

6호

3면 | 머리 자르고 양력 쓰고… 근대적 개혁 본격화

고종은 단발령 시행 두 달여 만에 개인 의사에 맡긴다

는 조칙을 내려 단발령을 철회했다. 그러나 이후 단발은 가속적으로 확대돼 1902년은 군부와 경무청 소속의 군인, 경찰, 관원 등을 대상으로 재차 단발령이 내려진다. 그러다가 1904년에 각부 관리들에게 단발하고 양복을 입으라는 지령을 내렸는데, 이때부터 일진회가 단발에 흑의(黑衣)를 입는 혁신운동을 시작했다. 그러자 단발한 사람을 조롱하는, "중아 중아 철 없는 중아 보시 보시 죽어 보시"라는 민요가 떠돌기도 했다.

한편 프랑스인 바리캉 마르가 1871년에 발명한 이발기구가 한반도에 들어온 것도 이 무렵인 1905년 전후이다. 오늘날에도 사용하는 '바리캉'이라는 이발 기구 이름은 이것을 만든 사람의 이름이 널리 쓰이는 것이라고 한다. 그렇기 때문에 '이발기'라는 말로 순화하는 것이 바람직하다.

5면 | 유럽의 유대인들 "타향은 싫어, 고향이 좋아!"

헤르츨은 1897년 8월 스위스 바젤에서 세계시온주의자대회를 열었는데, 200명 가량의 대표자들이 참석한 이 대회에서 설립된 '세계 시온주의자조직'의 초대 의장이 됐다. 그는 이 대회에서 "우리 이제 유대 민족의 피난처가 될 집을 위해 초석을 놓읍시다. 시온주의는 이스라엘 땅으로 돌아가기 전에 먼저 유대주의로 돌아가자는 운동입니다."라고 외쳤다. 3일 동안 계속된 대회는 이후에 '바젤 계획'으로 알려지게 되는 계획을 채택하고서 "시온주의는 이스라엘 땅에 유대인들을 위해 공식적으로 보장되는 조국을 세우기를 열망한다."라고 선언했다. 헤르츨은 이스라엘 국가가 세워지기 40년 전에 죽었으나, 시온주의를 전 세계에 중요한 정치운동으로 부각시키는 데 많은 공을 세운 조직가·선전가·외교가였다.

6면 | 마르코니, 무선전신 발명

1900년 마르코니국제해상통신주식회사가 선박과 지상 무선국 사이에 상호 교신 설비를 장치하고 작동시키기 위한 목적으로 설립됐다. 1900년 마르코니는 무선전신 기구 개량을 위해 7,777번 특허를 신청했다. 무선전신에 대한 올리버 로지 경의 초기 연구를 바탕으로 한 이 특허는 몇몇 무선국들이 간섭을 일으키지 않고 서로 다른 파장으로 작동할 수 있도록 했다.

이후에도 그는 여러 가지 발명으로 특허를 얻어냈다. 1901년 그는 대서양을 가로질러 모스 부호를 전송하는 무선 방식을 완성했다. 1909년 노벨 물리학상을 수상한 그는 단파 무선통신 개발에 대해 연구했고 이는 거의 모든 현대 장거리 무선통신의 기초를 이루었다.

7면 | 한글로 번역된 최초의 서양 소설 『천로역정』

한국어본 『천로역정』은 종교적 영향력 못지않게 번역사에서도 중요한 위치를 차지하고 있다. 왜냐하면 영어로 된 텍스트를 직접 한국어로 옮긴 '희귀한' 사례이기 때문이다. 이 책을 번역한 게일은 캐나다 출신의 미국 장로교 선교사로, 한국 이름은 기일(奇一)이다. 1888년에 조선에 입국한 뒤 성서공회 번역위원으로 활동했으며, 최초의 『한영대사전』을 편찬했다. 그는 『천로역정』 외에도 『조선의 풍물』(1898), 『선구자』(1904), 『한양지』, 『한국결혼고』, 『한국풍속지』, 『한국근대사』 등을 저술했다. 1900년 전후의 한국 사정과 민속·기독교 보급 상황 같은 연구에 참고가 되는 자료이다.

8면 | 영국, 말레이연방 조직

일본이 1941년 말라야를 침공하고 1942년 싱가포르를 점령함으로써 영국이 2차 세계대전 후 말라야를 단일 국가로 개편하려던 계획은 실패했다. 그러나 이 영향으로 말레이인들 사이에 민족주의가 싹트면서 식민 상태에 반기를 드는 움직임이 일어났다. 그 결과 1946년 말레이민족기구연합(UMNO)이 결성됐다. 1948년 페낭섬이 말레이반도에 복속되고, 말레이공산당(MCP)이 창당됐다. 1955년에는 말레이화교연합(MCA)과 말레이민족기구연합(UMNO)이 반공산주의·반식민주의 노선을 함께 취하면서 손을 잡고 총 52개의 국회 의석 중 51개를 차지했다. 결국 영국인들이 지배권을 포기함에 따라 1957년에 말레이의 독립이 이루어졌다.

8면 | 북극에 곰 아닌 인간이 나타났다!

1897년 난센이 쓴 2권의 탐험 기록 『극북』이 출간됐다. 이후 난센은 1900년, 1910~14년 북대서양에서 해양탐사를 지휘했다. 1차 세계대전 종전 후에는 구제 사업을 펼쳐 1922년 노벨평화상을 받기도 했다. 북극 탐험의 목적은 과학적 호기심 및 지하자원 탐사와도 관련된다. 1882~83년 1회 국제극지관측년(International Polar Year)에는 11개국에서 북극권에 11개소의 관측소를 설치해 자료를 수집했다.

7호

2면 | '쇠당나귀' 등장… 서대문—청량리 간 전차 개통

전차가 개통된 지 닷새 만에 어린아이가 치여 죽는 사고가 발생했다. 이 사건으로 한성전기회사 사장 이채연은 사임했다. 전차는 약 3개월 후에야 다시 운행을 할 수 있었다. 하지만 1899년 8월 전차 운행 재개 이후에도 전차 사고가 끊이지 않았다. 당시 신문들은 사고 기사들을 싣고 있다. 1900년 5월에는 인력거꾼 1명이 전차에 치여 얼굴을 다쳤으며, 6월 7일에는 12세 어린이가 전차에 치여 죽었고, 6월 17일에는 지나가던 사람이 전차에 부딪혀 다쳤으며, 6월 18일에는 맹인이 머리를 다쳤고, 7월 13일에는 6살 난 여자 어린이가 치여 죽었다.

한편 귀빈용 어용차까지 도입한 고종 황제가 전차를 타고 홍릉에 행차를 한 적은 한 번도 없다고 한다. 그러나 전차 노선은 그 뒤 계속 늘어나 1900년 4월에 '종로—구용산(원효로4가)' 노선이, 1901년 7월에는 '남대문—봉래동1가—서대문 밖' 노선이 신설됐다. 1966년 10월 세종로 쪽 전차 궤도가 철거된 데 이어 1968년 11월에는 서울 시내 전차 궤도 전부가 철거돼, 전차는 역사의 뒤안길로 사라졌다.

3면 | 필리핀, 아시아 '공화국 1호점' 개점

1899년 2월 4일 밤 마닐라 외곽에서는 미국인과 필리핀인 사이에 전투가 시작됐다. 필리핀은 무모할 정도로 용감히 싸웠지만, 이튿날 아침 전투는 필리핀의 완전한 패배로 종결되었다. 전투 중에 아기날도는 미국에 대해 선전포고를 했고, 미국은 즉시 필리핀에 증원군을 파견했다. 필리핀 정부는 북쪽으로 피해 1899년 11월에는 게릴라전으로 전환했다. 3년간의 치열한 전투로 값비싼 희생을 치른 뒤 필리핀인의 독립전쟁은 완전히 진압되고 말았다. 필리핀 민중들은 공화국의 깃발이 다시 오를 때까지 40여 년을 더 기다려야만 했다.

3면 | 영·프, 검은 대륙서 일촉즉발 위기 맞아

1898년 11월 4일, 프랑스의 신임 외무장관 테오필 델카세는 마르샹에게 파쇼다에서 철수하라고 지시하는 한편, 프랑스는 계속해서 작은 기지들을 차지해야 한다고 요구했다. 이 기지들은 백나일강에 이르는 프랑스의 희랑지대를 지켜주는 역할을 하고 있었다. 영국 총리이자 외무장관인 솔즈베리경이 이 요구를 거절했음에도 불구하고 결국 프랑스와 영국 정부는 나일강과 콩고강 유역을 두 나라의 세력권 경계로 설정하는 데 합의했다(1899.3.21). 그 결과 프랑스는 나일강 서쪽 유역에 대한 영유권을 더욱 확고히 했고, 영국은 이집트 내 지위를 확인했다. 이 위기가 해결됨으로써 두 나라는 1904년 영국-프랑스 협상을 맺었다.

5면 | 남아프리카 보어전쟁, 보아 하니 '쇼'의 전쟁

1900년 2월 영국군은 블룸폰테인을, 5, 6월에는 요하네스버그와 프리토리아를 점령했다. 이에 크뤼에르 대통령은 트란스발을 떠나 유럽으로 도망갔다. 하지만 그때까지 주로 군사작전에 한정됐던 전쟁은 결코 끝난 것이 아니었다. 영국군은 초토화전술로 보어인들을 공격했다. 보어인과 아프리카인의 농장들이 파괴당했으며, 시골에 살던 보어 주민들은 강제수용소에 격리됐다. 이 수용소에서 보어인 여자들과 아이들이 겪은 비참한 생활은 전 세계의 분노를 샀으며, 어린이를 포함해 2만 6,000명 이상의 네덜란드계 백인들이 가혹한 처우로 비위생적인 수용소에서 죽어갔다. 1901년 3월 보어인은 평화협정을 요구했지만 거부되고, 1902년 5월 베레니깅평화조약이 체결됨으로써 결국 독립을 잃고 영국령으로 편입됐다.

8면 | 콜롬비아내전, 자유당 패배로 끝나

이후 콜롬비아내전은 2년 반 동안 농촌 지역에서 발생해 게릴라전 양상을 띠면서 다시 한 번 막대한 재산 손실과 질병, 인명 피해를 가져왔다. 보수당은 군사 공격·투옥·벌금·재산몰수 등 온갖 수법을 동원해도 농촌 지역의 동요를 누그러뜨릴 수 없자, 1902년 6월 12일 대사면과 정치개혁을 제안했다. 결국 11월경 대사면, 자유선거, 정치·화폐개혁을 약속하는 평화협정을 체결하고, 자유당의 두 거두인 라파엘 우리베와 벤하민 에레라가 항복했다. 1899년부터 1903년까지 계속된 콜롬비아내전은 약 6만~13만 명의 죽음과 경제 파탄을 불러온 '천일전쟁'으로 불린다. 이 전쟁 직후 파나마가 콜롬비아동맹에서 탈퇴했다.

8호

3면 | 친일의 시대?

1904년 12월 진보회는 일진회와 합치면서 이용구를 회장으로 하는 '합동일진회'로 조직을 재정비한 뒤, 일본인을 고문으로 추대하고 본격적인 친일 활동을 벌였다. 이에 손병희는 민족주의중립회를 발기하고 이용구를 동학에서 쫓아냈다.

그러나 합동일진회는 러·일전쟁이 일본에 유리하게 끝나고 을사조약이 체결되기 직전인 11월 6일 '한국은 일본의 보호를 받아야 한다'는 선언서를 발표했다. 또 을사조약 체결 이후 기관지 『국민신보』를 통한 친일 여론 조성, 고종 양위 책동, 의병 토벌 등 각종 매국 행각에 앞장섰던 일진회는 결국 1909년 12월 4일 일제가 기초한 「일진회 합방성명서」를 발표했다.

1910년 조선을 강점한 일제가 '집회결사엄금령'을 내림으로써 한·일병합에 커다란 공을 세웠던 일진회마저도 그해 9월 12일 10여 개 단체와 함께 강제 해산됐다.

8면 | 알로하 코리아! 하와이 농장 이민 시작

1903년 102명의 첫 한국인 이민자가 하와이에 발을 내딛은 지 100년 만에 미국의 한인 이민자 수는 100만여 명으로 늘어났다. 미주 한인 이민 100주년 기념사업회 등에 따르면 집단 이주가 처음 시작된 1903년부터 일본이 한국인의 이민을 중지한 1905년까지 총 7,226명이 하와이로 이주한 것으로 나타났다.

이후 해방을 맞은 45년까지 한국을 떠나는 미국 이민은 사실상 끊겼다. 최근 미국 인구조사국은 1910년의 하와이 인구조사 결과를 공개해 주목을 끌었는데, 1910년 하와이주 총인구 19만 1,909명 중 한인은 4,533명으로 집계됐다.

한편 1910년 당시 하와이에서 14~40세 사이 한인 남녀의 비율은 무려 13대1에 달했다. 게다가 당시 한인 노동자들은 대부분 혼기를 넘긴 총각들이었다. 그래서 농장주들과 목사들이 나서 한국의 규수들과 사진 중매를 추진했다. 사진 신부는 부산을 중심으로 한 경상도 지역에서 주로 모집됐다. 1910년부터 동양인 이민금지법이 발효된 1924년까지 사진 하나만을 들고 하와이로 건너온 사진 신부들은 총 950여명에 달한다.

8면 | 독일, 헤레로족과 나마족 대량 학살

독일제국은 이후 1907년까지 3년 동안 학살을 계속했다. 그 결과 독일인들이 저지른 최초의 '인종 학살'에 의해 약 7만 5,000명의 나미비아인들이 사망했으며, 생존자들은 많은 수가 국외로 탈출해야만 했다. 특히 헤레로족은 6만 명에 달하는데, 이는 전체 헤레로족의 80퍼센트에 해당하는 숫자였다.

2004년 8월 13일, 아프리카의 나미비아를 방문한 독일의 대외원조개발부 장관 하이데마리 비초렉초일은 독일 대사관에서 나미비아 헤레로 부족 대표들과 만나 "독일은 헤레로 부족에게 특별한 책임이 있다."라며 과거 식민 시절의 잘못을 사과했다. 비초렉초일 장관은 "독일은 역사에서 교훈을 얻었으며, 이제는 과거의 장벽을 부수고 화해할 때"라고 말하면서, 헤레로 부족이 미국 법정에 독일 정부와 기업을 상대로 제기한 손해배상 소송 취하를 요구했다. 그동안 독일 정부는 이 사건이 유대인 학살 및 보상과는 다른 문제라고 반박하면서 공식 사과와 보상 요구를 거부해왔다. 그러나 헤레로 부족과 독일 인권 단체들은 이날 대화가 '진일보한 것'이기는 하지만, 여전히 화해에 앞선 조치로는 미흡한 것으로 받아들였다. 현재 남아 있는 헤레로족과 나마족은 12만 2,000명과 6만 1,000명으로, 나미비아 총인구의 약 10퍼센트이다.

9호

2면 | 13도 연합 의병, 서울에서 일본과 격돌 앞둬

동대문 밖 30리 지점까지 진출한 13도 연합 의병의 선발대는 후속 부대가 도착하기를 기다렸으나 후원군이 없어서 이를 눈치챈 일본군에게 패하고 말았다. 이처럼 서울 진공 작전이 실패한 뒤에도 의병들의 저항은 끈질기게 계속됐다. 그러자 일제는 한국 병합을 위해 1909년 9월부터 2개월 동안 호남 지방 해안을 완전히 봉쇄하는 '남한 대토벌 작전'을 펼쳤다. 그 결과 호남 지방은 일본군의 무자비한 살육과 방화로 잿더미가 됐다.

3면 | "차라리 인도를 영국에서 분리하라!"

1905년 7월 동벵골·아삼주와 비하르·오리사를 포함한 벵골 본주의 분할령은 이듬해 인도국민회의파의 콜카타대회에서 스와라지(자치운동)·스와데시(국산품장려운동)를 결의하는 계기가 됐다. 영국은 인도 민중들의 이와 같은 반대운동에 직면하자, 1911년에 벵골 분할령을 철폐했다. 그러나 이 분할은 1947년 인도·파키스탄이 분리되는 원인으로 작용했다.

3면 | 돌아오지 않는 황제의 밀사

고종 황제가 헤이그밀사사건을 전후해 혹독한 일제 감시 속에서도 "이준 열사의 죽음을 서글퍼한다."라는 안타까운 속마음을 담아 외부에 알린 서찰 8장이 공개됐다. 한지에 쓰인 어찰은 세로 22센티미터, 가로 5~15센티미터로, 서찰마다 각각 크기가 다르고 모두 1,000여 자 안팎의 한자가 적혀 있다.

어찰 1~4장에는 '국권이 침탈됐지만 손발이 묶여 있어 왕으로 역할을 하지 못하고 있다. 이준 등 충신들이 억울한 심정을 (해외에) 알려주기 위해 노력하는 것이 너무 고맙다.'라는 내용이 담겨 있는 것으로 추정된다. 그리고 어찰 5~8장에는 '이준이 헤이그에서 죽은 것이 너무 비통하다.'라는 내용으로 헤이그 밀사 사건 실패에 대한 괴로운 심정이 기록된 것으로 파악됐다.

이 어찰은 헤이그밀사사건이 일어난 1907년 궁정부 비서관(정삼품)이던 고 김봉선 선생(1856~1909)이 고종 황제에게서 은밀하게 전달받은 것. 김봉선 선생은 농상공부참서관, 궁내부비서관, 경리원 기사 등을 역임한 뒤 고종이 강제 퇴위되자 낙향한 뒤 1년여만에 숨을 거뒀다. 1988년 김봉선 선생의 후손인 김보균씨가 척명·교첩·시권·이력서·증서·호패 등 각종 유물 53점과 함께 이 어찰을 광주시에 기증했다. 어찰은 2년 뒤 시지정문화재 16호로 일괄 지정됐다.

5면 | 침략자 일본에게 빚지고 살 수는 없다

국채보상운동이 실시된 1907년 4월 말까지 보상금을 의연한 사람은 4만여 명이고, 5월까지 보상 금액은 230만 원 이상이었다. 국채보상운동이 전국적으로 확산되자, 일제는 이 운동을 탄압했다. 국채보상운동은 송병준 등이 이끌던 매국단체 일진회의 공격을 받고 통감부가 국채보상기성회의 간사인 양기탁을 횡령이라는 누명으로 구속하면서 실패했다. 하지만 그 영향은 일본에까지 파급돼 800여 명의 유학생들도 호응했다.

5면 | 감옥에 간 여성참정권

1928년 영국 여성들이 남성과 동등한 투표권을 인정받은 인민대표법이 에멀린 팽크허스트가 죽기 수주일 전에 통과됐다. 에멀린 팽크허스트가 40년 동안 벌여온 여성참정권 운동이 결실을 거둔 것이라고 할 수 있다. 그녀의 딸인 크리스타벨 해리어트(1880~1958) 또한 여성참정권운동에서 뛰어난 활약을 했다.

7면 | 첫 신극 〈은세계〉 원각사 무대에

최초의 신연극 〈은세계〉는 성공을 거두지 못해 원각사가 한때 휴연을 했다. 1909년 5~6월에 일본 연극계를 시찰하고 돌아온 이인직이 〈천인봉〉 등의 새 연극을 상연하려 했으나 실행치 못하고 〈춘향가〉를 공연했으며, 다시 일본에 다녀와서 〈수궁가〉를 공연했다. 이후 어성좌·단성사·연흥사 같은 극장이 건립되면서 원각사의 신극운동은 약 1년 반 동안 계속됐다.

8면 | 오랑우탄과 함께 전시된 피그미족 남성

이후 벵가는 동물원을 떠나 미국 버지니아주 린티버그의 담배 공장에 취직했다. 사다리를 이용하지 않고도 담배 공장의 굴뚝에 올라가 업무를 처리하는 능력(?)을 인정받기도 했다. 1920년 벵가는 32세의 나이에 권총 자살로 삶을 마감했는데, 숨지기 전 피그미족 전통 춤 및 종교의식을 거행했다는 것이 당시의 기록으로 전해지고 있다.

10호

3면 | 의병은 다 사라진 줄 알았더니

1913년 2월 임병찬은 고종으로부터 전라남북도 순무총장 겸 사령장관에 임명됐다. 그는 1914년에 본거지를 서울로 옮기고, 명칭을 '대한독립의군부'로 고쳤다. 그리고 각 도·군 단위의 조직을 완성하고 그 대표를 선정함으로써 조직을 전국적으로 확대했다. 1914년 5월 전국의 조직을 통해 국권반환요구서를 일제히 발송하고, 360여 개처에 일제히 국권 반환과 일본군 철병을 요구하는 전화를 하기로 했다. 그러나 5월 23일 단원 김창식이 붙잡힘으로써 조직이 발각됐으며, 주요 임원과 임병찬이 일본 경찰에 잡혀 대한독립의군부는 해체됐다.

5면 | "일본 농민이 몰려온다"… 농업 이민 급증

일본은 1910년부터 1926년까지 17회에 걸쳐 일본인 이민 희망자 약 1만 명을 엄선했다. 이들 이주민은 경기·경상·전라·황해·충청도에 가장 많았는데, 그들은 일제의 대변자이며 앞잡이가 돼 한국인을 착취했다. 그 결과 1926년까지 한국인 빈농 약 29만 9,000명이 토지를 상실해 북간도로 이주했다.

동양척식주식회사(이하 동척)는 1917년 회사법을 개정해 본점을 도쿄로 이전하고, 몽골·러시아령 아시아·중국·필리핀 및 말레이반도까지 진출해 침략 자금의 공급과 척식사업을 벌였다. 1931년 만주사변과 1937년 중·일전쟁을 일으킨 후 일제가 한반도를 병참기지화하기 위해 중공업에 집중 투자하자, 동척도 광공업 부문에 관심을 기울여 전기·탄광·제철 등 각 분야에 투자했다.

그러나 동척의 사업 중심은 여전히 한국의 농업에 대한 수탈이었다. 1920~30년대 농민의 격렬한 소작쟁의는 동척의 한국인에 대한 수탈과 결코 무관하지 않았다. 또한 1926년 12월 28일 의열단원 나석주가 동척을 기습해 폭탄을 투척한 사건도 바로 이러한 동척의 수탈에 한 응징이었다.

7면 | 스트라빈스키 〈봄의 제전〉

〈봄의 제전〉은 디아길레프의 요청으로 작곡된 음악 작품 중에서 가장 유명하다. 그 험악했던 공연 도중에 디아길레프가 느꼈듯이 이 작품은 현대 음악의 시작을 알리는 기념비적인 작품이다. 20세기 중반에 이르러 이 작품은 교향악단이 즐겨 연주하는 레퍼토리의 하나가 됐다. 파리의 첫 공연에서 소동을 불러일으켰던 〈봄의 제전〉은 아직도 듣는 사람을 감동시키고 마취시키는 힘을 갖고 있지만, 이제는 더 이상 사람들을 놀라게 하지 않는다.

8면 | 목숨을 건 여성참정권

에밀리 데이비슨의 살신성인으로 영국은 여성의 참정권에 대해 진지하게 고민하기 시작했고, 엡섬더비 사건 15년 뒤인 1928년에 드디어 영국의 성인은 남녀불문하고 모두 귀중한 한 표를 행사할 권리를 얻었다. 민주주의의 완성은 모든 국민이 정치에 참여할 수 있는 참정권의 행사에 있다. 하지만 지금처럼 법정 나이에 이른 모든 국민의 한 표 행사가 당연시된 것은 불과 100년도 안 된다는 사실을 기억할 필요가 있다.

8면 | 고종, 일본 강압으로 한양공원 편액 써줘

한양공원은 일제강점기에 일본인이 만든 대표적인 공원으로, 신사와 조선신궁을 세워 민족혼을 빼앗고 일본정신을 강요하기 위한 장소로 악용됐다. 고종 황제 친필로 쓰인 한양공원 표식은 공원 입구였던 힐튼새 남산 3호 터널 입구에 있던 것으로 보이는데, 터널 공사 때 옮겨진 것으로 추정된다. 일제는 한양공원과 1897년 남산 북쪽에 세워진 화성대공원을 통합해 1940년 남산공원으로 지정했다. 참고로 우리나라 최초의 공원은 인천의 '만국공원(현 자유공원)'이다. 이 공원은 개항기에 들어온 외국인들이 1889년 자신들의 거주지 부근에 휴식 장소로 조성한 것이다. 그리고 서울 최초의 공원은 1896년에 조성된 '파고다공원(현 탑골공원)'과 '독립공원'이다.

11호

5면 | 전쟁은 국적이 있어도 무기는 국적이 없다

크루프사는 독일이 패전한 후 군수물자 생산이 금지돼 어려움에 빠지자 히틀러를 지지하고 나섰다. 그 대가로 2차 세계대전 중에는 히틀러의 지원으로 다시 군수물자를 대량생산했다. 한편 1차 세계대전 말 미국의 군수산업은 영국과 프랑스를 합친 것보다 더 커졌다. 제이피모건은행의 동업자이면서 전쟁물자 조달 책임자였던 에드워드 스테티너스와 200여 명의 직원들은 미국 전역에서 물자 계약과 수송 등을 맡아 처리했다. 제이피모건은행을 비롯한 금융들은 이렇게 엄청난 전쟁 특수를 미끼로 기업들을 군수산업체로 재편했다. 미국의 경제사가 존 고든은 "이 때문에 스테티너스는 군산복합체의 아버지로 불린다."라고 말했다.

5면 | 멕시코는 '토지와 자유'를 위한 전쟁 중

'사파티스타(에스파냐어: Zapatista)'는 일반적으로 1994년 세계화와 신자유주의에 대항해 봉기한 치아파스의 마야 원주민 혁명 세력인 '사파티스타 국민 해방군'의 일원 또는 지지자들을 뜻한다. 원래 사파티스타는 1910년 시작한 혁명적 게릴라 운동의 일원인 에밀리아노 사파타와 그의 남부 해방군을 말한다. 사파타는 멕시코혁명 당시 경작지의 재분배를 위해 판초 비야 같은 동지들과 함께 농민들의 협동 토지권을 주장했다.

7면 | 소쉬르 『일반언어학 강의』, 랑그와 파롤을 아시나요?

1996년 소쉬르가 분실한 자료들이 뒤늦게 빛을 보았다. 제네바에 위치한 소쉬르 가문 저택의 개축 공사를 하면서 인부들이 두툼한 종이뭉치를 발견한 것. 이 자료에는 '언어의 이중적 본질에 관하여'라는 제목이 적혀 있었다. 이 자료를 포함해 소쉬르의 육필 원고는 2002년 프랑스에서 한 권의 책으로 나왔고, 이 책이 6년 만에 우리말로 완역됐다. 번역자들은 이 책의 가장 큰 의미로 『일반언어학 강의』에 나오지 않고 생략된 '발화(parole)'와 '의미론'의 영역에 대한 소쉬르의 사유를 단편적으로나마 얻을 수 있게 됐다는 점을 들었다.

12호

3면 | 러시아에 한국 첫 사회주의 정당 탄생

한인사회당은 이동휘의 지도 하에 소비에트 정권 옹호, 외국 무력 간섭 격퇴, 토지개혁 실시, 세계 무산계급과 약소민족 해방 진영과의 연대성 등을 담은 정강을 공포했다. 그리고 당 조직뿐 아니라 한인 사관학교를 만들고, 한국인 100여 명으로 적위대를 조직했다. 그러나 대소간섭전쟁에 참여한 일본이 시베리아로 군대를 파견하면서 이 지역의 적군과 볼셰비키 조직이 잠시 시베리아에서 물러나자 한인사회당도 활동이 정체되고 말았다.

1919년 국내에서 3·1운동이 일어나자 이동휘 등은 블라디보스토크로 집결해 재기를 노리면서 레닌 정권의 원조를 얻어 독립운동을 전개하려고 했다. 그래서 4월 25일 블라디보스토크 신한촌에서 한인사회당의 대표자 대회를 열어, 박진순·박애·이한영을 사절단으로 뽑아 코민테른에 파견했다. 이들 3명은 모스크바에 가서 한인사회당의 코민테른 가입을 선언하고, 한인사회당의 당원 명부를 코민테른 당국에 제출함으로써 막대한 독립운동 자금을 얻어내는 데 성공했다.

그 뒤 이동휘는 블라디보스토크를 떠나 상하이로 갔으며, 모스크바에 파견됐던 박진순 등의 사절단은 이르쿠츠크에서 자금 피탈 사건을 겪고 상하이로 가 다시 모이게 되었다. 상하이에 모인 한인사회당 간부들은 민족 진영의 일부 독립운동자들까지 규합, 1921년 1월 고려공산당으로 이름을 바꾸고 활동을 시작했다.

3면 | 제국주의 열강, 러시아혁명 뒤집기 나섰다

1918년 4월 영국과 일본군이 체코슬로바키아군의 출항지인 블라디보스토크에 상륙한 데 이어, 미국·프랑스·이탈리아·터키·그리스·폴란드 등 14개국의 무장 병력이 러시아에 침입, 소비에트 정부를 한때 위기에 빠뜨렸다. 그러나 연합국 내부의 의견 불일치, 반대 여론 등으로 대소간섭전쟁은 실패하고 말았다. 1919년 8월 미국군 철수를 시작으로 1920년까지 거의 모든 나라의 군대가 철수했으나, 시베리아 동부를 점령했던 일본군만 1922년 10월에 철수했다.

7면 | 중국, 이번에는 '문학' 혁명으로 간다

1915년 9월호부터 1917년 8월호까지 『신청년』에 게재된 기사는 주로 공자 비판·서양 사조·청년 개조의 순서였다. 그러나 1918년 1월부터 1926년 7월까지 출간된 특집기사를 분석하면 마르크스-레닌주의와 공산주의·러시아연구가 31퍼센트, 서양 사조 14.8퍼센트, 서양 문학 14.2퍼센트, 문학혁명 11퍼센트, 공자 비판 8.6퍼센트, 민주정치 6퍼센트, 청년 개조 4.9퍼센트, 과학 4.6퍼센트였다. 초기에는 자기비판을 선행하고 외래 사상을 도입했지만, 창간 3년 뒤부터는 러시아의 사회주의·공산주의·노동문제·무정부주의 등에 치중했음을 알 수 있다.

7면 | 이광수 장편소설 『무정』 인기리 연재

이광수는 연재소설 『무정』을 1917년 1월 1일 이후 126회에 걸쳐 『매일신보』에 연재했다. 이후 우리나라 남쪽 5도를 돌아보고 기행문 〈오도답파여행〉을 53회에 걸쳐 『매일신보』에 연재했는데, 르포성 기행문을 신문에 연재하기는 이광수가 처음이다. 그리고 이광수는 1937년 수양동우회 사건으로 투옥됐지만, 반년 만에 병보석으로 나온 후 친일로 기울어 '가야마 미쓰로'라는 일본식 이름을 갖기도 했다.

7면 | 지휘자 없는 오케스트라

러시아혁명 직후 평등 이념 고취를 위해 지휘자 없는 오케스트라를 시도했던 페르짐판스 오케스트라는 1년도 안 돼 해체되고 말았다. 오케스트라는 지휘자에 따라서 연주가 천차만별인 것이 제격이지만, 그렇다고 해서 지휘자에게만 전적으로 음악의 해석을 맡길 수도 없지 않을까. 지휘자 없이도 음악을 만들어보겠다는 의지와 앙상블 능력을 한번 키워보는 것은 어떨까.

13호

7면 | 고양이 쥐 생각해 주는 산미증식계획

조선총독부는 처음에 30년 계획을 세워 총 80만 정보의 토지를 개량하고자 했다. 1차로 15년 동안 총공사비 2억 4,000만 원을 들여 42만 7,000정보를 개량하고 연간 약 900만 석을 증수하여 그중 460만 석을 일본으로 가져가려 했다. 그러나 1925년까지 공사 착수 예정 면적의 59퍼센트인 9만 8,000정보 가량만 착수되고, 농사 개량은 거의 이루어지지 않았다. 이에 일제는 정부 알선자금의 비중을 대폭 높이고, 사업 대행기관과 추진기관을 정비해, 1926년부터 12년 동안 총공사비 3억 3,000만 원을 들여 35만 정보를 개량하고 820만 석을 증수하려는 제2기 계획을 시행했다. 그 결과 예정 면적의 47퍼센트인 16만 5,000정보를 개량할 수 있었을 뿐이다. 제2기 계획은 1930년대에 들어 실적이 극히 저조하였는데, 이는 공황기의 미가 하락으로 인한 수리조합의 경영 악화, 정부 알선 자금의 급격한 감소 때문이었다. 농업공황으로 쌀 가격이 폭락해 조선 쌀의 수출이 일본의 농촌 경제를 악화시키자 산미증식계획은 일본 내부의 반발에 부딪혀 1934년에 중단됐다.

8면 | 반갑다 파지, 잘 가라 이질

데렐이 박테리오파지를 이용해 이질과 다른 감염을 치료하는 데는 어느 정도 성공했지만, 박테리오파지의 의학적인 이용은 나중에 항생제와 다른 약품으로 대체되었다. 바이러스가 실제로 매우 작은 세균과 비슷한 미생물인지 아닌지 하는 문제는 1935년 담배모자이크병을 일으키는 바이러스를 분리해 결정화시킴으로써 해결됐다. 바이러스가 결정화될 수 있다는 사실은 바이러스가 세포성 생물이 아니라는 것을 증명했다. 박테리오파지는 게놈이 작고 많은 양을 실험실에서 만들 수 있기 때문에 분자생물학자들의 유용한 연구 도구이다. 박테리오파지의 연구는 유전자 재조합(재조합 DNA), 핵산의 복제, 단백질 합성 같은 기본적인 생물의 대사 과정을 이해하는 데 도움을 준다.

10면 | 떴다 보아라 안창남 비행기

1922년 안창남은 성공적인 모국 방문 비행으로, 자전거의 엄복동과 함께 "떴다 보아라 안창남 비행기 내려다 보니 엄복동의 자전거"라는 노랫말이나 "날개로는 안창남, 수레로는 엄복동, 다리로는 현금녀" 같은 유행어가 생길 만큼 유명해졌다.

안창남은 1923년 간토대지진 이후 귀국했다가 1924년 중국으로 망명해 중국군 소속으로 근무하고, 조선청년동맹에 가입해 독립운동에 뛰어들었다. 이후 여운형의 주선으로 중국 산시성으로 옮겨가 비행학교 교장이 돼 비행사를 양성했다. 이 무렵 대한독립공명단이라는 항일 비밀조직을 결성했고, 이 단체는 항일 비행학교 건설을 위해 활동했다고 알려져 있다. 1930년 안창남은 비행 중 추락사고로 사망했다.

2001년 대한민국 정부는 중국에서 독립운동에 참가한 공로를 인정해 안창남에게 건국훈장 애국장을 수여했다.

14호

2면 | 경성역, 착공 3년 만에 완공!

경성역은 해방 후 서울역으로 이름을 바꿨는데, 한국전쟁 때 많은 피해를 입었다. 돔 부분의 스테인드글라스가 파괴돼 태극·무궁화 같은 무늬로 바뀌면서 내부로 스며들던 빛을 잃었고, 1984년에는 태풍 준이 돔의 일부분을 파괴했다. 따라서 이듬해에 돔 부분을 모두 해체하고 새로운 동판으로 교체했다. 서울역에서는 경부선 외에도 호남선·전라선·장항선 등 모든 장거리 열차가 운행됐으나, 2004년 4월 고속철도(KTX)가 개통된 뒤부터 호남선·전라선·장항선은 용산역에서 출발하게 됐다. 2003년 12월 완공된 신축 역사에는 백화점이 입점해 여행과 쇼핑을 겸할 수 있는 복합역으로 조성되었고, 구관은 문화 공간으로 탈바꿈했다. 현재 사적 284호로 지정되어 철거의 위험성은 사라지고 주변의 거대한 빌딩 속에서도 그 자리에 남아 역사를 증언하고 있다.

7면 | 한국은 고대에 이미 일본의 식민지였다?

조선총독부는 산하에 조선사편찬위원회(1925년 조선사편수회)를 설치하고, 일본인 학자들과 일부 한국인 학자들이 참여하여 『조선사』35권을 간행하기 시작, 1937년에 이르러 완성했다.

한편 1930년대에 정인보가 광개토대왕릉비의 '신묘년 기사'에 대한 새로운 해석을 내놓으면서 비문에 대한 한국학자들의 본격적인 연구가 시작됐다. 정인보는 "왜가 신묘년에 쳐들어오자 (고구려가) 바다를 건너 (왜를) 격파하였다. 그런데 백제가 신라를 침략하여 신민으로 삼았다."로 읽을 것을 제안했다.

1960년대에는 북한의 김석형이 "왜가 신묘년에 건너왔다. (고구려가) 바다를 건너 백제, □□, 신라를 격파하여 신민으로 삼았다."로 고쳐 읽었다. 이후 남북한과 일본, 중국의 학자들 사이에서는 이 기사를 이전과는 다른 방식으로 읽으려는 시도가 일종의 유행병처럼 번지게 됐다. 그 과정에서 "바다를 건너 파하였다."라는 구절이 조작됐다는 이진희의 '비문 조작설'이 등장했다. 임나일본부설을 뒷받침할 증거를 확보하고, 이를 통해 고대부터 일본의 지배를 받았던 한국이 조만간 일본에 합병되는 것은 당연하다는 인식을 심어 주려고 일본 육군참모본부가 비문에 석회를 발라 글자를 조작했다는 것. 그러나 비문에 석회가 입혀진 것은 빨라도 1890년대 이후의 일이어서 오늘날 비문 조작설은 그리 설득력을 얻지 못하고 있다.

8면 | 이제 5월 1일은 어린이날

어린이날은 1927년부터 5월 첫째 일요일로 날짜를 바꾸어 계속 행사를 치르다가 1939년 일제의 억압으로 중단됐다. 해방 후, 1946년에 다시 5월 5일이 어린이날로 정해졌다. 1957년 대한민국 어린이헌장을 선포하고, 1970년 '관공서의 공휴일에 관한 규정'(대통령령 5037호)에 따라 공휴일로 정했다.

8면 | 백정도 사람이다!

형평사는 창립 후 불과 1년 만에 지사 12개, 분사 67개를 갖췄다. 1924년 2월 10·11일 형평사전국임시총회가 부산에서 개최된 이래, 조직의 분열과 대립을 극복하면서 1925년 4월 24·25일에 열린 3회 전국 대회에서 조직이 통일·확대됐다. 이후 각지에 형평청년회가 조직되고, 그 중앙기관으로 형평사 청년총연맹을 만들었다. 1936년 대동사로 개명하고, 회원의 경제 생활 개선을 통한 사회적 지위 향상을 도모하기 위해 자본금을 모아 피혁회사를 만들었다. 이후 형평사는 정치적 색채를 줄이고 순수한 지위 향상을 모색하는 활동을 벌였다. 형평사 창립 70주년을 맞은 1992년 형평운동기념사업회가 발족하면서 현재 인권운동 단체로 그 활동을 이어가고 있다.

15호

2면 | 훈민정음 여덟 번째 회갑 맞아 가갸날 제정

1928년에 '가갸날'의 명칭을 '한글날'로 바꾸었다. 그리고 1932년과 1933년에는 음력을 율리우스력으로 환산해 양력 10월 29일에 행사를 치렀으며, 1934~45년에는 그레고리력으로 환산해 10월 28일에 행사를 치렀다. 그러나 현재 한글날은 1940년 『훈민정음』 원본을 발견함에 따라 그 말문(末文)에 적힌 "正統十一年九月上澣"를 근거로 하고 있다. 즉 이를 양력으로 환산해보면 1446년(세종 28) 10월 9일이므로 1945년에 10월 9일로 한글날을 확정했다.

3면 | 중국은 국공합작 파탄, 다시 싸우는 좌와 우

중국공산당은 난창봉기가 일어난 1927년 8월 1일을 중국 인민해방군 창립기념일로 지정했다. 이날 공산 군대가 국민당 군대와 최초로 맞서 싸웠기 때문이다.

6면 | 과학관 구경 가면 일본 천황에게 '감사 드리세요'

1927년 서울시 중구 예장동에 처음으로 문을 연 은사기념과학관은 일본인이 운영하다 광복과 함께 국립과학박물관으로 개명됐다. 1948년 정부 수립 후 '국립과학관'으로 이름이 바뀌었지만, 한국전쟁 때 불에 타 명백만 유지해왔다. 그러다가 1962년 창경궁 옆 국립서울과학관 터로 과학관을 이전하고, 1990년 대전에 국립중앙과학관이 문을 열 때까지 중앙과학관 역할을 했다. 현재 우리 정부는 2008년 11월에 문을 연 국립과천과학관을 비롯해 지방 테마과학관 등 과학관 100개를 2012년까지 개관할 계획이다.

7면 | 우리도 재미있는 대작 영화 만들어보자

영화 〈아리랑〉을 제작한 이후 나운규는 〈풍운아〉, 〈들쥐〉, 〈사랑을 찾아서〉, 〈벙어리 삼룡〉 등 일련의 작품을 계속 발표하면서 10년간 시나리오 작가·감독·배우 활동 등을 통해 강렬한 민족주의와 자유주의를 영상화하여 진정한 한국 영화의 초석을 마련했다.

16호

2면 | 간디의 '소금 행진'

1930년 3월에 사티아그라하운동의 지지자들을 이끌고 소금세 신설 반대운동을 벌인 간디는 구금됐다. 1931

년 간디는 석방되자 어윈 총독과 절충한 결과, 간디·어윈 협정을 체결해 반영 불복종운동을 중지했다. (간디는 불복종운동을 중지할 것과 그때까지 거부해 온 영국-인도원탁회의에 출석할 것을 약속했다. 그러나 영국은 정치범의 석방, 외국상품 불매운동의 부분적인 허용을 약속한 데 그쳤다.) 그러나 간디·어윈협정에도 불구하고 다시 탄압 정책을 쓰는 영국에 항의하기 위해 간디는 다시 불복종운동을 재개했다가 투옥되었고, 1932년에 석방됐다.

5면 | 소련 "우리는 공황을 모른다"

1차 5개년 계획이 4년 3개월 만에 완수되면서 1929년은 소련의 역사에서 모든 전선에 걸쳐 위대한 전환이 이루어진 해로 기록되었다. 대공업의 생산고는 연평균 25퍼센트, 중공업은 31퍼센트 증가했다. 농촌은 1934년 71퍼센트, 1937년에 93.5퍼센트의 집단화를 완료하게 된다.

8면 | 1회 경평 축구전

『조선일보』는 1929년에 들어서면서 스포츠 사업에서 여러 활동을 보였다. 침체해가던 민족정신을 스포츠로 되살려보자는 취지에서였다. 전조선여자배구대회, 전조선여자농구대회, 전조선씨름대회 등이 그해에 처음 열린 대회였다. 그 가운데서도 '경평(京平) 축구대항전'은 단연 백미였다. 그러나 이듬해인 1930년에 제2회 대회까지 치러졌지만, 급기야 응원 과열과 두 팀 간의 지나친 승부욕으로 인해 1931년과 1932년, 2년간은 경기를 중단하는 지경에 이르렀다. 1933년에 재개되어 1935년까지 이어졌으나 판정 시비가 불씨가 돼 1935년부터는 완전히 중단되고 말았다. 그후 중단되었던 남북간의 축구 경기는 1990년 통일축구대회라는 명칭으로 서울과 평양을 오가며 두 차례 개최되었다. 하지만 뭐니뭐니해도 일제감정기의 암울했던 시절에 경평축구전은 한민족의 큰 잔치였다.

17호

3면 | 중국공산당이 한국인을 죽이다니

민생단 사건의 무대인 간도는 공식적으로 중국의 영토였지만, 한국인이 전체 인구에서 3/4 이상을 차지하고 있었다. 간도지역을 관할하는 동만특위는 중국공산당의 지부라는 지위에도 불구하고 한국인 당원이 90퍼센트 이상을 점해 일반 중국인들은 '라오꼬리(老高麗)' 공산당이라 불렀다. 당내에서는 '중국당화(中國黨化)'가 시급한 과제로 제기될 정도였다. 그래서 민생단 사건은 중국공산당 내에서 벌어진 중국 민족주의와 한국 민족주의의 충돌로 볼 수도 있다. 하지만 이 사건의 희생자들 전부가 한국인이었고, 한국은 500명 이상의 항일 혁명가들이 처형당하는 비극을 맞게 됐다. 북한의 김일성도 민생단원으로 의심되어 죽을 뻔했으나 중국공산당 간부의 도움으로 간신히 살아남을 수 있었다고 한다. 중국공산당은 1936년 3월 공식적으로 반민생단 투쟁을 종결했다.

5면 | 독일, 뉴딜 베껴 재군비로 간다

1932년 쾰른과 본 사이를 왕래하는 최초의 아우토반이 완공된 지 6년 만에 모두 3,000킬로미터에 이르는 고속도로망이 확충됐다. 오늘날에는 총연장 1만 1,000킬로미터에 이르며, 통일된 독일 국토의 대부분에 미치고 있다. 공식 명칭 '라이히스 아우토반(Reichs Autobahn)'은 흔히 히틀러가 그 건설에 지대한 공헌을 했다고 알려져 있지만, 직접적인 계기는 1913년부터 1921년까지 베를린에 실험적으로 건설된 아부스고속도로, 밀라노에서 이탈리아 북부의 호수들까지 연결시켜 놓은 130킬로미터의 아우토스트라다 유료도로(1923년 완공)였다.

6면 | 나치 인종주의 따라 다시 떠오르는 우생학

1950년대부터 우생학에 대한 새로운 관점이 등장했다. 혈우병이나 페닐케톤뇨증과 같은 특정한 질병은 유전된다는 사실이 알려졌기 때문에 많은 부부가 유전학적 선별 검사를 통해 자녀들이 이러한 질병에 걸릴 가능성이 있는지를 알게 됐다. 나아가 태아의 특정 유전적 결함까지도 진단할 수 있게 됐다. 그 결과 태아가 유전적 기형을 가진 것으로 밝혀지면, 많은 부부가 인공 중절을 택한다. 바람직하지 않은 유전형질을 확인하고 제거하는 우생학의 목표는 이러한 의학적 발전으로 인해 더욱 강화됐다.

또한 많은 유전병 환자들이 어느 정도 정상적인 삶을 살 수 있도록 해주는 분야도 발전해 왔다. 해로운 유전자를 직접 조작하여 바꾸는 유전자 수술도 연구 중이며, 이것이 완성되면 해로운 유전자를 지닌 사람들의 생식을 제한하자는 우생학상의 논쟁도 끝날 수 있을 것이다.

기술혁신은 많은 논란을 가져왔고 우생학을 둘러싼 논쟁을 더욱 복잡하게 만들었다. 유전적으로 우월한 사람들의 정자은행을 만드는 것부터 인간복제 문제에 이르기까지 우생학과 관련된 계획의 범위를 확장시키려는 제안들은 여론의 격렬한 반대에 부딪혔다. 이처럼 우생학에 반대하는 사람들은 주로 이러한 계획이 정당화될 수 없는 자연에 대한 간섭이라고 보거나 독재정권에 의해 남용될 가능성이 있다고 생각하기 때문이다.

18호

3면 | 손기정, 마라톤 우승 세계신기록 수립!

1936년 8월 13일 『조선중앙일보』(사장 여운형)의 체육부 기자 유해붕이 베를린올림픽 남자 마라톤에서 손기정이 우승한 소식을 전하면서 일장기를 삭제해 보도했다. 『동아일보』이길용 기자도 8월 25일자 신문에 손기정의 사진에서 일장기를 삭제해 보도했다. 그러자 조선총독부가 이를 문제 삼아 『조선중앙일보』와 『동아일보』가 무기 정간을 당하고, 『조선중앙일보』는 끝내 폐간됐다. 이후 이 사건은 '일장기말사건'으로 널리 알려졌다.

5면 | 연해주 동포 17만 명 중앙아시아로 강제 이주

1937년 당시 우즈베키스탄과 카자흐스탄 등 중앙아시아 지역으로 강제 이주된 한인들은 콜호스라는 집단농장을 경영하면서 비교적 풍요롭게 살았다. 알마아타·타슈젠트·사마르칸트·부하라 등지에 4~5만 명의 한인 교포가 사회 각 방면에서 전문직에 종사하고 있으며 자신들을 '소비에트 코리언'이라고 부르고 있다. 1994년 현재 러시아를 포함하는 옛 소련 지역에는 총 45만 8,923명의 교포가 살고 있다. 이들은 우즈베키스탄에 20만 명, 카자흐스탄에 10만 명, 그 외의 러시아 지역에 11만 명, 사할린과 하바로프스크에 4만여 명이 살고 있다.

5면 | 일본, 난징 대학살… 30만 명 학살 '광란'

"난징 학살 사망자들의 시체는 2,500량의 기차를 가득 메울 것이며, 시체를 포개놓으면 74층 빌딩과 맞먹을 것입니다." 최근 일본군이 중국 난징에서 저지른 학살에 관해 역사학자 아이리스 장이 『난징의 강간』에서 한 말이다. 전후 극동군사재판에서 총사령관 마쓰이와 6사단장 하세 히사오 등 여러 명이 전범으로 사형되었다. 일본 정부는 아직까지도 난징 학살에 대한 공식적인 인정과 사과를 하지 않고 있으며, 일본 우익은 난징 학살이 과장되게 조작됐다는 주장까지 하고 있다.

6면 | 사람 죽이는 무기, 산 사람에게 실험해

1945년 2차 세계대전이 끝나자, 일본은 731부대의 만행 흔적을 없애기 위해 살아남은 150여 명의 마루타들을 모두 처형한 것으로 알려졌다. 그런데 2차 세계대전후 미국은 일본이 생체 실험과 세균전에서 얻은 귀한 자료를 챙기는 대가로 731부대의 범죄 행위를 눈감아 주었다. 생체 실험을 주도한 독일 의사들은 뉘른베르크 재판에서 단죄됐으나, 731부대 간부들은 도쿄 전범재판에서 제외됐을 뿐만 아니라 오히려 전후 일본 의학계의 지도자로 출세가도를 달렸다. 특히 이 같은 실험의 총책이었던 이시이 시로 박사 등은 전후 본국으로 돌아가 부와 명예를 누렸다. 미국이 '생체 실험' 자료를 넘겨받는 조건으로 면죄부를 주었기 때문이라고 한다.

한편 2007년 9월 오카와 후쿠마쓰(당시 731부대 위생병)가 "자식 앞에서 위안부의 생체 실험을 하고, 그 아이는 동상 실험을 하기도 했나."라고 증언해 충격을 주었다. 또 2008년 9월 15일 일본의 평화학자 모리 마사다카(일본 시즈오카대학 평화학 강사)가 지난 30년간 수집한 731부대에 관한 자료 592건을 하얼빈시 사회과학원에 기증했다. 그는 같은 달 18일 하얼빈에서 열린 '제4회 731부대 만행 국제 학술 세미나'에도 참석, 731부대 산하 세균전부대인 1644부대에 대한 논문도 발표해 관심을 모았다.

19호

2면 | 민간인 의용병 반파시즘 저항운동 전개

1944년 프랑스 레지스탕스의 숫자는 약 10만 명에 달했다. 그리고 프랑스 국내의 모든 무장 조직은 프랑스국내군(FFI) 이름 아래 통합돼, 드골이 임명한 케니그 장군의 지휘에 따라 행동했다. 1944년 6월 6일, 연합군의 노르망디 상륙을 신호로 전국민적인 무장 봉기가 개시됐다. 봉기한 사람들은 독일군 배후에서 활발한 활동을 전개해 독일군의 패배를 촉진시켰다. 특히 파리에서는 8월 18일 이래 전시민적 봉기가 시작돼 히틀러가 독일군 사령관 호르티츠에게 내린 파리 파괴령의 수행을 저지시키는 데 성공했다. 이로써 4년간 독일 점령군에 협력해 온 페탱 정부는 붕괴되고, 9월 초 레지스탕스를 배경으로 한 드골의 프랑스 공화국 임시정부가 파리에 수립됐다.

6면 | 리승기, 새 합성섬유 '비날론' 발명

1939년 합성섬유 비날론을 완성해 한국 최초의 공학박사가 된 리승기는 1950년 월북했다. 그는 일본에서의 연구 경험을 토대로 논문 「비날론섬유의 연구와 그 공업화」를 발표해 인민상을 받았다. 또 석탄에서 뽑아내는 합성섬유인 비날론을 개발해 북한의 섬유 부족 문제를 해결했으며, 그 공로로 김일성상을 받았다. 그리고 1961년부터 35년 동안 국가과학원 함흥분원장으로 재직하면서 북한의 화학공업과 경공업을 일으키는 데 큰 공을 세웠다. 1962년 레닌상을 수상하고, 1968년 북한에서 처음으로 소련 과학원 명예원사 칭호를 받았다. 저서로 자서전인 『어느 조선 과학자의 수기』가 있다.

7면 | 어둠 속에 떨지 말고 친일하여 광명 찾자

일제하 36년간 자행된 친일파의 반민족 행위를 처벌하기 위해 1947년 남조선과도입법의원은 '민족반역자에 대한 특별법'을 제정한 바 있다. 그러나 미군정이 동맹 세력인 친일 경찰, 친일 관료, 친일 정치인을 대상으로 한 이 법안의 인준을 거부했다. 이후 대한민국 정부가 수립되자, 1948년 9월 헌법 제101조에 의거해 제헌국회에서 반민족행위처벌법(반민법)을 통과시켰다.

이 법에 따르면 국권 피탈에 적극 협력한 자는 사형 또는 무기징역, 일제로부터 작위를 받거나 제국의회 의원이 된 자는 최고 무기징역 최하 5년 이상의 징역, 독립운동가 및 그 가족을 살상·박해한 자는 무기징역 또는 5년 이하의 징역, 직·간접으로 일제에 협력한 자는 5년 이하의 징역이나 재산 몰수에 처하도록 했다. 반민특위의 활동 성과는 총 취급 건수 682건 중 기소 221건, 재판부의 판결 건수 40건으로, 체형은 고작 14명에 그쳤다. 실제 사형 집행은 1명도 없었으며, 체형을 받은 사람들도 곧바로 풀려났다. 이후 국회프락치사건과 6·6경찰의 특위습격사건을 겪으면서 반민특위가 와해돼 민족반역자에 대한 처벌을 불가능하게 됐다.

그러다가 2005년 '일제 강점하 반민족 행위 진상규명에 관한 특별법'이 공포되면서 대통령 소속 친일반민족행위진상규명위원회가 발족했다. 이 기구는 친일반민족행위자를 선정해 발표하고 있다. 한편 민족문제연구소에서는 학자들로 구성된 친일인명사전편찬위원회의 기준에 따라 선정된 인물들을 "구체적인 반민족행위와 해방 이후 주요 행적 등"을 중심으로 『친일인명사전』(2009)에 수록했다.

20호

2면 | 아우슈비치는 아직 끝나지 않았다고 말한다

아우슈비츠수용소의 총 사망자 수는 100만~250만 명이라고 할 정도로 그 추산의 폭이 크며, 400만 명에 이른다고 하는 이도 있다. 2차 세계대전 후인 1947년 폴란드 의회는 아우슈비츠수용소를 보존하기로 결정하면서 희생자를 위로하는 국제위령비를 비르케나우에 세웠으며, 수용소 터에 박물관을 건립했다. 또한 유네스코는 나치의 잔학 행위에 희생된 사람들을 잊지 않기 위해 1979년 아우슈비츠를 세계문화유산에 지정했다.

3면 | 일본, 우리가 갈 때까지 항복하지 마라!

1945년 4월, 임시정부 의정원의 문서에 따르면 한국광복군의 총 병력 수는 339명이었다. 그러나 8월 15일 광복이 일찍 찾아와 서울을 광복군의 힘으로 해방시키려던 김구의 계획은 실행되지 못했다. 현재 일부에서는 10월 1일인 '국군의 날'을 한국광복군이 조직된 9월 17일로 변경하자는 주장이 나오고 있다.

5면 | 공장 일자리 준다더니 위안부 시켰어요

1930년대부터 1945년 일본이 패망하기까지 한국, 일본, 중국, 필리핀, 인도네시아 등 여러 나라 여성들이 강제로 전선에 끌려가 일본 군인들의 성노예로 인권을 유린당했으며, 전후에도 육체적·정신적 고통으로 힘겨운 생활을 하고 있다.

국내에서 일본군 위안부가 사회문제로 거론되기 시작한 것은 1990년대이다. 1990년 7월 한국정신대연구소의 전신인 '정신대연구반'이 꾸려졌고, 1990년 11월에는 한국정신대문제대책협의회가 발족했다. 이듬해에는 피해자들에 대한 실질적인 지원 대책으로 공동 생활 공간인 '나눔의 집'이 세워졌다. 2008년 현재 일시불로 4,300만원의 생활안정 지원금과 매월 80만원의 지원금이 지급되고 있으며, 일본군 위안부 할머니들이 수요일마다 일본대사관 앞에서 시위를 벌이고 있다.

한편 일본군 위안부 문제는 국내뿐 아니라 국제적인 문제로 관심을 끌고 있다. 일본, 한국, 대만을 비롯한 아시아 6개국 시민 단체들이 연대 활동을 펼치고 있으며, 이들의 지속적인 문제 제기로 1992년부터 유엔 인권위원회에서 도 토의가 시작됐다. 2000년 12월에는 도쿄에서 '일본군 성노예 전범 국제 여성법정'이 열려 세계적인 관심을 끌면서 일본 정부에 압력을 가하고 있다.

이처럼 현재 각국 피해자들과 민간 단체 및 정부, 국제연합(UN)을 비롯한 국제기구가 일본에 진상 규명과 정당한 배상을 요구하고 있으나, 일본 정부는 이를 거부하고 있는 실정이다.

5면 | 이제부터 환율을 미국 달러에 고정시키세요

금융과 무역 부문에 새로운 제도를 정착시킨 브레턴우즈체제는 1971년 미국의 닉슨 대통령이 달러를 금과 바꾸는 금태환을 정지시켜 사실상 와해됐다. 그 이후 1976년 자메이카 킹스턴에서 금 공정가격 철폐와 변동환율제 등이 선진공업국 간에 논의되면서 브레턴우즈체제는 '킹스턴체제'로 바뀌게 된다. 하지만 무역 부문에서 GATT체제는 이후 세계무역기구(WTO)로 발전되면서 더욱 강화됐다.

『근현대사신문』 근대편 연표

한국사		세계사
최익현, 일본과 통상조약 체결 반대	1876	오스만제국, 아시아 최초 성문헌법 제정
조·일수호조규(강화도조약) 체결		오토, 4사이클 내연기관 개발
일본에 수신사 파견		벨, 전화기 발명
조·일수호조규부록 및 무역장정 조인		인디언, 미국 기병대 격파(리틀빅혼 전투)
경복궁 화재 발생		린네, 암모니아 냉각 장치 개발
	1877	영국, 인도제국 수립(빅토리아 여왕 인도 황제 즉위)
		에디슨, 축음기 발명
일본 다이이치은행, 부산에 지점 설치	1878	세르비아·몬테네그로·루마니아 독립
일본, 부산에서 세관 설치에 항의하는 무력시위 도발		누벨 칼레도니의 카나크족, 프랑스에 반란
원산항 개항	1879	에디슨, 백열등 발명 / 여객 수송용 '전기기관차' 등장
지석영, 충주에서 최초로 종두 실시		입센, 〈인형의 집〉 발표
수신사 김홍집 귀국, 황쭌센의 『조선책략』을 고종에게 바침	1880	도스토예프스키, 『카라마조프 형제』 출간
광개토왕릉비 발견		과학 잡지 『네이처』 창간
이만손 등 유생들 「만인소」 올림	1881	랑케, 『세계사』 1권 출간
일본에 조사시찰단 파견 및 별기군 창설		러시아 황제 알렉산드르 2세 암살
고종, 전국에 척사윤음 반포		이집트, 아라비혁명
최시형, 『용담유사』 간행		수단, 마흐디 항쟁(~1898)
청에 영선사 김윤식과 유학생 파견		파스퇴르, 탄저병 백신 개발
미·영·독 등과 통상조약 체결	1882	삼국동맹 성립(~1915)
임오군란 발생		다임러, 자동차 발명
청, 대원군 납치해 톈진으로 호송		코흐, 결핵균 분리 성공
일본과 제물포조약 체결		미국, 중국인 이민금지법 제정
조·청상민수륙무역장정 조인		
통리아문 신설, 외무에 관한 업무 시작		
묄렌도르프, 교섭통상사무협판에 임명됨		
태극기를 국기로 제정	1883	청·프 전쟁(~1885)
전환국 설치 및 당오전 발행		엥겔스, 『공상에서 과학으로』 집필
대동상회 및 장통회사 설립		인도, 전인도국민협의회 발족
박문국, 최초의 신문 『한성순보』 발간		오리엔트 특급열차 개통
서울에 사진관 최초 등장		
우정총국 설치	1884	아프가니, 『끊을 수 없는 끈』 출간
갑신정변 발발(김옥균 등 일본으로 망명)		영국, 페이비언협회 결성
		윌리엄 모리스, 사회주의동맹 결성
독일 총영사 부들러, 조선에 영세중립국 선언을 권고	1885	베를린회의, 아프리카 분할 논의
최초의 서양식 병원 광혜원 설립		일본, 후쿠자와 유키치 '탈아론' 발표
영국, 거문도 불법 점령(~1887)		1회 인도국민회의 개최
황해도 장연에 최초의 개신교회인 소래교회 설립		청·일 톈진조약 체결
아펜젤러, 정동에 배재학당 설립		다임러·벤츠, 가솔린자동차 개발
〈한성전보총국〉 설치. 서울-인천 전신 개통		
위안스카이, 주차조선총리교섭통상사로 부임		
노비세습제 폐지	1886	미국, 시카고 헤이마켓 투쟁(메이데이 행진)
선교사 스크랜튼, 이화학당 설립		트란스발공화국, 요하네스버그에서 금광 발견
조·프수호통상조약 체결		'자유의 여신상' 완성

한국사		세계사
육영공원 설립		버마, 영국 식민지로 전락
경복궁 건청궁에서 전등불 점화	1887	프랑스령 인도차이나 연방 성립
조선전보총국 설치		자멘호프, 에스페란토 창안
언더우드, 새문안교회 설립		
아펜젤러, 정동교회 설립		
서울—부산 전신 개통	1888	브라질공화국 수립
		헤르츠, 전자파 실증
		일본 물리학역어회, 서양 물리학 용어 사전 간행
		미국국립지리학회, 『내셔널지오그래픽』 창간
조병식, 함경도에 방곡령 선포	1889	일본, 제국 헌법(메이지 헌법) 발표
		프랑스, 파리만국박람회 개최(에펠탑 완성)
		제2인터내셔널(~1914)
서울 시전상인, 연좌시위 및 철시 투쟁	1890	일본, 제국 의회 개회
		미국, 운디드니에서 인디언 대학살
		미국, 세계 최초 반독점법(셔먼 반트러스트법) 통과
제주도에서 민란 발생	1891	이란, 반영운동(담배 불매 운동) 전개
		네이스미스, 농구 창안
동학교도, 삼례에서 교조신원 요구	1892	호세 리살, 필리핀민족동맹 결성
동학교도, 보은과 금구에서 대규모 집회	1893	뉴질랜드, 세계 최초 여성 선거권 인정
부산과 원산에서 방곡령 실시		릴리엔탈, 글라이더 비행 성공
		뭉크, 〈절규〉 완성
고부 군민, 고부관아 점령	1894	청·일 전쟁(~1895)
홍종우, 상하이에서 김옥균 암살		프랑스, 드레퓌스 사건 발생
농민군, 전주성 점령 및 전주화약 체결		오스만제국, 아르메니아인 학살
전라감사 김학진, 농민군 집강소 공인		하와이공화국 수립
일본군, 무력으로 경복궁 점령		
청·일 전쟁 발발		
군국기무처 설치(갑오개혁 실시)		
홍범14조 제정 반포	1895	뢴트겐, X선 발견
전봉준 등 농민군 지도자 처형		마르코니, 무선전신기 발명
유길준의 『서유견문』이 일본에서 간행		호세 마르티, 쿠바 독립전쟁 개시
서양 소설 『천로역정』 최초 번역		뤼미에르 형제, 최초 영화 상영
일본 낭인들, 민씨 왕후 시해(을미사변)		
을미개혁 단행		
태양력 사용 및 단발령 단행		
고종, 러시아 공사관으로 거처를 옮김(아관파천)	1896	1회 근대올림픽 개최
유인석 의병, 충주 점령		타이, 영·프로부터 영토 보전 약속 받음
미국인 모스에게 경인철도부설권 허가		에티오피아, 아도와 전투에서 이탈리아 격파
서재필, 『독립신문』 창간		헤르츨, 『유대인 국가』 출간
윤치호·서재필 등, 독립협회 결성		영국령 말레이연방 수립
민영환, 『해천추범』 출간		마다가스카르, 프랑스 식민지로 전락

한국사		세계사
서울에 석유가로등 최초 등장	1897	1회 시오니스트대회 개최
고종, 경운궁으로 환궁		브라운, 브라운관 개발
김종한 등 한성은행 발기		
대한제국 선포 및 고종 황제 즉위식 거행		
한성전기회사 설립	1898	청, 변법자강운동
독립협회, 종로에서 만민공동회 개최		아기날도, 필리핀 독립 선언
최초의 일간지 『매일신문』 창간		퀴리 부부, 폴로늄·라듐 발견
종현성당(명동성당) 준공		미국·에스파냐 전쟁
보부상들, 황국총상회(황국협회) 결성		수단, 파쇼다 사건 발생
순한글 일간지 『제국신문』 창간		
김홍륙 일당, 고종 독살 기도		
『황성신문』 창간		
양전사업 시작		
독립협회, 헌의6조 건의		
대한천일은행 설립	1899	청, 의화단 운동(~1900)
서대문–청량리 간 전차 개통		남아프리카, 보어 전쟁
대한국국제 반포		쿠바, 에스파냐로부터 독립
한강철교 준공 및 경인선 완전 개통	1900	프로이트, 『꿈의 해석』 출간
신식화폐조례 공포	1901	1회 노벨상 시상
제주도 대정에서 도민과 천주교도 충돌(이재수의 난)		
서울–인천 간 시외전화 개통	1902	일본, 영·일동맹(~1921) 성립
독일인 손탁, 정동에 손탁호텔 개업		
러시아, 용암포 토지 매수 및 삼림 채벌	1903	라이트 형제, 동력 비행 최초 성공
황성기독교청년회(YMCA) 창립		량치차오, 『음빙실문집』 출간
목포 부두 노동자 전면 파업		
국외 중립 선언	1904	러·일전쟁(~1905)
한·일 의정서 강제 체결		나미비아, 독일군이 헤레로족을 학살함
이용구 진보회 결성 및 송병준 일진회 결성		러시아, 시베리아 횡단 철도 개통
1차 한·일협정 강제 체결(고문정치 시작)		로댕, 〈생각하는 사람〉 발표
		모로코 사건
		오페라 〈나비부인〉을 밀라노 스칼라극장에서 초연
경부선 개통	1905	가쓰라·태프트 밀약
화폐정리사업 실시		쑨원, 중국혁명동맹회 결성
을사조약 체결		이란, 입헌 혁명
이준·윤효정 등, 헌정연구회 결성		러시아, 피의 일요일 사건
을사조약(2차 한·일협약) 강제 체결		인도, 벵골 분할령
장지연, 『황성신문』에 〈시일야방성대곡〉 발표		아인슈타인, 특수상대성 이론 발표
손병희, 동학을 천도교로 개칭		
한국 최초의 야구경기 개최	1906	인도, 스와데시·스와라지 운동
초대 통감 이토 히로부미 내한		고리키, 『어머니』 발표
최익현, 신돌석 등 의병부대 봉기		미국, 청결식품의약법(FDA) 제정

한국사		세계사
광업법 공포		프랑스, 드레퓌스 무죄 선고
서상돈·김광제, 대구에서 국채보상운동 시작	1907	영·프·러, 삼국 협상 성립
관립공업전습소 개교		피카소, 〈아비뇽의 처녀들〉 완성
헤이그 특사 파견		파블로프, 조건반사 실험
고종 퇴위 및 군대 해산		팽크허스트 여성참정권 요구 시위 도중 체포
정미조약(한·일신협약) 강제 체결, 차관정치 시작		프랑스, 모로코의 카사블랑카 점령
안창호·이동휘·신채호 등 신민회 조직		
13도 연합 의병의 서울 진공작전 실패	1908	오스만제국, 청년튀르크당 혁명, 최초의 의회 성립
석전 금지령		
최남선, 월간지 『소년』 창간 및 신체시 〈해에게서 소년에게〉 발표		
원각사에서 최초의 신극 〈은세계〉 공연		
동양척식주식회사 설립		
나철, 대종교 창시		
일본군, 남한대토벌작전 개시	1909	오스만제국, 무스타파 케말의 혁명 해방군 이스탄불 장악
청·일 간도협약 체결		베이클랜드, 플라스틱 대량생산 시작
안중근, 하얼빈에서 이토 히로부미 사살		모호로비치치, 땅속 불연속면 발견
창경궁에 동물원과 식물원 개원		
일진회, 한·일합방성명서 발표		
『대한민보』에 최초의 만화 등장		
유인석·이범윤·이상설, 연해주에서 의병부대 통합	1910	멕시코혁명(~1920)
덕수궁 석조전 준공		남아프리카연방 탄생
데라우치 통감 부임		
한·일병합조약 조인 및 공포(국권 피탈)		
일본, 조선총독부 설치		
황현 자결		
임시토지조사국관제 공포로 토지조사사업 본격 준비		
초대 조선 총독에 데라우치 마사다케 임명		
회사령 공포 시행		
신민회·안악 105인 사건 발생		
잡지 『소년』 폐간	1911	청, 신해혁명
주시경, 『조선어문법』 출간		러더퍼드, 원자모형 제시
조선교육령 공포		마추픽추 유적 발견
압록강 철교 준공		
정인보·박은식·신채호 등, 상하이에서 동제사 조직		
극장 단성사 설립	1912	중화민국 성립, 쑨원 임시 대총통 취임
임병찬, 전라도에서 독립의군부 조직		발칸전쟁(~1913)
토지조사사업 시작(~18)		초호화 유람선 타이타닉호 침몰
		베게너, 대륙이동설 주장
엄복동, 평양 역전광장 자전거대회 우승	1913	포드시스템, 대량생산 혁명
최초의 어린이 신문 『붉은 저고리』 창간		스트라빈스키, 〈봄의 제전〉 초연
일본인 농업 이민 급증		
일제, 석굴암 보수 작업 위해 해체		

한국사		세계사
호남선 개통	1914	사라예보 사건, 1차 세계대전 발발(~1918)
지방행정구역 개편(12부 218군 2,517면)		파나마운하 개통
경원선 개통		마거릿 생어, 잡지 『여성의 반란』 발간
박용만, 하와이에서 조선국민군단 조직	1915	일본, 1차 세계대전 참가, 중국에 21개조 요구
박상진·채기중 등, 대구에서 대한광복회 결성		중국, 신문화 운동
의병장 채응언, 평양감옥에서 처형		베게너, 『대륙과 대양의 기원』 출간
조선총독부, 시정 5주년 기념 조선물산공진회 개최		영국 아랍인 독립국가 건설 약속(맥마흔 선언)
주세령 공포	1916	그리피스, 영화 〈국가의 탄생〉 개봉
공창제도 시행		영국, 탱크 개발
이광수, 장편소설 『무정』을 『매일신보』에 연재	1917	러시아혁명
한강 인도교 준공		영국, 유대인 민족국가 수립 약속(밸푸어 선언)
신채호 등, 대동단결선언		
이동휘·김립 등, 하바로프스크에서 한인사회당 조직	1918	1차 세계 대전 종식
토지조사사업 완료		영국·일본 등, 러시아혁명 '간섭 전쟁' 일으킴
여운형·장덕수 등, 상하이에서 신한청년단 조직		윌슨, 14개조 평화 원칙 발표(민족자결주의 발표)
조선식산은행 설립		독일, 공화제 혁명
김동삼·이동녕 등, 만주에서 대한독립선언서 발표(무오독립선언)		루쉰, 최초의 백화문 소설 『광인일기』 발표
		서반아독감 유행
고종, 덕수궁에서 승하	1919	베르사유조약, 독일 바이마르공화국 성립
신한청년단, 김규식을 파리로, 장덕수를 도쿄로, 여운형을 노령에 파견		중국, 5·4운동
도쿄 유학생 독립선언서 발표(2·8독립선언)		제3인터내셔널(코민테른) 창설
이승만 등, 미국의 윌슨 대통령에게 한국위임통치청원서 전달		인도, 간디의 비폭력·불복종 운동 전개
3·1 운동		그로피우스, 바우하우스 설립
제암리 학살 사건 발생		일본, 무산정당운동(다이쇼 데모크라시) 전개
김규식, 파리강화회의에 독립청원서 제출		
대한민국 임시정부 수립		
사이토 총독, 문화정책 공표		
김성수 등 경성방직주식회사 설립		
단성사, 영화 〈의리적 구호〉 상영		
김원봉 등, 지린성에서 의열단 조직		
『조선일보』·『동아일보』 창간	1920	국제연맹 발족
조선노동공제회 창립		미국, 라디오방송 시작
공장 설립 허가제를 신고제로 개정		
홍범도·김좌진 등, 봉오동전투와 청산리대첩에서 일본군에 승리		
간도참변		
산미증식계획 수립		
박은식, 『한국독립운동지혈사』 간행		
자유시 참변(흑하사변) 발생	1921	중국, 공산당 창당
부산 부두 노동자 5천여 명, 임금인상 요구하며 총파업		러시아, 신경제정책(NEP) 실시
이승만·서재필 등, 워싱턴군축회의에 한국독립청원서 제출		밴팅, 최초로 인슐린 추출 성공
		1회 국제여성스포츠대회 개최

한국사		세계사
이광수, 『개벽』에 〈민족개조론〉 발표	1922	소비에트사회주의공화국연방(소련) 수립
1회 조선미술전람회 개최		무솔리니, 로마 입성
안창남, 도쿄–오사카 간 비행 성공		코코 샤넬, 향수 '샤넬 NO 5' 출시
조선민립대학기성회 발기		조이스, 『율리시스』 출간
		슈펭글러, 『서구의 몰락』 출간
조선물산장려회 창립	1923	터키공화국 수립
조선형평사 창립		일본, 간토대지진 발생
방정환, 5월 1일을 어린이날로 제정		독일, 바우하우스 전시회
전라도 암태도에서 소작쟁의 발생(~1924)		
조선노농총동맹 창립	1924	중국, 1차 국·공합작
북률동척농장 소작쟁의 발생		코민테른, 스탈린의 일국사회주의론 승인
		몽골, 아시아 최초의 사회주의국가 수립
평북 용천 불이농장에서 소작쟁의 개시	1925	페르시아, 팔레비 왕조 성립(카자르 왕조 멸망)
임시정부, 이승만 임시대통령 탄핵 가결 및 내각책임제 채택		에이젠슈타인, 영화 〈전함 포템킨〉 개봉
치안유지법 공포		
조선사편수회 설치		
박영희·김기진 등, 조선프롤레타리아예술가동맹(카프) 결성		
6·10 만세 운동	1926	중국, 국민당 북벌시작
나운규 감독의 영화 〈아리랑〉 개봉		고더드 세계 최초 액체 연료 로켓 발사 성공
조선어연구회, 가갸날 제정		
의열단원 나석주, 조선식산은행과 동척에 폭탄 투척		
신간회 조직	1927	장제스, 난징 국민당 정부 수립
경성방송국 라디오방송 개시		수카르노, 인도네시아국민연합 결성
은사기념과학관 개관		베어드, 텔레비전 개발
근우회 창립		니카라과, 산디노가 반미 독립전쟁 개시
1회 전조선씨름대회 개최		린드버그, 대서양 횡단 무착륙 비행 성공
서울 시내 부영버스 운행	1928	네루, 인도독립동맹 결성
홍명희, 장편소설 〈임거정〉을 『조선일보』에 연재		플레밍, 페니실린 발명
		하이젠베르크, 불확정성의 원리 발표
		월트 디즈니, 미키마우스 인기
		브레히트, 연극 〈서푼짜리 오페라〉
		1회 아카데미상 시상식
원산총파업 시작	1929	미국, 대공황 발생(~1932)
『조선일보』, 경평축구대항전 개최		헤밍웨이, 『무기여 잘 있거라』 발표
광주 학생 항일 운동		소련, 1차 국민경제발전 5개년 계획 승인
부전강수력발전소 발전 시작		오파린, 『생명의 기원』 출간
이동녕·안창호·김구 등, 상하이에서 한국독립당 창당	1930	호치민, 베트남공산당 창당
불이농장 소작쟁의 개시		간디, 소금 행진
함흥탄광 동맹 파업		1회 월드컵축구대회 개최
평원고무공장 노동자 파업 돌입 (강주룡, 을밀대 지붕 시위)		일본, 타이완 원주민 학살
신간회, 해체 결의	1931	일본, 만주사변 일으킴
『동아일보』, 브나로드 운동 전개, 신채호 조선일보에 '조선사' 연재		
만보산 사건 발생		

한국사		세계사
이봉창, 일본 천황에 폭탄 투척 실패	1932	헉슬리, 『멋진 신세계』 출간
조선혁명당, 중국의용군과 한중연합군 조직		사우디아라비아 왕국 수립
윤봉길, 상하이 훙커우공원에서 폭탄 투척		
한국독립당 등 5개 단체, 난징에서 대일전선통일동맹 결성		
미곡통제령 공포	1933	미국, 뉴딜 정책 실시(~1936)
백남운, 『조선사회경제사』 출간		히틀러, 독일 수상 취임, 나치스 집권
조선어학회, 한글맞춤법통일안 발표		아인슈타인, 미국으로 망명
한국독립당과 한국혁명당, 난징에서 신한독립당으로 통합	1934	장제스, 공산당 토벌
발명학회, 과학데이(4월 19일) 제정		중국, 공산당 대장정 돌입(~1936)
조선농지령 공포		
이병도 등, 진단학회 창립		
농촌운동가 최용신 사망	1935	페르시아, 국명을 이란으로 개칭
카프, 해체 결의		야스퍼스, 『이성과 실존』 출간
난징에서 민족혁명당 조직		독일, 아우토반 개통 및 재군비 선언
종로에 가로등 등장		코민테른, 반파쇼 인민전선 결성 지지
단성사에서 최초의 발성영화 〈춘향전〉 개봉		펭귄북스, 페이퍼백 발간
민족혁명당 분열	1936	에스파냐, 인민 전선 정부 수립, 파시스트 반란 (내전~1939)
만주에서 조국광복회 조직		찰리 채플린, 영화 〈모던타임스〉 개봉
안익태, 애국가 작곡		중국, 시안 사건 발생
손기정, 베를린올림픽에서 마라톤 우승		케인스, 『고용··이자 및 화폐에 관한 일반이론』 발표
『동아일보』, 일장기 말소 사건으로 무기 정간		일본, 하얼빈에 세균전 비밀연구소(731부대) 설립
백백교 사건 발생	1937	중·일 전쟁(루거우차오사건)
동북항일연군, 보전보주재소 습격 (보천보전투)		중국, 2차 국·공합작
수양동우회 사건 발생		일본, 난징대학살
소련, 연해주 거주 한인을 중앙아시아로 강제 이주		독일, 퇴폐미술전 개최
〈황국신민서사〉 제정 및 강요		그로트레버, 전파망원경 제작
화신백화점에 엘리베이터 등장		
육군특별지원병령 공포	1938	일본, 국가 총동원법 발령, 상하이에 종군위안소 설치
조선교육령 개정 공포(한글 교육 금지)		사우디아라비아, 담맘에서 석유 발견
국민정신총동원조선연맹 창립		멕시코, 석유 국유화 선언
조선사상범보호관찰령 공포		칼슨, 제로그래피 복사 성공
리승기, 합성 섬유 '비날론' 발명	1939	2차 세계대전(~1945)
이광수 등, 내선일체·국민문학 표방하고 조선문인협회 결성		시코르스키, 헬리콥터 제작 및 비행 성공
국민징용령 실시		시암, 국호를 '타이'로 변경
창씨개명 실시	1940	드골, 국민들에게 레지스탕스 활동 호소
한국국민당·조선혁명당·한국독립당, 한국독립당으로 통합 창립		캘린더, 온실효과 규명
『동아일보』·『조선일보』 강제 폐간		독·일·이, 삼국 군사동맹 체결
임시정부, 한국광복군 창설		
석주명, 『조선산 나비류 총목록』 출간		
초등학교 규정 공포(조선어 학습 폐지)	1941	일본, 하와이 진주만 기습 공격(태평양전쟁 발발, ~1945)
농산물 공출제도 시행		티토, 파르티잔 투쟁 전개
임시정부, 대한민국건국강령 발표		영국·소련, 이란 분할 점령

한국사		세계사
임시정부, 태평양 전쟁 발발에 다라 대일 선전포고		오손 웰스, 영화 〈시민 케인〉 개봉
물자통제령 공포		호치민, 베트남독립동맹(베트민) 결성
총독부, 각 가정의 유기공출 강요	1942	일본, 마닐라·싱가포르·버마 랑곤 점령
김두봉, 옌안에서 조선독립동맹 조직		독일, 아우슈비츠에서 유대인 대량 학살
노기남, 한국 최초로 주교에 임명		인도, 뭄바이에서 반영 불복종 운동 재개
조선어학회 사건 발생		미국, 미드웨이 해전에서 일본에 승리
보국정신대 조직	1943	코민테른 해산
징병제 공포		카이로선언, 적절한 시기에 한국의 독립을 약속
한국광복군, 연합군 요청으로 버마에 파병		일본, 도쿄서 대동아회의 개최
일본 육군성, 학병제 실시		사르트르, 『존재와 무』 출간
조선총독부, 항일사적파괴령 실시		콜프, 인공신장 이식 수술 성공
여운형, 비밀지하단체 건국동맹 조직	1944	노르망디 상륙 작전
여자정신대근무령 공포		브레턴우즈회의, 미국 달러 기준 고정환율제 도입
수풍댐완공		
홍이섭, 『조선과학사』 간행		
얄타회담에서 한반도 문제 언급	1945	미·영·소 얄타회담
조선언론보국회(회장 최린) 조직		히틀러 자살 및 독일 항복
한국광복군, 미국 특수부대(OSS)와 국내 진공 작전 수립		미국, 히로시마·나가사키에 원자폭탄 투하(일본 항복)
8·15 해방		포츠담회담
조선건국준비위원회, 조선인민공화국 수립 공포		국제연합(UN) 성립
김구 등 임시정부 요인, 충칭에서 개인 자격으로 귀국		이집트·시리아·이라크 등 7개국, 카이로에서 '아랍연맹' 결성
조선노동조합전국평의회 결성		은크루마 등, 영국 맨체스터에서 5차 범아프리카총회 개최
신의주반공학생의거 발생		

『근현대사신문』 근대편 참고 문헌

참고 자료

교과서
- 김한종 외 5인, 『고등학교 한국 근·현대사』 금성출판사, 2003.
- 한철호 외 5인, 『고등학교 한국 근·현대사』, 대한교과서, 2003.
- 김은숙 외 4인, 『고등학교 세계사』, 교학사, 2003.
- 김육훈, 『살아있는 한국 근현대사 교과서』, 휴머니스트, 2007.
- 전국역사교사모임, 『살아있는 세계사 교과서2』, 휴머니스트, 2005.
- 교과서포럼, 『대안 교과서 한국근·현대사』, 기파랑, 2008.

사진 도록류
- 서울시립대학교박물관, 『조선, 근대와 만나다』, 2006.
- 부산근대역사관, 『사진엽서로 떠나는 근대기행』, 2003.
- 부산근대역사관, 『근대 외교의 발자취』, 2005.
- 부산근대역사관, 『부산근대역사관』, 2003.
- 조선일보사, 『격동의 구한말 역사의 현장』, 1986.
- 국립민속박물관, 『파란 눈에 비친 100년 전의 한국 — 코리아 스케치』, 2002.
- 이규헌 해설, 『사진으로 보는 근대한국 상·하』, 서문당, 1996.
- 독립기념관, 『독립기념관 전시품 도록』, 1988.
- 서울특별시사편찬위원회, 『사진으로 보는 서울1 — 개항 이후 서울의 근대화와 그 시련』, 2002.
- 서울특별시사편찬위원회, 『사진으로 보는 서울2 — 일제 침략 아래서의 서울』, 2002.
- 부산근대역사관, 『광고 그리고 일상(1876~1945)』, 2004.
- 신문박물관, 『한국의 신문만화 100년』, 2004.
- 신문박물관, 『한국의 신문광고 100년』, 2004.
- 한국프레스센터, 『한국신문100주년 특별전 — 서재필과 독립신문』, 1996.
- 국립진주박물관, 『사진으로 보는 진주의 옛 모습 1910-1927』, 2004.
- HOLP출판사 편저, (주)어문각기획조사실 역편자, 『사진 기록 일제의 침략 한국 중국』, 어문각, 1983.

지도·연표류
- 아틀라스한국사편찬위원회, 『아틀라스 한국사』, 사계절, 2004.
- 박한제 외, 『아틀라스 중국사』, 사계절, 2007.
- 지오프리 파커 엮음, 김성환 옮김, 『아틀라스 세계사』, 사계절, 2004.
- 조르주 뒤비 지음, 채인택 옮김, 『조르주 뒤비의 지도로 보는 세계사』, 생각의나무, 2006.
- 하일식 지음, 『연표와 사진으로 보는 한국사』, 일빛, 1998.
- 남궁원·강석규 엮음, 『연표와 사진으로 보는 세계사』, 일빛, 2003.
- YMS세계역사연구회 엮음, 『세계사 연대기』, 역민사, 2004.

한국사
- 『역사비평』 편집위원회, 『역사용어 바로쓰기』, 역사비평사, 2006.
- 전국역사교사모임, 『심마니 한국사II — 개항에서 현대까지』, 역사넷, 2000.
- 김태웅, 『뿌리깊은 한국사 샘이깊은 이야기6 — 근대』, 솔, 2003.
- 류승렬, 『뿌리 깊은 한국사 샘이 깊은 이야기7 — 현대』, 솔, 2003.
- 김삼웅 편저, 『사료로 보는 20세기 한국사』, 가람기획, 1997.
- 한국사연구회 엮음, 『새로운 한국사 길잡이 하』, 지식산업사, 2008.
- 한국근현대사학회 엮음, 『한국근대사강의 — 개정판』, 한울, 2008.
- 강만길 지음, 『고쳐 쓴 한국근대사』, 창비, 2006.
- 역사신문편찬위원회, 『역사신문5 — 개화기(1876년~1910년)』, 사계절, 1996.
- 역사신문편찬위원회, 『역사신문5 — 일제강점기(1910년~1945년)』, 사계절, 1997.
- 김흥식 기획, 김성희 해설, 『1면으로 보는 근현대사 — 1884부터 1945까지』, 서해문집, 2009.
- 서울대정치학과독립신문강독회 지음, 『독립신문 다시 읽기』, 푸른역사, 2004.
- 모던일본사 지음, 윤소영 외 옮김, 『일본잡지 모던일본과 조선 1939』, 어문학사, 2007.
- 전국역사학대회조직위원회, 『역사상의 공화정과 국가 만들기 — 제51회 전국역사학대회 발표요지』, 2008
- 김정, 『국사 시간에 세계사 공부하기』, 웅진주니어, 2007.
- 한국역사연구회, 『우리는 지난 100년 동안 어떻게 살았을까 1, 2』, 역사비평사, 1988.
- 김은신, 『한 권으로 보는 한국 최초 101장면』, 가람기획, 1998.
- 박노자·허동현, 『길들이기와 편가르기를 넘어』, 푸른역사, 2009.
- 박노자·허동현, 『열강의 소용돌이에서 살아남기』, 푸른역사, 2005.
- 박노자·허동현, 『우리 역사 최전선』, 푸른역사, 2003.
- 박노자, 『우승열패의 신화』, 한겨레출판, 2005.
- 박천홍, 『매혹의 질주, 근대의 횡단』, 산처럼, 2003.
- 백성현·이한우, 『파란 눈에 비친 하얀 조선』, 새날, 2006.
- 허동현, 『일본이 진실로 강하더냐』, 당대, 1999.
- 앙드레 슈미드 지음, 정여울 옮김, 『제국 그 사이의 한국 1895~1919』, 휴머니스트, 2007.
- 김진송, 『서울에 딴스홀을 허하라』, 현실문화연구, 1999.
- 노형석, 『모던의 유혹, 모던의 눈물』, 생각의나무, 2004.
- 신명직, 『모던뽀이, 경성을 거닐다』, 현실문화연구, 2003.

세계사
- 세계사신문편찬위원회, 존 캐리 엮음, 김기협 옮김, 『역사의 원전』, 바다, 2006.
- 세계사신문편찬위원회, 『세계사신문3 — 프랑스혁명에서 현대까지』, 사계절, 1999.
- 리더스 다이제스트, 『20세기 대사건들』, 동아출판사, 1985.
- 양동주, 『한 권으로 보는 20세기 대사건 100장면 — 증보판』, 가람기획, 2000.
- 폴 임, 『한눈으로 보는 세계사 1000장면 4, 5』, 우리문학사, 1996.
- 앨런 벌록 외 지음, 이민아 옮김, 『세계사 백과』, 푸른역사, 2007.
- 갈리마르—라루스출판사 엮음, 김미선 옮김, 『격변하는 세계 — 아이세움 지식백과 거인의 어깨14』, 아이세움, 2003.

- 갈리마르-라루스출판사 엮음, 장석훈 옮김, 『제국주의와 식민지—아이세움 지식백과 거인의 어깨15』, 아이세움, 2003.
- 갈리마르-라루스출판사 엮음, 장명환 옮김, 『동요하는 유럽—아이세움 지식백과 거인의 어깨16』, 아이세움, 2003.
- 갈리마르-라루스출판사 엮음, 정영리 옮김, 『전쟁과 평화—아이세움 지식백과 거인의 어깨17』, 아이세움, 2003.
- 갈리마르-라루스출판사 엮음, 김미선 옮김, 『20세기의 위대한 도전—아이세움 지식백과 거인의 어깨19』, 아이세움, 2003
- Adam Hart-Davis, 『HISTORY—THE DEFINITIVE VISUAL GUIDE』, DK, 2007.
- 한중일3국공동역사편찬위원회, 『미래를 여는 역사』, 한겨레신문사, 2005.
- 아사히신문취재반 지음, 김항·백영서 옮김, 『동아시아를 만든 열 가지 사건』, 창비, 2008.
- 미야지마 히로시·박훈·백영서, 『동아시아 근대 이행의 세 갈래』, 창비, 2009.
- 문정진 외 지음, 『중국 근대의 풍경』, 그린비, 2008.
- 패트리샤 버클리 에브리 지음, 윤미경 외 옮김, 『사진과 그림으로 보는 케임브리지 중국사』, 시공사, 2001.
- 첸 강·후징초 지음, 이정선·김승룡 옮김, 『유미유동—청나라 정부의 조기유학 프로젝트』, 시니북스, 2005.
- 유모토 고이치 지음, 연구공간 수유+너머 '동아시아 근대 세미나팀' 옮김, 『일본 근대의 풍경』, 그린비, 2004.
- 앤드루 고든 지음, 김우영 옮김, 『현대 일본의 역사』, 이산, 2005.
- 로버트 어윈 외 지음, 손주영 외 옮김, 『사진과 그림으로 보는 케임브리지 이슬람사』, 시공사, 2002.
- 클라이브 크리스티 편저, 노영순 옮김, 『20세기 동남아시아의 역사』, 심산, 2005.
- 강응천, 『청소년을 위한 라이벌 세계사』, 그린비, 2006.
- 강응천, 『세계史 일주』, 한겨레출판, 2008.
- 한국서양사학회 엮음, 『유럽중심주의 세계사를 넘어 세계사들로』, 푸른역사, 2009.
- 스티븐 컨 지음, 박성관 옮김, 『시간과 공간의 문화사 1880~1918』, 휴머니스트, 2004.
- 스키븐 컨 지음, 남경태 옮김, 『문학과 예술의 문화사 1840~1900』, 휴머니스트, 2005.
- 케네스 C. 데이비스 지음, 이순호 옮김, 『미국에 대해 알아야 할 모든 것, 미국사』, 책과함께, 2004.
- 앨런 브링클리 지음, 황혜성 외 옮김, 『있는 그대로의 미국사 2, 3』, 휴머니스트, 2005.
- 박진빈, 『백색국가 건설사』, 앨피, 2006.
- 앨런 와인스타인 지음, 이은선 옮김, 『사진과 그림으로 보는 미국사』, 시공사, 2004.
- 콜린 존스 지음, 방문숙 외 옮김, 『사진과 그림으로 보는 케임브리지 프랑스사』, 시공사, 2001.
- 마틴 키친 지음, 유정희 옮김, 『사진과 그림으로 보는 케임브리지 독일사』, 시공사, 2001.
- 마스다 요시오 지음, 신금순 옮김, 『이야기 라틴아메리카사』, 심산, 2003.
- 루츠 판 다이크 지음, 안인희 옮김, 『처음 읽는 아프리카의 역사』, 웅진지식하우스, 2005

주제사

- 한국생활사박물관편찬위원회, 『한국생활사박물관 11—조선시대3. 조선, 근대와 만나다』, 사계절, 2004.
- 서울대학교병원 병원역사문화센터, 『한국 근현대 의료문화사 1879~1960』, 웅진지식하우스 2009.
- 이승원 지음, 『학교의 탄생』, 휴머니스트, 2005.
- 신인섭 외, 『한국 근대 광고 걸작선 100』, 커뮤니케이션북스, 2007.
- 김태수 지음, 『꽃 가치 피어 매혹케 하라—신문광고로 본 근대의 풍경』, 황소자리, 2005.
- 마정미, 『광고로 읽는 한국 사회문화사』, 개마고원, 2004.
- 정인경, 『청소년을 위한 한국과학사』, 두리미디어, 2007.
- 박찬호, 『한국가요사』 1~2, 미지북스, 2009.
- 이영미, 『한국대중가요사』, 민속원, 1998.
- 정종화 엮음, 『한국의 영화포스터 1932~1969』, 범우사, 1993.
- 주경철 지음, 『문화로 읽는 세계사』, 사계절, 2005.
- 이향순, 『과학사신문2』, 현암사, 2007.
- 강윤재·손향구, 『과학 시간에 사회 공부하기』, 웅진주니어, 2008.
- 리처드 도킨스 외, 『사이언스북』, 사이언스북스, 2002.
- 이안 해리슨 엮음, 김한영, 박인균 옮김, 『최초의 것들』, 갑인공방, 2004.

『근현대사신문』 근대편 찾아보기

ㄱ

가갸날 134
가로등 156
가솔린자동차 36
가쓰라·태프트 비밀협약 74
간도협약 82
간디 142
간섭전쟁 109
간토대지진 129
갑신정변 31, 33, 34
갑오개혁 58
강주룡 144
강화도조약 16, 18
개항 15, 16
거문도 사건 41
검은 목요일 142
견미사절단 28
경복궁 16, 41
경부선 개통 75
경성방직주식회사 121
경성역 126
경인선 개통 70
경인철도 부설권 59
경평 축구전 148
고갱 45
고무나무 17
고종 64, 70, 116
고흐 45
공출제도 169
과학데이 154
과학자 20
관립공업전습소 84
광개토대왕릉비 21
광복군 175
『광인일기』 113
광주학생운동 143
광화문 체신국 라디오방송 130
구로다 기요다카 16
구본신참 66
구세군 22
〈국가의 탄생〉 106
국가총동원법 159

국공합작 127, 135
국민정신총동원조선연맹 159, 164
『국어문법』 97
국제의용군 160
국채보상운동 83
그로피우스 123
근우회 137
김관호 106
김기수 19
김백선 80, 82
김알렉산드라 109
김옥균 27, 33, 37, 45, 48
김우진 140
김원봉 151
김윤식 28
김은호 171
김좌진 118
김홍집 21, 24
김활란 171
〈꽃병에 꽂힌 열네 송이 해바라기〉 45
『꿈의 해석』 69

ㄴ

나가사키 19
〈나비부인〉 77
나석주 137
나운규 139
나치스 149, 154, 155
난센 62
난징 대학살 161
남아프리카연방 98
남포등 46
남한대토벌 작전 88
내셔널리그 22
『내셔널 지오그래픽』 44
네루 135
네른스트 112
네이 스미스 54
『네이처』 20
노천명 171
농구 54

누벨칼레도니제도 17
뉴딜 정책 153
니체 37

ㄷ

다다 선언 105
다윈 28, 154
다이이치은행 19, 75
다임러 36
단발령 57, 62
당뇨병 122
당오전 27
대나무 외교 56
대독일미술전 163
「대동단결선언」 110
대동상회 27
대동아공영권 167, 168
대륙이동설 96
대장정 150, 152
대한광복회 101
「대한광복회 강령」 102
「대한독립선언」 116
『대한매일신보』 81, 83
「대한민국 건국 강령」 167, 168
대한민국 임시정부 118, 120, 128, 167
『대한민보』 86
〈대한제국 애국가〉 77
대한천일은행 67
데라우치 마사타케 88, 89
독립문 63
『독립신문』 61, 66
독립의군부 93
독립협회 64
독일혁명 108
동북항일연군 159
동생계 145
『동아일보』 123, 126
동양척식주식회사 95, 137
동위원소 112
동제사 93
동학 사상 53

동학농민운동 47, 48, 50, 51
뒤부아 53
드레퓌스 81
디젤기관 52
딴스홀 164

ㄹ

라듐 68
라이트 형제 76
랑케 29
량치차오 65, 77, 85
러·일전쟁 71, 72, 73, 74, 89
러더퍼드 96
러시아혁명 107, 108, 110, 111
레닌 108, 127
레지스탕스 166
로자 룩셈부르크 102, 108
롤러코스터 38
뢴트겐 60
루거우차오 158
루돌프 디젤 52
루쉰 113
루이 암스트롱 139
뤼미에르 형제 60
리델 21
리승기 170
리튼 17
리틀빅혼전투 22, 30, 42
리훙장 25, 65
린데 22
린드버그 135, 136

ㅁ

마거릿 생어 106
마다가스카르 62
마루타 162
마르코니 60
마르쿠제 155
마르크스 28, 29

마오쩌둥 150
마이브리지 21
마추픽추 98
마크 트웨인 38
마흐디 25
막스 베버 77
만민공동회 63, 64, 66
만인소 26
만주사변 142
말롤로스헌법 65
『매일신문』 69
맥마흔선언 100, 114
『멋진 신세계』 155
멕시코 석유 국유화 선언 164
멕시코혁명 95, 103
멘델의 법칙 68
명성황후 24, 57, 64
〈모던 타임스〉 163
모던걸 148
모던보이 148
모빌 172
모윤숙 171
모호로비치치 84
몸뻬 164
몽골인민공화국 132
묄렌도르프 27
『무기여 잘 있거라』 147
무솔리니 119, 129
무선전신 60
『무정』 113
『문명론의 개략』 37
문학혁명 113
물자통제령 169
뭉크 53
미국·에스파냐전쟁 65, 70
미드하트 파샤 17
「미래파 선언」 105
버마 38
민립대학 설립운동 122
민생단 151
민영환 61
민족자결주의 109, 110
「민족적 경륜」 126

민족혁명당 151, 152
민족협동전선 133, 136

ㅂ

바네르지 25
바우하우스 123
바이마르공화국 150
박규수 16
박상진 101
박영효 33, 45
박정양 28
박테리오파지 122
반파쇼인민전선 150
발명학회 154
발틱 함대 72
방곡령 41, 51
배재학당 35
백남운 155
백열전구 20
105인 사건 93
백화문 113
밴팅 122
밸푸어 선언 114
베게너 96
베르사유조약 119
베른슈타인 102
베를린회의 31, 32
베이클랜드 84
베트남공산당 148
베트남독립동맹(베트민) 172
벤츠 36
변법자강운동 65
별기군 23, 24, 30
보빙사 41
보어 138
보어전쟁 30, 67
보천보 전투 159
〈봄의 제전〉 97
부들러 34
부영 버스 137
부전강수력발전소 146

『붉은 저고리』 98
브나로드운동 146
브라질공화국 46
브레턴우즈회의 177
비날론 170
비스마르크 32
빅토리아 여왕 17

ㅅ

사르트르 179
사우디아라비아 156, 161
〈사의 찬미〉 140
사이공조약 25
『사이언스』 20, 68
사파타 95, 103
사회진화론 77
산디노 140
산미증식계획 121
삼국동맹 92
삼국협상 92
3·1운동 115, 116, 117, 120
상록수 153
상하이 19
상회사 27
새문안교회 43
『생명의 기원』 146
서광범 33
『서구의 몰락』 123
서반아 독감 112
서상돈 83
서세동점 15, 17
『서유견문』 45, 61, 77
서재필 33, 45, 61, 64, 66
석굴암 97
석전 금지령 86
석주명 170
세계대공황 141, 142, 144, 145
『세계사』 29
세균전 162
셔먼반트러스트법 43
소금 행진 142

소년 97
소쉬르 105
손기정 159
손병희 73
손탁호텔 78
솜전투 100
송병준 73, 90
수신사 19
『수신사일기』 19
수에즈운하 25
〈수일과 순애〉 147
수족 40
수카르노 135
수풍댐 177
순종 134
슈펠트 24
슈펭글러 123
스모그 75
스베드베리 130
스와데시 81
스와라지 81
스크랜턴 34
스타킹 172
스탈린 127
스트라빈스키 97
스펜서 77
스핑크스 132
시네마토그라프 60
시리얼 62
시모노세키조약 89
〈시민 케인〉 171
시베리아 횡단철도 54
시암 56
시온주의 59, 114
시정 5년 기념 조선물산공진회 104
시카고만국박람회 52
시팅 불 22, 30
식민사관 131
신간회 133, 136, 143
신경제정책(NEP) 145
신돌석 80, 82
신민회 83, 94
신채호 83, 93, 128, 147

『신청년』 113
신해혁명 92, 94
신헌 16, 24
실크로드 86
심훈 153
10년전쟁 22
13도 연합 의병(창의군) 80
쑨원 92

ㅇ

아관파천 55, 57, 58
아기날도 65
아도와 전투 56
아라비 25
아랍연맹 180
아르메니아인 대학살 54
〈아리랑〉 139
아문센 98
아방가르드 105
〈아비뇽의 아가씨들〉 85
아스피린 68
아우슈비츠 174
아우토반 153
아인슈타인 76, 122, 138, 155
아타이 추장 17
아펜젤러 34, 43
아프가니 26, 49
안익태 163
안중근 80, 82
안창남 124
안창호 83, 128, 172
알렌 44
암리차르 대학살 124
〈애국가〉 163
애스턴 112
앵글로·아프간전쟁 124
얄타 회담 174
양기탁 83
양무운동 65
양전사업 67
어린이날 132

언더우드 43
엄복동 98
에디슨 20
에밀리 데이비슨 98
에스컬레이터 54
에스파냐내전 158, 160
에스파냐인민전선 157
에스페란토 45
에이젠슈타인 131
AP통신사 85
에케르트 77
에티오피아 164
에펠탑 40, 42
X선 60
엥겔스 29
『여성의 반란』 106
「여성이 투표권을 가져야 할 10가지 이유」 49, 54
여성참정권 49, 83, 98
여자정신대근무령 177
연초세령 103
영·일동맹 74
영국령 말레이연방 62
영선사 28
영혼의 춤 40
『예수성교전서』 43
오리엔트 특급열차 30
5·4운동 115, 119
오스만제국 17, 54, 81, 110, 114, 115, 120, 124, 126, 127, 132
5차 범아프리카회의 180
오토 릴리엔탈 52
오파린 146
온실효과 170
옵셋 인쇄 104
와프드당 124
요하네스버그 38
우생학 154
우장춘 154
운디드니 대학살 40, 42
운요호 16
원각사 85
원산 총파업 143
원자 연쇄 반응 112

원자 모형 96
원자폭탄 175, 178
『월남망국사』 85
위안스카이 33, 101
윌리엄 맥케이 41
윌리엄 모리스 37
윌슨 109, 119
유관순 117
유길준 34, 45, 57, 61, 77
『유년필독』 85
『유대인 국가』 59
유인석 80, 82
UP통신사 85
육영공원 34
윤봉길 151, 152
윤심덕 64, 77, 140, 171
은사기념과학관 138
〈은세계〉 85
을미개혁 58, 59
을미사변 57
을사5적 73
을사조약 73, 74
『음빙실문집』 77
〈의리적 구토〉 124
의열단 128
의화단 72
이광수 113, 126
이도영 86
이동녕 83
이동휘 83, 109
이란 156
이만손 26
이상설 81
이상재 78
이승만 64
21개조 요구 101
이완용 64, 73, 88
이용구 90
이용익 66
이위종 81
이응준 24
이인영 80, 82
이준 81

2차 세계대전 165, 166, 167, 168, 173, 174, 175, 176
이토 히로부미 73, 80, 82
2·8독립선언 116
이한성 16
이화학당 34
인간 동물원 40
인공신장 이식 178
인내천 사상 53
인도국민회의 81
인도독립연맹 135
인도제국 17
인도차이나연합 46
인력거 54
인슐린 122
인종주의 154
『인형의 집』 21
「일·한합방성명서」 90
일국사회주의론 127
『일동기유』 19
『일반 언어학 강의』 105
일버트 법안 25
일선동조론 171
일진회 73, 90
1차 5개년 계획 145
1차 세계대전 99, 100, 102, 110
1회 근대 올림픽 대회 56
1회 월드컵 축구 대회 148
1회 쿠바노동자대회 46
임병찬 93
임오군란 23, 24, 30
입센 21

ㅈ

자멘호프 45
『자본론』 29
자와 원인 53
자유의 여신상 38
장제스 135, 151
장통회사 27
재즈 139
전기기관차 22

전봉준 51
전위 예술 113
전인도국민협의회 25
전조선노농총동맹 125, 126, 128
전주화약 48, 51
전차 개통 64, 68
전파망원경 162
〈전함 포템킨〉 131
전화 개통 76
전환국 27
〈절규〉 53
정동교회 43
정우회선언 136
제2인터내셔널 43
제3제국 150
『제국신문』 69
제국주의 31
제로그래피 162
제암리 학살 117
제중원 44
조·미수호통상조약 24, 28, 41
조·청상민수륙무역장정 27
조·프수호통상조약 33
조병식 41
조사시찰단 28
조선 중립화론 34
『조선과학사』 178
조선교육령 93
조선교육회 122
조선노동공제회 121, 126
「조선독립선언서」 116
『조선사』 147
『조선사회경제사』 155
『조선산 나비류 총목록』 170
조선식산은행 137
조선씨름협회 140
『조선어문법』 97
조선어연구회 134
조선어학회 155
조선어학회 사건 179
『조선일보』 123, 130
『조선책략』 21, 26
조선총독부 89

「조선혁명선언」 128
조선형평사 132
존 리드 111
『존재와 무』 179
『존재와 시간』 139
종군 위안부 177
종두법 20
『종의 기원』 28
종의 합성 154
종현(명동)성당 69
주세령 103
주시경 97
줄루전쟁 22
중·일전쟁 158
중국인 배제법 27
중앙시험소 96
중추원 89
중화민국 92, 94
지석영 20
진보회 73
진주만 기습 공격 167
진화론 28
집강소 48, 51

ㅊ

『차라투스트라는 이렇게 말했다』 37
찰리 채플린 114, 163
참호전 100
채응언 101
『천로역정』 61
청·일전쟁 55, 56, 89
청·프전쟁 32
청년튀르크당 81
청산리전투 118
초원심분리기 130
촬영국 30
최린 171
최시형 53
최익현 15, 16
최제우 53
치안유지법 129

ㅋ

카나크족 17
카네기 51
카사블랑카 86
카이로선언 176
카티푸난 65
카프 131
칸딘스키 105
칼슨 162
캉유웨이 65
캘린더 170
캘비네이터사 냉장고 114
컨베이어 벨트 95
컬러텔레비전 140
케말 아타튀르크 127, 140
케이트 쉐퍼드 49
켈로그 62
코민테른 150
코친차이나 25
코흐 28
콘바웅왕조 38
콜더 172
콜롬비아내전 70
콜브란 64
콜프 178
콜호스(집단농장) 156
콩고 32, 38
퀴리 부부 68
크로머 26
크루프사 103

ㅌ

타이 172
타이완총독부 89
타이타닉호 92
탈아론 37
태극기 24
태양력 사용 57
태평양전쟁 167, 175
태형령 93

탱크 100, 104
터키공화국 127, 140
톈진조약 34, 48
토지조사사업 93, 94, 111
퇴폐미술전 163
트란스발공화국 38, 67
특수상대성이론 76

ㅍ

파나마운하 78, 106
파리만국박람회 39, 40, 42, 43
파쇼다 65
파스퇴르 28
파시즘 119, 129, 149, 158, 160
판보이차우 85
팔미도 등대 78
팽크허스트 83
페니실린 138
페르짐판스 오케스트라 113
페이비언협회 32
페이퍼백 156
펭귄북스사 156
폐정 개혁안 50
포드 95
포츠담선언 175
푸치니 77
프랑스령 적도아프리카 78
프로이트 69
『프로테스탄트의 윤리와 자본주의 정신』 77
플라스틱 84
플라이어호 76
플레밍 138
피어스 비누 22
피카소 85
필리핀민족동맹 49
필립안 172

ㅎ

하와이 농장 이민 78
하와이공화국 54
하이데거 139
하이토레이 22
한·일병합 87, 88, 89, 90
한강 인도교 114
한글맞춤법통일안 155
『한불자전』 21
한성사범학교 62
『한성순보』 29, 36
한성은행 66, 70
한성전보총국 4
『한성주보』 36
한양공원 98
한인 강제 이주 161
한인사회당 109
항일사적파괴령 179
해밀턴항 41
〈해질녘〉 106
『해천추범』 61
『해체신서』 44
행글라이더 52
허블 130
허위 80
『허클베리 핀의 모험』 38
헉슬리 155
헤레로족 78
헤르츨 59
헤밍웨이 147
헤이그 특사 사건 80, 81
헤이마켓 광장 34
헬리콥터 170
현공렴 64
현제명 171
호르크하이머 155
호세 리살 49, 6
호치민 148, 172
홍난파 171
홍범도 80, 82, 118
홍이섭 178
홍종우 45, 48

화신백화점 164
화폐 정리 사업 75
황국신민 171
황금광 시대 156
『황성신문』 69, 83
황쭌셴 21
황철 30
황현 90
회사령 93
후쿠자와 유키치 37
흥선대원군 15, 16, 24
히틀러 150, 153
힌덴부르크 150

209

『근현대사신문』 근대편 도움받은 곳

1호
1면 파도치는 황해 바다_이한구
5면 상하이 _『圖說 中國的文明』(商務印書館), 일본 요코하마에 도착한 수신사 일행_명지대LG연암문고
7면『한불자전』_책을 좋아하는 사람들 모임, 말 달리는 장면_CORBIS
8면 전기 기관차_Hulton-Deutsch Collection/CORBIS, 피어스 비누 광고_CORBIS

2호
2면 태극기 원형_한국경제
5면 당오전_한국금융사박물관
7면 프랑스 노동자들과 토론하는 마르크스_『자본 1-1』(도서출판 길)
8면 와일드웨스트쇼 광고_CORBIS

3호
3면 갑신정변 주역들_국사편찬위원회
5면 헤이마켓 충돌_Bettmann/CORBIS, 육영공원 영어 교재_독립기념관
7면 후쿠자와 유키치_『幕末·明治·大正回顧八十年史』(Bakumatsu, Meiji, Taisho),『문명론의 개략』_『明治時代館』(小學館)
8면 자유의 여신상 디자인_Leonard de Selva/CORBIS

4호
2면 파리만국박람회 기계관_CORBIS
5면 정동교회_한국기독교역사박물관
6면 알렌의 의료 기구_동은의학박물관, 알렌의 시계_동은의학박물관
8면 코닥카메라 광고_Bettmann/CORBIS

5호
1면 〈칼노래〉_오윤
2면 사발통문_독립기념관
3면 뉴질랜드 국회의사당_Alexander Turnbull Library
6면 릴리엔탈_Bettmann/CORBIS, 시카고만국박람회 회전 관람차_Bettmann/CORBIS
7면 자와 원인 두개골_群馬縣立自然史博物館
8면 네이 스미스의 농구공과 바구니_Bettmann/CORBIS, 지퍼 설계도_vintageinternetpatent.com

6호
1면 청·일전쟁_서울시립대학교박물관
5면 경인철도 노선 설계 도면_철도박물관, 시온산의 포페 도로_위키미디어 공개자료실 Gila Brand
7면 대관식에 참여한 민영환_연합포토,『천로역정』_화봉책박물관
8면 난센의 성냥_Royal Geographical Society

7호
2면 강연회에 모인 사람들_정성길

8호
1면 일본군 환송 장면_Chris Hellier/CORBIS
2면 뤼순항을 공격하는 일본군_『대련근백년풍운도록』(요녕인민출판사)
3면 일본군의 경복궁 점령을 보도한 프랑스 신문_서울시립대학교박물관
4면 러·일전쟁 엽서_Rykoff Collection/CORBIS
5면 대동은전_화폐박물관, 경성전환국 1원 주화_화폐박물관, 인천전환국 5냥 은화_화폐박물관, 20원 동전의 앞과 뒤_화폐박물관, 경의선_연합포토
6면 라이트 형제_Burt Glinn/Magnum Photos, 벽괘 형자석식전화기_한국통신
7면『음빙실문집』_만해기념관, 〈나비부인〉 엽서_The Art Archive/CORBIS, 고종 국가 악보_국가보훈처
8면 하와이행 여권_최웅규·지중근

9호
2면 전해산 의병장 작전 지도_독립기념관
3면 헤이그 특사들의 활동을 보도한 네덜란드 일간지_연합포토, 드레퓌스 사건을 보도한 잡지_Leonard de Selva/CORBIS
4면 안중근_『안중근』(흑룡강조선민족출판사)
5면 국채보상금 모집 금액표_독립기념관, 팽크허스트_Christina Broom/Gernsheim Collection, Harry Ransom Humanities Research Center, The University of Texas at Austin
6면 관립공업전습소_김용한, 플라스틱 라디오_위키미디어 공개자료실 Robneild at en-wikipedia
7면 〈아비뇽의 아가씨들〉_2008-Succession Pablo Picasso-SACK(korea)

호외-한·일병합
1면 '일한합병 기념' 엽서_부산광역시립박물관
2면 한·일병합 우편엽서_심정섭, 남대문을 가리는 친일 아치_연합포토
3면 타이완총독부 청사_『明治時代館』(小學館)
4면 일진회 모의 집회장_동아일보사

10호
2면 쑨원_『圖說 中國的文明』(商務印書館)
3면 토지조사사업 광경_독립기념관
7면 석굴암 해체 공사_성균관대학교박물관,『소년』 창간호_책을 좋아하는 사람들 모임

11호
1면 참호 속의 프랑스 병사들_Hulton-Deutsch Collection/CORBIS
3면 박상진 총사령 편지_박상진유족회
5면 탄약 저장소에서 일하는 영국 여성_Imperial War Museum, London, 사파타와 판초 비야_Underwood&Underwood/CORBIS
6면 조선물산공진회 참관 인파_서울시립대학교박물관, 최초 전선 투입 탱크_NRT-Travel/Alamy
7면 〈계단을 내려오는 누드〉_Succession Marcel Duchamp/ADAGP, Paris, 2009
8면 여성 노동자 포스터_Hulton-Deutsch Collection/CORBIS

12호
1면 러시아혁명 기념 행사_Hulton-Deutsch Collection/CORBIS
5면 모스크바를 행진하는 붉은 군대_CORBIS, 동양척식주식회사 사업 개황_부산시립시민도서관
8면 냉장고_Science Museum/SSPL

13호
1면 태극기 목각판_독립기념관
6면 대한민국 임시정부 임시의정원 요인_독립기념관
7면 태극성 광목_최웅규·지중근
9면 바우하우스_『바우하우스』(미술문화)
10면 추락 비행기와 안창남_민족문제연구소

14호
3면 이스탄불에서 돌아오는 케말 아타튀르크 군대_Bettmann/CORBIS

5면 무솔리니와 검은셔츠단원들_Bettmann/CORBIS
6면 안드로메다_NASA
7면 광개토대왕릉비 탁본_국립문화재연구소

15호

2면 신간회 창립총회_조선일보사
3면 인도 시위대_Bettmann/CORBIS
4면 도착하는 린드버그_Bettmann/CORBIS
6면 페니실린_Visuals Unlimited/CORBIS, 고다드 로켓_NASA
7면 킹 올리버 밴드_Collection F. Driggs/Magnum Photos
8면 세계 최초 텔레비전_참소리축음기·에디슨박물관

16호

1면 무료 급식소 앞에 줄 선 실업자와 노숙자들_Bettmann/CORBIS
2면 아메리칸유니언뱅크_Bettmann/CORBIS
3면 원산총파업_동아일보사
5면 사과를 파는 실업자_Bettmann/CORBIS
6면 부전강수력발전소와 공사 장면_『日本窒素肥料事業大觀』(日本窒素肥料株式會社 編)·오선실
7면 『조선사연구초』_독립기념관, 『조선상고사감』_독립기념관, 『한국독립운동지혈사』_독립기념관

17호

1면 나치스 청소년 조직 히틀러유겐트의 집회_Stapleton Collection/CORBIS
2면 히틀러와 힌덴부르크_Bettmann/CORBIS, 대장정_Camera Press
3면 윤봉길 시계와 김구 시계_연합포토
5면 일제 하 농민 잡지_독립기념관, 아우토반_Austrian Archives/CORBIS
7면 다보스 국제회의에 참가한 과학자들_ETH-Bibliothek Zurich, Image Archive
8면 최승희 무용 발표회 팸플릿_김영준

18호

2면 에스파냐내전 참전 병사들_Hulton-Deutsch Collection/CORBIS, 난징 퍼레이드_Hulton-Deutsch Collection/CORBIS
3면 간이보험과 우편연금 포스터_독립기념관, 손기정_연합포토
6면 세균 배양 시스템_『Unit 731』(China Intercontinental Press), 세균 폭탄_『Unit 731』(China Intercontinental Press), 세균 배양 상자_『Unit 731』(China Intercontinental Press), 용해부_『Unit 731』(China Intercontinental Press), 살균기_『Unit 731』(China Intercontinental Press)
7면 〈모던 타임스〉 영화 장면_프랑스채플린협회

19호

2면 각국의 군인들_『ВТОРАЯ МИРОВАЯ ВОЙНА 1939~1945』(ЭКСМО)
3면 일본의 진주만 기습 공격_Bettmann/CORBIS
5면 공동작업 공출 벽보_김영준
6면 나비 표본_EUROCREON
8면 다리에 페인트 칠하는 여성_Hulton-Deutsch Collection/CORBIS

20호

1면 병사의 귀환_『1943год』
3면 괌섬에 성조기를 꽂고 있는 미국 병사들_CORBIS, 미드웨이 해전_Hulton-Deutsch Collection/CORBIS, OSS 대원들_조선일보사
5면 종군위안부 숙소_정성길
6면 최초의 원자 폭탄_CORBIS
8면 방공호 필수품 목록_『21世紀への伝言:日本がいちばん苦しかったとも』(每日新聞社), 징병제 시행 축하 광고_김영준

근현대사신문 근대편

2010년 1월 29일 1판 1쇄
2010년 6월 15일 1판 2쇄

출력	(주) 한국커뮤니케이션
인쇄	삼성인쇄
제책	경문제책
편집 관리	정보배·조건형·엄정원
마케팅 관리	이병규·최영미·양현범

펴낸이	강맑실
펴낸곳	(주)사계절출판사
주소	(413-756)경기도 파주시 교하읍 문발리 파주출판도시 513-3
등록	제406-2003-034호
전화	031)955-8588, 8558
전송	마케팅부 031)955-8595, 편집부 031)955-8596

저작권자와 맺은 협약에 따라 인지를 생략합니다.

이 책의 저작권은 문사철과 (주)사계절출판사에 있습니다.
ⓒ문사철, (주)사계절출판사

값은 뒤표지에 적혀 있습니다.
잘못 만든 책은 구입하신 서점에서 바꾸어 드립니다.
사계절출판사는 성장의 의미를 생각합니다.
사계절출판사는 독자 여러분의 의견에 귀기울이고 있습니다.

홈페이지	www.sakyejul.co.kr (사계절출판사) www.문사철.kr (문사철)
전자우편	skj@sakyejul.co.kr (사계절출판사) eungchun@hanmail.net (문사철)
독자카페	사계절 책 향기가 나는 집 http://cafe.naver.com/sakyejul

ISBN 978-89-5828-437-6 04900
ISBN 978-89-5828-436-9 (전2권)

이 도서의 국립중앙도서관 출판시도서목록(CIP)은
e-CIP 홈페이지(http://www.nl.go.kr/cip.php)에서 이용하실 수 있습니다.
(CIP제어번호 : CIP2009004239)